Wörterbuch

Business English

Sonderausgabe

© Compact Verlag GmbH
Baierbrunner Straße 27, 81379 München

Alle Rechte vorbehalten. Nachdruck, auch auszugsweise,
nur mit ausdrücklicher Genehmigung des Verlages gestattet.

Chefredaktion: Dr. Matthias Feldbaum
Redaktion: Helga Aichele
Produktion: Frank Speicher
Umschlaggestaltung: Marion Feldmann, Hartmut Baier

ISBN 978-3-8174-9404-0
381749404/1

www.compactverlag.de

Einleitung

Im Zuge fortschreitender Globalisierung und internationaler Vernetzung wird die Verständigung über die Landesgrenzen hinweg immer wichtiger. Die englische Sprache hat sich dabei längst als Mittel für die internationale Kommunikation durchgesetzt. Im Gespräch mit ausländischen Geschäftspartnern bietet dieses Nachschlagewerk schnelle Hilfe und zuverlässige Unterstützung.

Darüber hinaus kann man sich mit Hilfe dieses Buches aber auch das Vokabular zu bestimmten Arbeitsbereichen und -situationen erarbeiten.

Die häufigsten Begriffe und Wendungen werden anhand von Dialogen verdeutlicht, die alltägliche Situationen im Kontakt mit ausländischen Geschäftspartnern simulieren. Hierbei sind die Schlüsselbegriffe im Text deutlich hervorgehoben.

So wird dem Benutzer der wesentliche Wortschatz einprägsam vermittelt – von der Unternehmensstruktur über die Auftragsabwicklung bis zu Geschäftsreisen und Besprechungen.

Ein ausführliches Kapitel widmet sich der Korrespondenz und stellt Beispiele für Geschäftsbriefe, Faxe und E-Mails mit den jeweiligen Übersetzungen vor. Durch Infokästen wird auf sprachpraktische und kulturelle Besonderheiten hingewiesen.

Weicht die Schreibweise eines Wortes im Amerikanischen vom britischen Englisch ab, so ist diese mit US gekennzeichnet.

Der übersichtliche Wörterbuchteil ermöglicht mit rund 10.000 Stichwörtern einen schnellen Zugriff auf die wichtigsten Begriffe zu Wirtschaft, Handel und Börse. Die korrekte Aussprache wird in der internationalen Lautschrift angegeben.

Inhalt

Teil I

1. Unternehmen und Management — 9
Branchen und Unternehmensformen — 9
Unternehmensorganisation — 15

2. Personal und Verwaltung — 27
Bewerbungen — 27
Arbeitszeiten — 30
Lohn und Gehalt — 31
Betriebsklima — 34

3. Einkauf und Verkauf — 40
Anfragen — 40
Angebote — 44
Neuheiten — 47
Preise — 50
Bestellungen — 53
Auftragsbestätigung — 56
Messen und Ausstellungen — 57

4. Auftragsabwicklung — 59
Transport- und Versandwesen — 59
Zahlungsbedingungen — 63
Mahnungen — 64
Verzögerungen und Probleme — 68
Beschwerden — 72

5. Rechnungswesen und Finanzen — 76
Rechnungswesen — 76
Finanzpolitik — 82
Banken und Bankgeschäfte — 83
Internationale Finanzmärkte — 84
Aktienmärkte — 86
Währungen und Devisen — 91
Europa — 93

Inhalt

6. Telefonieren — 96
Anrufen und Anrufe entgegennehmen — 96
Gespräche führen — 98

7. Geschäftskorrespondenz — 100
Korrekte Briefe und Faxe — 100
Musterbriefe — 104
Musterfaxe — 136
Protokolle — 148
E-Mails und das Internet — 150

8. Geschäftsreisen — 157
Terminvereinbarungen — 157
Reservierungen/Hotel — 160
Verkehrsmittel — 162
Ankunft und Empfang — 163
Smalltalk — 166
Typische Redewendungen — 176

9. Besprechungen — 181
Präsentationen — 182
Argumentation — 189
Zustimmung/Ablehnung — 194

10. Nützliche Informationen — 201
Unternehmensaufbau — 201
Umrechnungstabelle Maße und Gewichte — 202
Feiertage in Großbritannien und den USA — 203

Teil II

Benutzerhinweise — 207
Abkürzungsverzeichnis — 209
Lautschrift — 210
Wörterbuch Englisch – Deutsch — 213
Wörterbuch Deutsch – Englisch — 335

Teil I

Unternehmen

1. Unternehmen und Management

Lines and Forms of Business

Branchen und Unternehmensformen

We have invested heavily in the *mining industry* in South Africa.

Wir haben in großem Umfang in die *Montanindustrie* Südafrikas investiert.

Coal mines in Yorkshire provide much of Britain's coal.

Kohlenbergwerke in Yorkshire liefern einen großen Teil der britischen Kohle.

The *north sea oil industry* has raised oil prices.

Die *Nordseeölindustrie* hat die Ölpreise erhöht.

The majority of our electricity comes from the *coal-fired power station* you drove past on your way here.

Der Großteil unserer Elektrizität kommt von dem *Kohlekraftwerk,* an dem Sie auf Ihrem Weg hierher vorbeigefahren sind.

We are trying to close a deal for cheap electricity from the *nuclear power station* nearby.

Wir versuchen einen Handel mit dem nahegelegenen *Atomkraftwerk* abzuschließen, um billige Elektrizität zu bekommen.

We buy our barley direct from several different farmers in the area.

Wir kaufen unsere Gerste direkt bei einigen Bauern aus der Gegend.

The agricultural crisis is effecting the *brewing industry.*

Die Agrarkrise wirkt sich in der *Brauereiindustrie* aus.

Our *paper processing business* is dependent upon the *forestry industry.*

Unsere *Papier verarbeitende Industrie* hängt von der *Holzindustrie* ab.

Our factory *reprocesses* fish by-products to produce fertilizer.

Unsere Fabrik *verarbeitet* Fischabfälle zur Produktion von Düngemitteln.

In the seventies, Maurice Motors was one of the most notable *car manufacturers* in Europe.

In den siebziger Jahren war Maurice Motors einer der namhaftesten *Autohersteller* in Europa.

We have good business relations with the manufacturer of our *components.*

Wir haben gute Geschäftsbeziehungen mit dem Hersteller unserer *Einzelteile.*

Many of our *manufactured articles* are exported to other EU nations.

Viele unserer *Fabrikate* werden in andere EU-Staaten exportiert.

A: We have recently renewed the machinery of our *assembly line.*

A: Wir haben erst neulich die Maschinenausstattung unseres *Fließbandes* erneuert.

B: Do you think it will pay off in the long run?	B: Glauben Sie, dass sich das auf lange Sicht auszahlen wird?
A: Definitely. Control has already recorded a drop in ***manufacturing defects.***	A: Auf jeden Fall. Die Aufsicht hat jetzt schon ein Abnehmen der ***Fabrikationsfehler*** gemeldet.
We are a long-established ***insurance company*** with many years experience behind us.	Wir sind eine alteingesessene ***Versicherung*** mit langjähriger Erfahrung.
I think that the JA Bank can offer us the best deal for our ***company account.***	Ich glaube, dass die JA Bank uns das beste Angebot für unser ***Firmenkonto*** machen kann.

Der Begriff „Unternehmer" ist ein typischer false friend. Das englische Wort "undertaker" bezeichnet im Deutschen den „Leichenbestatter". „Unternehmer" ist mit "employer" oder "businessman" zu übersetzen. "Entrepreneur" bezeichnet einen sehr erfolgreichen Unternehmer mit ausgezeichnetem Geschäftssinn. Die geläufigsten Übersetzungen für das „Unternehmen" sind "company", "business" oder "enterprise".

The most successful ***mail order business*** in Britain for 2012 was Warmers Catalogues.	Das erfolgreichste ***Versandhandelsunternehmen*** in Großbritannien war 2012 Warmers Catalogues.
We have got in touch with the ***publishers*** regarding our "Millennium Catalogue".	Wir haben mit dem ***Verlag*** wegen unseres „Millennium Katalogs" Kontakt aufgenommen.
In our ***line of business,*** one must be prepared to move with the times.	In unserer ***Branche*** muss man darauf vorbereitet sein mit der Zeit zu gehen.
I need to get in contact with an ***accounting firm.***	Ich muss mit einer ***Buchhaltungsfirma*** Kontakt aufnehmen.
The ***advertising company*** that we use has always produced satisfactory results in the past.	Die ***Werbefirma,*** mit der wir arbeiten, hat in der Vergangenheit immer zufrieden stellende Ergebnisse geliefert.
My ***firm of solicitors*** was founded in 1997.	Meine ***Anwaltskanzlei*** wurde 1997 gegründet.
I will have to consult my ***solicitor.***	Ich werde meinen ***Anwalt*** konsultieren müssen.

Unternehmen

> In den letzten zehn Jahren ist die Wertschätzung von Dienstleistungen enorm gestiegen. Diese Entwicklung hat eine moderne Terminologie hervorgebracht, die deutsche Begriffe verdrängt hat.

As a *marketing company,* we feel that relations with our customers are important.

Wir glauben, dass für uns als *Marketingunternehmen* das Verhältnis zu unseren Kunden entscheidend ist.

Our firm of *management consultants* advises companies of ways to increase production through improved *management.* Part of our *service* as a *computer consultancy* is free follow-up advice to customers, via e-mail.

Unsere *Unternehmensberatungsfirma* berät Unternehmen, wie sie ihre Produktion durch verbessertes *Management* steigern können. Ein Teil unseres *Services* als *EDV-Berater* ist es, unseren Kunden anschließend umsonst per E-mail Ratschläge zu geben.

We are considering referring the problem to an I.T. *(Information Technology) consultancy firm.*

Wir erwägen hinsichtlich dieses Problems eine *EDV-Beratungsfirma* hinzuzuziehen.

A: We distribute *hand-made* jewellery made by trained gold- and silversmiths.

A: Wir vertreiben *handgearbeiteten* Schmuck, der von ausgebildeten Gold- und Silberschmieden gefertigt wird.

B: Are they all original designs?
A: Yes. We also produce designs to order from our customers.

B: Sind das alles Originalentwürfe?
A: Ja. Wir entwerfen auch nach den speziellen Wünschen unserer Kunden.

B: I think we could certainly be of assistance for your business. Marketing of genuine *handicrafts* is our speciality.

B: Ich glaube, dass wir sehr nützlich für ihr Unternehmen sein könnten. Das Marketing von echtem *Kunsthandwerk* ist unsere Spezialität.

Our *head office* is in Liverpool.
Our *headquarters* are located in Camberwell, London.

Unser *Hauptbüro* ist in Liverpool.
Unsere *Zentrale* ist in Camberwell in London.

> "Headquarters" ist das englische Wort für Zentrale. Man findet es oftmals abgekürzt als "H.Q."

Our business began in the eighteenth century as a small group of *craft traders*.
Our family has been involved in this business for centuries. Our ancestors were *guildsmen* in the middle ages.
We are only a *small enterprise.*
Our *company name plate* until recently contained the family coat of arms.
As a *medium size enterprise,* we are proud of our friendly working atmosphere.

My father used to be the *sole owner* of our company.
Our *company name* is a combination of the names of our *co-founders.*
Could I please speak to the *proprietor?*
The *factory owner* is away on business.
The *parent company* of the TEHV group is today an extremely profitable enterprise.
Our *holding company* was founded in 1997.
Our company is *based* in Britain, but we have factories and outlets all over the world.

We have *branches* all over the world. Our most important *branches abroad* are in Brazil and Mexico.

They are one of the largest *multinationals* in the world.

Unser Unternehmen entstand im achtzehnten Jahrhundert aus einer kleinen Gruppe von *Handwerkern.*
Unsere Familie ist seit Jahrhunderten an diesem Unternehmen beteiligt.
Unsere Vorfahren waren im Mittelalter *Mitglieder einer Zunft.*
Wir sind nur ein *Kleinbetrieb.*
Unser *Firmenschild* enthielt bis vor kurzem noch unser Familienwappen.

Als *mittelständischer Betrieb* sind wir stolz auf unsere freundliche Arbeitsatmosphäre.

Früher war mein Vater der *Alleineigentümer* unseres Unternehmens.
Unser *Firmenname* ist eine Kombination der Namen der *Mitbegründer.*
Könnte ich bitte den *Besitzer* sprechen?
Der *Fabrikeigentümer* ist geschäftlich unterwegs.
Die *Muttergesellschaft* der TEHV Gruppe ist heute ein enorm profitables Unternehmen.
Unsere *Dachgesellschaft* wurde 1997 gegründet.
Unser Unternehmen hat seinen *Unternehmenssitz* in Großbritannien, aber wir haben Fabriken und Verkaufsstellen auf der ganzen Welt.
Wir haben *Filialen* auf der ganzen Welt. Unsere wichtigsten *Auslandsniederlassungen* sind in Brasilien und Mexiko.

Sie sind eines der größten *multinationalen Unternehmen* auf der ganzen Welt.

Unternehmen

Our most notable *agency abroad* is based in Canada.
TEHV is a *multinational group*.

A: We were considering sending you to our *branch office* in Chile for six months, Mrs. Richards.
B: That sounds very challenging.

A: Are you aware of *business protocol* in South America?

B: I have some basic knowledge.

The *private sector* in the USA is much stronger than the *public sector*.

We have only *limited liability* in the event of bankruptcy.
SIDA is a *private limited liability company*.
We became a *public limited company* in 1993 (US: *incorporated company*).
I have sent our *major shareholders* our *sales figures* for 2012.
The *shareholders meeting* is due to take place next week.
How many will attend the *annual general meeting (AGM)*
Our company is a *limited partnership*.
He is a *limited partner* in AHB.
May I introduce my *general partner*, Frank.
She is the youngest person ever to be made *junior partner* in the firm.

Unsere namhafteste *Auslandsvertretung* hat ihren Geschäftssitz in Kanada.
TEHV ist ein *multinationaler Konzern*.

A: Wir überlegen uns, Sie für sechs Monate in unsere *Geschäftsstelle* in Chile zu schicken, Frau Richards.
B: Das klingt nach einer interessanten Herausforderung.

A: Sind Sie sich über das südamerikanische *Geschäftsprotokoll* im Klaren?
B: Ich besitze ein paar grundlegende Kenntnisse.

Der *private Sektor* ist in den USA sehr viel stärker als der *öffentliche Sektor*.

Im Falle eines Bankrotts übernehmen wir nur *beschränkte Haftung*.
SIDA ist eine *Gesellschaft mit beschränkter Haftung*.
Wir wurden 1993 zu einer *Aktiengesellschaft* umgewandelt.
Ich habe unseren *Großaktionären* die *Verkaufszahlen* für 2012 geschickt.
Die *Aktionärsversammlung* ist für nächste Woche geplant.
Wie viele Teilnehmer wird die *Jahreshauptversammlung* haben?
Unser Unternehmen ist eine *Kommanditgesellschaft*.
Er ist ein *Kommanditist* bei AHB.
Darf ich Ihnen meinen *Komplementär* Frank vorstellen.
Sie ist die jüngste Person, die jemals *Juniorteilhaber* in unserem Unternehmen geworden ist.

Unternehmen

Mr. Taylor is a *silent partner* in our business.
We are considering going into *partnership* with ABC.
Our *trading partner* has not been in contact regarding our factories in Africa.

Mr. Taylor ist *stiller Teilhaber* an unserem Unternehmen.
Wir überlegen uns, eine *Partnerschaft* mit ABC einzugehen.
Unser *Handelspartner* hat uns bisher nicht wegen unserer Fabriken in Afrika kontaktiert.

In den USA nennt man eine Tochtergesellschaft "affiliate", in Großbritannien verwendet man dagegen das Wort "subsidiary". Das Wort "affiliate" bezeichnet im britischen Englisch keine Beziehung zwischen zwei Firmen, die rechtliche Gültigkeit hat, sondern nur eine etwas engere Zusammenarbeit.

One of our *subsidiaries* (US: affiliates) is based almost wholly in the Far East.
AMV is a subsidiary (US: affiliate) of the TEHV Group.

Eine unserer *Tochtergesellschaften* ist fast ausschließlich im Nahen Osten ansässig.
AMV ist eine Tochtergesellschaft der TEHV Gruppe.

A: One of our *affiliates* distributes and markets our products in Thailand. They receive our goods at a discounted price and can make a greater profit for themselves.

A: Ein mit uns *befreundetes Unternehmen* vertreibt und verkauft unsere Produkte in Thailand. Sie bekommen unsere Produkte zu einem ermäßigten Preis und können daher einen größeren Profit machen.

B: That's an ideal arrangement for you both – you must make large savings in distribution costs.

B: Das ist eine ideale Vereinbarung für Sie beide – Sie müssen große Einsparungen bei den Vertriebskosten haben.

A: Yes. It undoubtedly pays off for both our companies.

A: In der Tat. Es zahlt sich zweifellos für beide Unternehmen aus.

We are hoping to arrange a *video conference* in July with the managers of all our *subsidiaries*.

Wir hoffen, im Juli eine *Videokonferenz* mit den Leitern aller unserer *Tochtergesellschaften* abhalten zu können.

Business Organisation

The ***board of directors*** meets in the ***boardroom*** to discuss future strategies.
I will have to bring the matter up in front of the ***supervisory board.***
Our ***production department*** employs thirty percent less people than in 1999.
Quality control is not satisfied with the standard of goods produced on the factory floor.

Administration has been ploughing through ***red tape*** all week.

Our ***administration department*** has arranged an interview for you on Friday 22nd January.
The ***administration*** of our company has been improved considerably over the last few years.
Our ***administration department*** is having some difficulty coping with new European ***bureaucracy.***

A: Where's Francis?
B: She's in ***admin (fam).***

Planning control is based at our headquarters in London. They have produced these ***planning figures*** regarding possible developments in East Asia.

A: What do you think of our ***planning department's proposal*** for possible future expansion?

Unternehmensorganisation

Die ***Direktion*** trifft sich im ***Sitzungssaal,*** um zukünftige Strategien zu besprechen.
Ich werde das Thema vor dem ***Aufsichtsrat*** ansprechen.

Unsere ***Produktionsabteilung*** beschäftigt dreißig Prozent weniger Leute als 1999.
Die ***Qualitätskontrolle*** ist mit dem Standard der Güter, die in der Fabrikhalle produziert werden, nicht zufrieden.

Die ***Verwaltung*** hat sich die ganze Woche lang durch den ***Amtsschimmel*** gegraben.

Die ***Verwaltungsabteilung*** hat ein Bewerbungsgespräch für Sie am Freitag, den 22. Januar arrangiert.
Die ***Verwaltung*** unseres Unternehmens hat sich in den letzten Jahren erheblich verbessert.
Unsere ***Verwaltungsabteilung*** hat einige Schwierigkeiten, mit der neuen europäischen ***Bürokratie*** zurechtzukommen.

A: Wo ist Francis?
B: Sie ist in der ***Verwaltung.***

Die ***Planungskontrolle*** ist in unserer Zentrale in London stationiert. Sie haben diese ***Planwerte*** für mögliche Entwicklungen in Ostasien erstellt.

A: Was denken Sie über den ***Vorschlag der Planungsabteilung*** über eine mögliche zukünftige Expansion?

Unternehmen

B: Well, I think we need to bring it before the **board**.

The **accounts department** will deal with your query – I'll fax your details to them now.

Could you please take these calculations to **accounts**.
Our **cost accounting centre** is on the second floor.
Most of our **budgetary planning** is developed in our **finance department**.

Only very large companies require a **law department**.
Staff of the **data processing division** are taking part in a training course this morning.
Most of our **data processing** takes place in our other building.

Marketing is more important than ever in the highly competitive world of multinational business.

The **marketing department** wishes to employ more staff to cope with their increasing workload.

Our **marketing division** is on the fifth floor of our main office building.
Our **advertising department** has just completed our coming **informercial;** it will be screened on September the fifth.
Our **publicity department** is working on our new series of billboard advertisements.

B: Ich denke, wir müssen ihn der **Direktion** vorlegen.

Die **Rechnungsabteilung** wird sich um Ihre Anfrage kümmern - ich werde ihnen sofort die Einzelheiten Ihres Falles faxen.

Könnten Sie bitte diese Berechnungen in die **Rechnungsabteilung** bringen.
Unsere **Kostenstelle** ist im zweiten Stock.
Der Großteil unserer **Budgetplanung** wird in der **Finanzabteilung** entwickelt.

Nur sehr große Unternehmen benötigen eine **Rechtsabteilung**.
Das Personal der **EDV-Abteilung** nimmt an dem Trainingskurs heute Morgen teil.
Ein Großteil der **Datenverarbeitung** findet in unserem anderen Gebäude statt.

Marketing ist in der enorm wettbewerbsorientierten Welt des multinationalen Geschäfts wichtiger denn je zuvor.

Die **Marketingabteilung** möchte gerne mehr Personal einstellen, um mit der wachsenden Arbeitslast fertig zu werden.

Unsere **Marketingabteilung** ist im fünften Stock in unserem Hauptgebäude.
Unsere **Werbeabteilung** hat gerade unsere neue **Werbesendung** fertig gestellt. Sie wird am fünften September ausgestrahlt.
Unsere **Werbeabteilung** arbeitet gerade an einer neuen Serie von Plakatwerbungen.

Our ***public relations department*** has suggested holding an ***open day*** to combat environmental objections from the public to our proposed expansion.

The ***sales department*** is on the second floor.
Our ***salesroom*** was understaffed due to illness in January.

A: Would you like a tour of our ***premises,*** Mr. Davies?
B: I think that would be very informative. As a ***management consultant*** I always try to investigate companies in depth.
A: Here is our ***reception area,*** where we have two ***receptionists*** on duty during busy periods.
B: And is the ***switchboard*** here?

A: Yes, it is. In the office over there. We have a multi-lingual ***telefonist*** working in the company.
B: Which languages does she speak?
A: English, of course, and French, Spanish and German.
B: Where are your ***clerical staff*** based?
A: The majority are on the ground floor of our main building. Shall we go to our ***accounting and finance department***? Our business requires precise ***budgeting*** – that's why this division is so large.
B: Very interesting. Where is your ***marketing department***?
A: On the third floor.

Unsere ***Public-Relations-Abteilung*** hat vorgeschlagen einen ***Tag der offenen Tür*** abzuhalten, um Befürchtungen der Öffentlichkeit hinsichtlich der Umwelt aufgrund unserer vorgeschlagenen Expansion entgegenzuwirken.
Die ***Vertriebsabteilung*** ist im zweiten Stock.
Unser ***Verkaufslokal*** war im Januar wegen Krankheit unterbesetzt.

A: Möchten Sie unser ***Gelände*** besichtigen, Mr. Davies?
B: Ich denke, das wäre sehr informativ. Als ***Unternehmensberater*** versuche ich immer die Unternehmen genau zu untersuchen.
A: Hier ist unser ***Empfang,*** an dem während betriebsamen Zeiten zwei ***Empfangsdamen*** arbeiten.
B: Ist die ***Telefonvermittlung*** auch hier?

A: Ja. In dem Büro dort drüben. Wir haben eine mehrsprachige ***Telefonistin,*** die für unsere Firma arbeitet.
B: Welche Sprachen spricht sie?
A: Natürlich Englisch, außerdem Französisch, Spanisch und Deutsch.
B: Wo haben Sie Ihre ***Bürokräfte***?

A: Die Meisten sind im Erdgeschoss des Hauptgebäudes. Sollen wir zu unserer ***Buchhaltungs- und Finanzabteilung*** gehen? Unsere Geschäfte verlangen eine präzise ***Budgetierung*** – das ist der Grund, warum diese Abteilung so groß ist.
B: Sehr interessant. Wo ist Ihre ***Marketingabteilung***?
A: Im dritten Stock.

B: Your departments seem very self-contained. Perhaps you could consider changing your **management strategies**. The **spatial structure** of your main premises could be improved.
I hope you would like to engage my services. I will leave you my **business card** (US: **calling card**) and you can contact me regarding our next steps.

A: Great. I will have to discuss the matter with the **board of directors**.

B: Ihre Abteilungen scheinen mir sehr abgeschottet. Vielleicht sollten Sie sich überlegen, Ihre **Leitungsstrategien** zu ändern. Die **Raumstruktur** Ihres Hauptgebäudes könnte verbessert werden.
Ich hoffe, Sie wollen meine Dienste in Anspruch nehmen. Ich werde Ihnen meine **Geschäftskarte** dalassen und Sie können dann mit mir wegen unserer nächsten Schritte Kontakt aufnehmen.

A: Ausgezeichnet. Ich muss die Angelegenheit auch noch mit der **Direktion** besprechen.

Marketing ist heute schon in Hinblick auf den globalen Wettbewerb der 90er Jahre einer der wichtigsten Bereiche der großen Unternehmen geworden. Viele der Begriffe aus diesem Bereich sind im Deutschen einfach aus dem Englischen übernommen worden.

A: We are planning to design **joint publicity** with our business partners, Smith and Jones Ltd.
B: What **means of advertising** had you considered using?
A: We were considering sending out **mailshots** describing our new range of products.
B: Have you carried out any **market research**?
A: We have consulted a **market research institute** in Birmingham.
B: I don't know what they concluded, but I would suggest that you need a broader **marketing mix** to increase sales and reach a wider audience.

A: Wir planen eine **Gemeinschaftswerbung** mit unseren Geschäftspartnern von Smith and Jones Ltd. zu entwerfen.
B: An welche **Werbemittel** hatten Sie gedacht?
A: Wir haben uns überlegt, **Direktwerbung** zu verschicken, die unser neues Sortiment beschreibt.
B: Haben Sie **Marktforschung** betrieben?
A: Wir haben ein **Marktforschungsinstitut** in Birmingham konsultiert.
B: Ich weiß nicht, was die herausgefunden haben, aber ich würde behaupten, dass Sie ein breiteres **Marketing Mix** brauchen, um die Verkäufe zu erhöhen und ein breiteres Publikum zu erreichen.

A: We were also hoping to make the launch of the range a *media event.*
B: Offering *discounts* to your loyal *patrons* could be another possible strategy of promoting initial sales of your new products.

A: Our *marketing team* has produced a detailed survey based on *observation of markets.*
B: What did they conclude?

A: We should *schedule* our advertisements to coincide with seasonal increases in demand.

The *Board of Directors* has been considering possibilities for expansion of our business into new areas.
Our *chairman* has had connections to our company for many years.
The *chairman of the board* has called a *meeting* for next week.
The *chairman of the supervisory board* is on holiday (US: vacation) at present.
I believe she was delighted to receive the *chairmanship.*
Our *managing director* (US: *chief executive officer)* originally comes from Japan.
Our *executives* are currently in a meeting.
We need to make an *executive* decision as soon as possible.

The *branch manager* is currently away on business. Her *deputy* can

A: Außerdem hoffen wir, den Start des Sortiments zu einem *Medienereignis* zu machen.
B: Wenn Sie Ihren *Stammkunden* einen *Preisnachlass* anbieten, könnte das eine weitere mögliche Strategie sein, um den Anfangsverkauf Ihrer neuen Produkte zu fördern.

A: Unser *Marketingteam* hat eine detaillierte Studie ausgearbeitet, die auf *Marktbeobachtung* beruht.
B: Zu welchem Schluss sind sie gekommen?

A: Wir sollten unsere Anzeigen so *planen,* dass sie mit der saisonbedingten Steigerung der Nachfrage zusammenfallen.

Die *Direktion* hat die Möglichkeiten einer Expansion unseres Unternehmens in neue Bereiche abgewägt.

Unser *Vorsitzender* hatte seit vielen Jahren Beziehungen zu unserer Firma.
Der *Vorstandsvorsitzende* hat ein *Meeting* für nächste Woche anberaumt.
Der *Aufsichtratsvorsitzende* ist im Moment auf Urlaub.

Ich glaube, sie war sehr erfreut den *Vorsitz* zu erhalten.
Unser *Generaldirektor* kommt ursprünglich aus Japan.

Unsere *Verwaltung* ist im Moment bei einem Meeting.
Wir müssen so bald wie möglich eine *geschäftsführende* Entscheidung treffen.

Die *Filialleiterin* ist im Moment geschäftlich unterwegs.

help you with any further enquiries.
Ihr *Stellvertreter* kann Ihnen bei weiteren Fragen helfen.

I think it would be more fitting if you spoke to the *manageress* regarding this matter.
Ich denke, es wäre angebrachter, wenn Sie diese Angelegenheit mit der *Managerin* besprechen würden.

The *manager* is in a meeting at present. The scheduling of his appointments is organised by his *secretary* (US: *minister*).
Der *Geschäftsführer* ist im Moment in einem Meeting. Die Terminplanung organisiert sein *Sekretär.*

A: I demand to speak to the *manager*!
A: Ich verlange den *Geschäftsführer* zu sprechen!

B: I'm afraid he's in a meeting at the moment, sir. Could his *deputy* be of assistance?
B: Es tut mir Leid, aber er ist gerade in einem Meeting. Würde Ihnen sein *Stellvertreter* weiterhelfen?

Our *production manager* has been criticised for the inefficiency of production on the factory floor.
Unser *Produktionsleiter* ist für die Ineffizienz in der Fabrikhalle kritisiert worden.

Our *purchasing manager* is abroad visiting one of our component manufacturers.
Unser *Einkaufsleiter* ist im Ausland, um einen unserer Zulieferer zu besuchen.

Good morning, my name is Allen, John Allen – I'm the *financial manager* of JMC.
Guten Tag, mein Name is Allen, John Allen – Ich bin der *Finanzdirektor* von JMC.

The *accounts manager* is out of the office this afternooon.
Der *Leiter des Rechnungswesens* ist heute Nachmittag nicht in seinem Büro.

Mrs. Adam is our *accounting division manager.*
Frau Adam ist die *Leiterin unserer Buchhaltung.*

Our *public relations department* has made several valid suggestions for the improvement of our *firm's image.*
Unsere *Öffentlichkeitsabteilung* hat einige sinnvolle Vorschläge zur Verbesserung unseres *Firmenimages* gemacht.

I would like to introduce the *manager of our data processing division,* Ms. Meyer.
Ich würde Ihnen gerne die *Leiterin der EDV-Abteilung* vorstellen, Ms. Meyer.

A: Would you like to discuss your marketing suggestions with our *sales manager*?
A: Möchten Sie die Marketing-Vorschläge gerne mit unserem *Verkaufsleiter* besprechen?

B: I think that would be the best option open to us.	B: Ich denke, dass wäre die beste Option für uns.
Our *advertising manager* is not available at present.	Unser *Werbeleiter* ist momentan nicht erreichbar.
Mr. Mann has been *marketing manager* of the company since 1989 and will retire next year.	Mr. Mann ist seit 1989 unser *Marketingleiter* und wird nächstes Jahr in Rente gehen.
A: I am telephoning to request a meeting with your *production manager.*	A: Ich rufe an mit der Bitte um ein Treffen mit dem *Leiter der Produktion*.
B: I'm afraid he's not available at the moment. Would it be possible for a *representative* from the department to help you?	B: Es tut mir Leid, aber er ist im Moment nicht verfügbar. Wäre es möglich, dass Ihnen ein *Vertreter* der Abteilung helfen könnte?
A: I don't know. It was regarding methods of reducing production costs.	A: Ich weiß es nicht. Es handelt sich um Methoden zur Produktionskostenreduzierung.
B: He's very busy at the moment. Perhaps you could discuss the matter with one of his *subordinates?*	B: Er ist im Moment sehr beschäftigt. Vielleicht könnten Sie die Angelegenheit mit einem seiner *Mitarbeiter* besprechen?
A: I think for a preliminary meeting that would be fine.	A: Ich denke für ein Vorgespräch wäre das in Ordnung.
The *human resources manager* has arranged a staff meeting for Friday.	Der *Personalleiter* hat für Freitag ein Personalmeeting arrangiert.
The *personnel manager* will take six months *maternity leave* in summer.	Die *Personalmanagerin* wird im Sommer für sechs Monate in den *Mutterschaftsurlaub* gehen.
A: We have agreed to promote you to *distributions manager,* Miss Green.	A: Wir haben uns darauf geeinigt, Sie zur *Vertriebsleiterin* zu befördern, Miss Green.
B: Thank you. I'm delighted.	B: Danke. Ich bin sehr erfreut.
A: Well, as you're already familiar with our *structure of distribution,* I'm sure you'll prove to be a worthy *successor* to Mr. Dobson.	A: Nun, da Sie schon mit unserer *Vertriebsstruktur* vertraut sind, bin ich sicher, dass Sie sich als würdige *Nachfolgerin* von Mr. Dobson herausstellen werden.

Our *research director* is in charge of all aspects of scientific research within our company.

We employ several *scientists* to research and develop new products for our firm.
Our *research laboratory* is not situated on our main site.

A: Our *project leader* has suggested several changes to previous plans.

B: On what reasons?
A: I think she just disagrees with our overall *project management* strategy.

My *personal assistant* can answer any further questions you might have.
I will have my *P.A.* prepare the necessary documentation.

A: Has your company been achieving its *sales targets* this year?
B: Not as yet. We were considering introducing *payment on a commission basis* for all our *sales staff.*
A: That might provide them with the necessary *incentive.*

Our *skilled* seamstresses prefer *shift work.*
Our firm employs over a hundred *semi-skilled workers* in our *production team.*
Our *foreign workers* are mainly from Southern Europe.

Unser *Forschungsdirektor* ist für alle Bereiche der wissenschaftlichen Forschung in unserem Unternehmen verantwortlich.

Wir beschäftigen einige *Wissenschaftler* um neue Produkte für unsere Firma zu erforschen und zu entwickeln.
Unser *Forschungslabor* ist nicht auf unserem Hauptgelände.

A: Unsere *Projektleiterin* hat einige Änderungen an unseren bisherigen Plänen vorgeschlagen.

B: Aus welchen Gründen?
A: Ich denke, sie stimmt unserer gesamten *Projektmanagement-*Strategie nicht zu.

Falls Sie noch Fragen haben sollten, steht Ihnen mein *persönlicher Assistent* zur Verfügung.
Ich werde meine *P.A.* (persönliche Assistentin) die notwendigen Dokumente vorbereiten lassen.

A: Hat Ihr Unternehmen das *Absatzziel* für dieses Jahr erreicht?
B: Noch nicht. Wir erwägen *Bezahlung auf Provisionsbasis* für unseren gesamten *Verkaufsstab* einzuführen.
A: Das könnte ihnen den notwendigen *Anreiz* geben.

Unsere *ausgebildeten* Näherinnen bevorzugen *Schichtarbeit.*
Unsere Firma beschäftigt über einhundert *angelernte Arbeiter* in unserem *Produktionsteam.*
Unsere *ausländischen Arbeitnehmer* kommen vor allem aus Südeuropa.

Unternehmen

Our *factory workers* have been complaining regarding the lighting in the *factory building.*
Many of our *apprentices* are based here in our main factory.
An *apprenticeship* takes at least three years to complete within our firm.
Our *blue-collar workers* earn less than our *white-collar workers.*

A: Do you have many *unskilled workers* here in your factory?
B: Yes, although most of our workers undergo at least some training during their employ.

Our *office staff* are based in the *office block* on our other site.

We have two *office juniors* under our employ at present.
My *secretary* (US: *minister*) can deal with any further queries you might have.
Clerical work is vital to the smooth running of our firm.
At the moment, we have a *temp* secretary covering for Josephine's maternity leave.
Our *receptionist* will direct you to our conference room.
We have two *stenographers* working for us at the firm.
I think we are slightly *understaffed* in respect of *typists.*
We have called in a *marketing consultant* to help us in our decision making within the department.

Unsere *Fabrikarbeiter* haben sich über die Beleuchtung in unserer *Fabrikhalle* beschwert.
Viele unserer *Lehrlinge* arbeiten hier in unserer Hauptfabrik.
Eine *Lehre* dauert in unserem Unternehmen mindestens drei Jahre.

Unsere *Arbeiter* verdienen weniger als unsere *Büroangestellten.*

A: Haben Sie viele *ungelernte Arbeiter* in Ihrer Fabrik?
B: Ja, obwohl die meisten unserer Arbeiter während ihrer Beschäftigungszeit zumindest irgendeine Ausbildung bekommen.

Unsere *Bürokräfte* sind in dem *Bürogebäude* auf unserem anderen Gelände.

Wir haben im Moment zwei *Bürogehilfen* beschäftigt.
Bei weiteren Fragen wird Ihnen mein *Sekretär* zur Verfügung stehen.
Büroarbeit ist entscheidend für das gute Funktionieren einer Firma.
Im Moment haben wir eine *Aushilfe,* die während Josephines Mutterschaftsurlaub arbeitet.
Unsere *Empfangsdame* wird sie in den Konferenzraum bringen.
Wir haben zwei *Stenografen* in unserem Unternehmen beschäftigt.
Ich denke, wir sind leicht *unterbesetzt* mit *Schreibkräften.*
Wir haben einen *Marketingberater* eingeschaltet, um uns bei der Entscheidungsfindung in der Abteilung zu unterstützen.

Unternehmen

A: I was disappointed by the public response to our last *advertising campaign*. I feel our market share increased little as a result.
B: Why don't we try using a new *advertising agency*.
A: That would certainly be a possibility – we need *advertisers* who *canvass* the public more thoroughly.

We do not have an accounts department – we have our own *accountant* with an *accounting firm* based in London.
The firm has its own personal *banker,* whom we can contact if we have any problems.
I would propose that we call in a *management consultant*.
I have had my secretary contact the *company solicitor* (US: *lawyer*).
Have you met our *middleman* in South America, Mr. Tetley?
One of our *main distributors* is due to meet the manager this afternoon.

I have contacted a *subcontractor* for our latest building project.
We need to contact a *transatlantic shipping company* to firm-up our transport costs.
Our *sales team* is trying to find suitable *suppliers* for the new components in the USA.
Our *business structure* has hardly changed at all over the past forty years.

A: Ich war enttäuscht von der öffentlichen Reaktion auf unsere *Werbekampagne.* Ich glaube, unser Marktanteil ist infolgedessen kaum gestiegen.
B: Warum versuchen wir es nicht mit einer neuen *Werbeagentur.*
A: Das wäre sicherlich eine Möglichkeit – wir brauchen ein *Werbeunternehmen,* das die Öffentlichkeit gründlicher *befragt.*

Wir haben keine Buchhaltungsabteilung, wir haben unseren eigenen Buchhalter bei einer *Buchhaltungsagentur* in London.
Die Firma hat einen persönlichen *Bankier,* den wir kontaktieren, wenn wir irgendwelche Probleme haben.
Ich würde vorschlagen, dass wir einen *Unternehmensberater* hinzuziehen.
Ich hatte meinem Sekretär aufgetragen, den *Firmenanwalt* zu kontaktieren.
Kennen Sie unseren *Zwischenhändler* in Südamerika, Mr. Tetley?
Einer unserer *Großhändler* soll heute Nachmittag unseren Geschäftsführer treffen.

Ich habe den *Subunternehmer* für unser neuestes Bauprojekt kontaktiert.
Wir müssen eine *Übersee-Reederei* kontaktieren, um unsere Transportkosten abzustützen.
Unser *Vertriebsteam* versucht, passende *Lieferanten* für die neuen Teile in den USA zu finden.
Unsere *Betriebsstruktur* hat sich in den letzten vierzig Jahren kaum verändert.

Many companies have been changing their ***pattern of organisation*** (US: ***organization***) to move with the times.	Viele Unternehmen haben ihre ***Organisationsform*** gewechselt, um mit der Zeit zu gehen.
Old-fashioned strictly ***hierarchical*** business structures are often replaced by ***centre organisation*** (US: ***center organization***) ***structures.***	Altmodische ***hierarchische*** Geschäftsstrukturen werden oftmals durch die ***Center-Organisationsform*** ersetzt.
We have taken expert advice and decided against ***restructuring***.	Wir haben Expertenrat eingeholt und uns gegen die ***Umstrukturierung*** entschieden.

A: Along what lines have you ***restructured*** your firm?
B: Our workers are now organised into ***production-oriented teams*** instead of divided into different departments.
A: What effect does that have upon the ***production process?***
B: Well, our workers are more ***motivated*** because they are able to follow the production process from beginning to end. It is far less monotonous as the permanent work on the ***production line.***

A: Nach welchen Richtlinien haben Sie Ihre Firma ***umstrukturiert***?
B: Unsere Arbeiter sind jetzt in ***produktionsorientierten Teams*** organisiert anstatt in verschiedenen Abteilungen.
A: Was für einen Effekt hat das auf das ***Fertigungsverfahren***?
B: Unsere Arbeiter sind höher ***motiviert,*** weil sie in der Lage sind, den Herstellungsprozess von Anfang bis Ende zu verfolgen. Es ist sehr viel weniger monoton als die dauernde Arbeit am ***Fließband.***

Management consultancy firms are booming due to widespread ***industrial reorganisation.***
A: We have allotted our ***teams*** different ***target groups*** within the population. For example, we have a very young, ***dynamic*** team to target ***teens and twens.***

Betriebsberatungsfirmen boomen wegen der weit verbreiteten ***Umorganisationen der Betriebe.***
A: Wir haben unseren ***Teams*** verschiedene ***Zielgruppen*** in der Bevölkerung zugewiesen. Beispielsweise haben wir ein sehr junges, ***dynamisches*** Team für den Zielbereich der ***Teenager und Twens.***

B: Do you think this method has increased your appeal within this age group?

B: Glauben Sie, dass sich diese Altersgruppe durch diese Methode stärker angesprochen fühlt?

A: Yes. The method allows us to maximise the potential of our employees and to target precisely ***potential customers.***

The board has decided in favour of centre organisation (US: center organization) for our firm. Our ***reorganisation*** will divide the company into divisions, each targeting a particular geographical area.
My colleagues are very interested in introducing ***matrix organisation*** (US: ***organization***) to our firm.

A: We experimented with ***matrix organisation*** in one of our subsidiaries last year.
B: Did you draw any conclusions?

A: It failed to live up to our expectations. The staff never knew which manager to contact, when they had a problem.

B: What do you mean?
A: Well, for example, if they had a problem regarding a faulty component, they could go to their ***team leader*** or to the ***chief buyer.***

B: That does sound too confusing.

A: Ja. Die Methode erlaubt es uns, das Potenzial unserer Mitarbeiter optimal auszuschöpfen und unsere ***potenziellen Kunden*** präzise anzusprechen.

Die Direktion hat sich für die Centerorganisationsform in unserer Firma entschieden. Unsere ***Neuorganisierung*** wird das Unternehmen in Abteilungen gliedern, von denen jede für eine bestimmte geografische Gegend zuständig ist.
Meine Kollegen sind sehr interessiert daran, die ***Matrixorganisation*** in unserem Unternehmen einzuführen.

Wir haben letztes Jahr in einer unserer Tochtergesellschaften mit der ***Matrixorganisation*** experimentiert.
B: Sind Sie zu irgendwelchen Schlüssen gekommen?

A: Es hat nicht unsere Erwartungen erfüllt. Das Personal wusste nie, welchen Abteilungsleiter es kontaktieren sollte, wenn es ein Problem hatte.

B: Was meinen Sie?
A: Wenn sie, zum Beispiel, ein Problem mit einem fehlerhaften Teil hatten, konnten sie entweder zum ***Teamleiter*** oder zum ***Beschaffungsleiter*** gehen.

B: Das klingt sehr verwirrend.

2. Personal und Verwaltung

Staff retraining is necessary following modernisation of production methods.

We have informed all ***members of staff*** that a meeting will take place in the conference room. Can we have a copy of the ***minutes*** of the meeting posted in all departments, please? I have sent an e-mail to all our ***office staff*** informing them of the ***power cut*** on Tuesday.

A: I was not informed that the meeting was ***scheduled*** for Friday.
B: It was clearly an ***administrative error.*** We have ***postponed*** it until further notice.

Job Applications

During April, it became apparent that we had severe ***staff shortages.***

We are hoping to ***take on*** two new members of staff with degrees in business administration. We ***advertised*** our ***vacancy*** for deputy manager in the Herald.

I have informed the ***job centre*** (UK) of our vacancies. We have designed our ***advert*** for the Financial Times. The ***personnel manager*** has instructed his secretary to publish

Eine ***Personalumschulung*** ist seit der Modernisierung unserer Herstellungsmethoden notwendig geworden.
Wir haben alle ***Mitglieder des Personals*** informiert, dass ein Meeting im Konferenzraum stattfinden wird. Können wir eine Kopie des ***Protokolls*** des Meetings an alle Abteilungen verschickt bekommen, bitte?
Ich habe unserem gesamten ***Büropersonal*** ein E-Mail geschickt, das sie über den ***Stromausfall*** am Dienstag informiert.

A: Ich war nicht informiert, dass das Meeting für Freitag ***vorgesehen*** war.
B: Das war ganz klar ein ***Verwaltungsfehler.*** Wir haben es bis auf weiteres ***verschoben.***

Bewerbungen

Im April wurde es klar, dass wir einen ernsthaften ***Personalmangel*** hatten.
Wir hoffen, zwei neue Mitarbeiter mit Abschlüssen in Betriebswirtschaftslehre ***einzustellen.*** Wir haben unsere ***freie Stelle*** für einen stellvertretenden Geschäftsführer im Herald ***inseriert.***
Ich habe das ***Arbeitsamt*** über unsere offenen Stellen informiert.
Wir haben ein ***Inserat*** für die Financial Times entworfen.
Der ***Personalleiter*** hat seinen Sekretär angewiesen, die ***Stelle*** in einer

the *position* in the national newspapers.

A: We have advertised our *graduate training scheme* in university magazines and national newspapers.

B: Are you anticipating a large *response*?
A: Last year, we had over four hundred *applicants*.

We have received hundreds of *applications* for the *post*.

A: Good morning. I wanted to ask a few questions regarding your advertisement for the position in your *computing department*.
B: The position would involve almost exclusively *work at a computer terminal*.
A: I have ten years experience as a *computer programmer*.
B: Then I would certainly recommend that you apply for the position. I will have my secretary send you the *application forms*.

I would like to *apply for the position of* ...
I think we should *interview* this *candidate* – her C.V. (*curriculum vitae*) looks very promising.

This applicant, if his résumé is anything to go by, has all the qualities we are looking for.

überregionalen Tageszeitung auszuschreiben.

A: Wir haben unser *Graduierten-Trainingsprogramm* in den Universitätszeitschriften und den überregionalen Zeitungen inseriert.

B: Erwarten Sie eine große *Reaktion*?

A: Letztes Jahr hatten wir über vierhundert *Bewerber*.

Wir haben hunderte *Bewerbungen* für die *Stelle* erhalten.

A: Guten Morgen. Ich habe nur ein paar Fragen bezüglich Ihres Inserates für die Stelle in Ihrer *EDV-Abteilung*.

B: Die Stelle ist fast ausschließlich *Bildschirmarbeit*.

A: Ich habe zehn Jahre Erfahrung als *Programmierer*.
B: Dann würde ich auf jeden Fall empfehlen, dass Sie sich auf die Stelle bewerben. Ich werde meine Sekretärin anweisen, Ihnen die *Antragsformulare* zuzuschicken.

Ich möchte mich *um die Stelle als ... bewerben*.
Ich denke, wir sollten mit dieser *Bewerberin ein Gespräch führen* – ihr *Lebenslauf* sieht sehr viel versprechend aus.

Dieser Bewerber hat alle Eigenschaften, nach denen wir gesucht haben, wenn man auf den Lebenslauf etwas geben kann.

Personal und Verwaltung

During the first stage of our *recruitment procedure*, reading application documents, we reject over fifty percent of applicants.

A: We expect the initial interviews to take place over two days.

B: What is the next stage in your *selection process*?
A: From all those interviewed we select the ten we feel could be most suitable for the position. Then we send them to an *assessment centre* (US: *center*) for a weekend.
During the weekend at the *assessment centre*, you will participate in a *planning game*.

We would like to offer you the position of *chief secretary* here at JMC.
We feel that you will make a valuable contribution to our finance division.
We will prepare a *contract of employment* for signing by the end of the week.
That is a definite *offer of employment*.
We offer a comprehensive package for our sales employees – a *company pension, company car* and an *expense account*.
The *recruitment* of new staff is particularly difficult this year.
Staff changes are necessary.

Während der ersten Phase des *Einstellungsverfahrens*, nach dem Lesen der Bewerbungsunterlagen, lehnen wir über fünfzig Prozent der Bewerber ab.

A: Wir erwarten, dass die Vorbewerbungsgespräche zwei Tage dauern werden.
B: Was ist der nächste Schritt in Ihrem *Auswahlverfahren*?
A: Von all denen, mit denen wir gesprochen haben, wählen wir zehn, von denen wir glauben, dass sie für die Position geeignet sind, aus. Dann schicken wir sie für ein Wochenende in ein *Assessment Center*.
Während des Wochenendes im *Assessment Center* werden Sie an *Planspielen* teilnehmen.

Wir möchten Ihnen gerne die Stelle als *Chefsekretärin* bei JMC anbieten.

Wir glauben, dass sie einen wertvollen Beitrag zu unserer Finanzabteilung leisten werden.
Wir werden einen *Arbeitsvertrag* unterschriftsreif für das Ende der Woche vorbereiten.
Dies ist ein verbindliches *Stellenangebot*.
Wir bieten ein umfassendes Paket für all unsere Verkaufsangestellten – *Pension, Firmenwagen* und *Spesenkonto*.
Die *Anwerbung* neuen Personals ist dieses Jahr besonders schwierig.
Ein *Personalwechsel* ist notwendig.

Personal und Verwaltung

Working Hours **Arbeitszeiten**

> Arbeitszeiten sind im englischsprachigen Raum anders geregelt als in Deutschland. Der Tag fängt normalerweise um neun an und hört um halb sechs auf, mit einer halben Stunde Pause zum Mittagessen, normalerweise zwischen eins und zwei. Die Arbeitszeiten werden im Allgemeinen nicht ganz so flexibel gehandhabt wie in Deutschland.

What kind of *working hours* would the job entail?

Was für *Arbeitszeiten* würde der Job beinhalten?

As a *secretary*, we would employ you to work Monday to Friday, *office hours.*

Als Sekretär würden wir Sie von Montag bis Freitag zu den normalen *Dienststunden* beschäftigen.

We cannot offer this position as anything other than a *full-time job.*

Wir können Ihnen diese Stelle nur als *Ganztagsstellung* anbieten.

We have introduced a degree of *flexitime* in our office, but the majority nevertheless work *nine to five.*

Wir haben ein gewisses Maß an *Gleitzeit* eingeführt, aber die meisten arbeiten trotzdem *von neun bis fünf.*

Our employees have different *working schedules* according to their personal preferences and the nature of their work.

Unsere Angestellten haben verschiedene *Arbeitszeitpläne*, die von ihren persönlichen Vorlieben und der Art ihrer Arbeit abhängen.

We could offer you a *part-time position.*

Wir können Ihnen eine *Teilzeitstelle* anbieten.

A: I don't know if I would be interested in a full-time job.
B: We also have flexitime positions available.
A: That would be of interest to me in particular. My wife works part-time as a nurse, so we need to juggle our working hours to pick up our children from school.

A: Ich weiß nicht, ob ich an einer Ganztagsstellung interessiert wäre.
B: Wir können Ihnen auch Gleitzeit anbieten.
A: Das wäre für mich besonders interessant. Meine Frau arbeitet Teilzeit als Krankenschwester, sodass wir unsere Arbeitszeiten so koordinieren müssen, dass wir die Kinder von der Schule abholen können.

A: Would you be interested in job sharing? We could take that into

A: Wären Sie daran interessiert eine Arbeitsstelle zu teilen? Das könnten

Personal und Verwaltung

account as another alternative.
B: Definitely.

All our factories base their production on *shift work*.
The afternoon shift has been producing consistently less than the *morning shift* this week.
We are finding it difficult to find enough people to work the *night shift*.
When you arrive in the morning, you must *clock on*.
Don't forget to *clock off* for lunch and on your way out in the evening.

wir als Alternative in Betracht ziehen.
B: Auf jeden Fall.

Alle unsere Fabriken verlassen sich bei der Produktion auf *Schichtarbeit*.
Die Nachmittagsschicht hat diese Woche durchgehend weniger produziert als die *Frühschicht*.
Es ist schwierig für uns, genügend Leute zu finden, die während der *Nachtschicht* arbeiten.
Wenn Sie morgens ankommen, müssen Sie *einstempeln (an der Stechuhr)*.
Vergessen Sie nicht *auszustempeln*, wenn Sie zum Mittagessen oder nach Hause gehen.

Pay

Your *salary* will be paid on the fifteenth of each month.
If your promotion is agreed within the department, you will receive a *salary increase*.

Our managerial team are all in the same *salary bracket*.
Staff in our distribution department are not all *salaried*.
If you do go on the business trip with Mr. Allen, we will pay all your *expenses*.
Have you received your *travelling expenses* for the trip to Britain?

A: I didn't pay for my hotel last week from the *expenses account*.
B: Have you still got the *receipt*?
A: Yes – I have it here.

Lohn und Gehalt

Ihr *Gehalt* wird zum Fünfzehnten jeden Monats bezahlt.
Wenn Ihrer Beförderung in der Abteilung zugestimmt wird, dann werden Sie eine *Gehaltserhöhung* bekommen.
In unserem Direktionsteam sind alle in einer *Gehaltsgruppe*.
Nicht das ganze Personal in unserer Vertriebsabteilung ist *angestellt*.
Wenn Sie mit Mr. Allen auf Geschäftsreise gehen, werden wir die *Spesen* übernehmen.
Haben Sie Ihre *Reisespesen* für die Reise nach Großbritannien bekommen?

A: Ich habe das Hotel letzte Woche nicht vom *Spesenkonto* bezahlt.
B: Haben Sie die *Quittung* noch?
A: Ja – ich habe sie hier.

Personal und Verwaltung

B: Then we can *reimburse* you with your salary for this month.

A: This receipt here details the *special expenses* I incurred on the trip.
B: We can credit those to your account with your salary.

Does your secretary receive a *wage* or a *salary?*
Our workers can collect their *wages* on Friday afternoons.
Your wages will be paid *every second week.*

A: I don't seem to have received my *earnings* for last week.
B: Just a moment.....I can't find your name on the *payroll.*

We have awarded all our office staff a *pay rise* (US: *pay raise*) as from this week.
We have reached a *wage agreement* with our unskilled *labour force.*

A: The *wage-price spiral* is out of control in Britain at the moment.
A: Yes. The government is considering introducing a *wage freeze* to combat the problem.

Is Friday *pay-day*?
What is the *wage scale* within your company?
The *tax on earnings* for Miss Walker has been miscalculated.

B: Dann werden wir Ihnen das zusammen mit Ihrem Monatsgehalt *erstatten.*

A: Diese Quittung hier führt detailliert die *Sonderausgaben* auf, die ich während der Reise hatte.
B: Wir werden sie mit Ihrem Gehalt auf Ihr Konto überweisen.

Bekommt Ihre Sekretärin einen *Lohn* oder ein *Gehalt?*
Unsere Arbeiter können ihren *Lohn* freitags abholen.
Ihr Lohn wird *vierzehntägig* bezahlt.

A: Ich habe meinen *Verdienst* von letzter Woche noch nicht bekommen.
B: Einen Moment bitte.... Ich kann Ihren Namen nicht auf der *Lohnliste* finden.

Wir haben unserem gesamten Büropersonal von dieser Woche an den *Lohn erhöht.*
Wir haben eine *Lohnvereinbarung* mit unseren ungelernten *Arbeitskräften* getroffen.

A: Momentan ist die *Lohn-Preis-Spirale* in Großbritannien außer Kontrolle geraten.
A: Ja. Die Regierung erwägt einen *Lohnstopp* einzuführen, um das Problem zu bekämpfen.

Ist am Freitag *Zahltag*?
Welchen *Lohntarif* haben Sie in Ihrem Unternehmen?
Die *Ertragssteuer* von Frau Walker ist falsch berechnet worden.

Personal und Verwaltung

A: I think I paid too much *wage tax* last week – here is my *pay cheque* (US: *paycheck*).
B: Yes – you paid for the wrong *tax bracket* – we will reimburse you with next week's wages.

All our factory employees work *two weeks in hand.*

A: When will I receive my first *pay-cheque* (US: *check*)?
B: We require all our employees to *work a week in hand.* That means that you will have to wait until the Friday of your second week with us before you receive your first week's pay.

Did you work any *overtime* last week?
Overtime for your shift is paid *time and a half* before midnight. If you do want to work the night shift, you'll receive *double time* after midnight.

We pay our workers an *hourly wage.*
Although we obviously don't pay *wages in kind* our workers often take surplus produce home with them.

A: Ich glaube ich habe letzte Woche zu viel *Lohnsteuer* bezahlt. Hier ist mein *Lohnscheck.*
B: Ja – Sie haben für die falsche *Steuergruppe* bezahlt – wir werden Ihnen das zusammen mit Ihrem Lohn für nächste Woche zurückerstatten.

All unsere Fabrikarbeiter arbeiten *zwei Wochen im Voraus.*

A: Wann werde ich meinen ersten *Lohnscheck* bekommen?
B: Wir erwarten von all unseren Arbeitnehmern, dass sie *eine Woche im Voraus* arbeiten. Das bedeutet, dass Sie bis zum Freitag der zweiten Woche warten müssen, bevor Sie den Lohn für die erste Woche ausgezahlt bekommen.

Haben Sie letzte Woche *Überstunden* gemacht?
Überstunden werden bei Ihrer Schicht vor Mitternacht *mit 150 %* bezahlt. Wenn Sie die Nachtschicht arbeiten wollen, bekommen Sie *doppelten Lohn* nach Mitternacht.

Wir bezahlen unsere Arbeiter *nach Stunden.*
Obwohl wir natürlich keinen *Naturallohn* bezahlen, nehmen unsere Arbeiter doch oftmals überschüssige Produkte mit nach Hause.

Das dreizehnte Monatsgehalt/Weihnachtsgeld kommt im englischsprachigen Raum viel seltener vor als in Deutschland.

Personal und Verwaltung

A: We were considering introducing a ***bonus*** for factory workers with a higher than average output.

B: It might provide an effective ***incentive*** to increase production.

Have you received your ***bonus?***

Many of our sales staff earn ***on commission basis*** only.
We pay our sales staff a ***commission bonus*** for every sale they make, but we also pay them a basic salary.

A: We are considering introducing a ***piece work wage*** for our ***production team,*** to make sure the order is completed on time.
B: Will they also retain their basic wage?
A: Yes – we anticipate it being a short-term measure only.

Although ***piece work*** is becoming out-dated in Europe, our factory workers in India are paid a ***piece-work wage.***

Working Relations

Wir überlegen uns, eine ***Sondervergütung*** für Fabrikarbeiter, die ein überdurchschnittliches Ergebnis haben, einzuführen.

B: Das könnte ein effektiver ***Anreiz*** sein, um die Produktivität zu erhöhen.

Haben Sie Ihre ***Sondervergütung*** erhalten?

Ein Großteil unseres Personals verdient nur ***auf Provisionsbasis.***
Wir bezahlen unserem Verkaufspersonal eine ***Provision*** für jeden Verkauf, aber wir zahlen ihnen auch ein Grundgehalt.

A: Wir erwägen es, ***Akkordlohn*** für unser ***Produktionsteam*** einzuführen, um sicherzustellen, dass der Auftrag rechtzeitig fertig wird.
B: Werden Sie außerdem Ihren Grundlohn behalten?
A: Ja – wir gehen davon aus, dass es nur eine kurzfristige Maßnahme sein wird.

Obwohl ***Akkordarbeit*** in Europa aus der Mode kommt, bekommen unsere Arbeiter in Indien einen ***Akkordlohn.***

Betriebsklima

Ein höflicher Umgang ist essenziell für ein gutes Betriebsklima. Im Englischen wird noch sehr viel häufiger als im Deutschen aus Höflichkeit ein Befehl mit einer Frage umschrieben.

Personal und Verwaltung

A: The new *trainees* are in the waiting room. Can you contact the *training staff* for me to let them know?
B: Certainly. I'll call them right away.

Do you think we *could try* to work in the office with a little less noise?
Would it be possible to complete the project by Wednesday?
Could you *kindly refrain* from making such comments during working hours?
Would it be possible for us *to discuss this in my office?*

A: Die neuen *Auszubildenden* sind im Wartezimmer. Können Sie das *Schulungspersonal* für mich benachrichtigen?
B: Natürlich. Ich werde sie sofort anrufen.

Könnten wir nicht *versuchen*, die Arbeit im Büro etwas leiser zu gestalten?
Wäre es möglich, das Projekt bis Mittwoch fertig zu machen?
Könnten Sie es *bitte unterlassen* solche Kommentare während der Arbeitszeit zu machen?
Wäre es möglich, dass wir *das in meinem Büro besprechen?*

Im englischsprachigen Raum ist der Umgangston zwischen den Mitarbeitern oftmals weniger formal als in Deutschland. Es ist normal, dass man sich innerhalb einer Firma mit dem Vornamen anspricht.

Anthony, *could you make sure* that my correspondence is posted this afternoon?
I don't want to ask you again, Alan, to remain at your post at all times during the shift.

Might I have a word with you regarding this matter, John?
How are you enjoying your *internship* with us, Rachel?
We hope you'll find our company a suitable *place of employment*.

It is important to us that all members of staff obtain *job satisfaction* from their work.

Anthony, *könntest* du bitte *sicherstellen,* dass meine Korrespondenz heute Nachmittag rausgeht.
Alan, *ich möchte dich nicht nochmal darum bitten müssen,* während der Schicht immer auf deinem Posten zu bleiben.

John, *könnte* ich dich mal kurz in dieser Angelegenheit sprechen?
Wie gefällt dir dein *Praktikum* bei uns, Rachel?
Wir hoffen in unserer Firma einen geeigneten *Arbeitsplatz* für Sie zu finden.
Es ist sehr wichtig für uns, dass all unsere Angestellten mit ihrer *Arbeit zufrieden sind.*

Personal und Verwaltung

As **employers**, it is important for us that our workers develop a **team spirit**.

Personell have been doing all they can to encourage greater **worker participation**.
Many of our **employees** have been working with us for many years.
We must ensure that we maintain standards of **working conditions and human relations**.

A: We have considered introducing a **job rotation scheme** to encourage **teamwork**.

B: That's certainly one method of improving **working relationships**.
A: Another strategy we have seen implemented in other companies is **team oriented production**.
B: I think that can help increase worker **motivation**, particularly on the **production line**.
A: It's definitely a sound method of optimising **production potential**.

We have to consider managing our **manpower** in greater depth than previously.
JMC has always been a **performance-oriented company**.

A: I would like to discuss possible personell management strategies within the firm.

Als **Arbeitgeber** ist es sehr wichtig für uns, dass unsere Arbeiter **Teamgeist** entwickeln.

Die **Personalabteilung** hat alles getan, um eine stärkere **Arbeitnehmerbeteiligung** zu fördern.
Viele unserer **Arbeitnehmer** sind schon seit vielen Jahren bei uns beschäftigt.
Wir müssen sicherstellen, dass der Standard unseres **Betriebsklimas** erhalten bleibt.

A: Wir haben uns überlegt, einen **systematischen Arbeitsplatzwechsel** einzuführen, um **Teamarbeit** zu fördern.

B: Das ist sicherlich einen Möglichkeit um das **Betriebsklima** zu verbessern.
A: Eine andere Strategie, die wir bei anderen Unternehmen angewendet gesehen haben, ist **teamorientierte Produktion**.
B: Ich denke, dass das die **Motivation** bei den Arbeitern erhöhen kann, besonders am **Fließband**.
A: Es ist sicherlich eine vernünftige Methode, um das **Produktionspotenzial** zu optimieren.

Wir müssen erwägen, unser Potenzial an **Arbeitskraft** intensiver als bisher zu verwalten.
JMC waren schon immer ein **leistungsorientiertes Unternehmen**.

A: Ich würde gerne die möglichen Personalmanagement-Strategien innerhalb des Unternehmens besprechen.

Personal und Verwaltung

B: I will call a meeting of all department managers for this afternoon.
A: Thank you. Once we have clearly defined our objectives, we should have fewer problems with our labour force (US: labor force).

We like to be considered fair *employers.*
Labour relations (US: *labor*) are the worst they've been for several years.

I think that *mismanagement* has resulted in our present problems. We are struggling to settle the present *trade dispute* in Asia; the workers are demanding that we introduce a higher *piece rate.*
The *reduction of staff* in October was unavoidable in the face of falling turnover.
Our workers have voiced strong objections to *piece work pay.*

He has threatened to *give his notice.*
There has not been a *general strike* for many years in the UK.
The workers of Maurice Motors have begun a *go-slow* to protest against *lay offs.*

There have been increasing demands for a fair *minimum wage* in the UK.
We have agreed to the demands of the *trade union* (US: *labor union*) with one *proviso* – that they return to work immediately.

B: Ich werde ein Meeting aller Abteilungsleiter für heute Nachmittag einberufen.
A: Danke. Sobald wir klar definierte Ziele haben, sollten wir weniger Probleme mit unserer Arbeiterschaft haben.

Wir möchten als faire *Arbeitgeber* eingeschätzt werden.
Die *Beziehungen zwischen Arbeitgeber und Arbeitnehmer in den Firmen* sind die schlechtesten seit einigen Jahren.

Ich denke, dass *Missmanagement* unsere jetzigen Probleme verursacht hat. Wir tun uns schwer, den momentanen *Arbeitskampf* in Asien zu beenden. Die Arbeiter verlangen, dass wir einen höheren *Leistungslohn* einführen.
Der *Personalabbau* im Oktober war angesichts des fallenden Umsatzes unvermeidbar.
Unsere Arbeiter haben großen Widerstand gegen den *Stücklohn* zum Ausdruck gebracht.

Er hat gedroht zu *kündigen.*
In Großbritannien gab es seit vielen Jahren keinen *Generalstreik* mehr.
Die Arbeiter von Maurice Motors haben einen *Bummelstreik* begonnen, um gegen die *Entlassungen* zu protestieren.

In Großbritannien hat es immer lautere Forderungen nach einem fairen *Mindestlohn* gegeben.
Wir sind übereingekommen, die Forderungen der *Gewerkschaft* zu erfüllen, unter dem *Vorbehalt,* dass sie sofort wieder zu arbeiten beginnen.

Personal und Verwaltung 38

> Genauso wie im Deutschen versucht man auch im Englischen, sensible Themen zu umschreiben. Muss man beispielsweise Leute entlassen, so versucht man, das zumindest mit Feingefühl zu tun.

I'm afraid that we're going to have to *let you go,* George. Your work has simply not been *up to scratch* over the past months.	Es tut mir Leid, George, aber wir werden *Sie gehen lassen* müssen. Ihre Arbeit hat in den letzten Monaten einfach nicht *unseren Erwartungen entsprochen.*
I'm afraid we find your consistent lateness and *absenteeism* to be *something of a problem.*	*Ich bedauere,* aber Ihr ständiges Zuspätkommen und Ihr *unentschuldigtes Fernbleiben* finden wir *etwas problematisch.*
Your *absence rate* is consistently the highest in the department.	Ihre *Fehlzeitenquote* ist dauernd die höchste der ganzen Abteilung.
We have to consider *laying off* some staff.	Wir müssen erwägen, etwas Personal *zu entlassen.*
I have given him his notice.	*Ich habe ihm gekündigt.*
We have given your case deep consideration and we have no alternative than to *ask you to leave.*	Wir haben lange über Ihren Fall nachgedacht und es bleibt uns keine andere Wahl, als Sie zu *bitten uns zu verlassen.*
Your reputation seems to indicate that you are something of a *floater.*	Ihr Ruf scheint anzudeuten, dass Sie etwas von einem *Springer* haben.
We have made fifty workers *redundant.*	Wir haben fünfzig Arbeitsplätze abgebaut.
We have recently *dismissed* our chief accountant, for fraudulent activities.	Wir haben neulich unseren Chefbuchhalter wegen betrügerischer Aktivitäten *entlassen.*

> Natürlich gibt es aber auch im Englischen deutlichere Ausdrücke!

That's it – you're *fired*!	Sie sind *gefeuert*!
We have *given her the sack.*	Wir haben sie *rausgeworfen.*
This time you've gone too far – *you're sacked*!	Dieses Mal sind Sie zu weit gegangen - *Sie sind raus*!

We should have *given him the boot* years ago.	Wir hätten ihn schon vor Jahren *vor die Tür setzen* sollen.
She has been *given her cards.*	Sie hat ihre *Entlassungspapiere bekommen.*

> Außerdem ist da auch noch der Fall, dass man von sich aus seinen Arbeitsplatz verlassen möchte.

I *quit* my job because I didn't enjoy working in that kind of atmosphere.	Ich *kündigte* meinen Job, weil es mir keinen Spaß machte, in dieser Atmosphäre zu arbeiten.
I've given them *six weeks notice.*	Ich habe ihnen eine *sechswöchige Frist* gegeben.
I *resign* – I cannot work under such conditions.	Ich *höre auf.* Unter diesen Umständen kann ich nicht arbeiten.
I *tendered my resignation* this Monday.	Ich habe diesen Montag *meine Kündigung eingereicht.*

3. Einkauf und Verkauf

Enquiries	**Anfragen**

We visited your stand at the Frankfurt *fair* last week.
Wir haben letzte Woche Ihren Stand auf der Frankfurter *Messe* besucht.

We saw your *advertisement* in the latest edition of ...
Wir haben Ihre *Anzeige* in der aktuellen Ausgabe von ... gesehen.

The British Chamber of Commerce was kind enough to *pass on the name and address* of your company.
Die britische Handelskammer hat uns freundlicherweise *den Namen und die Adresse* Ihrer Firma *gegeben.*

We have previously bought material from your competitors, but they are presently having difficulties with their production.
Wir haben früher Material von Ihren Konkurrenten gekauft, aber sie haben zurzeit Produktionsschwierigkeiten.

We see a good opportunity to sell your products here in the German market.
Wir sehen gute Chancen, Ihre Produkte hier auf dem deutschen Markt zu vertreiben.

We would be *interested* in pocket notebooks, do you stock such items?
Wir sind an Taschennotizbüchern *interessiert*, führen Sie solche Artikel?

At the show in New York you let us have some *samples;* we would now like to receive your *offer* for... Please send us a detailed offer based on ...
Auf der Messe in New York haben Sie uns einige *Muster* mitgegeben; wir würden jetzt gerne Ihr *Angebot* über ... erhalten. Bitte schicken Sie Ihr detailliertes Angebot auf der Basis von ...

We would need an offer for shipments ex works including price and present lead time.
Wir benötigen ein Angebot für Lieferungen ab Werk einschließlich Preisen und aktueller Lieferzeit.

Please *quote* on basis of a regular monthly quantity of 500 kg.
Bitte *machen Sie Ihr Angebot* auf der Basis einer regelmäßigen monatlichen Menge von 500 kg.

Do you offer a *discount for large quantities?*
Gewähren Sie *Mengenrabatte?*

We would appreciate you letting us have a company brochure and some samples showing your *product range.*
Wir wären Ihnen sehr dankbar, wenn Sie uns eine Firmenbroschüre und einige Muster Ihrer *Produktpalette* zukommen lassen würden.

Are you presently *represented* in the Japanese market?
Werden Sie zurzeit im japanischen Markt *vertreten?*

Looking forward to receiving your offer.
In Erwartung Ihres Angebotes.

Einkauf und Verkauf

Do you have the following material in stock: ... ?	Haben Sie folgendes Material auf Lager: ... ?
We have received an *enquiry* for two bottles of item 4379, is this presently *available?*	Wir haben eine *Anfrage* für zwei Flaschen vom Artikel 4379 erhalten, ist er zurzeit *vorrätig?*
Yes, this could be dispatched immediately.	Ja, wir könnten ihn sofort verschicken.
No, I'm sorry, *we're completely out of this item* at the moment.	Nein, tut mir Leid, *wir haben diesen Artikel* im Moment *nicht mehr auf Lager.*
We will have this item ready for dispatch by the beginning of next week.	Dieser Artikel wird bis Anfang nächster Woche wieder lieferbar sein.
Do you supply item 776 in 50-kg packets?	Liefern Sie Artikel 776 in 50-kg-Packungen?
A: Would you be able to dispatch three *units* at the end of this week?	A: Könnten Sie Ende dieser Woche drei *Einheiten* zum Versand bringen?
B: Yes, of course, should I enter this for shipment?	B: Ja, natürlich, soll ich das jetzt zur Lieferung eintragen?
A: We would need three boxes this week and two more boxes at the end of next week. Is this possible?	A: Wir bräuchten diese Woche drei Kartons und Ende nächster Woche weitere zwei Kartons. Wäre das möglich?
B: The three boxes will be OK, but the two additional boxes won't be here until the week after next.	B: Die drei Kartons gehen in Ordnung, aber die zwei weiteren Kartons sind vor übernächster Woche nicht hier.

In Großbritannien und in den USA wird noch in englischen Maßen gerechnet, obwohl sich das metrische System mehr und mehr durchsetzt. Siehe auch die Umrechnungstabellen für Maße in Kapitel 10.

Could you let us have the following *samples?*	Könnten Sie uns bitte die folgenden *Muster* zukommen lassen?
Yes, I'll make sure they are put in the post this afternoon.	Ja, ich werde dafür sorgen, dass sie heute Nachmittag mit der Post weggeschickt werden.
I only have the samples in brown, would this be *acceptable?*	Ich habe die Muster nur in Braun, wäre das *akzeptabel?*

I'll have to check first whether we can accept this.	Ich muss zuerst überprüfen, ob wir das annehmen können.
Do you have any *special items* that you would like to *clear*?	Haben Sie irgendwelche *Sonderartikel*, die Sie *räumen* möchten?
We would be very *interested* in *regularly receiving advertisements concerning special offers*.	Wir wären sehr daran *interessiert*, *regelmäßig Anzeigen über Sonderangebote zu erhalten*.
Please leave your e-mail address and I will put you on our mailing list.	Bitte hinterlassen Sie Ihre E-Mail-Adresse und ich werde Sie auf unsere Mailingliste setzen.

A: We received the name of your company from mutual business associates in the USA. We are wholesalers of chemical products and would be interested in selling your products in the Far East.
B: I'm sorry, but at the moment we are represented in this area by a company in Tokyo. They have *exclusive rights* for the whole area.

A: Wir haben den Namen Ihrer Firma von gemeinsamen Geschäftspartnern in den USA erhalten. Wir sind Großhändler von chemischen Produkten und wären daran interessiert, Ihre Produkte im Fernen Osten zu vertreiben.
B: Es tut mir Leid, aber wir sind zurzeit in dieser Gegend von einer Firma in Tokio vertreten. Sie haben die *Alleinvertriebsrechte* für das ganze Gebiet.

A: We saw your *advertisement* in the last issue of "Business Week". We have previously bought material from your competitors, but they are having difficulties with their production. Are you in a position to *deliver at short notice?*
B: Yes, which products are you interested in?
A: We would need twelve silver frames 36'x 24' by the end of next week.

A: Wir haben Ihre *Anzeige* in der letzten Ausgabe von „Business Week" gesehen. Wir haben früher Material von Ihren Konkurrenten gekauft, aber sie haben zurzeit Produktionsschwierigkeiten. Sind Sie in der Lage, *kurzfristig zu liefern?*
B: Ja, für welche Produkte interessieren Sie sich?
A: Wir bräuchten zwölf Silberrahmen im Format 36'x 24' bis Ende nächster Woche.

B: We would have these ready by the middle of next week.
A: Could you fax me your detailed offer based on ex works prices? Please also quote on the basis of a regular monthly quantity of 12 units.

B: Wir würden sie bis Mitte nächster Woche fertig stellen.
A: Könnten Sie mir bitte Ihr detailliertes Angebot per Fax schicken, basierend auf Preisen ab Werk? Bitte offerieren Sie auch auf der Basis einer regelmäßigen monatlichen Menge von 12 Einheiten.

Einkauf und Verkauf

B: Certainly, we'll send it this afternoon. I am sure that we can make you a ***favourable offer.***

A: I saw on your homepage yesterday that you have article no. 669 also in colour green, now. We would be very interested. When would it be available?
B: According to the latest print-out, we could dispatch by next Tuesday. Would that be acceptable?
A: I will ring (US: call) my customer and get back to you this afternoon.

A: What is the present lead time for item 557 in green?
B: At the moment we have five in stock and four in preparation.
A: Would you be able to dispatch three units at the end of this week?
B: Yes, of course, should I enter this as a ***firm order***?
A: Yes, and please reserve two of the other four for dispatch at the end of the month.
A: Do you supply item 778 in 50-kg packets?
B: No, I'm sorry, the largest packet we supply is 30 kg.
A: OK, we'll have to order two 30-kg packets then.
B: Yes, that would be most helpful.
A: Do you have any samples of this item that you could send me?

B: Yes, certainly, but I only have them in brown. Would this be all right?

A: That will be OK for now, we would just like to see how the product looks.

B: Natürlich, wir schicken es heute Nachmittag ab. Ich bin sicher, dass wir Ihnen ein ***günstiges Angebot*** machen können.

A: Ich habe gestern auf Ihrer Homepage gesehen, dass es jetzt Artikel Nr. 669 auch in Grün gibt. Wir wären sehr interessiert. Wann wäre er lieferbar?
B: Nach dem aktuellsten Ausdruck könnten wir bis nächsten Dienstag liefern. Würde das gehen?
A: Ich werde meinen Kunden anrufen und mich heute Nachmittag wieder melden.

A: Wie ist die aktuelle Lieferzeit für Artikel 557 in Grün?
B: Zurzeit haben wir fünf Stück auf Lager und vier in Vorbereitung.
A: Könnten Sie Ende dieser Woche drei Einheiten zum Versand bringen?
B: Ja, natürlich, soll ich das als ***verbindlichen Auftrag*** buchen?
A: Ja, und bitte reservieren Sie zwei von den anderen vier für Versand Ende des Monats.
A: Liefern Sie Artikel 778 in 50-kg-Packungen?
B: Nein, es tut mir Leid, die größte lieferbare Packung hat 30 kg.
A: Gut, dann müssen wir zwei 30-kg-Packungen bestellen.
B: Ja, das wäre sehr hilfreich.
A: Hätten Sie irgendwelche Muster von diesem Artikel, die Sie mir zu schicken könnten?
B: Ja, selbstverständlich, aber ich habe sie nur in Braun. Wäre das in Ordnung?
A: Im Moment reicht es, wir wollen nur sehen, wie das Produkt aussieht.

B: I could also send you our catalogue, so that you can see our other materials.

A: We would be very interested in regularly receiving advertisements concerning *special offers.*
B: Of course, we can arrange this. Please leave your e-mail address with me and I will put you on our *mailing list.* Our offers are updated weekly.
A: Here's my address: tmistry@talcumind.de.
B: Thank you. You'll receive our advertisement regularly starting next week.
A: That would be wonderful. Thank you.

B: Ich könnte Ihnen auch unseren Katalog schicken, damit Sie unsere anderen Materialien sehen können.

A: Wir wären sehr daran interessiert, regelmäßig Ankündigungen von *Sonderangeboten* zu erhalten.
B: Sicher, das können wir einrichten. Bitte geben Sie mir Ihre E-Mail-Adresse und ich setze Sie auf unsere *Mailingliste.* Die Angebote werden wöchentlich aktualisiert.
A: Hier ist meine Adresse: tmistry@talcumind.de.
B: Danke. Sie werden ab nächster Woche unsere Angebote regelmäßig erhalten.
A: Das wäre wunderbar. Danke.

Offers

Last week you visited our stand at the Cologne fair and *expressed interest* in our products.

We noticed your advert (US: ad) in the latest edition of ...
Mr. Davis from Sundale mentioned that you had shown interest in our products.

You were advertising for partners in the European market.

Thank you for your interest.
We would first of all like to tell you something about our company.
We were pleased to hear of your interest in our products, but would like more information as to your *specific needs.*

Angebote

Letzte Woche haben Sie unseren Stand auf der Kölner Messe besucht und *Interesse* an unseren Produkten *bekundet.*

Wir haben Ihre Anzeige in der letzten Ausgabe von ... gesehen.
Herr Davis von der Firma Sundale hat erwähnt, dass Sie sich für unsere Produkte interessieren.

Sie haben für Partner im europäischen Markt inseriert.

Vielen Dank für Ihr Interesse.
Wir würden Ihnen zuerst gerne ein bisschen über unsere Firma erzählen.
Wir haben uns über Ihr Interesse an unseren Produkten gefreut, möchten aber genauere Informationen über Ihre *speziellen Anforderungen.*

Einkauf und Verkauf

We will then be in a position to make an offer **based on** the required application.	Wir werden dann in der Lage sein, Ihnen ein Angebot **basierend auf** der gewünschten Anwendung zu machen.
On what **terms** should we quote?	Zu welchen **Bedingungen** sollen wir anbieten?
Should we base our offer on **full shipments** or on **smaller quantities?**	Sollen wir auf der Basis von **vollen Sendungen** oder **kleineren Mengen** anbieten?
The present **lead time** is ex works three weeks after receipt of firm order.	Die aktuelle **Lieferzeit** ab Werk beträgt drei Wochen nach Erhalt des festen Auftrages.
At the moment there is a tremendous increase in raw material prices, but I'm sure that we can **agree on a price.**	Zurzeit steigen die Rohstoffpreise erheblich an, aber ich bin sicher, dass wir uns **preislich einigen** können.
We offer a quantity discount if the annual quantity exceeds 50 units.	Wir bieten einen Mengenrabatt an, falls mehr als 50 Einheiten pro Jahr gekauft werden.
All our prices are quoted in euros.	Alle Preise sind in Euro-Währung errechnet.
Our general payment term for overseas business is **Letter of Credit,** less 3% **discount,** or **cash in advance.**	Unsere allgemeinen Zahlungsbedingungen für Auslandsgeschäfte lauten gegen **Akkreditiv,** abzüglich 3% **Skonto,** oder **Vorauskasse.**
We would of course be delighted to send you our company brochure and some samples.	Wir würden Ihnen natürlich gerne eine Firmenbroschüre sowie einige Muster zusenden.
We will confirm this by fax.	Wir werden dies per Fax bestätigen.
We are pleased to offer as follows:	Wir bieten Ihnen frei bleibend an:
All our prices are to be understood **FOB** German port including packing.	Unsere Preise verstehen sich **FOB** deutscher Hafen einschließlich Verpackung.

FOB steht für „Free on Board". Transportkosten werden vom Auftraggeber übernommen bis die Ware an Bord des Schiffes ist. Die restlichen Frachtkosten werden vom Auftragnehmer übernommen.

These prices are based on a minimum quantity of 50 units per order.	Diese Preise basieren auf einer Mindestabnahmemenge von 50 Stück pro Auftrag.

Einkauf und Verkauf

For ***CIF (cost, insurance, freight) deliveries*** we would have to charge an extra 10% on list price.	Für ***CIF (Kosten, Versicherung, Fracht) Lieferungen*** müssen wir einen Aufschlag von 10% auf den Listenpreis berechnen.
We hope that we have made you a favourable offer and look forward to hearing from you.	Wir hoffen, Ihnen ein günstiges Angebot gemacht zu haben, und würden uns freuen, von Ihnen zu hören.
Please visit our homepage. You can find our latest price lists there.	Bitte besuchen Sie auch unsere Homepage. Hier finden Sie unsere aktuellsten Preislisten.
This offer is ***subject to availability.***	Dieses Angebot gilt, ***solange der Vorrat reicht.***
Please advise whether this offer is of interest to you.	Würden Sie uns bitte mitteilen, ob dieses Angebot für Sie von Interesse ist.
A: Mr. Davis from Sundale mentioned that you had shown interest in our products.	A: Herr Davis von der Firma Sundale hat erwähnt, dass Sie Interesse an unseren Produkten geäußert haben.
B: Yes, I saw some of your locks when I visited his premises last week.	B: Ja, ich habe einige Ihrer Schlösser gesehen, als ich letzte Woche sein Werk besucht habe.
A: For what sort of application do you need the locks?	A: Für welche Art von Anwendung brauchen Sie die Schlösser?
B: For attaché cases.	B: Für Aktenkoffer.
A: Then I will send you an offer. On what terms should we quote?	A: Dann schicke ich Ihnen ein Angebot zu. Zu welchen Bedingungen sollen wir anbieten?
B: Please quote based on ***full lorry (US: truck) loads free German border.***	B: Bitte bieten Sie auf der Basis von ***vollen LKW-Ladungen frei deutsche Grenze an.***
A: For a first order, we could only offer a payment term of Cash against Documents, less 2% discount. For further deliveries we could consider an ***open payment term.***	A: Für einen ersten Auftrag können wir nur eine Zahlungskondition Kasse gegen Dokumente, abzüglich 2% Skonto anbieten. Für weitere Lieferungen können wir ein ***offenes Zahlungsziel*** berücksichtigen.
B: All right, I agree. Could you also let me have some catalogues and a few sample locks?	B: Einverstanden. Könnten Sie mir auch ein paar Kataloge und einige Musterschlösser zuschicken?
A: Of course. We will dispatch them today together with our offer.	A: Natürlich. Wir schicken sie heute zusammen mit unserem Angebot los.

A: Thank you for your interest in our products. We would be pleased to send you an offer. Should we base this on full shipments or on smaller quantities?

B: Could you send us both?
A: Of course. We do offer a *quantity discount* if the annual quantity exceeds 50 units.
B: What is the present lead time?
A: Ex works three weeks *after receipt* of order. We will submit our offer in writing.
A: At the moment we have some items in stock which we would like to clear. We could offer these items at a discount of 15 – 20% depending on quality. Would this be of interest?

B: What kind of items are they?
A: This material is stock remaining from *discontinued lines.* Should we send you some samples?
B: Yes, that would be helpful.
A: The material has of course been offered to other customers and is subject to being unsold. Please advise whether this offer is of interest to you.

New developments

We are pleased to announce that this item is now available in three different *new versions.*
We have developed a new series of machines for the cleaning industry.

We have *updated* our existing technology.

A: Vielen Dank für Ihr Interesse an unseren Produkten. Wir schicken Ihnen gerne ein Angebot zu. Sollen wir auf der Basis von vollen Sendungen oder kleineren Mengen anbieten?

B: Könnten Sie uns beides schicken?
A: Natürlich. Wir bieten einen *Mengenrabatt* an, falls mehr als 50 Einheiten pro Jahr gekauft werden.
B: Wie ist die aktuelle Lieferzeit?
A: Ab Werk drei Wochen *nach Auftragserhalt.* Wir werden unser Angebot schriftlich vorlegen.
A: Zurzeit haben wir einige Posten auf Lager, die wir gerne räumen möchten. Wir können diese Posten abhängig von der Qualität zu einem Rabatt von 15 – 20% anbieten. Wäre das interessant für Sie?

B: Was für Posten sind das?
A: Dieses Material ist ein Restvorrat an *Auslaufmodellen.* Sollen wir Ihnen einige Muster zuschicken?
B: Ja, das wäre sehr hilfreich.
A: Das Material ist natürlich auch anderen Kunden angeboten worden und Zwischenverkauf ist vorbehalten. Bitte sagen Sie mir Bescheid, ob dieses Angebot für Sie interessant wäre.

Neuheiten

Wir freuen uns, Ihnen mitteilen zu können, dass dieser Artikel jetzt in drei *neuen Ausführungen* lieferbar ist.
Wir haben eine neue Reihe von Maschinen für die Reinigungsindustrie entwickelt.

Wir haben unsere jetzige Technologie *auf den neuesten Stand* gebracht.

Einkauf und Verkauf

We are in the process of developing a new cleaning system.	*Wir sind gerade dabei,* ein neues Reinigungssystem zu entwickeln.
We have *adjusted* our machines to better suit the present market requirements.	Wir haben unsere Maschinen *geändert*, um den aktuellen Anforderungen am Markt besser zu entsprechen.
Would you be interested in seeing some brochures about this material?	Wären Sie daran interessiert, einige Broschüren über dieses Material zu sehen?
Should we send some with your next order?	Sollen wir Ihnen einige mit Ihrem nächsten Auftrag schicken?
We have now appointed a salesman to concentrate on your part of the country.	Wir haben jetzt einen Verkäufer für Ihre Region eingestellt.
Could you send us some information on your new product, please?	Könnten Sie uns bitte Informationen zu Ihrem neuen Produkt zusenden?

Das englische Wort "information" wird nicht im Plural verwendet, z.B. "could you give me some information about ...".

This will enable you to benefit from *on-the-spot service.*	Sie werden jetzt die Vorteile des „*Vor-Ort-Services*" genießen können.
He can be contacted at the following telephone number: ...	Sie können ihn unter nachfolgender Telefonnummer erreichen: ...
We have just had our catalogues translated into English, we will let you have some with your next order.	Wir haben unsere Kataloge gerade ins Englische übersetzen lassen, wir schicken Ihnen einige mit Ihrem nächsten Auftrag zu.
We are pleased to inform you that Mr. H. Müller is now responsible for all *dealings* with your company.	Wir freuen uns, Ihnen mitteilen zu können, dass Herr H. Müller jetzt für *Geschäfte* mit Ihnen zuständig ist.
We are pleased to announce that you can now place your orders directly per Internet. Just go to our homepage and click on "Orders".	Wir freuen uns, Ihnen mitteilen zu können, dass Sie nun Ihre Bestellungen direkt über das Internet durchführen können. Gehen Sie einfach auf unsere Homepage und klicken Sie das Feld „Bestellungen" an.
A: We are pleased to announce that we have updated our technology ...veloped a new series of	A: Wir freuen uns, Ihnen mitteilen zu können, dass wir unsere Technologie auf den neuesten Stand gebracht

Einkauf und Verkauf

machines for the cleaning industry.

B: How do these differ from the previous ones?
A: They clean more thoroughly and are ***more economical.*** This is something that we have been working on for the last 12 months.
B: Do you know how much they will cost?
A: We will send you more information as soon as we have completed our testing.

A: We are proud to tell you that we have added five new colours (US: colors) to our ***range.***

B: What kind of colours?
A: Five new pastel colours. These were actually developed for the American market, but they were so successful that we have decided to extend them to other markets.

B: Please send me more details.

A: You can also go to our homepage. There we even have samples of all our colours.

A: ***We have extended*** our ***range*** to include accessories and belts.
B: That sounds interesting.
A: We have catalogues showing this new range and would be more than happy to send you one.
B: Yes, that would be great.
A: Samples of these new items will be available in a few days. Have a look

und eine neue Reihe von Maschinen für die Reinigungsindustrie entwickelt haben.
B: Wie unterscheiden sie sich von den vorherigen?
A: Sie reinigen gründlicher und sind ***wirtschaftlicher.*** Daran haben wir seit zwölf Monaten gearbeitet.

B: Wissen Sie, wie viel sie kosten werden?
A: Wir schicken Ihnen mehr Informationen zu, sobald wir unsere Tests beendet haben.

A: Wir sind stolz, Ihnen mitteilen zu können, dass wir fünf neue Farben in unsere ***Produktpalette*** aufgenommen haben.

B: Was für Farben?
A: Fünf neue Pastelltöne. Diese wurden eigentlich für den amerikanischen Markt entwickelt, aber sie waren so erfolgreich, dass wir uns entschieden haben, sie auch auf anderen Märkten zu vertreiben.

B: Bitte schicken Sie mir nähere Informationen zu.

A: Sie können auch unsere Homepage besuchen. Wir haben dort sogar Muster aller unserer Farben.

A: ***Wir haben unsere Palette*** jetzt um Accessoires und Gürtel ***erweitert.***
B: Das klingt interessant.
A: Wir haben Kataloge, die unsere neue Reihe zeigen und würden Ihnen sehr gerne einen zuschicken.
B: Ja, das wäre gut.
A: Muster dieser neuen Artikel werden in ein paar Tagen verfügbar sein.

through the catalogue and then we can forward some.	Sehen Sie sich den Katalog an, und dann können wir Ihnen welche zusenden.
A: We are now in a position to offer a more comprehensive service, as we have just opened a second office in Cologne. B: Where is this office situated? A: In the city centre (US: center), not far from the main post office.	A: Wir sind jetzt in der Lage, Ihnen einen umfassenderen Service anzubieten, da wir jetzt ein zweites Büro in Köln eröffnet haben. B: Wo befindet sich dieses Büro? A: In der Stadtmitte nicht weit vom Hauptpostamt.
A: We are pleased to inform you that we now have a representative in the United States. B: In which part of the country? A: On the East Coast, not far from Boston. B: How will this affect the present situation? A: You will order as you always do, but they will arrange for *customs clearance and domestic transport* from within the USA. B: This will be a great help for us, can you let us have their name and address?	A: Wir freuen uns, Ihnen mitteilen zu können, dass wir jetzt eine Vertretung in den Vereinigten Staaten haben. B: In welchem Teil des Landes? A: An der Ostküste, nicht weit von Boston. B: Wie wird sich das auf die aktuelle Situation auswirken? A: Sie bestellen wie üblich, aber *die Verzollung und der Inlandstransport* werden in den USA arrangiert. B: Das wird uns sehr helfen, können Sie uns bitte den Namen und die Adresse dieser Firma geben?

Prices

Preise

What is your *current list price* for item 472?

Wie ist der *aktuelle Listenpreis* für Artikel 472?

Besonders zu beachten sind die "false friends" (falsche Freunde) der englischen Sprache. „Aktuell" wird nicht mit "actual" übersetzt, sondern mit "current/present/latest" (actual = eigentlich/tatsächlich). Die aktuelle Preisliste heißt demnach the "latest price list", die aktuelle Marktsituation – "the present market situation". Die richtige Übersetzung für das Wort „eventuell" ist "possible" und nicht "eventually" (= schließlich). Eine eventuelle Preiserhöhung ist "a possible price increase".

Einkauf und Verkauf

Our *latest* price list is from January of last year.	Unsere *aktuelle* Preisliste ist vom Januar letzten Jahres.
Could you *guarantee* that you will take this quantity?	Können Sie *garantieren,* dass Sie diese Menge abnehmen?
We would then have to *reduce the commission* from 5% to 4%.	Wir müssten die *Provision* dann von 5% auf 4 % *reduzieren.*
Our prices include 5% *commission* which will be paid monthly as agreed.	Unsere Preise verstehen sich einschließlich 5% *Provision,* die, wie vereinbart, monatlich bezahlt wird.
Commission will be paid on all orders.	Eine Provision wird auf alle Aufträge bezahlt.
The prices are *subject* to change.	Die Preise sind *unverbindlich.*
At the moment the *exchange rate* is very weak, could you grant a *currency rebate?*	Zurzeit ist der *Währungskurs* sehr schlecht, können Sie uns einen *Währungsrabatt* gewähren?
Unfortunately we have no other choice than to *increase* our prices.	Leider bleibt uns nichts anderes übrig, als unsere Preise zu *erhöhen.*
The increasing costs of raw materials make it impossible for us to hold our prices any longer.	Die zunehmenden Kosten für Rohstoffe lassen nicht zu, dass wir unsere Preise weiter halten können.
The costs of the required environmental measures force us to *adjust our prices accordingly.*	Die Kosten der erforderlichen Umweltmaßnahmen zwingen uns dazu, unsere *Preise entsprechend zu korrigieren.*
We are, however, prepared to *guarantee* these prices until the end of this year.	Wir sind jedoch in der Lage, diese Preise bis Jahresende zu *garantieren.*
After that time we would have to *reconsider the cost situation.*	Nach dieser Zeit müssen wir die *Kostensituation neu überdenken.*
Although we are a British company, we also accept *payment* in euro.	Obwohl wir ein britisches Unternehmen sind, akzeptieren wir auch *Zahlungen* in Euro.
Please keep exchange rates in mind when paying in euro.	Bitte bedenken Sie die Wechselkurse, wenn Sie in Euro bezahlen.
A: Would you be able to accept an order for 400 at the 500-kg price?	A: Können Sie einen Auftrag über 400 kg zum 500-kg-Preis annehmen?
B: Only if really necessary, we like to keep to the price list.	B: Nur wenn zwingend notwendig, wir halten uns lieber an die Preisliste.
A: Could we then place a *larger order*	A: Können wir dann einen *größeren*

Einkauf und Verkauf

with call off to achieve a cheaper price?
B: How big would the order be?
A: About 2,500 kg.

Auftrag auf Abruf erteilen, um einen billigeren Preis zu bekommen?
B: Wie groß wäre der Auftrag?
A: Ungefähr 2.500 kg.

> Bei Zahlen werden im Englischen Komma und Punkt genau umgekehrt wie im Deutschen verwendet: so wird eintausendfünfhundertfünfzig Pfund und zwanzig Pence 1,550.20 geschrieben – wo im Deutschen ein Komma steht, steht hier ein Punkt und umgekehrt.

B: Could you *guarantee* that you will really take this quantity?
A: Yes, this is a large project.
B: OK, but we would have to draw up an agreement that the quantity will be *called off* within 9 months.

B: Können Sie *garantieren,* dass Sie diese Menge wirklich abnehmen?
A: Ja, es ist ein großes Projekt.
B: OK, aber wir müssten eine Vereinbarung aufsetzen, dass die Menge innerhalb von 9 Monaten *abgerufen* wird.

A: At the moment the *exchange rate* is very weak, could you grant us a *currency rebate?*
B: How much would you need?
A: We would need at least 5%. The euro has lost 10% against the US dollar. This means for us an *indirect price increase* of 10%.

A: Zurzeit ist der *Währungskurs* sehr schlecht, können Sie uns einen *Währungsrabatt* gewähren?
B: Wie viel würden Sie brauchen?
A: Wir würden mindestens 5% brauchen. Der Euro hat gegenüber dem US-Dollar 10% verloren. Das bedeutet für uns eine *indirekte Preiserhöhung* von 10%.

B: Let me talk it over with my boss and get back to you.

B: Lassen Sie mich mit meinem Chef reden, dann melde ich mich wieder.

A: Our price list has now been in effect for three years. It is time to bring our prices *up to date.*
B: This will *weaken our market position* considerably.
A: Unfortunately we have no other choice. The costs of the required environmental measures force us to *adjust* our *prices accordingly.*

A: Unsere Preisliste ist jetzt schon seit drei Jahren gültig. Es ist an der Zeit, unsere Preise wieder zu *aktualisieren.*
B: Dies wird unsere *Marktposition* erheblich *schwächen.*
A: Leider bleibt uns nichts anderes übrig. Die Kosten der erforderlichen Umweltmaßnahmen zwingen uns dazu, unsere *Preise entsprechend zu korrigieren.*

Einkauf und Verkauf

B: Will this be the only increase this year?
A: Yes, we are prepared to guarantee our prices until the end of March next year.
B: Would you also be willing to accept payments in euro?
A: Yes, although we are a British company, we would. But please keep the exchange rates in mind when placing your order.

B: Wird es die einzige Erhöhung in diesem Jahr sein?
A: Ja, wir sind bereit, unsere Preise bis Ende März nächsten Jahres zu garantieren.
B: Wären Sie auch bereit, Zahlungen in Euro zu akzeptieren?
A: Ja, obwohl wir ein britisches Unternehmen sind, wären wir dazu bereit. Aber bitte bedenken Sie bei Ihrer Bestellung die Wechselkurse.

Orders

Bestellungen

We would like to *place an order.*
Enclosed our *firm order* for ...

Wir möchten *einen Auftrag erteilen.*
Anbei unser *verbindlicher Auftrag* über ...

May we *confirm* the following order:

Hiermit *bestätigen* wir den folgenden Auftrag:

We are pleased to *order* as follows:
Please accept the following order: 5 cartons of item 4567 in colour navy blue. Price as per our current price list dated November 15th, 2004. Including 5% *discount* as usual.

Wir freuen uns, wie folgt zu *bestellen:*
Bitte nehmen Sie folgenden Auftrag an: 5 Kartons von Artikel 4567 in Farbe Marineblau. Preis gemäß unserer aktuellen Preisliste vom 15. November 2004. Einschließlich 5% *Rabatt* wie üblich.

Our *commission* for this order would be 4%.
Price *as per your offer* dated September 5th, 2004.
Delivery, as agreed on the telephone, on December 7th ex works.

Unsere *Provision* für diesen Auftrag wäre 4%.
Preis *gemäß Ihrem Angebot* vom 5. September 2004.
Lieferung, wie telefonisch besprochen, am 7. Dezember ab Werk.

Bei Ordnungszahlen ist zu beachten, dass die ersten drei Nummern ihre eigene Form haben, z.B. Erste "first" oder "1st", Zweite "second" oder "2nd", Dritte "third" oder "3rd", ab vier wird die Zählform mit "th" geschrieben, "4th, 5th" etc. Bei höheren Nummern gilt die gleiche Regel: "21st, 22nd, 23rd" etc.

Einkauf und Verkauf

Please fly this order to New York and ***bill us for the freight.***	Bitte schicken Sie den Auftrag nach New York und ***stellen Sie uns die Fracht in Rechnung.***
Please ***confirm in writing.***	Bitte ***bestätigen Sie dies schriftlich.***
Please confirm ***dispatch date*** by return fax immediately.	Bitte bestätigen Sie den ***Versandtermin*** sofort per Fax.

Bestellungen und Anfragen per E-Mail funktionieren im Prinzip genauso wie andere schriftliche Bestellungen. Der Vorteil ist, dass der Informationsfluss erheblich schneller ist als bei der normalen Post, die deshalb im Englischen auch "snail mail" (snail = Schnecke) genannt wird. Direkte, kurze Anfragen bzw. Rückfragen sind ebenso möglich wie prompte Antworten. Auch hier müssen jedoch, wie beim normalen Briefwechsel, die Umgangsformen beachtet werden. Bei einer ersten Kontaktaufnahme sollten Sie deshalb immer erwähnen, woher Sie die E-Mail-Adresse des Empfängers haben.

Please be sure to supply this item as ***per our previous order***.	Bitte achten Sie darauf, dass dieser Artikel ***gemäß vorherigem Auftrag*** geliefert wird.
We have an order from a new ***customer.***	Wir haben einen Auftrag von einem neuen ***Kunden.***
This is a ***new account.***	Es handelt sich dabei um einen ***Neukunden.***

Gibt man einer amerikanischen Firma beispielsweise den 4.2. als Liefertermin an, kann es passieren, dass man am 4. Februar vergebens auf die Ware wartet, weil die amerikanische Firma erst am 2. April liefert. Bei Angabe eines Datums in Kurzform ist zu beachten, dass in den USA das Kurzdatum „Monat/Tag/Jahr" geschrieben wird (durch Schrägstriche getrennt), in Großbritannien schreibt man wie im Deutschen Tag.Monat.Jahr, durch Punkte getrennt. Um Verwechslungen zu vermeiden, sind deshalb viele Firmen im internationalen Schriftverkehr dazu übergegangen, den Monatsnamen auszuschreiben, wie beispielsweise September 7th 2004 oder 7 September 2004.

Einkauf und Verkauf

A: We would like to *place an order.*
B: Yes, for which *item*?
A: For five cartons of item 4567.
B: In which colour?
A: Navy blue.
B: Price would be as *per our current price list* dated November 15th.
A: No, I spoke to Mr. Jones yesterday and we agreed on a price of EUR 5.20 less the usual 5% *discount.*

B: I'll have to check with him.
A: Please fly this order to New York and *bill us for the freight.*

B: OK, fine.
A: Could you please *confirm dispatch date and price* by return fax?

B: Of course, after I have spoken to Mr. Jones.

A: Please note the following order for 300 yards of material with the pattern name "Jasmine". *Price as per your offer* dated September 5th, including *commission* of 4%.
B: Thank you, yes, I'll make a note of it. The usual *delivery term*?
A: Yes, FOB German port.
B: OK, I'll *confirm in writing*.
A: This is an important *new customer,* please send your best quality material.

B: I'll make a note on the order.
A: Could you please also add to this order a sample book and some samples of your material "Primrose"?
B: Of course.
A: Please mark the samples *F.A.O.* (*US: Attn.*) Mr. Matthews.

A: Wir möchten einen *Auftrag erteilen.*
B: Ja, für welchen *Artikel*?
A: Für fünf Kartons von Artikel 4567.
B: In welcher Farbe?
A: Marineblau.
B: Der Preis entspricht unserer *aktuellen Preisliste* vom 15. November.
A: Nein, ich habe gestern mit Herrn Jones gesprochen, und wir haben uns auf einen Preis von EUR 5,20 geeinigt, abzüglich der üblichen 5% *Rabatt.*

B: Ich muss es mit ihm abklären.
A: Bitte fliegen Sie diesen Auftrag nach New York und *stellen Sie uns die Fracht in Rechnung.*

B: Gut, alles klar.
A: Bitte *bestätigen Sie uns den Versandtermin und den Preis* sofort per Fax.

B: Natürlich, sobald ich mit Herrn Jones gesprochen habe.

A: Bitte notieren Sie folgenden Auftrag über 300 Yards vom Stoff mit dem Musternamen „Jasmine". *Preis gemäß Ihrem Angebot* vom 5. September, einschließlich *Provision* von 4%.
B: Danke, ich werde es notieren. Die übliche *Lieferbedingung*?
A: Ja, FOB deutscher Hafen.
B: Gut, ich *bestätige schriftlich*.
A: Es handelt sich um einen wichtigen *Neukunden,* bitte schicken Sie Stoff von bester Qualität.

B: Ich notiere es auf dem Auftrag.
A: Können Sie bitte diesem Auftrag ein Musterbuch und einige Muster Ihres Stoffes „Primrose" beifügen?
B: Selbstverständlich.
A: Bitte senden Sie die Muster *zu Händen von* Herrn Matthews.

> F.A.O. ist die Abkürzung für "For attention of" und heißt „zu Händen von".

Order confirmation

We have just received your fax and can *confirm the order as stated.*
Confirm *price as per our offer* dated November 15th.
We received your e-mail concerning the order of article 289 in colour yellow this morning and would like to *confirm this order as stated.*
We confirm your e-mail order dated June 2nd.
We have attached our current price list.
A: We are pleased to *confirm the order as per your fax* dated May 15th.
B: How many chairs will the container hold?
A: The maximum load is 100 chairs.

B: What is your *present price*?
A: Confirm 100 chairs at a price of EUR 30 each. The container will be loaded on June 1st for *shipment ex German port* on June 4th, *ETA* Washington on June 18th.

B: Thank you. Could you put this in writing for me?
A: Of course, could you also confirm the *forwarding agents* for us?
B: I'll fax this through.

Auftragsbestätigung

Wir haben gerade Ihr Fax erhalten und *können den Auftrag so bestätigen.*
Wir bestätigen den *Preis gemäß unserem Angebot* vom 15. November.
Wir haben Ihre E-Mail, die Bestellung über Artikel 289 in Gelb, heute Morgen erhalten und möchten *sie hiermit so bestätigen.*
Wir bestätigen Ihre Bestellung per E-Mail vom 2. Juni.
Unsere aktuelle Preisliste haben wir angehängt.
A: Wir freuen uns, den *Auftrag gemäß Ihrem Fax* vom 15. Mai zu bestätigen.
B: Wie viele Stühle passen in den Container?
A: Die maximale Auslastung ist 100 Stühle.

B: Wie sind Ihre *aktuellen Preise*?
A: Wir bestätigen 100 Stühle zu einem Preis von EUR 30,– pro Stück. Der Container wird am 1. Juni für *Verschiffung ab deutschem Hafen* am 4. Juni geladen, *voraussichtliche Ankunft* Washington am 18. Juni.

B: Danke. Können Sie mir dies schriftlich geben?
A: Natürlich, können Sie uns bitte auch die *Spediteure* bestätigen?
B: Ich faxe es durch.

> ETA ist die Abkürzung für "Estimated Time of Arrival" = voraussichtlicher Ankunftstermin. ETD steht für "Estimated Time of Departure" = voraussichtlicher Auslieferungstermin.

Fairs and exhibitions

Next month there is an ***exhibition*** in Munich.
We would like to be presented at the "CEBIT Home" next year.
Last year our company had a ***stand*** on the first floor.
The main attractions of the fair will be found in hall no. 7.
We had to rent a ***booth*** at the "New York Spring Fair".
It would be good for our company if we could ***exhibit*** in hall 1.

Messen und Ausstellungen

Nächsten Monat ist eine ***Ausstellung*** in München.
Wir wären gerne nächstes Jahr auf der „CEBIT Home" vertreten.
Letztes Jahr hatte unsere Firma einen ***Stand*** im Erdgeschoss.
Die Hauptattraktionen der Messe werden in Halle Nr. 7 zu finden sein.
Wir mussten auf der „New Yorker Frühlingsmesse" einen ***Stand*** mieten.
Es wäre gut für unsere Firma, wenn wir in Halle 1 ***ausstellen*** könnten.

Stockwerke werden in Europa und Amerika anders gezählt: das amerikanische Erdgeschoss, "ground floor", ist gleichzeitig auch "first floor". Die Nummerierung beginnt mit dem Erdgeschoss. In Europa dagegen entspricht das Erdgeschoss dem „0." Stockwerk, die Zählung fängt erst mit dem darüber liegenden ersten Stock an, welcher bei den Amerikanern schon der "second floor", der zweite Stock ist.

A: We would like to ***exhibit*** at the "CEBIT Home" fair in March 2013.

Could you please send us an ***application form***?
B: Of course, in which ***hall*** were you thinking of exhibiting?
A: Would it be possible to exhibit in hall 4?
B: That hall is very popular, make a note on the form and I will see what I can do.
A: Thank you.
B: How large should the ***stand*** be?
A: Large enough to fit three coffee tables and twelve chairs.
B: Then tick (US: check) the box for size B.

A: Wir möchten gerne auf der „CEBIT Home" im März 2013 ***ausstellen.***

Könnten Sie uns bitte ein ***Anmeldeformular*** zusenden?
B: Natürlich, in welcher ***Halle*** möchten Sie ausstellen?
A: Wäre es möglich, in Halle 4 auszustellen?
B: Diese Halle ist sehr beliebt, notieren Sie es auf dem Formular und ich werde sehen, was sich machen lässt.
A: Vielen Dank.
B: Wie groß soll der ***Stand*** sein?
A: Groß genug, dass drei Bistrotische und zwölf Stühle Platz haben.
B: Dann kreuzen Sie das Kästchen für Größe B an.

A: Could you provide us with refreshments?
B: We will send all the details with the form.
A: Fine. And how about *accommodation*?
B: We have three hotels on site, I will send the brochures as well. But be sure to book early!

A: We will be at the "Ideal Home Exhibition" next month. We are exhibiting there for the first time.
B: Where will you be?
A: We have a stand in hall 6 on the second floor (US: third floor). Will you be there, too?
B: Yes, but I'm not sure exactly when.
A: Come along and *visit* us. I will be at the stand on Wednesday and Thursday and my colleague Frank Marshall will be there on Friday and Saturday.

B: OK, I'll try and *stop by* on Wednesday or Thursday. I don't really know Frank very well.

A: Können Sie Erfrischungen für uns organisieren?
B: Wir werden alle Details mit dem Formular schicken.
A: In Ordnung. Und wie ist es mit der *Unterkunft*?
B: Wir haben drei Hotels auf dem Gelände, ich schicke Ihnen dann auch die Broschüren mit. Aber reservieren Sie rechtzeitig!

A: Wir werden nächsten Monat auf der „Ideal Home Exhibition" sein. Wir stellen dort zum ersten Mal aus.
B: Wo werden Sie sein?
A: Wir haben einen Stand in Halle 6 im zweiten Stock. Werden Sie auch dort sein?
B: Ja, aber ich weiß nicht genau wann.
A: Kommen Sie uns einfach *besuchen.* Ich werde am Mittwoch und Donnerstag am Stand sein und mein Kollege Frank Marshall am Freitag und Samstag.

B: Gut, ich werde versuchen, am Mittwoch oder Donnerstag *vorbeizuschauen.* Ich kenne Frank nicht so gut.

4. Auftragsabwicklung

Transport and Forwarding

How should we *forward* this order?

Should we *ship* to Singapore as usual?

It is possible for us to *load* this order tomorrow, otherwise it will be next week.

We could *dispatch* this on Thursday for *shipment* in a 20' container. ETA Busan Port on May 15th.

The *lorry* (US: *truck*) arrived in London yesterday at 4 p.m., but there was no one there to accept the goods. We will be charged for the second *delivery.*
Is a specific *forwarding agent* named?

As we are delivering CIF (cost insurance, freight) Dublin, we reserve the right to choose the forwarder.

This forwarding agent has increased his rates, we are looking for another partner.
We will send a *trial shipment* with this forwarder next week, please keep us informed about the service.

The order was due to leave tomorrow, but the forwarders haven't got any lorries available.
The lorry has been held up at the border, as the *customs officers* are on strike.

Transport- und Versandwesen

Wie sollen wir diesen Auftrag *verschicken*?

Sollen wir wie üblich nach Singapur *verschiffen*?

Wir haben eine Möglichkeit, diesen Auftrag morgen zu *verladen*, ansonsten in der nächsten Woche.

Wir könnten es am Donnerstag *wegschicken,* für die *Verschiffung* in einem 20' Container. Voraussichtliche Ankunft Busan Hafen am 15. Mai.

Der *LKW* kam gestern um 16 Uhr in London an, aber es war niemand da, um die Ware entgegenzunehmen. Man wird uns die zweite *Zustellung* berechnen.
Wird ein bestimmter *Spediteur* genannt?

Da wir CIF (Verladekosten, Versicherung, Fracht inbegriffen) Dublin liefern, behalten wir uns das Recht vor, den Spediteur auszusuchen.

Dieser Spediteur hat die Raten erhöht, wir suchen nach einem anderen Partner.

Wir werden nächste Woche eine *Probelieferung* mit diesem Spediteur schicken, bitte halten Sie uns auf dem Laufenden über den Service.

Der Auftrag sollte morgen weggehen, aber die Spediteure haben keine LKWs verfügbar.
Der LKW ist an der Grenze aufgehalten worden, da die *Zollbeamten* zurzeit streiken.

On Sundays and public holidays *HGVs* are banned from the motorways (US: highways), and so this will hold things up even longer.	An Sonn- und Feiertagen haben *LKWs* auf Autobahnen Fahrverbot, was alles noch weiter verzögern wird.
All HGVs have to pay *motorway* (US: *highway*) *tolls*.	Alle LKWs müssen *Autobahngebühren* bezahlen.

"HGV" ist die britische Abkürzung für "Heavy Goods Vehicle" (Lastkraftwagen). Der britische "lorry" entspricht dem amerikanischen "truck".

The necessary repair work was not finished *on time*.	Die notwendigen Reparaturarbeiten wurden nicht *rechtzeitig* beendet.
We will now have to send this material on the ship next week.	Wir werden das Material jetzt mit dem Schiff nächste Woche schicken müssen.
This ship will only take nine days.	Dieses Schiff hat eine Laufzeit von nur neun Tagen.
Is there really no quicker alternative?	Gibt es wirklich keine schnellere Alternative?
We will forward the *bill of lading* as soon as possible to speed up the *customs clearance* at your end.	Wir werden das *Konnossement* (Seefrachtbrief) sofort weiterleiten, um bei Ihnen die *Verzollung* zu beschleunigen.

Die Mehrzahl von "bill of lading" ist "bills of lading", obwohl es als "B/Ls" abgekürzt wird.

Could you send us a box by *air freight*?	Könnten Sie uns eventuell einen Karton per *Luftfracht* schicken?
They have quoted us EUR 3.20 per kg. This *airline* has increased its prices, should we try another?	Sie haben uns EUR 3,20 pro kg angeboten. Diese *Fluglinie* hat die Preise erhöht, sollen wir eine andere probieren?
We are still awaiting the *airway bill*.	Wir erwarten immer noch den *Luftfrachtbrief*.
As this is an *inner-community* purchase we would need your *VAT (value added tax) registration number*.	Da es sich um einen Kauf *innerhalb der EU* handelt, brauchen wir Ihre *Umsatzsteuernummer*.

Auftragsabwicklung

We have checked with the ***Federal Finance Office*** in Saarlouis, but they have no record of your company under this name and address.	Wir haben beim ***Bundesamt für Finanzen*** in Saarlouis nachgefragt, aber Sie werden nicht unter diesem Namen und dieser Adresse geführt.
The ***pallets*** were broken and the goods were ***damaged*** on arrival.	Die ***Paletten*** waren kaputt, und die Ware war bei der Ankunft bereits ***beschädigt.***
The ***boxes*** were not properly sealed. The material was wet on opening.	Die ***Kartons*** waren nicht richtig verschlossen. Das Material war beim Öffnen nass.
The ***consignment*** was not ***insured*** at our end.	Die ***Sendung*** war bei uns nicht ***versichert.***
Please get in touch with ***this insurance broker.***	Bitte setzen Sie sich mit diesem ***Versicherungsmakler*** in Verbindung.
Please have the damage ***assessed.***	Bitte lassen Sie den Schaden ***schätzen.***
Then we can hand in the ***claim.***	Dann können wir den ***Schadensanspruch*** einreichen.

A: It is possible for us to ***load*** this order tomorrow, otherwise it will be next week.
B: No, I can't wait that long, please go ahead with dispatch tomorrow.

A: Wir haben die Möglichkeit, diesen Auftrag morgen zu ***verladen,*** ansonsten erst in der nächsten Woche.
B: Nein, so lange kann ich nicht warten, bitte schicken Sie den Auftrag morgen weg.

A: This ***consignment*** was due to leave tomorrow, but the ***forwarders*** haven't got any lorries available.
B: When is the next possibility?
A: On Monday morning, this will cause a ***delay*** of three days.

A: Diese ***Sendung*** sollte morgen abgehen, aber die ***Spediteure*** haben keine LKWs verfügbar.
B: Wann ist die nächste Möglichkeit?
A: Am Montagmorgen, dies wird eine ***Verzögerung*** von drei Tagen verursachen.

B: That will be all right, I will inform my ***customer*** straight away.

B: Das wird in Ordnung sein, ich werde meinen ***Kunden*** sofort informieren.

A: This order has arrived in Hamburg, but we cannot ***clear it through customs,*** as we are missing the ***commercial invoice.***
B: We sent it threefold with the shipment, it must have got lost.

A: Dieser Auftrag ist in Hamburg angekommen, aber wir können die Ware nicht ***verzollen,*** da die ***Handelsrechnung*** fehlt.
B: Wir haben sie der Sendung in dreifacher Ausführung beigelegt, sie muss verloren gegangen sein.

Auftragsabwicklung

A: Could you fax one through directly to our *customs broker*?

A: Please put this and the other two orders in a 20' Container.

B: This really isn't quite enough for a container.

A: We would be prepared to pay the difference between *consolidated and full shipment,* as this speeds up the customs clearance.

B: Fine. Could you give me the name and address of your forwarding agent?

A: We are sorry to inform you that the order was not loaded on the MS "Marie" as planned.

B: What happened?

A: The necessary repair work was not finished on time. We will now have to send this material on the ship next week, but this will only take nine days.

B: Is there really no quicker alternative?

A: No, I'm sorry. We will forward the *bill of lading* as soon as possible to speed up the *customs clearance* at your end.

A: Unfortunately the *goods* are still at Frankfurt airport. The *freight space* was double-booked.

B: When can they be flown now?

A: On Saturday, we can get a better rate for a weekend flight.

A: Können Sie bitte eine direkt an unseren *Zollagenten* durchfaxen?

A: Können Sie bitte diesen und die anderen zwei Aufträge in einen 20'-Container laden?

B: Es ist eigentlich nicht genug für einen Container.

A: Wir wären bereit, den Unterschied zwischen *Stückgut und Vollcontainer* zu bezahlen, da die Zollabwicklung damit beschleunigt wird.

B: In Ordnung. Könnten Sie mir bitte den Namen und die Adresse Ihres Spediteurs mitteilen?

A: Wir müssen Ihnen leider mitteilen, dass der Auftrag nicht wie geplant auf die MS „Marie" geladen wurde.

B: Was ist passiert?

A: Die notwendigen Reparaturarbeiten wurden nicht rechtzeitig fertig. Wir werden das Material jetzt mit dem Schiff nächste Woche schicken müssen, aber dieses hat eine Laufzeit von nur neun Tagen.

B: Gibt es wirklich keine schnellere Alternative?

A: Nein, es tut mir Leid. Wir werden das *Konnossement* (Seefrachtbrief) sofort weiterleiten, um bei Ihnen die *Verzollung* zu beschleunigen.

A: Die *Ware* ist leider noch am Frankfurter Flughafen. Der *Frachtraum* war doppelt gebucht.

B: Wann kann sie jetzt transportiert werden?

A: Am Samstag, wir bekommen bessere Preise für einen Wochenendflug.

Auftragsabwicklung

B: What would this cost?
A: They have quoted us EUR 3.20 per kg.

B: Was würde es kosten?
A: Sie haben uns EUR 3,20 pro kg angeboten.

Terms of Payment

Zahlungsbedingungen

cash in advance
cash on delivery (COD)
cash against documents (CAD)
Sixty days after date of invoice, net.

Vorauskasse
per Nachnahme
Kasse gegen Dokumente
Sechzig Tage nach Rechnungsdatum, netto.

The order will be shipped with ***payment term*** 30 days after date of invoice, net.
We need a ***bank guarantee.***
The ***pro forma invoice*** will be faxed. When the invoice is paid, we will arrange for the goods to be sent.
Payable immediately after ***receipt*** of the goods.
Please open the L/C as follows: Part shipments allowed. Tolerance of 5% for quantity and amount. Latest date of shipment: 31/07/2013.

Der Versand des Auftrages erfolgt unter der ***Zahlungsbedingung*** 30 Tage nach Rechnungsdatum, netto.
Wir benötigen eine ***Bankgarantie.***
Die ***Proformarechnung*** wird gefaxt. Nachdem die Rechnung bezahlt ist, werden wir den Versand vornehmen.
Zahlbar sofort nach ***Erhalt*** der Ware.
Bitte eröffnen Sie den Akkreditiv wie folgt: Teillieferungen erlaubt, Toleranzbereich von 5% für Menge und Betrag. Verschiffung spätestens am: 31.07.2013.

Would it be possible to ***issue*** the ***invoice*** in US dollars?
It is our company policy only to ***invoice*** in German marks.
What is your ***usual payment term***?

Wäre es möglich, die ***Rechnung*** in US-Dollar ***auszustellen***?
Es entspricht unserer Firmenpolitik, nur in D-Mark zu ***fakturieren.***
Wie ist Ihre ***übliche Zahlungsbedingung***?

We could offer you ***cash in advance*** less 3% ***discount.***

Wir könnten Ihnen ***Vorauskasse*** abzüglich 3% ***Skonto*** anbieten.

A: Would it be possible to ***amend*** the term of payment to 60 days after date of invoice, net?
B: In this case, we would have to apply for ***credit insurance*** and a ***credit limit.***

A: Wäre es möglich, die Zahlungskondition auf 60 Tage nach Rechnungsdatum netto ***abzuändern***?
B: In diesem Fall müssten wir eine ***Kreditversicherung*** und ein ***Limit*** anfordern.

A: Could you apply and let me know what happens?

A: Könnten Sie ein Limit beantragen und mir Bescheid sagen, was passiert?

Reminders

Mahnungen

I'm ringing to enquire about .../I'm calling regarding ...
We are *still waiting* for ...
We have *not yet received* ...

Ich rufe an wegen ...

Wir *warten immer noch auf* ...
Wir haben ... *immer noch nicht bekommen.*

This order was due to dispatch on ...

Dieser Auftrag sollte am ... zum Versand kommen.

When placing the order we were assured that it would be *ready on time*.

Als wir den Auftrag erteilt haben, hat man uns versichert, dass er *rechtzeitig fertig* werden würde.

Can you tell me/give me any idea when ...?
I have this order entered in my *schedule* for dispatch on ...

Können Sie mir sagen, wann ...?

Ich habe diesen Auftrag in meiner *Terminliste* für den Versand am ... eingetragen.

We are now planning to dispatch this material on ...
At the moment we are experiencing production difficulties because of ...
We were not able to complete the order any earlier due to a *lack* of parts/raw materials/manpower.

Wir haben den Versand dieses Materials jetzt für den ... eingeplant.
Zur Zeit haben wir Produktionsprobleme wegen ...
Wir konnten diesen Auftrag wegen eines *Mangels* an Teilen/Rohstoffen/Arbeitskräften leider nicht früher fertig stellen.

We're in *urgent need* of the goods.
This will cause us problems.

Wir *brauchen* die Ware *ganz dringend.*
Das wird bei uns Probleme verursachen.

Is there any chance of ...?
Could you maybe dispatch part of the order?
This order is to be shipped to our customer in France next week.

Gibt es irgendeine Möglichkeit ...?
Könnten Sie eventuell eine Teillieferung vornehmen?
Dieser Auftrag soll nächste Woche an unseren Kunden in Frankreich geschickt werden.

Our schedules are very *tight.*
Let me check again with ...

Unser Terminplan ist sehr eng.
Lassen Sie mich noch einmal mit ... reden.

Auftragsabwicklung

I'll get back to you.	Ich melde mich wieder bei Ihnen.
If we don't receive the material on time this will cause us ***contractual problems.***	Wenn wir das Material nicht pünktlich erhalten, wird dies zu ***vertragsrechtlichen Problemen*** führen.
We really must ***insist*** that the goods be dispatched tomorrow.	Wir müssen wirklich darauf ***bestehen,*** dass die Ware morgen zum Versand kommt.
This order has ***top priority*** now.	Dieser Auftrag hat jetzt ***erste Priorität***.
This invoice has actually been ***overdue*** for payment for ... days.	Diese Rechnung ist eigentlich seit ... Tagen ***überfällig.***
We seem to have ***overlooked*** this invoice.	Wir haben diese Rechnung anscheinend ***übersehen.***
We'll send you a cheque (US: check) this afternoon.	Wir schicken Ihnen heute Nachmittag einen Scheck.
The cheque must have ***got lost*** in the post (US: mail).	Der Scheck muss in der Post ***verloren gegangen*** sein.
Our records show that the ***invoice still has not been paid.***	Laut unseren Unterlagen ***ist die Rechnung noch offen.***
We actually paid the invoice last week, I will contact our bank and see why the payment has been delayed.	Wir haben die Rechnung eigentlich schon letzte Woche bezahlt. Ich werde mich mit unserer Bank in Verbindung setzen, um festzustellen, warum sich die Zahlung verzögert.

Bei Mahnungen drückt man sich im Englischen sehr viel verhaltener aus als im Deutschen, zum Beispiel "you seem to have overlooked it", und nicht nur "you have overlooked it", oder "it has actually been overdue" und nicht "it has been overdue". Die Benutzung von solchen Wörtern wie "actually", "really", "seem to be", "appear to be" ist bei einer ersten Mahnung üblich. Nur bei wiederholten Mahnungen verschärft sich der Ton. Eine telefonische Mahnung ist weniger streng, bei ernsteren Verzögerungen ist ein Brief/Fax üblich.

When we spoke last week, you ***assured*** me that the invoice would be paid.	Als wir letzte Woche miteinander gesprochen haben, haben Sie mir ***versichert,*** dass die Rechnung bezahlt wird.
We must receive ***at least*** a part payment.	Wir brauchen ***zumindest*** eine Teilzahlung.
We have many ***outstanding obligations.***	Wir haben viele ***Verpflichtungen*** zu begleichen.

The ***book-keeping department*** will only release this order for shipment if we receive a copy of your cheque/transfer.	Die ***Buchhaltungsabteilung*** gibt diesen Auftrag nur zur Lieferung frei, wenn wir von Ihnen eine Kopie des Schecks/der Überweisung erhalten.

Auch wenn man eine Lieferung bzw. eine Zahlung anmahnt, bleibt man im Englischen höflich. Die üblichen Floskeln wie, "hello, how are you?" oder "hello, how are things?" gehören trotzdem zu einem solchen Gespräch. Auch die Formen, "I look forward to hearing from you" oder "thanks for your help" sind ebenfalls Bestandteil einer solchen Unterhaltung. Es ist durchaus üblich, sich zu entschuldigen, "sorry to bother you, but ..." bevor man sich über eine verspätete Lieferung beschwert.

A: I'm ringing (US: calling) to enquire about the status of our order no. 452 dated June 5th. On the order confirmation it states delivery ex works on September 5th. When placing the order, we were assured that it would be ready on time. However, today is September 7th and we ***still have not received any advice of dispatch.*** Do you know, by any chance, when the order will be dispatched?	A: Ich rufe wegen unseres Auftrages Nr. 452 vom 5. Juni an. In der Auftragsbestätigung steht als Liefertermin ab Werk der 5. September. Als wir den Auftrag erteilt haben, hat man uns versichert, dass der Auftrag rechtzeitig fertig werden würde. Heute ist aber bereits der 7. September, und wir haben ***immer noch keine Versandanzeige*** von Ihnen erhalten. Wissen Sie zufällig, wann wir mit der Lieferung dieses Auftrages rechnen können?
B: I have this order entered in my schedule for dispatch on September 12th. Unfortunately we were not able to complete this order any earlier due to production ***delays*** caused by the late ***delivery*** of certain parts.	B: Dieser Auftrag ist jetzt in meinem Terminplan für den Versand am 12. September eingetragen. Wir konnten diesen Auftrag leider nicht früher fertig stellen, da die ***verspätete Lieferung*** von einigen Teilen zu ***Verzögerungen*** in der Produktion geführt hat.
A: September 12th is rather late, this would cause us considerable problems, as the order is to be sent on to our depot in Manchester. Is there any chance of sending it a bit earlier than that?	A: Der 12. September ist ein bisschen spät, das würde uns beträchtliche Probleme bereiten, da der Auftrag an unser Lagerhaus in Manchester weiter verschickt wird. Gibt es irgendeine Möglichkeit, den Auftrag früher zu schicken?

Auftragsabwicklung

B: Let me check again with our production department and get back to you.
A: Could you get back to me this morning? My customer is waiting for an answer.
B: Of course, and I'm sorry for any *inconvenience* that this delay will cause.

B: Lassen Sie mich noch einmal mit der Produktionsabteilung reden, dann melde ich mich wieder bei Ihnen.
A: Könnten Sie mich heute Vormittag zurückrufen? Mein Kunde wartet nämlich auf eine Antwort.
B: Selbstverständlich und entschuldigen Sie bitte die *Unannehmlichkeiten,* die Ihnen diese Verzögerung bereitet.

A: I'm calling once again regarding our order no. 452. Last week you *promised* us delivery by Friday at the latest. This order has now been delayed by two weeks. If we don't receive the goods by the day after tomorrow, we'll have no other choice but to *cancel* the order and look for another *supplier.*

B: *I'm really sorry* about that, but the delay is due to *circumstances beyond our control.* At the moment there is a strike at the docks and our deliveries are all still waiting to be unloaded.
A: Please check if there is anything you can do, as this order is now *top priority.*

A: Ich rufe jetzt noch einmal an bezüglich unseres Auftrags Nr. 452. Letzte Woche haben Sie uns die Lieferung bis spätestens Freitag *versprochen.* Dieser Auftrag ist nun seit zwei Wochen überfällig. Wenn wir die Ware nicht bis übermorgen bekommen haben, sehen wir uns gezwungen, den Auftrag zu *stornieren* und einen anderen *Lieferanten* zu suchen.

B: *Es tut mir wirklich Leid,* aber die Verzögerung beruht auf *höherer Gewalt.* Zurzeit streiken die Hafenarbeiter und unsere Lieferungen sind immer noch nicht entladen worden.
A: Bitte überprüfen Sie noch einmal, ob Sie irgendetwas erreichen können, da dieser Auftrag mittlerweile *erste Priorität* hat.

A: I'm calling regarding our invoice no. 5562 dated June 5th. It has actually now been *overdue* for payment for seven days.
B: Invoice no. 5562, let me see. Oh yes, it seems to have been *overlooked,* I'm sorry about that. We'll get a cheque in the post to you this afternoon, you should have it tomorrow morning.

A: Ich rufe wegen unserer Rechnung Nr. 5562 vom 5. Juni an. Diese Rechnung ist nun seit sieben Tagen *überfällig.*
B: Rechnung Nr. 5562, lassen Sie mich nachsehen. O ja, wir haben sie anscheinend *übersehen,* es tut mir Leid. Wir schicken Ihnen bereits heute Nachmittag einen Scheck per Post, er sollte morgen früh bei Ihnen sein.

A: May I *remind* you that our invoice dated April 4th is still overdue?

B: We actually paid the invoice last week, I will contact our bank and see why the payment has been delayed.

A: I'm sorry, but I must ask *once again* for payment of our *outstanding* invoices. We have four orders for dispatch next week and I cannot let them be shipped unless we receive at least a part payment of your outstanding balance.

B: Unfortunately, at the moment we have many *outstanding obligations,* could we agree on the *part payment* for the moment?

A: Darf ich Sie daran *erinnern,* dass unsere Rechnung vom 4. April immer noch überfällig ist?

B: Wir haben die Rechnung eigentlich schon letzte Woche bezahlt, ich werde unsere Bank kontaktieren, um festzustellen, warum sich die Zahlung verzögert.

A: Entschuldigen Sie, aber ich muss *noch einmal* um die Bezahlung Ihrer *fälligen* Rechnungen bitten. Wir haben vier Aufträge zur Lieferung nächste Woche, und ich kann sie nicht verschicken, ohne zumindest eine Teilzahlung Ihrer Außenstände zu erhalten.

B: Zurzeit haben wir leider ausstehende *Verbindlichkeiten*, könnten wir uns für den Augenblick auf eine *Teilzahlung* einigen?

Delays and problems

We regret to have to inform you that this order will not be ready for dispatch tomorrow.
We are sorry to have to tell you that the material cannot be completed *on time.* At the moment we are having problems with the acquisition of materials.
Our production schedule is *very tight.* One of our machines has to be repaired.

Unfortunately one of our suppliers has *let us down.*
We are *still waiting* for these parts to complete your order.

Verzögerungen und Probleme

Wir bedauern, Ihnen mitteilen zu müssen, dass dieser Auftrag morgen nicht zum Versand fertig sein wird.
Leider müssen wir Ihnen mitteilen, dass das Material nicht *rechtzeitig* fertig sein wird. Zurzeit haben wir Probleme mit der Beschaffung von Materialien.
Unser Produktionszeitplan ist *sehr eng.* Eine unserer Maschinen muss repariert werden.

Leider hat uns einer unserer Lieferanten *im Stich gelassen.*
Wir *warten immer noch* auf diese Teile, um Ihren Auftrag fertig zu stellen.

Auftragsabwicklung

This material did not meet the high standards set by our *quality control department.*
Dieses Material hat die hohen Standards, die unsere *Qualitätskontrolle* festlegt, nicht erfüllt.

The colour does not correspond to the previous deliveries.
Die Farbe entspricht nicht den früheren Lieferungen.

We are therefore not *prepared to release* this *for dispatch.*
Wir sind daher *nicht bereit,* die Ware *zum Versand freizugeben.*

We could accept this if you were prepared to grant us a discount.
Wir könnten es akzeptieren, wenn Sie bereit wären, uns einen Rabatt zu gewähren.

We *miscalculated* the amount required and did not acquire sufficient supplies.
Wir haben die Menge *falsch kalkuliert* und nicht genügend Vorräte besorgt.

We will do our best to dispatch earlier.
Wir werden unser Bestes tun, um früher zu liefern.

We have only received three of the four boxes ordered.
Wir haben nur drei der vier bestellten Kartons erhalten.

Should we go ahead with shipment?
Sollen wir die Ware verschicken?

Should we send the three boxes or wait and send all four together?
Sollen wir die drei Kartons schicken oder warten und alle vier zusammen schicken?

We would of course pay the freight for the *extra shipment.*
Wir würden natürlich die Frachtkosten für die *zusätzliche Lieferung* übernehmen.

Unfortunately our computer system was not working properly and the material confirmed for dispatch is actually *not in stock.*
Leider funktionierte unser Computersystem nicht, und das Material, das wir zum Versand bestätigt haben, ist gar *nicht auf Lager.*

The next possible dispatch would be in about two weeks.
Der nächstmögliche Versand wäre in ungefähr zwei Wochen.

We could offer you two 25-kg bags as an alternative.
Als Alternative könnten wir Ihnen zwei 25-kg-Beutel anbieten.

We could send the delivery by express.
Wir könnten die Lieferung per Express schicken.

Unfortunately we quoted the wrong price.
Leider haben wir den falschen Preis angegeben.

We *mixed up* the lists for ex works and FOB.
Wir haben die Listen für die Preise ab Werk und FOB *vertauscht.*

We entered your order for the wrong item.
Wir haben Ihren Auftrag für den falschen Artikel eingetragen.

We will send you the order
Wir schicken Ihnen die Auftrags-

confirmation with the correct price.
The product you ordered is *no longer in our range.*
May we offer you product 437 as an alternative?
We sincerely *apologise* (US: *apologize*) for this *mistake.*
We are truly *sorry about* this delay.
Please accept our *apologies.*
We will make sure that this does not happen again.
Thank you for your *understanding.*
Thank you for your *cooperation.*

A: We are sorry to have to tell you that the material cannot be completed on time.
B: What exactly is the problem?
A: Unfortunately one of our suppliers has *let us down.* A delivery has been *delayed.* We need these parts to complete your order.

B: How long a delay will this be?

A: About four days.
B: OK, but please dispatch on Friday, and thank you for letting me know.

A: Unfortunately the material for your order did not meet the high standards set by our *quality control department.*

B: What is wrong with the material?
A: The colour does not correspond to the previous deliveries, therefore we cannot dispatch this order without your consent.
B: How long will I have to wait for a new production?

bestätigung mit dem korrekten Preis.
Das von Ihnen bestellte Produkt ist *nicht mehr in unserer Produktpalette.*
Dürfen wir Ihnen Produkt 437 als Alternative anbieten?
Wir *entschuldigen* uns für diesen *Fehler.*
Wir *bedauern* diese Verzögerung sehr.
Wir bitten Sie um *Entschuldigung.*
Wir werden darauf achten, dass dies nie wieder passiert.
Vielen Dank für Ihr *Verständnis.*
Vielen Dank für Ihre *Hilfe*.

A: Leider müssen wir Ihnen mitteilen, dass das Material nicht rechtzeitig fertig sein wird.
B: Was genau ist das Problem?
A: Leider hat uns einer unserer Lieferanten *im Stich gelassen.* Eine Lieferung ist *verzögert* worden. Wir brauchen diese Teile, um Ihren Auftrag fertig zu stellen.

B: Wie lange wird die Verzögerung dauern?

A: Ungefähr vier Tage.
B: In Ordnung, aber bitte verschicken Sie es am Freitag, und vielen Dank für die Information.

A: Leider hat das Material für Ihren Auftrag die hohen Standards, die von unserer *Qualitätskontrolle* festgelegt werden, nicht erfüllt.
B: Was stimmt nicht mit dem Material?
A: Die Farbe entspricht nicht den früheren Lieferungen, wir können diesen Auftrag daher nicht ohne Ihre Zustimmung verschicken.
B: Wie lange muss ich dann auf eine neue Produktion warten?

Auftragsabwicklung

A: About four weeks.
B: No, that's too long. The colour is not that important, it isn't a series.
A: We could send you a sample today by ***courier service.*** If the colour is acceptable, we will send the whole order on Thursday.

A: We ***regret*** to have to inform you that this order will not be ready for dispatch tomorrow. We only have three of the four boxes ordered.

B: When will the order be complete?

A: The remaining box would be ready by next Wednesday. Should we send the three boxes or wait and send all four together?

B: That would mean ***additional transport*** costs for us.
A: We would of course be prepared to pay the freight for the ***extra shipment.***

B: OK. Please ship the three boxes, we'll expect the fourth box by the end of next week.
A: Thank you, and ***please accept our apologies*** for this delay.

A: We are sorry to have to tell you that our computer system was not working properly and the material confirmed for dispatch is actually ***not in stock.***

B: When could we have it then?
A: The ***next possible*** dispatch would be in two weeks' time.
B: That will be difficult.

A: Ungefähr vier Wochen.
B: Nein, das ist zu lang. Die Farbe ist nicht so wichtig, es ist keine Serie.
A: Wir könnten Ihnen heute per ***Kurierdienst*** ein Muster zuschicken. Wenn die Farbe akzeptabel wäre, würden wir den ganzen Auftrag am Donnerstag versenden.

A: Wir ***bedauern,*** Ihnen mitteilen zu müssen, dass dieser Auftrag morgen nicht zum Versand fertig sein wird. Wir haben nur drei der vier bestellten Kartons.

B: Wann wird der Auftrag komplett sein?

A: Der noch ausstehende Karton wäre bis nächsten Mittwoch fertig. Sollen wir die drei Kartons schicken oder warten und alle vier zusammen schikken?

B: Dies würde für uns ***zusätzliche Transportkosten*** bedeuten.
A: Wir würden natürlich die Frachtkosten für die ***zusätzliche Lieferung*** übernehmen.

B: Gut. Bitte schicken Sie die drei Kartons, wir erwarten dann den vierten Karton bis Ende nächster Woche.
A: Danke, und bitte ***entschuldigen*** Sie die Verzögerung.

A: Wir müssen Ihnen leider mitteilen, dass unser Computersystem nicht richtig funktioniert hat, und dass das zum Versand bestätigte Material gar ***nicht auf Lager*** ist.

B: Wann können wir es dann haben?
A: Der ***nächstmögliche*** Versandtermin wäre in ungefähr zwei Wochen.
B: Das wird schwierig.

Auftragsabwicklung

A: We could offer you two 25-kg bags as an alternative.
B: OK, we need the material *urgently*, so we'll have to take them.

A: Thank you for your help. We are really sorry about this *mistake*.

A: Unfortunately we quoted the wrong price for this item. We *mixed up* the lists for ex works and FOB.

B: How could that happen? I *specifically said* that I needed the FOB price.
A: The person usually in charge of your orders was on holiday (US: on vacation) at that time. We will send you the *order confirmation* with the correct price.
B: OK, but please *make sure it doesn't happen again*. This makes things quite difficult.
A: Of course. Thank you for your understanding and please accept our apologies.

A: Als Alternative könnten wir Ihnen zwei 25-kg-Beutel anbieten.
B: In Ordnung, wir brauchen das Material *sehr dringend.* Dann müssen wir also die Beutel nehmen.

A: Vielen Dank für Ihre Hilfe. Wir bedauern diesen *Fehler* sehr.

A: Leider haben wir den falschen Preis für diesen Artikel angegeben. Wir haben die Listen für die Preise ab Werk und FOB *vertauscht.*

B: Wie konnte das passieren? Ich habe *ausdrücklich gesagt*, dass ich den FOB-Preis brauche.
A: Der Mitarbeiter, der normalerweise für Ihre Aufträge zuständig ist, war zu der Zeit im Urlaub. Wir schicken Ihnen die *Auftragsbestätigung* mit dem korrekten Preis.
B: Gut, aber bitte *achten Sie darauf, dass es nicht wieder passiert.* Es macht alles ziemlich schwierig.
A: Selbstverständlich. Danke für Ihr Verständnis und entschuldigen Sie nochmals.

Complaints

Beschwerden

The material ordered was green and the material we have just received is brown.
Please check what has happened.
Both the *order confirmation* and the *delivery note* show three boxes, but we have only received two, what has happened?
We ordered 5mm screws and you have sent us 6mm. We are prepared to keep

Wir haben grünes Material bestellt und das Material, das wir bekommen haben, ist braun.
Bitte überprüfen Sie, was passiert ist.
Die *Auftragsbestätigung* und der *Lieferschein* zeigen beide drei Kartons, aber wir haben nur zwei bekommen, was ist passiert?
Wir haben 5-mm-Schrauben bestellt, und Sie haben uns 6-mm-Schrauben

Auftragsabwicklung

these, but would need a delivery of 5mm screws by the end of this week.	geschickt. Wir wären bereit, diese zu behalten, bräuchten aber bis Ende dieser Woche eine Lieferung von 5-mm-Schrauben.
Two of the chairs are badly damaged, the cushion material is ripped.	Zwei der Stühle sind schwer beschädigt, das Kissenmaterial ist aufgerissen.
Could you give them back to our driver when he comes on Friday? We will arrange for two replacement chairs to be dispatched tomorrow.	Könnten Sie sie am Freitag dem Fahrer wieder mitgeben? Wir werden dann morgen zwei Ersatzstühle wegschicken.
The quality of this material is *not up to your usual standard.*	Die Qualität dieses Materials *entspricht nicht Ihrem üblichen Standard.*
The paper we received is too thin. Could you send us a few leaves so that we can have our quality control people check this?	Das Papier, das wir bekommen haben, ist zu dünn. Könnten Sie uns ein paar Blätter zuschicken, damit unsere Leute in der Qualitätskontrolle diese überprüfen können?
The material is *within our standard tolerance level.*	Das Material liegt *innerhalb unserer Standardtoleranzgrenze.*
I cannot accept your *claim.*	Ich kann Ihre *Reklamation* nicht annehmen.
I will *let you know.*	Ich werde mich *wieder melden.*/Ich werde Ihnen *Bescheid geben.*
I have passed this on to the person in charge and will get back to you when we have the results.	Ich habe es an die zuständige Person weitergeleitet und werde mich melden, wenn die Ergebnisse vorliegen.
You *promised* to get back to me. When will I hear from you?	Sie haben *versprochen,* sich noch einmal bei mir zu melden. Wann höre ich von Ihnen?
I have sent you an e-mail placing an order last week and I still haven't received any confirmation.	Ich habe Ihnen letzte Woche eine E-Mail über eine Bestellung geschickt und habe immer noch keine Bestätigung erhalten.
We had computer problems.	Wir hatten Probleme mit dem Computer.
We didn't get your e-mail.	Wir haben Ihre E-Mail nicht bekommen.

Auftragsabwicklung

> Im Englischen werden wesentlich häufiger als im Deutschen Entschuldigungs-Formeln verwendet, selbst wenn man eigentlich eine Beschwerde vorbingt ("I'm very sorry, but ..." "I am really sorry about that" oder "Please excuse this once again").

A: We have just received our order no. 156. Upon opening the box, we found that only eleven bottles were sent. We actually ordered twelve.

B: I'm sorry about that, there seems to have been a *mistake* in the packing department on that day.

A: Could you *make sure* that the invoice is *altered*?

A: We ordered 5mm screws and you have sent us 6mm.

B: Oh yes, the delivery note was *incorrectly typed.*

A: We are prepared to keep this delivery, but would need one of 5mm screws by the end of this week.

B: Yes, we'll dispatch them tomorrow.

A: As we do not need the 6mm screws until the beginning of next month, could you *extend* the due date of the invoice by two weeks?

B: Of course, no problem.

A: After unpacking and examining the material, we noticed that two of the items are damaged.

B: Are they *badly damaged*?

A: Wir haben soeben unseren Auftrag Nr. 156 erhalten. Als wir den Karton geöffnet haben, fanden wir nur elf Flaschen vor. Wir haben eigentlich zwölf bestellt.

B: Das tut mir leid, aber es scheint an dem Tag einen *Fehler* in der Verpackungsabteilung gegeben zu haben.

A: Könnten Sie *dafür sorgen,* dass die Rechnung *abgeändert* wird?

A: Wir haben 5-mm-Schrauben bestellt, und sie haben uns 6-mm-Schrauben geschickt.

B: Oh ja, der Lieferschein wurde *falsch getippt.*

A: Wir wären bereit, diese Lieferung zu behalten, bräuchten aber bis Ende dieser Woche eine von 5-mm-Schrauben.

B: Ja, wir werden sie morgen verschicken.

A: Da wir die 6-mm-Schrauben erst Anfang nächsten Monats brauchen, könnten Sie das Fälligkeitsdatum der Rechnung um zwei Wochen *verlängern*?

B: Natürlich, kein Problem.

A: Nachdem wir das Material ausgepackt und überprüft hatten, stellten wir fest, dass zwei Artikel beschädigt sind.

B: Sind sie *schwer beschädigt*?

A: They have slight ***scratch marks*** on the case.
B: Would you be able to keep them if we granted you a discount?
A: Yes, we should be able to sell them.

B: OK, we'll ***credit*** 20% of the invoice.

A: The quality is not up to your usual standard, the paper we received is too thin.
B: Our samples show that the material is ***within our tolerance level.***
I am sorry, but I ***cannot accept your claim.***

A: When we ordered, we ***specifically stated*** that the colour was to be the same as previously supplied.

B: I'm very sorry about that.
A: This material is for a special series and must be the same colour.

B: Could you let us have a sample, we will have this checked and get back to you.
A: We sent you a sample last week.

B: Yes, we have had it examined and must agree that this material is not acceptable. How can we solve this problem, would you be able to sell this as a ***closeout item*** at 20% discount?

A: No, I don't think so. I will have to ***return*** this material.

A: Sie haben leichte ***Kratzer*** am Gehäuse.
B: Könnten Sie sie behalten, wenn wir Ihnen einen Rabatt gewährten?
A: Ja, wir müssten sie eigentlich verkaufen können.

B: In Ordnung, dann ***schreiben*** wir 20% des Rechnungsbetrages ***gut.***

A: Die Qualität entspricht nicht Ihrem üblichen Standard, das Papier, das wir bekommen haben, ist zu dünn.
B: Unsere Muster zeigen, dass das Material ***innerhalb unserer Toleranzgrenze*** liegt. Es tut mir Leid, aber ich ***kann Ihre Reklamation nicht annehmen.***

A: Als wir bestellten, haben wir ***ausdrücklich darauf hingewiesen,*** dass die Farbe genauso wie bei früheren Lieferungen sein muss.

B: Das tut mir sehr leid.
A: Dieses Material ist für eine Sonderreihe und muss die gleiche Farbe haben.

B: Könnten Sie uns ein Muster zuschicken, wir werden es überprüfen und uns wieder melden.
A: Wir haben Ihnen bereits letzte Woche ein Muster zugesandt.

B: Ja, wir haben es überprüfen lassen und müssen zugeben, dass dieses Material nicht akzeptabel ist. Wie können wir dieses Problem lösen? Würden Sie die Ware als ***Sonderposten*** zu einem Rabatt von 20% verkaufen können?

A: Nein, ich glaube nicht. Ich werde dieses Material ***zurückschicken*** müssen.

5. Rechnungswesen und Finanzen

Accounting — Rechnungswesen

He is our *chief accountant*.
Er ist unser *Buchhalter*.

Book-keeping plays a vital role in every business.
Buchhaltung spielt in jedem Unternehmen eine zentrale Rolle.

Accounting methods vary from business to business.
Die *Buchführungsmethoden* sind von Unternehmen zu Unternehmen verschieden.

Our *balance sheets* of the past ten years show a steady rate of growth.
Unsere *Handelsbilanz* der letzten zehn Jahre zeigt ein stetiges Wachstum.

Our *budget* for 2013 is complete.
Unser *Haushalt* für 2013 ist vollständig.

John, could you fetch our *account books and balance sheets?*
John, könnten Sie bitte unsere *Geschäftsbücher* holen?

Ms. Clarke is in charge of our *financial accounting*.
Frau Clarke ist für unsere *Finanzbuchhaltung* verantwortlich.

According to our *calculations*, the profits for this year are less than those for 2012.
Nach unseren *Berechnungen* sind die diesjährigen Gewinne geringer ausgefallen als die von 2012.

Our *sales analysis* for 2012 showed a 10% increase in sales within the EU.
Unsere *Absatzanalyse* für 2012 zeigte einen Zuwachs von 10% bei den Verkäufen innerhalb der EU.

We insist that members of staff provide a *receipt* for purchases from the *petty cash*.
Wir bestehen darauf, dass unsere Mitarbeiter eine *Quittung* für Einkäufe aus der *Portokasse* abliefern.

Our *gross profits* are up on this time last year.
Unsere *Bruttogewinne* sind höher als zum selben Zeitpunkt des letzten Jahres.

Neil's work is a fine example of *adequate and orderly accounting*.
Neils Arbeit ist ein ausgezeichnetes Beispiel *ordnungsgemäßer Buchführung*.

The *end of our first quarter* is in July.
Unser *erstes Quartalsende* ist im Juli.

When does your *accounting reference day* fall?
Wann ist Ihr *Bilanzstichtag*?

Rechnungswesen und Finanzen

Our *accounting year* will end in May.

Unser *Buchführungsjahr* endet im Mai.

Größere Unternehmen müssen in Großbritannien ihren Jahresabschluss veröffentlichen und im "Companies House" archivieren. Nicht zur Veröffentlichung verpflichtet sind Unternehmen, die unter die juristisch definierte Kategorie Klein- und Mittelbetriebe fallen.

We have published and filed our *annual accounts* in Companies House.
Our *internal accounting period* is three months long.
Our accounting manager will present the *annual economic report.*

Wir haben unseren *Jahresabschluss* veröffentlicht und im Companies House archiviert.
Unser *Abrechnungszeitraum* beträgt drei Monate.
Der Leiter der Buchhaltung wird den *Jahreswirtschaftsbericht* vorlegen.

In Großbritannien sind Unternehmen, die unter die Kategorie "Listed Companies" fallen, verpflichtet, ein sechsmonatiges Zwischenkonto zu veröffentlichen oder an die Aktienbesitzer zu schicken.

Our *interim accounts* were published in the Financial Times in September.
The TEHV group have also released *interim balance sheets.*
We have completed our *profit and loss accounts.*
Our *opening balance sheets* for this month are being prepared.
Our annual *audit* will take place in April.
Auditing will be carried out later this month.
The *audit fees* have been paid for 2012.
The *fiscal audit of operating results* for 2012 is complete.

Unsere *Zwischenkonten* wurden im September in der Financial Times veröffentlicht.
Die TEHV Gruppe hat auch ihre *Zwischenbilanz* veröffentlicht.
Wir haben unsere *Ertragsrechnung* fertig gestellt.
Unsere *Eröffnungsbilanz* für diesen Monat wird vorbereitet.
Unsere jährliche *Buchprüfung* findet im April statt.
Die *Wirtschaftsprüfung* wird gegen Ende dieses Monats stattfinden.
Die *Kosten der Abschlussprüfung* für 2012 sind bezahlt worden.
Die *Betriebsprüfung* für 2012 ist abgeschlossen.

Can you get in touch with our *auditor* regarding the matter?

The *fiscal audit of operating results* was completed in May.
We predict, applying *discounting,* that our cash flow will remain consistent.
Our *accounting profit* shows a marked improvement in comparison to 2011.
The *closing balance* of our June accounts has already been carried forward to July.
Our *actual outlay* decreased considerably following *restructuring* in 2011.

The *total costs* of our recent reorganisation were minimal.

The *variable costs* of commission to be paid to our sales staff cannot be approximated in view of the current unstable economic situation.

Our *turnover forecasts* for the 1990s proved to be incorrect.
Our company's *turnover* increased tenfold in comparison to the previous decade.

The *turnover increase* for 2012 fulfilled our expectations.
The *appreciation* of our assets is mainly due to the current *rate of inflation.*
Accounts payable and *accruals* are to be entered as current liabilities on the balance sheet.

Könnten Sie wegen dieses Problems mit unserem *Betriebsprüfer* Kontakt aufnehmen?
Die *Betriebsprüfung* wurde im Mai abgeschlossen.
Nach durchgeführter *Abzinsung* nehmen wir an, dass der Geldfluss konstant bleiben wird.
Unser *Buchgewinn* zeigt einen deutlichen Zuwachs gegenüber 2011.
Die *Schlussbilanz* unserer Bücher vom Juni ist schon auf den Juli übertragen worden.
Unsere *Istausgaben* haben seit der 2011 durchgeführten *Umstrukturierung* erheblich abgenommen.
Die *Gesamtkosten* unserer unlängst durchgeführten Reorganisation waren minimal.
Die *variablen Kosten,* die durch unserem Verkaufspersonal gezahlte Kommissionen entstehen, können in Anbetracht der instabilen wirtschaftlichen Situation nicht abgeschätzt werden.
Die *Umsatzprognose* für die Neunziger Jahre hat sich als falsch herausgestellt.
Der *Umsatz* unseres Unternehmens hat sich, im Vergleich zu vor zehn Jahren, verzehnfacht.
Der *Umsatzanstieg* 2012 hat unsere Erwartungen erfüllt.
Der *Wertzuwachs* unserer Aktiva liegt hauptsächlich an der momentanen *Inflationsrate.*
Verbindlichkeiten und *Rückstellungen* müssen als laufende Passiva in die Bilanz eingetragen werden.

Rechnungswesen und Finanzen

I instructed her to fax details of our ***accounts receivable***.	Ich habe sie angewiesen, mir Details über die ***Außenstände*** zu faxen.
You should enter that under ***special expenses***.	Sie sollten das unter ***Sonderausgaben*** eintragen.
Deterioration of our premises has been taken into account as ***amortization***.	Die Wertminderung unserer Gebäude wurde als ***Amortisation*** in die Bücher aufgenommen.
The purchase of our new factory will be entered in the books as a ***capital transaction***.	Der Kauf unserer neuen Fabrik wird als ***Kapitalverkehr*** in die Bücher eingetragen.
The costs incurred during the ***renovation*** of our office buildings will be treated as ***capital investment***.	Die Kosten, die uns durch die ***Renovierung*** unserer Geschäftsgebäude entstanden sind, werden als ***Kapitaleinlage*** behandelt.
Our ***calculation of the budget costs*** for 2013 has changed little from that of 2012.	Unsere ***Plankostenrechnung*** für 2013 hat sich gegenüber 2012 kaum verändert.
Our ***prime costs*** are low in relation to our profits.	Unsere ***Selbstkosten*** sind im Vergleich zum Gewinn gering.
We need to look at ways of lessening our ***indirect labour costs*** (US: ***labor***).	Wir müssen Wege finden, die ***Lohnnebenkosten*** zu senken.
The ***rationalisation profits*** following the modernisation of our factory last year were considerable.	Der ***Rationalisierungsgewinn*** nach der Modernisierung unserer Fabrik letztes Jahr war beachtlich.
Our ***return on capital*** was higher in 2009 than in the following years.	Unser ***Kapitalertrag*** war 2009 höher als in den darauf folgenden Jahren.
A: Good morning, Ms. Parkin.	A: Guten Morgen, Frau Parkin.
B: Good morning. Would you like to see our ***ledger?***	B: Guten Morgen. Möchten Sie das ***Hauptbuch*** sehen?
A: Yes, please. I think that will be very informative. What ***accounting system*** do you use here?	A: Ja bitte. Ich denke, das wäre sehr aufschlussreich. Was für ein ***Buchführungssystem*** benutzen Sie hier?
B: We use ***double entry bookkeeping*** for our accounts.	B: Wir benutzen ***doppelte Buchführung*** für unsere Bücher.
A: And what does this column on the left show?	A: Und was bedeutet diese linke Spalte?
B: They are the ***debits***.	B: Das sind unsere ***Belastungen***.
A: And on this page – this figure – what does that represent?	A: Und auf dieser Seite – diese Zahl – was bedeutet die?

Rechnungswesen und Finanzen 80

B: They're the *development costs* we needed for the refurbishing of our old premises.
A: Do you keep your *real accounts* in a separate *ledger*?
B: No, we don't. It is all in this ledger here.
A: Have you valued your assets using *historical costing*?
B: Yes, we have.
A: And here are details of all *assets and liabilities*?
B: Yes. You can see the *net book value* of our assets here.

A: Thank you. Do you have details of *net profits* made in the previous ten years?
B: Certainly. Will that be all?
A: For the moment, thank you.

I think this *entry* is incorrect.

Our accounts don't *balance.*
It must be due to a *book-keeping error.*

A: Our *debtors* have been slow settling their accounts this month.
B: *Settlement day* should have been this Tuesday for the Berry consignment.

Our *overhead costs* don't seem to be entered in the books.

The *tax assessment* we received for 2003 appears to be incorrect.

Someone has completed our *tax return* incorrectly.

B: Das sind die *Entwicklungskosten,* die bei der Renovierung unserer alten Gebäude anfallen.
A: Führen Sie Ihre *Bestandskonten* in einem separaten *Hauptbuch*?
B: Nein, es ist alles in diesem Hauptbuch.
A: Haben Sie Ihre Aktiva mit einer *Nachkalkulation* bewertet?
B: Ja, haben wir.
A: Und hier sind die Details über *Aktiva und Passiva*?
B: Ja. Hier können Sie den *Nettobuchwert* unseres Vermögens sehen.

A: Danke schön. Haben Sie Details über die *Nettogewinne,* die Sie in den letzten zehn Jahren gemacht haben?
B: Sicherlich. War das dann alles?
A: Im Moment ja, danke.

Ich glaube, diese *Buchung* ist nicht korrekt.

Unsere Bücher *saldieren* nicht. Es muss an einem *Buchungsfehler* liegen.

A: Unsere *Schuldner* haben diesen Monat Ihre Rechnungen spät bezahlt.
B: *Abrechnungstag* für die Berry Sendung hätte dieser Dienstag sein sollen.

Unsere *Gemeinkosten* sind scheinbar nicht in die Bücher eingetragen worden.

Die *Steuerveranlagung,* die wir für 2003 bekommen haben, scheint nicht korrekt zu sein.

Jemand hat unsere *Steuererklärung* falsch ausgefüllt.

Rechnungswesen und Finanzen

> Mehrwertsteuer heißt in Großbritannien "value added tax". Meistens wird dafür aber die Abkürzung VAT verwendet. Im formelleren Englisch werden die Buchstaben dabei getrennt ausgesprochen, während sie in der Umgangssprache zu einem Wort verbunden werden.

We can reclaim *value added tax* at the end of the year. Unfortunately, it seems we are liable for an *additional payment of taxes.*
Taking into account the *linear depreciation* of the value of our assets, there seems to be no alternative than to *declare ourselves bankrupt.*
The *annual profits* are fifteen percent down on last year's figures.
Despite stringent measures to bring our *budget* under *control,* we seem to be unable to reach *break-even point* this summer.

We will have to introduce *budget cuts* in all departments.
Their *budgetary deficit* is huge.
Although we may have saved money in respect of the initial *outlay* required, the *operating expenses* of our factory in Nigeria have exceeded all expectations.
Our *basic income* has proved to be less than consistent.

We will have to *plough-back* the majority of our 2012 profits.
We have no alternative than to *write off* our obsolete machinery in our overseas factories.

Wir können die *Mehrwertsteuer* am Ende des Jahres zurückfordern. Leider scheint es so, als ob wir zu einer *Steuernachzahlung* verpflichtet wären.
Unter Berücksichtigung der *linearen Abschreibung* des Wertes unserer Aktiva scheint es keine Alternative zu einer *Bankrotterklärung* zu geben.
Der *Jahresgewinn* liegt fünfzehn Prozent unter dem des Vorjahres.
Trotz drastischer Maßnahmen um unseren *Haushalt* unter *Kontrolle* zu bringen, werden wir in diesem Sommer wohl nicht in der Lage sein, die *Gewinnschwelle* zu erreichen.

Wir werden *Etatkürzungen* in allen Abteilungen durchführen müssen.
Ihr *Haushaltsdefizit* ist riesig.
Obwohl wir vielleicht Geld bei der anfänglichen *Auslage* gespart haben, haben die *Betriebskosten* unserer Fabrik in Nigeria unsere Befürchtungen übertroffen.
Es hat sich gezeigt, dass unsere *Basiseinkünfte* nicht konstant genug sind.

Wir werden den Großteil unserer Gewinne von 2012 *reinvestieren* müssen.
Wir haben keine andere Wahl als die veraltete Maschinenanlage unserer Fabriken in Übersee *abzuschreiben.*

Rechnungswesen und Finanzen

| **Financial Policy** | **Finanzpolitik** |

Our *financial standing* has improved considerably.
Unsere **Kreditfähigkeit** hat erheblich zugenommen.

Sales financing in 2014 will take up a considerable percentage of our budget.
Die **Absatzfinanzierung** wird 2014 einen beträchtlichen Teil unseres Budgets ausmachen.

If our *financial status* does not improve, we will have to go into *liquidation*.
Wenn unsere **Vermögenslage** sich nicht verbessert, werden wir in die **Liquidation** gehen müssen.

Maurice Motors have sold some of their *assets* to pay off their debts.
Maurice Motors haben einige ihrer **Vermögenswerte** verkauft, um ihre Schulden zu bezahlen.

They have only their *fixed assets* remaining.
Sie haben nur noch ihr **Vermögen** übrig.

We will have to sell some of our *non-core assets* to resist takeover.
Wir werden alles außer dem **Kernvermögen** verkaufen müssen, um eine Übernahme zu vermeiden.

Anders als in Deutschland fängt in Großbritannien das Geschäftsjahr im April an.

The *fiscal year* begins in April in the UK.
Das **Geschäftsjahr** beginnt in Großbritannien im April.

Our *finances* are in dire straits.
Unsere **Finanzen** befinden sich in einer Notlage.

WSC went into *receivership*.
WSC ist in **Konkurs gegangen**.

Fiona will present our *financial report* for 2012.
Fiona wird uns den **Finanzbericht** für 2012 vorstellen.

Since 2011 we have faced increasing *financial difficulties*.
Seit 2011 stehen wir wachsenden **finanziellen Schwierigkeiten** gegenüber.

Our *financial assets* are steadily increasing.
Unser **Geldvermögen** wächst stetig.

I think we should consider taking the advice of a *financier*.
Ich denke, wir sollten uns überlegen einen **Finanzier** hinzuzuziehen.

Our *fiscal policy* in Indonesia must adapt with the change of government.
Unsere **Steuerpolitik** in Indonesien muss nach dem Regierungswechsel angepasst werden.

Did you hear about the *fiscal fraud* of AW Enterprises?

Haben Sie von dem *Steuerbetrug* von AW Enterprises gehört?

Banks and activities

Banken und Bankgeschäfte

Many *building societies* in Britain converted to banks in the 1990s.
I would like to invest in the ANA *mortgage bank.*
The MSG bank is one of the best-known *investment banks* in Asia.
We use the NRR *merchant bank* for our main company accounts.
The *regional banks* of this area are not to be recommended.
Our *savings bank* in Switzerland has neglected to send us our account balance.
We have our *business account* with TNT bank.
We have arranged *acceptance credit* with the MK bank in Japan.

Our *account balance* looks very positive at the present time.
Are you an *account holder* within this branch?
I would like to open an *interest account,* please.
May I speak to someone from your *loan department,* please?
Can you tell me your *account number,* please?
I have *special drawing rights* on that account.
There seems to be some mistake in our company's *bank statement.*

Viele *Bausparkassen* in Großbritannien wurden in den 90ern zu Banken umgewandelt.
Ich würde gerne in die ANA *Hypothekenbank* investieren.
Die MSG Bank ist eine der bekanntesten *Investmentbanken* Asiens.
Wir haben unsere Hauptgeschäftskonten bei der NRR *Handelsbank.*
Die *Regionalbanken* dieser Gegend kann man nicht empfehlen.
Unsere *Sparkasse* in der Schweiz hat vergessen, uns unseren Kontoauszug zu senden.
Wir haben unser *Geschäftskonto* bei der TNT Bank.
Wir haben einen *Akzeptkredit* mit der MK Bank in Japan ausgehandelt.

Unser *Kontostand* sieht im Moment sehr gut aus.
Sind Sie *Kontoinhaber* bei dieser Filiale?
Ich würde gerne ein *Zinskonto* eröffnen, bitte.
Könnte ich mit jemanden aus Ihrer *Kreditabteilung* sprechen, bitte?
Können Sie mir bitte Ihre *Kontonummer* geben?
Ich habe *Sonderziehungsrechte* von diesem Konto.
Der *Kontoauszug* unseres Unternehmens ist scheinbar fehlerhaft.

Your **bank charges** are too high. I demand to see the **manager**!	Ihre **Bankgebühren** sind zu hoch. Ich verlange den **Filialleiter** zu sprechen!
We will repay the **bank loan** over a period of five years.	Wir werden das **Bankdarlehen** über einen Zeitraum von fünf Jahren zurückzahlen.
We could apply for a **bridging loan** to tide us over the first six months.	Wir könnten versuchen, einen **Überbrückungskredit** für die ersten sechs Monate zu bekommen.
Overdrafts will be subject to interest six percent above our **base rate**.	**Kontoüberziehungen** werden mit sechs Prozent über dem **Leitzins** verzinst.
We will pay for the goods, upon delivery, by **bank transfer**.	Bei Lieferung werden wir für die Waren per **Banküberweisung** bezahlen.
OL Incorporated have set up a **banker's order** to pay for their regular shipments of goods.	OL Incorporated haben einen **Dauerauftrag** erteilt, um für die regelmäßige Verschiffung ihrer Waren zu bezahlen.
A **banking consortium** has loaned ten billion dollars to Mozambique.	Ein **Bankenkonsortium** hat Mosambik einen Kredit in Höhe von 10 Milliarden Dollar gewährt.
I have brought a **bank letter of credit** with me from the SK bank, Germany.	Ich habe ein **Bankakkreditiv** der SK Bank aus Deutschland dabei.

International Financial Markets | **Internationale Finanzmärkte**

Die Sprache der großen Börsen ist seit langem Englisch. Der wichtigste Handelsplatz für Aktien in der Welt ist die Wall Street in New York, und in Europa war lange der International Stock Exchange in London führend.

Shares (US: **stocks**) are **at a premium** at the moment.	Die **Aktien** sind im Moment **über dem Nennwert**.
Our **shares** fell 2.9% yesterday.	Unser **Aktienkurs** fiel gestern um 2,9%.
I would like to check out share prices on the **stock exchange** this afternoon.	Ich würde mich heute Nachmittag gerne über die Aktienpreise an der **Börse** erkundigen.
I would like a **quotation** of	Ich hätte gerne die **Notierung** des

Rechnungswesen und Finanzen

share (US: *stock*) *prices*
for Megamarkets P.L.C.
Could I have a *quotation* for the
market price for shares in
MK Enterprises?
The *bottom price* for shares
in our company has dropped
to a new low.
We are planning to launch
a euro-dominated *bond.*
If we reinvest the money we made
from selling our assets under the
enterprise investment scheme, we
can avoid paying *capital gains tax.*

JMC Limited have recently
made a loss on their *foreign
bonds* in Switzerland.
The *stock exchange index*
is showing signs of improvement.
Did you take note of the
Dow Jones *share index*?

Aktienkurses von Megamarkets
P.L.C.
Könnte ich die *Notierung* des
Börsenkurses der Aktien von
MK Enterprises haben?
Der *Niedrigstkurs* der Aktien unseres
Unternehmens ist auf einen neuen
Tiefststand gefallen.
Wir überlegen uns, Euro-dominierte
Rentenpapiere einzuführen.
Wenn wir das Geld, das wir durch den
Verkauf unserer Aktiva nach dem
Investitionsentwurf verdient haben,
reinvestieren, können wir die *Kapital-
ertragssteuer* vermeiden.

JMC Limited haben in der letzten Zeit
mit ihren *Auslandsanleihen* in der
Schweiz Verluste gemacht.
Der *Börsenindex* zeigt Indizien
einer Verbesserung.
Haben Sie den Dow-Jones-*Aktienindex* zur Kenntnis genommen?

Der berühmteste Aktienindex der Welt ist der Dow-Jones in New York. In London ist der sogenannte "Footsie" FT-SE-100-Index bis heute mit Abstand zum meistbenutzten Index am Londoner Markt geworden. Der neuere FTSE Eurotop 300 Index basiert auf dreihundert führenden europäischen Aktien und spielt eine weitere wichtige Rolle. Nicht zu vergessen ist natürlich auch der aufstrebende Finanzplatz Frankfurt und damit Xetra Dax und AMEX (American Stock Exchange). Diese Situation könnte sich ändern, wenn in Kooperation der Deutschen Börse AG, der Pariser und Schweizer Börsen und des amerikanischen Dow-Jones-Unternehmen ein neuer Index erscheint. Diesbezüglich werden seit längerer Zeit Gespräche geführt.

Stock Markets

Stock markets all over the world were particularly unstable in September.
Dealing before official hours is taking place in Tokyo.
Stock market trading will begin at eight a.m.
Closing of the exchange is due to take place at seventeen hundred hours in London.
Allen and Walsh are a firm of **stockbrokers**.
Global markets are currently experiencing a **boom**.
The **stock market crash** of 1929 was the worst this century.
Taking the strong global **bull market** into account, I think we can view the situation positively.
He's a **bull**.
The stock market this year has been a **buyers market**.
The market's reaction was not too **bearish**.
That stockbroker is participating in **bear sales**.
At the moment, I fear we're looking at a **bear market**

He's a **bear**.
It's a **seller's market** at the moment.
The bottom has fallen out of the market.

Aktienmärkte

Die **Aktienmärkte** auf der ganzen Welt waren im September besonders instabil.
Die **Vorbörse** findet in Tokio statt.

Der **Börsenhandel** wird um acht Uhr morgens beginnen.
Der **Börsenschluss** wird um siebzehn Uhr in London stattfinden.

Allen und Walsh haben eine **Börsenmakler**-Firma.
Die globalen Märkte erleben im Moment einen **Boom**.
Der **Börsenkrach** von 1929 war der Schlimmste in diesem Jahrhundert.
Wenn man den globalen **Haussemarkt** miteinbezieht, dann denke ich, dass wir die Situation positiv beurteilen können.
Er ist ein **Haussier**.
Der Aktienmarkt war dieses Jahr ein **Käufermarkt**.
Die Reaktion des Marktes war nicht übermäßig **pessimistisch**.
Dieser Börsenmakler beteiligt sich an **Leerverkäufen**.
Ich befürchte, dass es zu einem **ständigen Fallen der Kurse am Markt (Baissemarkt)** kommen wird.
Er ist ein **Baissier**.
Im Moment gibt es einen **Verkäufermarkt**.
Die Nachfrage und die Preise sind auf einem Tiefstand.

Rechnungswesen und Finanzen

> Die zwei wichtigsten Wirtschaftszeitungen im englischsprachigen Raum sind die "Financial Times", deren erster Buchstabe dem "Footsie" seinen Anfangsbuchstaben beschert hat und das "Wall Street Journal", das der Dow Jones Company gehört (Begründer des Hauptindex des New York Stock Exchange).

A good place to find *stock exchange news* throughout Europe is the "Financial Times".

Börsenberichte aus ganz Europa findet man vor allem in der „Financial Times".

Our *share capital* played a part in our survival during the recession.

Unser *Aktienkapital* hat einen Teil zu unserem Überleben während der Rezession beigetragen.

They have invested heavily in *securities.*

Sie haben in großem Umfang in *Wertpapiere* investiert.

The Bank of Taiwan announced that it is trying to strengthen *securities business.*

Die Bank von Taiwan hat angekündigt, dass sie versuchen wird, ihre *Effektengeschäfte* zu verstärken.

Futures markets reached an all-time low in May.

Die *Terminbörse* hat im Mai einen Rekordtiefstand erreicht.

A round of buying boosted Healthman Tea *futures* on the London International Financial Futures and Options Exchange.

Eine Phase hoher Kaufbereitschaft hat *Termingeschäfte* der Healthman Tea auf der Londoner Börse für Finanz- und Terminkontrakte in die Höhe getrieben.

JMC have been conducting *futures business* on the MATIF (Marché à Terme des Instruments Financiers).

JMC haben *Termingeschäfte* an der MATIF abgewickelt.

Sugar has been selling extremely well on the *commodity futures exchange* last month.

Zucker hat sich an der *Warenterminbörse* im letzten Monat ausgezeichnet verkauft.

> Die Online-Revolution der 90er Jahre hat viele Änderungen, nicht nur im Banking und der Kommunikation, sondern auch im Börsengeschäft mit sich gebracht. In den USA findet heute ein Viertel des "retail share trading" über das Internet statt.

We have recently purchased shares in your company via *internet*.
Internet share trading is on the up and up.
The internet provides *potential investors* with an easy method of buying shares.

Firms trading in stocks on the internet have gained a huge *competitive advantage*.
We offer on-line trading as part of a *package*.

Wir haben neulich Aktien Ihres Unternehmens über das *Internet* gekauft.
Aktienhandel über das Internet nimmt immer weiter zu.
Das Internet gibt *potenziellen Investoren* die Möglichkeit, auf einem einfachen Weg Aktien zu kaufen.

Unternehmen, die Aktien über das Internet verkaufen, haben dadurch einen riesigen *Wettbewerbsvorteil* erlangt.
Wir bieten Online-Handel als Teil eines *Pakets* an.

Unternehmen in den angelsächsischen Volkswirtschaften haben keine ähnlich enge Bindung an die Banken, wie das in Deutschland oftmals der Fall ist. Anstatt Kapitalbeschaffung über Kreditinstitute zu ermöglichen, gehen Unternehmen in Großbritannien und den USA auf die Finanzmärkte.

The *flotation* of our company raised 120 million euro.

They are *shareholders* in our business.
We are interested in buying *a parcel of shares* (US: *stocks*) in your business.
We are planning to invest more heavily in *blue chip* companies.
Geiger's PLC holds the *controlling interest* in our company.
JMC is a *public limited company* (US: *joint stock company*).
The *issuing of shares* (US: *stock*) took place yesterday.
The *face value* of our shares is lower than their market value.

Die *Emission von Aktien* brachte unserem Unternehmen 120 Millionen Euro ein.

Sie sind *Aktionäre* unseres Unternehmens.
Wir sind daran interessiert, ein *Aktienpaket* Ihres Unternehmens zu kaufen.
Wir planen, mehr in Unternehmen mit *erstklassigen Aktien* zu investieren.
Geigers PLC hält in unserem Unternehmen die *Aktienmehrheit*.

JMC ist eine *Aktiengesellschaft*.

Die *Aktienausgabe* fand gestern statt.
Der *Nennwert* unserer Aktien ist niedriger als ihr Marktwert.

Rechnungswesen und Finanzen

Did you make a satisfactory *earning per share* (US: *yield on stocks*)?	Haben Sie eine zufrieden stellende *Aktienrendite* erreicht?
The *risk premium* for shares in the TEHV group was greater than expected last year.	Die *Risikoprämie* für Aktien der TEHV Gruppe war letztes Jahr größer als erwartet.
The *price-earnings ratio* for shares in JMC reflects the fast growth rate of the company.	Das *Kurs-Gewinn-Verhältnis* für JMC-Aktien spiegelt das schnelle Wachstum des Unternehmens wider.
In 2012, our shareholders received a *dividend* of ninety pence per share.	2012 erhielten unsere Aktionäre eine *Dividende* von neunzig Pence pro Aktie.
The TEHV group have paid out a *distribution* from their profits.	Die TEHV Gruppe hat eine *Gewinnausschüttung* durchgeführt.
Their shares have become *ex-dividend.*	Ihre Aktien sind jetzt *ohne Dividende.*
The executive has decided to make a *one-off pay-out* of sixty pence per share to all our shareholders.	Der leitende Angestellte hat entschieden, eine *einmalige Ausschüttung* von sechzig Pence pro Aktie an alle Aktionäre durchzuführen.
We will pay a *percentage of profits* to all our investors.	Wir werden all unseren Investoren *Tantiemen* zahlen.
We are planning to issue bonus shares with our profits from *share premiums (or agio).*	Wir planen mit unseren Gewinnen aus dem *Agio* Bonusaktien auszugeben.
The next *shareholders' meeting* will take place on the 25th of January.	Die nächste *Hauptversammlung* findet am 25. Januar statt.
The *annual general meeting (AGM)* is scheduled to take place in March.	Die *Jahreshauptversammlung* ist für März angesetzt.
The company hopes that the introduction of a *profit sharing scheme* will inspire greater loyalty from our workers.	Das Unternehmen hofft, dass die Einführung einer *Gewinnbeteiligung* die Arbeiter zu größerer Loyalität bewegen wird.
He has a *subscription right* (or *share option*) to shares (US: stocks) in Wharmby Foods.	Er hat ein *Aktienbezugsrecht* für Aktien von Wharmby Foods.

> Feindliche Übernahmen sind im englischsprachigen Raum nicht ungewöhnlich. Kenntnisse in diesem Bereich sind daher für ein Verständnis der Unternehmenskultur in diesen Ländern unerlässlich. Angelsächsische Unternehmen haben keinen starken Kern von Aktienbesitzern, wie man ihn gewöhnlich in Frankreich und Spanien vorfindet.

Mergers and *acquisitions* are the favoured means of growth and expansion for many companies.
The *hostile takeover* of Runge Ltd. by the TEHV group was the largest this year in the manufacturing sector.
The *hostile bid* to take over JLC failed last week.
Walker Developments took advantage of recent economic crises to take over STV of Italy.

Maurice Motors have sold some of their *assets* to pay off their debts. It seems that they have only their *fixed assets* and some securities remaining.
A black knight company has made a bid for JMC.

A *white knight* rescued Maurice Motors from a hostile takeover last week.

A: It seems that wrangles over the eventual fate of JLC are becoming more complicated.
B: I know that two firms have already expressed their interest.

Fusionen und *Akquisitionen* sind für viele Unternehmen die bevorzugten Instrumente für Wachstum und Expansion.
Die *feindliche Übernahme* von Runge Ltd. durch die TEHV Gruppe war im herstellenden Bereich die größte in diesem Jahr.
Das *feindliche Übernahmeangebot* für JLC scheiterte letzte Woche.
Walker Developments nutzte die vor kurzem aufgetretenen wirtschaftlichen Krisen aus, um die italienische STV zu übernehmen.

Maurice Motors haben einige ihrer *Vermögenswerte* verkauft, um ihre Schulden zu bezahlen. Es scheint so, als ob sie nur noch ihre *festen Anlagen* und einige Sicherheiten übrig hätten.
Ein *„schwarzer Ritter" (Investor, der eine Firma mit einer Übernahme bedroht)* hat ein Übernahmeangebot für JMC gemacht.
Ein *„weißer Ritter" (Investor, der eine Firma vor einer Übernahme rettet)* hat Maurice Motors vor einer feindlichen Übernahme bewahrt.

A: Es scheint, als ob der Streit über das endgültige Schicksal von JLC immer komplizierter werden würde.
B: Ich weiß, dass schon zwei Firmen ihr Interesse angemeldet haben.

Rechnungswesen und Finanzen

A: But now there is a third on the scene – a *grey knight.*
B: What are his intentions?
A: Well, that's the problem, nobody knows what his plans are.

OL Incorporated and TRIX Products have *amalgamated.*
One of our more recent *business acquisitions* was ABC Limited.

We will have to sell some of our *non-core assets* to resist takeover.
TRIX Products also have debts in the form of *debenture loans.*
CDSA have *gone into liquidation.*
Holders of *preference shares* will receive some of their share capital, others may not be so lucky.

Our *floating assets* have remained stable.
The figures suggest that we will be able to retain *financial sovereignty.*

A: Aber es gibt noch einen dritten - einen *„grauen Ritter" (Investor mit unklaren Absichten).*
B: Was sind seine Absichten?
A: Das ist das Problem. Niemand weiß, was er will.

OL Incorporated und TRIX Products haben *fusioniert.*
Eines unserer neueren Geschäfte war die *Geschäftsübernahme* von ABC Limited.

Wir werden einige unserer *Aktiva* verkaufen müssen, um die Übernahme zu vermeiden.
TRIX Products haben zudem Schulden in Form von *Obligationsanleihen.*
CDSA sind *in Liquidation getreten.*
Die Besitzer von *Vorzugsaktien* werden einen Teil Ihres Aktienkapitals wiederbekommen. Andere werden vielleicht nicht so viel Glück haben.

Unser *Umlaufvermögen* ist stabil geblieben.
Die Zahlen sprechen dafür, dass wir in der Lage sein sollten, unsere *Finanzhoheit* zu behaupten.

Currencies and Foreign Exchange

The *monetary zone* covered by the euro will expand in the future.

Currency risk should be lessened by the introduction of the euro.
The value of the US dollar is subject to the fluctuations of the *international monetary system.*
We would like the *currency unit of payment* to be the yen.

Währungen und Devisen

Die *Währungszone,* die vom Euro abgedeckt wird, wird in der Zukunft expandieren.

Das *Währungsrisiko* sollte sich durch die Einführung des Euro vermindern.
Der Wert des US-Dollars ist den Schwankungen der *internationalen Währungsordnung* unterworfen.
Als *Zahlungsmittel* hätten wir gerne den Yen.

Rechnungswesen und Finanzen

Although Scotland has its own parliament, the British Isles will still have a *unified currency*.	Obwohl Schottland ein eigenes Parlament hat, werden die Britischen Inseln auch weiterhin eine *Einheitswährung* haben.
We will accept payment only in *hard currency*.	Wir werden die Bezahlung ausschließlich in *harter Währung* akzeptieren.

Bei Geschäftsbeziehungen mit englischsprachigen Partnern wird man früher oder später wahrscheinlich auch mit den umgangssprachlichen Ausdrücken für die Währung konfrontiert, die Briten und Amerikaner wesentlich häufiger zu benutzen scheinen als die Ausdrücke der Hochsprache. Briten nennen ein Pfund Sterling 'a quid' wobei die Singularform auch im Plural erhalten bleibt – zum Beispiel 'ten quid' (nicht 'ten quids'). Die Amerikaner, Kanadier und Australier nennen ihre unterschiedlichen Arten des Dollar 'a buck', und in der Mehrzahl 'bucks'.

The Malawian Kwacha is a *soft currency*.	Der Kwacha Malavis ist eine *weiche Währung*.
It is predicted that *devaluation* of the Indian rupee will take place in the near future.	Es wird davon ausgegangen, dass es in der nahen Zukunft eine *Abwertung* der indischen Rupie geben wird.
We need to invest in a country with prospects of long-term *monetary stability*.	Wir müssen in einem Land mit Aussicht auf dauerhafte *Währungsstabilität* investieren.
Has the *monetary policy* of New Zealand changed since the elections?	Hat sich die *Währungspolitik* Neuseelands seit den Wahlen verändert?
The rate of inflation in Brazil is problematic for our investments.	Die *Inflationsrate* in Brasilien ist für unsere Investitionen problematisch.
There have been considerable *currency reforms* in the area.	In der Region gab es beachtliche *Währungsreformen*.
The *monetary agreement* between Canada and the USA has collapsed.	Das *Währungsabkommen* zwischen den USA und Kanada ist zusammengebrochen.
Does your company have sufficient *foreign exchange* to pay immediately?	Hat ihr Unternehmen genügend *Devisen* um sofort zu bezahlen?
Where is the nearest *exchange bureau*?	Wo ist die nächste *Wechselstube*?

93 Rechnungswesen und Finanzen

What is the *foreign currency rate* for yen in the USA at present?
We have participated in *foreign exchange dealings* in the past.

Our *foreign exchange operations* play an important role in our overseas business ventures.
I think we failed to take the *two-tier exchange rate* into consideration.
One way to minimize risk of loss when dealing in foreign currency are *forward exchange dealings*.
Foreign exchange markets show that the dollar is weakening in relation to the euro.
What is the current *exchange rate* of sterling against the dollar?
The euro fell to a new low against the dollar yesterday.
The *fluctuation margins* of the South African Rand have been extreme in the last few months.
Fixed exchange rates may help the Brazilian economy.
Sterling has a *flexible exchange rate*.

Wie ist der momentane *Sortenkurs* für Yen in den USA?
In der Vergangenheit haben wir uns am *Devisenhandel* beteiligt.

Unsere *Devisenverkehrabkommen* spielen eine wichtige Rolle bei unseren Geschäftsvorhaben in Übersee.
Ich glaube, dass wir den *gespaltenen Wechselkurs* nicht in unsere Überlegungen einbezogen haben.
Ein Weg das Verlustrisiko bei Geschäften mit fremden Währungen zu minimieren, sind *Devisentermingeschäfte*.
Die *Devisenmärkte* zeigen, dass der Dollar im Vergleich zum Euro schwächer wird.
Wie ist der *Devisenkurs* des Pfund Sterling gegenüber dem Dollar?
Der Euro fiel gestern auf ein neues Tief gegenüber dem Dollar.
Die *Schwankungsbandbreite* des südafrikanischen Rand war in den letzten paar Monaten enorm hoch.
Feste Wechselkurse könnten der brasilianischen Wirtschaft helfen.
Das Pfund Sterling hat einen *flexiblen Wechselkurs*.

Europe

Europa

Die Europäische Währungsunion brachte entscheidende Veränderungen für den gesamten europäischen Wirtschafts- und Finanzsektor mit sich. Deswegen sind gerade Vokabeln aus diesem Bereich von besonderem Interesse.

The *European Community* has brought with it many benefits for our company.

Die *Europäische Gemeinschaft* hat unserem Unternehmen viele Vorteile gebracht.

The *European Monetary System* (EMS) controlled the exchange rates of European currencies in relation to each other.

The European *Exchange Rate Mechanism* (ERM) was designed to keep currencies within laid down fluctuation margins.

The *European Monetary Union* has improved our profit margins on exported goods.

We will pay for the goods by bank transfer in *euro* when we receive them.

The *European Annuities Market* is the second largest in the world after the USA since *monetary union*.

Our company's *Eurobonds* are selling well, particularly in Japan.

The *Euromarket* is worth billions of dollars.

The *European Central Bank* is based in Frankfurt.

Their Polish company received a loan from the *European Bank for Reconstruction and Development.*

The *European Investment Bank* loaned us the necessary capital to upgrade our plant in Cork.

If we do not win in the British courts, we will take our case to the *European Parliament.*

Das *Europäische Währungssystem* (EWS) kontrollierte die Wechselkurse der europäischen Währungen untereinander.

Der *Europäische Wechselkursmechanismus* wurde entwickelt, um die Währungen nur innerhalb einer festgelegten Bandbreite fluktuieren zu lassen.

Die *Europäische Währungsunion* hat die Gewinnspanne unserer Exporte verbessert.

Wir werden für die Waren per Überweisung in *Euro* zahlen, sobald wir sie erhalten haben.

Der *Europäische Rentenmarkt* ist seit der *Währungsunion* der zweit größte der Welt hinter den USA.

Die *Eurobonds* unseres Unternehmens verkaufen sich sehr gut, vor allem in Japan.

Der *Euromarkt* ist Milliarden von Dollar wert.

Die *Europäische Zentralbank* hat ihren Sitz in Frankfurt.

Ihr polnisches Unternehmen erhielt einen Kredit von der *Europäischen Bank für Wiederaufbau und Entwicklung.*

Die *Europäische Investitionsbank* hat uns das notwendige Kapital zum Ausbau unserer Fabrik in Cork geliehen.

Sollten wir unseren Fall nicht vor britischen Gerichten gewinnen können, dann wenden wir uns an das *Europäische Parlament.*

95 Rechnungswesen und Finanzen

Numbers / Die Zahlen

Die Grundzahlen

0	*nought, zero*
1	*one*
2	*two*
3	*three*
4	*four*
5	*five*
6	*six*
7	*seven*
8	*eight*
9	*nine*
10	*ten*
11	*eleven*
12	*twelve*
13	*thirteen*
14	*fourteen*
15	*fifteen*
16	*sixteen*
17	*seventeen*
18	*eighteen*
19	*nineteen*
20	*twenty*
21	*twenty-one*
22	*twenty-two*
etc.	
30	*thirty*
40	*forty*
50	*fifty*
60	*sixty*
70	*seventy*
80	*eighty*
90	*ninety*
100	*one hundred*
101	*one hundred and one*
200	*two hundred*
1,000	*one thousand*
1,001	*one thousand and one*
1,000,000	*one million*

Die Ordnungszahlen

1st	*first*
2nd	*second*
3rd	*third*
4th	*fourth*
5th	*fifth*
6th	*sixth*
7th	*seventh*
8th	*eighth*
9th	*ninth*
10th	*tenth*
11th	*eleventh*
12th	*twelfth*
13th	*thirteenth*
14th	*fourteenth*
15th	*fifteenth*
16th	*sixteenth*
17th	*seventeenth*
18th	*eighteenth*
19th	*nineteenth*
20th	*twentieth*
21st	*twenty-first*
22nd	*twenty-second*
23rd	*twenty-third*
24th	*twenty-fourth*
25th	*twenty-fifth*
26th	*twenty-sixth*
27th	*twenty-seventh*
28th	*twenty-eighth*
29th	*twenty-ninth*
30th	*thirtieth*
40th	*fortieth*
50th	*fiftieth*
60th	*sixtieth*
70th	*seventieth*
80th	*eightieth*
90th	*ninetieth*
100th	*(one) hundredth*
137th	*(one) hundred and thirty-seventh*
$1,000^{th}$	*(one) thousandth*

6. Telefonieren

Calling and Answering Calls	Anrufen und Anrufe entgegennehmen
Is that Smith & Co.? (US: Is this ...)	Bin ich richtig bei Smith & Co.?
David Jones here from Smith & Co., may I *speak to* .... please?	Hier David Jones von Smith & Co., kann ich bitte *mit ... sprechen*?
Could you *put me through to* ... please?	Könnten Sie mich bitte *mit ... verbinden*?
Is ... *available*?	Ist ... *zu sprechen*?

> Engländer und Amerikaner melden sich nicht immer mit ihrem Namen am Telefon, sondern fragen oft nur nach der Person, mit der sie sprechen wollen: "Hello, can I speak to ...?". Man muss deshalb zurückfragen "Who's calling?". Wenn man die Leute privat anruft, meldet man sich meistens nur mit "hello" oder, besonders in England, nur mit der Telefonnummer.

I'm sorry, I've *dialled* (US: dialed) *the wrong number*.	Es tut mir Leid, ich habe *mich verwählt*.
I can't hear you very clearly, *it's a bad line*.	Ich kann Sie nur undeutlich verstehen, *die Verbindung ist sehr schlecht*.
Who's speaking please?/May I ask who's calling?	Mit wem spreche ich bitte?
I'm sorry, he's *on the other line* at the moment.	Es tut mir Leid, er spricht gerade auf *der anderen Leitung*.
Sorry, he's *not in* right now.	Tut mir Leid, er ist im Augenblick *nicht im Büro*.
Please *hold the line*.	*Bleiben* Sie *am Apparat*.
Would you like to hold, or should he *call* you *back*?	Möchten Sie warten oder soll er Sie *zurückrufen*?
I'm sorry, but he has recently left the company, Mr. Jones is now in charge of that department.	Es tut mir Leid, aber er hat vor kurzem die Firma verlassen, Herr Jones ist jetzt Leiter dieser Abteilung.
May I *give him a message*?	Kann ich *ihm etwas ausrichten*?
Can he *call* you *back*?	Kann er Sie *zurückrufen*?
Would you hold the line for a moment, I'll just *put you through*.	Warten Sie einen Moment, ich *verbinde* Sie.
Speaking./This is he./This is she.	Am Apparat.

How can I help you?	Wie kann ich Ihnen behilflich sein?
I'm afraid she's away on business this week.	Leider ist sie diese Woche geschäftlich unterwegs.
I'm sorry, but he's at the Munich fair all week.	Es tut mir Leid, aber er ist die ganze Woche auf der Münchener Messe.
He's on holiday (US: on vacation) until the end of next week.	Er befindet sich bis Ende nächster Woche in Urlaub.
May I *put* you *through* to her assistant/her secretary?	Kann ich Sie mit ihrer Assistentin/ihrer Sekretärin *verbinden*?
I have already called twice today.	Ich habe heute schon zweimal angerufen.

„Einmal" wird nicht mit "one time" übersetzt, sondern "once", „zweimal" mit "twice". Erst ab „dreimal" heißt es "three times, four times, ...". "One time" bedeutet „ehemalig" oder „einmalig", "two-time" „betrügen"!

May I *take your name and number* and get someone to call you back?	Kann ich *Ihren Namen und Ihre Telefonnummer notieren*? Es wird Sie dann jemand zurückrufen.
All of our sales team are presently *unavailable*.	Alle unsere Verkäufer sind zurzeit *nicht zu erreichen*.
He's just taking his lunch break.	Er hat gerade Mittagspause.
He's in a meeting this morning, could you *call back* again this afternoon?	Heute Vormittag hat er eine Besprechung, könnten Sie heute Nachmittag *wieder anrufen*?
She has asked for *no calls to be put through*.	Sie hat mich gebeten, *keine Anrufe durchzustellen*.
OK, I'll *call back* later.	Gut, ich *rufe später zurück*.
All right, I'll *try again* this afternoon.	In Ordnung, ich *probiere es noch einmal* heute Nachmittag.
Could he give me a call back?	Könnte er mich zurückrufen?
I would just like to *reconfirm* our meeting tomorrow at 11 a.m.	Ich möchte nur unsere Besprechung morgen um 11.00 Uhr *bestätigen*.

Vorsicht bei Präpositionen der Zeit: "Can we meet at 10 a.m. on Tuesday?". "At" verwendet man in Zusammenhang mit einer bestimmten Uhrzeit, "on" mit einem bestimmten Tag.

When would be the best time to *reach* you?
I'll be out of the office for the rest of the day.

Wann wäre die beste Zeit, Sie zu *erreichen*?
Ich bin den Rest des Tages nicht mehr im Büro.

Talking

Gespräche führen

A: David Jones here from Smith & Co., may I speak to Mr. Müller please?

A: Hier David Jones von Smith & Co., kann ich bitte mit Herrn Müller sprechen?

B: I'm sorry, *he's on the other line at the moment. May I take a message*?

B: Es tut mir Leid, aber *er spricht gerade auf der anderen Leitung. Kann ich ihm etwas ausrichten*?

A: Yes. Could you please tell him to *call me back* this afternoon?

A: Ja. Könnten Sie ihm bitte sagen, dass er mich heute Nachmittag *zurückrufen soll*?

B: Yes, of course.

B: Ja, natürlich.

A: Could you *put* me *through* to John Smith please?
B: May I ask who's calling?
A: Jane Dawson, Reeve Electronics.
B: *Please hold the line for a moment,* I'll just put you through.
A: May I speak to someone in the sales department?
B: I'm sorry, they are all at lunch until 1.30 p.m. *May I take your name and number* and get someone to *call you back*?

A: Könnten Sie mich bitte mit John Smith *verbinden*?
B: Mit wem spreche ich bitte?
A: Jane Dawson, Reeve Electronics.
B: *Einen Moment bitte*, ich verbinde.
A: Könnten Sie mich bitte mit der Verkaufsabteilung verbinden?
B: Es tut mir Leid, dort sind alle bis 13.30 Uhr in der Mittagspause. *Kann ich Ihren Namen und Ihre Telefonnummer notieren*? Es wird Sie dann jemand *zurückrufen*.

A: All right, I'll *try again* this afternoon.
A: Harald Wagner, please.

A: In Ordnung, ich *probiere es noch einmal* heute Nachmittag.
A: Ich hätte gerne Harald Wagner gesprochen.

B: He's just taking his lunch break. May I help you at all?
A: Yes, you could *give him a message*.

B: Er hat gerade Mittagspause. Kann ich Ihnen vielleicht behilflich sein?
A: Ja, Sie könnten *ihm etwas ausrichten*.

I would just like to ***reconfirm*** our meeting tomorrow at 11.30 a.m. If there is a problem maybe he can call me back.	Ich möchte nur unsere Besprechung morgen um 11.30 Uhr ***bestätigen.*** Vielleicht kann er mich zurückrufen, wenn es Probleme gibt.
B: When would be the ***best time to reach you?***	B: Wann wäre ***die beste Zeit, Sie zu erreichen?***
A: I'm also just going to lunch, but will be back in the office after 2 p.m.	A: Ich gehe jetzt auch gerade zum Mittagessen, werde aber nach 14 Uhr wieder im Büro sein.

Ein Telefongespräch unter Geschäftspartnern, die sich kennen, fängt oft mit der üblichen Frage "Hello, how are you?" an. Die übliche Antwort lautet "Fine, thanks, and you?". Erst nachdem man ein paar solcher Höflichkeiten ausgetauscht hat, geht man zum Geschäftlichen über. Engländer reden auch ganz gerne über das Wetter und könnten durchaus fragen, wie das Wetter zurzeit in Deutschland ist.

A: Hello, Peter. How are you?	A: Hallo Peter, wie geht's Ihnen?
B: I'm fine, thank you. How are you?	B: Gut, danke. Und Ihnen?
A: I'm having a really busy day. And with this wonderful weather outside ... I wish I could go home early.	A: Ich bin furchtbar beschäftigt heute. Und das bei diesem wunderbaren Wetter draußen ... Ich wünschte, ich könnte heute früher nach Hause.
B: Then why don't you?	B: Warum tun Sie es nicht?
A: Because we're having troubles with one of our machines. This is actually the reason for my call. I need to see you and talk over our production schedules as soon as possible. Do you have time for a short meeting tomorrow morning at 10?	A: Weil wir Schwierigkeiten mit einer unserer Maschinen haben. Übrigens ist das der Grund, weshalb ich anrufe. Wir müssen uns so bald wie möglich treffen und den Produktionszeitplan besprechen. Haben Sie morgen Vormittagum 10 Uhr Zeit für ein kurzes Meeting?
B: Yes, I think I'll be able to make it.	B: Ja, ich denke ich kann es einrichten.
A: Wonderful. See you tomorrow, then.	A: Wunderbar. Dann also bis morgen.

"As soon as possible" wird als ASAP abgekürzt und wird auch im gesprochenen Englisch verwendet; "I'll send it A-S-A-P".

7. Geschäftskorrespondenz

Proper Letters and Fax Messages	**Korrekte Briefe und Faxe**
Dear Sir,	Sehr geehrter Herr ...,
Dear Madam,	Sehr geehrte Frau ...,
Dear Sirs,	Sehr geehrte Damen und Herren,
Dear Mr. Walsh,	Sehr geehrter Herr Walsh,
Dear Mrs. Walsh,	Sehr geehrte Frau Walsh, (verheiratete Frau)
Dear Miss Walsh,	Sehr geehrte Frau Walsh, (ledige Frau)
Dear Ms. Walsh,	Sehr geehrte Frau Walsh,
Dear Andrew,	Lieber Andrew,
Gentlemen,	Meine Herren,

Die Anrede "Mrs". wird ausschließlich für verheiratete Frauen benutzt, die Anrede "Miss" für Frauen, die ledig sind. "Ms." ist eine neutrale Form, die sowohl verheiratete als auch ledige Frauen benutzen können (es wird der Frau überlassen, wie sie sich nennt). "Miss" hat nicht die gleichen Assoziation wie in Deutschland „Fräulein". Wenn man in England ein Formular ausfüllt, hat man die Möglichkeit, die Anrede Mrs./Miss/Ms. anzukreuzen. Ein Geschäftsbrief beginnt mit "Dear Mr. ...". Briefe an Frauen, die man nicht kennt, fängt man vorsichtshalber mit der neutralen Form "Dear Ms. ..." an. Briefe an Firmen ohne Ansprechpartner, beginnen mit "Dear Sir ..." oder "Dear Sirs ...", auch die Formen "Dear Madam ..." oder "Dear Madam/Sir ..." sind geläufig. Briefe an Geschäftspartner, die man gut kennt, fängt man mit dem Vornamen an, "Dear David .../Dear Karen ...".

Enc./Encl.	Anlage
cc.	Verteiler
Att:/Attn:	zu Händen von
F.A.O. (For attention of)	zu Händen von
Your ref.	Ihr Betreff
Our ref.	Unser Betreff
dd. (dated)	datiert

Nach der Anrede folgt ein Komma und das erste Wort danach wird immer groß geschrieben.

Geschäftskorrespondenz

Yours sincerely,/ Sincerely yours,	Mit freundlichen Grüßen
Yours truly,	Mit freundlichen Grüßen
Yours faithfully,	Mit freundlichen Grüßen
Best regards,	Mit freundlichen Grüßen
Kind regards,	Mit herzlichem Gruß
With kindest regards,	Herzliche Grüße
	Mit herzlichen Grüßen

"Yours sincerely" oder "Sincerely" sind die üblichen Grußwendungen für Geschäftspartner, die man gar nicht oder nicht sehr gut kennt. "Kind regards", "Best regards" oder nur "Regards" sind die üblichen Grußwendungen bei Geschäftspartnern, die man besser kennt. "Regards" ist nicht so persönlich wie "Kind regards" oder "Best regards". Man passt sich aber meistens an. Es wäre ungewöhnlich, einen Brief unterschrieben mit "Kind regards" mit "Yours sincerely" zu beantworten. Im britischen Englisch gibt es zudem noch eine sehr formale Grußwendung, die man üblicherweise verwendet, wenn man sein Gegenüber noch gar nicht kennt – "Yours faithfully".

P.P.	i.A, i.V. oder ppa.
Dictated by/signed in absence.	nach Diktat verreist

In England/den USA gibt es keine bestimmten Unterschriftsregeln wie in Deutschland. Alle dürfen unterschreiben, ohne bestimmte Bezeichnungen vor dem Namen anzugeben. Es wirkt deswegen für Ausländer verwirrend, wenn Deutsche z.B. mit „i.A. Müller" unterschreiben. Es passiert des Öfteren, dass die Antworten dann an "Mr. i.A. Müller" adressiert werden.
Anders als in Deutschland ist es im englischsprachigen Raum nicht üblich, Briefe zweifach zu unterschreiben.

---

memo	Hausmitteilung/interne Mitteilung
registered letter	Einschreiben
by registered letter	per Einschreiben
recorded delivery (UK)	per Einschreiben
certificate of posting	Einlieferungsschein
express	Eilzustellung
air mail	Luftpost
parcel	Paket

small packet	Päckchen
courier service	per Eilbote
overnight service	per Eilbote
desk	Schreibtisch
typewriter	Schreibmaschine
photocopier/xerox copier/copy machine	Fotokopierer
printer	Drucker
word processing	Textverarbeitung
to dictate	diktieren
shorthand	Kurzschrift/Stenografie
envelope	Umschlag/Kuvert
label	Etikett
letterhead	Briefkopf
business card	Visitenkarte
index card/filing card	Karteikarte
to file	ablegen, ordnen

> Bei der englischen Adresse wird die Hausnummer vor dem Straßennamen geschrieben: "7 High Street". Es kommt auch häufiger vor, dass englische Häuser individuelle Namen haben und keine Nummer, also diese Namen immer mit angeben! Eine Familie könnte z.B. ihr Haus "Ocean View" nennen, und ihre Adresse könnte lauten "Ocean View, Main Street, Banbury".

Obwohl die Engländer sehr viel Wert auf Höflichkeitsfloskeln legen, wird ein Fax als sehr informell gesehen. Solche knappen Texte sind auch im Englischen mittlerweile weit verbreitet und akzeptiert.

Dennoch kann ein Fax, besonders wenn es sich um einen hochoffiziellen Anlass handelt, alle Formalia, die auch bei einem Brief gelten, beinhalten.

Please refax.	Bitte noch einmal faxen.
Please repeat *transmission.* The first transmission was difficult to read.	Bitte *Übertragung* wiederholen. Die erste Übertragung war schwer leserlich.
Someone using this *fax number* tried to fax us this morning. Our *fax machine* ran out of paper. Please resend.	Jemand mit dieser *Faxnummer* hat heute Morgen versucht uns zu zu faxen. Unser *Faxgerät* hatte kein Papier mehr. Bitte schicken Sie es noch einmal.

Geschäftskorrespondenz

> Immer mehr Schriftverkehr wird per Fax erledigt. Die Schriftstücke sind meistens informeller und viel kürzer. Viele Sätze und Wörter werden abgekürzt. In Großbritannien und den USA ist es durchaus üblich, ein Fax mit einem handgeschriebenen "OK" zu versehen oder einen Satz dazu zu schreiben und es dann einfach zurückzuschicken.

Dear Bill,
Please advise best delivery for two boxes of item 467.
Thanks and regards,

Lieber Bill,
bitte geben Sie mir den besten Liefertermin für Artikel 467.
Danke. Mit freundlichen Grüßen

Dear Mike,
Please enter new order for 400 kg cement. Please fax OK by return.

Thank you.

Lieber Mike,
bitte merken Sie folgenden Neuauftrag über 400 kg Zement vor. Bitte bestätigen Sie per Fax.
Vielen Dank.

We can attend the conference between the above dates. Please send details of accomodation and itinerary.
Thanks.

Wir können an der Konferenz zu den angegebenen Terminen teilnehmen. Bitte schicken Sie uns Angaben zu Unterbringung und Zeitplan der Konferenz. Danke.

Sample Letters   **Musterbriefe**

---

368 East 13th Avenue
Chicago Heights
Illinois 36597
U.S.A

May 5, 2012

Dear Sir/Madam,

I am writing to apply for the position of public relations manager, which I saw advertised in the Chicago Herald on May 2 of this year. I have had several years of experience in the field of public relations and feel that I am fully capable of fulfilling your requirements.

I completed my first class business degree at the University of Chicago in 1999 and was subsequently selected for the graduate training programme with LVL, an affiliate of the TEHV Group. Following my year's training with LVL, I worked for four years in various subsidiaries of the TEHV Group, including six months in Brazil and two years in Europe. Thus I am fully aware of the business culture in South America and in the European Union. My time overseas has taught me to be versatile and flexible in my approach to public relations and to adjust my strategies in accordance with the expectations of very different cultures.

I am multilingual and can speak and write Spanish, French and Portuguese to the high standard necessitated by your company.

I have enclosed my current résumé as requested, including details of two referees and hope to be able to discuss the position with you in more depth at interview.

Yours sincerely,

        Mary Hughes (Ms.)

368 East 13th Avenue
Chicago Heights
Illinois 36597
U.S.A

5. Mai 2012

Sehr geehrte Damen und Herren,

ich schreibe, um mich für die Stelle eines Public Relations Managers zu bewerben, die ich im Chicago Herald vom 2. Mai dieses Jahres inseriert gesehen habe. Ich habe einige Jahre Erfahrung auf dem Public Relations Sektor und glaube, dass ich absolut in der Lage sein werde, Ihre Anforderungen zu erfüllen.

Ich habe mein Studium der Betriebswirtschaftslehre an der Universität von Chicago 1999 mit „Eins" abgeschlossen. Danach wurde ich für das Graduierten-Trainings-Programm der LVL, einer Tochtergesellschaft der TEHV Gruppe, ausgewählt. Nach meinem Trainingsjahr bei LVL arbeitete ich vier Jahre lang bei verschiedenen Tochtergesellschaften der TEHV Gruppe, unter anderem sechs Monate lang in Brasilien und zwei Jahre in Europa. Daher bin ich sowohl mit der südamerikanischen wie auch mit der europäischen Geschäftskultur gut vertraut. Die Zeit in Übersee hat mich gelehrt, vielseitig und flexibel in meinen Methoden in der Öffentlichkeitsarbeit zu sein, und meine Strategien den Erwartungen von verschiedenen Kulturen anzupassen.

Ich bin mehrsprachig und beherrsche Spanisch, Französisch und Portugiesisch in Wort und Schrift auf dem hohen Standard, der von Ihrem Unternehmen benötigt wird.

Wie gewünscht habe ich meinen aktuellen Lebenslauf inklusive zweier Referenzen beigefügt und hoffe, die Stelle mit Ihnen in größerer Ausführlichkeit beim Bewerbungsgespräch besprechen zu können.

Mit freundlichen Grüßen

    Mary Hughes (Ms.)

Highland Hideouts
Aviemore
Inverness-shire
PH21 7AW
Scotland

Kincardine Cottage
Pityoulish
Aviemore
Inverness-shire
PH22 6JL

7th February 2012

Dear Mrs Norman,

We are delighted to offer you the position of accountant within our firm. We feel that you are fully capable of becoming a valuable and efficient member of our team. We hope that you will accept the position and would be extremely grateful if you could contact us as soon as possible to inform us of your decision.

If at all possible, we would like you to start work with us on Monday 13th February, although we realise that you may have to work a month's notice with your present company and will because of this perhaps not be available for work on this date.

I look forward to hearing from you.

Kind regards,

Geraldine Craig

Highland Hideouts
Aviemore
Inverness-shire
PH21 7AW
Scotland

Kincardine Cottage
Pityoulish
Aviemore
Inverness-shire
PH22 6JL

7. Februar 2012

Sehr geehrte Frau Norman,

wir schätzen uns glücklich, Ihnen die Stelle als Buchhalterin in unserer Firma anbieten zu können. Wir glauben, dass Sie dazu in der Lage sind, ein wertvolles und effizientes Mitglied unseres Teams zu werden. Wir hoffen, dass Sie unser Angebot wahrnehmen und wären Ihnen sehr dankbar, wenn Sie uns so früh wie möglich über Ihre Entscheidung informieren könnten.

Wenn irgend möglich, würden wir unsere Zusammenarbeit gerne am Montag dem 13. Februar beginnen, obwohl uns klar ist, dass Sie wahrscheinlich bei Ihrem jetzigen Unternehmen eine einmonatige Kündigungsfrist einhalten müssen und uns deshalb zu diesem Zeitpunkt vielleicht noch nicht zur Verfügung stehen werden.

Ich freue mich darauf, von Ihnen zu hören.

Mit freundlichen Grüßen

      Geraldine Craig

                                        Stanley Products Limited
                                        Endon
                                        Staffordshire
                                        ST17 6TG
                                        England

Oak Cottage
Bagnall Lane
Endon
ST16 8UG

5th September 2012

Dear Miss Mills,

We are sorry to inform you that despite your extremely convincing interview on August 23rd and your subsequent good performance during our assessment weekend in the Lake District, we cannot offer you the position of trainee marketing manager within our company. We were astonished by the unusually high standard of applicants and our decision was an extremely difficult one.

Your C.V. and application forms are enclosed.

We wish you all the best in your future career.

Yours sincerely,

Sue Hancock, *Personnel Manager*

Stanley Products Limited
Endon
Staffordshire
ST17 6TG
England

Oak Cottage
Bagnall Lane
Endon
ST16 8UG

5. September 2012

Liebe Frau Mills,

es tut uns sehr leid, Ihnen mitteilen zu müssen, dass wir Ihnen trotz Ihres sehr überzeugenden Bewerbungsgesprächs vom 23. August und Ihrer nachfolgenden guten Leistung während unseres Assessment-Wochenendes im Lake District die Stelle als Marketingmanagertrainee in unserem Unternehmen nicht anbieten können. Wir waren selbst von dem ungewöhnlich hohen Standard der Bewerber überrascht und die Entscheidung ist uns sehr schwergefallen.

Ihren Lebenslauf und die Bewerbungsunterlagen haben wir beigefügt.

Für Ihre berufliche Zukunft wünschen wir Ihnen alles Gute.

Mit freundlichen Grüßen,

Sue Hancock, *Leiterin der Personalabteilung*

Maurice Motors, Pentonville Industrial Estate, Newcastle-upon-Tyne.

MEMO 07/12

TO: All members of staff

FROM: The Board of Directors

SUBJECT: Planned flotation of Maurice Motors

All our staff are already aware of our future plans to float Maurice Motors on the stock market. The Board has now fixed a definite date; sales of our shares are as from today scheduled to begin on 1st September of this year.

As loyal members of staff within our company, we consider you deserving of receiving a share option to shares in our company. This means that you will be able to buy shares in Maurice Motors, at the reduced price of ninety per cent per share. We have agreed, after much discussion, to offer one hundred shares per employee at this special price.

We realise that many of our staff may never have purchased shares before and therefore are unaware of the advantages of doing so. We have decided therefore to give a presentation on shareholding and what you can expect to gain from being a shareholder. This is scheduled to take place on August 3rd.

If employees have any questions before this date or cannot attend the presentation, our financial manager Miss Joyce is prepared to give advice on the matter. Please contact her either via e-mail, address SJB.fin@mm.newc.uk, or by telephone on extension 257. Please do not visit her in her office without prior appointment.

Please note that employees wishing to buy shares must notify us of their interest on or before 14th August, in order to allow enough time for their issue before flotation on 1st September.

Maurice Motors, Pentonville Industrial Estate, Newcastle-upon-Tyne.

MEMO 07/12

An: Alle Mitarbeiter

Von: Verwaltungsrat

Betreff: Geplanter Börsengang von Maurice Motors

Allen unseren Mitarbeitern ist bekannt, dass wir planen, mit Maurice Motors an die Börse zu gehen. Die Direktion hat jetzt einen endgültigen Termin festgelegt. Der Verkauf unserer Aktien beginnt nach dem heute fixierten Zeitplan am 1. September dieses Jahres.

Wir sind der Meinung, dass Sie als loyale Mitarbeiter unserer Firma ein Aktienbezugsrecht für Aktien unseres Unternehmens verdienen. Das bedeutet, dass Sie die Gelegenheit haben werden, Aktien von Maurice Motors mit einem Preisnachlass von 90 Prozent pro Aktie zu erwerben. Wir sind nach langer Diskussion übereingekommen, jedem Mitarbeiter 100 Aktien zu diesem Vorzugspreis anzubieten.

Es ist uns klar, dass viele unserer Mitarbeiter niemals zuvor Aktien erworben haben und daher die Vorteile eines solchen Kaufes nicht kennen. Wir haben uns daher entschieden eine Informationsveranstaltung zum Aktienbesitz und den damit verbundenen Vorteilen abzuhalten. Diese Veranstaltung wird am 3. August stattfinden.

Wenn Mitarbeiter vor diesem Zeitpunkt Fragen haben sollten oder der Veranstaltung nicht beiwohnen können, so ist unsere Finanzleiterin Frau Joyce bereit, in dieser Sache zu beraten. Bitte kontaktieren Sie sie entweder über E-Mail unter SJB.fin@mm.newc.uk oder telefonisch unter der Durchwahl 257. Bitte besuchen Sie sie nicht in ihrem Büro ohne vorherige Anmeldung.

Bitte berücksichtigen Sie, dass Mitarbeiter, die Aktien zu kaufen wünschen, uns dies bis zum 14. August mitteilen müssen, sodass genügend Zeit für ihre Anfrage vor dem Börsengang am 1. September verbleibt.

Smith & Co., 19 Station Road, Liverpool

Jones Bros. Ltd.
5 Newton Street
Newport, Gwent

7th September 2012
Ref.: Our order no. 452 dated June 5th

Dear Mr Jones,

We refer to our order no. 452 dated June 5th for five boxes of article 372 in green and your order confirmation no. 1357 dated 11th June.

This order, which is the third part of our annual order, was due to leave your factory on the 5th of September to arrive in Liverpool by today, the 7th of September. Up to now, we have received neither your advice of dispatch, nor information as to the status of this order.
This material is now required by our depot in Manchester, as it is needed to make up a large order which we need to ship by the end of next week. If we delay our shipment, there is a danger of us losing the order altogether. Therefore we really must insist that the goods are dispatched tomorrow, otherwise this will cause us contractual difficulties.

Please let us know by return fax when we can expect delivery of these goods.
Looking forward to your positive reply, we remain

yours sincerely,

D. Smith (Mrs)

Smith & Co., 19 Station Road, Liverpool

Jones Bros. Ltd.
5 Newton Street
Newport, Gwent

07. 09. 2012
Unser Auftrag Nr. 452 vom 5. Juni

Sehr geehrter Herr Jones,

wir beziehen uns auf unseren Auftrag Nr. 452 vom 5. Juni über fünf Kisten des Artikels 372 in Grün und Ihre Auftragsbestätigung Nr. 1357 vom 11. Juni.

Dieser Auftrag, der dritte Teil unserer jährlichen Bestellung, sollte am 5. September Ihr Werk verlassen, um spätestens heute, am 7. September, in Liverpool anzukommen. Bis jetzt haben wir weder eine Versandanzeige noch Informationen über den Stand dieses Auftrags erhalten.
Das Material wird nun in unserem Lager in Manchester dringend benötigt, um unsererseits einen Auftrag fertigzustellen, den wir bis Ende nächster Woche verschiffen müssen. Wenn wir unsere Lieferung verzögern, besteht die Gefahr, dass wir den Auftrag ganz verlieren. Wir müssen daher darauf bestehen, dass die Ware morgen zum Versand kommt, ansonsten könnte es für uns zu vertragsrechtlichen Problemen kommen.

Bitte lassen Sie uns unverzüglich per Telefax wissen, wann wir mit der Lieferung der Ware rechnen können.
In Erwartung Ihrer positiven Antwort verbleiben wir

mit freundlichen Grüßen

D. Smith

Miller Machines Inc.
1552 South Cherry Avenue
Chicago, IL 60607

Fa. Georg Schmid GmbH
Neckarstraße 15
70469 Stuttgart
Germany

04/30/2012 ff/gn

Ref.: Enquiry

Dear Sirs,

The German Chamber of Commerce was kind enough to pass on the name and address of your company as a manufacturer of small motors for industrial uses. We would like to import your products to the American market and would also be interested to learn whether you are represented in this part of America. We are a medium-sized company with thirty employees. We have seven salesmen in the Chicago area and twelve more across the states of Illinois, Ohio and Indiana.
Please let us have your detailed offer as follows: For full 20' containers CIF port of Chicago via Montreal Gateway, including price per unit and present lead time.
As payment we would suggest 60 days after date of invoice, net.
Would you offer a discount for large quantities or for regular orders?
Please send us a company brochure and some catalogues showing the different kinds of motors and the different applications that you can offer.

We look forward to hearing from you.

Sincerely,

Frank Fitzpatrick
Purchasing Manager

Miller Machines Inc.
1552 South Cherry Avenue
Chicago, IL 60607

Fa. Georg Schmid GmbH
Neckarstraße 15
D-70469 Stuttgart
Germany

30. 4. 2012

Angebotsanfrage

Sehr geehrte Damen und Herren,

die Deutsche Handelskammer hat uns freundlicherweise den Namen und die Adresse Ihrer Firma als Hersteller von Kleinmotoren für industrielle Zwecke gegeben. Wir würden gerne Ihre Produkte in den amerikanischen Markt importieren und wären auch interessiert zu erfahren, ob Sie in diesem Teil der Vereinigten Staaten vertreten sind.
Wir sind ein mittelständisches Unternehmen mit 30 Angestellten. Im Raum Chicago beschäftigen wir sieben Verkäufer sowie zwölf weitere in den Staaten Illinois, Ohio und Indiana.
Bitte schicken Sie uns Ihr detailliertes Angebot wie folgt:
Auf Basis von vollen 20' Containern CIF Chicago über Montreal Gateway, einschließlich Preis pro Einheit und aktueller Lieferzeit.
Als Zahlungsbedingung würden wir 60 Tage nach Rechnungsdatum, netto vorschlagen.
Gewähren Sie Mengenrabatte oder Rabatte für regelmäßige Bestellungen?
Könnten Sie uns bitte auch eine Firmenbroschüre sowie Kataloge über die verschiedenen Motoren und deren Verwendungsmöglichkeiten zukommen lassen?

In Erwartung Ihrer baldigen Antwort verbleiben wir
mit freundlichen Grüßen

Frank Fitzpatrick
Einkaufsleiter

Georg Schmid GmbH, Neckarstraße 15, D-70469 Stuttgart

Miller Machines Inc.
Attn: Mr. Fitzpatrick
Purchasing Manager
1552 South Cherry Avenue
Chicago, IL 60607
USA

June 6, 2012 gs/st

Ref.: Your enquiry dated April 30, 2012

Dear Mr. Fitzpatrick,

Thank you for your letter of April 30, 2012 and the interest you showed in our products. We would first of all like to tell you something about our company: Our company was founded in 1935, has at present 120 employees and we are hoping to expand next year to a further unit in the Stuttgart area. We mainly sell our products here in Germany but are hoping to expand our export activities.

At the moment we are not represented in the eastern United States, and we would be very interested in arranging a meeting to discuss your proposal.

We have enclosed our current price list. Please note the following:

All our prices are to be understood FOB German port including packing. For CIF deliveries we would have to charge an extra 10% on list price. These prices are based on a minimum quantity of 50 units per order in 20' containers. For regular orders we would offer a discount of 5%. Present lead time is ex works four weeks after receipt of order.

For the first order we would prefer payment "Cash against Documents", for which we would offer a discount of 3%. For further orders we would consider an open payment term.

We have enclosed the requested company brochure and various catalogues.

We hope that we have made you a favorable offer and look forward to hearing from you soon.

With best regards,

G. Schmid

Georg Schmid GmbH, Neckarstraße 15, D-70469 Stuttgart

Miller Machines Inc.
z. Hd. Herrn Fitzpatrick
Einkaufsleiter
1552 South Cherry Avenue
Chicago, IL 60607
USA

05.06.2012 gs/st

Ihre Anfrage vom 30.04.2012

Sehr geehrter Herr Fitzpatrick,

vielen Dank für Ihren Brief vom 30.04.12 und Ihr Interesse an unseren Produkten. Wir möchten Ihnen zunächst etwas über unsere Firma erzählen: Unsere Firma wurde 1935 gegründet und hat zurzeit 120 Mitarbeiter und wir hoffen, nächstes Jahr eine weitere Fabrik in der Stuttgarter Gegend zu erwerben. Wir verkaufen unsere Produkte hauptsächlich in Deutschland, hoffen aber, unsere Exportaktivitäten weiter ausbauen zu können.
Zurzeit sind wir nicht im Osten der USA vertreten und wir wären sehr daran interessiert, ein Treffen zu vereinbaren, um Ihren Vorschlag zu diskutieren.
Anbei unsere aktuelle Preisliste, bitte beachten Sie Folgendes:
Unsere Preise verstehen sich FOB deutscher Hafen einschließlich Verpackung. Für CIF-Lieferungen müssen wir einen Aufschlag von 10 % auf den Listenpreis berechnen. Diese Preise basieren auf einer Mindestabnahmemenge von 50 Stück pro Auftrag in 20' Containern. Für regelmäßige Bestellungen können wir einen Rabatt von 5 % anbieten. Aktuelle Lieferzeit ab Werk ist vier Wochen nach Auftragserhalt. Für den ersten Auftrag würden wir eine Zahlungskondition „Kasse gegen Dokumente" vorziehen, wofür wir aber einen Rabatt von 3 % anbieten würden. Für weitere Aufträge könnten wir ein offenes Zahlungsziel berücksichtigen. Wir haben die gewünschte Firmenbroschüre und verschiedene Kataloge beigelegt.
Wir hoffen, Ihnen ein günstiges Angebot gemacht zu haben und würden uns freuen, bald von Ihnen zu hören.

Mit freundlichen Grüßen
G. Schmid

Candy Computer Components
Wall Grange Industrial Estate
Buxton
Derbyshire
DB26 8TG
Great Britain

Dandy Distributions Poland
21 Zapikamke Street
Gdansk
Poland

16th October 2012

Re: <u>Agency Agreement</u>

Dear Mr. George,

Following our meeting last week and in reply to yesterday's fax message, I would like to suggest terms, as enclosed, for our proposed agency agreement. This will, as agreed, award you sole agency for the distribution and sale of our products in Poland.

I have enclosed two copies of our proposed contract. I hope you find the terms acceptable for your company. If you would like to make any amendments or have any questions regarding the terms of contract, please do not hesitate to contact me and we can discuss the matter further.

Please read the provisions in the agreement carefully. If you find them to be acceptable to you, please sign both copies and return them to me as soon as possible.

I look forward to our doing business together and hope that this marks the beginning of a mutually profitable business relationship.

Best regards,

    Andy Bartler

Candy Computer Components
Wall Grange Industrial Estate
Buxton
Derbyshire
DB26 8TG
Great Britain

Dandy Distributions Poland
21 Zapikamke Street
Gdansk
Poland

16. Oktober 2012

<u>Vertretungsvertrag</u>

Sehr geehrter Herr George,

nach unserem Treffen letzte Woche und als Antwort auf Ihr gestriges Fax möchte ich Ihnen hiermit die Bedingungen für unseren vorgeschlagenen Vertretungsvertrag übersenden. Diese geben Ihnen wie vereinbart das alleinige Vertretungsrecht für Vertrieb und Verkauf unserer Produkte in Polen.

Ich habe zwei Kopien des vorgeschlagenen Vertrages beigefügt. Ich hoffe, dass die Konditionen für Ihr Unternehmen annehmbar sind. Sollten Sie irgendwelche Nachbesserungen vornehmen wollen oder Fragen hinsichtlich der Vertragsbedingungen haben, so zögern Sie bitte nicht, mich zu kontaktieren, sodass wir die Angelegenheit weiter besprechen können.

Bitte lesen Sie die Bestimmungen des Vertrages sorgfältig. Sollten Sie sie annehmbar finden, so unterzeichnen Sie bitte beide Kopien und schicken Sie sie sobald als möglich an mich zurück.

Ich freue mich darauf, mit Ihnen zusammenzuarbeiten und hoffe, dass dies den Beginn einer für beide Seiten profitablen Geschäftsbeziehung darstellt.

Mit freundlichen Grüßen
Andy Bartler

Hans Müller GmbH & Co., Rosenstraße 76, D-60313 Frankfurt

Lloyd Automation Ltd.
Attn: Mr. Patrick Hughes
15 River Bank Industrial Estate
Birmingham B4
Great Britain

27 May 2012 hm/fe

Ref.: Addition to our product range

Dear Mr Hughes,

We are pleased to announce that item no. 12967 is now available in three different versions: the existing two products and now a third alternative in black leather. This is something we have been working on for almost six months and after extensive tests the new version has been released for sale.
This is an important addition to our product range and we are sure that this will serve to complement the present products. We now have the unique opportunity to cover three different sectors of the market at once and to update our present technology.
We have enclosed a brochure and a revised price list which now includes this item. For initial orders we would be prepared to offer an introductory discount of 5%.
We hope that this new addition to our product range will enable you to consolidate and even to increase your sales, and we look forward to receiving your trial orders.

With best regards,

H. Müller

Encl.:   Brochure
        Revised price list

Hans Müller GmbH & Co., Rosenstraße 76, D-60313 Frankfurt

Lloyd Automation Ltd.
z. Hd. Herrn Patrick Hughes
15 River Bank Industrial Estate
Birmingham B4
Großbritannien

27. Mai 2012 hm/fe

Ergänzung unserer Produktpalette

Sehr geehrter Herr Hughes,

wir freuen uns, Ihnen mitteilen zu können, dass unser Artikel Nr. 12967 jetzt in drei verschiedenen Ausführungen lieferbar ist: Die zwei bereits existierenden Versionen und nun eine dritte Alternative in schwarzem Leder. Wir habe fast sechs Monate daran gearbeitet, und nach ausführlichen Tests ist die neue Version nun für den Verkauf freigegeben worden.
Es handelt sich um eine wichtige Erweiterung unserer Produktpalette und wir sind sicher, dass dies unsere bestehenden Produkte ergänzen wird. Wir haben jetzt die einmalige Möglichkeit, drei verschiedene Marktsektoren gleichzeitig abzudecken und unsere jetzige Technologie auf den neuesten Stand zu bringen.
Anbei eine Broschüre und eine revidierte Preisliste, die jetzt diesen Artikel enthält. Für Erstaufträge wären wir bereit, einen Sondereinführungsrabatt von 5 % zu gewähren.
Wir hoffen, dass diese neue Ergänzung unserer Produktpalette es Ihnen ermöglichen wird, Ihre Umsätze zu konsolidieren oder sogar zu steigern. Wir freuen uns auf den Erhalt Ihrer Musterbestellungen.

Mit freundlichen Grüßen

H. Müller

Anlage: Broschüre
         Revidierte Preisliste

F. Huber Chemie GmbH, Isarstraße 102, D-80469 München

C. Bryan Chemicals Ltd.
Attn: Mr John Perkins
5 Green Lane
Brighton, East Sussex
Great Britain

10 December 2011 fh/me

Ref.: Price increase as from 1st of January, 2012

Dear Mr Perkins,

Unfortunately we have to inform you that as of the 1st of January we will be increasing our prices by 5%. This is the first adjustment in two years and has been made necessary by several factors.
The price of raw materials has increased by up to 20% within a matter of months; the prices for natural rubber in particular have been affected.
The introduction of motorway tolls for lorries at the beginning of this year has lead to a 5-10% increase in freight costs, which, as our orders are delivered CIP Brighton, has also to be covered by us.
The increasingly stringent environmental legislation in Great Britain makes it more and more difficult for us to ensure cost-effective production. Also the new laws make it more expensive for us to dispose of our waste and packing materials.
All of these factors leave us no other choice than to adjust our prices accordingly. We are, however, prepared to guarantee these new prices until the end of April 2007. The new price list will be forwarded in the near future. We sincerely regret having to take this step, but hope that we can nevertheless maintain our position in the European market.

With kindest regards,

F. Huber

F. Huber Chemie GmbH, Isarstraße 102, D-80469 München

C. Bryan Chemicals Ltd.
z. Hd. Herrn John Perkins
5 Green Lane
Brighton, East Sussex
Großbritannien

10. Dezember 2011 fh/me

Preiserhöhung ab 1. Januar 2012

Sehr geehrter Herr Perkins,

leider müssen wir Ihnen mitteilen, dass wir ab 1. Januar 2012 eine Preiserhöhung von 5 % vornehmen werden. Es ist die erste Angleichung seit zwei Jahren und sie ist wegen verschiedener Faktoren notwendig geworden.
Die Preise für Rohstoffe sind innerhalb der letzten Monate um bis zu 20 % gestiegen; besonders die Preise für Naturkautschuk sind davon betroffen.
Die Einführung von Autobahngebühren für LKW Anfang dieses Jahres haben zu einer Anhebung der Frachtkosten um 5-10 % geführt, die, da unsere Aufträge CIP Brighton geliefert werden, auch von uns gedeckt werden müssen.
Die zunehmend strengen Umweltgesetze Großbritanniens erschweren es uns, eine kosteneffektive Produktion zu sichern. Zudem machen die neuen Verordnungen es für uns immer teurer, unseren Abfall und unser Verpackungsmaterial zu entsorgen.
All diese Faktoren lassen uns keine andere Wahl als unsere Preise entsprechend anzupassen. Wir sind jedoch bereit, diese neuen Preise bis Ende April 2007 zu garantieren. Die neue Preisliste erhalten Sie in Kürze.
Wir bedauern sehr, diesen Schritt unternehmen zu müssen, hoffen aber, dass wir dennoch unsere Position auf dem europäischen Markt beibehalten können.

Mit freundlichen Grüßen

F. Huber

Accounting Services, 159 Gastown Street, Vancouver, V1 7KH, British Columbia.

Marie Bardel
Software Showmen
145 Tenth Avenue West
Vancouver
V23 9HG

5th June 2012

Dear Marie,

I am sorry to persist in contacting you regarding this matter, but I remain doubtful of the quality of the service you have provided regarding the training of our staff in the new, "user-friendly" software packages you installed in our offices.

I realize that my employees may share the blame for this problem, but I must admit that it seems to me that they have quite simply been misinformed regarding some aspects of the potential uses of the software you provided. I wonder if it would perhaps be possible for us to arrange a second training day, perhaps at a reduced price with a more senior member of your team, in order to ensure that we can use the new computerised accounting systems to our full advantage.

I do realize that you made a considerable effort to help us in every way possible thus far and would be most grateful if you would assist us further in this matter.

I look forward to hearing from you.

Best Regards,

    Paul Bernard

Accounting Services, 159 Gastown Street, Vancouver, V1 7KH, British Columbia.

Marie Bardel
Software Showmen
145 Tenth Avenue West
Vancouver
V23 9HG

5. Juni 2012

Liebe Marie,

es tut mir leid, Sie ein weiteres Mal in dieser Angelegenheit zu kontaktieren, aber ich habe immer noch Zweifel an der Qualität des von Ihnen zur Verfügung gestellten Services. Dabei beziehe ich mich auf das Training unserer Mitarbeiter an dem von Ihnen in unseren Büros installierten „benutzerfreundlichen" Softwarepaket.

Es ist mir klar, dass ein Teil des Problems bei unseren Mitarbeitern liegt, aber ich muss zugeben, dass es mir so scheint, als ob sie einfach falsch über einige Aspekte des von Ihnen gelieferten Softwarepakets informiert worden sind. Ich frage mich, ob es vielleicht möglich wäre, einen zweiten Trainingstag für uns zu arrangieren, und zwar möglicherweise zu einem reduzierten Preis und mit einem erfahreneren Mitglied Ihres Teams, sodass sichergestellt ist, dass wir das neue computerisierte Buchhaltungsprogramm zu unserem größtmöglichen Vorteil ausnützen können.

Es ist mir klar, dass Sie sich bisher große Mühe gegeben haben, uns soweit wie möglich zu unterstützen und ich wäre sehr dankbar, wenn Sie uns auch weiterhin in dieser Angelegenheit helfen würden.

Ich freue mich darauf, von Ihnen zu hören.

Mit freundlichen Grüßen

Paul Bernard

Taylor and Ball Constructions, 189 Paisley Road, Hamilton, Scotland.

Gulliver's Distributions
23 Lilliput Lane
Stoke-on-Trent
England

5th October 2012

Ref: Delivery of copper piping

Dear Mr Swift,

Following several telephone conversations with both your secretary and yourself, I feel I have no choice but to inform you that if we do not receive our delivery of copper piping by 10th October 2012 at the very latest, we will be forced to take legal action and sue for damages. I realise that problems can and do occur and I am always reasonable in respect of short delays. As yet, however, your firm has failed to provide a valid reason for the inexcusable delay and we have waited for more than two weeks for our consignment.

Obviously, I would like to avoid the time and trouble involved in a legal case, but feel that there is scarcely another option remaining open to me. We enjoy an extremely good reputation in the Hamilton area and have many loyal customers throughout Scotland who rely on our prompt service. The absence of the copper piping has brought our construction project in the Tomintoul Estate for our loyal customer, Lord Yahoo, to a standstill, as our engineers cannot work without their raw materials.

I expect a response from you or a member of your staff by return post or alternatively, by fax or e-mail.

Yours sincerely,

    Christine Peters

Taylor and Ball Constructions, 189 Paisley Road, Hamilton, Scotland.

Gulliver's Distributions
23 Lilliput Lane
Stoke-on-Trent
England

5. Oktober 2012

Lieferung von Kupferrohren

Sehr geehrter Herr Swift,

nach mehreren Telefongesprächen mit Ihrem Sekretär und Ihnen, sehe ich keine andere Möglichkeit, als Sie darauf aufmerksam zu machen, dass wir uns gezwungen sehen, rechtliche Schritte einzuleiten und auf unseren Schaden zu klagen, wenn wir unsere Lieferung Kupferrohre nicht bis spätestens zum 10. Oktober 2012 erhalten. Es ist mir bewusst, dass Probleme auftreten können und ich bin sehr verständnisvoll bei kurzen Verzögerungen. Doch Ihre Firma hat bis heute keinen vernünftigen Grund für die unentschuldbare Verzögerung angegeben und wir haben bereits mehr als zwei Wochen auf Ihre Lieferung gewartet.

Natürlich möchte ich gerne die Zeit und den Ärger, die ein Gerichtsverfahren mit sich bringt, vermeiden, aber ich habe kaum noch eine andere Möglichkeit. Wir haben einen sehr guten Ruf in der Region um Hamilton und viele loyale Kunden in ganz Schottland, die sich auf unseren prompten Service verlassen. Das Fehlen der Kupferrohre hat unser Bauprojekt auf dem Tomitoul Besitz für unseren treuen Kunden, Lord Yahoo, zum Stillstand gebracht, und unsere Ingenieure können nicht ohne ihre Rohmaterialien arbeiten.

Ich erwarte eine Antwort von Ihnen oder einem Ihrer Mitarbeiter entweder auf dem Postweg oder alternativ via Fax oder E-Mail.

Hochachtungsvoll,

    Christine Peters

Gulliver's Distributions, 23 Lilliput Lane, Stoke-on-Trent, England.

Taylor and Ball Constructions
189 Paisley Road
Hamilton
Scotland

7th October 2012

Ref: Delivery of copper piping

Dear Miss Peters,

I cannot apologise enough for the inconvenience caused by the delay in delivering the copper piping and am pleased to inform you that the piping left the yard this morning and should be with you by the time you receive this letter.

As I explained in our telephone conversation yesterday, our driver was injured during the loading of the piping and as a result, we have been very short-staffed over the past two weeks. I'm afraid to say that in the aftermath of the accident, my secretary failed to realise that the consignment had not been delivered. He also failed to pass on your telephone messages and thus I heard of the problem only when the consignment was already one week overdue. I have since taken appropriate action and given my secretary a written caution.

In view of the unfortunate situation which has arisen, I would like to offer you a discount of fifty percent on the normal delivery charge. I hope this settles the matter to your satisfaction and I hope that we can continue to do business together in the future.

Once again, please accept my sincere apologies.

Yours sincerely,

    Jon Swift

Geschäftskorrespondenz

Gulliver's Distributions, 23 Lilliput Lane, Stoke-on-Trent, England.

Taylor and Ball Constructions
189 Paisley Road
Hamilton
Scotland

7. Oktober 2012

Lieferung von Kupferrohren

Sehr geehrte Frau Peters,

ich kann mich nicht genug für die Unannehmlichkeiten entschuldigen, die Ihnen durch die Verzögerung bei der Lieferung der Kupferrohre entstanden sind und bin glücklich, Ihnen mitteilen zu können, dass die Rohre heute Morgen unseren Hof verlassen haben und zu dem Zeitpunkt, zu dem Sie diesen Brief erhalten, bei Ihnen eingetroffen sein sollten.

Wie ich Ihnen in unserem gestrigen Telefonat erklärt hatte, hat sich unser Fahrer beim Verladen der Rohre verletzt und infolgedessen waren wir während der letzten zwei Wochen ziemlich unterbesetzt. Ich befürchte, dass mein Sekretär auf Grund der Nachwirkungen des Unfalls übersehen hatte, dass die Lieferung noch nicht überbracht war. Er versäumte es außerdem, Ihre telefonischen Nachrichten an mich weiterzuleiten, sodass ich erst von dem Problem zu hören bekam, als die Lieferung bereits eine Woche überfällig war. Ich habe seither die angemessenen Schritte eingeleitet und meinen Sekretär schriftlich verwarnt.

Angesichts der unglücklichen Situation, die entstanden ist, möchte ich Ihnen einen fünfzigprozentigen Nachlass unseres üblichen Lieferpreises anbieten. Ich hoffe, dass die Angelegenheit auf diese Weise für Sie zufriedenstellend geklärt ist und ich hoffe, dass wir auch in Zukunft noch miteinander Geschäfte machen werden.

Ich möchte Sie noch einmal aufrichtig um Entschuldigung bitten.

Mit freundlichen Grüßen
    Jon Swift

TRIX Products
78 South Richmond Avenue
Palm Springs
50227
California

The Nicey Bank
67 Generous Avenue
Palm Springs
50702
California

April 1st 2012

Re: Credit Application

Dear Sirs/Madams,

Having obtained credit from your bank at a competitive rate of interest in the past, we would like to ask whether you would consider offering our company a loan for $100,000.

As you are aware, we have always been very reliable patrons of your bank and can provide good credit references if necessary. We are a large firm with considerable assets, which we could offer as ample security for a loan of this size. If you were nevertheless to require additional securities, these could also be obtained.

We have enclosed details of our accounts and our balance sheets for the past five years. If you require any further information please do not hesitate either to contact myself or a member of our book-keeping division.

I look forward to receiving your reply.

Yours faithfully,

    Alan Zimmerman, General Director, TRIX Products.

TRIX Products
78 South Richmond Avenue
Palm Spring
50227
California

The Nicey Bank
67 Generous Avenue
Palm Springs
50702
California

1. April 2012

Kreditantrag

Sehr geehrte Damen und Herren,

da wir bereits in der Vergangenheit von Ihrer Bank einen Kredit zu einem günstigen Zinssatz erhalten haben, wollten wir Sie bitten, in Erwägung zu ziehen, uns einen weiteren Kredit über $100.000 einzuräumen.

Wie Ihnen bekannt ist, waren wir immer äußerst zuverlässige Kunden Ihrer Bank und sind in der Lage, gute Kreditreferenzen beizubringen, wenn es nötig sein sollte. Wir sind ein großes Unternehmen mit einem beträchtlichem Vermögen, das wir als ausreichende Sicherheit für einen Kredit dieser Größenordnung anbieten können. Sollten Sie trotzdem zusätzliche Sicherheiten benötigen, so können diese beigebracht werden.

Wir haben eine detaillierte Aufstellung unserer Konten und Bilanzen der letzten fünf Jahre beigefügt. Sollten Sie noch zusätzliche Informationen benötigen, so zögern Sie nicht, mich oder einen Mitarbeiter unserer Buchhaltung zu kontaktieren.

Ich freue mich auf Ihre Antwort.

Hochachtungsvoll

Alan Zimmerman, Generaldirekor TRIX Products

Barmy Books
139 West Richmond Street
San Fransisco
58739
USA

Tardy Tattlers
35 Late Lane
San Fransisco
12345
USA

July 22nd 2012

Ref: SH 371772/hb

<u>First Reminder</u>

Dear Mr. Tardy,

When balancing our accounts for this month, it came to my attention that there appears to be a payment for $599 outstanding, for a consignment of goods delivered on July 10th, invoice number SH 371772/hb.

As you have always settled your accounts with us punctually in the past, I assume that this was an oversight in your accounts department.

I would be extremely grateful if you could send the outstanding amount to us within the next few days or contact us if you have any queries regarding the payment.

If you have already settled the account, please disregard this notice and accept our thanks for your payment.

Yours sincerely,

    Ian Mickleson

Barmy Books
139 West Richmond Street
San Fransisco
58739
USA

Tardy Tattlers
35 Late Lane
San Fransisco
12345
USA

22. Juli 2012

SH 371772/hb

<u>Erste Erinnerung</u>

Sehr geehrter Herr Tardy,

beim diesmonatigen Abschluss unserer Konten ist mir aufgefallen, dass noch eine Zahlung über $599 für eine Lieferung von Gütern mit der Rechnungsnummer SH 371772/hb vom 10. Juli aussteht.

Da Sie Ihre Rechnungen in der Vergangenheit stets pünktlich beglichen haben, nehme ich an, dass es Ihre Buchhaltung diesmal nur übersehen hat.

Ich wäre Ihnen äußerst dankbar, wenn Sie uns den ausstehenden Betrag innerhalb der nächsten Tage zukommen lassen würden oder uns kontaktieren, falls Sie irgendwelche Fragen hinsichtlich der Bezahlung haben sollten.

Sollten Sie die Rechnung bereits beglichen haben, so betrachten Sie dieses Schreiben als hinfällig und wir bedanken uns für Ihre Bezahlung.

Mit freundlichen Grüßen

Ian Mickleson

Brite-on Chemicals Limited
Smithfield Industrial Estate
Brighton
England

16th February 2012 ed/sh

Dear shareholder,

We would like to thank you for your support during the past years and to invite you to our annual general meeting, which has been scheduled for 27th March 2012. We hope you will be able to attend.

This has perhaps been the most successful year for Brite-on since our inauguration in 1963. Our researchers have successfully developed several exciting new products and despite increasingly intense competition we have succeeded in keeping our position at the forefront of chemical dye production. Two of these new products have already been launched and are on the market, one is to be introduced in 2012.

We are pleased to inform you that over the past economic year our net profits have increased by over ten percent. Consequently, we are hoping to expand into eastern European markets in the coming year and have signed a contract with a well-known distribution company to maximize the possibilities for sales in the region. If all goes according to plan, we hope to open a regional office there in the year 2015.

Consequently, we anticipate that our dividend payments for 2011 will be higher than those paid in 2010. We will have precise figures available at the AGM next month.

We hope to enjoy your company on 27th March and would like to thank you once again for your support.

Yours faithfully,

    Ewan Davidson, Managing Director

Brite-on Chemicals Limited
Smithfield Industrial Estate
Brighton
England

16. Februar 2012 ed/sh

Sehr geehrte(r) Aktionär(in),

wir möchten Ihnen für Ihre Unterstützung während der letzten Jahre unseren Dank aussprechen und Sie zu unserer jährlichen Hauptversammlung am 27. März 2012 einladen. Wir hoffen, dass Sie teilnehmen können.

Dieses Jahr war vielleicht das erfolgreichste seit unserer Gründung im Jahr 1963. Unsere Forscher haben einige neue aufregende Produkte erfolgreich entwickelt und trotz des zunehmenden Wettbewerbs ist es uns gelungen, unsere Position an der Spitze der chemischen Farbstoffproduktion zu behaupten. Zwei unserer neuen Produkte sind bereits lanciert und auf dem Markt, ein weiteres wird 2012 eingeführt.

Wir freuen uns, Ihnen mitteilen zu können, dass unsere Nettogewinne im Laufe des letzten Wirtschaftsjahres um zehn Prozent zugenommen haben. Folglich hoffen wir, im nächsten Jahr in die osteuropäischen Märkte zu expandieren und haben mit einer bekannten Vertriebsgesellschaft einen Vertrag abgeschlossen, um Verkaufsmöglichkeiten in der Region zu maximieren. Wenn alles gut geht, hoffen wir, im Jahr 2015 dort ein Regionalbüro einzurichten.

Deshalb gehen wir davon aus, dass unsere Dividende für 2011 höher sein wird als die von 2010. Wir werden die exakten Zahlen bei der Hauptversammlung nächsten Monat zur Verfügung haben.

Wir hoffen, uns am 27. März über Ihre Anwesenheit freuen zu können und möchten uns nochmals für Ihre Unterstützung bedanken.

Mit freundlichen Grüßen

Ewan Davidson, Generaldirektor

Sample Faxes **Musterfaxe**

FAX MESSAGE

Hans Müller GmbH
Seestraße 7
D-28717 Bremen

TO: Mr B. Williams
Clark Industries

FROM: Mr R. Wagner

Date: 15 January 2012
Ref.: My visit next week

Dear Mr Williams,

As discussed, here my itinerary for next week's visit to England:
20th January
9.30 a.m.   Arrival London Heathrow on flight BA 723.
2.00 p.m.   Meeting at Clark Industries with Messrs. Smith, Jones
                 and Williams. Subject: Market Strategy in Great Britain.
7.00 p.m.   Dinner with Mr. West from Smith & Partners.

21st January
10.00 a.m.   Visit to Brighton Seals & Coatings in Maidenhead.

22nd January
9.00 a.m.   Visit to Smiths Coatings. Subject: Market development.
3.00 p.m.   Depart London Heathrow on flight BA 724.

Could you please arrange for me to be picked up from the airport and
book me a room for two nights in a hotel near you?

Looking forward to seeing you again next week.
Best regards,
R. Wagner

FAXMITTEILUNG

Hans Müller GmbH
Seestraße 7
D-28717 Bremen

AN: Herrn B. Williams
Clark Industries

VON: Herrn R. Wagner

Datum: 15. Januar 2012
Mein Besuch in der nächsten Woche

Sehr geehrter Herr Williams,

wie besprochen mein Programm für den Besuch nächste Woche in England:

20. Januar
9.30 Uhr   Ankunft London Heathrow mit Flug BA 723
14.00 Uhr   Besprechung bei Clark Industries mit den Herren Smith,
                und Williams. Thema: Marktstrategie in Großbritannien
19.00 Uhr   Abendessen mit Herrn West von Smith & Partners

21. Januar
10.00 Uhr   Besuch bei Brighton Seals & Coatings in Maidenhead

22. Januar
9.00 Uhr   Besuch bei Smiths Coatings. Thema: Marktentwicklung
15.00 Uhr   Abflug London Heathrow mit Flug BA 724

Könnten Sie bitte meine Abholung vom Flughafen arrangieren und ein
Zimmer für zwei Nächte in einem Hotel in Ihrer Nähe buchen?

Ich freue mich, Sie nächste Woche wiederzusehen.
Mit freundlichen Grüßen

R. Wagner

FAX MESSAGE

W. Phillips & Co.
17 New Street
Liverpool

TO: Mr B. Clarke
Wayview Ltd.

FROM: Mr M. Taylor

Date: 7 June 2012
Ref.: Our order no. 159/12, your invoice no. 3479 dated 21st May, 2012

Dear Mr. Clarke,

We refer to our order no. 159/12 and your invoice no. 3479 dated 21st May, 2012. The material which was delivered the week before last is not acceptable. The cloth is torn in the middle and the edges are not neatly sewn. We have examined all the material and unfortunately must confirm that the contents of all boxes are faulty.

We have contacted our customer, who is also of our opinion. We must therefore ask you to cancel the invoice no. 3479 and to deliver replacement material without delay.

When could we expect this replacement delivery? The material is needed for some important samples that we need to dispatch to our customer by the end of next week.

Awaiting your comments.

Best regards,

M. Taylor

cc. Mr Phillips
    Mrs Green

FAXMITTEILUNG

W. Phillips & Co.
17 New Street
Liverpool

AN: Herrn B. Clarke
Wayview Ltd.

ABSENDER: Herr M. Taylor

Datum: 7. Juni 2012
Unser Auftrag Nr. 159/12, Ihre Rechnung Nr. 3479 vom 21. Mai 2012

Sehr geehrter Herr Clarke,

wir beziehen uns auf unseren Auftrag Nr. 159/12 und Ihre Rechnung Nr. 3479 vom 21. Mai 2012. Das Material, das Sie vorletzte Woche geliefert haben, ist nicht akzeptabel. Der Stoff ist in der Mitte zerrissen und die Ränder sind nicht sauber genäht. Wir haben das ganze Material überprüft und müssen leider feststellen, dass der Inhalt aller Kartons fehlerhaft ist.

Wir haben mit unserem Kunden Kontakt aufgenommen und er ist völlig unserer Meinung. Wir müssen Sie daher bitten, die Rechnung Nr. 3479 zu stornieren und sofort eine Ersatzlieferung vorzunehmen.

Wann können wir diese Ersatzlieferung erwarten? Wir brauchen das Material für einige wichtige Muster, die wir bis Ende nächster Woche an unseren Kunden abschicken müssen.

In Erwartung Ihrer Rückantwort verbleibe ich
mit freundlichen Grüßen

M. Taylor

Verteiler: Herr W. Phillips
                Frau C. Green

FAX MESSAGE

Walsh Electronics Co.
5 New Lane
Edinburgh

TO: Ms C. Schmidt
Wagner Maschinenbau GmbH

FROM: Robert Jeffries

Date: 21 September 2012
Ref.: Your order 729/12 dd. 2nd September

Dear Claudia,

We regret to have to inform you that order 729/12 dd. 2nd September will not be ready for dispatch on this coming Friday as originally confirmed. One of our machines has broken down, which in turn affects the whole production line, and until this can be mended our production is at a complete standstill. As a result all our orders are affected, not just yours for this particular item. We are hoping that the maintenance people will be able to start work this morning, and all being well our machines will be running again by tomorrow afternoon.

Unfortunately, I cannot let you have a more concrete answer as concerns dispatch until we know how long the repair work will take. I will, of course, let you know as soon as we have some firm answers. Half of the order is already complete and so we could at least send a part of the order if necessary. Please advise how we should proceed.

We apologize again for this delay and for any inconvenience that this may cause, but hope that we can settle this matter promptly.

Thank you and kind regards,

Robert Jeffries

FAXMITTEILUNG

Walsh Electronics Co.
5 New Lane
Edinburgh

AN: Fr. C. Schmidt
Wagner Maschinenbau GmbH

VON: Robert Jeffries

Datum: 21. September 2012
Ihre Bestellung 729/12 vom 2. September

Liebe Claudia,

wir bedauern, Ihnen mitteilen zu müssen, dass der Auftrag 729/12 vom 2. September nicht wie ursprünglich bestätigt am kommenden Freitag zum Versand kommen kann. Eine unserer Maschinen ist defekt, wovon wiederum die ganze Fertigungsstraße betroffen ist, und bis diese repariert ist, steht unsere gesamte Produktion still. Dies hat Auswirkungen auf alle unsere Aufträge, nicht nur Ihren, die diesen bestimmten Artikel betreffen. Wir hoffen, dass unser Wartungspersonal noch heute Vormittag mit der Reparatur anfangen kann, und wenn alles gut geht, können die Maschinen schon morgen Nachmittag wieder anlaufen.

Ich kann Ihnen leider, was den Versand betrifft, keine konkretere Antwort geben, bis wir wissen, wie lange die Reparaturarbeiten dauern werden. Ich werde Sie selbstverständlich informieren, sobald wir genauere Antworten haben. Die Hälfte des Auftrags ist bereits fertig, und wir könnten – wenn notwendig – zumindest einen Teil des Auftrags verschicken. Bitte geben Sie mir Bescheid.

Wir bitten nochmals um Entschuldigung für diese Verzögerung und für eventuelle Unannehmlichkeiten. Wir hoffen aber, dass wir diese Angelegenheit schnellstens abschließen können.

Mit freundlichen Grüßen
Robert Jeffries

FAX MESSAGE PAGES: 2

TO: Katherine **FROM: Colin**
ADEN Products Limited Taff Management Consultancy
Porthcawl, PC13 2EJ Swansea, SW6 7JS
Phone/Fax: **01298 863 963** Phone/Fax: **0121 631 2776**

Ref: Results!

27th September 2012

Dear Katherine,

I am pleased to inform you that following your initial consultation with us on 13th August, our team of management consultants have now completed their plans for what we consider to be the most appropriate restructuring programme for ADEN Products Limited.

The next step forward in our advisory process usually takes the form of a meeting with your executive, to present our recommendations and answer any queries they might have regarding implementation of our strategies. This is subsequently followed by a meeting with all company staff, where we explain the actual effect our measures will have upon the workers themselves. Only after both management and all other members of staff are fully informed of the changes our programme will introduce, do we advise implementing reforms of the company's structure.

Because we suggest that our clients should begin reorganisation as soon as possible to gain maximum benefit from our advice, I have included a copy of our up-to-date appointments calendar (see fax p.2). I have clearly marked when I am personally available. Please reply promptly to ensure that your preferred date remains available, or to make alternative arrangements.

I look forward to hearing from you in the near future,

Colin

FAXMITTEILUNG

SEITEN: 2

AN: Katherine
ADEN Products Limited
Porthcawl, PC13 2EJ
Phone/Fax: **01298 863 963**

VON: Colin
Taff Management Consultancy
Swansea, SW6 7JS
Phone/Fax: **0121 631 2776**

Betreff: Ergebnisse!

27. September 2012

Liebe Katherine,

ich freue mich, dir mitteilen zu können, dass auf der Grundlage unserer ersten Beratung vom 13. August unser Unternehmensberatungsteam jetzt unsere Pläne für eine nach unseren Vorstellungen angemessene Umstrukturierung von Aden Products Limited fertiggestellt haben.

Der nächste Schritt in unserem üblichen Beratungsprozess ist jetzt ein Meeting mit Eurer Verwaltung, um unsere Empfehlungen vorzustellen und um mögliche Fragen zur Anwendung unserer Strategien zu beantworten. Danach folgt ein Meeting mit dem gesamten Personal, bei dem wir die tatsächlichen Konsequenzen unserer Maßnahmen für die Arbeiter selbst erklären. Erst nachdem sowohl die Geschäftsleitung als auch alle anderen Mitarbeiter voll über die Änderungen, die unser Programm mit sich bringen wird, informiert worden sind, empfehlen wir die Anwendung der Reformen der Unternehmensstruktur.

Da wir glauben, dass unsere Kunden so früh wie möglich mit der Reorganisation beginnen sollten, um maximalen Vorteil durch unseren Rat zu erlangen, habe ich eine Kopie unseres aktuellen Terminkalenders beigefügt (siehe Fax S. 2). Ich habe deutlich markiert, wann ich persönlich zur Verfügung stehe. Bitte antworte unverzüglich, um sicherzustellen, dass dein bevorzugter Termin noch zur Verfügung steht, oder um alternative Vereinbarungen zu treffen.

Ich freue mich auf deine baldige Antwort.

Colin

FAX MESSAGE

OL Incorporated
Los Angeles
59037
USA
Tel/Fax (001 54) 475869

TO: Linda Lombada
Toronto Trinx
Tel/Fax: (098) 1234567

FROM: Oliver Pebble
Fax: (001 54) 475869

Date: April 30, 2012

Dear Linda,

Here are the details you requested regarding our delegation for the forthcoming conference in Toronto.

We will be a party of six, requiring four single rooms and one double room with cot for a child, and we expect to arrive in Toronto on 06/03/12. Our flight is scheduled to arrive at 6 p.m., flight number TWA 9874 and we would be grateful if you could send your driver to collect us from the airport.

Our return flight is provisionally booked for 06/10/12, leaving at 9 p.m. in the evening, flight number TWA 9875. Can I ask you to confirm that these dates are suitable by fax?

If you require any further information please do not hesitate to contact me. I am planning to be in the office all day today, so I should be comparitively easy to get hold of.

I'm looking forward to seeing you on June 3rd.

Kind regards,

    Oliver Pebble

FAXMITTEILUNG

OL Incorporated
Los Angeles
59037
USA
Tel/Fax (001 54) 475869

AN: Linda Lombada
Toronto Trinx
Tel/Fax: (098) 1234567

VON: Oliver Pebble
Fax: (001 54) 475869

Datum: 30. April 2012

Liebe Linda,

hier sind die von dir gewünschten Einzelheiten über unsere
Delegation für die bevorstehende Konferenz in Toronto.

Wir werden eine Gruppe von sechs Personen sein und benötigen vier
Einzelzimmer und ein Doppelzimmer mit einer Wiege für ein Kind.
Wir werden voraussichtlich am 3.6.12 um 18.00 Uhr in Toronto landen.
Die Flugnummer ist TWA 98749. Wir wären dankbar, wenn
du uns einen Fahrer schicken könntest, der uns vom Flughafen abholt.

Unser Rückflug ist vorläufig für den 10.6.12 gebucht und startet
um 21.00 Uhr. Die Flugnummer ist TWA 9875. Ich bitte dich, mir
per Fax zu bestätigen, dass diese Daten in Ordnung gehen.

Solltest du noch zusätzliche Informationen benötigen, zögere bitte
nicht mich zu kontaktieren. Ich bin heute wahrscheinlich den ganzen
Tag im Büro, sodass es relativ einfach sein sollte, mich zu erreichen.

Ich freue mich darauf, dich am 3. Juni zu treffen.

Mit freundlichen Grüßen

    Oliver Pebble

Possum Products, The Gap, Brisbane, QL 986, Australia.

From: Michael Weber, Pommie Products
Tel/Fax: 475 6689

To: The Wallaby Walk-In Hotel
Fax: 908 9988

13/10/12

Dear Sir/Madam,

Our company is planning to organise a conference in Brisbane this May and business associates of ours recommended your hotel facilities to us. We would like information regarding your facilities and your availability between the 12th and the 14th of December.

We require fifteen en-suite single rooms for all three nights, a large conference room with overhead projector, a flip chart, suitable seating facilities for at least forty people (preferably in a circular formation) and both lunch and dinner on all three days. If possible, we would like to keep numbers approximate at this stage and confirm them nearer the time.

We were also interested in other facilities available at your hotel: do you have a swimming pool or squash courts? Are you centrally located in the city of Brisbane? How many bars are there within the hotel itself?

I would be grateful if you could reply to my fax as soon as possible, including a detailed description of your hotel's facilities and a quotation of your best price for the conference.

Best regards,

    Michael Weber

Possum Products, The Gap, Brisbane, QL 986, Australia.

Von: Michael Weber, Pommie Products
Tel/Fax: 475 6689

An: The Wallaby Walk-In Hotel
Fax: 908 9988

13.10.12

Sehr geehrte Damen und Herren,

unser Unternehmen plant, diesen Mai eine Konferenz in Brisbane zu organisieren. Geschäftsfreunde von uns haben uns Ihr Hotel empfohlen. Wir hätten daher gerne Informationen über Ihre Ausstattung und über Ihre Raumauslastung für den Zeitraum vom 12. bis zum 14. Dezember.

Wir benötigen fünfzehn Einzelzimmer mit Bad für alle drei Nächte, einen großen Konferenzraum mit Overhead Projektor, Flipchart, geeignete Sitzgelegenheiten (vorzugsweise kreisförmig angeordnet) und sowohl Mittag- als auch Abendessen für alle drei Tage. Wenn möglich, würden wir die Zahlen im Moment gerne offen lassen und sie zu einem späteren Zeitpunkt bestätigen.

Wir sind zudem auch an den anderen Einrichtungen in Ihrem Hotel interessiert: Haben Sie ein Schwimmbad oder Squash-Courts? Liegen Sie im Zentrum von Brisbane? Wie viele Bars gibt es innerhalb des Hotels?

Ich wäre Ihnen dankbar, wenn Sie mir auf mein Fax sobald als möglich antworten und mir eine detaillierte Aufstellung der Ausstattung Ihres Hotels und ein Angebot über den günstigsten Preis für die Konferenz beifügen könnten.

Mit freundlichen Grüßen

    Michael Weber

Minutes   **Protokolle**

Minutes of the meeting held on 15th July 2012 at Walter Hughes Ltd.

Participants:
Mr. W. Hughes
Mr. S. Davies
Mr. R. Humphries
Mr. L. Collins

1. <u>Annual sales to date.</u>

Mr. S. Davis of the sales department reported that the sales as per 30 June 2012 showed an increase of 12% compared to the previous year. This was seen as a positive development and could partly be attributed to the generally positive market trends in all lines of business.

2. <u>Sales strategy.</u>

It was agreed that the present sales strategies are successful and should be continued. New sales should be sought in the Far East, particularly in China. Mr. S. Davies will report on the development at our next quarterly meeting in October.

3. <u>Production.</u>

Mr. R. Humphries of the production department presented the figures for the half year to 30th June. These showed a trend to more cost-effective production which should be continued. There are still too many stoppages for repair and maintenance work. It was agreed to further analyse this area and present more detailed results in October.

4. <u>Miscellaneous.</u>

Several complaints from the staff regarding the new computer system. Mr. W. Hughes will discuss this personally with Mr. Matthews from the EDP department. Christmas shutdown agreed from 23rd December to 3rd January. Customers to be informed by the sales department.

The date for the next meeting was set for 20th October.
18/07/12 wh/fl

E-mails and the Internet

Due to a *malfunction* our entire computer network has *crashed* and we are unable to see your *homepage* at the present time.

We have finally *debugged* the *disk* you sent us last week.

We have sent you a *DVD* containing the information you requested under the *filename* 'Bod'.

If you need to use my PC, to *log in* type FOG.

So many people are trying to access the *Internet* this afternonn – I'm stuck in a *jam*.
I have downloaded the *data* onto a *hard disk*.
Please don't forget to *save* your work.
If you require photos on your web site we have a *scanner* here in the office.
I will send my P.A. over to you this afternoon with a *CD* – our *printhead* is not working.

I think the new *update* has *overloaded* our system.
Our *programmer* lost the *best part* of a day's work yesterday because of a *disk crash*.

Have you tried out the new *software*?
There seems to be a problem with the *server*.
Are you *online*?

E-Mails und das Internet

Wegen einer *Fehlfunktion* ist unser gesamtes Computer-Netzwerk *abegstürzt* und wir sind daher nicht in der Lage, Ihre *Homepage* zum jetzigen Zeitpunkt anzuschauen.

Wir haben es endlich geschafft, die *Festplatte*, die Sie uns letzte Woche geschickt haben, von *Fehlern zu befreien*.

Wir haben Ihnen eine *DVD* geschickt, die die Information, die Sie gewünscht hatten, unter dem *Dateinamen* 'Bod' enthält.

Wenn Sie meinen PC benützen müssen, geben Sie FOG ein, um sich *einzuloggen*.

Heute Nachmittag versuchen so viele Leute ins *Internet* zu gehen, dass ich in einem *Stau* stecke.
Ich habe die *Daten* auf die *Festplatte* heruntergeladen.
Bitte vergessen Sie nicht, Ihre Arbeit zu *speichern*.
Wenn Sie Fotos auf Ihrer Webseite benötigen, wir haben einen *Scanner* hier im Büro. Ich werde Ihnen meinen persönlichen Assistenten heute Nachmittag mit einer *CD* vorbeischicken.
Unser *Druckkopf* funktioniert nicht.

Ich glaube, dass das neue *Update* unser System *überbeansprucht* hat.
Unser *Programmierer* hat gestern einen großen Teil seiner Tagesarbeit wegen der *Störung eines Laufwerkes* verloren.

Haben Sie die neue *Software* schon ausprobiert?
Es scheint ein Problem mit dem *Server* zu geben.
Sind Sie *online*?

Protokoll der Besprechung vom 15. Juli 2012 bei Walter Hughes Ltd.

Teilnehmer:
Herr W. Hughes
Herr S. Davies
Herr R. Humphries
Herr L. Collins

1. Jahresumsatz bis dato

Herr S. Davies, Vertrieb, berichtete, dass die Umsätze bis 30. Juni 2012 einen Zuwachs von 12 % gegenüber dem Vorjahr aufwiesen. Dies wurde als eine positive Entwicklung bewertet und könnte teilweise auf die allgemein positiven Markttrends in allen Branchen zurückzuführen sein.

2. Verkaufsstrategie

Man war sich einig, dass die gegenwärtigen Verkaufsstrategien erfolgreich sind und daher weitergeführt werden sollen. Neue Märkte sollen im Fernen Osten, vor allem in China, gesucht werden. Herr S. Davies wird bei der nächsten Quartalsbesprechung im Oktober über die Entwicklung berichten.

3. Produktion

Herr R. Humphries, Produktion, präsentierte die Zahlen für das Halbjahr bis zum 30. Juni. Es zeigte sich ein Trend zu einer kosteneffektiveren Produktion, die fortgeführt werden sollte. Immer noch gibt es zu viele Unterbrechungen für Reparatur- und Wartungsarbeiten. Es wurde vereinbart, diesen Bereich weiter zu analysieren und detailliertere Ergebnisse im Oktober vorzustellen.

4. Sonstiges

Mehrere Beschwerden vom Personal wegen des neuen Computersystems. Herr W. Hughes wird dies mit Herrn Matthews von der EDV-Abteilung persönlich besprechen. Weihnachtsferien wurden festgelegt vom 23. Dezember bis zum 3. Januar. Die Kunden werden von der Verkaufsabteilung informiert.

Der Termin für die nächste Besprechung wurde für den 20. Oktober vorgemerkt.
18.07.12 wh/fl

Geschäftskorrespondenz

> In Großbritannien und in den USA werden E-Mails in einem sehr viel informelleren Stil geschrieben als in Deutschland üblich. Beispielsweise ist es üblich, den Adressaten mit Vornamen anzusprechen und sich informell zu verabschieden.

The address of our *web-page* is as follows ...	Die Adresse unserer **Webseite** ist folgende ...
I was very interested in the *web site design concepts* described in your *e-mail* yesterday.	Ich war sehr an den **Entwurfskonzepten der Webseite** in Ihrer **E-Mail** von gestern interessiert.
The *attachment* is in PDF format.	Das **Attachment** ist im PDF Format.
I had problems reading your message sent 12.12.12.	Ich hatte Schwierigkeiten, Ihre Mail vom 12.12.12 zu lesen.
I had problems *converting* your attachment, sent yesterday. Could you *re-send* it in simple text format?	Ich hatte Schwierigkeiten, Ihr gestriges Attachment zu **konvertieren.** Könnten Sie es **noch einmal** im Simple Text Format **schicken**?
I could not open your attachment this morning; my *virus check program* detected a virus.	Ich konnte heute Morgen Ihr Attachment nicht öffnen; mein **Anti-Virus-Programm** hat einen Virus entdeckt.
I apologise for not *forwarding* this message sooner, but due to a typing error your mail was returned marked "user unknown" on several occasions.	Ich bedauere, Ihre Nachricht nicht früher **weitergeleitet** zu haben, aber wegen eines Tippfehlers bekam ich Ihre Mail mehrere Male zurück mit dem Vermerk "user unknown".
For further information please consult our web site at www.ert.blag.	Für weitere Informationen besuchen Sie bitte unsere Webseite unter www.ert.blag.
Our *modem* does not have the capacity needed to *download* the information.	Unser **Modem** hat nicht die erforderliche Kapazität, um die Information **herunterzuladen.**
To access our site, please use the Java *web browser.*	Zugang zu unserer Webseite ist nur mit einem Java **Webbrowser** möglich.

Geschäftskorrespondenz

Sample E-mails   **Muster E-Mails**

Date: 14 February 2004
From: viertill@gfd.bav.de
To: wyattjl@dds.bham.uk
CC:

Hi Jeremy,
Many thanks for your mail which I received yesterday.

I have taken into account the changes you suggested and have attached, in simple text format, what I would suggest should be the final draft of the marketing concept for your new range of products.

If you have any problems reading the attachment, please let us know and we can fax the relevant documents to you.

I look forward to hearing from you soon,

Till

Datum: 14. Februar 2004
Von: viertill@gfd.bav.de
An: wyattjl@dds.bham.uk
Verteiler:

Hallo Jeremy,

vielen Dank für deine Mail, die ich gestern bekommen habe.

Ich habe deine Änderungen berücksichtigt und übersende dir jetzt ein Attachment im Simple Text Format, in welchem mein endgültiger Vorschlag für das Marketingkonzept für eure neue Produktpalette enthalten ist.

Solltest du irgendwelche Probleme haben, das Attachment zu lesen, bitte sage uns Bescheid, dann faxen wir dir die relevanten Dokumente.

Ich hoffe bald von dir zu hören.

Till

Geschäftskorrespondenz

Date: 10 December 2004
From: phildaniel@erba.arl
To: ugreen@xxtu.cam
CC:

Subject: Your order no. 123 of 12 units of article 2 in colour grey

Dear Ms. Green,
I would like to confirm your order dated December 4th 2004. Since we have this article in stock, we will be able to dispatch it this week. The invoice will be enclosed as usual.
Please note that we will shut down our plant for Christmas from December 22nd 2004 to January 7th 2005.

With best regards,
      P. Daniel

Datum: 10. Dezember 2004
Von: phildaniel@erba.arl
An: ugreen@xxtu.cam
Verteiler:

Thema: Ihr Auftrag Nr. 123 über 12 Einheiten des Artikels 2 in Grau

Sehr geehrte Frau Green,

hiermit möchte ich Ihren Auftrag vom 4.12.2004 bestätigen. Da wir diesen Artikel auf Lager haben, können wir ihn noch diese Woche verschicken. Die Rechnung wird, wie immer, beigelegt.
Bitte beachten Sie, dass unser Werk über Weihnachten vom 22.12.04 bis zum 7.1.2005 geschlossen bleibt.

Mit freundlichen Grüßen
      P. Daniel

Date: 05/06/04
From: spugw@kin.inv.sc
To: götz@int-ad.buck.com
CC:

Hello Götz!
Thanks very much for all your hard work formulating our advertising space on your site. However, I must admit to having one query – despite using several different search engines, I was unable to find our entry. I fear that if I fail to find our page when deliberately looking for it, any potential customer will be hard pushed to come across our advertisement accidentally!

I would be grateful if you could explain why this was the case, as I was under the impression that several links to our site would be set up, in order to maximize our potential customer base.
Kind regards,
Vanessa

Datum: 05.06.04
Von: spugw@kin.inv.sc
An: götz@int-ad.buck.com
Verteiler:

Hallo Götz!
Vielen Dank für die ganze Mühe, die du dir mit unserer Werbefläche auf deiner Webseite gemacht hast. Trotzdem habe ich eine Frage – obwohl ich einige verschiedene Suchmaschinen ausprobiert habe, ist es mir nicht gelungen, unsere Seite zu finden. Ich befürchte, dass, wenn ich es nicht schaffe die Seite zu finden, wenn ich bewusst danach suche, es ziemlich unwahrscheinlich ist, dass ein potenzieller Kunde rein zufällig auf unsere Anzeige stößt.

Ich wäre dir dankbar, wenn du mir erklären könntest, warum das der Fall ist. Ich hatte gedacht, dass einige Links zu unserer Seite eingerichtet würden, um unseren potenziellen Kundenstamm zu maximieren.
Mit herzlichen Grüßen
Vanessa

Date: 12 July 2012
From: auction@data.can
To: CJK.mark@lds.usa
CC:

Dear all,
In response to your enquiry regarding our online auction site, we would like to propose a visit to your company, where we could explain the different packages we provide, and assess which would be most appropriate for your company's requirements.

We are in no doubt that, in today's marketing climate, the way forward for companies requiring new outlets for their products is the Internet. Our attachment describes how the online auction system works and details various options available to your firm.

We look forward to meeting you,
F. Watkins (Miss) – marketing manager

Datum: 12. Juli 2012
Von: auction@data.can
An: CJK.mark.lds.usa
Verteiler:

An Alle,
als Antwort auf eure Frage nach unserer Online-Auktionsseite möchten wir euch einen Besuch in unserem Unternehmen vorschlagen, bei dem wir euch die verschiedenen Pakete, die wir anbieten, erklären können, um dann abzuschätzen, welches für die Bedürfnisse eures Unternehmens am besten geeignet ist.

Wir haben keine Zweifel, dass es unter den heutigen Marketingbedingungen für Unternehmen, die neue Absatzmöglichkeiten benötigen, keinen besseren Weg gibt als das Internet. Unser Attachment beschreibt wie ein Online-Auktions-System funktioniert und stellt genau die verschiedenen Optionen, die für eure Firma verfügbar sind, dar.

Wir freuen uns, euch bald begrüßen zu dürfen.
F. Watkins – Marketingmanager

Date: 11 January 2004
From: CJK.mark@lds.usa
To: auction@data.can
CC:

Dear Miss Watkins,
We have a couple of questions before we set a date for you to
visit our company and make your presentation. Firstly, are your
packages user-friendly? We are not a large firm and are concerned
that we will have difficulties designing our entries for the
online auction site – or would you do that for us in any event?
Secondly, we would like to see some figures regarding
the performance of your service. Have you any
statistics from other companies already using your site? If so,
please forward them ASAP.
Pending receipt of your info, I would like to suggest a visit to
us next week – how about Tuesday 19th January?
Best regards,
The team at CJK

Datum: 11. Januar 2004
From: CJK.mark@lds.usa
To: auction@data.can
CC:

Sehr geehrte Frau Watkins,

wir haben ein paar Fragen, bevor wir einen Termin für Ihren Besuch in unserem Unternehmen und Ihre Präsentation vereinbaren. Erstens, sind Ihre Pakete benutzerfreundlich? Wir sind keine besonders große Firma und befürchten, dass wir Schwierigkeiten haben könnten, unsere Einträge für die Online-Seite zu entwerfen – oder würden Sie das sowieso für uns erledigen? Zweitens würde ich gerne einige Zahlen über die Leistungsfähigkeit Ihrer Dienstleistung haben. Haben Sie Statistiken von anderen Unternehmen, die Ihre Seite schon benutzen? Wenn ja, senden Sie sie bitte so schnell wie möglich an uns weiter. Nach Erhalt dieser Informationen würde ich einen Besuch bei uns für nächste Woche vorschlagen – wie wäre es mit Dienstag, den 19. Januar?
Herzliche Grüße,
Ihr CJK Team

8. Geschäftsreisen

| **Making Appointments** | **Terminvereinbarungen** |

May I come and *visit* you?
Can we arrange a *meeting*?
I think we should meet.
I would like an *appointment* to see Mr. Green, please.
This is best discussed *face to face*.

When could we meet?
When would it *suit* you?
Is next Tuesday OK with you?
Let me check my *appointment book*.

I'll *check with* my secretary.
I'll just see if I have any appointments on that day.
Four o'clock next Thursday?
I'll see *if he's free*.
He won't be in until about 10 a.m.
He has a meeting in the city in the morning.
Could we make it *a bit earlier/later*?
He has a meeting all day, how about Tuesday morning?
He won't be back off holiday (US: back from vacation) until next Thursday.

Kann ich Sie *besuchen* kommen?
Können wir ein *Treffen* vereinbaren?
Ich glaube, wir sollten uns treffen.
Ich möchte bitte einen *Termin* bei Herrn Green.
Wir sollten es besser *persönlich* besprechen.

Wann könnten wir uns treffen?
Wann würde es Ihnen *passen*?
Passt Ihnen nächsten Dienstag?
Lassen Sie mich in meinem *Terminkalender* nachsehen.

Ich *frage* bei meiner Sekretärin nach.
Ich sehe nur nach, ob ich an dem Tag irgendwelche Termine habe.
16 Uhr nächsten Donnerstag?
Ich sehe nach, *ob er frei ist.*
Er wird nicht vor 10 Uhr hier sein.
Er hat vormittags eine Verabredung in der Stadt.
Ginge es *ein bisschen früher/später*?
Er hat den ganzen Tag eine Besprechung, wie wäre es mit Dienstagvormittag?
Er ist bis nächsten Donnerstag im Urlaub.

Im Englischen wird die 24-Stunden-Zeitskala kaum benutzt, sondern die 12-Stunden-Skala in Verbindung mit a.m. oder p.m. 5.30 Uhr heißt also "5.30 a.m." und 17.30 Uhr ist "5.30 p.m." Statt dessen kann man auch "five thirty in the morning" oder "five thirty in the afternoon" sagen.
Besonders zu beachten ist die Zeitangabe "half ...". Sollte ein Engländer z.B. "half five" sagen, meint er damit "half past five", also halb sechs! Um Missverständnisse zu vermeiden, sagt man zu „halb sechs" am besten einfach "five thirty".

Should we say Monday at 10 a.m.?
Let me check with John whether he can make it as well.
Can you *join* us next Monday at 4 p.m.?

Where should we meet, in your office?

In the *reception hall* (US: *lobby*).
Thursday is *a holiday*.

A: We have a problem with the new system.
B: I think this is best discussed *face to face*. Can we arrange a *meeting*?

A: Yes, fine. How would next Tuesday at 11 o'clock *suit* you?
B: Let me check my *appointment book*. No, that's no good. How about Monday, would 10.30 a.m. suit you?

A: Yes, that'll be fine.
B: OK, see you next Monday then.

A: May I come and *visit* you?
B: Yes, *is* next Wednesday *OK with you*?

A: Yes, fine, I'll *make a note* in my appointment book.

A: I would like an *appointment* to see Mr. Green, please.
B: Yes, when would you like to come?
A: Friday the 20th would suit me best.

B: I'm sorry, but he has a meeting in the city on that day. How about Monday the 23rd?
A: No, that's a holiday.
B: Oh yes, I overlooked that. On Tuesday the 24th then?

Sollen wir Montag um 10 Uhr *sagen*?
Lassen Sie mich bei John nachfragen, ob er auch kommen kann.
Können Sie am nächsten Montag um 16 Uhr *teilnehmen*?

Wo sollen wir uns treffen, in Ihrem Büro?

In der *Eingangshalle*.
Donnerstag ist *ein Feiertag*.

A: Wir haben ein Problem mit dem neuen System.
B: Ich glaube, dass wir es besser *persönlich* besprechen sollten. Können wir ein *Treffen* vereinbaren?

A: Ja, in Ordnung. Würde Ihnen nächsten Dienstag um 11 Uhr *passen*?
B: Lassen Sie mich in meinem *Terminkalender* nachsehen. Nein, das geht nicht. Wie wäre es mit Montag, passt es Ihnen gegen 10.30 Uhr?

A: Ja, das passt mir gut.
B: Gut, dann bis nächsten Montag.

A: Kann ich Sie *besuchen*?
B: Ja, *passt es Ihnen* nächsten Mittwoch?

A: Ja, in Ordnung, ich werde es in meinem Terminkalender *notieren*.

A: Ich möchte bitte einen *Termin* bei Herrn Green.
B: Ja, wann möchten Sie kommen?
A: Am Freitag, den 20., würde es mir am besten passen.

B: Es tut mir Leid, aber er hat an diesem Tag eine Besprechung in der Stadt. Wie wäre es am Montag, den 23.?
A: Nein, da ist ein Feiertag.
B: Ach ja, das habe ich übersehen. Dann am Dienstag, den 24.?

A: That's OK. At what time?
B: **About** 3 o'clock?
A: Fine. Thank you. See you then.

A: Could we meet for breakfast tomorrow?
B: Let me check with my secretary if I've any appointments.

A: OK, I'll wait.
B: Yes, seems to be OK.
A: Should we say 8.30?
B: Fine, see you tomorrow.

A: When is the meeting due *to take place*?
B: On Wednesday afternoon at 2 p.m.

A: Do you have the *agenda*?
B: Yes, we are supposed to make a presentation of the sales figures.
A: Maybe we should meet for lunch to discuss this.

B: OK, tomorrow at 1 p.m. at "Dusty's"?

A: Fine. Who else will be at the meeting?
B: Stephen and John.
A: OK. I'll tell them to be there at 1.

A: Sorry to trouble you again, but *I can't make it* tomorrow at 4. Can we make it a bit earlier, say 2.30?

B: Fine, I'll change it.
A: Thank you. See you then.

A: Ja, in Ordnung. Um wie viel Uhr?
B: **Gegen** 15 Uhr?
A: Gut. Danke. Bis dann.

A: Können wir uns morgen zum Frühstück treffen?
B: Lassen Sie mich bei meiner Sekretärin nachfragen, ob ich schon Termine habe.

A: Gut, dann warte ich solange.
B: Ja, scheint in Ordnung zu sein.
A: Sagen wir 8.30 Uhr?
B: In Ordnung, bis morgen.

A: Wann soll die Besprechung *stattfinden*?
B: Am Mittwochnachmittag um 14 Uhr.

A: Haben Sie die *Tagesordnung*?
B: Ja, wir sollen die Verkaufszahlen präsentieren.
A: Vielleicht sollten wir uns zum Mittagessen treffen, um dies zu besprechen.
B: OK, morgen um 13 Uhr bei „Dusty"?

A: In Ordnung. Wer nimmt sonst noch an der Besprechung teil?
B: Stephen und John.
A: In Ordnung. Ich sage ihnen, dass sie um 13 Uhr da sein sollen.

A: Es tut mir Leid, dass ich noch mal störe, aber morgen um 16 Uhr *passt mir nicht*. Geht es ein bisschen früher, sagen wir um 14.30 Uhr?
B: In Ordnung, ich ändere es.
A: Danke. Bis dann.

Reservations/Hotel

Do you have any *vacancies*?
I would like to *book a room*.
We have *singles and doubles*.
I would need the room for two nights.

Will there be a restaurant and a bar?

How will I get there from the *bus station*?
We would like to *place a reservation for a conference room*.
Could you *fax* this for me?
Please *charge everything to my account*.

Please *charge this to my credit card*.

I would need an overhead projector.
I'm sorry, we're *fully booked* due to the exhibition starting next week.

Maybe you could *try* the Regency.

Do you have *special rates for business travellers*?
Could you *confirm* the reservation by fax?
Could you let me have the full address and telephone and fax numbers, please?
Is it possible to get more information through the Internet?
There's a photo of our hotel on our Internet homepage.
Thank you for your *assistance*.
What is the best way to get to the hotel from the airport?
There is a *shuttle bus* to the main station every twenty minutes, the hotel is just around the corner.

Reservierungen/Hotel

Haben Sie *freie Zimmer*?
Ich würde gerne *ein Zimmer buchen*.
Wir haben *Einzel- und Doppelzimmer*.
Ich bräuchte das Zimmer für zwei Nächte.

Gibt es dort ein Restaurant und eine Bar?

Wie werde ich von der *Bushaltestelle* dorthin kommen?
Wir würden gerne *einen Konferenzraum reservieren*.
Können Sie mir das *durchfaxen*?
Bitte schreiben Sie *alles auf meine Rechnung*.

Bitte *buchen Sie das von meiner Kreditkarte ab*.

Ich bräuchte einen Overheadprojektor.
Es tut mir Leid, wir sind *völlig ausgebucht* wegen der Messe nächste Woche.

Vielleicht *versuchen* Sie es beim Hotel Regency.

Haben Sie *Sondertarife für Geschäftsreisende*?
Können Sie die Reservierung bitte per Fax *bestätigen*?
Können Sie mir bitte die vollständige Adresse sowie Telefon- und Faxnummer geben?
Ist es möglich, über das Internet mehr Informationen zu bekommen?
Es gibt ein Foto unseres Hotels auf unserer Internet-Homepage.
Vielen Dank für Ihre *Hilfe*.
Wie kommt man am besten vom Flughafen zum Hotel?
Ein *Pendelbus* fährt alle zwanzig Minuten zum Hauptbahnhof, das Hotel ist gleich um die Ecke.

Geschäftsreisen

There is a *map* on our homepage where you can see how to get to us.

Auf unserer Homepage ist eine *Karte,* der Sie entnehmen können, wie Sie zu uns finden.

A: I would like to *book a single room* for two nights from the 21st to 23rd April in the name of Jones. The company is Jones & Son, London.
B: Yes, we have *rooms left.*
A: Do you have small *conference rooms* available? We would need a room for eight people, *refreshments and lunch included.*
B: That would be no problem.
A: Could you send us a *brochure* and a price list?
B: We'll send it off today.
A: Is it possible to *rent a car* there?
B: I would recommend renting a car at the airport. We have sufficient parking here.
A: Is it also possible to place a reservation by e-mail?
B: Yes, you can do that.
A: Fine, thank you for your help.

B: You are welcome.

A: Ich möchte vom 21. bis zum 23. April ein *Einzelzimmer* auf den Namen Jones *reservieren.* Die Firma ist Jones & Son, London.
B: Ja, wir haben noch *Zimmer frei.*
A: Stehen kleine *Konferenzzimmer* zur Verfügung? Wir bräuchten einen Raum für acht Personen, *inklusive Erfrischungen und Mittagessen.*
B: Das wäre kein Problem.
A: Können Sie uns eine *Broschüre* und eine Preisliste zuschicken?
B: Schicken wir heute weg.
A: Ist es möglich, dort ein *Auto zu mieten*?
B: Ich würde empfehlen, ein Auto am Flughafen zu mieten. Wir haben hier genügend Parkplätze.
A: Ist es auch möglich, per E-Mail zu reservieren?
B: Ja, das können Sie tun.
A: In Ordnung, vielen Dank für Ihre Hilfe.

B: Gern geschehen.

Wenn sich jemand auf Englisch bedankt, antwortet man für „Bitte" mit "You're welcome", "Not at all", "Don't mention it", usw. und nicht mit "Please" (dieses wird nur in Fragen oder Bitten verwendet).

A: Are there any *messages* for me?

B: Yes, here, a fax.
A: Is *everything prepared* for our meeting tomorrow?
B: Yes, in the Berkeley room.

A: Gibt es irgendwelche *Nachrichten* für mich?
B: Ja, hier, ein Fax.
A: Ist *alles* für unsere morgige Besprechung *vorbereitet*?
B: Ja, im Berkeley Zimmer.

Geschäftsreisen

A: Do you have a television and video recorder (VCR) available?
B: Yes, I'll have them brought over.

A: We would like to have a coffee break at 10 a.m.
B: No problem.
A: When Mr. Smith arrives, can you please tell him that I am waiting in the bar?

A: Stehen ein Fernseher und ein Videorekorder zur Verfügung?
B: Ja, ich sorge dafür, dass sie herübergebracht werden.

A: Wir möchten um 10 Uhr eine Kaffeepause machen.
B: Kein Problem.
A: Wenn Herr Smith ankommt, könnten Sie ihm bitte sagen, dass ich in der Bar auf ihn warte?

Transportation

When does the next *flight* to London leave?
Is it possible to *change my ticket* to stop over in Chicago for two days?

Is there somewhere here where I can *rent a car*?
Could you please tell me where I can find the closest *car rental*?

How much are the costs for a *rental car*?
Does the price include tax, insurance and free mileage?
What about *oneway* rentals?
Where is the nearest *taxi stand*?

A: When does the next *flight* to London leave?
B: 7.30 p.m. *via* New York.
A: Is it possible to *change my ticket* to stop over in New York for two days?

B: Of course, no problem, but we would have to *charge* you $50.

Verkehrsmittel

Wann geht der nächste *Flug* nach London?
Kann ich eventuell *mein Ticket umtauschen,* damit ich zwei Tage in Chicago bleiben kann?

Kann ich hier irgendwo *ein Auto mieten*?
Könnten Sie mir bitte sagen, wo ich die nächste *Autovermietung* finden kann?

Was kostet ein *Mietwagen*?
Beinhaltet der Preis Steuer, Versicherung und unbeschränkte Meilen?
Wie ist es mit „*Oneway*"-Mieten?
Wo ist der nächste *Taxistand*?

A: Wann geht der nächste *Flug* nach London?
B: 19.30 Uhr *über* New York.
A: Kann ich eventuell *mein Ticket umtauschen,* damit ich zwei Tage in New York bleiben kann?

B: Natürlich, kein Problem, aber wir müssen eine *Gebühr* von $50 *berechnen.*

A: My name is Smith, you have a car reserved for me.
B: Yes, the white car over there.
A: There has been a change of plan, can I **hand it back** in Boston?

B: No problem, but that would cost a little more.
A: Please **charge it to my credit card**.

A: From which **platform** is the train to London leaving?
B: From platform 5. It **is delayed by** 15 minutes.

A: Mein Name ist Smith, für mich ist ein Auto reserviert.
B: Ja, das weiße Auto da drüben.
A: Meine Pläne haben sich geändert, kann ich das Auto in Boston **wieder abgeben**?

B: Kein Problem, aber das kostet ein bisschen mehr.
A: Bitte **buchen Sie es von meiner Kreditkarte ab**.

A: Von welchem **Gleis** fährt der Zug nach London ab?
B: Von Gleis 5. Der Zug **hat** 15 Minuten **Verspätung**.

Arrival and Reception

Ankunft und Empfang

Die englischen Grußformen "Nice to meet you" oder seltener "How do you do?", benutzt man, wenn einem jemand vorgestellt wird. Sie heißt in diesem Fall „Guten Tag/Angenehm!". „Wie geht's?" wird mit "How are you?" ausgedrückt. Diese Wendung hört man vor allem in den USA. Die Antwort auf eine solche Frage lautet meist "Fine, thank you", und ihr folgt die Gegenfrage "(And) how are you?".

Good morning, how are you?
I am fine, thank you.
Nice to meet you.
How do you do?
Hello, it's nice to see you again.
I'm here to see Mr. Lewis.
I have an **appointment** with Mr. Green.

Is he **expecting** you?
Would you like to **wait** for him in this room?
Please **take a seat**.
Please make **yourself comfortable**.

Guten Morgen, wie geht es Ihnen?
Mir geht es gut, danke.
Schön, Sie kennen zu lernen.
Wie geht es Ihnen?
Guten Tag, schön, Sie wieder zu sehen.
Ich bin mit Herrn Lewis verabredet.
Ich habe eine **Verabredung** mit Herrn Green.

Erwartet er **Sie**?
Möchten Sie hier in diesem Zimmer auf ihn **warten**?
Bitte **nehmen Sie Platz**.
Bitte **machen Sie es sich bequem**.

He'll be along shortly.	*Er kommt sofort.*
May I *offer* you a cup of coffee?	Darf ich Ihnen eine Tasse Kaffee *anbieten*?
With milk and sugar?	Mit Milch und Zucker?
Would you like some tea?	Möchten Sie eine Tasse Tee?
Would you like something to drink?	Möchten Sie etwas trinken?
Can I get you some more tea?	Kann ich Ihnen noch etwas Tee anbieten?
I'm afraid we have run out of biscuits (US: cookies).	Es tut mir Leid, aber wir haben keine Kekse mehr.
Is there somewhere I can hang my coat?	Kann ich irgendwo meinen Mantel aufhängen?
May I *use the phone*?	Darf ich *telefonieren*?
Is there a phone here I can use?	Kann ich hier irgendwo telefonieren?
Could you *dial this number* for me?	Könnten Sie für mich *diese Nummer anwählen*?
Could you fax this through to my company in London?	Könnten Sie dies bitte an meine Firma in London faxen?

Einem Geschäftspartner bei der Begrüßung die Hand zu geben, ist im englischsprachigen Raum genauso üblich wie in Deutschland. Man sollte sich allerdings merken, dass dies dort im Privatleben sehr ungewöhnlich ist und eine gewisse Distanz zur Person zeigt. Bei geschäftlichen Treffen in den USA ist nach der Begrüßung eine entspannte Haltung, bei der auch mal die Hände in den Hosentaschen verschwinden können, durchaus nichts Anstößiges.

Did you have a good flight?	Hatten Sie einen guten Flug?
How was your *trip*?	Wie war die *Reise*?/Wie war Ihr *Flug*?
I'll have our driver *pick you up* at about 1.30 p.m.	Ich werde unserem Fahrer sagen, dass er *Sie* gegen 13.30 *abholen* soll.
When are you *leaving* Germany?	Wann *verlassen* Sie Deutschland?
When are you going back to the States?	Wann fliegen Sie zurück in die Vereinigten Staaten?
What time are you leaving?	Um wie viel Uhr fliegen/fahren Sie ab?

Geschäftsreisen

In der englischsprachigen Welt werden Geschäfte auf einer persönlicheren Basis getätigt, d.h. wenn man das erste Mal mit einer Firma/einer Person Kontakt aufnimmt, benutzt man die formelle Form Mr. für Männer oder Mrs./Miss/Ms. für Frauen als Anrede. Dabei bezeichnet Mrs. eine verheiratete Frau, Miss eine ledige Frau, während Ms. im modernen geschriebenen Englisch bei Unsicherheit eingesetzt wird oder um das altmodische Miss zu vermeiden. Nach dem ersten oder zweiten Kontakt benutzt man des Öfteren einfach den Vornamen bzw. es wird einem angeboten: "Please call me David." Die Form Mr./Mrs. ist normalerweise höher rangigen Personen vorbehalten, z.B. Geschäftsführern oder älteren Personen. Auch wenn man telefoniert, stellt man sich mit Vor- und Nachnamen vor: "My name is David Smith from Smith & Co." und nicht wie im Deutschen üblich nur mit Nachnamen. In England/USA werden sogar in den meisten Firmen die direkten Vorgesetzten mit Vornamen angesprochen.

A: Hello, it's nice to see you again.

B: Yes, it's been a long time. I'm here to see Mr. Williams.
A: I'll just call him. Would you like *to take a seat*?

A: *He'll be along shortly*, may I *offer* you a cup of coffee?
B: Yes, please.
A: If you would like to wait in here, I'll bring the coffee.

A: Mr. Gregory, how nice to see you. Mr. Frank has been called away, but should be back in ten minutes. Would you like some coffee while you're waiting?
B: I would prefer tea. Is there a phone here I can use?
A: Yes, please *follow me*.

A: Can I get you some tea?
B: No, thank you. Do you have any cold drinks?

A: Guten Tag, schön, Sie wieder zu sehen.
B: Ja, ist schon lange her. Ich bin mit Herrn Williams verabredet.
A: Ich rufe ihn schnell an. Möchten Sie *Platz nehmen*?

A: *Er kommt sofort,* kann ich Ihnen eine Tasse Kaffee anbieten?
B: Ja, bitte.
A: Wenn Sie hier warten möchten, dann bringe ich den Kaffee.

A: Mr. Gregory, schön Sie wieder zu sehen. Mr. Frank musste kurz weg, aber er sollte in zehn Minuten wieder hier sein. Möchten Sie eine Tasse Kaffee, während Sie warten?
B: Ich trinke lieber Tee. Kann ich hier irgendwo telefonieren?
A: Ja, bitte *folgen Sie mir.*

A: Kann ich Ihnen etwas Tee anbieten?
B: Nein, danke. Haben Sie auch kalte Getränke?

A: Yes, we also have orange juice, cola (US: coke) or mineral water.	A: Ja, wir haben auch Orangensaft, Cola oder Mineralwasser.
B: I'll have some orange juice, then.	B: Dann nehme ich einen Orangensaft.
A: Here you are.	A: Bitte sehr.
B: Thank you.	B: Danke.
A: Not at all.	A: Bitte schön.

Small Talk **Smalltalk**

Smalltalk ist bei Geschäftstreffen jeder Art von großer Bedeutung. Sowohl für Besucher als auch für Gastgeber ist es wichtig, dass eine ungezwungene Atmosphäre geschaffen wird. Schon die Nachfrage nach dem Wohlergehen der Familie, oder die Frage, ob im Hotel alles zufrieden stellend war, kann das Klima erheblich verbessern. Gelegenheiten dafür gibt es viele: bei Kaffeepausen, Geschäftsessen oder abends an der Bar. Es ist tatsächlich wahr, dass Engländer z.B. gerne und viel über das Wetter reden, aber natürlich gibt es auch noch andere Themen.

Is it much colder in Germany than here in winter?	Ist es in Deutschland viel kälter im Winter als hier?
I hope that the weather was better in Hannover than it is here this morning.	Ich hoffe, dass das Wetter in Hannover heute Morgen besser war als hier.
Isn't it an awful day today?	Ist es nicht ein scheußlicher Tag heute?
The sun shone every day last week but that's very unusual for this time of year.	Letzte Woche schien die Sonne jeden Tag, aber das ist sehr ungewöhnlich zu dieser Jahreszeit.
This rain is terrible, it's a shame that you can't see Liverpool on a sunny day.	Dieser Regen ist schrecklich, es ist schade, dass Sie Liverpool nicht an einem sonnigen Tag sehen können.

Ein nahe liegendes Thema beim Smalltalk zwischen Geschäftsleuten sind allgemeinere Themen aus der Wirtschaft und die unterschiedlichen Geschäftsformen und Kulturen in den jeweiligen Ländern.

Geschäftsreisen

Is *doing business* here very different from doing business in Britain?	Unterscheidet sich das *Geschäftsleben* hier sehr stark von dem in Großbritannien?
How long have you been working for H.G.C. Limited?	Wie lange sind Sie schon bei H.G.C. Limited?
Are you a member of an *employer's association*?	Sind Sie ein Mitglied des *Arbeitgeberverbandes*?
His latest business venture is proving to be a *cash cow*.	Sein letztes Geschäft hat sich als wahrer *Goldesel* herausgestellt.
Do you travel abroad much on business?	Machen Sie viele Geschäftsreisen ins Ausland?
Is there a strong *work ethic* in the US?	Gibt es eine starke *Arbeitsmoral* in den USA?

A: How was your *business year* in comparison to last year?
B: Our *business report* shows a considerable improvement.

A: Wie war Ihr *Wirtschaftsjahr* im Vergleich zum letzten Jahr?
B: Unser *Geschäftsbericht* zeigt eine beachtliche Verbesserung.

A: What is the *unemployment rate* in Switzerland?
B: Nowhere in Europe has *full employment*.
A: We have introduced many *job creation schemes* in Capetown to combat the problem.

A: Gibt es eine hohe *Arbeitslosenquote* in der Schweiz?
B: In Europa gibt es nirgendwo *Vollbeschäftigung*.
A: In Kapstadt haben wir viele *Arbeitbeschaffungsmaßnahmen* eingeführt, um das Problem zu bekämpfen.

The *Chancellor of the Exchequer* (US: *Finance Minister*) resigned at the weekend.

Der *Finanzminister* ist am Wochenende zurückgetreten.

The *balance of payments deficit* in the UK contrasts starkly with the *balance of payments surplus* in Germany.

Das *Zahlungsbilanzdefizit* in Großbritannien steht in völligem Gegensatz zum *Zahlungsbilanzüberschuss* in Deutschland.

The *economic recovery* in New Zealand won't last.

Der *Konjunkturaufschwung* in Neuseeland wird nicht von Dauer sein.

A: Do you think the US economy is *on the upturn* at the moment?

A: Glauben Sie, dass sich die US-Wirtschaft im Moment *im Aufschwung* befindet?

B: The *balance of trade* does seem to indicate that it is improving.

B: Die *Handelsbilanz* scheint anzuzeigen, dass sie stärker wird.

Das Besuchen von Sehenswürdigkeiten ist fester Bestandteil von vielen Geschäftsreisen. Besonders im britischen Englisch ist es dabei höflich, Empfehlungen von Attraktionen, Geschäften oder Restaurants in der Frageform auszusprechen.

I don't know if you enjoy the theatre...?
I don't know whether this exhibition would interest you....
If you are interested in art, one possibility for this afternoon would be visiting the Alte Pinakothek here in Munich.
Would an evening in the opera be of interest to you?
I don't know whether you were considering any sight-seeing...?
Are you interested in history?

Do you like classical music?
Do you enjoy shopping?

A: Have you visited Berlin before?
B: Only briefly, in 1993.
A: Were you hoping to do some sightseeing?
B: Certainly. What can you recommend?
A: Perhaps a walking tour of the city centre – to take advantage of the good weather. Afterwards, I can heartily recommend the Shiva restaurant for lunch.

Mögen Sie Theater?

Würde Sie diese Ausstellung interessieren?
Wenn Sie an Kunst interessiert sind, gäbe es hier in München die Alte Pinakothek, die wir besuchen könnten.
Wären Sie an einem Abend in der Oper interessiert?
Hatten Sie geplant, einige Sehenswürdigkeiten zu besuchen?
Sind Sie an Geschichte interessiert?

Mögen Sie klassische Musik?
Gehen Sie gerne einkaufen?

A: Waren Sie schon mal in Berlin?
B: Nur kurz, 1993.
A: Hatten Sie eine Sightseeingtour geplant?
B: Natürlich. Was würden Sie empfehlen?
A: Vielleicht einen Spaziergang durch das Stadtzentrum – bei diesem schönen Wetter. Danach empfehle ich dringend das Restaurant Shiva zum Mittagessen.

> Wenn man auf Geschäftsreise in Großbritannien ist, dann ist es gut möglich, dass einem das "half-day closing" begegnet. Dies ist ein Tag unter der Woche, an dem die Geschäfte, insbesondere in kleineren Städten, um 12 Uhr schließen oder gar nicht öffnen.

It's *half-day closing* today – if you need anything from the shops you should go this morning.
There are some very good shops in the town centre.
Market day is Wednesday in Leek.
In London, one of the most famous *shopping streets* is Oxford Street.

Die Geschäfte *schließen* heute schon *mittags*. Wenn Sie noch etwas einkaufen wollen, sollten Sie das heute Morgen erledigen.
Es gibt einige sehr gute Geschäfte in der Stadtmitte.
In Leek ist am Mittwoch *Markttag*.
Eine der bekanntesten *Einkaufsstraßen* in London ist die Oxford Street.

> Das Englische Wort "like" hat zwei sehr verschiedene Bedeutungen. Zum einen übersetzt man damit das deutsche Verb „mögen", zum Beispiel bedeutet "I like tea" „Ich mag Tee". Doch in einem anderen Sinn übersetzt man die englische Präposition "like" mit „wie" als qualitative Bestimmung. Zum Beispiel bedeutet die Frage "What's it like?" „Wie ist es?".

What is it like in Frankfurt?
Where do you live in Germany?
Do you like living in London?
Do you prefer living in Leipzig or in Berlin?

Wie ist es in Frankfurt?
Wo leben Sie in Deutschland?
Leben Sie gerne in London?
Leben Sie lieber in Leipzig oder in Berlin?

> Der wichtigste Unterschied zwischen amerikanischem und britischem Englisch ist die Aussprache des Buchstaben 'r'. In den USA spricht man ihn immer deutlich aus, in Großbritannien hört man ihn dagegen nur, wenn danach ein Vokal steht.

Geschäftsreisen

Are you married?	Sind Sie verheiratet?
No, I'm divorced/separated/single.	Nein, ich bin geschieden/lebe getrennt/bin ledig.
Do you have a family?	Haben Sie Familie?
Does your husband work?	Arbeitet Ihr Mann?
What does he do?	Was macht er?
A: Does your wife work?	A: Arbeitet Ihre Frau?
B: Yes, she works part-time as a midwife. After we had the children she gave up full time work.	B: Ja, sie arbeitet Teilzeit als Hebamme. Seit wir die Kinder haben, hat sie aufgehört, Vollzeit zu arbeiten.

In Amerika bedeutet "graduate", dass ein Kind die Schule abgeschlossen hat, was üblicherweise mit neunzehn der Fall ist, in Großbritannien dagegen ist man erst ein "graduate", wenn man sein Studium an einer Universität oder etwas gleichwertigem abgeschlossen hat.

How old are your children?	Wie alt sind Ihre Kinder?
Do you have a large family?	Haben Sie eine große Familie?
A: Is your *daughter* in school?	A: Ist Ihre *Tochter* in der Schule?
B: No, she has already *graduated* (UK: *finished school*).	B: Nein. Sie ist bereits *fertig*.
A: What subject is your daughter reading at university?	A: Was studiert Ihre Tochter?
B: She is *reading* law at the University of Queensland.	B: Sie *studiert* Jura an der Universität von Queensland.
A: My son graduated from Oxford last year.	A: Mein Sohn hat letztes Jahr seinen Abschluss in Oxford gemacht.
B: Where does your *son* work?	B: Wo arbeitet Ihr *Sohn*?
Do you ski?	Fahren Sie Ski?
Have you ever been horse-riding?	Sind Sie schon mal geritten?
Do you like playing squash?	Spielen Sie gerne Squash?
Have you ever tried sailing?	Haben Sie schon mal Segeln versucht?
Do you enjoy jogging?	Mögen Sie Jogging?
Do you play tennis?	Spielen Sie Tennis?

Do you like doing crosswords?	Lösen Sie gerne Kreuzworträtsel?
Do you play chess?	Spielen Sie Schach?

A: What sports do you enjoy?
B: I like golf and enjoy fishing in summer, if I have the time.
A: You should go to Scotland – there are a lot of golf courses and good fishing rivers there.
B: I'd like to visit Scotland some day, especially the highlands.
A: Edinburgh is well worth a visit, too.
B: Perhaps next year, I should visit Scotland.

A: Welche Sportarten mögen Sie?
B: Ich spiele gerne Golf und im Sommer gehe ich Fischen, wenn ich Zeit habe.
A: Sie sollten Schottland besuchen – es gibt dort viele Golfplätze und gute fischreiche Flüsse.
B: Ich würde gerne mal nach Schottland fahren, besonders in die Highlands.
A: Auch Edinburgh ist eine Reise wert.
B: Vielleicht sollte ich nächstes Jahr in Schottland Urlaub machen.

Have you ever been to Italy?	Waren Sie schon mal in Italien?
Can you *speak* French?	*Sprechen* Sie Französisch?
Where did you go on *holiday* (US: *vacation*) last summer?	Wo haben Sie letzten Sommer Ihren **Urlaub** verbracht?
Was the weather nice?	Hatten Sie gutes Wetter?
What did you do?	Was haben Sie gemacht?
Did you *have a nice time*?	*Hat* es Ihnen *gefallen*?
What was it like there?	Wie war es da?
Was it very different to the US?	War es sehr anders als in den USA?

Die klassische Situation für Smalltalk ist das Geschäftsessen. Deutlich wird das an der großen Variation an Begriffen, die Briten und Amerikaner für diese Gelegenheit entwickelt haben. Ausdrücke wie "power lunch", "working lunch" und "business lunch" zeigen die Bedeutung dieser Treffen. Nach einer anstrengenden Sitzung ist die entspannende Atmosphäre eines solchen Essens optimal geeignet, um verfahrene Situationen bei einem netten Plausch zu lösen. Ähnliches kann natürlich auch beim Kaffee oder abends an der Bar geschehen.

Geschäftsreisen

Where would you like *to go for lunch*?	Wo möchten Sie *zu Mittag essen*?
Do you like Japanese food?	Mögen Sie japanisches Essen?
Would you like to try traditional *German food*?	Mögen Sie die traditionelle *deutsche Küche*?
Are you *vegetarian*?	Sind Sie *Vegetarier*?
I am *allergic* to nuts.	Ich bin gegen Nüsse *allergisch*.
I don't like spicy food.	Ich esse nicht gerne scharf.
Are you ready *to order*?	Möchten Sie jetzt *bestellen*?
I think I need a few more minutes to read the menu.	Ich denke ich brauche noch ein paar Minuten, um die Speisekarte zu lesen.
I would like the *dish of the day* with a side salad, please.	Ich hätte gerne das *Tagesgericht* und als Beilage einen Salat, bitte.
Would you like a *starter*?	Möchten Sie eine *Vorspeise*?
Yes, please. I would like the smoked salmon paté.	Gerne. Ich möchte die Pastete vom geräucherten Lachs.
What would you like to drink?	Was möchten Sie trinken?
I would like a glass of mineral water, please.	Ich hätte gerne ein Glas Mineralwasser, bitte.

Im englischsprachigen Raum ist es normal, dass man in Restaurants kostenlos Leitungswasser bekommt. Daher mag es Gäste aus Großbritannien/USA überraschen, wenn sie in Deutschland für ihr Wasser bezahlen müssen.

Could I have a glass of water, please?	Kann ich ein Glas Leitungswasser haben, bitte?
Would you prefer red or white wine?	*Möchten Sie lieber* Rotwein oder Weißwein?
Would you like some coffee?	Möchten Sie einen Kaffee?
Yes please, *white,* no sugar.	Ja, bitte, *mit Milch* und ohne Zucker.
Can I get you anything else?	Möchten Sie etwas anderes?
No, I'm fine, thank you.	Nein danke.
Could we have the bill, please?	Können wir zahlen, bitte?

Geschäftsreisen

In Restaurants wird im englischsprachigen Raum Trinkgeld genauso wie in Deutschland gegeben, wobei in den USA die Untergrenze bei 10% liegt, weil das Personal hauptsächlich von den Trinkgeldern lebt. Anders als in Deutschland und Großbritannien ist in den USA in vielen Restaurants und Bars das Rauchen nicht gestattet.

A: Nicola, I'd like to introduce you to one of our overseas partners, Mr. Franz Deffner. Mr. Deffner, Mrs. Adam, our chief accountant.
B: Pleased to meet you, Mrs. Adam.
C: Please, *call me* Nicola.
A: Have a seat, Mr. Deffner.
B: Thank you. Please *call me* Franz.

A: Nicola, ich würde dich gerne einem unserer ausländischen Partner vorstellen, Herrn Franz Deffner. Herr Deffner, Frau Adam, unsere Chefbuchhalterin.
B: Es freut mich Sie kennen zu lernen, Frau Adam.
C: Bitte, *nennen Sie mich* Nicola.
A: Setzen Sie sich, Herr Deffner.
B: Danke, *nennen Sie mich* Franz.

Obwohl es im Englischen von wesentlicher Bedeutung ist, höflich zu sein und sich das meist mit einer indirekten grammatikalischen Form ausdrücken lässt, darf man nicht in jeder Situation indirekt sein. Wenn man zum Beispiel sagen will, dass man zahlen möchte, muss man darauf achten, nicht zu unsicher zu klingen. Angemessen wäre hier beispielsweise: "Let me pay for this" (als Vorschlag), unangemessen dagegen wäre "Would you like me to pay for this?" (als Frage). Denn die indirekte Form bedeutet in diesem Kontext in etwa „Ich zahle ungern, aber wenn es sein muss...".

A: *Did* you *enjoy your meal*?
B: It was *delicious*, thank you.

A: Can I get you anything else?
B: I would like a cup of coffee, please. Black, no sugar.
A: Can we have the bill, please?
B: *Let me get this.*
A: No, please, allow me.
B: Thank you.
A: You're welcome.

A: *Hat es* Ihnen *geschmeckt*?
B: Es war *hervorragend*, danke der Nachfrage.

A: Möchten Sie noch etwas Anderes?
B: Ich hätte gerne eine Tasse Kaffee, bitte. Schwarz, ohne Zucker.
A: Können wir zahlen, bitte?
B: *Darf ich das übernehmen?*
A: Bitte überlassen Sie es mir.
B: Danke schön.
A: Keine Ursache.

Geschäftsreisen

> Der Pub ist ein zentrales Element des britischen Lebensstiles. Aber auch in den USA ist das Gespräch an der Bar nicht ungewöhnlich. Allerdings bestehen zwischen den beiden Ländern untereinander und im Vergleich zu Deutschland erhebliche Unterschiede sowohl beim Bestellen als auch beim Bezahlen und beim Trinkgeld. In beiden Ländern werden Getränke direkt an der Bar bestellt und auch jedesmal sofort bezahlt. Meistens tut man dies in Runden. Allerdings gibt man in Großbritannien dabei normalerweise kein Trinkgeld und wenn man es bei sehr gutem Service doch tun will, so offeriert man es, indem man dem Barmann das Geld für ein Getränk für sich selbst gibt. In den USA dagegen gilt auch hier wie im Restaurant die Untergrenze von 10%.

What would you like to drink?	Was möchten Sie trinken?
I would like a pint of lager and half of bitter, please.	Ich hätte gern ein großes Bier und ein kleines Bitter (britisches Bier).
I'll get these.	***Ich werde diese Runde zahlen.***
Is it my round?	Ist es meine Runde?
I'd like two brandys, please – and have one yourself.	Ich hätte gerne zwei Weinbrand, bitte – und nehmen Sie auch einen (als Trinkgeld in Großbritannien).
Same again, please.	***Dasselbe nochmal,*** bitte.
Are we allowed to smoke here?	Darf man hier rauchen?
Could we have an ashtray, please?	Können wir einen Aschenbecher haben, bitte.
Last orders at the bar, please!	Letzte Bestellungen vor der Sperrstunde, bitte!

> Sowohl in den englischsprachigen Ländern als auch in Deutschland ist ein höfliches Abschiedsgespräch von großer Bedeutung. Ein freundliches Kompliment, eine interessierte Nachfrage zum Aufenthalt untermauert und festigt die Geschäftsbeziehung und erlaubt es, sich gegenseitig der Absicht zu weiteren Treffen zu versichern.

What time does your train leave?	Um wie viel Uhr geht Ihr Zug?
I hope you ***enjoyed your stay*** in Germany.	Ich hoffe, Sie ***hatten einen angenehmen Aufenthalt*** in Deutschland.

Geschäftsreisen

If you have any ***queries,*** please do not hesitate to contact us.

It was ***a pleasure*** doing business with you.
Likewise.
I hope that we can continue to work together in the future.

I'll e-mail you to ***keep you posted*** of new developments.

We'll see each other at the conference next month.
I hope we have the opportunity to discuss these developments ***face to face*** in the near future.
Goodbye. It was a pleasure to meet you.

I'm glad to have made your ***acquaintance.***

A: Was the hotel ***to your satisfaction***?
B: Yes, everything was just fine, thank you.
A: When are you flying back to the States?
B: This evening (US: tonight) at 6.30 p.m.
A: I'll have our driver pick you up at 4.30 p.m.

B: That's great, thanks for all your help.
A: Not at all. Have a good trip back. I hope to see you again soon. ***Please give my regards to*** Jane.

Sollten Sie noch ***irgendwelche*** Fragen haben, zögern Sie bitte nicht, mit uns in Kontakt zu treten.

Es war ***ein Vergnügen*** mit Ihnen Geschäfte zu machen.
Danke, gleichfalls.
Ich hoffe, dass wir auch in Zukunft zusammenarbeiten werden.

Ich werde Ihnen mailen, um Sie über neue Entwicklungen ***auf dem Laufenden zu halten.***

Wir sehen uns nächsten Monat auf der Tagung.
Ich hoffe, wir werden in naher Zukunft die Gelegenheit haben diese Entwicklungen ***persönlich*** zu besprechen.
Auf Wiedersehen. Es war ein Vergnügen, Sie kennen gelernt zu haben.

Ich bin sehr erfreut, Ihre ***Bekanntschaft*** gemacht zu haben.

A: War das Hotel ***zufrieden stellend***?
B: Ja, es war alles völlig in Ordnung, danke.
A: Wann fliegen Sie in die USA zurück?
B: Heute Abend um 18.30 Uhr.

A: Ich werde unserem Fahrer sagen, dass er Sie so gegen 16.30 Uhr abholen soll.

B: Prima, und danke für Ihre Hilfe.
A: Bitte schön. Eine gute Heimreise, und ich hoffe, Sie bald wieder zu sehen. ***Bitte bestellen Sie Grüße an*** Jane.

Geschäftsreisen

> Wenn man jemandem einen Gruß ausrichtet, sagt man "please give my regards to ...", oder wenn man jemanden besser kennt, "say hello to ... for me". Niemals das Wort "Greetings" benutzen, denn dieses findet man vor allem auf Weihnachts- und sonstigen Karten ("Season's Greetings", "Greetings from London" etc.)!

Idioms   **Typische Redewendungen**

> Für ein gutes Verständnis der englischen Sprache ist es unbedingt notwendig, Redewendungen zu erkennen und zu verstehen. Leider sind die in Deutschland bekanntesten englischen Redewendungen in England selbst schon längst aus der Mode und klingen daher für den Muttersprachler ungewohnt. Ein sehr gutes Beispiel dafür ist das in Deutschland sehr bekannte "It's raining cats and dogs".

I have heard that their finances are in a *sorry state of affairs*.	Ich habe gehört, dass Ihre Finanzen in *einem traurigen Zustand* sind.
I think the dispute was definitely a case of *six of one and half a dozen of the other*.	Ich glaube, der Streit war sicherlich *von beiden Seiten gleichermaßen verursacht*.
I am determined to *get to the bottom* of this issue.	Ich bin *entschlossen*, dieser Sache *auf den Grund zu gehen*.
Our new products will be launched and *on the market* next week.	Unser neues Produkt wird nächste Woche *auf dem Markt* lanciert.
I must say, we don't seem to have much *room for manoeuvre*.	Ich muss sagen, wir haben *nur begrenzten Handlungsspielraum*.
At least we had the *last word*.	Zumindest hatten wir *das letzte Wort*.
There is undoubtedly *room for improvement* in your management strategies.	Es gibt zweifellos *noch Raum für Verbesserungen* in Ihren Managementstrategien.
He knows *all the tricks of the trade*.	Er kennt *alle Tricks in seinen Geschäft*.
His arguments *cut no ice* with me.	Seine Argumente machen *keinen Eindruck* auf mich.
Our latest series of advertisements is designed *with the man in the street in mind*.	Unsere letzte Anzeigenserie wurde *für den Mann auf der Straße* entworfen.

Geschäftsreisen

A: I was quite annoyed by his behaviour on Wednesday.
B: You have to *take him with a pinch of salt*.
A: Yes – but I don't *suffer fools gladly*.

A: Ich war ziemlich verärgert über sein Verhalten am Mittwoch.
B: Du darfst ihn *nicht zu ernst nehmen*.
A: Ja – aber ich *toleriere Ignoranten ungern*.

A: This delay is extremely annoying – I wish they'd come to a decision.
B: I fear they might *chicken out* eventually.

A: Diese Verzögerung ist sehr ärgerlich – ich wünschte, sie würden zu einer Entscheidung kommen.
B: Ich fürchte, dass sie im letzten Moment *kalte Füße bekommen* werden.

A: I think you've *hit the nail on the head*. Perhaps we should go ahead without them.

A: Ich glaube, Sie haben den *Nagel auf den Kopf getroffen*. Vielleicht sollten wir ohne sie weitermachen.

A: I would be grateful if you could inform me promptly of any further developments.
B: We'll keep our *ears to the ground*.

A: Ich wäre dankbar, wenn Sie mich über weitere Entwicklungen auf dem Laufenden halten könnten.
B: Wir werden *unsere Augen offen halten*.

A: Would you be interested in participating in a joint marketing scheme?
B: I could certainly *bear it in mind* at the next board meeting.

A: Wären Sie daran interessiert, an einem gemeinsamen Marketing-Projekt teilzunehmen?
B: Ich werde sicherlich bei der nächsten Direktionssitzung *daran denken*.

Die bisher aufgeführten Redewendungen können nicht verändert werden. Im Gegensatz dazu lassen sich die folgenden Redewendungen je nach Situation oder Person verändern.

I would be grateful if you could *show Clare the ropes*.
She doesn't seem able to *make up her mind*.

Ich wäre sehr dankbar, wenn Sie *Clare herumführen könnten*.
Sie scheint nicht zu *wissen, was sie will*.

I had the feeling they were *looking down their noses* at me.	Ich hatte das Gefühl, dass sie äußerst *hochnäsig mir gegenüber waren.*
When I *caught her secretary's eye* I had the feeling that she knew something.	Als ich ihrer *Sekretärin einen Blick zuwarf,* hatte ich das Gefühl, dass sie etwas wusste.
My suggestion was met with a general *raising of eyebrows.*	Mein Vorschlag rief ein allgemeines *Stirnrunzeln* hervor.
Your experience here with us will *stand you in good stead* when furthering your career.	Ihre Erfahrung hier bei uns wird sehr *nützlich* für Ihre weitere Karriere sein.
A: Our sales have declined by ten per cent since we stopped doing business with JMC.	A: Unsere Verkäufe sind um zehn Prozent zurückgegangen seit wir aufgehört haben, mit JMC Geschäfte zu machen.
B: Perhaps we will have to *swallow our pride* and *settle our differences* with them.	B: Vielleicht sollten wir unseren *Stolz herunterschlucken* und unsere *Streitigkeiten* mit ihnen *beilegen.*
A: Do you anticipate any problems updating our database?	A: Erwarten Sie irgendwelche Probleme mit dem Update unserer Datenbank?
B: To be honest, I could do it *standing on my head.*	B: Um ehrlich zu sein, das könnte ich *im Schlaf erledigen.*

Manche Redewendungen werden heute nicht mehr vollständig eingesetzt, sondern nur noch Bruchstücke davon verwendet. Im Folgenden werden zum besseren Verständnis zunächst die vollständigen Redewendungen mit einer wörtlichen Übersetzung angegeben, danach ein Anwendungsbeispiel.

A stitch in time saves nine.	Ein rechtzeitiger (Näh-)Stich spart neun.
It would have been better to have fully repaired our machinery in 2010 – as they say, *a stitch in time...*	Es wäre besser gewesen, wenn wir unsere Maschinenanlage 2010 vollständig repariert hätten – *das hätte uns viel Ärger erspart.*

Geschäftsreisen

When the cat's away, the mice will play.	Wenn die Katze aus dem Haus ist, tanzen die Mäuse.
I'm not at all surprised that deadlines were not met in your absence – *when the cat's away...*	Ich bin überhaupt nicht überrascht, dass die Deadlines in deiner Abwesenheit nicht eingehalten wurden – *wenn die Katze aus dem Haus ist ...*
Birds of a feather flock together.	Gleich und gleich gesellt sich gern.
A: I find them difficult to deal with when they're together in the office. B: Well, *birds of a feather...*	A: Ich finde es schwierig mit ihnen auszukommen, wenn sie zusammen im Büro sind. B: Na ja, *gleich und gleich ...*
In for a penny, in for a pound.	Wer A sagt, muss auch B sagen.
A: I was considering pulling out if I still could. B: I honestly don't think that's possible. You might as well carry on now you've got this far – *in for a penny,* you know?	A: Ich habe mir überlegt, mich zurückzuziehen, wenn ich es noch könnte. B: Ich glaube wirklich nicht, dass das noch möglich ist. Du kannst jetzt auch weiter machen, nachdem du so weit gegangen bist – *wer A sagt muss auch B sagen.*
Two's company, three's a crowd.	Drei sind einer zuviel.
A: How have you found working with our new deputy manager? B: Well, I preferred working just with Sarah – *two's company,* after all.	A: Wie hast du es gefunden, mit unserem neuen stellvertretenden Leiter zusammenzuarbeiten? B: Ich habe es bevorzugt, nur mit Sarah zu arbeiten – *schließlich sind drei einer zuviel.*
What you make on the swings you lose on the roundabouts.	Wie gewonnen, so zerronnen.
A: Has your expansion in the USA paid off? B: Well, at the moment it's all *swings and roundabouts.*	A: Hat sich die Expansion in die USA rentiert? B: Im Moment *gleicht sich das alles aus.*

Die oben genannten Redewendungen kann man zu jeder Gelegenheit verwenden. Folgende Idiome sind eher umgangssprachlich.

He has really *put his foot in it*.	Da ist er wirklich *ins Fettnäpfchen getreten*.
I think she is quite *down in the dumps* about the whole thing.	Ich glaube, sie ist ziemlich *am Boden zerstört* wegen dieser Geschichte.
She can't *stand the sight* of him.	Sie kann ihn *nicht ausstehen*.
The Clodock Herald has *dragged our name through the mud*.	Der Clodock Herald hat *unseren Namen durch den Schmutz gezogen*.
He seems to have *taken quite a shine to her*.	Ich glaube, *er ist sehr von ihr eingenommen*.
A: Are you sure you want me to take over this project? B: Definitely – Alan *has had a fair crack of the whip*.	A: Sind Sie sicher, Sie wollen, dass ich das Projekt übernehme? B: Auf jeden Fall. Alan *hat seine Chance gehabt*.
A: May I explain my plans to you in more depth? B: I'm *all ears*.	A: Kann ich Ihnen meine Pläne etwas ausführlicher erklären? B: Ich bin *ganz Ohr*.

9. Besprechungen

Für die Engländer sind Geschäftsbesprechungen ausgesprochen wichtig und ein fester Bestandteil im Arbeitsablauf. Sogar relativ unwichtige Entscheidungen werden diskutiert und abgestimmt. Wichtige Besprechungen werden weit im Voraus geplant, und man lässt den Teilnehmern vorab eine detaillierte Tagesordnung zukommen, damit sie sich vorbereiten können. Die meisten Sitzungen sind eher informell und beginnen und enden mit Smalltalk. Allerdings herrscht trotzdem eine gewisse Disziplin: vorzeitiges Verlassen oder Telefonate während der Präsentation oder der Diskussion sind ausgesprochen unangemessen. Obwohl es bei Diskussionen sehr lebhaft zugehen kann, ist die Loyalität gegenüber dem Vorgesetzten und der Firma größer als tiefgehende Meinungsverschiedenheiten. Eine Besprechung ohne greifbare Ergebnisse wird zwar als Misserfolg gesehen, trotzdem gehört es nicht zum guten Ton, die anderen Teilnehmer vorab mit Hilfe einer Lobby zu beeinflussen.

Anders dagegen in den USA. Hier sind Geschäftsbesprechungen in erster Linie Kommunikationsmittel, um Informationen auszutauschen und zu sammeln. Der Referent hat die Möglichkeit, seine Vorschläge zu präsentieren, die Anregungen seiner Kollegen zu hören und diese anzunehmen oder zu verwerfen. Ziel ist nicht die Entscheidungsfindung oder Problemlösung an sich, sondern zu prüfen, wie kompetent der Referent und wie groß sein Wissen ist. Auf allen Ebenen der Kommunikation ist es ausgesprochen wichtig, Kompetenz und Professionalität zu zeigen. Ein Problem ohne Lösungsvorschlag oder die notwendigen Fakten anzubringen, in der Erwartung, dass während der Sitzung gemeinsam mit den anderen Teilnehmern eine Lösung erarbeitet werden kann, gilt als Zeichen der Schwäche und Inkompetenz. Da die Amerikaner im Lobbying nichts Verwerfliches sehen und dieses als willkommenes Mittel der Entscheidungsforcierung unterstützen, stehen die Ergebnisse der Abstimmung oft schon von vornherein fest. Läuft dennoch etwas falsch, dann sind nicht alle Teilnehmer gleichermaßen verantwortlich. Es ist allein der Vorgesetzte, der die Verantwortung für das Scheitern zu tragen hat. Amerikaner verfolgen ihr persönliches Ziel und das der Firma mit großer Direktheit und erscheinen Europäern in Diskussionen deshalb manchmal aggressiv.

Presentations

We will schedule our next *quarterly meeting* for ...
We should *notify the participants* of the next annual production meeting as soon as possible.
Handouts containing the *agenda* should be sent out beforehand to everybody.
Will all the *staff* be able to come?

Shall we *postpone* the meeting?

Should we settle on a *later date*?

Would it be better to *cancel* the meeting altogether?
Ladies and gentlemen, *welcome* to today's meeting.
Ladies and gentlemen, I am happy to welcome you to our annual *business meeting.*

Welcome and thank you for coming today.
Ladies and gentlemen, we are gathered here today to listen to Mrs. Smith's *presentation* on ...
We have an extremely important session today.
This month's meeting will have the following subject: ...
The *subject* of tomorrow's session has been decided on by Mr. ...
Mr. Daniel's talk on ... will introduce us to today's *topic.*
It is my pleasure to introduce our *guest,* Mrs. Green, to you.
We are pleased to have Mr. Alfons as our guest.

Präsentationen

Wir werden unsere nächste *Quartalsbesprechung* für ... ansetzen.
Wir sollten die *Teilnehmer* der nächsten Jahresproduktionsbesprechung so schnell wie möglich *benachrichtigen.*
Handouts mit der *Tagesordnung* sollten vorab an alle verschickt werden.

Wird die gesamte *Belegschaft* kommen können?
Sollen wir die Besprechung *auf später verschieben*?
Sollten wir uns auf einen *späteren Termin* einigen?
Wäre es besser, die Besprechung ganz *abzusagen*?
Meine Damen und Herren, *ich begrüße Sie* zu der heutigen Sitzung.
Meine Damen und Herren, ich freue mich, Sie zu unserer jährlichen *Geschäftsbesprechung* willkommen zu heißen.
Herzlich willkommen und vielen Dank, dass Sie heute erschienen sind.
Meine Damen und Herren, wir haben uns heute hier versammelt, um Frau Smiths *Präsentation* über ... zu hören.
Wir haben heute eine ausgesprochen wichtige Sitzung.
Die Besprechung dieses Monats hat folgendes Thema: ...
Das *Thema* der morgigen Sitzung hat Herr ... bestimmt.
Herrn Daniels Vortrag ... wird uns in das heutige *Thema* einführen.
Es ist mir eine Freude, Ihnen unseren *Gast,* Frau Green, vorzustellen.
Wir freuen uns, Herrn Alfons als unseren Gast zu haben.

Besprechungen

I am sorry to announce that Mr. Wilbert will be late.	Es tut mir Leid, Ihnen mitteilen zu müssen, dass Herr Wilbert sich verspäten wird.
We will begin the meeting in five minutes.	Wir werden in fünf Minuten mit der Besprechung beginnen.
I hope that we will have an interesting discussion.	Ich hoffe, dass wir eine interessante Diskussion haben werden.
We will start even if not everybody has arrived.	Wir werden beginnen, auch wenn noch nicht alle da sind.
Handouts are provided for every member.	Jedes Mitglied bekommt ein *Handout* (Informationsblatt).
The *agenda* has been handed out *in advance.*	Die *Tagesordnung* ist schon *vorab* ausgeteilt worden.
Everybody should be in possession of a detailed description of today's topic.	Jeder sollte im Besitz einer detaillierten Beschreibung des heutigen Themas sein.
On the handout you can see this meeting's agenda.	Der Tischvorlage können Sie die Tagesordnung dieser Besprechung entnehmen.
The meeting will follow the *items* on the agenda.	Die Sitzung wird den *Punkten* der Tagesordnung folgen.
Items can be *added* to today's agenda.	Der Tagesordnung können Punkte *hinzugefügt* werden.
Items can be *deleted* from the agenda.	Es können Punkte von der Tagesordnung *gestrichen* werden.
We need somebody to *keep the minutes.*	Wir brauchen jemanden, der *Protokoll führt.*
Somebody has to be appointed to keep the *minutes*.	Irgendjemand muss dazu ernannt werden, *Protokoll* zu führen.
Mr. Wilson, would you be so kind to keep the minutes today?	Herr Wilson, wären Sie so freundlich, heute Protokoll zu führen?
If nobody *volunteers* I will have to appoint someone.	Falls *sich* niemand *freiwillig meldet,* muss ich jemanden bestimmen.
Before going into detail I will give you the necessary *background information.*	Bevor ich ins Detail gehe, werde ich Ihnen die notwendigen *Hintergrundinformationen* geben.
I am going to confront you with some *controversial issues.*	Ich werde Sie mit einigen *sehr umstrittenen Punkten* konfrontieren.
Some *problematic aspects* will be *raised* during Mr. Daniel's talk.	Während Herrn Daniels Vortrag werden einige *problematische Aspekte aufgeworfen* werden.

Due to the controversial topic of the presentation we will probably have a very *lively* discussion.	Aufgrund des umstrittenen Themas der Präsentation werden wir wahrscheinlich eine sehr *lebhafte* Diskussion haben.
Could you please *hold back* all questions and comments until after I am done?	Könnten Sie bitte alle Fragen und Anmerkungen *zurückhalten* bis ich fertig bin?
I would prefer answering any questions after having finished my talk.	Ich würde es vorziehen, Fragen erst zu beantworten, nachdem ich meinen Vortrag beendet habe.
If any questions arise please do not hesitate to *interrupt* me.	Falls irgendwelche Fragen aufkommen, scheuen Sie sich bitte nicht, mich zu *unterbrechen*.
Ms. Maier will be happy to react to your comments *any time*.	Frau Maier wird gerne *jederzeit* auf Ihre Kommentare eingehen.
Please feel free to interrupt me any time.	Bitte zögern Sie nicht, mich jederzeit zu unterbrechen.
There will be enough time for questions and comments after the presentation.	Im Anschluss an die Präsentation wird genug Zeit für Fragen sein.
After the first half of the presentation there will be a *break* of ten minutes.	Nach der ersten Hälfte der Präsentation wird es eine *Pause* von zehn Minuten geben.
I will begin my presentation with giving you an *overview* of ...	Ich werden meine Präsentation damit beginnen, Ihnen einen *Überblick* über ... zu geben.
We will use *foils* to present the facts.	Wir werden *Folien* verwenden, um die Sachverhalte darzustellen.
Pie charts are best suited for the presentation of percentages.	*Kreisdiagramme* sind am geeignetsten für prozentuale Darstellungen.
He will be using *flip charts* to illustrate ...	Er wird *Flipcharts* zur Verdeutlichungen von ... benutzen.
To show you ... I have brought some *slides*.	Um Ihnen ... zu zeigen, habe ich einige *Dias* mitgebracht.
This short film will introduce you to ...	Dieser kurze Film wird Sie mit ... vertraut machen.
I have brought a video to demonstrate ...	Ich habe ein Video mitgebracht, um zu zeigen, ...
From this *table* you can see ...	Aus dieser *Tabelle* können Sie ... entnehmen.
For this, two factors are *responsible*.	Hierfür sind zwei Faktoren *verantwortlich*.

First, ... Second, ...	Erstens, ... Zweitens, ...
I believe that there are several reasons. Firstly, ... Secondly, ...	Ich glaube, dass es verschiedene Gründe gibt. Erstens, ... Zweitens, ...
The **main reason** for this is, ...	Der **Hauptgrund** hierfür ist, ...
Furthermore, ...	***Darüber hinaus/des Weiteren*** ...
Consequently, ...	***Folglich*** ...
Therefore/because of this ...	***Deshalb/deswegen*** ...
In addition, ...	***Zusätzlich,*** ...
There are still the following aspects of the problem to talk about ...	Über folgende Aspekte des Problems müssen wir noch sprechen ...
I almost forgot to tell you ...	Beinahe vergaß ich, Ihnen zu sagen, dass...
I think that we have finally found a **compromise.**	Ich glaube, dass wir endlich einen **Kompromiss** gefunden haben.
The following **suggestions** have been made.	Folgende **Vorschläge** sind gemacht worden.
To present a possible way out of this conflict was the **intention** of my presentation.	**Ziel** meiner Präsentation war, einen möglichen Weg aus diesem Konflikt aufzuzeigen.
I hope that no **misunderstandings** will result from this paper, which I have presented here.	Ich hoffe, dass aus dem Aufsatz, den ich hier vorgestellt habe, keine **Missverständnisse** erwachsen.
To **sum up** ...	Um es **zusammenzufassen** ...
Finally I should say that ...	**Abschließend** sollte ich sagen, dass ...
With the following quotation I will bring my presentation to an end.	Mit dem folgenden Zitat möchte ich meine Präsentation beenden.
With this last **statement** we should open the discussion.	Mit dieser letzten **Feststellung** sollten wir die Diskussion eröffnen.
You may now ask all questions that arose during my presentation.	Sie dürfen jetzt sämtliche Fragen stellen, die während meiner Präsentation aufgekommen sind.
I am now willing to answer any questions.	Ich bin jetzt bereit, Fragen zu beantworten.
We can now discuss whatever you would like to be discussed.	Wir können jetzt alles diskutieren, was Sie zur Diskussion stellen möchten.
Now is the time to comment on Mr. Wilbur's **point of view,** which he has elaborated on this past hour.	Jetzt ist der Zeitpunkt gekomen, Herrn Wilburs **Ansicht** zu kommentieren, die er in der letzten Stunde ausführlich dargelegt hat.

Thank you, ladies and gentlemen, for being here today.
That's all for now, thank you for listening.
I think we should *call it a day* and leave this problem for the time being.

A: I think we should *schedule* our next quarterly meeting for Monday next week.
B: That's a good idea, but then we should *notify* everybody as soon as possible. We should also send out *handouts containing the agenda*.

A: O.K., I will do this tomorrow. Do you think that all the *staff* will be able to come?
B: I don't know. If not, we can always *postpone* the meeting to a later date.

A: I hope that we will not have to *cancel* the meeting altogether.

A: Ladies and gentlemen, welcome to today's meeting. We are here to listen to Mrs. Smith's presentation on the recent marketing strategies of our European branches. Mrs. Smith, thank you for being here. Will you be so kind and tell us how you will proceed?

B: Thank you. I am pleased to be here today. Before I begin, I will show you a short film about the changes in the European market situation over the last years. My presentation will then cover several very *controversial aspects* and I hope that we will have a very lively

Meine Damen und Herren, vielen Dank, dass Sie heute gekommen sind.
Das ist fürs Erste alles; danke, dass Sie zugehört haben.
Ich denke, wir sollten *Feierabend machen* und dieses Problem vorläufig beiseite lassen.

A: Ich denke, wir sollten unsere nächste Quartalsbesprechung für Montag kommender Woche *ansetzen.*
B: Das ist eine gute Idee, aber wir sollten dann jeden so schnell wie möglich *benachrichtigen.* Außerdem sollten wir *Handzettel mit der Tagesordnung* verschicken.

A: In Ordnung. Das werde ich morgen machen. Glauben Sie, dass die gesamte *Belegschaft* kommen kann?
B: Ich weiß nicht. Falls nicht, können wir die Besprechung immer noch auf einen späteren Termin *verschieben.*

A: Ich hoffe, dass wir die Besprechung nicht ganz *absagen* müssen.

A: Meine Damen und Herren, herzlich willkommen zur heutigen Besprechung. Wir sind hier, um Frau Smiths Präsentation der aktuellen Marketingstrategien unserer europäischen Filialen zu hören. Frau Smith, vielen Dank, dass Sie heute hier sind. Würden Sie uns bitte sagen, wie Sie verfahren werden?

B: Danke. Ich freue mich, heute hier zu sein. Bevor ich anfange, werde ich Ihnen einen kurzen Film über die Veränderungen der europäischen Marktsituation in den letzten Jahren zeigen. Meine Präsentation wird dann einige sehr *umstrittene Aspekte* abhandeln

discussion afterwards. If you have any questions, feel free to interrupt me any time.

A: We are pleased to have Mr. Alfons, sales coordinator of our Russian branch, as our guest today. His presentation is not on the agenda but will nevertheless be an important ***addition*** to our topic.

A: Good morning, ladies and gentlemen. I am pleased to welcome Mr. Daniel of Talcum Industries as our guest. Mr. Daniel's talk on the possibilities of entry into the Chinese market will ***introduce us to today's topic.*** Mr. Daniel will you please begin?

B: Thank you. I am glad to be here. I will begin my presentation with giving you an overview of last year's development of the sales figures of different European companies. In order to present the facts, I will use ***overhead foils.*** To illustrate the percentage of European companies in the Chinese market, I have decided that ***pie charts are most convenient.***

A: Mr. Daniel, sorry to interrupt you, but before you go into detail could you please give us the necessary ***background information***?

B: Of course. That is what I had in mind. But could you then please ***hold***

und ich hoffe, dass wir danach eine sehr lebhafte Diskussion haben werden. Sollten Sie irgendwelche Fragen haben, können Sie mich jederzeit gerne unterbrechen.

A: Wir freuen uns, Herrn Alfons, den haben. Verkaufskoordinator unserer russischen Filiale, heute als unseren Gast zu Seine Präsentation steht zwar nicht auf der Tagesordnung, aber sie wird dennoch eine wichtige ***Ergänzung*** unseres Themas sein.

A: Guten Morgen, meine Damen und Herren. Ich freue mich, Herrn Daniel von Talcum Industries als unseren Gast willkommen zu heißen. Herrn Daniels Vortrag über die Möglichkeiten des Markteinstiegs in China wird uns ***in das heutige Thema einführen.*** Herr Daniel, würden Sie bitte beginnen?

B: Danke. Ich freue mich, hier zu sein. Ich werde meine Präsentation damit beginnen, Ihnen einen Überblick über die Entwicklung der Verkaufszahlen des letzten Jahres verschiedener europäischer Firmen zu geben. Um die Fakten darzustellen, werde ich ***Overhead-Folien*** verwenden. Ich habe beschlossen, dass für die Darstellung der Prozentanteile europäischer Firmen auf dem chinesischen Markt ***Kreisdiagramme am geeignetsten sind.***

A: Herr Daniel, entschuldigen Sie, dass ich Sie unterbreche, aber könnten Sie uns bitte die nötigen ***Hintergrundinformationen*** geben, bevor Sie ins Detail gehen?

B: Sicher. Das hatte ich vor. Aber könnten Sie dann bitte alle Fragen

back any questions and comments until after the first part of my presentation?

A: To show you the present situation, I have brought some ***slides.***

Later on we can watch a video which shows how our Brazilian partners have set up the production.

From this table you can see how much the foundation of the NAFTA has affected import rates from Mexico.

The following ***suggestions*** have been made to end this intolerable situation.

A: I come now to the last point of my presentation. ... ***To sum up***, we can say that there seem to be several ways to solve this problem.
The ***intention*** of my talk was to confront you with different alternative solutions.
Thank you for your attention.

A: Finally, all I have to say is that I think we should ***leave this aspect of the problem for the time being*** and call it a day. Good bye, ladies and gentlemen, and thank you for being here. We will meet here again next week.

und Anmerkungen bis nach dem ersten Teil meiner Präsentation ***zurückhalten***?

A: Um Ihnen die aktuelle Situation zu zeigen, habe ich einige ***Dias*** mitgebracht.
Später können wir uns ein Video anschauen, das zeigt, wie unsere brasilianischen Partner die Produktion eingerichtet haben.
Aus dieser Tabelle können Sie entnehmen, wie stark sich die Gründung der NAFTA auf die Importraten aus Mexiko ausgewirkt hat.
Folgende ***Vorschläge*** sind zur Beendigung dieser unerträglichen Situation gemacht worden.

A: Ich komme nun zum letzten Punkt meiner Darstellung. ... ***Zusammenfassend*** können wir sagen, dass es mehrere Wege zu geben scheint, dieses Problem zu lösen.
Ziel meines Vortrags war es, Sie mit verschiedenen alternativen Lösungen zu konfrontieren. Vielen Dank für Ihre Aufmerksamkeit.

A: Abschließend bleibt mir nur zu sagen, dass ich denke, wir sollten ***diesen Aspekt des Problems für heute beiseite lassen*** und Feierabend machen. Auf Wiedersehen, meine Damen und Herren, vielen Dank, dass Sie hier waren. Nächste Woche treffen wir uns wieder hier.

Argumentation

I think that ...	Ich denke, dass ...
I believe that ...	Ich glaube, dass ...
I am **sure/certain** that ...	Ich bin **sicher,** dass ...
I am absolutely sure that ...	Ich bin absolut sicher, dass ...
In my opinion ...	**Meiner Ansicht nach ...**
From my point of view ...	Nach meiner Auffassung ...
In my eyes ...	In meinen Augen ....
I presume/assume that ...	Ich nehme an/vermute, dass ...
As I see it ...	So wie ich das sehe ...
I am persuaded that ...	Ich bin überzeugt, dass ...
I am **positive** that ...	Ich bin (mir) **ganz sicher,** dass ...
The first **reason** for this I would like to mention is ...	Der erste **Grund** hierfür, den ich erwähnen möchte ist ...
Second/secondly there is ... to talk about.	Zweitens sollten wir über ... sprechen.
In addition, we shouldn't forget that ...	**Zusätzlich** sollten wir nicht vergessen, dass ...
Furthermore ...	**Ferner/des Weiteren ...**
Moreover ...	**Darüber hinaus ...**
I would like to add ...	**Ich würde gerne ... hinzufügen.**
Not only ... but also ...	**Nicht nur ... sondern auch.**
On the one hand ... on the other hand ...	**Einerseits ... andererseits ...**
In general ...	**Im Allgemeinen ...**
Generally speaking ...	**Allgemein gesprochen ...**
On the whole ...	**Im Großen und Ganzen ...**
All in all ...	**Alles in allem ...**
Nevertheless I should not forget to mention ...	**Nichtsdestotrotz** sollte ich nicht vergessen zu erwähnen ...
In spite of ...	**Trotz ...**
Despite the fact that ...	**Trotz der Tatsache, dass ...**
However ...	**Aber/trotzdem/jedoch ...**
Although ...	**Obwohl ...**
Instead of ...	**Statt/anstatt ...**
Instead, ...	**Stattdessen ...**
Therefore ...	**Deshalb/deswegen ...**
For that reason ...	**Darum/aus diesem Grund ...**
I am not at all **convinced.**	Ich bin überhaupt nicht davon **überzeugt.**

Besprechungen

I am not quite sure if I can agree.	Ich bin nicht ganz sicher, ob ich dem zustimmen kann.
What if you are wrong?	Was ist, wenn Sie sich irren?
Could it be that you got something wrong here?	Könnte es sein, dass Sie hier etwas falsch verstanden haben?
I am afraid I cannot follow your argument.	Ich fürchte, ich kann Ihrem Argument nicht folgen.
Could you please go more into detail?	Könnten Sie bitte mehr ins Detail gehen?
Wouldn't it be better if we sticked to the subject?	Wäre es nicht besser, wenn wir beim Thema blieben?
It might be better if ...	Es wäre vielleicht besser, wenn ...
What about Mr. Fielding's *proposal*?	Was ist mit Herrn Fieldings **Vorschlag**?
Shouldn't we *take into account* other opinions on this subject?	Sollten wir nicht andere Meinungen zu diesem Thema **berücksichtigen**?
Maybe you should consider what Ms. Green said earlier.	Vielleicht sollten Sie bedenken, was Frau Green vorhin gesagt hat.
Why don't you tell us more about ...?	Warum erzählen Sie uns nicht mehr zu ... ?
I agree with most of what you presented here, yet don't you think that ...	Dem meisten von dem, was Sie hier vorgestellt haben, stimme ich zu, aber denken Sie nicht, dass ...
Have you thought about looking at this problem *from a different angle*?	Haben Sie daran gedacht, dieses Problem **aus einem anderen Blickwinkel** zu betrachten?
Everything you said is fine, but one could also *take other aspects into account*.	Was Sie gesagt haben ist schön und gut, aber man könnte auch **andere Aspekte in Betracht ziehen.**
I *wonder* if you have taken into account that ...	Ich **frage mich**, ob Sie berücksichtigt haben, dass ...
Aren't there more sides to this *issue*?	Hat diese **Angelegenheit** nicht mehrere Seiten?
You are right with what you are saying.	Sie haben Recht, mit dem was Sie sagen.
Yes, you could also look at it from this point of view.	Ja, Sie könnten es auch aus dieser Sicht sehen.
Let me see!	Lassen Sie mich überlegen!
Yes, you could actually be right.	Ja, Sie könnten tatsächlich Recht haben.
No, I think you are *mistaken*.	Nein, ich denke, dass Sie hier **falsch liegen.**

Besprechungen

Really, I am convinced that one couldn't say it this way at all.	Wirklich, ich bin davon überzeugt, dass man das so überhaupt nicht sagen kann.
Are you really convinced that this is a realistic project?	Sind Sie wirklich überzeugt davon, dass es sich um ein realistisches Projekt handelt?
Excuse me, Madam/Sir, may I interrupt you?	Entschuldigen Sie, meine Dame/mein Herr, darf ich Sie unterbrechen?
Sorry to *break in,* but ...	Tut mir Leid, dass ich Sie *unterbreche,* aber ...
Excuse me, may I ask you a question?	Entschuldigen Sie, darf ich Ihnen eine Frage stellen?
I would like to say a few words.	Ich würde gerne einige Worte sagen.
There is something I would like to say.	Ich würde gerne etwas sagen.
It would be good if we could have other opinions on that.	Es wäre gut, wenn wir auch andere Meinungen dazu hören könnten.
If I might just add something?	Wenn ich dazu etwas hinzufügen dürfte?
Let me *conclude* with the following statement: ...	Lassen Sie mich mit der folgenden Feststellung *abschließen*: ...
To *wrap up* this discussion, ...	Um diese Diskussion *zusammenzufassen* ...
Before coming to a *hasty decision* we should leave it here.	Bevor wir zu einer *übereilten Entscheidung* kommen, sollten wir es hierbei belassen.
I believe that most of us are *opposed* to this suggestion.	Ich glaube, dass die meisten von uns diesen Vorschlag *ablehnen.*
I am afraid we cannot *back up* your proposal.	Ich befürchte, dass wir diesen Vorschlag nicht *unterstützen* können.
I am sorry, but we cannot *support* your idea.	Es tut mir Leid, aber wir können Ihre Idee nicht *unterstützen.*
It is impossible to *accept* this offer.	Es ist (uns) unmöglich, dieses Angebot *anzunehmen.*
I am absolutely sure that this point will not be accepted.	Ich bin absolut sicher, dass dieser Punkt nicht akzeptiert werden wird.
We will *definitely not* pursue this option.	Wir werden diese Option *auf keinen Fall* weiterverfolgen.
A: Mr. Daniel, I am sure that most of us *agree* with you when you are saying that we should change our marketing	A: Herr Daniel, ich bin sicher, dass die meisten von uns *zustimmen*, wenn Sie sagen, dass wir unsere Marketing-

strategies. *However,* I am not at all convinced that the suggestions you made are feasible.

B: Despite the fact that you seem to *disagree,* I believe that those strategies are realistic. Not only do we have to look at the future of our company in Germany, but we also have to take into account developments in other European countries. Therefore, in my eyes, new ideas are absolutely necessary.

A: What you are saying is fine, yet don't you think that we have to keep in mind our budget as well?

C: Sorry for interrupting. May I just ask a question? I am afraid I cannot follow your arguments. Could you go more into detail, please?

A: The *main reason* for this decline in sales figures is that we have lost one of our best clients. *Secondly,* the increase in prices that we introduced last year has also affected the sales of this product.

B: Excuse me, Sir, may I interrupt you? I would like to add something.

A: Go ahead, please.
B: Thank you. I *assume* that you are working with the sales figures from last month. In addition, we should not forget that our company is also *affected* by the closing of one of our American subsidiaries.

strategien ändern sollten. *Trotzdem* bin ich überhaupt nicht davon überzeugt, dass die Vorschläge, die Sie gemacht haben, umsetzbar sind.

B: Trotz der Tatsache, dass Sie mir *nicht zuzustimmen* scheinen, glaube ich, dass diese Strategien realistisch sind. Wir müssen nicht nur die Zukunft unserer Firma in Deutschland sehen, sondern auch Entwicklungen in anderen europäischen Ländern in Betracht ziehen. Deshalb sind in meinen Augen neue Ideen absolut notwendig.

A: Was Sie sagen ist schön und gut, aber denken Sie nicht, dass wir auch unser Budget im Auge behalten müssen?

C: Tut mir Leid, wenn ich Sie unterbreche. Darf ich Sie etwas fragen? Ich fürchte, ich kann Ihren Argumenten nicht folgen. Könnten Sie bitte etwas mehr ins Detail gehen?

A: Der *Hauptgrund* für den Rückgang der Verkaufszahlen ist der, dass wir einen unserer besten Kunden verloren haben. *Zweitens* hat sich auch die Preiserhöhung, die wir letztes Jahr eingeführt haben, auf den Absatz ausgewirkt.

B: Entschuldigen Sie, darf ich Sie unterbrechen? Ich würde gerne etwas hinzufügen.

A: Bitte sehr, fahren Sie fort/Nur zu!
B: Danke. Ich *vermute,* dass Sie mit den Verkaufszahlen des letzten Monats arbeiten. Zusätzlich sollten wir nicht vergessen, dass unsere Firma auch von der Schließung einer unserer amerikanischen Tochterfirmen *betroffen* ist.

A: Agreeing with all that you talked about, I still think that we should go into more detail on certain points. First, there is more than one solution to the problem. *Moreover,* I am sure we will find a much cheaper alternative if we tried to adapt our production lines to the new technology. Finally, there is the question of timing that we should talk about. I am absolutely positive that we can save a lot more time than you have *estimated.*

B: *I wonder* if you realize that we are talking about different things here. I was not trying to point out just one solution. Instead, I intended to *set off* a discussion that would help to find the best of several options.

A: There seems to have been some slight *misunderstanding.* Could you please go back to your first point and *clarify* it?
B: Certainly. Let me put this *foil* on the overhead projector again to illustrate what I had in mind.

A: Ladies and gentlemen, thank you again for coming to this important meeting today. To wrap up our session, the only thing there to say for me is that I think that we have had a very *fruitful discussion. On the one hand* it is true that we have not come to an agreement concerning the marketing strategies of our different

A: Obwohl ich allem zustimme, worüber Sie gesprochen haben, denke ich trotzdem, dass wir in gewissen Punkten mehr ins Detail gehen sollten. Erstens gibt es meiner Ansicht nach mehr als eine Lösung für das Problem. *Darüber hinaus* bin ich sicher, dass wir eine viel billigere Alternative finden können, wenn wir versuchen, die Produktion an die neue Technologie anzupassen. Schließlich ist da noch die Frage des Timings, über die wir reden sollten. Ich bin ganz sicher, dass wir viel mehr Zeit einsparen können, als Sie *veranschlagt* haben.

B: *Ich frage mich,* ob Sie sich bewusst sind, dass wir über verschiedene Dinge sprechen. Ich habe nicht versucht, nur eine Lösung *aufzuzeigen.* Stattdessen war mein Ziel, eine Diskussion *in Gang zu bringen,* die uns helfen würde, die beste von mehreren Optionen herauszufinden.

A: Hier scheint ein kleines *Missverständnis* vorzuliegen. Könnten Sie bitte Ihren ersten Punkt noch einmal aufgreifen und *klären*?
B: Sicherlich. Lassen Sie mich diese *Folie* noch einmal auf den Overheadprojektor legen, um zu veranschaulichen, was ich im Sinn hatte.

A: Meine Damen und Herren, nochmals vielen Dank, dass Sie zu dieser wichtigen Besprechung heute gekommen sind. Um unsere Sitzung zusammenfassend abzuschließen, bleibt mir nur zu sagen, dass ich denke, dass wir eine sehr *ergiebige Diskussion* hatten. *Einerseits* konnten wir uns zwar nicht über die Marketingstrategi-

foreign branches in the future. ***On the other hand*** we have decided on many other points that are equally important. ***All in all***, I am very ***satisfied*** with the result of this meeting. For this reason let me thank you for your ***participation***. I am positive that everybody has learned very much today.

en unserer Auslandsfilialen einigen. ***Andererseits*** haben wir über viele andere wichtige Punkte entschieden. ***Im Großen und Ganzen*** bin ich mit dem Ergebnis dieser Sitzung sehr ***zufrieden***. Lassen Sie mich Ihnen aus diesem Grund für ihre ***Teilnahme*** danken. Ich bin ganz sicher, dass jeder heute sehr viel gelernt hat.

Agreement/Disagreement

Zustimmung/Ablehnung

I ***agree***.
I agree with you.
I can agree with what you said.

Ich ***stimme zu/bin einverstanden***.
Ich bin Ihrer Meinung.
Ich kann dem, was Sie sagen, zustimmen.

I can see his point.
I ***absolutely/completely*** agree with you.
We have come to an agreement.

Ich verstehe, was er meint.
Ich bin ***absolut/völlig*** Ihrer Meinung.
Wir sind zu einer Übereinstimmung gelangt./Wir sind uns einig.

Yes, you are right.
Maybe you are right.
This is a very good concept.
This is a great idea.
I hope that we can continue on such good terms.
I am definitely positive that this is correct.
I ***sympathize*** with your ideas very much.
I can ***support*** your concept.
This is exactly how I see it.
This is exactly my ***opinion***.
Me too, I think that this is the only ***feasible*** way.
In my opinion this is the best solution.

Ja, Sie haben Recht.
Vielleicht haben Sie Recht.
Dies ist ein sehr gutes Konzept.
Das ist eine großartige Idee.
Ich hoffe, dass wir unser gutes Verhältnis weiterhin aufrechterhalten können.
Ich bin absolut sicher, dass das richtig ist.
Ich bin von Ihren Ideen ***sehr angetan***.
Ich kann Ihr Konzept ***unterstützen***.
Genauso sehe ich es.
Das ist genau meine ***Meinung***.
Auch ich denke, dass das der einzig ***gangbare*** Weg ist.
Meiner Meinung nach ist dies die beste Lösung.

We couldn't have found a better solution.
That's what I think.
These are exactly my words.

Wir hätten keine bessere Lösung finden können.
Das ist genau, was ich denke.
Das sind genau meine Worte.

There is *no need to worry*.	Es gibt *keinen Grund zur Sorge*.
I disagree.	*Ich stimme nicht zu./Ich bin anderer Meinung.*
I disagree with you.	Ich bin anderer Meinung als Sie.
We do not agree.	Wir stimmen nicht zu.
I cannot *share* your point of view.	Ich kann Ihre Ansicht nicht *teilen*.
I don't think I can agree with your idea.	Ich denke nicht, dass ich Ihrer Idee zustimmen kann.
I am absolutely *opposed* to his point of view.	Ich bin absolut *gegen* seine Ansicht.
In my opinion, his figures are wrong.	Meiner Meinung nach sind seine Zahlen falsch.
As a matter of fact, I am convinced that you are *on the wrong track*.	*Ehrlich gesagt* bin ich davon überzeugt, dass Sie *auf dem falschen Weg* sind.
Actually, I do think that you are mistaken.	Eigentlich denke ich wirklich, dass Sie sich irren.

Im Englischen kann das Hilfsverb "do" vor das eigentliche Verb gesetzt werden, um es stärker zu betonen. So heißt "I do think", „ich denke wirklich". "I do feel bad about this" drückt also nicht nur eine Entschuldigung aus, sondern beinhaltet auch die Beteuerung „es tut mir wirklich Leid".

No, I believe that you are wrong.	Nein, ich glaube, dass Sie falsch liegen.
I absolutely/completely disagree with you.	Ich kann Ihnen absolut/überhaupt nicht zustimmen.
To be honest, don't you think that his suggestion is more realistic?	*Um ehrlich zu sein,* denken Sie nicht, dass sein Vorschlag realistischer ist?
I'm afraid that we cannot come to an agreement.	*Ich fürchte,* wir können zu keiner Übereinstimmung kommen.
We still have our *doubts* about the increase in sales.	Wir haben immer noch *Zweifel* an einer Verkaufssteigerung.
I doubt that you have considered everything.	Ich bezweifle, dass Sie alles in Betracht gezogen haben.
I can't quite agree with your statement.	Ich kann Ihrer Feststellung nicht ganz zustimmen.
I am afraid that I cannot share your point of view.	Ich fürchte, dass ich Ihre Ansicht nicht teilen kann.

I am sorry to say that you are gravely *mistaken*.	Leider muß ich Ihnen sagen, dass Sie sich sehr *irren*.
I am sorry, but I disagree entirely.	Es tut mir Leid, aber ich bin ganz anderer Meinung.
We can not agree at all.	Wir können überhaupt nicht zustimmen.
I would like to *contradict* you in this point.	In diesem Punkt würde ich Ihnen gerne *widersprechen*.
I really have to contradict you here.	Hier muss ich Ihnen wirklich widersprechen.
I am afraid we cannot support your proposal.	Ich fürchte, wir können Ihren Vorschlag nicht unterstützen.
Unfortunately we have to *reject* your offer.	Leider müssen wir Ihr Angebot *ablehnen*.
We cannot *back up* your suggestion.	Wir können Ihren Vorschlag nicht *unterstützen*.
In principle, I disagree with your concept, but there are certain points with which I can agree.	Im Prinzip stimme ich mit Ihrem Konzept nicht überein, aber einigen Punkten kann ich zustimmen.
I can see what you mean, *yet* I still think ...	Ich verstehe, was Sie meinen, *aber* trotzdem denke ich ...
I think that your *proposition* is very good, however, ...	Ich denke, dass Ihr *Antrag* sehr gut ist, dennoch ...
I can agree with you on this point, but ...	Ich stimme Ihnen in diesem Punkt zu, aber ...
Although I respect your *attitude* towards this development, I still think ...	Obwohl ich Ihre *Einstellung* gegenüber dieser Entwicklung respektiere, denke ich ...
Even though I can understand what you mean, I am *opposed* to your strategy.	Obwohl ich verstehe, was Sie meinen, *lehne ich Ihre Strategie ab.*
Although I am not convinced that this is feasible, I believe that we should *give it a try*.	Obwohl ich nicht überzeugt bin, dass das machbar ist, glaube ich, dass wir *einen Versuch wagen sollten*.
Wouldn't it be better if we tried to *settle on a compromise*?	Wäre es nicht besser, wenn wir versuchten, uns *auf einen Kompromiss zu einigen*?
What about *leaving the differences aside* and finding a solution?	Wie wäre es, wenn wir die *Meinungsverschiedenheiten beiseite ließen* und eine Lösung fänden?

Besprechungen

Why can't we decide on the most important issues today and *postpone* everything else to the next meeting?	Warum können wir nicht über die wichtigsten Punkte heute entscheiden und alles andere auf die nächste Besprechung *verschieben*?
Would you be willing to support such a proposition?	Würden Sie einen solchen Antrag unterstützen?
Do you think that this would be satisfactory?	Denken Sie, dass dies zufrieden stellend wäre?
Would you have any *objections* to this idea?	Hätten Sie *Einwände* gegen diese Idee?
This should be negotiable, don't you think?	*Darüber sollten wir verhandeln können,* denken Sie nicht?
Would you be prepared to accept this offer?	Wären Sie bereit, dieses Angebot anzunehmen?
If you don't try to understand our point of view, we will not be willing to *strike a compromise.*	Wenn Sie nicht versuchen, unseren Standpunkt zu verstehen, werden wir nicht bereit sein, *einen Kompromiss zu finden.*
Provided that ..., I will accept your *conditions.*	Vorausgesetzt, dass ..., werde ich Ihre *Bedingungen* akzeptieren.
His solution is as good as mine.	Seine Lösung ist so gut wie meine.
I assume that, *in fact,* my example is less realistic than yours.	Ich nehme an, dass mein Beispiel *in der Tat* weniger realistisch ist als Ihres.
This sounds good to me and I think I can accept it.	*Das klingt* gut und ich denke, ich kann es akzeptieren.
Good then, I will accept your suggestion.	Also gut, ich werde Ihren Vorschlag annehmen.
I am glad that we found a common solution.	Ich bin froh, dass wir eine gemeinsame Lösung gefunden haben.
No, we will not support this compromise.	Nein, wir werden diesen Kompromiss nicht unterstützen.
I still have to *reject* your offer.	Ich muss Ihr Angebot immer noch *zurückweisen.*
That's all I have to say.	Das ist alles, was ich zu sagen habe.
This is my last offer.	Das ist mein letztes Angebot.
There is no way that you can convince me.	Sie werden es nie schaffen, mich zu überzeugen.
There is no chance that we will give in.	Wir werden nie nachgeben.
He won't ever agree.	Er wird niemals zustimmen.
We will *never* say yes.	Wir werden *niemals* ja sagen.

Besprechungen

A: Mr. Wilson, I'm afraid I cannot *agree* with you on the concept of new marketing strategies. Even though I can accept certain points, I still have my *doubts* about the realisation of your idea.
B: *I cannot see your point* here and I am absolutely convinced that I am right.
A: I am sorry, but in my opinion the figures that you presented in your table are wrong.

A: I hope that we *can settle on a compromise* between our two companies. We have heard Ms. Green's presentation on the new prototype. Mr. Daniel, would you be willing to support such a *proposition* and start with the production?

B: I am not sure if I can agree with everything Ms. Green said. Although I am not convinced that this plan is feasible, I believe that we should *give it a try.* Yet, I doubt that you have considered the problem of our tight schedule for the next year.

A: I can see your point, but I think that there is *no need to worry.* In my opinion this plan is very good. Of course we could change the timing a little bit. Would this be *satisfactory* for you?
B: Yes, I think that this is the only feasible way. This *sounds good* to me and I think we can accept it.
A: I see that *we have come to an agreement.*

A: Mr. Wilson, ich fürchte, ich kann Ihnen bei Ihrem Konzept neuer Marketingstrategien nicht *zustimmen.* Obwohl ich einige Punkte akzeptieren kann, habe ich *Zweifel* an der Realisierung Ihrer Idee.
B: *Ich verstehe nicht, was Sie meinen,* und ich bin absolut überzeugt davon, dass ich Recht habe.
A: Es tut mir Leid, aber meiner Meinung nach sind die Zahlen, die Sie in Ihrer Tabelle gezeigt haben, falsch.

A: Ich hoffe, dass wir uns *auf einen Kompromiss* zwischen unseren beiden Firmen *einigen können.* Wir haben Frau Greens Präsentation über den neuen Prototyp gehört. Herr Daniel, würden Sie einen solchen *Antrag* unterstützen und mit der Produktion beginnen?

B: Ich bin nicht sicher, ob ich allem, was Frau Green gesagt hat, zustimmen kann. Obwohl ich nicht davon überzeugt bin, dass der Plan machbar ist, glaube ich, dass wir *einen Versuch wagen* sollten. Trotzdem bezweifle ich, dass Sie das Problem unseres engen Zeitplans für das kommende Jahr in Betracht gezogen haben.

A: Ich verstehe, was Sie meinen, aber ich denke, dass es *keinen Grund zur Sorge* gibt. Meiner Meinung nach ist der Plan sehr gut. Natürlich könnten wir das Timing ein wenig ändern. Wäre das für Sie *zufrieden stellend*?
B: Ja, ich denke, dass das der einzig machbare Weg ist. Das *klingt gut* und ich denke, wir können es akzeptieren.
A: Ich sehe, *wir sind uns einig.*

Besprechungen

A: I can support your concept, Mr. Alfons. Would you be willing to support Mr. Black's proposition?

B: No, I'm afraid *I cannot share your point of view.* I am sorry, but I think that you are *gravely mistaken* concerning the future market developments in Europe. You are wrong when you are saying that imports will become easier in the future. To be honest, don't you think that Mr. Miller's suggestion is more realistic?

A: I assume that, in fact, my example is less realistic than his. Even though I can understand what you mean, I am opposed to Mr. Miller's strategy. That's all I have to say.

B: Well then, if you don't try to understand our point of view, we will not be willing to *strike a compromise.*

A: I am sorry, but I have to contradict you. We have to find a solution. *Provided that* Mr. Miller and I can *work out* a new strategy together, I will accept your conditions. Would you be prepared to accept this offer?

B: *There's no need trying to convince us* how good your ideas are. As a matter of fact, I am convinced that you are on the wrong track. I'm afraid that we cannot come to an agreement. There's no chance that we will *give in*.

A: This was a very fruitful discussion. I hope that we can *continue on such*

A: Ich kann Ihr Konzept unterstützen, Herr Alfons. Wären Sie bereit, Herrn Blacks Antrag zu unterstützen?

B: Nein, ich fürchte, *ich kann Ihre Ansicht nicht teilen.* Es tut mir Leid, aber ich denke, dass Sie sich in Bezug auf die zukünftigen Marktentwicklungen in Europa *sehr irren.* Sie liegen falsch, wenn Sie sagen, dass Importgeschäfte in Zukunft einfacher sein werden. Um ehrlich zu sein, denken Sie nicht, dass Herrn Millers Vorschlag realistischer ist?

A: Ich nehme an, dass mein Beispiel tatsächlich weniger realistisch ist. Obwohl ich verstehe, was Sie meinen, bin ich gegen Herrn Millers Strategie. Das ist alles, was ich dazu zu sagen habe.

B: Gut, wenn Sie nicht versuchen, unseren Standpunkt zu verstehen, werden wir nicht bereit sein, *einen Kompromiss einzugehen.*

A: Es tut mir Leid, aber ich muss Ihnen widersprechen. Wir müssen eine Lösung finden. *Vorausgesetzt, dass* Herr Miller und ich gemeinsam eine neue Strategie *erarbeiten* können, werde ich Ihre Bedingungen akzeptieren. Wären Sie bereit, dieses Angebot anzunehmen?

B: *Sie brauchen gar nicht versuchen, uns davon zu überzeugen,* wie gut Ihre Ideen sind. Ehrlich gesagt, bin ich überzeugt, dass Sie auf dem falschen Weg sind. Ich fürchte, wir werden uns nicht einigen können. Wir werden auf keinen Fall *nachgeben*.

A: Das war eine sehr ergiebige Diskussion. Ich hoffe, dass wir *weiterhin ein*

good terms. Therefore I think that we should leave the differences aside and try to find a solution together.

B: This is exactly how I see it. *I sympathize* with your ideas very much and I can support your concept. If Talcum Industries agrees it should be negotiable, don't you think?

C: I disagree with you. I doubt that you have considered everything.

B: I really have to contradict you here. We have taken every aspect related to the problem into account.

C: Not only do I have my doubts about the figures you presented, but I also believe that your *estimation* of future sales is wrong.

B: Excuse me, Sir, you are the one who is wrong: the charts and diagrams showed exactly the percentages of different goods sold on the American market.

A: Sirs, I think we should end the discussion. I *propose* that we decide on the most important issues today and *postpone* everything else to the next meeting.

so gutes Verhältnis aufrechterhalten können. Deshalb denke ich, dass wir die Meinungsverschiedenheiten beiseite lassen und versuchen sollten, gemeinsam eine Lösung zu finden.

B: Genauso sehe ich es auch. *Ich bin* von Ihren Ideen sehr *angetan* und kann Ihr Konzept unterstützen. Wenn Talcum Industries zustimmt, sollten wir darüber verhandeln können, meinen Sie nicht auch?

C: Ich bin nicht Ihrer Meinung. Ich bezweifle, dass Sie alles bedacht haben.

B: Hier muss ich Ihnen wirklich widersprechen. Wir haben jeden Aspekt, der mit dem Problem in Verbindung steht, in Betracht gezogen.

C: Ich habe nicht nur meine Zweifel was die Zahlen angeht, die Sie vorgestellt haben, sondern ich glaube auch, dass Ihre *Schätzung* zukünftiger Verkäufe falsch ist.

B: Entschuldigen Sie, Sie liegen falsch: die Schaubilder und Diagramme zeigten genau die Prozentanteile verschiedener Güter, die auf dem amerikanischen Markt verkauft werden.

A: Meine Herren, ich denke, dass wir die Diskussion beenden sollten. Ich *schlage vor,* dass wir über die wichtigsten Punkte heute entscheiden und alles andere auf die nächste Besprechung *verschieben.*

Im Umgang mit Engländern und Amerikanern muss man Sinn für Humor beweisen. Besonders während sehr langwieriger Verhandlungen oder bei Schwierigkeiten wird die Situation mit Humor und Witzen aufgelockert. Besonders die Engländer haben einen sehr starken Sinn für Humor, sogar in den schlimmsten Situationen. Sie beherrschen auch die Kunst, am meisten über sich selbst zu lachen.

10. Nützliche Informationen

Unternehmensaufbau

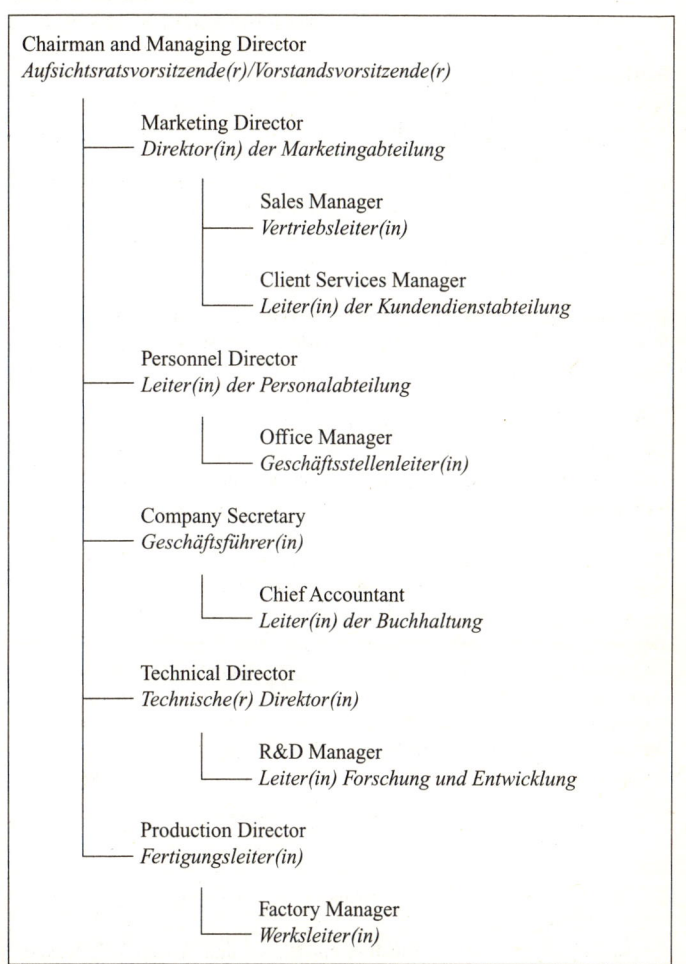

```
Chairman and Managing Director
Aufsichtsratsvorsitzende(r)/Vorstandsvorsitzende(r)
│
├── Marketing Director
│   Direktor(in) der Marketingabteilung
│   │
│   ├── Sales Manager
│   │   Vertriebsleiter(in)
│   │
│   └── Client Services Manager
│       Leiter(in) der Kundendienstabteilung
│
├── Personnel Director
│   Leiter(in) der Personalabteilung
│   │
│   └── Office Manager
│       Geschäftsstellenleiter(in)
│
├── Company Secretary
│   Geschäftsführer(in)
│   │
│   └── Chief Accountant
│       Leiter(in) der Buchhaltung
│
├── Technical Director
│   Technische(r) Direktor(in)
│   │
│   └── R&D Manager
│       Leiter(in) Forschung und Entwicklung
│
└── Production Director
    Fertigungsleiter(in)
    │
    └── Factory Manager
        Werksleiter(in)
```

Die deutschen Übersetzungen sind nur ungefähre Entsprechungen und können je nach Unternehmen variieren.

Umrechnungstabelle Maße und Gewichte in Großbritannien und den USA

Seit 1996 gilt in Großbritannien parallel das Système International d'Unités (SI) bis zur Neuregelung durch die EU. Danach gilt einheitlich das SI-System.

Gewichte

100 g	= 3.527 oz	1 kg	=	2.205 lb
1 oz (ounce, Unze)			=	28,35 g
1 lb (pound, Pfund)			=	453,59 g
1 st (stone)			=	6,35 kg
1 cwt (hundredweight, Zentner)		short	=	100 lb (US) = 45,359 kg
			=	100 lb (GB) = 50,8 kg
		long	=	112 lb = 50,802 kg
1 tn (ton, Tonne)		short (US)	=	907,2 kg
		long (GB)	=	1016,0 kg

Längenmaße

1 in (inch, Zoll)	=	2,54 cm		1 mm	=	0.039 in
1 ft (foot, Fuß)	=	30,48 cm (12 in)		1 cm	=	0.033 ft
1 yd (yard, Elle)	=	91,44 cm (3ft, feet)		1 m	=	1.09 yd
1 mi (mile, Meile)	=	1,610 km		1 km	=	0.62 mi

Flächenmaße

1 in² (square inch)	=	6,45 cm²		1 cm²	=	0.155 in²
1 ft² (square foot)	=	9,288 dm²		1 dm²	=	0.108 ft²
1 yd² (square yard)	=	0,836 m²		1 m²	=	1.196 yd²
1 acre	=	0,405 ha		1 ha	=	2.471 acres
1 mi² (square mile)		2,589 km²		1 km²	=	0.386 mi²

Raummaße

1 in³ (cubic inch)	=	16,386 cm³		1 cm³	=	0.061 in³
1 ft³ (cubic foot)	=	28,320 dm³		1 dm³	=	0.035 ft³
1 yd³ (cubic yard)	=	0,765 m³		1 m³	=	1.308 yd³
1 bu (bushel)	=	35,24 l m³		1 m³	=	28.38 bu

Hohlmaße

1 gill	=	0,118 l
1 pt (pint)	=	0,473 l (4 gills, US)
	=	0,57 l (GB)
1 qt (quart)	=	0,946 l (2pt, US)
	=	1,14 l (GB)
1 gal (US gallon)	=	3,787 l (4 qt, US)
	=	4,55 l (GB)

1 l = 8.747 gills = 2.114 pt = 1.057 qt = 0.264 gal

Feiertage in Großbritannien

New Year's Day	Neujahrstag
Good Friday	Karfreitag
Easter Monday	Ostermontag
May Day	Maifeiertag
Spring Bank Holiday	Pfingstmontag
August Bank Holiday	letzter Montag im August
Christmas Day	1. Weihnachtstag
Boxing Day	2. Weihnachtstag

In England wird der Maifeiertag am ersten Montag im Mai gefeiert und nicht am 1. Mai. Pfingstmontag ist normalerweise der letzte Montag im Mai. "August Bank Holiday" ist immer der letzte Montag im August. Am "Boxing Day" werden nach einem alten Brauch kleine Geschenke (*boxes*) an die Mitarbeiter gemacht.

Feiertage in den Vereinigten Staaten

New Year's Day	Neujahrstag
Martin Luther King Day	3. Montag im Januar
President's Day	3. Montag im Februar
Memorial Day	letzter Montag im Mai

Independence Day	4. Juli
Labor Day	1. Montag im September
Columbus Day	2. Montag im Oktober
Veterans' Day	11. November
Thanksgiving	4. Donnerstag im November
Christmas Day	1. Weihnachtstag

Columbus und Veterans' Day sind nur behördliche Feiertage, d.h. dass zum Beispiel keine Post ausgetragen wird, viele Banken und Geschäfte aber trotzdem geöffnet haben.

Teil II

Benutzerhinweise

Der umfassende Wörterbuchteil enthält rund 10.000 Stichwörter zu Wirtschaft, Handel und Börse mit über 25.000 Übersetzungen.

Alphabetisierung

Die fett gedruckten Stichwörter sind streng alphabetisch geordnet. Getrennt geschriebene und durch Bindestrich getrennte Stichwörter werden dabei behandelt, als würden sie zusammengeschrieben.

Um einen raschen Zugriff auf das gesuchte Wort zu ermöglichen, steht jedes Stichwort als eigener Eintrag. *free domicile* und *free enterprice* stehen zum Beispiel nicht unter *free*, sondern erscheinen als selbstständige Stichwörter.

Aufbau eines Eintrages

Der Stichwortangabe folgt jeweils in eckigen Klammern die dazugehörige Aussprache in internationaler Lautschrift. Die Lautschriftzeichen werden auf Seite 210 erläutert. Die Ausspracheangaben enthalten vor der zu betonenden Silbe ein Betonungszeichen (′). Die Lautschrift eines englischen Stichwortes orientiert sich an der britischen Hochsprache. Steht in einem Eintrag eine zusätzliche Lautschriftangabe, bedeutet dies, dass alle folgenden Bedeutungen entsprechend dieser Lautschriftangabe ausgesprochen werden.

Nach Stichwort und Lautschrift wird die Wortart des fett gedruckten Stichwortes in abgekürzter Form angegeben. Hat ein Stichwort sowohl eine maskuline als auch eine feminine Form oder werden für ein Wort zwei unterschiedliche Genera gleich häufig verwendet, so stehen die entsprechenden Angaben kursiv hinter dem Wort.

Alle unregelmäßigen Verben werden mit der Abkürzung *v irr* gekennzeichnet. Die Abkürzungen werden auf Seite 208 erläutert.

Innerhalb eines Stichworteintrages sind die einzelnen Übersetzungen nach Wortart und Häufigkeit geordnet. *Bedeutungsgleiche Übersetzungen* werden durch Komma voneinander getrennt. *Nicht bedeutungsgleiche Übersetzungen* werden mit Strichpunkt abgetrennt. Das fett gedruckte Stichwort wird nicht

wiederholt, sondern durch eine Tilde (~) ersetzt, es sei denn, es steht in einer Form, die eine andere Schreibweise nach sich zieht.

Britisches und amerikanisches Englisch

Wichtige Unterschiede zwischen dem britischen und amerikanischen Englisch werden aufgeführt. Sind Wörter oder Wortformen nur im britischen *(UK)* oder nur im amerikanischen *(US)* Englisch gebräuchlich, so wird dies hinter dem Wort gekennzeichnet.

Englische Verben werden in diesem Buch im Infinitiv ohne *to* aufgeführt.

Abkürzungsverzeichnis

adj	Adjektiv
adv	Adverb
art	Artikel
dem	demonstrativ
etw	etwas
f	weiblich
fam	umgangssprachlich
fig	bildlich
interj	Interjektion
interr	interrogativ
irr	unregelmäßig
jdm	jemandem
jdn	jemanden
jds	jemandes
jmd	jemand
konj	Konjunktion
m	männlich
n	sächlich
num	Zahlwort
o.s.	oneself
pl	Plural
pref	Präfix
prep	Präposition
pron	Pronomen
rel	relativ
sb	Substantiv
s.o.	someone
sth	something
UK	britisches Englisch
US	amerikanisches Englisch
v	Verb

Lautschrift

Konsonanten

Baum	b	big	Post, ab	p	pass
mich	ç		Rand	r	road
denn	d	day	nass, besser	s	sun, cellar
fünf, vier	f	fish, photo	Schule, Sturm	ʃ	shot
gut	g	get	Tisch, blöd	t	tap
Hemd	h	hat		θ	think
ja, Million	j	yes		ð	that
Kind	k	keep, cat	Weg	v	vote
Lob	l	life		w	wish
mir	m	me	la<u>ch</u>en	x	
nein	n	no, knit	sein	z	zoo, is
links, lang	ŋ	hang	<u>G</u>enie	ʒ	pleasure

Vokale

blass	a	
Bahn, Saal	aː	
	ɑː	jar, heart
	æ	back
egal	e	yes, head
weh, See	eː	
hätte, fett	ɛ	
Säge	ɛː	
gefa<u>ll</u>en	ə	above
	ɜː	turn, whirl
ist	ɪ	if
Diamant	i	
L<u>ie</u>be	iː	be, meet, feat
Moral	o	
Boot, Ton	oː	
von	ɔ	
	ɔː	cord, warm
	ɒ	dog
ökonomisch	ø	
Öl	øː	
völlig	œ	
Zunge	u	
Zug	uː	blue, mood
	ʊ	put, hood, would
	ʌ	run, shove
Stück	y	
Typ	yː	

Diphthonge

heiß	aɪ	by, buy, lie
Maus	au	
	aʊ	round, now
	eɪ	late, day, feign, rail
	ɛə	chair, stare
	əʊ	mow, go, coal
	ɪə	near, here
neu, Häuser	ɔy	
	ɔɪ	joy, boil
	ʊə	sure, pure

Nasale (nur bei Fremdwörtern)

Or<u>an</u>ge	ã	fi<u>an</u>cée
Cous<u>in</u>	ɛ̃	
Sais<u>on</u>	ɔ̃	bouill<u>on</u>

Englisch – Deutsch

A

abandon [ə'bændən] *v (a plan)* aufgeben; *(leave)* verlassen

abandonment [ə'bændənmənt] *sb (of a plan)* Aufgabe *f; (of a claim)* Verzicht *m; (of a plant)* Stilllegung *f*

abatement [ə'beɪtmənt] *sb* Erstattung *f;* Senkung *f*

ability [ə'bɪlɪti] *sb* Fähigkeit *f,* Können *n*

able ['eɪbl] *adj* fähig; *(efficient)* tüchtig

abolition [æbəl'lɪʃən] *sb* Abschaffung *f;* Aufhebung *f*

above-average [ə'bʌv'ævərɪdʒ] *adv* überdurchschnittlich

abroad [ə'brɔːd] *adv (in another country)* im Ausland; *(to another country)* ins Ausland

abrogate ['æbrəgeɪt] *v* aufheben, abschaffen

absence ['æbsəns] *sb* Abwesenheit *f,* Fehlzeit *f*

absence rate ['æbsəns reɪt] *sb* Fehlzeitenquote *f*

absolute monopoly ['æbsəluːt mə'nɒpəli] *sb* absolutes Monopol *n*

absolute value ['æbsəluːt 'væljuː] *sb* Absolutwert *m,* absoluter Wert *m*

absorb [æb'zɔːp] *v* absorbieren, aufnehmen; ~ *a surplus* Warenbestände zurücknehmen

absorption [æb'zɔːpʃən] *sb* Absorption *f,* Übernahme *f*

absorption system [æb'zɔːpʃən 'sɪstəm] *sb* Abschöpfungssystem *n*

abuse [ə'bjuːz] *v* missbrauchen, misshandeln; *sb* Missbrauch *m*

abuse of authority [ə'bjuːs əv ɔː'θɒrɪti] *sb* Amtsmissbrauch *m*

acceleration principle [ækselə'reɪʃən 'prɪnsɪpl] *sb* Akzelerationsprinzip *n*

accept [ək'sept] *v* annehmen, akzeptieren, entgegennehmen; *(responsibility)* übernehmen

acceptable risk [ək'septəbl rɪsk] *sb* Restrisiko *n*

acceptance [ək'septəns] *sb (receipt)* Annahme *f; (of a bill of exchange)* Akzept *n*

acceptance credit [ək'septəns 'kredɪt] *sb* Akzeptkredit *m,* Wechselkredit *m*

accepted bill [ək'septɪd bɪl] *sb* Akzept *n*

acceptor [ək'septə] *sb* Akzeptant(in) *m/f*

access ['ækses] *sb* Zugang *m,* Zugriff *m*

access code ['ækses kəʊd] *sb* Zugangscode *m,* Zugriffscode *m*

accessory [æk'sesəri] *sb* Mitschuldige(r) *m/f,* Helfershelfer(in) *m/f*

accommodating [ə'kɒmədeɪtɪŋ] *adj* kulant, entgegenkommend

accommodation [əkɒmə'deɪʃən] *sb* Kulanz *f,* Entgegenkommen *n*

accompanying documents [ə'kʌmpəniɪŋ 'dɒkjuːmənts] *pl* Begleitpapiere *pl*

account [ə'kaʊnt] *v* ~ *for (substantiate)* belegen; ~ *for (explain)* erklären; *sb (at a bank, at a firm)* Konto *n;* Abrechnung *f;* Bericht *m*

account balance [ə'kaʊnt bæləns] *sb* Kontostand *m*

account books and balance-sheets [ə'kaʊnt bʊks ənd 'bælənsʃiːts] *pl* Geschäftsbücher *pl*

account day [ə'kaʊnt deɪ] *sb* Börsentag *m*

account executive [əˈkaʊnt ɪgˈzekjʊtɪv] *sb* Klientenbetreuer(in) *m/f*
account holder [əˈkaʊnt ˈhəʊldə] *sb* Kontoinhaber(in) *m/f*
account management [əˈkaʊnt ˈmænɪdʒmənt] *sb* Kontoführung *f*
account number [əˈkaʊnt ˈnʌmbə] *sb* Kontonummer *f*
accountable [əˈkaʊntəbl] *adj* verantwortlich, rechenschaftspflichtig
accountancy [əˈkaʊntənsi] *sb* Buchführung *f*, Rechnungswesen *n*
accountant [əˈkaʊntənt] *sb* Buchhalter(in) *m/f*, Rechnungsprüfer(in) *m/f*
accounting [əˈkaʊntɪŋ] *sb* Buchführung *f*, Buchhaltung *f*
accounting loss [əˈkaʊntɪŋ lɒs] *sb* Buchverlust *m*
accounting period [əˈkaʊntɪŋ ˈpɪərɪəd] *sb* Abrechnungszeitraum *m*
accounting profit [əˈkaʊntɪŋ ˈprɒfɪt] *sb* Buchgewinn *m*
accounting reference day [əˈkaʊntɪŋ ˈrefrəns deɪ] *sb* Bilanzstichtag *m*
accounting system [əˈkaʊntɪŋ ˈsɪstəm] *sb* Rechnungswesen *n*, Buchführung *f*
accounts payable [əˈkaʊnts ˈpeɪəbl] *pl* Verbindlichkeiten *pl*
accounts receivable [əˈkaʊnts rɪˈsiːvəbl] *pl* Außenstände *pl*, Forderungen *pl*
accredit [əˈkredɪt] *v (a representative)* akkreditieren, beglaubigen
accretion [əˈkriːʃən] *sb (growth)* Zunahme *f*, Wachstum *n; (growing together)* Verschmelzung *f*
accruals [əˈkruːəlz] *pl* Rückstellungen *pl*, Abgrenzungsposten *pl*
accrue [əˈkruː] *v* anfallen, entstehen; *(interest)* auflaufen
accumulation [əkjuːmjʊˈleɪʃən] *sb* Akkumulation *f*, Ansammlung *f*

accumulation of capital [əkjuːmjʊˈleɪʃən əv ˈkæpɪtl] *sb* Kapitalbildung *f*, Kapitalansammlung *f*
accusation [ækjuːˈzeɪʃən] *sb* Anklage *f*, Anschuldigung *f*, Beschuldigung *f*
acknowledgement of receipt [əkˈnɒlɪdʒmənt əv rɪˈsiːt] *sb* Empfangsbestätigung *f*
acquire [əˈkwaɪə] *v (skills)* erwerben, erlangen*; (purchase)* ankaufen
acquisition [ækwɪˈzɪʃən] *sb* Erwerb *m*, Akquisition *f; (purchase)* Ankauf *m*, Kauf *m*
acquisition value [ækwɪˈzɪʃən ˈvæljuː] *sb* Anschaffungswert *m*
acquittal [əˈkwɪtl] *sb* Schulderlass *m; (in court)* Freispruch *m*
act [ækt] *v (function)* handeln, tätig sein; ~ *for (~ on behalf of)* vertreten
acting [ˈæktɪŋ] *adj* stellvertretend
action [ˈækʃən] *sb* Tat *f*, Handlung *f*, Aktion *f; (measure)* Maßnahme *f*
action for damages [ˈækʃən fɔː ˈdæmɪdʒɪz] *sb* Schadensersatzklage *f*
action parameters [ˈækʃən pəˈræmɪtəz] *pl* Aktionsparameter *pl*
active balance [ˈæktɪv ˈbæləns] *sb* Aktivsaldo *n*
active partner [ˈæktɪv ˈpɑtnə] *sb* aktiver Teilhaber *m*
activity rate [ækˈtɪvɪti reɪt] *sb* Erwerbsquote *f*, Erwerbsrate *f*
actual accounting [ˈæktʃʊəl əˈkaʊntɪŋ] *sb* Nachkalkulation *f*
actual costs [ˈæktʃʊəl kɒsts] *pl* Istkosten *pl*, tatsächliche Kosten *pl*
actual wage [ˈæktʃʊəl weɪdg] *sb* Effektivlohn *m*
actuarial [æktjuˈɛrɪəl] *adj* versicherungsstatistisch, versicherungsmathematisch

actuary ['æktjuəri] *sb* Versicherungsstatistiker *m*, Versicherungsmathematiker *m*

ad [æd] *sb (fam: advertisement)* Anzeige *f*, Annonce *f*, Inserat *n*

ad valorem [æd væl'ɔːəm] *adj* dem Wert entsprechend, dem Wert nach

ad valorem duty [æd væl'ɔːəm 'djuːti] *sb* Wertzoll *m*

ad valorem tax [æd væl'ɔːəm tæks] *sb* Wertzollsteuer *f*

adaptation [ædæp'teɪʃən] *sb* Anpassung *f*, Umstellung *f*, Einstellung *f*

add [æd] *v* hinzufügen, anfügen, anschließen; *(numbers)* addieren; ~ up to betragen, sich belaufen auf

added value ['ædɪd 'væljuː] *sb* Wertschöpfung *f*

adding machine ['ædɪŋ mə'ʃiːn] *sb* Addiermaschine *f*

addition [ə'dɪʃən] *sb* Addition *f*; *(adding sth to sth)* Beigabe *f*, Zusatz *m*

additional capital [ə'dɪʃənl 'kæpɪtl] *sb* Zusatzkapital *n*, zusätzliches Kapital *n*

additional carriage [ə'dɪʃənl 'kærɪdʒ] *sb* Frachtzuschlag *m*

additional delivery [ə'dɪʃənl dɪ'lɪvəri] *sb* Mehrlieferung *f*, zusätzliche Lieferung *f*

additional expenses [ə'dɪʃənl ɪk'spensɪz] *pl* Nebenkosten *pl*, Mehrkosten *pl*

additional payment of taxes [ə'dɪʃənl 'peɪmənt əv 'tæksɪz] *sb* Steuernachzahlung *f*

additional period [ə'dɪʃənl 'pɪərɪəd] *sb* Nachfrist *f*

additional sale [ə'dɪʃənl seɪl] *sb* Zusatzverkauf *m*

address [ə'dres] *v (a letter)* adressieren; *(speak to)* ansprechen; *sb* Adresse *f*, Anschrift *f*; *(speech)* Ansprache *f*

addressee [ædre'siː] *sb* Empfänger *m*, Adressat *m*

adjourn [ə'dʒɜn] *v* vertagen, *(US)* beenden; *(to another place)* sich begeben

adjournment [ə'dʒɜnmənt] *sb* Vertagung *f*; *(within a day)* Unterbrechung *f*

adjudicated bankrupt [ə'dʒuːdɪkeɪtɪd 'bæŋkrʌpt] *sb* Gemeinschuldner *m*

adjunct ['ædʒʌŋkt] *sb* Mitarbeiter(in) *m/f*, Assistent(in) *m/f*

adjust [ə'dʒʌst] *v (a device)* einstellen, regulieren, justieren; *(an account)* ausgleichen; *(settle differences)* schlichten; *(coordinate)* abstimmen; *(parameter)* bereinigen, korrigieren

adjustment bond [ə'dʒʌstmənt bɒnd] *sb* Gewinnschuldverschreibung *f*

adjustment lag [ə'dʒʌstmənt læg] *sb* Anpassungsverzögerung *f*

adjustment of value [ə'dʒʌstmənt əv 'væljuː] *sb* Wertberichtigung *f*

administer [əd'mɪnɪstə] *v (run a business)* verwalten; ~ *an oath* vereidigen

administration [ədmɪnɪs'treɪʃən] *sb* Verwaltung *f*; *(government under a certain leader)* Regierung *f*

administrative [əd'mɪnɪstrətɪv] *adj* Verwaltungs..., administrativ

administrator [əd'mɪnɪstreɪtə] *sb* Verwalter(in) *m/f*, Verwaltungsbeamter/Verwaltungsbeamtin *m/f*

administrator in bankruptcy proceedings [əd'mɪnɪstreɪtə ɪn 'bæŋkrʌptsi prə'siːdɪŋz] *sb* Konkursverwalter *m*

administrator of the deceased's estate [əd'mɪnɪstreɪtə əv ðə dɪ'siːsts ɪ'steɪt] *sb* Nachlassverwalter *m*

admission [əd'mɪʃən] *sb* Zulassung *f*; *(entry)* Zutritt *m*

advance [əd'vɑns] *v* fortschreiten, vorankommen; *(to be promoted)* aufsteigen; *(further sth)* fördern; *sb (of money)* Vorschuss *m*

advance against securities [əd'vɑns ə'genst sı'kjʊərıtiːz] *sb* Lombardkredit *m*

advance payment [əd'vɑns 'peɪmənt] *sb* Vorauszahlung *f*

advancement [əd'vɑnsmənt] *sb (progress)* Fortschritt *m; (promotion)* Beförderung *f; (career ~)* Aufstieg *m*

advantage [əd'vɑntɪdʒ] *sb* Vorteil *m*, Vorzug *m; take ~ of sth* etw ausnutzen

advert ['ædvɜt] *sb (fam: advertisement)* Anzeige *f*, Annonce *f*, Inserat *n*

advertise ['ædvətaɪz] *v* werben für, anzeigen, ankündigen; *(place an advertisement)* annoncieren, inserieren

advertisement [əd'vɜtɪsmənt] *sb* Werbung *f*, Reklame *f; (in the newspaper)* Anzeige *f*, Annonce *f*, Inserat *n; (announcement)* Bekanntmachung *f*

advertisement of a vacancy [əd'vɜtɪsmənt əv ə 'veɪkənsi] *sb* Stellenausschreibung *f*

advertiser ['ædvətaɪzə] *sb (in a paper)* Anzeigenkunde/Anzeigenkundin *m/f; (on television)* Werbekunde/Werbekundin *m/f*

advertising ['ædvətaɪzıŋ] *sb* Werbung *f*, Reklame *f*

advertising activity ['ædvətaɪzıŋ æk'tıvıti] *sb* Werbeaktion *f*

advertising agency ['ædvətaɪzıŋ 'eɪdʒənsi] *sb* Werbeagentur *f*

advertising aids ['ædvətaɪzıŋ eɪdz] *pl* Werbemittel *pl*

advertising budget ['ædvətaɪzıŋ 'bʌdʒɪt] *sb* Werbebudget *n*, Werbeetat *m*

advertising campaign ['ædvətaɪzıŋ kæm'peɪn] *sb* Werbekampagne *f*

advertising copy ['ædvətaɪzıŋ 'kɒpi] *sb* Werbetext *m*

advertising expert ['ædvətaɪzıŋ 'ekspɜt] *sb* Werbefachmann/Werbefachfrau *m/f*

advertising gift ['ædvətaɪzıŋ gɪft] *sb* Werbegeschenk *n*

advertising spot ['ædvətaɪzıŋ spɒt] *sb* Werbespot *m*

advice [əd'vaɪs] *sb* Beratung *f*

advice note [əd'vaɪs nəʊt] *sb* Benachrichtigung *f*, Avis *m/n*

advice of delivery [ad'vaɪs əv dɪ'lɪvəri] *sb* Rückschein *m*

advise [əd'vaɪz] *v (give advice)* raten, anraten, *(professionally)* beraten; *~ against* abraten; *(inform)* verständigen, benachrichtigen

adviser [əd'vaɪzə] *sb* Berater(in) *m/f*

advisory board [əd'vaɪzəri bɔːd] *sb* Beratungsgremium *n*

aeroplane ['ɛərəpleɪn] *sb (UK)* Flugzeug *n*

affiliated [ə'fɪlɪeɪtɪd] *adj* angegliedert, Tochter...

affiliated company [ə'fɪlɪətɪd 'kʌmpəni] *sb* Tochtergesellschaft *f*

affirmative action [ə'fɜmətɪv 'ækʃən] *sb (US)* Förderungsprogramm zugunsten von Minderheitsgruppen *n*

affluent society ['æfluənt sə'saɪəti] *sb* Wohlstandsgesellschaft *f*

afford [ə'fɔːd] *v* sich leisten; *(provide)* bieten

affordable [ə'fɔːdəbl] *adj* erschwinglich

after treatment ['ɑftə 'triːtmənt] *sb* Nachbereitung *f*

after-sales service ['ɑftə 'seɪlz 'sɜvɪs] *sb* Kundendienst *m*

against letter of credit [ə'genst 'letə əv 'kredɪt] *adv* gegen Akkreditiv

agency ['eɪdʒənsi] *sb* Agentur *f; (government ~)* Amt *n*, Behörde *f*

agency abroad ['eɪdʒənsi ə'brɔːd] *sb* Auslandsvertretung *f*

agenda [əˈdʒendə] *sb* Tagesordnung *f*, Agenda *f*

agent [ˈeɪdʒənt] *sb* Agent(in) *m/f*, Makler(in) *m/f*, Vermittler(in) *m/f*; *(representative)* Stellvertreter(in) *m/f*

agglomeration [əglɒməˈreɪʃən] *sb* Agglomeration *f*, Anhäufung *f*

aggregation [ægrɪˈgeɪʃən] *sb* Agglomeration *f*, Ansammlung *f*

agio [ˈædʒɪɒ] *sb* Aufgeld *n*, Agio *n*

agree [əˈgriː] *v* übereinstimmen, zustimmen; ~ *to/with (approve, consent to)* billigen, einwilligen, auf etw eingehen

agreed [əˈgriːd] *adj* vereinbart; *Agreed!* Abgemacht!

agreement [əˈgriːmənt] *sb* Vereinbarung *f*, Übereinkunft *f*, *come to an* ~ übereinkommen, sich einigen; *(consent)* Einwilligung *f*, Zustimmung *f*; *(between different countries)* Abkommen *n*

agricultural [ægrɪˈkʌltʃərəl] *adj* landwirtschaftlich, Landwirtschafts..., Agrar...

agricultural crisis [ægrɪˈkʌltʃərəl ˈkraɪsɪs] *sb* Agrarkrise *f*

agricultural enterprise [ægrɪˈkʌltʃərəl ˈentəpraɪz] *sb* Agrarbetrieb *m*

agricultural goods [ægrɪˈkʌltʃərəl gʊdz] *pl* Agrargüter *pl*

agricultural market [ægrɪˈkʌltʃərəl ˈmɑːkɪt] *sb* Agrarmarkt *m*

agricultural state [ægrɪˈkʌltʃərəl steɪt] *sb* Agrarstaat *m*

agricultural subsidies [ægrɪˈkʌltʃərəl ˈsʌbsɪdiːz] *pl* Agrarsubventionen *pl*

agricultural surpluses [ægrɪˈkʌltʃərəl ˈsɜːpləsɪz] *pl* Agrarüberschüsse *pl*

agriculture [ˈægrɪkʌltʃə] *sb* Landwirtschaft *f*, Ackerbau *m*

aid [eɪd] *v* ~ *and abet* Beihilfe leisten

aide [eɪd] *sb* Assistent(in) *m/f*, Helfer(in) *m/f*

air freight [ɛə ˈfreɪt] *sb* Luftfracht *f*

air mail [ɛə ˈmeɪl] *sb* Luftpost *f*

air route [ɛə ruːt] *sb* Luftweg *m*

airline [ˈɛəlaɪn] *sb* Fluggesellschaft *f*

airplane [ˈɛəpleɪn] *sb (US)* Flugzeug *n*

airport [ˈɛəpɔːt] *sb* Flughafen *m*

airwaybill [ˈɛəweɪbɪl] *sb* Luftfrachtbrief *m*

allocation [æləˈkeɪʃən] *sb* Verteilung *f*, Zuteilung *f*, *(of tasks)* Vergabe *f*

allot [əˈlɒt] *v* verteilen, zuweisen

allotment [əˈlɒtmənt] *sb* Verteilung *f*, Zuteilung *f*, Zuweisung *f*

allowance [əˈlaʊəns] *sb* Zuschuss *m*; *(supplement to salary)* Gehaltszulage *f*; *(paid by the state)* Beihilfe *f*

allowance for expenses [əˈlaʊəns fɔː ɪkˈspensɪz] *sb* Spesenpauschale *f*

alternating current [ˈɒltəneɪtɪŋ ˈkʌrənt] *sb (AC)* Wechselstrom *m*

alternative [ɒlˈtɜːnətɪv] *sb (choice)* Alternative *f*, Wahl *f*, Ersatz *m*

amalgamate [əˈmælgəmeɪt] *v (companies)* verschmelzen, fusionieren

amendment [əˈmendmənt] *sb (to a bill)* Abänderung *f*, Änderung *f*

amendment of a contract [əˈmendmənt əv æ ˈkɒntrækt] *sb* Vertragsänderung *f*

amends [əˈmendz] *pl* Wiedergutmachung *f*; *make* ~ *for sth* etw wiedergutmachen

amnesty [ˈæmnəsti] *sb* Amnestie *f*

amortization [əmɔːtɪˈzeɪʃən] *sb* Amortisierung *f*, Tilgung *f* (*US:* [œmərtɪzeɪʃən])

amount [əˈmaʊnt] *sb (of money)* Betrag *m*, Summe *f*; *(quantity)* Menge *f*, Quantität *f*; ~ *to* sich belaufen auf, betragen, ausmachen

analyse [ˈænəlaɪz] *v* analysieren, auswerten (*US: analyze*)

analysis of requirements [ənˈælɪsɪs əv rɪˈkwaɪəmənts] *sb* Bedarfsanalyse *f*

anchorage [ˈæŋkərɪdʒ] *sb* Ankerplatz *m*, Liegeplatz *m*; *(fees)* Liegegebühren *pl*

ancillary costs [ænˈsɪləri kɒsts] *pl* Nebenkosten *pl*

ancillary wage costs [ænˈsɪləri weɪdʒ kɒsts] *pl* Lohnnebenkosten *pl*

annual accounts [ˈænjʊəl əˈkaʊnts] *sb* Jahresabschluss *m*

annual economic report [ˈænjʊəl ekəˈnɒmɪk rɪˈpɔːt] *sb* Jahreswirtschaftsbericht *m*

annual general meeting [ˈænjʊəl ˈdʒenərəl ˈmiːtɪŋ] *sb* Jahreshauptversammlung *f*

annual holiday [ˈænjʊəl ˈhɒlɪdeɪ] *sb* Betriebsferien *pl*

annual income [ˈænjʊəl ˈɪnkʌm] *sb* Jahreseinkommen *n*

annual need [ˈænjʊəl niːd] *sb* Jahresbedarf *m*

annual profits [ˈænjʊəl ˈprɒfɪts] *sb* Jahresgewinn *m*

annual report [ˈænjʊəl rɪˈpɔːt] *sb* Geschäftsbericht *m*

annual surplus [ˈænjʊəl ˈsɜːplʌs] *sb* Jahresüberschuss *m*

annuity [əˈnjuːɪti] *sb* Rente *f*, Jahreszahlung *f*, Annuität *f*

annuity loan [əˈnjuːɪti ləʊn] *sb* Annuitätendarlehen *n*

annul [əˈnʌl] *v* annullieren

annulment [əˈnʌlmənt] *sb* Annullierung *f*, Aufhebung *f*

answer [ˈɑnsə] *v* antworten, beantworten; ~ *for sth* etw verantworten

answering machine [ˈɑnsərɪŋ məˈʃiːn] *sb* Anrufbeantworter *m*

answering service [ˈɑnsərɪŋ ˈsɜvɪs] *sb* Telefonauftragsdienst *m*

antedated cheque [ˈæntɪdeɪtɪd tʃek] *sb* zurückdatierter Scheck *m*

antitrust [æntɪˈtrʌst] *adj (US)* Antitrust..., kartellfeindlich

appeal [əˈpiːl] *sb* Berufung *f*, Rechtsbeschwerde *f*; *(actual trial)* Revision *f*

applicant [ˈæplɪkənt] *sb* Bewerber(in) *m/f*, Antragsteller(in) *m/f*

application [æplɪˈkeɪʃən] *sb* Antrag *m*, Bewerbung *f*, Gesuch *n*; *letter of* ~ Bewerbungsschreiben *n*; *(use)* Verwendung *f*; *(software ~)* Anwendungsprogramm *n*

application documents [æplɪˈkeɪʃən ˈdɒkjumənts] *pl* Bewerbungsunterlagen *pl*

application form [æplɪˈkeɪʃən fɔːm] *sb* Anmeldeformular *n*, Antragsformular *n*

appointment [əˈpɔɪntmənt] *sb (meeting)* Termin *m*, Verabredung *f*; *(to office)* Ernennung *f*, Berufung *f*, Bestellung *f*

appointment book [əˈpɔɪntmənt bʊk] *sb* Terminkalender *m*

appointment for a meeting [əˈpɔɪntmənt fɔːrəˈmiːtɪŋ] *sb* Gesprächstermin *m*

appraisal [əˈpreɪzəl] *sb* Bewertung *f*, Schätzung *f*

appraise [əˈpreɪz] *v* abschätzen, einschätzen, beurteilen

appreciation [əpriːʃɪˈeɪʃən] *sb* Wertzuwachs *m*; *(esteem)* Wertschätzung *f*

apprentice [əˈprentɪs] *sb* Lehrling *m*, Auszubildende(r) *m/f*

apprenticeship [əˈprentɪsʃɪp] *sb* Lehre *f*, Ausbildung *f*; *(period)* Lehrzeit *f*

aptitude test [ˈæptɪtjuːd test] *sb* Eignungstest *m*, Eignungsprüfung *f*

arbitrage [ˈɑːbɪtrɑʒ] *sb* Arbitrage *f*

arbitrageur [ɑːbɪtræˈʒɜː] *sb* Arbitrageur *m*

arbitrate [ˈɑbɪtreɪt] *v* schlichten

arbitration [ɑbɪˈtreɪʃən] *sb* Schlichtung *f*

arbitrator ['ɑːbɪtreɪtə] *sb* Vermittler(in) *m/f*, Schlichter(in) *m/f*
archive ['ɑːkaɪv] *sb* Archiv *n*
archives ['ɑːkaɪvz] *sb* Aktenablage *f*
area code ['ɛərɪə kəʊd] *sb (US)* Vorwahl *f*
argue ['ɑːgjuː] *v* streiten; *(a case)* diskutieren, erörtern
argument ['ɑːgjʊmənt] *sb* Streit *m*, Auseinandersetzung *f*; *(reason)* Argument *n*; *(line of reasoning)* Beweisführung *f*; *(discussion)* Diskussion *f*
argumentation [ɑːgjʊmənˈteɪʃən] *sb* Argumentation *f*
arraign [əˈreɪn] *v to be ~ed* angeklagt werden, beschuldigt werden
arranging for a credit [əˈreɪndʒɪŋ fɔː rə ˈkredɪt] *sb* Kreditvermittlung *f*
arrears [əˈrɪəz] *pl* Rückstand *m*, Rückstände *pl*
arrival of goods [əˈraɪvəl əv gʊdz] *sb* Wareneingang *m*
article ['ɑːtɪkl] *sb (item)* Gegenstand *m*; *~ of clothing* Kleidungsstück *n*; *(in a contract)* Paragraf *m*; *~s of incorporation* Satzung *f*; *(goods)* Ware *f*, Artikel *m*
articulated lorry [ɑːˈtɪkjʊleɪtɪd ˈlɒri] *sb (UK)* Sattelschlepper *m*
artificial intelligence [ɑːtɪˈfɪʃl ɪnˈtelɪdʒəns] *sb* künstliche Intelligenz *f*
artisan ['ɑːtɪzæn] *sb* Kunsthandwerker(in) *m/f*
artist ['ɑːtɪst] *sb* Künstler(in) *m/f*
as agreed [æz əˈgriːd] *adv* vereinbarungsgemäß, wie vereinbart
ASAP [eɪeseɪˈpiː] *adv (fam: as soon as possible)* so bald wie möglich
ask [ɑːsk] *v* fragen; *(require, demand)* verlangen, fordern
asking price ['ɑːskɪŋ praɪs] *sb* offizieller Verkaufspreis *m*

assemble [əˈsembl] *v* sich versammeln, zusammentreten; *(an object)* zusammenbauen, montieren
assembler [əˈsemblə] *sb* Monteur *m*
assembly [əˈsembli] *sb* Versammlung *f*, Zusammenkunft *f*; *(of an object)* Zusammenbau *m*, Montage *f*
assembly line [əˈsembli laɪn] *sb* Fließband *n*, Montageband *n*
assess [əˈses] *v* bewerten, einschätzen, schätzen
assessment [əˈsesmənt] *sb* Beurteilung *f*, Bewertung *f*
assessor [əˈsesə] *sb* Beisitzer(in) *m/f*, Steuereinschätzer(in) *m/f*
asset ['æset] *sb* Vermögenswert *m*; *~s (fig)* Vorzug *m*, Plus *n*, Vorteil *m*; Vermögen *n*, Guthaben *n*, Güter *pl*, Aktiva *pl*
assign [əˈsaɪn] *v (a task)* anweisen, zuweisen; *(someone to a task)* beauftragen, aufgeben; *(sth to a purpose)* bestimmen; *(classify)* zuordnen; *(transfer rights or titles)* übereignen, übertragen
assignee [æsaɪˈniː] *sb* Zessionar *m*, Assignat(in) *m/f*
assigner [əˈsaɪnə] *sb* Zedent *m*
assignment [əˈsaɪnmənt] *sb* Anweisung *f*; *(assigned task)* Aufgabe *f*, Auftrag *m*; *(legally)* Übertragung *f*, Abtretung *f*
assistant [əˈsɪstənt] *sb* Assistent(in) *m/f*, Gehilfe/Gehilfin *m/f*
associate [əˈsəʊʃɪət] *sb* Kollege/Kollegin *m/f*, Mitarbeiter(in) *m/f*; *(partner in a firm)* Gesellschafter(in) *m/f*
association [əsəʊsɪˈeɪʃən] *sb* Verein *m*, Verband *m*, Gemeinschaft *f*, Gesellschaft *f*; *articles of ~* Gesellschaftsvertrag *m*
assort [əˈsɔːt] *v* sortieren, assortieren
assorted [əˈsɔːtɪd] *adj* gemischt
assortment [əˈsɔːtmənt] *sb* Sortiment *n*, Mischung *f*

assortment policy [ə'sɔːtmənt 'pɒlɪsi] *sb* Sortimentspolitik *f*
assurance [ə'ʃυərəns] *sb* Assekuranz *f*, Versicherung *f*
atomic energy [ə'tɒmɪk 'enədʒɪ] *sb* Atomenergie *f*
attach [ə'tætʃ] *v* beschlagnahmen, pfänden
attaché case [ə'tæʃeɪ keɪs] *sb* Aktenkoffer *m*
attached [ə'tætʃt] *adj* verbunden; *Please find ~ ...* In der Anlage erhalten Sie ...
attachment [ə'tætʃmənt] *sb* Beschlagnahme *f*, Pfändung *f*; *(accessory)* Zubehörteil *n*; *(Internet)* Attachment *n*
attend to [ə'tend tuː] *v (see to)* sich kümmern um, erledigen, sorgen für; *(serve)* bedienen, betreuen, abfertigen
attest [ə'test] *v* beglaubigen, bescheinigen; *~ to* bezeugen
attestation [ætes'teɪʃən] *sb (document)* Bescheinigung *f*, Attest *n*
attorney [ə'tɜːni] *sb* Rechtsanwalt/Rechtsanwältin *m/f*; *power of ~* Vollmacht *f*; *(authorized person)* Bevollmächtigte(r) *m/f*
auction [ˈɔːkʃən] *sb* Auktion *f*, Versteigerung *f*
audit [ˈɔːdɪt] *v* prüfen; *sb* Buchprüfung *f*; *(final ~)* Abschlussprüfung *f*, Revision *f*
auditing [ˈɔːdɪtɪŋ] *sb* Wirtschaftsprüfung *f*, Rechnungsprüfung *f*
auditor [ˈɔːdɪtə] *sb* Wirtschaftsprüfer *m*, Rechnungsprüfer *m*
authenticate [ɔːˈθentɪkeɪt] *v* beglaubigen
authentication [ɔːθentɪˈkeɪʃən] *sb* Beglaubigung *f*
authority [ɔːˈθɒrɪti] *sb* Autorität *f*; Staatsgewalt *f*; *authorities pl* Obrigkeit *f*; *(entitlement)* Befugnis *f*, Vollmacht *f*; *(government department)* Amt *n*, Behörde *f*; *(an expert)* Sachverständige(r) *m/f*, Fachmann *m*, Experte *m*
authorization [ɔːθəraɪˈzeɪʃən] *sb* Ermächtigung *f*, Genehmigung *f*, Berechtigung *f*, Bevollmächtigung *f*, Mandat *n*
authorization to sign [ɔːθəraɪˈzeɪʃən tuː saɪn] *sb* Zeichnungsberechtigung *f*
authorize [ˈɔːθəraɪz] *v* ermächtigen, genehmigen; *(delegate authority)* bevollmächtigen
authorized [ˈɔːθəraɪzd] *adj* berechtigt, befugt
authorized representative [ˈɔːθəraɪzd reprɪˈzentətɪv] *sb* Prokurist *m*
authorized to undertake collection [ˈɔːθəraɪzd tuː ʌndəˈteɪk kəˈlekʃən] *adj* inkassoberechtigt
automate [ˈɔːtəmeɪt] *v* automatisieren
automatic teller machine [ɔːtəˈmætɪk ˈtelə məˈʃiːn] *sb (US)* Geldautomat *m*
automation [ɔːtəˈmeɪʃən] *sb* Automation *f*, Automatisierung *f*
automaton [ɔːˈtɒmətən] *sb* Roboter *m*, Automat *m*
auxiliary [ɔːgˈzɪljəri] *adj* mitwirkend, Hilfs..., Zusatz...
availability [əveɪləˈbɪlɪti] *sb* Verfügbarkeit *f*, Vorhandensein *n*
available [əˈveɪləbl] *adj* verfügbar, vorhanden; *(not busy)* abkömmlich; *(to be bought)* erhältlich; *(from a supplier)* lieferbar; *(in stock)* vorrätig
average [ˈævərɪdʒ] *adj* durchschnittlich; *sb* Durchschnitt *m*; *on the ~* durchschnittlich
average costs [ˈævərɪdʒ kɒsts] *pl* Durchschnittskosten *pl*
avoidance [əˈvɔɪdəns] *sb* Vermeidung *f*; *tax ~* Steuerhinterziehung *f*
avoirdupois [ævwɑdjuːˈpwɑ] *sb ~ weight (UK)* Handelsgewicht *n*

B

baby bonds ['beɪbi bɒndz] *sb* Baby-Bonds *pl*
back pay ['bækpeɪ] *sb* Nachzahlung *f*
backlog ['bæklɒg] *sb* Rückstand *m*
backup ['bækʌp] *sb* Sicherungskopie *f*
bail [beɪl] *sb* Kaution *f*
bail bond ['beɪl bɒnd] *sb* Sicherheitsleistung *f*
bailiff ['beɪlɪf] *sb* Gerichtsvollzieher *m*
balance ['bæləns] *sb (account ~)* Saldo *m*; *~ carried forward* Übertrag *m*; *(remainder)* Rest *m*, Restbetrag *m*; *v (~ the accounts, ~ the budget)* ausgleichen
balance analysis ['bæləns ə'næləsɪs] *sb* Bilanzanalyse
balance of capital transactions ['bæləns əv 'kæpɪtl træn'zækʃənz] *sb* Kapitalbilanz *f*
balance of payments ['bæləns əv 'peɪmənts] *sb* Zahlungsbilanz *f*
balance of payments deficit ['bæləns əv 'peɪmənts 'defəsɪt] *sb* Zahlungsbilanzdefizit *n*
balance of payments equilibrium ['bæləns əv 'peɪmənts i:kwə'lɪbriəm] *sb* Zahlungsbilanzgleichgewicht *n*
balance of payments surplus ['bæləns əv'peɪmənts 'sɜ:plʌs] *sb* Zahlungsbilanzüberschuss *m*
balance of trade ['bæləns əv'treɪd] *sb* Handelsbilanz *f*
balance sheet ['bælənsʃi:t] *sb* Bilanz *f*
balancing of the budget ['bælənsɪŋ əv ðə 'bʌdʒɪt] *sb* Budgetausgleich *m*
ballot ['bælət] *sb* Stimmzettel *m*
bank account [bæŋk ə'kaʊnt] *sb* Bankkonto *n*

bank charges [bæŋk 'tʃɑ:dʒɪz] *sb* Kontogebühren *pl*, Bankspesen *pl*
banker ['bæŋkə] *sb* Bankier *m*, Banker *m*
banker's order ['bæŋkəz 'ɔ:də] *sb* Dauerauftrag *m*
bank guarantee [bæŋk gærən'ti:] *sb* Bankgarantie *f*
bank holiday [bæŋk 'hɒlɪdeɪ] *sb* gesetzlicher Feiertag *m*
banking ['bæŋkɪŋ] *sb* Bankwesen *n*; *adj* Bank ...
banking secrecy ['bæŋkɪŋ 'si:krəsi] *sb* Bankgeheimnis *n*
banking syndicate ['bæŋkɪŋ 'sɪndɪkət] *sb* Bankenkonsortium *n*
bank letter of credit [bæŋk 'letə əv 'kredɪt] *sb* Bankakkreditiv *n*
bank manager [bæŋk mænɪdʒə] *sb* Filialleiter(in) *m/f*
banknote ['bæŋknəʊt] *sb* Banknote *f*
bank notification [bæŋk nəʊtɪfɪ'keɪʃən] *sb* Bankavis *m/n*
bank rate [bæŋk reɪt] *sb* Diskontsatz *m*
bank rate for loans on securities [bæŋkreɪt fɔ: ləʊns ɒn sɪ'kjʊərɪtiz] *sb* Lombardsatz *m*
bankrupt ['bæŋkrʌpt] *adj* bankrott
bankruptcy ['bæŋkrʌptsi] *sb* Bankrott *m*, Konkurs *m*
bankruptcy court ['bæŋkrʌptsi kɔ:t] *sb* Konkursgericht *n*
bankruptcy petition ['bæŋkrʌptsi pə'tɪʃən] *sb* Konkursantrag *m*
bankruptcy proceedings [bæŋkrʌptsi prə'si:dɪŋz] *sb* Konkursverfahren *n*
bankrupt's creditor ['bæŋkrʌpts 'kredɪtə] *sb* Konkursgläubiger *m*

bankrupt's estate ['bæŋkrʌpts ɪ'steɪt] sb Konkursmasse f

bank statement [bæŋk steɪtmənt] sb Kontoauszug m

bank transfer [bæŋk 'trænsfɜːr] sb Banküberweisung f

bank book ['bæŋk bʊk] sb Sparbuch n, Kontobuch n

bar chart ['bɑːtʃɑt] sb Balkendiagramm n, Säulendiagramm n

bar code ['bɑːkəʊd] sb Strichkode m, Barcode m

bargain ['bɑːgɪn] v feilschen, handeln; ~ for (expect) rechnen mit, erwarten; sb (transaction) Handel m, Geschäft n, Abkommen n; drive a hard ~ hart feilschen; strike a ~ sich einigen

barrel ['bærəl] sb Fass n, Tonne f

barrister ['bærɪstə] sb Rechtsanwalt/Rechtsanwältin m/f, Barrister m

barter ['bɑːtə] v tauschen; sb Tauschhandel m, Tausch m

barter transaction ['bɑːtə træn'zækʃən] sb Kompensationsgeschäft n, Tauschgeschäft n

base [beɪs] sb Basis f, Grundlage f

base rate ['beɪsreɪt] sb Leitzins m, Eckzins m

base year [beɪs jɪə] sb Vergleichsjahr n

basic income ['beɪsɪk 'ɪnkʌm] sb Grundgehalt n, Basiseinkommen n

basic knowledge ['beɪsɪk 'nɒlɪdʒ] sb Grundkenntnisse pl

basic rate ['beɪsɪk reɪt] sb Eingangssteuersatz m

basic salary ['beɪsɪk 'sæləri] sb (wage) Grundgehalt n, Basislohn m

basis ['beɪsɪs] sb Basis f, Grundlage f

baud rate [bɔːd reɪt] sb Baudrate f

bear [beə] sb Baissespekulant m, Baissier m

bear sale [beə seɪl] sb Leerverkauf m

bearer ['beərə] sb (message, cheque) Überbringer(in) m/f; (document) Inhaber(in) m/f; (carrier) Träger(in) m/f

bearer cheque ['beərə tʃek] sb Inhaberscheck m, Überbringerscheck m

bearer instrument ['beərə 'ɪnstrəmənt] sb Inhaberpapier n

bearer share ['beərə ʃeə] sb Inhaberaktie f

bearish ['beərɪʃ] adj (market) flau

beat [biːt] v irr (s.o. to sth) zuvorkommen; (surpass) überbieten

beat down [biːt daʊn] v irr (prices) herunterdrücken, herunterhandeln

before hours dealing [biː'fɔːr 'aʊəz 'diːlɪŋ] sb Vorbörse f

belong [bɪ'lɒŋ] v gehören

belongings [bɪ'lɒŋɪŋz] pl Habe f, Besitz m, Eigentum n

bench [bentʃ] sb Richterbank f

beneficial [benɪ'fɪʃəl] adj nützlich, gut, von Vorteil

beneficiary [benɪ'fɪʃəri] sb Nutznießer(in) m/f, Begünstigte(r) m/f

beneficiary of payment [benɪ'fɪʃəri əv 'peɪmənt] sb Zahlungsberechtigte(r) m/f

benefit ['benɪfɪt] v Nutzen ziehen, profitieren, gewinnen; sb Vorteil m, Nutzen m, Gewinn m; give s.o. the ~ of the doubt im Zweifelsfalle zu jds Gunsten entscheiden; (insurance ~) Leistung f

bequeath [bɪ'kwiːð] v vermachen, vererben

bequest [bɪ'kwest] sb Vermächtnis n; (to a museum) Stiftung f

bespoke [bɪ'spəʊk] adj (UK) nach Maß angefertigt, Maß...

best price [best praɪs] billigst

bestow [bɪ'stəʊ] v schenken, erweisen

bestseller [best'selə] sb Bestseller m

bestselling ['bestselɪŋ] *adj* Erfolgs-..., bestverkauft

bid [bɪd] *v irr* bieten; *sb* Angebot *n*

bidder ['bɪdə] *sb* Bieter(in) *m/f*; *the highest* ~ der/die Meistbietende *m/f*

bidding ['bɪdɪŋ] *sb* Bieten *n*, Gebot *n*; *do s.o.'s* ~ wie geheißen tun

bilateral [baɪ'lætərəl] *adj* zweiseitig, bilateral, beiderseitig

bilingual [baɪ'lɪŋgjwəl] *adj* zweisprachig

bill [bɪl] *v (charge)* in Rechnung stellen; *sb* Rechnung *f*, Abrechnung *f*; *(US: banknote)* Banknote *f*

bill of entry [bɪl əv 'entrɪ] *sb* Zolleinfuhrschein *m*

bill of exchange [bɪl əvɪks'tʃeɪndʒ] *sb* Wechsel *m*

bill of lading [bɪl əv 'leɪədɪŋ] *sb* Konnossement, Seefrachtbrief *m*

bill payable at sight [bɪl peɪəbl ət saɪt] Sichtwechsel *m*

billboard ['bɪlbɔːd] *sb* Reklametafel *f*

billion ['bɪlɪən] *sb (UK: a million millions)* Billion *f*; *(US: a thousand millions)* Milliarde *f*

billionaire [bɪljən'ɛə] *sb (US)* Milliardär(in) *m*

binary code ['baɪnərɪ kəʊd] *sb* binärer Code *m*, Binärcode *m*

binder ['baɪndə] *sb (for papers)* Hefter *m*, Aktendeckel *m*

binding ['baɪndɪŋ] *adj* verbindlich, bindend, verpflichtend

biodegradable [baɪəʊdɪ'greɪdəbl] *adj* biologisch abbaubar

biotechnology [baɪəʊtek'nɒlədʒɪ] *sb* Biotechnologie *f*

birthday ['bɜːθdeɪ] *sb* Geburtstag *m*

birthplace ['bɜːθpleɪs] *sb* Geburtsort *m*

bit [bɪt] *sb* Stück *n*; ~ *by* ~ stückweise, Stück für Stück; *(computer)* Bit *n*

bit rate [bɪt reɪt] *sb* Bitrate *f*

bitmap ['bɪtmæp] *sb* Bitmap *f*

black market [blæk 'mɑːkɪt] *sb* Schwarzmarkt *m*

blackmail ['blækmeɪl] *v* ~ *s.o.* jdn erpressen; *sb* Erpressung *f*

blackmailer ['blækmeɪlə] *sb* Erpresser(in) *m/f*

blackout ['blækaʊt] *sb (loss of electricity)* totaler Stromausfall *m*; *(loss of consciousness)* Blackout *n*

blank cheque [blæŋk tʃek] *sb* Blankoscheck *m*

blank form [blæŋk fɔːm] *sb* Blankoformular *n*

blank signature [blæŋk 'sɪgnətʃə] *sb* Blankounterschrift *f*

block [blɒk] *v (credit)* sperren

block grant [blɒk grænt] *sb* Pauschalsubvention *f*

block of shares [blɒk əv ʃɛəz] *sb* Aktienpaket *n*

blocked account ['blɒkt ə'kaʊnt] *sb* Sperrkonto *n*

blue chip [bluː tʃɪp] *sb* erstklassige Aktie *f*

blueprint ['bluːprɪnt] *sb* Blaupause *f*; *(fig)* Entwurf *m*

board [bɔːd] *sb (of a computer)* Platine *f*; (~ *of directors)* Vorstand *m*, Direktorium *n*, Verwaltungsrat *m*; *He is on the* ~. Er gehört dem Vorstand an.

boardroom ['bɔːdruːm] *sb* Sitzungssaal *m*

body ['bɒdɪ] *sb (group of people)* Gruppe *f*, Gesellschaft *f*; *(administrative)* Körperschaft *f*

bogus company ['bəʊgəs 'kʌmpənɪ] *sb* Briefkastenfirma *f*, Scheinfirma *f*

bogus firm ['bəʊgəs fɜːm] *sb* Briefkastenfirma *f*, Scheinfirma *f*

bomb [bɒm] *v (US: fail)* ein Flop sein *(fam)*, danebengehen; *m (UK: success)* Bombenerfolg *m*

bona fide [bəʊnə fiːdə] *adj* gutgläubig, guten Glaubens

bond [bɒnd] *sb* Obligation *f*, festverzinsliches Wertpapier *n*

bond market [bɒnd 'mɑːkɪt] *sb* Rentenmarkt *m*

bonded ['bɒndɪd] *adj* unter Zollverschluss *m*

bonded warehouse ['bɒndɪd 'weəhaʊs] *sb* Zolllagerhaus *n*

bondholder ['bɒndhəʊldə] *sb* Pfandbriefinhaber *m*

bonds [bɒndz] *sb* Rentenpapiere *pl*

bonus ['bəʊnəs] *sb* Prämie *f*, Bonus *m*, Gratifikation *f*, Bonifikation *f*, Zulage *f*

book [bʊk] *v (reserve)* buchen, reservieren; *to be ~ed up* ausgebucht sein

book profit [bʊk 'prɒfɪt] *sb* Buchgewinn *m*

book value ['bʊk 'væljuː] *sb* Buchwert *m*

booking ['bʊkɪŋ] *f* Buchung *f*; Bestellung *f*

bookkeeper ['bʊkiːpə] *sb* Buchhalter(in) *m/f*

bookkeeping ['bʊkiːpɪŋ] *sb* Buchhaltung *f*, Buchführung *f*

book-keeping error ['bʊkiːpɪŋ 'erə] *sb* Buchungsfehler *m*

books [bʊks] *pl* Bücher *pl*, Geschäftsbücher *pl; keep the ~s* die Bücher führen

boom [buːm] *v (prosper)* einen Aufschwung nehmen; *Business is ~ing.* Das Geschäft blüht. *sb (upswing)* Aufschwung *m*, Boom *m*, Hochkonjunktur *f*

boot disk [buːt dɪsk] *sb* Bootdiskette *f*

bootlegger ['buːtlegə] *sb* Schmuggler(in) *m/f*

borrow ['bɒrəʊ] *v* borgen, sich leihen

borrower ['bɒrəʊə] *sb* Entleiher(in) *m/f; (with a bank)* Kreditnehmer *m*

borrowing limit ['bɒrəʊɪŋ 'lɪmɪt] *sb* Kreditlimit *n*

bottleneck ['bɒtlnek] *sb (fig)* Engpass *m*

bottom ['bɒtəm] *v ~ out* auf dem Tiefpunkt sein, den tiefsten Stand erreicht haben

bottom line ['bɒtəm 'laɪn] *sb* Saldo *m*

box [bɒks] *v (put in boxes)* verpacken; *sb* Kasten *m*, Kiste *f*

box number ['bɒks 'nʌmbə] *sb* Postfach *n*

boxboard ['bɒksbɔːd] *sb* Wellpappe *f*, Karton *m*

boxcar ['bɒkskɑː] *sb* geschlossener Güterwagen *m*

boxroom ['bɒksruːm] *sb* Abstellraum *m*

boycott ['bɔɪkɒt] *sb* Boykott *m; v* boykottieren

brain drain ['breɪndreɪn] *sb (fam)* Braindrain *m* (Verlust von qualifizierten Arbeitskräften)

brain trust [breɪn trʌst] *sb* Expertenausschuss *m*, Braintrust *m*

brainstorming ['breɪnstɔːmɪŋ] *sb* Brainstorming *n*

branch [brɑːntʃ] *sb (area)* Zweig *m*, Sparte *f*, Branche *f*; *(~ office)* Filiale *f*, Zweigstelle *f; v ~ out* sich ausdehnen

branch abroad [brɑːntʃ əˈbrɔːd] *sb* Auslandsniederlassung *f*

branch manager [brɑːntʃ ˈmænɪdʒə] *sb* Filialleiter *m*

branch office [brɑːntʃ ˈɒfɪs] *sb* Geschäftsstelle *f*, Zweigstelle *f*, Filiale *f*

brand [brænd] *sb (name)* Marke *f*, Schutzmarke *f*

brand image [brænd ˈɪmɪdʒ] *sb* Markenimage *n*

brand leader [brænd ˈliːdə] *sb* führende Marke *f*

brand loyalty [brænd 'lɔɪəlti] *sb* Markentreue *f*

breach [briːtʃ] *v (a contract)* brechen, verletzen; *sb* Übertretung *f*, Verstoß *m*; ~ *of contract* Vertragsbruch *m*

break [breɪk] *v irr* brechen; ~ *even* Kosten decken; ~ *the news to s.o.* jdm etw eröffnen; ~ *with* brechen mit; *(stop functioning)* kaputtgehen; kaputtmachen; *sb* Pause *f*; take a ~ eine Pause machen

break down [breɪk daʊn] *v irr (machine)* versagen, stehen bleiben

breakage ['breɪkɪdʒ] *sb* Bruch *m; (damage)* Bruchschaden *m*

breakdown ['breɪkdaʊn] *sb (of a machine)* Versagen *n*, Betriebsstörung *f*; *(of a car)* Panne *f*; *(analysis)* Aufgliederung *f*

break-even point [breɪk'iːvən pɔɪnt] *sb* Gewinnschwelle *f*, Rentabilitätsschwelle *f*

breakthrough ['breɪkθruː] *sb* Durchbruch *m*

bribe [braɪb] *v* bestechen, schmieren (fam); *sb (money)* Bestechung *f*, Bestechungsgeld *n*

bribery ['braɪbəri] *sb* Bestechung *f*

bridging loan ['brɪdʒɪŋ ləʊn] *sb* Überbrückungskredit *m*

brief [briːf] *sb* Instruktionen *pl*; *v* ~ *s.o.* jdn einweisen, jdn instruieren

briefcase ['briːfkeɪs] *sb* Aktentasche *f*, Aktenmappe *f*

briefing ['briːfɪŋ] *sb* vorbereitende Besprechung *f*, Briefing *n*

bring [brɪŋ] *v irr* bringen; ~ *a charge against s.o.* gegen jdn Anklage erheben

bring forward [brɪŋ 'fɔːwəd] *v irr* übertragen; *(a meeting)* vorverlegen

broadcast ['brɔːdkɑːst] *v irr* senden, übertragen; *sb* Übertragung *f*, Sendung *f*

brochure ['brəʊʃʊə] *sb* Broschüre *f*

broke [brəʊk] *adj (fam)* pleite, blank; *go for* ~ alles riskieren

broken ['brəʊkən] *adj* kaputt

broken-period interest ['brəʊkən'pɪərɪəd 'ɪntrest] *sb* Stückzinsen *pl*

brokerage ['brəʊkərɪdʒ] *sb* Maklergebühr *f*, Provision *f*, Courtage *f*

bubble company ['bʌbl 'kʌmpəni] *sb* Briefkastenfirma *f*, Scheinfirma *f*

budget ['bʌdʒɪt] *v* ~ *for sth* einplanen, einkalkulieren; *sb* Etat *m*, Budget *n*

budget adjustment ['bʌdʒɪt ə'dʒʌstmənt] *sb* Planrevision *f*

budget control ['bʌdʒɪt kən'trəʊl] *sb* Budgetkontrolle *f*

budget cut ['bʌdʒɪt kʌt] *sb* Etatkürzung *f*, Budgetkürzung *f*

budgetary deficit ['bʌdʒɪtəri 'defəːsɪt] *sb* Haushaltsdefizit *n*

budgetary planning ['bʌdʒɪtəri 'plænɪŋ] *sb* Budgetplanung *f*

budgeted costs ['bʌdʒɪtɪd kɒsts] *sb* Sollkosten *pl*

budgeting ['bʌdʒɪtɪŋ] *sb* Budgetierung *f*

bug [bʌg] *v* verwanzen, abhören; *sb (programming error)* Defekt *m*

build [bɪld] *v irr* bauen, erbauen, errichten; *(assemble)* bauen, herstellen

builder ['bɪldə] *sb (contractor)* Bauunternehmer *m*, Erbauer *m*

building and contracting industry ['bɪldɪŋ ənd kən'træktɪŋ 'ɪndəstri] *sb* Bauwirtschaft *f*

building loan ['bɪldɪŋ ləʊn] *sb* Baukredit *m*

building site ['bɪldɪŋ saɪt] *sb* Bauland *n*

building society ['bɪldɪŋ sə'saɪəti] *sb (UK)* Bausparkasse *f*

bulk [bʌlk] *sb* Größe *f*, Masse *f*

bulk buyer [bʌlk 'baɪə] *sb* Großabnehmer *m*

bulk buying [bʌlk 'baɪɪŋ] *sb* Einkauf in großen Mengen *m*, Großeinkauf *m*
bulk carrier [bʌlk 'kærɪə] *sb* Frachtschiff *n*, Frachter *m*
bulk goods [bʌlk gʊdz] *sb* Massengüter *f*
bull [bʊl] *sb* Haussier *m*
burden ['bɜːdn] *v* belasten, aufbürden; *sb* Last *f; (of taxes)* Belastung *f*
bureau ['bjʊərəʊ] *sb (of the government)* Amt *n*, Behörde *f*
bureaucracy [bjʊə'rɒkrəsi] *sb* Bürokratie *f*
bureaucrat ['bjʊərəkræt] *sb* Bürokrat(in) *m/f*
bureaucratic [bjʊərə'krætɪk] *adj* bürokratisch
business ['bɪznɪs] *sb (firm)* Geschäft *n*, Betrieb *m*, Unternehmen *n; go out of ~* zumachen, schließen; *(matter)* Sache *f,* Affäre *f,* Angelegenheit *f*
business acquisition ['bɪznɪs ækwɪ'zɪʃən] *sb* Geschäftsübernahme *f*
business administration ['bɪznɪs ədmɪnɪ'streɪʃən] *sb* Betriebswirtschaftslehre *f*
business card ['bɪznɪs kɑːd] *sb* Geschäftskarte *f,* Visitenkarte *f*
business connections ['bɪznɪs kə'nekʃəns] *sb* Geschäftsbeziehungen *pl,* Geschäftsverbindungen *pl*
business friend ['bɪznɪs frend] *sb* Geschäftsfreund *m*
business hours ['bɪznɪs 'aʊəz] *sb* Geschäftszeit *f*
business papers ['bɪznɪs 'peɪpəz] *sb* Geschäftspapiere *pl*
business park ['bɪznɪs pɑːk] *sb* Gewerbegebiet *n*
business partner ['bɪznɪs 'pɑːtnə] *sb* Geschäftspartner(in) *m/f*

business practice ['bɪznɪs 'præktɪs] *sb* Geschäftspraktiken *pl*
business relations ['bɪznɪs rɪ'leɪʃənz] *sb* Geschäftsbeziehungen *pl*
business report ['bɪznɪs rɪ'pɔːt] *sb* Geschäftsbericht *m*
business secret ['bɪznɪs 'siːkrət] *sb* Geschäftsgeheimnis *n*
business year ['bɪznɪs jɪə] *sb* Wirtschaftsjahr *n*
businessman ['bɪznɪsmæn] *sb* Geschäftsmann *m*, Kaufmann *m*
businesswoman ['bɪznɪswʊmən] *sb* Geschäftsfrau *f*
buy [baɪ] *v irr* kaufen, einkaufen; *sb (fam)* Kauf *m*
buy off [baɪ ɒf] *v irr (s.o.)* jdn abfinden
buy out [baɪ aʊt] *v irr (s.o.)* auszahlen; *(s.o.'s stock)* aufkaufen
buyer ['baɪə] *sb* Käufer(in) *m/f,* Abnehmer(in) *m/f*
buyer country ['baɪə 'kʌntri] *sb* Abnehmerland *n*
buyer's commission ['baɪəz kə'mɪʃən] *sb* Käuferprovision *f*
buyer's market ['baɪəz 'mɑːkɪt] *sb* Käufermarkt *m*
buying rate ['baɪɪŋ reɪt] *sb* Geldkurs *m*
by express [baɪ ɪk'spres] *adv* per Express
bylaws ['baɪlɔːz] *pl* Satzung *f*
by lorry [baɪ 'lɒri] *adv* per Lastwagen
by order [baɪ 'ɔːdə] *adv* im Auftrag
by procuration [baɪ prə'kjʊəreɪʃən] *adv* per procura
by-product ['baɪprɒdʌkt] *sb* Nebenprodukt *n,* Abfallprodukt *n*
by registered post [baɪ 'redʒɪstəd pəʊst] *adv* per Einschreiben
by return of post [baɪ rɪ'tɜːn əv 'pəʊst] *adv* postwendend

C

cable transfer [ˈkeɪbl ˈtrænsfɜː] *sb* Kabelüberweisung *f*

cache memory [ˈkæʃ ˈmeməri] *sb* Cache-Speicher *m*

calculable [ˈkælkjʊləbl] *adj* berechenbar, kalkulierbar

calculate [ˈkælkjʊleɪt] *v* rechnen; *(sth)* berechnen; *(estimate)* kalkulieren

calculation [kælkjʊˈleɪʃən] *sb* Berechnung *f*, Kalkulation *f*, Rechnung *f*

calculation of probabilities [kælkjʊˈleɪʃən əv prɒbəˈbɪlɪtɪs] *sb* Wahrscheinlichkeitsrechnung *f*

calculation of the budget costs [kælkjʊˈleɪʃən əv ðə ˈbʌdʒɪt kɒsts] *sb* Plankostenrechnung *f*

calculation unit [kælkjʊˈleɪʃən ˈjuːnɪt] *sb* Recheneinheit *f*

calculator [ˈkælkjʊleɪtə] *sb (pocket ~)* Taschenrechner *m*

calendar year [ˈkæləndə jɪə] *sb* Kalenderjahr *n*

call [kɔːl] *v* anrufen; *(a meeting)* einberufen; *(a bond)* aufrufen; *(a loan)* abrufen; *sb* Anruf *m;* make a ~ telefonieren; *(summons)* Aufruf *m;* to be on ~ Bereitschaftsdienst haben

callable [ˈkɔːləbl] *adj* rückkaufbar, rückforderbar

call back [kɔːl bæk] *v* zurückrufen

caller [ˈkɔːlə] *sb (on the telephone)* Anrufer *m; (visitor)* Besucher *m*

call for [kɔːl fɔː] *v (demand)* anfordern

call for tenders [kɔːl fɔː ˈtendəz] *sb* Ausschreibung *f*

call in [kɔːl ɪn] *v* aus dem Verkehr ziehen; zwischenrufen

call off [kɔːl ɒf] *v (cancel)* absagen

call up [kɔːl ʌp] *v* aufrufen, anrufen

cancel [ˈkænsəl] *v* streichen; *(a command)* widerrufen, aufheben; *(call off)* absagen; *(an order for goods)* abbestellen, stornieren; *(a contract)* annullieren, kündigen; to be ~led ausfallen, entfallen, nicht stattfinden

cancellation [kænsəˈleɪʃən] *sb* Streichung *f*, Aufhebung *f*, Annullierung *f; (of a contract)* Kündigung *f;* Stornierung *f*

candidate [ˈkændɪdeɪt] *sb* Kandidat(in) *m/f*, Anwärter(in) *m/f*, Bewerber(in) *m/f*

candidature [ˈkændɪdətʃə] *sb* Anwartschaft *f*, Kandidatur *f*

capable of acting in law [ˈkeɪpəbl əv ˈæktɪŋ ɪn lɔː] *adv* rechtsfähig

capacity [kəˈpæsɪti] *sb (ability)* Fähigkeit *f; (role)* Eigenschaft *f;* in an advisory ~ in beratender Funktion; *(content)* Rauminhalt *m;* Kapazität *f*, Leistung *f*

capital [ˈkæpɪtl] *sb* Kapital *n*

capital account [ˈkæpɪtl əˈkaʊnt] *sb* Vermögensrechnung *f*

capital aid [ˈkæpɪtl eɪd] *sb* Kapitalhilfe *f*

capital crime [ˈkæpɪtl kraɪm] *sb* Kapitalverbrechen *n*

capital formation [ˈkæpɪtl fɔːˈmeɪʃən] *sb* Vermögensbildung *f*

capital gains tax [ˈkæpɪtl geɪnz tæks] *sb* Kapitalertragssteuer *f*

capital goods [ˈkæpɪtl gʊdz] *sb* Investitionsgüter *pl*, Anlagegüter *pl*

capital investment [ˈkæpɪtl ɪnˈvestmənt] *sb* Kapitalanlage *f*

capital punishment [ˈkæpɪtl ˈpʌnɪʃmənt] *sb* Todesstrafe *f*

capital requirements ['kæpɪtl rɪ-'kwaɪəmənts] *sb* Kapitalbedarf *m*

capital resources ['kæpɪtl rɪ'sɔːsɪz] *pl* Kapitalausstattung *f*

capital share ['kæpɪtl ʃɛə] *sb* Kapitalanteil *m*

capital stock ['kæpɪtl stɒk] *sb* Grundkapital *n*

capital transactions ['kæpɪtl træn'zækʃənz] *sb* Kapitalverkehr *m*

capital transfer tax ['kæpɪtl 'trænsfɜː tæks] *sb (UK)* Erbschaftssteuer *f*

capital turnover ['kæpɪtl 'tɜːnəʊvə] *sb* Kapitalumschlag *m*

capital value ['kæpɪtl 'væljuː] *sb* Kapitalwert *m*

capital yield tax ['kæpɪtl jiːld tæks] *sb* Kapitalertragsteuer *f*

capitalization [kæpɪtlaɪ'zeɪʃən] *sb* Kapitalisierung *f*

capitalized value ['kæpɪtlaɪzd 'væljuː] *sb* Ertragswert *m*

card catalogue [kɑːd 'kætəlɒg] *sb* Kartei *f*

card index [kɑːd 'ɪndeks] *sb* Kartei *f*

career [kə'rɪə] *sb* Karriere *f*, Laufbahn *f*

career girl [kə'rɪə gɜːl] *sb* Karrierefrau *f*

careerist [kə'rɪərɪst] *sb* Karrierist *m*

cargo ['kɑːgəʊ] *sb* Ladung *f*, Fracht *f*

carnet ['kɑːneɪ] *sb* Zollcarnet *n*, Carnet *n*

carriage ['kærɪdʒ] *sb* Fracht

carriage charges ['kærɪdʒ tʃɑdʒɪz] *sb* Frachtkosten *pl*, Transportkosten *pl*

carriage of goods ['kærɪdʒ əv gʊdz] *sb* Güterbeförderung *f*, Gütertransport *m*

carriage paid ['kærɪdʒ peɪd] *sb* franko, portofrei

carrier ['kærɪə] *sb* Träger *m*, Frachtführer *m*; *(shipping firm)* Spediteur *m*

carry ['kæri] *v* tragen; *(the cost of sth)* bestreiten; *(ship goods)* befördern

carry over ['kæri 'əʊvə] *v* ~ *a balance* einen Saldo vortragen

carte blanche ['kɑːt 'blɑːʃ] *sb* Blankovollmacht *f*, Carte blanche *f*

cartel [kɑː'tel] *sb* Kartell *n*

cartel act [kɑː'tel ækt] *sb* Kartellgesetz *n*

cartel authority [kɑː'tel ɔː'θɒrɪti] *sb* Kartellbehörde *f*

cartel law [kɑː'tel lɔː] *sb* Kartellgesetz *n*

cash [kæʃ] *sb* Bargeld *n; adj* bar; *v* einlösen, einkassieren

cash-and-carry [kæʃənd'kæri] *sb* Selbstabholermarkt *m*

cash assets [kæʃ 'æsets] *sb* Barvermögen *n*

cash book ['kæʃbʊk] *sb* Kassenbuch *n*

cash card ['kæʃ kɑːd] *sb* Bankautomatenkarte *f*, Geldautomatenkarte *f*

cash cheque [kæʃ tʃek] *sb (UK)* Barscheck *m*

cash credit [kæʃ 'kredɪt] *sb* Barkredit *m*

cash desk ['kaʃdesk] *sb* Kasse *f*

cash discount [kæʃ dɪs'kaʊnt] *sb* Barzahlungsrabatt *m*, Skonto *n*

cash in [kæʃ ɪn] *v* ~ *on sth* aus etw Kapital schlagen

cash in hand ['kæʃ ɪn hænd] *sb* Bargeldbestand *m*

cash in letter of credit [kæʃ ɪn 'letə əv 'kredɪt] *sb* Barakkreditiv *n*

cash on delivery [kæʃ ɒn dɪ'lɪvəri] *sb* Zahlung per Nachnahme *f*

cash point ['kæʃ pɔɪnt] *sb* Kasse *f*

cash register ['kæʃ 'redʒɪstə] *sb* Registrierkasse *f*

cash reserves [kæ ʃrəzərys] *sb* Barreserven *pl*

cashier [kæ'ʃɪə] *sb* Kassierer(in) *m/f*; *~'s check (US)* Bankscheck *m*

catalogue ['kætəlɒg] *v* katalogisieren; *sb* Katalog *m*, Verzeichnis *n*

catalytic converter [kætə'lıtık kən-'vɜːtə] *sb* Katalysator *m*

category of goods ['kætıgəri əv gʊdz] *sb* Gütergruppe *f*, Güterkategorie *f*

caution ['kɔːʃn] *v* warnen

CD-i [siːdiː'aı] *sb* CD-i *f*

CD-ROM [siːdiː'rɒm] *sb* CD-ROM *f*

cease [siːs] *v* aufhören, enden; *(payments)* einstellen

cellular phone ['seljʊlə fəʊn] *sb* Funktelefon *n*, Handy *n*

census ['sensəs] *sb* Volkszählung *f*

centigrade ['sentıgreıd] *adj degrees* ~ Grad Celsius

central bank ['sentrəl bæŋk] *sb* Zentralbank *f*

Central Bank Council ['sentrəl bæŋk 'kaʊnsəl] *sb* Zentralbankrat *m*

central giro institution ['sentrəl 'dʒaırəʊ ınstı'tjuːʃən] *sb* Girozentrale *f*

central rate ['sentrəl reıt] *sb* Leitkurs *m*

centralization [sentrəlaız'eıʃən] *sb* Zentralisierung *f*, Zentralisation *f*

centralize ['sentrəlaız] *v* zentralisieren

certificate [sə'tıfıkət] *sb* Bescheinigung *f*, Urkunde *f*, Attest *n*, Zertifikat *n*

certificate of indebtedness [sə'tıfıkət əv ın'detıdnəs] *sb* Schuldschein *m*

certificate of origin [sə'tıfıkət əv 'ɒrıdʒın] *sb n*, Ursprungszertifikat *n*

certificate of warranty [sə'tıfıkət əv 'wɒrənti] *sb* Garantiekarte *f*

certification [sə:tıfı'keıʃən] *sb* Bescheinigung *f*, Beurkundung *f*

certified ['sɜːtıfaıd] *adj* bestätigt, beglaubigt; ~ *public accountant* amtlich zugelassener Bücherrevisor *m*

certified cheque ['sɜːtıfaıd tʃek] *sb* als gedeckt bestätigter Scheck *m*

certified copy ['sɜːtıfaıd 'kɒpi] *sb* beglaubigte Kopie *f*

certify ['sɜːtıfaı] *v* bestätigen, beglaubigen

cessation [se'seıʃən] *sb* Einstellung *f*

cessation of payments [se'seıʃən əv 'peımənts] *sb* Zahlungseinstellung *f*

cession ['seʃən] *sb* Abtretung *f*, Zession *f*

chair [tʃɛə] *sb* Vorsitz *m*; *v* – *a committee* den Vorsitz über ein Komitee haben

chairman ['tʃɛəmən] *sb* Vorsitzende(r) *m/f*

chairman of the board ['tʃɛəmən əv ðə bɔːd] *sb* Vorstandsvorsitzender *m*

chairman of the supervisory board ['tʃɛəmən əv ðə suːpə'vaızəri bɔːd] *sb* Aufsichtsratsvorsitzender *m*

chairmanship ['tʃɛəmənʃıp] *sb* Vorsitz *m*

challenge ['tʃælındʒ] *v* anfechten; *sb* Anfechtung *f*

chamber of commerce ['tʃeımbər əv 'kɒmɜːrs] *sb* Handelskammer *f*

chamber of foreign trade ['tʃeımbər əv 'fɒrən treıd] *sb* Außenhandelskammer *f*

chamber of handicrafts ['tʃeımbər əv 'hændıkrɑːfts] *sb* Handwerkskammer *f*

chamber of industry and commerce ['tʃeımbər əv 'ındəstri ənd 'kɒmɜːrs] *sb* Industrie- und Handelskammer *f*

Chancellor of the Exchequer ['tʃɑːnsələr əv ðiː ıks'tʃekə] *sb (UK)* Finanzminister(in) *m/f*

chancery ['tʃɑːnsəri] *sb* Amtsvormundschaft *f*, Vormundschaft *f*

change [tʃeındʒ] *sb* Wechselgeld *n*; *(small ~)* Kleingeld *n*

change [tʃeındʒ] *v* wechseln; umtauschen

change of shift [tʃeındʒ əv ʃıft] *sb* Schichtwechsel *m*

channel ['tʃænl] *sb official* ~*s pl* Dienstweg *m*, amtlicher Weg *m*

channel of distribution ['tʃænl əv dıstrı'bjuːʃən] *sb* Vertriebsweg *m*

character reference ['kærɪktə 'refərəns] *sb* Leumundszeugnis *n*, Referenz *f*

charge [tʃɑːdʒ] *v* berechnen, anrechnen, fordern; ~ *s.o. with a task* jdn mit einer Arbeit beauftragen; ~ *s.o. for sth* jdn mit etw belasten, jdm etw in Rechnung stellen, anschreiben lassen; *(a battery)* laden, aufladen; *sb* Belastung *f*, *(official accusation)* Anklage *f*, *(in a civil case)* Klage *f*; *press ~s against s.o.* pl gegen jdn Anzeige erstatten; *(fee)* Gebühr *f*; *free of ~* kostenlos; *in ~* verantwortlich; *put s.o. in ~ of sth* jdm die Leitung übertragen

charge card [tʃɑːdʒ kɑːd] *sb* Kundenkreditkarte *f*

charge levied [tʃɑːdʒ 'leviːd] *sb* Umlage *f*

chargeable to ['tʃɑːdʒəbl tuː] *adv* zu Lasten von, auf Kosten von

charity ['tʃærɪti] *sb (organisation)* karitative Organisation *f*

chart [tʃɑːt] *sb* Tabelle *f*, Schaubild *n*

charter ['tʃɑːtə] *v* chartern, mieten

charter flight ['tʃɑːtə flaɪt] *sb* Charterflug *m*

charter member ['tʃɑːtə 'membə] *sb* Gründungsmitglied *n*

chartered accountant ['tʃɑːtəd ə'kauntənt] *sb* Wirtschaftsprüfer(in) *m/f*, Bilanzbuchhalter(in) *m/f*

cheapen ['tʃiːpn] *v* (price) herabsetzen, senken, verbilligen

cheapening ['tʃiːpnɪŋ] *sb* Verbilligung *f*, Herabsetzung *f*

cheat [tʃiːt] *v (s.o.)* betrügen; *sb* Betrüger *m*, Schwindler *m*

check [tʃek] *v* nachprüfen; nachrechnen; kontrollieren, nachsehen; *sb (examination)* Kontrolle *f*, Überprüfung *f*; *(US: check)* Scheck *m*; *(US: bill)* Rechnung *f*

check in [tʃek ɪn] *v* sich anmelden; *(at an airport)* einchecken

checker ['tʃekə] *sb* Kontrolleur(in) *m/f*; *(cashier)* Kassierer(in) *m/f*

checking account ['tʃekɪŋ ə'kaunt] *sb (US)* Girokonto *n*

cheque [tʃek] *sb (UK)* Scheck *m*

cheque book ['tʃekbʊk] *sb* Scheckheft *n*

cheque card ['tʃekkɑːd] *sb* Scheckkarte *f*

cheque fraud [tʃek frɔːd] *sb* Scheckbetrug *m*

chief executive officer [tʃiːf ɪg'zekjuːtɪv 'ɒfɪsə] *sb* Generaldirektor(in) *m/f*

child allowance [tʃaɪld ə'lauəns] *sb* Kinderfreibetrag *m*

child benefit [tʃaɪld 'benɪfɪt] *sb* Kindergeld *n*

chip [tʃɪp] *sb* Chip *m*

choice of location [tʃɔɪs əv ləʊ'keɪʃən] *sb* Standortwahl *f*

circular ['sɜːkjʊlə] *sb* Rundschreiben *n*

circulate ['sɜːkjʊleɪt] *v (blood, money)* fließen; *(news: get around)* in Umlauf sein, kursieren, sich verbreiten

circulation [sɜːkjʊ'leɪʃən] *sb* Kreislauf *m*, Zirkulation *f*; *out of ~* außer Kurs; *(number of copies sold)* Auflagenziffer *f*

circulation of money [sɜːkjʊ'leɪʃən əv 'mʌni] *sb* Geldumlauf *m*

circumstance ['sɜːkəmstæns] *sb ~s pl (financial state)* Vermögensverhältnisse *pl*

citizenship ['sɪtɪzənʃɪp] *sb* Staatsangehörigkeit *f*, Staatsbürgerschaft *f*

civic ['sɪvɪk] *adj* bürgerlich, Bürger...

civil ['sɪvl] *adj* zivil, bürgerlich, Zivil...

civil code ['sɪvl kəʊd] *sb* bürgerliches Gesetzbuch *n*

civil engineer ['sɪvl endʒɪ'nɪə] *sb* Bauingenieur(in) *m/f*

civil engineering ['sɪvl endʒɪ'nɪərɪŋ] *sb* Tiefbau *m*

civil law ['sɪvl lɔː] *sb* Zivilrecht *n*

civil servant ['sɪvl 'sɜːvənt] *sb* Beamte(r)/Beamtin *m/f*

civil service ['sɪvl 'sɜːvɪs] *sb* Staatsdienst *m*

claim [kleɪm] *v (demand)* fordern, beanspruchen; *sb (demand)* Anspruch *m*, Forderung *f*

claim of damages [kleɪm əv 'dæmɪdʒɪz] *sb* Schadenersatzansprüche *pl*

claimable ['kleɪməbl] *adj* einforderbar, rückforderbar, zu beanspruchen

claimant ['kleɪmənt] *sb (by application)* Antragsteller(in) *m/f*

class of goods ['klɑs əv gʊdz] *sb* Warenart *f*, Klasse

classified advertisements ['klæsɪfaɪd əd'vɜːtɪsmənts] *sb* Kleinanzeigen *pl*

classified directory ['klæsɪfaɪd daɪ-'rektəri] *sb* Branchenverzeichnis *n*

classify ['klæsɪfaɪ] *v* klassifizieren

clause [klɔːz] *sb* Klausel *f*

clear [klɪə] *v* ~ *sth through customs* etw zollamtlich abfertigen

clear off ['klɪər ɒf] *v (debt)* zurückzahlen; *(mortgage)* abzahlen

clearance ['klɪərəns] *sb (go-ahead)* Freigabe *f*; *(by customs)* Abfertigung *f*; *(of a debt)* volle Bezahlung *f*

clearance sale ['klɪərəns seɪl] *sb* Ausverkauf *m*; *(end-of-season ~)* Schlussverkauf *m*

clearing bank ['klɪərɪŋ bæŋk] *sb* Clearingbank *f*

clerical work ['klerɪkl wɜːk] *sb* Büroarbeit *f*

clerk [klɑːk] *sb (office ~)* Büroangestellte(r) *m/f*; *(US)* Verkäufer(in) *m/f*

client ['klaɪənt] *sb* Kunde/Kundin *m/f*, Auftraggeber(in) *m/f*; *(of a solicitor)* Klient(in) *m/f*; *(of a barrister)* Mandant(in) *m/f*

clientele [kliːɑːn'tel] *sb* Kundenkreis *m*

climb [klaɪm] *v (prices)* steigen, klettern

close [kləʊz] *v (sth)* zumachen, schließen; *(a deal)* abschließen; *sb* Ende *n*, Schluss *m*; *bring to a* ~ abschließen, beendigen

close down [kləʊz daʊn] *v* schließen, einstellen, beenden

closing balance ['kləʊzɪŋ 'bæləns] *sb* Schlussbilanz *f*

closing date ['kləʊzɪŋ deɪt] *sb* letzter Termin *m*, letzter Tag *m*

closing price ['kləʊzɪŋ praɪs] *sb* Schlusskurs *m*,

closing time ['kləʊzɪŋ taɪm] *sb* Geschäftsschluss *m*, Büroschluss *m*

closure ['kləʊʒə] *sb* Schließung *f*, Schließen *n*, Stilllegung *f*

code [kəʊd] *v* kodieren; *sb* Gesetzbuch *n*, Kodex *m*; *(of a computer)* Code *m*

code numbers [kəʊd 'nʌmbəz] *sb* Kennziffern *pl*

codeword ['kəʊdwɜːd] *sb* Kodewort *n*, Kennwort *n*

coin [kɔɪn] *sb* Münze *f*, Geldstück *n*;

cold call [kəʊld kɔːl] *sb* unangemeldeter Vertreterbesuch *m*

cold start [kəʊld stɑːt] *sb (of a computer)* Kaltstart *m*

cold storage lorry [kəʊld 'stɔːrɪdʒ 'lɒri] *sb* Kühlwagen *m*

collaborate [kə'læbəreɪt] *v* zusammenarbeiten, mitarbeiten

collaboration [kəlæbə'reɪʃən] *sb* Zusammenarbeit *f*, Mitarbeit *f*

collaborator [kə'læbəreɪtə] *sb (associate)* Mitarbeiter(in) *m/f*

collapse of prices [kə'læps əv praɪsɪz] *sb* Kurszusammenbruch *m*

collateral [kə'lætərəl] *sb* zusätzliche Sicherheit *f*, Deckung *f*

collateral loan business [kə'lætərəl ləʊn 'bɪznɪs] *sb* Lombardgeschäft *n*

colleague ['kɒliːg] *sb* Kollege/Kollegin *m/f*, Mitarbeiter(in) *m/f*
collect [kə'lekt] *v (accumulate)* sammeln; *(get payment)* kassieren; *(taxes, debts)* einnehmen, einziehen
collect call [kə'lekt kɔːl] *sb (US)* R-Gespräch *n*
collection [kə'lekʃən] *sb (assortment)* Sortiment *n;* (of taxes) Einziehen *n;* (of debts) Eintreiben *n*
collective [kə'lektɪv] *adj* Kollektiv..., Gemeinschafts...
collective agreement [kə'lektɪv ə'griːmənt] *sb* Tarifvertrag *m*
collective bargaining [kə'lektɪv 'bɑːgənɪŋ] *sb* Tarifverhandlungen *pl*
collective goods [kə'lektɪv gʊdz] *sb* Kollektivgüter *pl*
collective property [kə'lektɪv 'prɒpəti] *sb* Gemeinschaftseigentum *n*
collective transport [kə'lektɪv 'trænspɔːt] *sb* Sammeltransport *m*
combat ['kɒmbæt] *v* bekämpfen
combating rising costs ['kɒmbætɪŋ 'raɪsɪŋ kɒsts] *adv* Kostendämpfung *f*
combinative ['kɒmbɪneɪtɪv] *adj* kombinierbar
combine [kəm'baɪn] *v* kombinieren, verbinden, vereinigen; *sb* Konzern *m*
come down [kʌm daʊn] *v irr (prices)* sinken, heruntergehen
come off [kʌm ɒf] *v irr (take place)* stattfinden; *(~ successfully)* erfolgreich verlaufen
come out [kʌm aʊt] *v irr (~ on the market)* erscheinen, herauskommen
comment ['kɒment] *sb (~ on)* Stellungnahme *f*, Kommentar
commerce ['kɒmɜːs] *sb* Handel *m*
commercial [kə'mɜːʃəl] *adj* kommerziell, geschäftlich; *sb* Werbespot *m*

commercial agency [kə'mɜːʃəl 'eɪdʒənsi] *sb* Handelsvertretung *f*
commercial agent [kə'mɜːʃl 'eɪdʒənt] *sb* Handelsvertreter *m*
commercial bank [kə'mɜːʃl bæŋk] *sb* Handelsbank *f*
commercial bill [kə'mɜːʃl bɪl] *sb* Warenwechsel *m*
Commercial Code [kə'mɜːʃl kəʊd] Handelsgesetzbuch *n*
commercial invoice [kə'mɜːʃl 'ɪnvɔɪs] *sb* Handelsfaktura *f*
commercial letter of credit [kə'mɜːʃl 'letər əv 'kredɪt] *sb* Handelskreditbrief *m*
commercial policy [kə'mɜːʃl 'pɒlisi] *sb* Handelspolitik *f*
commercial register [kə'mɜːʃl 'redʒɪstə] *sb* Handelsregister *n*
commercialize [kə'mɜːʃəlaɪz] *v* kommerzialisieren, vermarkten
commission [kə'mɪʃən] *v (a person)* beauftragen; *(a thing)* in Auftrag geben; *sb* Auftrag *m*; Provision *f*, Kommission *f*; Ausschuss *m*
commission agent [kə'mɪʃən 'eɪdʒənt] *sb* Kommissionär *m*
commission business [kə'mɪʃən 'bɪznɪs] *sb* Kommissionsgeschäft *n*
commission guarantee [kə'mɪʃən gærən'tiː] *sb* Provisionsgarantie *f*
commission payment [kə'mɪʃən 'peɪmənt] *sb* Provisionszahlung *f*; Kommissionsgebühr *f*, Maklergebühr *f*
commitment fee [kəmɪtmənt fiː] *sb* Bereitstellungskosten *pl*
committee [kə'mɪti] *sb* Ausschuss *m*, Gremium *n*, Komitee *n*
commodities [kə'mɒdɪtiz] *pl* Bedarfsartikel *m;* Rohstoffe *pl*
commodity [kə'mɒdɪti] *sb* Ware *f*

commodity exchange [kəˈmɒdɪti ɪks-ˈtʃeɪndʒ] *sb* Warenbörse *f*

commodity futures exchange [kəˈmɒdɪti ˈfjuːtʃəz ɪksˈtʃeɪndʒ] *sb* Warenterminbörse *f*

common law [ˈkɒmən lɔː] *sb* Gewohnheitsrecht *n*

common market [ˈkɒmən ˈmɑːkɪt] *sb* gemeinsamer Markt *m*

communicate [kəˈmjuːnɪkeɪt] *v* kommunizieren, sich verständigen; *(news, ideas)* vermitteln, mitteilen

community [kəˈmjuːnɪti] *sb* Gemeinde *f*, Gemeinschaft *f*

community of heirs [kəˈmjuːnɪti əv ɛəz] *sb* Erbengemeinschaft *f*

community of property [kəˈmjuːnɪti əv ˈprɒpəti] *sb* Gütergemeinschaft *f*

commute [kəˈmjuːt] *v (travel back and forth)* pendeln; *(a right)* umwandeln

commuter [kəˈmjuːtə] *sb* Pendler(in) *m/f*

compact [ˈkɒmpækt] *sb (agreement)* Vereinbarung *f*, Abmachung *f*

Companies Act [ˈkʌmpəniz ækt] *sb* Aktiengesetz *n*

company [ˈkʌmpəni] *sb (firm)* Firma *f*, Unternehmen *n*, Gesellschaft *f*; set up a ~ eine Firma gründen

company account [ˈkʌmpəni əˈkaʊnt] *sb* Firmenkonto *n*

company assets [ˈkʌmpəni ˈæsets] *sb* Gesellschaftsvermögen *n*

company law [ˈkʌmpəni lɔː] *sb* Aktienrecht *n*, Firmenrecht *n*

company limited by shares [ˈkʌmpəni ˈlɪmɪtɪd baɪ ʃɛəz] *sb* Kapitalgesellschaft *f*

company objective [ˈkʌmpəni əbˈdʒektɪv] *sb* Unternehmensziel *n*

company outing [ˈkʌmpəni ˈaʊtɪŋ] *sb* Betriebsausflug *m*

company profit [ˈkʌmpəni ˈprɒfɪt] *sb* Unternehmensgewinn *m*

comparison of prices [kəmˈpærɪsən əv ˈpraɪsɪz] *sb* Kursvergleich *m*

compatibility [kəmpætəˈbɪlɪti] *sb* Kompatibilität *f*, Vereinbarkeit *f*

compensate [ˈkɒmpenseɪt] *v* entschädigen; *(US)* bezahlen; ~ for ersetzen, vergüten

compensation [kɒmpenˈseɪʃən] *sb* Entschädigung *f*, Schadenersatz *m*; in ~ als Entschädigung; *(settlement)* Abfindung *f*; *(US)* Vergütung *f*, Entgelt *n*

compensation for loss suffered [kɒmpenˈseɪʃən fɔː lɒs ˈsʌfəd] *sb* Schadenersatz *m*

compensation payment [kɒmpenˈseɪʃən ˈpeɪmənt] *sb* Ausgleichszahlung *f*

compete [kəmˈpiːt] *v* konkurrieren, in Wettstreit treten

competence [ˈkɒmpɪtəns] *sb* Fähigkeit *f*; *(authority)* Zuständigkeit *f*

competent [ˈkɒmpɪtənt] *adj (responsible)* zuständig; *(witness)* zulässig

competing firm [kəmˈpiːtɪŋ fɜːm] *sb* Konkurrenzfirma *f*

competition [kɒmpəˈtɪʃən] *sb* Konkurrenz *f*; to be in ~ with s.o. mit jdm konkurrieren, mit jdm wetteifern; *sb* Wettbewerb *m*, Wettkampf *m*; *(write-in contest)* Preisausschreiben *n*

competitive [kəmˈpetɪtɪv] *adj* konkurrenzfähig, wettbewerbsfähig; *(person)* vom Konkurrenzdenken geprägt; *(industry)* mit starker Konkurrenz

competitive advantage [kəmˈpetɪtɪv ədˈvæntɪdʒ] *sb* Wettbewerbsvorteil *m*

competitiveness [kəmˈpetɪtɪvnəs] *sb (of a thing)* Wettbewerbsfähigkeit *f*

competitor [kəmˈpetɪtə] *sb* Konkurrent(in) *m/f*, Gegner(in) *m/f*

complain [kəm'pleɪn] *v* sich beklagen, sich beschweren; ~ *about* klagen über

complainant [kəm'pleɪnənt] *sb* Kläger(in) *m/f*

complaint [kəm'pleɪnt] *sb* Reklamation *f*, Beanstandung *f*; Strafanzeige *f*

complementary goods [kɒmplə'mentəri gʊdz] *pl* komplementäre Güter *pl*

complete [kəm'pliːt] *v* beenden, abschließen; *(a form)* ausfüllen; *adj* fertig

completion [kəm'pliːʃən] *sb* Fertigstellung *f*, Beenden *n*

compliance [kəm'plaɪəns] *sb* Einhalten *n*, Befolgung *f*

comply [kəm'plaɪ] *v* ~ *with (a rule)* befolgen; ~ *with (a request)* nachkommen

component [kəm'pəʊnənt] *sb* Bestandteil *m*; Komponente *f*; *(technical ~)* Bauelement *n*

compound interest [kɒm'paʊnd 'ɪntrest] *sb* Zinseszins *m*

compound number [kɒm'paʊnd 'nʌmbə] *sb* zusammengesetzte Zahl *f*

comprehensive insurance [kɒmprɪ'hensɪv ɪn'ʃʊərəns] *sb* Vollkaskoversicherung *f*

compulsory [kəm'pʌlsəri] *adj* obligatorisch, Pflicht...

compulsory auction [kəm'pʌlsəri 'ɔːkʃən] *sb* Zwangsversteigerung *f*

compulsory settlement [kəm'pʌlsəri 'setlmənt] *sb* Zwangsvergleich *m*

computation [kɒmpjʊ'teɪʃən] *sb* Berechnung *f*, Kalkulation *f*

compute [kəm'pjuːt] *v (make calculations)* rechnen; *(sth)* berechnen

computer [kəm'pjuːtə] *sb* Computer *m*

computer center [kəm'pjuːtə 'sentə] *sb* Rechenzentrum *n*

concept ['kɒnsept] *sb* Konzept *n*, Vorstellung *f*

conception [kɒn'sepʃən] *sb* Konzeption *f*, Vorstellung *f*

concern [kən'sɜːn] *v* ~ *o.s. with sth* sich mit etw beschäftigen, sich für etw interessieren; *(worry)* beunruhigen; *to be ~ed about* sich kümmern um; *(to be about)* sich handeln um; *sb (matter)* Angelegenheit *f*; *(firm)* Konzern *m*

concerted [kən'sɜːtɪd] *adj* konzertiert, gemeinsam

concession [kən'seʃən] *sb* Zugeständnis *n*, Konzession *f*

conclusion of a contract [kən'kluːʒən əv ə 'kɒntrækt] *sb* Vertragsabschluss *m*

conclusion of a deal [kən'kluːʒən əv ə diːl] *sb* Geschäftsabschluss *m*

concretion [kən'kriːʃən] *sb* Konkretisierung *f*, Verwirklichung *f*

condition [kən'dɪʃən] *sb (stipulation)* Bedingung *f*, Voraussetzung *f*, Kondition *f*

conditions of a contract [kən'dɪʃənz əv ə 'kɒntrækt] *pl* Vertragsbedingungen *pl*

conditions of delivery [kən'dɪʃənz əv dɪ'lɪvəri] *pl* Lieferbedingungen *pl*

conduct [kən'dʌkt] *v (direct)* führen, leiten; *sb (management)* Führung *f*, Leitung *f*; *(document)* Geleitbrief *m*

confer [kən'fɜː] *v* sich beraten, sich besprechen; *(bestow)* verleihen, übertragen

conference ['kɒnfərəns] *sb* Konferenz *f*, Besprechung *f*, Sitzung *f*

conference call ['kɒnfərəns kɔːl] *sb* Konferenzgespräch *n*

conference date ['kɒnfərəns deɪt] *sb* Besprechungstermin *m*

confidential [kɒnfɪ'denʃəl] *adj* vertraulich, geheim

confidential relationship [kɒnfɪ'denʃəl rɪ'leɪʃənʃɪp] *sb* Vertrauensverhältnis *n*

confidentiality [kɒnfɪdenʃi'ælɪti] *sb* Vertraulichkeit *f*, Schweigepflicht *f*

confirmation [kɒnfə'meɪʃən] *sb* Bestätigung *f*
confirmation of cover [kɒnfə'meɪʃən əv 'kʌvə] *sb* Deckungszusage *f*
confirmation of order [kɒnfə'meɪʃən əv 'ɔːdə] *sb* Auftragsbestätigung *f*
confiscate ['kɒnfɪskeɪt] *v* beschlagnahmen, einziehen, sicherstellen
confiscation [kɒnfɪs'keɪʃən] *sb* Beschlagnahme *f*, Einziehung *f*
conglomerate [kən'glɒmərɪt] *sb* Konglomerat *n*
congress ['kɒŋgres] *sb* Kongress *m*
congruent ['kɒŋgruənt] *adj* deckungsgleich, kongruent; übereinstimmend
connection [kə'nekʃən] *sb* Verbindung *f*, Beziehung *f*
consent [kən'sent] *v* zustimmen, einwilligen; *sb* Zustimmung *f*, Einwilligung *f*; *age of ~* Mündigkeit *f*
consequence ['kɒnsɪkwəns] *sb (importance)* Bedeutung *f*, Wichtigkeit *f*; *(effect)* Konsequenz *f*, Folge *f*
consequential [kɒnsɪ'kwenʃl] *adj* sich ergebend, folgend
conservation [kɒnsə'veɪʃən] *sb* Erhaltung *f*; *(environment)* Umweltschutz *m*
conservation technology [kɒnsə'veɪʃən tek'nɒlədʒi] *sb* Umwelttechnik *f*
conservationist [kɒnsə'veɪʃənɪst] *sb* Umweltschützer(in) *m/f*
consign [kən'saɪn] *v* versenden, verschicken, schicken
consignee [kənsaɪ'niː] *sb* Adressat *m*, Empfänger *m*
consignment [kən'saɪnmənt] *sb* Übersendung *f*; *on ~* in Kommission
consignment note [kən'saɪnmənt nəʊt] *sb* Frachtbrief *m*
consignment of goods [kən'saɪnmənt əv gʊdz] *sb* Warensendung *f*

consignment with value declared [kən'saɪnmənt wɪð 'væljuː dɪ'klɛəd] *sb* Wertsendung *f*
consistency [kən'sɪstənsi] *sb (of a substance)* Konsistenz *f*, Beschaffenheit *f*
consolidate [kən'sɒlɪdeɪt] *sb* Konsolidierung *f*, Zusammenlegung *f*; *v (combine)* vereinigen, zusammenschließen
consolidation [kənsɒlɪ'deɪʃən] *sb (bringing together)* Zusammenlegung *f*, Vereinigung *f*, Zusammenschluss *m*
consortium [kən'sɔːtɪəm] *sb* Konsortium *n*, Zusammenschluss *m*
construction industry [kən'strʌkʃən 'ɪndəstri] *sb* Bauindustrie *f*
consult [kən'sʌlt] *v* konsultieren, befragen, um Rat fragen
consultant [kən'sʌltənt] *sb* Berater(in) *m/f*
consultation [kɒnsəl'teɪʃən] *sb* Beratung *f*, Rücksprache *f*
consulting [kən'sʌltɪŋ] *adj* beratend
consumable [kən'sjuːməbl] *adj* Konsum...
consume [kən'sjuːm] *v (use up)* verbrauchen, verzehren
consumer [kən'sjuːmə] *sb* Verbraucher(in) *m/f*, Konsument(in) *m/f*
consumer credit [kən'sjuːmə 'kredɪt] *sb* Konsumkredit *m*
consumer goods [kən'sjuːmə gʊdz] *pl* Verbrauchsgüter *pl*, Konsumgüter *pl*
consumer protection [kən'sjuːmə prə'tekʃən] *sb* Verbraucherschutz *m*
consumer society [kən'sjuːmə sə'saɪəti] *sb* Konsumgesellschaft *f*
consumerism [kən'sjuːmərɪzm] *sb* kritisches Verbraucherverhalten *n*
consumption [kən'sʌmpʃən] *sb* Verbrauch *m*, Verzehr *m*; *not fit for human ~* für den Verzehr ungeeignet

contact ['kɒntækt] *sb* Kontakt *m*, Verbindung *f*; *(person to ~)* Kontaktperson *f*, Ansprechpartner(in) *m/f*; *v* sich in Verbindung setzen mit, Kontakt aufnehmen zu

container [kən'teɪnə] *sb* Behälter *m*, Gefäß *n*, Container *m*

containerize [kən'teɪnəraɪz] *v* in Container verpacken

contamination [kəntæmɪ'neɪʃən] *sb* Kontamination *f*, Verschmutzung *f*

contempt [kən'tempt] *sb* ~ of court Missachtung des Gerichts *f*

contest [kən'test] *v* anfechten; *(dispute)* angreifen, bestreiten

contingency plan [kən'tɪndʒənsi plæn] *sb* Ausweichplan *m*

contract [kən'trækt] *v* ~ to do sth sich vertraglich verpflichten, etw zu tun; *sb* Vertrag *m*; *(order)* Auftrag *m*

contract of assignment ['kɒntrækt əv ə'saɪnmənt] *sb* Abtretungsvertrag *m*

contract of carriage ['kɒntrækt əv 'kærɪdʒ] *sb* Frachtvertrag *m*

contract of employment ['kɒntrækt əv ɪm'plɔɪmənt] *sb* Arbeitsvertrag *m*

contract of sale ['kɒntrækt əv seɪl] *sb* Kaufvertrag *m*

contract period ['kɒntrækt 'pɪərɪəd] *sb* Vertragsdauer *f*

contractor [kən'træktə] *sb* Auftragnehmer *m*

contractor work and services [kən'træktə 'wɜːk ənd 'sɜːvɪsɪz] *sb* Werkvertrag *m*

contractual [kən'træktʃʊəl] *adj* vertraglich, Vertrags...

contractual penalty [kən'træktʃʊəl 'penəlti] *sb* Konventionalstrafe *f*, Vertragsstrafe *f*

contribute [kən'trɪbjuːt] *v* beitragen; spenden; *(food, supplies)* beisteuern

contribution [kɒntrɪ'bjuːʃən] *sb* Beitrag *m*

contribution margin [kɒntrɪ'bjuːʃən 'mɑːdʒɪn] *sb* Deckungsbeitrag *m*

control [kən'trəʊl] *v (sth)* kontrollieren; *(keep within limits)* in Rahmen halten, beschränken; *sb* Kontrolle *f*; *(authority)* Gewalt *f*, Macht *f*, Herrschaft *f*; *(check)* Kontrolle *f*

control group [kən'trəʊl gruːp] *sb* Kontrollgruppe *f*

control key [kən'trəʊl kiː] *sb* Control-Taste *f*

controllable [kən'trəʊləbl] *adj* kontrollierbar

controlled economy [kən'trəʊld ɪ'kɒnəmi] *sb* Dirigismus *m*

control panel [kən'trəʊl pænl] *sb* Schalttafel *f*, Bedienungsfeld *n*

convene [kən'viːn] *v (call together)* einberufen, versammeln

convenient [kən'viːnɪənt] *adj* günstig, passend; ~ly *located* verkehrsgünstig; *(functional)* praktisch, zweckmäßig

convention [kən'venʃən] *sb* Fachkongress *m*, Tagung *f*; *(agreement)* Abkommen *n*; *(social rule)* Konvention *f*

conversion table [kən'vɜːʃən teɪbl] *sb* Umrechnungstabelle *f*

convert [kən'vɜːt] *v* umwandeln; *(measures)* umrechnen; *(of currency)* konvertieren

convertibility [kənvɜːtə'bɪlɪti] *sb* Konvertibilität *f*, Konvertierbarkeit *f*

convertible [kən'vɜːtɪbl] *adj* konvertibel, austauschbar; *(currency)* konvertierbar

convertible bonds [kən'vɜːtɪbl bɒndz] *sb* Wandelschuldverschreibung *f*

convey [kən'veɪ] *v (rights)* übertragen

conveyance [kən'veɪəns] *sb* Übertragung *f*

conveyor [kən'veɪə] *sb* Fördergerät *n*

conveyor belt [kənˈveɪə belt] *sb* Fließband *n*, Förderband *n*

cooperate [kəʊˈɒpəreɪt] *v* zusammenarbeiten; *(comply)* mitmachen

cooperation [kəʊɒpəˈreɪʃən] *sb* Zusammenarbeit *f*, Kooperation *f*

cooperative [kəʊˈɒpərətɪv] *adj* kooperativ, kollegial; *sb* Genossenschaft *f*

coordination [kəʊɔːdɪˈneɪʃən] *sb* Koordination *f*

co-owner [kəʊˈəʊnə] *sb* Mitinhaber(in) *m/f*, Mitbesitzer(in) *m/f*

co-partner [kəʊˈpɑtnə] *sb* Partner(in) *m/f*, Teilhaber(in) *m/f*

copy [ˈkɒpi] *v* kopieren, nachbilden; *sb* Kopie *f* Abschrift *f*; *(text of an advertisement or article)* Text *m*

copyright [ˈkɒpɪraɪt] *sb* Copyright *n*, Urheberrecht *n*

copywriter [ˈkɒpɪraɪtə] *sb* Werbetexter(in) *m/f*

corporate culture [ˈkɔːpərɪt ˈkʌltʃə] *sb* Unternehmenskultur *f*

corporate identity [ˈkɔːpərɪt aɪˈdentɪti] *sb* Corporate Identity *f*, (Darstellung eines Unternehmens)

corporate strategy [ˈkɔːpərɪt ˈstrætədʒi] *sb* Unternehmensstrategie *f*

corporation [kɔːpəˈreɪʃən] *sb* Handelsgesellschaft *f*; *(US)* Aktiengesellschaft *f*

corporation tax [kɔːpəˈreɪʃən tæks] *sb* Unternehmenssteuer *f*, Körperschaftssteuer *f*

correspond [kɒrɪsˈpɒnd] *v (letters)* korrespondieren, in Briefwechsel stehen

correspondence [kɒrɪsˈpɒndəns] *sb (letter writing)* Korrespondenz *f*

cost [kɒst] *v irr* kosten; *sb* Kosten *pl*; at no ~ kostenlos; *(fig)* Preis *m*

cost accounting centre [kɒst əˈkaʊntɪŋ ˈsentə] *sb* Kostenstelle *f*

cost advantage [kɒst ədˈvɑntɪdʒ] *sb* Kostenvorteil *m*

cost allocation [kɒst æləˈkeɪʃən] *sb* Kostenverrechnung *f*

cost centre [kɒst ˈsentə] *sb* Kostenstelle *f*

cost escalation [kɒst eskəˈleɪʃən] *sb* Kostenexplosion *f*

cost estimate [kɒst ˈestɪmət] *sb* Kostenvoranschlag *m*

cost of acquisition [ˈkɒst əv ækwɪˈzɪʃən] *sb* Anschaffungskosten *pl*

cost of wages [ˈkɒstəv ˈweɪdʒɪz] *sb* Lohnkosten *pl*

cost price [kɒst praɪs] *sb* Selbstkostenpreis *m*, Einstandspreis *m*

cost reduction [kɒst rɪˈdʌkʃən] *sb* Kostensenkung *f*

cost-benefit analysis [kɒstˈbenɪfɪt əˈnælɪsɪs] *sb* Kosten-Nutzen-Analyse *f*

cost-effective [kɒstɪˈfektɪv] *adj* rentabel

costly [ˈkɒstli] *adj* teuer, kostspielig

costs per unit [kɒsts pɜ ˈjuːnɪt] *sb* Stückkosten *pl*

council tax [ˈkaʊnsl tæks] *sb (UK)* Gemeindesteuer *f*

counsel [ˈkaʊnsl] *sb* Anwalt/Anwältin *m/f*

count [kaʊnt] *sb* Zählung *f*; *v* zählen; mitgezählt werden

count in [kaʊnt ɪn] *v* mitzählen, mitrechnen; *Count me in!* Ich bin dabei!

counter [ˈkaʊntə] *sb* Ladentisch *m*, Theke *f*; *under the* ~ illegal, unter dem Ladentisch

counterclaim [ˈkaʊntəkleɪm] *sb* Gegenanspruch *m*

counter entry [ˈkaʊntə ˈentri] *sb* Storno *n*

counterfeit [ˈkaʊntəfɪt] *adj* gefälscht *sb* Fälschung *f*

counterfeiter ['kaʊntəfɪtə] *sb* Fälscher *m*

counteroffer ['kaʊntərɒfə] *sb* Gegenangebot *n*, Gegebot *n*

countersign [kaʊntə'saɪn] *v* gegenzeichnen

countries outside the customs frontier ['kʌntri:z aʊt'saɪd ðə 'kʌstəmz 'frʌntɪə] *sb* Zollausland *n*

country of origin ['kʌntri əv 'ɒrɪdʒɪn] *sb* Herkunftsland *n*

country of purchase ['kʌntri əv 'pɜtʃɪs] *sb* Einkaufsland *n*

coupon ['ku:pɒn] *sb* Gutschein *m*, Kupon *m*

courier ['kʊrɪə] *sb* Eilbote *m*, Kurier *m*

court [kɔ:t] *sb (~ of law)* Gericht *n*

court fees [kɔ:t fi:z] *pl* Gerichtskosten *pl*

court of arbitration [kɔ:t əv a:bɪ'treɪʃən] *sb* Schiedsgericht *n*

court order [kɔ:t 'ɔ:də] *sb* Gerichtsbeschluss *m*

courtroom ['kɔ:tru:m] *sb* Gerichtssaal *m*

cover ['kʌvə] *sb* Deckung; *v (a loan, a check)* decken; *(costs)* bestreiten; *(insure)* versichern; *(include)* einschließen

cover note ['kʌvə nəʊt] *sb (UK)* Deckungszusage *f*

covering letter ['kʌvərɪŋ 'letə] *sb* Begleitbrief *m*

covin ['kʌvɪn] *sb* Komplott *n*

craft [kra:ft] *sb (trade)* Handwerk *n*, Gewerbe *n*; *arts and ~s* Kunstgewerbe *n*

craftsman ['kra:ftsmən] *sb* Handwerker *m*

crash [kræʃ] *v (fam: computer)* abstürzen; bankrott gehen; *sb (stock market ~)* Börsenkrach *m*

credential [krɪ'denʃl] *sb* Beglaubigungsschreiben *n*; *~s pl* Ausweispapiere *pl*

credit ['kredɪt] *sb* Kredit *m*; *(balance)* Guthaben *n*, Haben *n*; *v* gutschreiben

credit account ['kredɪt ə'kaʊnt] *sb* Kreditkonto *n*

credit advice ['kredɪt əd'vaɪs] *sb* Gutschriftsanzeige *f*

credit against securities ['kredɪt ə'genst sɪ'kjʊrɪtɪz] *sb* Lombardkredit *m*

credit business ['kredɪt 'bɪznɪs] *sb* Kreditgeschäft *n*

credit by way of bank guarantee ['kredɪt baɪ weɪ əv bæŋk gærən'ti:] *sb* Bürgschaftskredit *m*

credit card ['kredɪt ka:d] *sb* Kreditkarte *f*

credit commission ['kredɪt kə'mɪʃən] *sb* Kreditprovision *f*

credit institution ['kredɪt ɪnstɪ'tju:ʃən] *sb* Kreditinstitut *n*

credit insurance ['kredɪt ɪn'ʃʊərəns] *sb* Kreditversicherung *f*

credit interest ['kredɪt 'ɪntrest] *sb* Habenzinsen *pl*

credit line ['kredɪt laɪn] *sb* Kreditlinie *f*

credit margin ['kredɪt 'ma:dʒɪn] *sb* Kreditrahmen *m*

credit on real estate ['kredɪt ɒn rɪəl ɪ'steɪt] *sb* Realkredit *m*

credit policy ['kredɪt 'pɒlɪsi] *sb* Kreditpolitik *f*

credit purchase ['kredɪt 'pɜ:tʃəs] *sb* Kreditkauf *m*

credit restriction ['kredɪt rɪs'trɪkʃən] *sb* Kreditrestriktion *f*

credit side ['kredɪt saɪd] *sb* Habenseite *f*

credit standing ['kredɪt 'stændɪŋ] *sb* Kreditwürdigkeit *f*

credit transaction ['kredɪt træns'ækʃən] *sb* Aktivgeschäft *n*

creditor ['kredɪtə] *sb* Gläubiger *m*

creditors' meeting ['kredɪtəz 'mi:tɪŋ] *sb* Gläubigerversammlung *f*

creditworthiness ['kredɪtwɜ:ðɪnəs] *sb* Kreditwürdigkeit *f*

creditworthy [ˈkredɪtwɜːði] *adj* kreditwürdig
creeping inflation [ˈkriːpɪŋ ɪnˈfleɪʃən] *sb* schleichende Inflation *f*
crisis-proof [ˈkraɪsɪspruːf] *adj* krisenfest, krisensicher
crossed cheque [krɒst tʃek] *sb* Verrechnungsscheck *m*
culpable [ˈkʌlpəbl] *adj* schuldig
cumulate [ˈkjuːmjʊleɪt] *v* akkumulieren, anhäufen
curator [kjʊˈreɪtə] *sb* Pfleger *m*, Kurator *m*
currency [ˈkʌrənsi] *sb* Währung *f*
currency account [ˈkʌrənsi əˈkaʊnt] *sb* Währungskonto *n*
currency agreement [ˈkʌrənsi əˈgriːmənt] *sb* Währungsabkommen *n*
currency clause [ˈkʌrənsi klɔːz] *sb* Währungsklausel *f*
currency risk [ˈkʌrənsi rɪsk] *sb* Währungsrisiko *n*
currency union [ˈkʌrənsi ˈjuːnjən] *sb* Währungsunion *f*
currency zone [ˈkʌrənsi zəʊn] *sb* Währungszone *f*
current account [ˈkʌrənt əˈkaʊnt] *sb* laufende Rechnung *f*
current assets [ˈkʌrənt ˈæsets] *sb* Umlaufvermögen *n*
current market value [ˈkʌrənt ˈmɑːkɪt ˈvælju:] *sb* gegenwärtiger Marktwert *m*
curriculum vitae [kəˈrɪkjʊləm ˈviːtaɪ] *sb (UK)* Lebenslauf *m*
cursor [ˈkɜːsə] *sb* Cursor *m*
custody [ˈkʌstədi] *sb* Verwahrung *f*, Aufsicht *f*
custom [ˈkʌstəm] *adj* maßgefertigt; *sb* Kundschaft *f*
customer [ˈkʌstəmə] *sb* Kunde/Kundin *m/f*

customer survey [ˈkʌstəmə ˈsɜːveɪ] *sb* Kundenbefragung *f*, Kundenumfrage *f*
customs [ˈkʌstəmz] *pl* Zoll *m*
customs application [ˈkʊstəmz æplɪˈkeɪʃən] *sb* Zollantrag *m*
customs convention [ˈkʌstəmz kənˈvenʃən] *sb* Zollabkommen *n*
customs declaration [ˈkʌstəmz dekləˈreɪʃən] *sb* Zollerklärung *f*
customs documents [ˈkʌstəmz ˈdɒkjəmənts] *pl* Zollpapiere *pl*
customs drawback [ˈkʌstəmz ˈdrɔːbæk] *sb* Rückzoll *m*
customs duties [ˈkʌstəmz ˈdjuːtiz] *pl* Zollgebühren *pl*
customs frontier [ˈkʌstəmz ˈfrʌntɪə] *sb* Zollgrenze *f*
customs inspection [ˈkʌstəmz ɪnˈspekʃən] *sb* Zollkontrolle *f*
customs invoice [ˈkʌstəmz ˈɪnvɔɪs] *sb* Zollfaktura *f*
customs official [ˈkʌstəmz əˈfɪʃəl] *sb* Zollbeamte(r)/Zollbeamtin *m/f*
customs procedure [ˈkʌstəmz prəˈsiːdʒə] *sb* Zollverkehr *m*
customs seal [ˈkʌstəmz siːl] *sb* Zollverschluss *m*
customs tariff [ˈkʌstəmz ˈtærɪf] *sb* Zolltarif *m*
customs territory [ˈkʌstəmz ˈterɪtəri] *sb* Zollgebiet *n*
customs union [ˈkʌstəmz ˈjuːnjən] *sb* Zollunion *f*
customs warehouse procedure [ˈkʌstəmz ˈweəhaʊs prəˈsiːdʒə] *sb* Zolllagerung *f*
cut back [kʌt bæk] *v irr (reduce)* kürzen, verringern
cut down [kʌt daʊn] *v irr (reduce expenditures)* sich einschränken
cutback [ˈkʌtbæk] *sb* Kürzung *f*

D

daily ['deɪli] *adj* täglich, Tages...
damage ['dæmɪdʒ] *v* schaden, beschädigen, schädigen; *sb* Schaden *m*, Beschädigung *f;* ~s *pl (compensation for ~s)* Schadenersatz *m*
damage by sea ['dæmɪdʒ baɪ siː] *sb* Havarie *f*
damage limitation ['dæmɪdʒ lɪmɪ'teɪʃən] *sb* Schadensbegrenzung *f*
damage report ['dæmɪdʒ rɪ'pɔːt] *sb* Schadensbericht *m*, Havariezertifikat *n*
danger ['deɪndʒə] *sb* Gefahr *f*
danger money ['deɪndʒə 'mʌni] *sb* Gefahrenzulage *f*
data ['deɪtə] *sb* Daten *pl*, Angaben *pl*
data bank ['deɪtə bæŋk] *sb* Datenbank *f*
database ['deɪtəbeɪs] *sb* Datenbank *f*
data collection ['deɪtə kə'lekʃən] *sb* Datenerfassung *f*
data entry ['deɪtə 'entri] *sb* Datenerfassung *f*
data medium ['deɪtə 'miːdiəm] *sb* Datenträger *m*
data processing ['deɪtə 'prəʊsesɪŋ] *sb* Datenverarbeitung *f*
data protection ['deɪtə prə'tekʃən] *sb* Datenschutz *m*
data security ['deɪtə sɪkjʊərəti] *sb* Datensicherung *f*
data transmission ['deɪtə trænz'mɪʃən] *sb* Datenfernübertragung *f*
date [deɪt] *v* datieren; *sb* Datum *n*, Termin *m*
date of arrival ['deɪt əv ə'raɪvl] *sb* Ankunftsdatum *n*, Ankunftstermin *m*
date of delivery ['deɪt əv dɪ'lɪvəri] *sb* Liefertermin *m*

date of payment ['deɪt əv 'peɪmənt] *sb* Zahlungstermin *m*
day of expiry [deɪ əv ɪks'paɪri] *sb* Verfallstag *m*
dead capital [ded 'kæpɪtl] *sb* totes Kapital *n*
deadline ['dedlaɪn] *sb* letzter Termin *m*, Frist *f; set a ~* eine Frist setzen; *meet the ~* die Frist einhalten
deal [diːl] *sb* Geschäft *n*, Handel *m*, Abkommen *n; make a ~ with s.o.* mit jdm ein Geschäft machen
deal with [diːl wɪð] *v irr (to be concerned with, to be about)* handeln von; *(work on)* sich befassen mit, sich kümmern um, in Angriff nehmen; *(successfully handle)* erledigen, fertig werden mit; *(do business with)* verhandeln mit, Geschäfte machen mit
dealer ['diːlə] *sb* Händler(in) *m/f*
dealership ['diːləʃɪp] *sb* Händlerbetrieb *m*
dealing before official hours ['diːlɪŋ bɪ'fɔː ə'fɪʃl 'aʊəz] *adv* Vorbörse *f*
debenture [dɪ'bentʃə] *sb* Schuldschein *m*
debenture bond [dɪ'bentʃə bɒnd] *sb* Schuldverschreibung *f*
debenture loan [dɪ'bentʃə ləʊn] *sb* Obligationsanleihe *f*
debit ['debɪt] *v* debitieren, belasten; *sb* Soll *n*, Belastung *f*
debit card ['debɪt kɑːd] *sb* Kundenkreditkarte *f*
debit entry ['debɪt 'entri] *sb* Lastschrift *f*
debit note ['debɪt nəʊt] *sb* Lastschrift *f*
debt [det] *sb* Schuld *f; to be in ~* verschuldet sein; *repay a ~* eine Schuld begleichen

debtor ['detə] *sb* Schuldner(in) *m/f*, Debitor(in) *m/f*

debts [dets] *sb* Schulden *pl*

debug [di:'bʌg] *v* von Fehlern befreien

deceit [dɪ'si:t] *sb* Betrug *m*, Täuschung *f*

deceive [dɪ'si:v] *v* täuschen, betrügen

decentralization [di:sentrəlaɪ'zeɪʃən] *sb* Dezentralisierung *f*

decentralize [di:'sentrəlaɪz] *v* dezentralisieren

decision [dɪ'sɪʒən] *sb* Entscheidung *f*, Entschluss *m*, Beschluss *m; make a ~* eine Entscheidung treffen

decision-making [dɪ'sɪʒənmeɪkɪŋ] *sb* Entscheidungsfindung *f*

declarable [dɪ'klɛərəbl] *adj* zu verzollen

declare [dɪ'klɛə] *v* verzollen

decline [dɪ'klaɪn] *v (business, prices)* zurückgehen; *(not accept)* ablehnen

decline in prices [dɪ'klaɪn ɪn 'praɪsɪz] *sb* Preisverfall *m*, Preisrückgang *m*

decode [di:'kəʊd] *v* dekodieren, entschlüsseln, dechiffrieren

decoration [dekə'reɪʃən] *sb* Schmuck *m*, Dekoration *f*, Verzierung *f*

decrease [di:'kri:s] *v* abnehmen, sich vermindern, nachlassen; *(sth)* verringern, vermindern, reduzieren; *sb* Abnahme *f*, Verminderung *f*, Verringerung *f*, Rückgang *m*

decrease in demand [di:'kri:s ɪn dɪ'mænd] *sb* Nachfragerückgang *m*, Verringerung der Nachfrage *f*

decrease in value [di:'kri:s ɪn 'vælju:] *sb* Wertminderung *f*

decree [dɪ'kri:] *sb* Verordnung *f*, Verfügung *f*

deductible [dɪ'dʌktɪbl] *adj* abzugsfähig; *(tax ~)* absetzbar

deduction [dɪ'dʌkʃən] *sb (from a price)* Nachlass *m; (from one's wage)* Abzug *m; (act of deducting)* Abzug *m*, Abziehen *n*

deed [di:d] *sb (document)* Urkunde *f*, Dokument *n*

deed of partnership [di:d əv 'pɑ:tnəʃɪp] *sb* Gesellschaftsvertrag *m*

default [dɪ'fɔ:lt] *sb* Versäumnis *n*, Nichterfüllung *f; (failure to pay)* Nichtzahlung *f*; *v ~ on a debt* seine Schuld nicht bezahlen

default interest [dɪ'fɔ:lt 'ɪntrest] *sb* Verzugszinsen *pl*

default of delivery [dɪ'fɔ:lt əv dɪ'lɪvəri] *sb* Lieferverzug *m*

default risk [dɪ'fɔ:lt rɪsk] *sb* Ausfallrisiko *n*

defaulter [dɪ'fɔ:ltə] *sb* säumiger Schuldner *m*, nichterscheinende Partei *f*

defect ['di:fekt] *sb* Fehler *m*, Mangel *m*

defective [dɪ'fektɪv] *adj* fehlerhaft, mangelhaft; *(machine)* fehlerhaft, defekt

deferment [dɪ'fɜ:mənt] *sb* Verschiebung *f*, Verlegung *f*

deferred payment [dɪ'fɜ:d 'peɪmənt] *sb* Ratenzahlung *f*

deficiency [dɪ'fɪʃənsi] *sb (shortage)* Mangel *m*, Fehlen *n; (defect)* Mangelhaftigkeit *f*, Schwäche *f*

deficiency guarantee [dɪ'fɪʃənsi gærən'ti:] *sb* Ausfallbürgschaft *f*

deficiency payment [dɪ'fɪʃənsi 'peɪmənt] *sb* Ausgleichszahlung *f*

deficit ['defɪsɪt] *sb* Defizit *n*, Fehlbetrag *m*

deficit financing ['defɪsɪt 'faɪnænsɪŋ] *sb* Defizitfinanzierung *f*

deflation [di:'fleɪʃən] *sb* Deflation *f*

defraud [dɪ'frɔ:d] *v* betrügen; *~ the revenue (UK)* Steuern hinterziehen

defrauder [dɪ'frɔ:də] *sb* Steuerhinterzieher *m*

defray [dɪ'freɪ] *v* tragen, übernehmen

defrayal [dɪ'freɪəl] *sb* Übernahme *f*
degradable [dɪ'greɪdəbl] *adj* abbaubar
degree of utilisation [dɪ'gri: əv ju:tɪlaɪ'zeɪʃn] *sb* Auslastungsgrad *m*
degressive depreciation [dɪ'gresɪv dɪpri:ʃi'eɪʃən] *sb* degressive Abschreibung *f*
del credere [del 'krədɛə] *sb* Delkredere *n*
delay [dɪ'leɪ] *v (sth, s.o.) (hold up)* aufhalten, hinhalten; *(postpone)* verschieben, aufschieben, hinausschieben; *to be ~ed* aufgehalten werden; *sb* Verspätung *f*, Verzögerung *f*, Aufschub *m*
delay in delivery [dɪ'leɪ ɪn dɪ'lɪvəri] *sb* Lieferverzug *m*, Lieferungsverzögerung *f*
delegate ['delɪgeɪt] *v (a task)* delegieren, übertragen; *(a person)* abordnen, delegieren, bevollmächtigen; *sb* Delegierte(r) *m/f*, bevollmächtigte(r) Vertreter *m*
delegation [delɪ'geɪʃən] *sb* Delegation *f*, Abordnung *f*
delete [dɪ'li:t] *v* streichen; *(data)* löschen
deliver [dɪ'lɪvə] *v* liefern, zustellen, überbringen; *(by car)* ausfahren; *(on foot)* austragen; *(a message)* überbringen; *(~ the post each day)* zustellen; *(~ up: hand over)* aushändigen, übergeben, überliefern; *(an ultimatum)* stellen
deliverable [dɪ'lɪvərəbl] *adj* lieferbar
deliverer [dɪ'lɪvərə] *sb* Lieferant(in) *m/f*
delivery [dɪ'lɪvəri] *sb* Lieferung *f*, Auslieferung *f*; *(of the post)* Zustellung *f*
delivery capacity [dɪ'lɪvəri kə'pæsɪti] *sb* Lieferkapazität *f*
delivery clause [dɪ'lɪvəri klɔ:z] *sb* Lieferklausel *f*
delivery costs [dɪ'lɪvəri kɒsts] *sb* Bezugskosten *pl*, Lieferkosten *pl*
delivery note [dɪ'lɪvəri nəʊt] *sb* Lieferschein *m*

demand [dɪ'mɑnd] *v* verlangen, fordern; *(task)* erfordern, verlangen; *sb* Verlangen *n*, Forderung *f*; *in ~* gefragt, begehrt; *(for goods)* Nachfrage *f*
demand for payment [dɪ'mɑnd fɔ: 'peɪmənt] *sb* Mahnung *f*
demand price [dɪ'mɑnd praɪs] *sb* Geldkurs *m*
demandable [dɪ'mɑndəbl] *adj* einzufordernd
demarcation [dɪmɑ:'keɪʃən] *sb* Abgrenzung *f*, Begrenzung *f*
demurrage [dɪ'mʌrɪdʒ] *sb* Liegegeld *n*, Standgeld *n*, Lagergeld *n*
denationalization [di:næʃnəlaɪ'zeɪʃən] *sb* (Re)Privatisierung *f*
denationalize [di:'næʃnəlaɪz] *v* (re)privatisieren
denomination [dɪnɒmɪ'neɪʃən] *sb (of money)* Nennwert *m*
department [dɪ'pɑ:tmənt] *sb* Abteilung *f*; Ministerium *n*
departure [dɪ'pɑ:tʃə] *sb (of a train, of a bus)* Abfahrt *f*; *(of a plane)* Abflug *m*
deposit [dɪ'pɒzɪt] *v (money)* deponieren, einzahlen; *sb (to a bank account)* Einzahlung *f*; *have thirty marks on ~* ein Guthaben von dreißig Mark haben; *(returnable security)* Kaution *f*; *(down payment)* Anzahlung *f*
deposit account [dɪ'pɒzɪt ə'kaʊnt] *sb* Sparkonto *n*
deposit banking [dɪ'pɒzɪt 'bæŋkɪŋ] *sb* Depotgeschäft *n*
deposit money [dɪ'pɒzɪt 'mʌni] *sb* Buchgeld *n*
deposit transactions passive [dɪ'pɒzɪt træn'zækʃəns 'pæsɪv] *sb* Passivgeschäft *n*
depositary [dɪ'pɒzɪtəri] *sb* Treuhänder *m*
depositor [dɪ'pɒzɪtə] *sb* Einzahler *m*

depository [dɪ'pɒzɪtəri] *sb* Verwahrungsort *m*, Aufbewahrungsort *m*

depot ['depəʊ] *sb* Depot *n*

depreciable [dɪ'priːʃəbl] *adj* entwertend

depreciate [dɪ'priːʃɪeɪt] *v (fall in value)* an Kaufkraft verlieren; *(sth)* mindern

depreciation [dɪpriːʃi'eɪʃən] *sb* Kaufkraftverlust *m*, Abschreibung *f*

depreciation fund [dɪpriːʃi'eɪʃən fʌnd] *sb* Abschreibungsfonds *m*

depressed [dɪ'prest] *adj (market)* schleppend

depression [dɪ'preʃən] *sb* Wirtschaftskrise *f*, Depression *f*

deputy ['depjuti] *sb* Stellvertreter *m*

deregulate [diː'regjuleɪt] *v* freigeben

deregulation [diːregju'leɪʃən] *sb* Deregulierung *f*

dereliction [derɪ'lɪkʃən] *sb* Vernachlässigung *f*, Versäumen *n*

design [dɪ'zaɪn] *v* entwerfen, zeichnen; *(machine, bridge)* konstruieren; *sb (planning)* Entwurf *m*; *(of a machine, of a bridge)* Konstruktion *f*; *(as a subject)* Design *n*; *(pattern)* Muster *n*; *(intention)* Absicht *f*; by ~ absichtlich

designer [dɪ'zaɪnə] *sb* Entwerfer(in) *m/f*, Designer(in) *m/f*

desk [desk] *sb* Schreibtisch *m*, Pult *n*; *(in a store)* Kasse *f*

desktop ['desktɒp] *sb* Arbeitsfläche *f*

destination [destɪ'neɪʃən] *sb* Ziel *n*, Bestimmung *f*; *(of goods)* Bestimmungsort *m*; *(of a traveller)* Reiseziel *n*

destitute ['destɪtjuːt] *adj* mittellos, nicht vermögend, arm

details of order ['diːteɪlz əv 'ɔːdə] *sb* Bestelldaten *pl*, Bestellangaben *pl*

detain [dɪ'teɪn] *v* in Haft nehmen, festnehmen

determination [dɪtɜːmɪ'neɪʃən] *sb (specifying)* Bestimmung *f*, Festsetzung *f*; *(decision)* Entschluss *m*, Beschluss *m*

determine [dɪ'tɜːmɪn] *v (resolve)* sich entschließen, beschließen; *(fix, set)* festsetzen, festlegen; *(be a decisive factor in)* bestimmen, determinieren

detriment ['detrɪmənt] *sb* Nachteil *m*, Schaden *m*

devaluation [diːvæljuː'eɪʃən] *sb* Abwertung *f*

devalue [diː'væljuː] *v* abwerten

develop [dɪ'veləp] *v (sth)* entwickeln; *(~ something already begun)* weiterentwickeln; *(a plot of land)* erschließen

developer [dɪ'veləpə] *sb (property ~)* Bauunternehmer *m*

developing [dɪ'veləpɪŋ] *adj* ~ *country* Entwicklungsland *n*

development [dɪ'veləpmənt] *sb* Entwicklung *f*, Ausführung *f*, Entfaltung *f*; *(economic)* Wachstum *n*, Aufbau *m*

development aid [dɪ'veləpmənt eɪd] *sb* Entwicklungshilfe *f*

development area [dɪ'veləpmənt 'ɛərɪə] *sb* Entwicklungsgebiet *n*

development costs [dɪ'veləpmənt kɒsts] *sb* Entwicklungskosten *pl*

development phase [dɪ'veləpmənt feɪz] *sb* Aufbauphase *f*, Entwicklungsphase *f*

deviation [diːvi'eɪʃən] *sb* Abweichen *n*, Abweichung *f*

deviation from quality [diːvi'eɪʃən frɒm 'kwɒlɪti] *sb* Qualitätsabweichung

device [dɪ'vaɪs] *sb* Gerät *n*, Vorrichtung *f*, Apparat *m*; *(scheme)* List *f*; *leave s.o. to his own ~s* jdn sich selbst überlassen

diagnose ['daɪəgnəʊz] *v* diagnostizieren, eine Diagnose stellen

diagnosis [daɪəg'nəʊsɪs] *sb* Diagnose *f*

diagram ['daɪəgræm] *sb* Diagramm *n*, Schaubild *n*, Schema *n*

dial [daɪl] *v (telephone)* wählen

dial tone ['daɪltəʊn] *sb (US)* Amtszeichen *n*

dialling code ['daɪlɪŋ kəʊd] *sb (UK)* Vorwahl *f*

diameter [daɪ'æmɪtə] *sb* Durchmesser *m*, Diameter *m*

diary ['daɪəri] *sb (appointment book)* Terminkalender *m*

dictaphone ['dɪktəfəʊn] *sb* Diktaphon *n*, Diktiergerät *n*

dictation [dɪk'teɪʃən] *sb* Diktat *n; take ~* ein Diktat aufnehmen

dictionary ['dɪkʃənri] *sb* Wörterbuch *n*, Lexikon *n*

differ ['dɪfə] *v* sich unterscheiden; *(hold a different opinion)* anderer Meinung sein

differentiation [dɪfərenʃɪ'eɪʃən] *sb* Unterscheidung *f*, Differenzierung *f*

digest ['daɪdʒest] *sb* Auslese *f*, Auswahl *f*

digit ['dɪdʒɪt] *sb* Ziffer *f*, Stelle *f*

digital ['dɪdʒɪtəl] *adj* digital, Digital ...

dilatory ['dɪlətəri] *adj* säumig, nachlässig

dime [daɪm] *sb (US)* Zehncentstück *n; It's not worth a ~.* Das ist keinen Heller wert.

dimension [daɪ'menʃən] *sb (measurement)* Abmessung *f*, Maß *n*, Dimension *f; ~s pl* Ausmaß *n*, Umfang *m*, Größe *f*

diminish [dɪ'mɪnɪʃ] *v (to be ~ed)* sich vermindern, abnehmen; *(sth)* verringern, vermindern, verkleinern

dip into [dɪp 'ɪntuː] *v ~ funds* Reserven angreifen

diploma [dɪ'pləʊmə] *sb* Diplom *n*

dipstick ['dɪpstɪk] *sb* Messstab *m*

direct [dɪ'rekt] *v (aim, address)* richten; *~ s.o.'s attention to sth* jds Aufmerksamkeit auf etw lenken; *(order)* anweisen, befehlen; *(supervise)* leiten, lenken, führen

direct access [dɪ'rekt 'ækses] *sb* Direktzugriff *m*

direct debit [dɪ'rekt 'debɪt] *sb (UK)* Einzugsermächtigung *f*

direct investments [dɪ'rekt ɪn'vestmənts] *sb* Direktinvestitionen *pl*

direct ordering [dɪ'rekt 'ɔːdərɪŋ] *sb* Direktbestellung *f*

direct taxes [dɪ'rekt 'taksɪz] *sb* direkte Steuern *pl*

direction [dɪ'rekʃən] *sb (management)* Leitung *f*, Führung *f; ~s pl* Anweisungen *pl; (~s for use)* Gebrauchsanweisung *f*

directive [dɪ'rektɪv] *sb* Direktive *f*, Vorschrift *f*

director [dɪ'rektə] *sb* Direktor(in) *m/f*, Leiter(in) *m/f*

director general [dɪ'rektə 'dʒenərəl] *sb* Generaldirektor *m*

directorate [dɪ'rektərɪt] *sb (body of directors)* Direktorium *n*, Vorstand *m*

directory [dɪ'rektəri] *sb (telephone ~)* Telefonbuch *n; (trade ~)* Branchenverzeichnis *n*

directory inquiries [dɪ'rektəri ɪn'kwaɪərɪːz] *sb (UK)* Telefonauskunft *f*

disability for work [dɪsə'bɪlɪti fɔː wɜːk] *sb* Erwerbsunfähigkeit *f*, Arbeitsunfähigkeit *f*

disabled [dɪs'eɪbld] *adj* behindert, arbeitsunfähig, erwerbsunfähig

disadvantage [dɪsəd'vɑːntɪdʒ] *sb* Nachteil *m*, Schaden *m*

disaffirm [dɪsə'fɜːm] *v* widerrufen

disagree [dɪsə'griː] *v* nicht übereinstimmen, sich nicht einig sein

disagreement [dɪsə'griːmənt] *sb* Uneinigkeit *f; (quarrel)* Meinungsverschiedenheit *f*, Streit *m*

disallow [dɪsə'laʊ] v nicht anerkennen

disapproval [dɪsə'pruːvl] sb Missbilligung f

disapprove [dɪsə'pruːv] v dagegen sein; ~ of sth etw missbilligen

disarmament [dɪs'ɑːməmənt] sb Abrüstung f

disassemble [dɪsə'sembl] v auseinander nehmen, zerlegen

disburse [dɪs'bɜːs] v auszahlen, ausbezahlen

disbursement [dɪs'bɜːsmənt] sb Auszahlung f, Ausbezahlung f

discard [dɪs'kɑːd] v ablegen, aufgeben, ausrangieren

discharge [dɪs'tʃɑːdʒ] v (electricity) entladen; (cargo) löschen; (a debt) begleichen; sb (of electricity) Entladung f; (dismissal) Entlassung f, Freispruch m, Entlastung f; (papers) Entlassungspapier n

discharging expenses [dɪs'tʃɑːdʒɪŋ ɪk'spensɪz] sb Entladungskosten pl, Löschgebühren pl

discipline ['dɪsɪplɪn] v disziplinieren; sb Disziplin f

disclaim [dɪs'kleɪm] v ausschlagen, ablehnen

disclaimer [dɪs'kleɪmə] sb Dementi n, Widerruf m

disclose [dɪs'kləʊz] v bekannt geben; aufdecken

disconnect [dɪskə'nekt] v trennen; (utilities) abstellen; (telephone call) unterbrechen

disconnection [dɪskə'nekʃən] sb (on the telephone) Unterbrechung f

discontinue [dɪskən'tɪnjuː] v (a line of products) auslaufen lassen; (a subscription) abbestellen

discount ['dɪskaʊnt] sb Preisnachlass m, Rabatt m, Abschlag m, Diskont m

discount deduction ['dɪskaʊnt dɪ'dʌkʃən] Skontoabzug m

discount market ['dɪskaʊnt 'mɑːkɪt] sb Diskontmarkt m

discount on advance orders ['dɪskaʊnt ɒn ə'dvɑːns ɔːdəz] sb Vorbestellrabatt m

discount policy ['dɪskaʊnt 'pɒlɪsi] sb Diskontsatz m

discount rate ['dɪskaʊnt reɪt] sb Diskontsatz m

discount store ['dɪskaʊnt stɔː] sb Discountgeschäft n, Discountladen m

discountable [dɪs'kaʊntəbl] adj abzugsfähig

discounting [dɪs'kaʊntɪŋ] sb Abzinsung f

discredit [dɪs'kredɪt] v in Misskredit bringen, in Verruf bringen; sb Misskredit m

discrepancy [dɪs'krepənsi] sb Diskrepanz f, Unstimmigkeit f

discretion [dɪs'kreʃən] sb (tact) Diskretion f; (prudence) Besonnenheit f; (freedom to decide) Gutdünken n, Ermessen n; use your own ~ handle nach eigenem Ermessen

discriminate [dɪ'skrɪmɪneɪt] v ~ against s.o. jdn diskriminieren

discrimination [dɪskrɪmɪ'neɪʃən] sb (differential treatment) Diskriminierung f

discussion [dɪs'kʌʃən] sb Diskussion f, Erörterung f; (meeting) Besprechung f

disinflation [dɪsɪn'fleɪʃən] sb Deflation f

disk crash [dɪsk kræʃ] sb Diskcrash m, Störung eines Laufwerkes f

disk drive ['dɪskdraɪv] sb Laufwerk n

diskette [dɪs'ket] sb Diskette f

dismantle [dɪs'mæntl] v (take apart) zerlegen; (permanently) demontieren

dismantlement [dɪs'mæntlmənt] sb Abbruch m, Demontage f

dismiss [dɪsˈmɪs] v entlassen
dismissal [dɪsˈmɪsəl] sb Entlassung f
disorderly [dɪsˈɔːdəli] adj ~ conduct ungebührliches Benehmen n
dispatch [dɪˈspætʃ] v senden, schicken, absenden; sb (sending) Versand m, Absendung f, Abfertigung f
dispatch case [dɪˈspætʃ keɪs] sb (UK) Aktenmappe f
dispatch department [dɪˈspætʃ dɪˈpɑːtmənt] sb Versandabteilung f
display [dɪˈspleɪ] v (show) zeigen, beweisen; (goods) ausstellen, auslegen; sb Vorführung f; to be on ~ ausgestellt sein; (of goods) Ausstellung f, Auslage f
displayer [dɪˈspleɪə] sb Aussteller m
disposable [dɪsˈpəʊzəbl] adj (thrown away) Einweg-; (available) verfügbar
disposal [dɪsˈpəʊzəl] sb (waste ~ unit) Müllschlucker m; (removal) Beseitigung f; (control) Verfügungsrecht n; place sth at s.o.'s ~ jdm etw zur Verfügung stellen; have sth at one's ~ über etw verfügen; to be at s.o.'s ~ jdm zur Verfügung stehen; (positioning) Aufstellung f
dispose [dɪsˈpəʊz] v ~ of (have at one's disposal) verfügen über
dispossess [dɪspəˈzes] v enteignen
disproportionate [dɪsprəˈpɔːʃənɪt] adj unverhältnismäßig
dispute [dɪsˈpjuːt] v streiten; (a claim) anfechten; sb Streit m, Disput m;
dissociate [dɪˈsəʊʃieɪt] v ~ o.s. from sich distanzieren von
dissolution [dɪsəˈluːʃən] sb Auflösung f, Aufhebung f
distance [ˈdɪstəns] v ~ o.s. from sth sich von etw distanzieren; sb Entfernung f, Ferne f
distribute [dɪˈstrɪbjuːt] v (goods) vertreiben; (dividends) ausschütten

distribution [dɪstrɪˈbjuːʃən] sb (of dividends) Ausschüttung f; (of goods) Vertrieb m, Verteilung f
distribution centre [dɪstrɪˈbjuːʃən ˈsentə] sb Auslieferungslager n
distribution channel [dɪstrɪˈbjuːʃən ˈtʃænl] sb Vertriebskanal m, Vertriebsweg m
distribution of income [dɪstrɪˈbjuːʃən əv ˈɪnkʌm] sb Einkommensverteilung f
distribution store [dɪstrɪˈbjuːʃən stɔː] sb Auslieferungslager n
distributor [dɪˈstrɪbjutə] sb (wholesaler) Großhändler(in) m/f
diversification [daɪvɜːsɪfɪˈkeɪʃən] sb Diversifikation f, Diversifizierung f, Streuung der Aktivitäten f
diversify [daɪˈvɜːsɪfaɪ] v diversifizieren, streuen
dividend [ˈdɪvɪdənd] sb Dividende f; pay ~s (fig) sich bezahlt machen
division [dɪˈvɪʒən] sb Teilung f, Aufteilung f, Einteilung f; (of a firm) Abteilung f
division of labour [dɪˈvɪʒən əv ˈleɪbə] sb Arbeitsteilung f
dock [dɒk] sb Dock n; ~s Hafen m
dockage [ˈdɒkɪdʒ] sb Hafengebühren pl, Dockgebühren pl
dockyard [ˈdɒkjɑːd] sb Werft f
document [ˈdɒkjʊmənt] v beurkunden; sb Dokument n, Urkunde f, Unterlage f
documentary acceptance credit [dɒkjʊˈmentəri əkˈseptəns ˈkredɪt] sb Rembourskredit m
documentary letter of credit [dɒkjʊˈmentəri ˈletər əv ˈkredɪt] sb Dokumentakkreditiv n
dollar clause [ˈdɒlə klɔːz] sb Dollarklausel f
domestic [dəˈmestɪk] adj Innen..., Inland..., Binnen...

domestic consumption [dəˈmestɪk kənˈsʌmpʃn] *sb* Inlandsverbrauch *m*

domestic market [dəˈmestɪk ˈmɑːkɪt] *sb* Binnenmarkt *m*

domestic trade [dəˈmestɪk treɪd] *sb* Binnenhandel *m*

donation [dəʊˈneɪʃən] *sb (thing donated)* Spende *f*, Stiftung *f*, Gabe *f*, Schenkung *f*; *(the act of donating)* Spenden *n*, Stiften *n*

dormant partnership [ˈdɔːmənt ˈpɑːtnəʃɪp] *sb* stille Gesellschaft *f*

double entry bookkeeping [ˈdʌbl ˈentri ˈbʊkkiːpɪŋ] *sb* doppelte Buchführung *f*

double time [ˈdʌbl taɪm] *sb (payment)* hundert Prozent Überstundenzuschlag *m*

doubtful account [daʊtfəl əˈkaʊnt] *sb* zweifelhafte Forderung *f*

Dow-Jones average [daʊˈdʒəʊnʒ ævərɪdʒ] *sb* Dow-Jones-Index *m*

down payment [daʊn ˈpeɪmənt] *sb* Anzahlung *f*

downfall [ˈdaʊnfɔːl] *sb (fig)* Niedergang *m*, Untergang *m*

downgrade [ˈdaʊngreɪd] *v* herunterstufen, herabsetzen

download [ˈdaʊnləʊd] *v* laden

down-ship [ˈdaʊnʃɪp] *sb* Abschwung *m*, Abwärtstrend *m*

downsizing [ˈdaʊnsaɪzɪŋ] *sb* Abbau *m*, Verkleinerung *f*

downswing [ˈdaʊnswɪŋ] *sb* Abwärtstrend *m*

downward trend [ˈdaʊnwəd trend] *sb* Abwärtstrend *m*

draft [drɑːft] *v (draw)* entwerfen, skizzieren; *(write)* aufsetzen, abfassen; *sb* Entwurf *m*

draw [drɔː] *v irr (money from a bank)* abheben; *(a salary)* beziehen

drawee [drɔːˈiː] *sb* Bezogener *m*, Trassat *m*

drawing rights [ˈdrɔːɪŋ raɪts] *sb* Ziehungsrechte *pl*

drive [draɪv] *sb (of a computer)* Laufwerk *n*; *(energy)* Schwung *m*

drop [drɒp] *sb (fall)* Sturz *m*, Fall *m*; *(decrease)* Rückgang *m*, Abfall *m*

drop in expenditure [drɒp ɪn ɪkˈspendɪtʃə] *sb* Ausgabensenkung *f*

due [djuː] *adj (owed)* fällig; *(expected)* fällig, erwartet; *in ~ time* zur rechten Zeit; *in ~ form* vorschriftsmäßig, rechtsgültig

due date [djuː deɪt] *sb* Fälligkeitstag *m*, Fälligkeitstermin *m*

due payment reserved [djuː ˈpeɪmənt rɪˈzɜːvd] *adv* Eingang vorbehalten

dues [djuːz] *pl* Gebühren *pl*

duplicate [ˈdjuːplɪkeɪt] *v* kopieren, vervielfältigen; *sb* Duplikat *n*, Kopie *f*, Doppel *n*; *in ~* in zweifacher Ausfertigung

durability [djʊərəˈbɪlɪti] *sb (of goods)* Haltbarkeit *f*

durable [ˈdjʊərəbl] *adj* haltbar, *~ goods* langlebige Güter *pl*

durable consumer goods [ˈdjʊərəbl kənˈsjuːmə gʊdz] *pl* Gebrauchsgüter *pl*

duration [djuˈreɪʃən] *sb* Länge *f*, Dauer *f*

dutiable [ˈdjuːtɪəbl] *adj* zollpflichtig

duty [ˈdjuːti] *sb (task)* Aufgabe *f*, Pflicht *f*; *(working hours)* Dienst *m*; *on ~* Dienst habend; *to be off ~* dienstfrei haben; *(tax)* Zoll *m*

duty to supply [ˈdjuːti tuː səˈplaɪ] *sb* Belieferungspflicht *f*

duty unpaid [ˈdjuːti ʌnˈpeɪd] *adj* unverzollt

duty-free [djuːtɪˈfriː] *adj* zollfrei

duty-paid [djuːtɪˈpeɪd] *adj* verzollt

DVD-ROM [diːviːdiːˈrɒm] *sb* DVD-ROM *f*

E

earn [ɜːn] *v* verdienen; *(interest)* bringen
earning power ['ɜːnɪŋ 'paʊə] *sb* Verdienstchancen *pl*
earnings ['ɜːnɪŋz] *sb* Verdienst *m*, Bezüge *pl*; *(of a business)* Einnahmen *pl*
ecological [iːkə'lɒdʒɪkəl] *adj* ökologisch
ecologist [ɪ'kɒlədʒɪst] *sb* Ökologe/Ökologin *m/f*, Umweltschützer(in) *m/f*
ecology [ɪ'kɒlədʒi] *sb* Ökologie *f*
economic [ekə'nɒmɪk] *adj* wirtschaftlich, ökonomisch, Wirtschafts...
economic community [ekə'nɒmɪk kə'mjuːnɪti] *sb* Wirtschaftsgemeinschaft *f*
economic crisis [ekə'nɒmɪk 'kraɪsɪs] *sb* Wirtschaftskrise *f*
economic cycle [ekə'nɒmɪk 'saɪkl] *sb* Konjunktur *f*
economic efficiency [ekə'nɒmɪk ɪ'fɪʃənsi] *sb* Wirtschaftlichkeit *f*
economic goods [ekə'nɒmɪk gʊdz] *sb* Wirtschaftsgut *n*
economic growth [ekə'nɒmɪk grəʊθ] *sb* Wirtschaftswachstum *n*
economic policy [ekə'nɒmɪk 'pɒlɪsi] *sb* Wirtschaftspolitik *f*, Konjunkturpolitik *f*
economic process [ekə'nɒmɪk 'prɒses] *sb* Wirtschaftskreislauf *m*
economic union [ekə'nɒmɪk juːnjən] *sb* Wirtschaftsunion *f*
economic upturn [ekə'nɒmɪk 'ʌptɜːn] *sb* Konjunkturbelebung *f*
economical [ekə'nɒmɪkl] *adj* wirtschaftlich, sparsam
economics [ekə'nɒmɪks] *sb (subject)* Volkswirtschaft *f*, Wirtschaftswissenschaften *pl*

economist [e'kɒnəmɪst] *sb* Volkswirtschaftler(in) *m/f*; Betriebswirt(in) *m/f*
economize [e'kɒnəmaɪz] *v* sparen, haushalten
economy [e'kɒnəmi] *sb (system)* Wirtschaft *f*, Ökonomie *f*; *(thrift)* Sparsamkeit *f*; *(measure to save money)* Einsparung *f*, Sparmaßnahme *f*
education [edjʊ'keɪʃən] *sb* Erziehung *f*, Ausbildung *f*, Bildung *f*
effective interest [ɪ'fektɪv 'ɪntrest] *sb* Effektivzins *m*
effectiveness [ɪ'fektɪvnɪs] *sb* Wirksamkeit *f*, Effektivität *f*
efficiency [ɪ'fɪʃənsi] *sb (of a person)* Tüchtigkeit *f*, Fähigkeit *f*; *(of a method)* Effizienz *f*; *(of a machine, of a firm)* Leistungsfähigkeit *f*
efficient [ɪ'fɪʃənt] *adj (person)* tüchtig, fähig, effizient; *(method)* effizient; *(machine, firm)* leistungsfähig
electrical engineering [ɪ'lektrɪkl endʒɪ'nɪərɪŋ] *sb* Elektrotechnik *f*
electrician [ɪlek'trɪʃən] *sb* Elektriker *m*, Elektrotechniker *m*
electricity [ɪlek'trɪsɪti] *sb* Elektrizität *f*
electronic [ɪlek'trɒnɪk] *adj* elektronisch
electronic mail [ɪlek'trɒnɪk meɪl] *sb* E-mail *n*, elektronische Post *f*
electronics [ɪlek'trɒnɪks] *sb* Elektronik *f*
e-mail ['iːmeɪl] *sb* elektronische Post *f*, E-Mail *f*
embargo [ɪm'bɑːgəʊ] *sb* Embargo *n*; *(fig)* Sperre *f*
embark [ɪm'bɑːk] *v* einschiffen; *(goods)* verladen

embarkation [embɑːˈkeɪʃən] *sb (of freight)* Verschiffung *f*, Verladung *f*

embezzlement [ɪmˈbezlmənt] *sb* Veruntreuung *f*, Unterschlagung *f*

employ [ɪmˈplɔɪ] *v* beschäftigen; *(take on)* anstellen; *(use)* anwenden, einsetzen, verwenden

employed [ɪmˈplɔɪd] *adj* berufstätig, beschäftigt

employee [emplɔɪˈiː] *sb* Arbeitnehmer(in) *m/f*, Angestellte(r) *m/f*

employer [ɪmˈplɔɪə] *sb* Arbeitgeber(in) *m/f*, Unternehmer(in) *m/f*

employment [ɪmˈplɔɪmənt] *sb* Arbeit *f*, Stellung *f*, Beschäftigung *f*; *(employing)* Beschäftigung *f*, *(taking on)* Anstellung *f*; *(use)* Anwendung *f*, Einsatz *m*

employment agency [ɪmˈplɔɪmənt ˈeɪdʒənsi] *sb* Stellenvermittlung *f*

employment exchange [ɪmˈplɔɪmənt ɪksˈtʃeɪndʒ] *sb (UK)* Arbeitsamt *n*

employment policy [ɪmˈplɔɪmənt ˈpɒlɪsi] *sb* Beschäftigungspolitik *f*, Arbeitspolitik *f*

emporium [emˈpɔːrɪəm] *sb* Warenhaus *n*

enclosure [ɪnˈkləʊʒə] *sb (in a package)* Anlage *f*

encode [ɪnˈkəʊd] *v* verschlüsseln, chiffrieren, kodieren

end user [end ˈjuːzə] *sb* Endverbraucher *m*

endorsable [ɪnˈdɔːsəbl] *adj* indossabel

endorse [ɪnˈdɔːs] *v (approve of)* billigen, gutheißen; *(a cheque)* auf der Rückseite unterzeichnen, indossieren

endorsee [ɪndɔːˈsiː] *sb* Indossat(in) *m/f*

endorsement [ɪnˈdɔːsmənt] *sb (approval)* Billigung *f*; *(on a cheque)* Indossament *n*, Giro *n*

endow [ɪnˈdaʊ] *v* stiften, eine Stiftung machen an

endowment [ɪnˈdaʊmənt] *sb* Dotierung *f*

energizer [ˈenədʒaɪzə] *sb* Energiequelle *f*

energy [ˈenədʒɪ] *sb* Energie *f*

enforce [ɪnˈfɔːs] *v* durchführen, Geltung verschaffen

enforcement [ɪnˈfɔːsmənt] *sb* Durchführung *f*, Durchsetzung *f*; *(judicial)* Vollstreckung *f*

engage [ɪnˈgeɪdʒ] *v* ~ *in sth* sich an etw beteiligen, sich mit etw beschäftigen; *(employ)* anstellen, einstellen

engaged [ɪnˈgeɪdʒd] *adj (UK: in use, not available)* besetzt, beschäftigt; *(UK) (telephone line)* besetzt

engagement [ɪnˈgeɪdʒmənt] *sb (job)* Anstellung *f*, Stellung *f*; *(appointment)* Verabredung *f*

engineer [endʒɪˈnɪə] *sb* Ingenieur(in) *m/f*, Techniker(in) *m/f*; *v* konstruieren

engineering [endʒɪˈnɪərɪŋ] *sb* Technik *f*, Ingenieurwesen *n*

enjoin [ɪnˈdʒɔɪn] *v* vorschreiben; durch gerichtliche Verfügung untersagen

entailment [ɪnˈteɪlmənt] *sb* Fideikommiss *n*, unveräußerliches Erbe *n*

enter [ˈentə] *v (data)* eingeben

enterprise [ˈentəpraɪz] *sb (an undertaking, a firm)* Unternehmen *n*, *(in general)* Unternehmertum *n*

entitle [ɪnˈtaɪtl] *v* ~ *to (authorize)* berechtigen zu, ein Anrecht geben auf

entitlement [ɪnˈtaɪtlmənt] *sb* Berechtigung *f*, Anspruch *m*

entrepôt [ˈɑ̃trəpəʊ] *sb (warehouse)* Lagerhalle *f*; *(port)* Umschlaghafen *m*

entrepreneur [ɒntrəprəˈnɜː] *sb* Unternehmer(in) *m/f*

entrepreneurial [ɒntrəprəˈnɜːrɪəl] *adj* unternehmerisch

entrepreneurship [ɒntrəprə'nɜːʃɪp] *sb* Unternehmertum *n*

entry ['entri] *sb (notation)* Eintrag *m; (act of entering)* Eintragung *f*, Buchung *f*

entry form ['entri fɔːm] *sb* Anmeldeformular *n*

environmentalist [ɪnvaɪrən'mentəlɪst] *sb* Umweltschützer(in) *m/f*

equation [ɪ'kweɪʒən] *sb* Gleichung *f*

equip [ɪ'kwɪp] *v* ausrüsten, ausstatten, einrichten; *to be ~ped with* verfügen über, ausgestattet sein mit

equipment [ɪ'kwɪpmənt] *sb* Ausrüstung *f; (appliances)* Geräte *pl*, Anlagen *pl*, Apparatur *f; (equipping)* Ausrüstung *f*, Ausstattung *f*

equity ['ekwɪti] *sb* Eigenkapital *n*

equity capital ['ekwɪti 'kæpɪtl] *sb* Eigenkapital *n*

equivalent [ɪ'kwɪvələnt] *sb (monetary ~)* Gegenwert *m*

erase [ɪ'reɪz] *v (data)* löschen; *(fig)* streichen

error message ['erə 'mesɪdʒ] *sb* Fehlermeldung *f*

errors excepted ['erəz ɪk'septɪd] *adv* Irrtum vorbehalten

escape clause [ɪ'skeɪp klɔːz] *sb* Rücktrittsklausel *f*

establish [ɪ'stæblɪʃ] *v (found)* gründen; *(relations)* herstellen, aufnehmen; *(power, a reputation)* sich verschaffen

establishment [ɪ'stæblɪʃmənt] *sb (institution)* Institution *f*, Anstalt *f; (founding)* Gründung *f*

estate [ɪ'steɪt] *sb (possessions)* Besitz *m*, Eigentum *n; (land)* Gut *n; (dead person's)* Nachlass *m*, Erbmasse *f; (rank)* Stand *m; the fourth ~ (fam)* die Presse *f*

estate agent [ɪ'steɪt 'eɪdʒənt] *sb (UK)* Immobilienmakler(in) *m/f*

estimate ['estɪmeɪt] *v* schätzen; *sb* Schätzung *f; rough ~* grober Überschlag *m; (of cost)* Kostenvoranschlag *m*

estimated ['estɪmeɪtɪd] *adj* geschätzt

estimated value ['estɪmeɪtɪd 'væljuː] *sb* Schätzwert, Taxwert *m*

estimation [estɪ'meɪʃən] *sb* Einschätzung *f; in my ~* meiner Einschätzung nach

estimation of cost [estɪ'meɪʃən əv kɒst] *sb* Vorkalkulation *f*

euro ['jʊərəʊ] *sb* Euro *m*

Eurobond ['jʊərəʊbɒnd] *sb* Eurobond *m*

Eurocheque ['jʊərəʊtʃek] *sb* Euroscheck *m*

eurocurrency ['jʊərəʊkʌrənsi] *sb* Eurowährung *f*

Eurodollar ['jʊərəʊdɒlə] *sb* Eurodollar *m*

Euromarket ['jʊərəʊmɑːkɪt] *sb* Euromarkt *m*

European Community [jʊərəʊ'pɪən kə'mjuːnɪti] *sb* Europäische Gemeinschaft *f*

European Monetary System [jʊərə'pɪʊɪən 'mʌnɪtəri 'sɪstəm] *sb* Europäisches Währungssystem *n*

European Parliament [jʊərəʊ'pɪən 'pɑːlɪmənt] *sb* Europäisches Parlament *n*

European patent [jʊərəʊ'pɪən 'peɪtənt] *sb* Europapatent *n*

European Patent Office [jʊərəʊ'pɪən 'peɪtənt 'ɒfɪs] *sb* Europäisches Patentamt *n*

European Payments Union [jʊərəʊ'pɪən 'peɪmənts 'juːnjən] *sb* Europäische Zahlungsunion *f*

evade [ɪ'veɪd] *v (taxes)* hinterziehen; *(an obligation)* sich entziehen

evaluate [ɪ'væljueɪt] *v* bewerten, beurteilen, einschätzen; *(monetary value)* schätzen

evaluation [ɪvælju'eɪʃən] *sb* Bewertung *f*, Beurteilung *f*, Einschätzung *f*; *(of monetary value)* Schätzung *f*

evasion of taxes [ɪ'veɪʃən əv taksɪz] *sb* Steuerhinterziehung *f*

ex dividend [eks 'dɪvɪdənd] *adj* ohne Dividende

ex quay [eks kiː] *adv* ab Kai

ex ship [eks ʃip] *adv* ab Schiff

ex works [eks wɜːks] *adv* ab Werk

examination [ɪgzæmɪ'neɪʃən] *sb* Prüfung *f*

excess [ɪk'ses] *sb* Übermaß *n*; *(remainder)* Überschuss *m*; in ~ of mehr als; ~ profits Mehrgewinn *m*

excessive indebtedness [ɪk'sesɪv ɪn-'detɪdnɪs] *sb* Überschuldung *f*

exchange [ɪks'tʃeɪndʒ] *v* tauschen; *(letters, glances, words)* wechseln; *(currency)* wechseln, umtauschen; *(ideas, stories)* austauschen; *sb* (Um-)Tausch *m*; *(act of exchanging)* Wechseln *n*, bill of ~ Wechsel *m*; *(place)* Wechselstube *f*; *(Stock Exchange)* Börse *f*; *(telephone ~)* Fernvermittlungsstelle *f*; *(switchboard)* Telefonzentrale *f*

exchange arbitrage [ɪks'tʃeɪndʒ 'ɑːbɪtrɑʒ] *sb* Devisenarbitrage *f*

exchange rate [ɪks'tʃeɪndʒ reɪt] *sb* Umrechnungskurs *m*, (Wechsel-)Kurs *m*, Devisenkurs *m*

exchequer [ɪks'tʃekə] *sb* (UK) Schatzamt *n*, Fiskus *m*, Staatskasse *f*

exchequer bond [ɪks'tʃekə bɒnd] *sb* (UK) Schatzanweisung *f*

excisable [ɪk'saɪzəbl] *adj* steuerpflichtig

excise tax ['eksaɪz tæks] *sb* Verbrauchssteuer *f*

exclusive distribution [ɪk'skluːsɪv dɪstrɪ'bjuːʃən] *sb* Alleinvertrieb *m*

executive [ɪg'zekjʊtɪv] *adj* exekutiv, geschäftsführend; *sb* Exekutive *f*, Verwaltung *f*; leitende(r) Angestellte(r) *m/f*

executive level [ɪg'zekjʊtɪv 'levl] *sb* Führungsebene *f*

exercise ['eksəsaɪz] *v (use)* ausüben, geltend machen, anwenden; *sb (use)* Ausübung *f*, Gebrauch *m*, Anwendung *f*

exhibit [ɪg'zɪbɪt] *v (merchandise)* ausstellen, auslegen; *sb (in court)* Beweisstück *n*

exhibition [eksɪ'bɪʃən] *sb* Ausstellung *f*, Schau *f*; *(act of showing)* Vorführung *f*

exhibitor [ɪg'zɪbɪtə] *sb* Aussteller *m*

exoneration [ɪgzɒnə'reɪʃən] *sb* Entlastung *f*

expand [ɪk'spænd] *v* expandieren, sich ausweiten; *(production)* zunehmen

expansion [ɪk'spænʃən] *sb* Ausdehnung *f*, Expansion *f*, Ausweitung *f*

expend [ɪk'spend] *v (energy, time)* aufwenden; *(money)* ausgeben

expenditure [ɪk'spendɪtʃə] *sb* Ausgabe *f*; *(money spent)* Ausgaben *pl*; *(time, energy)* Aufwand *m*

expenditure of material [ɪk'spendɪtʃər əv mə'tɪərɪəl] *sb* Materialaufwand *m*, Materialkosten *pl*

expenditure of time [ɪk'spendɪtʃər əv taɪm] *sb* Zeitaufwand *m*

expense [ɪk'spens] *sb* Kosten *pl*; at my ~ auf meine Kosten; *spare no* ~ keine Kosten scheuen; *at great* ~ mit großen Kosten; ~s *pl (business* ~, *travel* ~) Spesen *pl*, Kosten *pl*; incur ~ Unkosten haben

expense account [ɪk'spens ə'kaʊnt] *sb* Spesenkonto *n*

expenses [ɪk'spensɪz] *sb* Ausgaben *pl*, Spesen *pl*

expensive [ɪk'spensɪv] *adj* teuer, kostspielig

expert ['ekspɜːt] *sb* Sachverständige(r) *m/f*, Experte/Expertin *m/f*, Fachmann/Fachfrau *m/f*

expert witness ['ekspɜːt 'wɪtnɪs] *sb* Sachverständige(r) *m/f*

expiration [ekspɪ'reɪʃən] *sb* Ablauf *m*

expiration date [ekspɪ'reɪʃən deɪt] *sb (US)* Verfallsdatum *n*

expire [ɪk'spaɪə] *v* ablaufen, ungültig werden

expired [ɪk'spaɪəd] *adj* ungültig, abgelaufen

expiry date [ək'spaɪri deɪt] *sb (UK)* Verfallsdatum *n*

exploit [eks'plɔɪt] *v* ausbeuten, ausnutzen; *(commercially)* verwerten

exploitation [eksplɔɪ'teɪʃən] *sb* Ausbeutung *f*, Ausnutzung *f*; *(commercial)* Verwertung *f*

export ['ekspɔːt] *sb* Export *m*, Ausfuhr *f*

export [ek'spɔːt] *v* exportieren, ausführen

export documents ['ekspɔːt 'dɒkjʊmənts] *pl* Ausfuhrpapiere *pl*, Exportpapiere *pl*

export duty ['ekspɔːt 'djuːti] *sb* Exportzoll *m*, Ausfuhrzoll *m*

export factoring ['ekspɔːt 'fæktərɪŋ] *sb* Export-Factoring *n*

export financing ['ekspɔːt 'faɪnænsɪŋ] *sb* Ausfuhrfinanzierung *f*

export licence ['ekspɔːt 'laɪsəns] *sb* Ausfuhrgenehmigung *f*

export order ['ekspɔːt 'ɔːdə] *sb* Exportauftrag *m*

export regulations ['ekspɔːt regjʊ'leɪʃənz] *pl* Exportbestimmungen *pl*, Ausfuhrbestimmungen *pl*

export restriction ['ekspɔːt rɪs'trɪkʃən] *sb* Exportbeschränkung *f*, Ausfuhrbeschränkung *f*

export surplus ['ekspɔːt 'sɜːpləs] *sb* Exportüberschuss *m*

exportation [ekspɔː'teɪʃən] *sb* Export *m*

exporter [ɪk'spɔːtə] *sb* Exporteur *m*

express delivery [ɪk'spres dɪ'lɪvəri] *sb* Eilzustellung *f*

express goods [ɪk'spres gʊdz] *sb* Expressgut *n*

express letter [ɪk'spres 'letə] *sb* Eilbrief *m*

express messenger [ɪk'spres 'mesɪndʒə] *sb* Eilbote *m*

express parcel [ɪk'spres 'pɑːsl] *sb* Eilpaket *n*

express train [ɪk'spres treɪn] *sb* Schnellzug *m*

expropriate [ɪk'sprəʊprieɪt] *v* enteignen

expropriation [ɪksprəʊpri'eɪʃən] *sb* Enteignung *f*

extension [ɪk'stenʃən] *sb* Verlängerung *f*, Prolongation *f*, Nebenanschluss *m*, Apparat *m*; *(individual number)* Durchwahl *f*

extension of credit [ɪk'stenʃən əv 'kredɪt] *sb* Zahlungsaufschub *m*

extent [ɪk'stent] *sb (degree)* Grad *m*, Maß *n*; to a certain ~ in gewissem Maße; to what ~ inwieweit; *(scope)* Umfang *m*, Ausmaß *n*; *(size)* Ausdehnung *f*

extra ['ekstrə] *adv (costing ~)* gesondert berechnet, extra berechnet; *sb* Zugabe *f*

extra charge ['ekstrə tʃɑːdʒ] *sb* Zuschlag *m*

extra pay ['ekstrə peɪ] *sb* Zulage *f*

extradite ['ekstrədaɪt] *v* ausliefern

extradition [ekstrə'dɪʃən] *sb* Auslieferung *f*

extrajudicial [ekstrədʒuː'dɪʃl] *adj* außergerichtlich

extraordinary expenses [ɪk'strɔːdənəri ɪk'spensɪz] *sb* außergewöhnliche Belastung *f*

F

face value [feɪs 'væljuː] *sb* Nennwert *m; take sth at ~ (fig)* etw für bare Münze nehmen

facility [fə'sɪlɪti] *sb* Erleichterung *f;* Kredit *m; facilities pl* Einrichtungen *f/pl*, Anlagen *f/pl*

facsimile [fæk'sɪməli] *sb* Faksimile *n*, Fax *n*

facsimile machine [fæk'sɪməli mə-'fiːn] *sb* Telefaxgerät *n*, Faxgerät *n*

factoring ['fæktərɪŋ] *sb* Finanzierung von Forderungen *f*, Factoring *n*

factory ['fæktəri] *sb* Fabrik *f,* Werk *n*, Betrieb *m*

failure ['feɪljə] *sb* Misserfolg *m*, Fehlschlag *m*, Scheitern *n; (breakdown)* Ausfall *m*, Versagen *n*, Störung *f; (unsuccessful thing)* Misserfolg *m*, Reinfall *m*, Pleite *f; (to do sth)* Versäumnis *n*, Unterlassung *f*

fair [fɛə] *sb (trade show)* Messe *f,* Ausstellung *f*

fake [feɪk] *v* vortäuschen, fingieren; *(forge)* fälschen; *sb* Fälschung *f*

fall [fɔːl] *v irr (decrease)* fallen, sinken, abnehmen; *sb (decrease)* Fallen *n*, Sinken *n*, Abnahme *f*

fare [fɛə] *sb (bus ~, train ~) (charge)* Fahrpreis *m; air ~* Flugpreis *m*

farm product [fɑːm 'prɒdəkt] *sb* Agrarprodukt *n*, landwirtschaftliches Produkt *n*

farming ['fɑːmɪŋ] *sb* Agrarwirtschaft *f,* Landwirtschaft *f*

fashion article ['fæʃən 'ɑːtɪkl] *sb* Modeartikel *m*

fashion fair ['fæʃən fɛə] *sb* Modemesse *f*

fax [fæks] *sb (facsimile transmission)* Fax *n*, Telefax *n; v* faxen

fax machine ['fæks mə'fiːn] *sb* Telefaxgerät *n*, Faxgerät *n*

fax number ['fæks 'nʌmbə] *sb* Telefaxnummer *f*, Faxnummer *f*

fee [fiː] *sb* Gebühr *f*, Honorar *n*

feedback ['fiːdbæk] *sb* Rückkopplung *f*, Feedback *n*

fictitious invoice [fɪk'tɪʃəs 'ɪnvɔɪs] *sb* fingierte Rechnung *f*

fictitious profit [fɪk'tɪʃəs 'prɒfɪt] *sb* Scheingewinn *m*

fictitious transaction [fɪk'tɪʃəs trænz-'ækʃən] *sb* Scheingeschäft *n*

field [fiːld] *sb (profession, ~ of study)* Gebiet *n*, Fach *n*, Bereich *m; the ~ (for a salesman)* Außendienst *m*

field of activity [fiːld əv æk'tɪvɪti] *sb* Tätigkeitsfeld *n*, Tätigkeitsbereich *m*

field of the economy [fiːld əv ðiː e'kɒnəmi] *sb* Wirtschaftszweig *m*, Wirtschaftsbereich *m*

field staff [fiːld stɑːf] *sb* Außendienstmitarbeiter *m*

field work [fiːld wɜːk] *sb (for a salesman)* Außendienst *m*

figure ['fɪgə] *sb (number)* Zahl *f; (digit)* Ziffer *f; (sum)* Summe *f; facts and ~s* klare Information *f*

figure out ['fɪgə aʊt] *v (calculate)* berechnen, ausrechnen

file [faɪl] *v (put in files)* ablegen, abheften, einordnen; *(a petition, a claim)* einreichen, erheben; *sb* Akte *f; on ~* bei den Akten; *(holder)* Aktenordner *m*, Aktenhefter *m*, Sammelmappe *f*, Datei *f*, Ablage *f*, Akte *f*, Datenblock mit Adresse *m*

file card [faɪl kɑːd] *sb* Karteikarte *f*

file name [ˈfaɪl neɪm] *sb* Dateiname *m*
filing [ˈfaɪlɪŋ] *sb* Aktenablage *f*
filing cabinet [ˈfaɪlɪŋ ˈkæbɪnet] *sb* Aktenschrank *m*
fill [fɪl] *v (a job opening)* besetzen; *(take a job opening)* einnehmen
fill in [fɪl ɪn] *v* ~ *for s.o.* für jdn einspringen; *(a form)* ausfüllen; *(information)* eintragen
fill out [fɪl aʊt] *v (a form)* ausfüllen
final control [ˈfaɪnl kənˈtrəʊl] *sb* Endkontrolle *f*, Schlusskontrolle *f*
finance [faɪˈnæns] *v* finanzieren; *sb* Finanz *f*, Finanzwesen *n*; ~s *pl* Finanzen *pl*, Vermögenslage *f*, Finanzlage *f*
financial [faɪˈnænʃl] *adj* finanziell, Finanz..., Wirtschafts...
financial accounting [faɪˈnænʃl əˈkaʊntɪŋ] *sb* Finanzbuchhaltung *f*
financial assets [faɪˈnænʃl ˈæsets] *sb* Geldvermögen *n*
financial difficulties [faɪˈnænʃl dɪfɪkəltiːz] *sb* Zahlungsschwierigkeit *f*
financial equalization [faɪˈnænʃl iːkwəlaɪˈzeɪʃən] *sb* Finanzausgleich *m*
financial failure [faɪˈnænʃl ˈfeɪljə] *sb* finanzieller Zusammenbruch *m*
financial obligation [faɪˈnænʃl ɒblɪˈgeɪʃən] *sb* Obligo *n*
financial policy [faɪˈnænʃl ˈpɒlɪsi] *sb* Geldpolitik *f*, Finanzpolitik *f*
financial report [faɪˈnænʃl rɪˈpɔːt] *sb* Finanzbericht *m*
financial sovereignty [faɪˈnænʃl ˈsɒvrɪnti] *sb* Finanzhoheit *f*
financial standing [faɪˈnænʃl ˈstændɪŋ] *sb* Kreditfähigkeit *f*
financial statement [faɪˈnænʃl ˈsteɪtmənt] *sb* Bilanz *f*
financial year [fɪˈnænʃl jɪə] *sb (UK)* Geschäftsjahr *n*, Rechnungsjahr *n*

financier [faɪˈnænsɪə] *sb* Finanzier *m*, Geldgeber *m*
financing [faɪˈnænsɪŋ] *sb* Finanzierung *f*
financing of building projects [faɪˈnænsɪŋ əv ˈbɪldɪŋ ˈprɒdʒekts] *sb* Baufinanzierung *f*
financing of exports [faɪˈnænsɪŋ əv ˈekspɔːts] *sb* Exportfinanzierung *f*
find [faɪnd] *v irr* befinden für, erklären für
fine [faɪn] *v* mit einer Geldstrafe belegen; *sb* Geldstrafe *f*, Bußgeld *n*
fine print [faɪn prɪnt] *sb the* ~ das Kleingedruckte *n*
finished product [ˈfɪnɪʃt ˈprɒdəkt] *sb* Fertigprodukt *n*, Endprodukt *n*
finishing technique [ˈfɪnɪʃɪŋ tekˈniːk] *sb* Abschlusstechnik *f*
firm [fɜːm] *sb* Firma *f*, Unternehmen *n*, Betrieb *m*
first class [fɜːst klɑːs] *adj* erstklassig; *(train ticket)* erster Klasse
first class quality [fɜːst klɑːs ˈkwɒlɪti] *adj* beste Qualität
fiscal [ˈfɪskəl] *adj* fiskalisch, Finanz..., Steuer...
fiscal audit of operating results [ˈfɪskəl ˈɔːdɪt əv ˈɒpəreɪtɪŋ rɪˈzʌlts] *sb* Betriebsprüfung *f*
fiscal fraud [ˈfɪskəl frɔːd] *sb* Steuerbetrug *m*
fiscal monopoly [ˈfɪskəl məˈnɒpəli] *sb* Finanzmonopol *n*
fiscal policy [ˈfɪskəl ˈpɒlɪsi] *sb* Steuerpolitik *f*, Finanzpolitik *f*
fitter [ˈfɪtə] *sb* Monteur *m*; *(for machines)* Schlosser *m*
fixed annual salary [fɪkst ˈænjʊəl ˈsæləri] *sb* Jahresfixum *n*
fixed assets [fɪkst ˈæsets] *pl* feste Anlagen *pl*, Anlagevermögen *n*

fixed costs [fɪkst kɒsts] *pl* Festkosten *pl*, Fixkosten *pl*
fixed deposit [fɪkst dɪ'pɒsɪt] *sb* Festgeld *n*
fixed exchange [fɪkst ɪks'tʃeɪndʒ] *sb* Mengennotierung *f*
fixed exchange rates [fɪkst ɪks'tʃeɪndʒ reɪts] *sb* feste Wechselkurse *pl*
fixed income [fɪkst 'ɪnkʌm] *sb* Festeinkommen *n*
fixed interest rate [fɪkst 'ɪntrest reɪt] *sb* fester Zins *m*
fixed price [fɪkst praɪs] *sb* Festpreis *m*
fixed sum [fɪkst sʌm] *sb* Fixum *n*
fixing ['fɪksɪŋ] *sb* Fixing *n*, Festsetzen *n*
fixing of a quota ['fɪksɪŋ əv ə 'kwɒtə] *sb* Kontingentierung *f*
flat [flæt] *adj (market)* lau, lahm, lustlos; *(rate, fee)* Pauschal...
flat fee [flæt fiː] *sb* Pauschalgebühr *f*
flat rate [flæt reɪt] *sb* Pauschalbetrag *m*
flexibility [fleksɪ'bɪlɪti] *sb* Flexibilität *f*
flexible exchange rate [fleksɪbl ɪks'tʃeɪndʒ reɪt] *sb* flexibler Wechselkurs *m*
flexitime ['fleksɪtaɪm] *sb* Gleitzeit *f*
floater ['fləʊtə] *sb (employee reassigned from job to job)* Springer *m/f*
floating ['fləʊtɪŋ] *sb* Floating *n*, Wechselkursfreigabe *f*
floating assets ['fləʊtɪŋ 'æsets] *sb* Umlaufvermögen *n*
floating policy ['fləʊtɪŋ 'pɒlɪsi] *sb* Generalpolice *f*
floor price [flɔː praɪs] *sb* Niedrigstkurs *m*
floppy disk ['flɒpi dɪsk] *sb* Diskette *f*, Floppy Disk *f*
fluctuate ['flʌktjʊeɪt] *v* schwanken, fluktuieren
fluctuation [flʌktjʊ'eɪʃən] *sb* Schwankung *f*, Fluktuation *f*

fluctuations in production [flʌktjʊ'eɪʃənz ɪn prə'dʌkʃən] *sb* Produktionsschwankung *f*
fluctuations in requirements [flʌktjʊ'eɪʃənz ɪn rɪk'waɪəmənts] *sb* Bedarfsschwankung *f*
folder ['fəʊldə] *sb* Aktendeckel *m*, Mappe *f*, Schnellhefter *m*; *(brochure)* Faltblatt *n*, Broschüre *f*
follow-up financing ['fɒləʊʌp faɪ'nænsɪŋ] *sb* Anschlussfinanzierung *f*
follow-up order ['fɒləʊʌp 'ɔːdə] *sb* Folgeauftrag *m*
for safekeeping [fɔː seɪf'kiːpɪŋ] *adv* zu treuen Händen
force [fɔːs] *v* ~ *sth on s.o.* jdm etw aufdrängen; *(conditions)* jdm etw auferlegen
force down [fɔːs daʊn] *v (prices)* drücken
force majeure [fɔːs mɑ'ʒɜː] *sb* höhere Gewalt *f*
forced sale [fɔːst seɪl] *sb* Zwangsverkauf *m*
forecast ['fɔːkɑːst] *sb* Voraussage *f*, Vorhersage *f*, Prognose *f*
foreclose [fɔː'kləʊz] *v* ~ *a mortgage* zwangsvollstrecken lassen
foreclosure [fɔː'kləʊzə] *sb* Zwangsvollstreckung *f*
foreign account ['fɒrən ə'kaʊnt] *sb* Auslandskonto *n*
foreign assets ['fɒrən 'æsets] *sb* Auslandsvermögen *n*
foreign bill of exchange ['fɒrən bɪl əv ɪks'tʃeɪndʒ] *sb* Auslandswechsel *m*
foreign bond ['fɒrən bɒnd] *sb* Auslandsanleihe *f*
foreign business ['fɒrən 'bɪznɪs] *sb* Auslandsgeschäft *n*
foreign capital ['fɒrən 'kæpɪtl] *sb* Auslandskapital *n*

foreign currency ['fɒrən 'kʌrənsi] *sb* Devisen *pl*

foreign currency account ['fɒrən 'kʌrənsi ə'kaunt] *sb* Währungskonto *n*, Fremdwährungskonto *n*

foreign currency rate ['fɒrən 'kʌrənsi reɪt] *sb* Sortenkurs *m*

foreign customer ['fɒrən 'kʌstəmə] *sb* Auslandskunde *f*

foreign debts ['fɒrən dets] *sb* Auslandsschulden *pl*

foreign demand ['fɒrən dɪ'mɑnd] *sb* Auslandsnachfrage *f*

foreign exchange ['fɒrən ɪks'tʃeɪndʒ] *sb* Devisen *pl*

foreign exchange balance ['fɒrən ɪks'tʃeɪndʒ 'bæləns] *sb* Devisenbilanz *f*

foreign exchange control ['fɒrən ɪks'tʃeɪndʒ kən'trəul] *sb* Devisenkontrolle *f*

foreign exchange dealings ['fɒrən ɪks'tʃeɪndʒ 'diːlɪŋz] *sb* Devisenhandel *m*

foreign exchange market ['fɒrən ɪks'tʃeɪndʒ 'mɑːkɪt] *sb* Devisenmarkt *m*

foreign exchange offset agreement ['fɒrən ɪks'tʃeɪndʒ ɒf'set ə'griːmənt] *sb* Devisenausgleichsabkommen *n*

foreign exchange operations ['fɒrən ɪks'tʃeɪndʒ ɒpə'reɪʃənz] *sb* Devisenverkehr *m*

foreign exchange outflow ['fɒrən ɪks'tʃeɪndʒ 'autfləu] *sb* Devisenabschluss *m*

foreign exchange rate ['fɒrən ɪks'tʃeɪndʒ reɪt] *sb* Devisenkurs *m*

foreign loan ['fɒrən ləun] *sb* Auslandsanleihe *f*

foreign markets ['fɒrən 'mɑːkɪts] *sb* Auslandsmärkte *pl*

foreign trade ['fɒrən treɪd] *sb* Außenhandel *m*, Außenwirtschaft *f*

foreign trade deficit ['fɒrən treɪd 'defɪsɪt] *sb* Außenhandelsdefizit *n*

foreign trade financing ['fɒrən treɪd faɪ'nænsɪŋ] *sb* Außenhandelsfinanzierung *f*

foreign trade monopoly ['fɒrən treɪd mə'nɒpəli] *sb* Außenhandelsmonopol *n*

foreign workers ['fɒrən 'wɜːkəz] *sb* ausländische Arbeitnehmer *pl*

foreigner ['fɒrɪnə] *sb* Ausländer(in) *m/f*

forestry ['fɒrɪstri] *sb* Forstwirtschaft *f*

forfeit ['fɔːfɪt] *v* verwirken; *sb* Verfall *m*, Verwirkung *f*

forged cheque [fɔːdʒd tʃek] *sb* gefälschter Scheck *m*

form [fɔːm] *sb (document)* Formular *n*, Vordruck *m*

form of address [fɔːm əv ə'dres] *sb* Anrede *f*

formal identity [fɔːml aɪ'dentɪti] *sb* Bilanzkontinuität *f*

formality [fɔː'mælɪti] *sb (a ~)* Formalität *f*; *Let's dispense with the formalities.* Lassen wir die Formalitäten beiseite.

format ['fɔːmæt] *(a disk) v* formatieren; *sb* Format *n*

formation [fɔː'meɪʃən] *sb* Gründung *f*

formation report [fɔː'meɪʃən rɪ'pɔːt] *sb* Gründungsbericht *m*

forward ['fɔːwəd] *v (send on)* nachsenden; *(dispatch)* befördern

forward contract ['fɔːwəd 'kɒntrækt] *sb* Terminkontrakt *m*

forward exchange dealings ['fɔːwəd ɪks'tʃeɪndʒ 'diːlɪŋz] *sb* Devisentermingeschäft *n*

forward merchandise dealings ['fɔːwəd 'mɜːtʃəndaɪz 'diːlɪŋz] *sb* Warentermingeschäft *n*

forward price ['fɔːwəd praɪs] *sb* Terminkurs *m*

forward sale [ˈfɔːwəd seɪl] *sb* Leerverkauf *m*

forwarder [ˈfɔːwədə] *sb* Absender *m*; *(freight)* Spediteur *m*

forwarding [ˈfɔːwədɪŋ] *sb* Versand *m*

forwarding address [ˈfɔːwədɪŋ əˈdres] *sb* Nachsendeadresse *f*

forwarding agent [ˈfɔːwədɪŋ ˈeɪdʒənt] *sb* Spediteur *m*

forwarding goods [ˈfɔːwədɪŋ gʊdz] *sb* Speditionsgut *n*

forwarding merchandise [ˈfɔːwədɪŋ ˈmɜːtʃəndaɪz] *sb* Speditionsgut *n*

found [faʊnd] *v* gründen, errichten

foundation [faʊnˈdeɪʃən] *sb (founding)* Gründung *f*, Errichtung *f*; *(institution)* Stiftung *f*; *(fig: basis)* Grundlage *f*, Basis *f*

founder [ˈfaʊndə] *sb* Gründer(in) *m/f*; *(of a museum, of a charity)* Stifter(in) *m/f*

fraction [ˈfrækʃən] *sb* Bruchteil *m*

fragile [ˈfrædʒaɪl] *adj* zerbrechlich; *"~, handle with care"* „Vorsicht, zerbrechlich"

franchise [ˈfræntʃaɪz] *sb* Konzession *f*, Franchise *n*

franchisee [fræntʃaɪˈziː] *sb* Franchisenehmer *m*

franchising [ˈfræntʃaɪzɪŋ] *sb* Franchising *n*

fraud [frɔːd] *sb* Betrug *m*

fraudulent [ˈfrɔːdjʊlənt] *adj* betrügerisch

fraudulent bankruptcy [ˈfrɔːdjʊlənt ˈbæŋkrʌptsi] *sb* betrügerischer Bankrott *m*

free [friː] *adv (~ of charge)* kostenlos, frei, gratis; *get sth ~* etw umsonst bekommen

free domicile [friː ˈdɒmɪsaɪl] *sb* frei Haus

free enterprise [friː ˈentəpraɪz] *sb* freies Unternehmertum *n*

free ex station [friː eks ˈsteɪʃən] *adv* frei Bahnstation

free ex warehouse [friː eks ˈwɛəhaʊs] *sb* frei Lager

free export [friː ˈekspɔːt] *sb* frei Hafen

free frontier [friː ˈfrʌntɪə] *sb* frei Grenze

free movement of capital [friː ˈmuːvmənt əv ˈkæpɪtl] *sb* freier Kapitalverkehr *m*

free of charge [friː əv tʃɑːdʒ] *adv* kostenlos, unentgeltlich

free of defects [ˈfriː əv ˈdiːfekts] *adv* mangelfrei

free on board [friː ɒn bɔːd] *adv* frei Schiff

free on rail [friː ɒn reɪl] *adv* frei Bahn

free on ship [friː ɒn ʃɪp] *adv* frei Schiff

free port [friː pɔːt] *sb* Freihafen *m*

free station [friː ˈsteɪʃən] *adv* frei Bahnstation

free trade [friː treɪd] *sb* Freihandel *m*

free trade zone [friː treɪd zəʊn] *sb* Freihandelszone *f*

free warehouse [friː ˈwɛəhaʊs] *sb* frei Lager

freedom of trade [ˈfriːdəm əv treɪd] *sb* Gewerbefreiheit *f*

freelance [ˈfriːlɑns] *v* freiberuflich tätig sein; *adv* freiberuflich, freischaffend

freelancer [ˈfriːlɑnsə] *sb* Freiberufler(in) *m/f*; *(with a particular firm)* freie(r) Mitarbeiter(in) *m/f*

freeze [friːz] *v irr (wages)* stoppen, einfrieren; *(assets)* festlegen

freight [freɪt] *sb (goods transported)* Fracht *f*, Frachtgut *n*, Ladung *f*

freight charges [freɪt ˈtʃɑːdʒɪz] *sb* Frachtkosten *pl*, Frachtgebühren *pl*

freight goods [freɪt gʊdz] *sb* Frachtgut *n*
freight paid [freɪt peɪd] *adv* Fracht bezahlt
freight train ['freɪt treɪn] *sb* Güterzug *m*
freighter ['freɪtə] *sb* Frachter *m*, Frachtschiff *n*
fringe benefits [frɪndʒ 'benəfɪts] *pl* zusätzliche Leistungen *pl*
frozen ['frəʊzn] *adj (wages)* eingefroren
frustrate [frʌ'streɪt] *v (plans)* vereiteln, zunichte machen
full employment [fʊl ɪm'plɔɪmənt] *sb* Vollbeschäftigung *f*
full power [fʊl 'paʊə] *adj* Vollmacht *f*
full-time ['fʊltaɪm] *adj* ganztägig, Ganztags...; *adv* ganztags
full-time job ['fʊltaɪm dʒɒb] *sb* Ganztagsstellung *f*
function ['fʌŋkʃən] *v* funktionieren; *sb* Funktion *f*; *(duties)* Aufgaben *pl*, Pflichten *pl*; *(official ceremony)* Feier *f*
function key ['fʌŋkʃən kiː] *sb (of a computer)* Funktionstaste *f*
functional ['fʌŋkʃnl] *adj (in working order)* funktionsfähig

functionary ['fʌŋkʃənəri] *sb* Funktionär *m*
fund [fʌnd] *v (put up money for)* das Kapital aufbringen für; *sb* Fonds *m*; ~s *pl* Mittel *pl*, Gelder *pl*; *to be short of* ~s knapp bei Kasse sein
fungibility [fʌndʒɪ'bɪlɪti] *sb* Fungibilität *f*
further processing ['fɜːðə 'prəʊsesɪŋ] *sb* Weiterverarbeitung *f*
fuse [fjuːz] *v (fig)* verschmelzen, vereinigen
fusion ['fjuːʒən] *sb* Fusion *f*, Verschmelzung *f*
futile ['fjuːtaɪl] *adj* nutzlos, sinnlos, vergeblich
future prospects ['fjuːtʃə prɒspekts] *pl* Zukunftschancen *pl*, Zukunftsaussichten *pl*
futures ['fjuːtʃəz] *pl* Termingeschäfte *pl*
futures business ['fjuːtʃəz 'bɪznɪs] *sb* Termingeschäft *n*
futures market ['fjuːtʃəz 'mɑːkɪt] *sb* Terminbörse *f*
fuzzy logic ['fʌzi 'lɒdʒɪk] *sb* Fuzzylogic *f*

G

gain [geɪn] *v* gewinnen, erwerben, sich verschaffen; *(profit)* profitieren; *sb (increase)* Zunahme *f*, Zuwachs *m*, Gewinn *m*, Profit *m*

gainful ['geɪnfəl] *adj* Gewinn bringend, einträglich

gainfully ['geɪnfəli] *adv* ~ *employed* erwerbstätig

gainings ['geɪnɪŋz] *pl* Gewinn *m*, Verdienst *m*, Einkünfte *pl*

galloping inflation ['gæləpɪŋ ɪn'fleɪʃən] *sb* galoppierende Inflation *f*

gap between interest rates [gæp bɪ'twiːn 'ɪntrest reɪts] *sb* Zinsgefälle *n*

garnish ['gɑːnɪʃ] *v (impound)* pfänden

gas [gæs] *sb* Gas *n*; *(US: petrol)* Benzin *n*; *get* ~ tanken

gas station ['gæsteɪʃən] *sb (US)* Tankstelle *f*

gasoline ['gæsəliːn] *sb (US)* Benzin *n*

gauge [geɪdʒ] *sb* Messgerät *n*, Messer *m*, Anzeiger *m*; *v* eichen

general agent ['dʒenərəl 'eɪdʒənt] *sb* Generalvertreter *m*

general andit ['dʒenərəl 'ɔːdɪt] *sb* ordentliche Buchprüfung *f*

general credit agreements ['dʒenərəl 'kredɪt ə'griːmənts] *sb* allgemeine Kreditvereinbarungen *pl*

general power of attorney ['dʒenərəl 'pauər əv ə'tɜːni] *sb* Generalvollmacht *f*

general strike ['dʒenərəl straɪk] *sb* Generalstreik *m*

general terms of contract ['dʒenərəl tɜːmz əv 'kɒntrækt] *sb* allgemeine Geschäftsbedingungen *pl*

general-purpose [dʒenərəl 'pɜːpəs] *adj* Mehrzweck.., Universal...

generic product [dʒə'nerɪk 'prɒdʌkt] *sb* No-Name-Produkt *n*

gift tax [gɪft tæks] *sb* Schenkungssteuer *f*

gilt-edged [gɪlt'edʒd] *adj* ~ *securities* mündelsichere Wertpapiere *pl*

giro ['dʒaɪrəʊ] *sb (UK)* Giro *n*, Postscheckdienst *m*

giro account ['dʒaɪrəʊ ə'kaʊnt] *sb (UK)* Girokonto *n*

giveaway ['gɪfəweɪ] *sb* Werbegeschenk *n*

global ['gləʊbəl] *adj* global, Welt...

global control ['gləʊbəl kən'trəʊl] *sb* Globalsteuerung *f*

globalization [gləʊbəlaɪ'zeɪʃən] *sb* Globalisierung *f*

glut [glʌt] *v* überschwemmen; *sb* Schwemme *f*, Überangebot *n*

go about [gəʊ ə'baʊt] *v irr (set to work at)* anpacken, in Angriff nehmen

go down [gəʊ daʊn] *v irr (decrease)* zurückgehen, sinken, fallen

go into [gəʊ 'ɪntʊ] *v irr (a profession)* gehen in, einsteigen in

goal [gəʊl] *sb (objective)* Ziel *n*

gold [gəʊld] *sb* Gold *n*

gold bar [gəʊld bɑː] *sb* Goldbarren *m*

gold card [gəʊld kɑːd] *sb* goldene Kreditkarte *f*

gold currency [gəʊld 'kʌrənsi] *sb* Goldwährung *f*

gold market [gəʊld 'mɑːkɪt] *sb* Goldmarkt *m*

gold parity [gəʊld 'pærɪti] *sb* Goldparität *f*

gold price [gəʊld praɪs] *sb* Goldpreis *m*

gold reserves [gəʊld rə'zɜːvz] *pl* Goldreserven *pl*

gold standard [gəʊld 'stændəd] *sb* Goldwährung *f*

goods [gʊdz] *pl* Güter *pl*, Waren *pl*

goods tariff [gʊdz 'tærɪf] *sb* Gütertarif *m*

goodwill [gʊd'wɪl] *sb* Firmenwert *m*, Geschäftswert *m*

go-slow ['gəʊsləʊ] *sb (UK)* Bummelstreik *m*

government ['gʌvəmənt] *sb* Regierung *f*

government grant ['gʌvəmənt grɑnt] *sb* Staatszuschuss *m*, Regierungszuschuss *m*

government loan ['gʌvəmənt ləʊn] *sb* Staatsanleihen *pl*

grace [greɪs] *sb (until payment is due)* Aufschub *m*, Zahlungsfrist *f*

grade [greɪd] *sb (quality)* Qualität *f*, Handelsklasse *f*, Güteklasse *f*; *v (classify)* klassifizieren, sortieren

graduated ['grædʒʊeɪtɪd] *adj* gestaffelt, mit Progression

grant [grɑnt] *v (permission)* erteilen; *(a request)* stattgeben; *(land, pension)* zusprechen, bewilligen; *sb* Subvention *f*

gratis ['grætɪs] *adj* gratis, unentgeltlich, umsonst

gratuity [grə'tjuːɪti] *sb* Gratifikation *f*, Sondervergütung *f*

green card [griːn kɑːd] *sb (for motorists)* grüne Versicherungskarte *f*; *(US: for foreigners)* Arbeits- und Aufenthaltsgenehmigung *f*

grocery ['grəʊsəri] *sb (~ store)* Lebensmittelgeschäft *n*; **groceries** *pl* Lebensmittel *pl*

gross [grəʊs] *adj (total)* brutto, Brutto...

gross domestic product [grəʊs dɒ'mestɪk 'prɒdʌkt] *sb* Bruttoinlandsprodukt *n*

gross income [grəʊs 'ɪnkʌm] *sb* Bruttoeinkommen *n*

gross national product [grəʊs 'næʃənl 'prɒdʌkt] *sb* Bruttosozialprodukt *n*

gross pay [grəʊs peɪ] *sb* Bruttolohn *m*

gross price [grəʊs praɪs] *sb* Bruttopreis *m*

gross proceeds [grəʊs 'prəʊsiːdz] *sb* Rohertrag *m*

gross profit [grəʊs 'prɒfɪt] *sb* Rohgewinn *m*

gross registerton [grəʊs 'redʒɪst tʌn] *sb* Bruttoregistertonne *f*

group [gruːp] *sb* Konzern *m*

grow [grəʊ] *v irr* wachsen, größer werden; *(number)* zunehmen

growing ['grəʊɪŋ] *adj* wachsend; *(increasing)* zunehmend

growth [grəʊθ] *sb* Wachstum *n*, Wachsen *n*, Zuwachs *m*

growth rate [grəʊθ reɪt] *sb* Wachstumsrate *f*

guarantee [gærən'tiː] *v* garantieren, Gewähr leisten; *(a loan, a debt)* bürgen für; *sb* Garantie *f*; *(pledge of obligation)* Bürgschaft *f*; *(deposit, money as a ~)* Kaution *f*

guarantee for proper execution [gærən'tiː fɔː 'prɒpə eksɪ'kjuːʃən] *sb* Gewährleistungsgarantie *f*

guarantee obligation [gærən'tiː ɒblɪ'geɪʃən] *sb* Garantieverpflichtung *f*

guarantee of a bill [gærən'tiː əv ə bɪl] *sb* Aval *m*

guaranty ['gærənti] *sb* Garantie *f*; *(pledge of obligation)* Bürgschaft *f*

guardian ['gɑːdɪən] *sb* Vormund *m*

guide price [gaɪd praɪs] *sb* Orientierungspreis *m*

guideline ['gaɪdlaɪn] *sb (fig)* Richtlinie *f*

guild [gɪld] *sb* Gilde *f*, Zunft *f*, Innung *f*

guildsman ['gɪldzmən] *sb* Mitglied einer Zunft *n*, Mitglied einer Innung *n*

H

hacker [ˈhækə] *sb* Hacker *m*
half-price [ˈhɑːfpraɪs] *adj* um die Hälfte reduziert
hall [hɔːl] *sb (building)* Halle *f*
halt [hɔːlt] *v (come to a ~)* zum Stillstand kommen, anhalten, stehen bleiben
hand [hænd] *sb cash in ~* Kassenbestand *m; (worker)* Arbeitskraft *f*, Arbeiter *m*
handfast [ˈhændfɑst] *adj* durch Handschlag besiegelt
handicraft [ˈhændɪkrɑft] *sb* Kunsthandwerk *n*, Handwerk *n*
handicrafts regulation [ˈhændɪkrɑfts regjʊˈleɪʃən] *sb* Handwerksordnung *f*
handle [ˈhændl] *v (work with, deal with)* sich befassen mit, handhaben; *(succeed in dealing with)* fertig werden mit, erledigen
handling [ˈhændlɪŋ] *sb* Behandlung *f*, Handhabung *f*, Handling *n*
hand-made [ˈhænd meɪd] *adj* handgearbeitet, von Hand gemacht
handwork [ˈhændwɜːk] *sb* Handarbeit *f*
handwritten [ˈhændrɪtən] *adj* handgeschrieben, mit der Hand geschrieben
handy [ˈhændi] *adj (useful)* praktisch; *come in ~* gelegen kommen; *(skilled)* geschickt, gewandt
handyman [ˈhændimæn] *sb* Bastler *m*
harass [həˈræs] *v* belästigen
harbour [ˈhɑːbə] *sb* Hafen *m*
harbour dues [ˈhɑːbə djuːz] *sb* Hafengebühren *pl*
hard copy [hɑːd kɒpi] *sb* Hardcopy *f*, Papierausdruck *m*
hard currency [hɑd ˈkʌrənsi] *sb* harte Währung *f*
hard disk [hɑːd dɪsk] *sb* Festplatte *f*

hard-pressed [ˈhɑːdprest] *adj* unter starkem Druck stehend; *to be ~ to do sth* sich schwer tun, etw zu tun
hardware [ˈhɑːdwɛə] *sb* Hardware *f*
hard-working [hɑːdˈwɜːkɪŋ] *adj* fleißig, leistungsfähig
haul [hɔːl] *v (transport by lorry)* befördern, transportieren
haulage [ˈhɔːlɪdʒ] *sb* Spedition *f*, Rollgeld *n*
have in stock [hæv ɪn stɒk] *v irr* auf Lager haben, vorrätig haben
having legal capacity [hævɪŋ ˈliːgl kəˈpæsɪti] *adj* rechtsfähig
head [hed] *v (lead)* anführen, führen, an der Spitze stehen von; *sb (leader, boss)* Chef(in) *m/f*, Leiter(in) *m/f*, Führer(in) *m/f*
head of department [hed əv dɪˈpɑːtmənt] *sb* Abteilungsleiter *m*
head office [hed ˈɒfɪs] *sb* Zentrale *f*, Hauptbüro *n*, Hauptgeschäftsstelle *f*
headhunter [ˈhedhʌntə] *sb (executive searcher)* Headhunter *m*
heading [ˈhedɪŋ] *sb (on a letter)* (Brief)Kopf *m*
headquarters [ˈhedkwɔːtəz] *sb* Zentrale *f*, Hauptgeschäftsstelle *f*
health care [helθ kɛə] *sb* Gesundheitsfürsorge *f*; *~ reform* Gesundheitsreform *f*
health certificate [helθ səˈtɪfɪkət] *sb* Gesundheitszeugnis *n*
health insurance [helθ ɪnˈʃʊərəns] *sb* Krankenversicherung *f*
hearing [ˈhɪərɪŋ] *sb* Verhandlung *f*, Vernehmung *f*
heavy-duty [heviˈdjuːti] *adj* Hochleistungs..., strapazierfähig

heavyfreight [hevi'freɪt] *sb* Schwergut *n*
hectogram ['hektəgræm] *sb* Hektogramm *n*
height [haɪt] *sb* Höhe *f; (of a person)* Größe *f; (fig)* Höhe *f,* Gipfel *m*
heir [ɛə] *sb* Erbe *m;* ~ **to the throne** Thronfolger *m*
heirdom ['ɛədəm] *sb* Erbe *n*
heiress [ɛə'res] *sb* Erbin *f*
heritage ['herɪtɪdʒ] *sb* Erbe *n,* Erbschaft *f*
hidden reserves ['hɪdn rɪ'zɜvz] *sb* stille Reserve *f*
high [haɪ] *adj* **the ~ season** die Hochsaison *f; adv* **aim ~** *(fig)* sich hohe Ziele setzen
high voltage [haɪ 'vəʊltɪdʒ] *sb* Hochspannung *f*
highest rate ['haɪɪst reɪt] *sb* Höchstkurs *m*
high-priced ['haɪpraɪst] *adj* teuer
high-risk ['haɪrɪsk] *adj* Hochrisiko...
hire [haɪə] *v* mieten; *(give a job to)* anstellen, engagieren; **~ out** vermieten, verleihen; *sb* **for ~** zu vermieten
hired car ['haɪəd kɑː] *sb* Leihwagen *m,* Mietwagen *m*
hire-purchase ['haɪəpɜːtʃɪs] *sb (UK)* Ratenkauf *m,* Teilzahlungskauf *m*
historical costing [hɪ'stɒrɪkl 'kɒstɪŋ] *sb* Nachkalkulation *f*
hold [həʊld] *v irr (shares)* besitzen; *(contain)* fassen; *(truck, plane)* Platz haben für; *(a meeting)* abhalten; *(an office, a post)* innehaben, bekleiden; *sb* Laderaum *m*
holder ['həʊldə] *sb (person)* Besitzer(in) *m/f,* Inhaber(in) *m/f*
holding company ['həʊldɪŋ 'kʌmpəni] *sb* Dachgesellschaft *f,* Holdinggesellschaft *f*
holdings ['həʊldɪŋz] *pl* Besitz *m; (financial)* Anteile *pl*

hold-up ['həʊldʌp] *sb (delay)* Verzögerung *f*
holiday ['hɒlɪdeɪ] *sb* Feiertag *m; (day off)* freier Tag *m*
holiday allowance ['hɒlɪdeɪ ə'laʊəns] *sb* Urlaubsgeld *n*
home banking [həʊm 'bæŋkɪŋ] *sb* Homebanking *n*
home demand [həʊm dɪ'mɑnd] *sb* Inlandsnachfrage *f*
home market [həʊm 'mɑːkɪt] *sb* Binnenmarkt *m*
homepage ['həʊmpeɪdʒ] *sb* Homepage *f*
homework ['həʊmwɜːk] *sb* Heimarbeit *f*
honour ['ɒnə] *v (a cheque)* annehmen, einlösen; *(a credit card)* anerkennen; *(a debt)* begleichen; *(a commitment)* stehen zu; *(a contract)* erfüllen
hospitality [hɒspɪ'tælɪti] *sb* Gastfreundschaft *f,* Bewirtung *f*
hotline ['hɒtlaɪn] *sb* Hotline *f*
hourly wage ['aʊəli weɪdʒ] *sb* Stundenlohn *m*
housebreaking insurance ['haʊsbreɪkɪŋ ɪn'ʃʊərəns] *sb* Einbruchversicherung *f*
household ['haʊshəʊld] *sb* Haushalt *m*
housekeeping account ['haʊskiːpɪŋ ə'kaʊnt] *sb* Wirtschaftsstatistik *f*
housing construction ['haʊzɪŋ kən'strʌkʃən] *sb* Wohnungsbau *m*
huckster ['hʌkstə] *sb* Straßenhändler *m,* Trödler *m; (US: person preparing advertising)* Werbemensch *m*
hype [haɪp] *v (promote, publicize)* aggressiv propagieren; *sb (publicity)* Publizität *f,* aggressive Propaganda *f*
hyperinflation [haɪpərɪn'fleɪʃən] *sb* Hyperinflation *f*
hyperlink ['haɪpəlɪŋk] *sb* Hyperlink *n*
hypermarket ['haɪpəmɑːkɪt] *sb (UK)* Großmarkt *m,* Verbrauchermarkt *m*

I

identification [aɪdentɪfɪ'keɪʃən] *sb* Ausweis *m*, Legitimation *f*
idle ['aɪdl] *adj* müßig, untätig; *(machine)* stillstehend, außer Betrieb
illegal [ɪ'liːgəl] *adj* illegal, ungesetzlich, gesetzwidrig
illicit [ɪ'lɪsɪt] *adj* verboten, illegal
illicit trade [ɪ'lɪsɪt treɪd] *sb* Schwarzhandel *m*
illicit work [ɪ'lɪsɪt wɜːk] *sb* Schwarzarbeit
illiquidity [ɪlɪ'kwɪdɪti] *sb* Illiquidität *f*
immediate delivery [ɪ'miːdɪət dɪ'lɪvəri] *sb* sofortige Lieferung *f*
immediate payment [ɪ'miːdɪət 'peɪmənt] *sb* sofortige Zahlung *f*
immediately [ɪ'miːdɪətli] *adv* umgehend, sofort
impersonal taxes [ɪm'pɜːsənəl 'tæksɪz] *sb* Realsteuern *pl*
implement [ɪmplɪ'ment] *v* durchführen, ausführen
implementation [ɪmplɪmen'teɪʃən] *sb* Ausführung *f*, Durchführung *f*
import [ɪm'pɔːt] *v* einführen, importieren; *sb* Einfuhr *f*, Import *m*; ~s *pl (goods)* Einfuhrartikel *m*, Einfuhrwaren *pl*
import declaration ['ɪmpɔːt deklə'reɪʃən] *sb* Einfuhrerklärung *f*, Importerklärung *f*
import deposit ['ɪmpɔːt dɪ'pɒzɪt] *sb* Importdepot *n*
import documents ['ɪmpɔːt 'dɒkjʊmənts] *pl* Einfuhrpapiere *pl*, Importdokumente *pl*
import duty ['ɪmpɔːt 'djuːti] *sb* Einfuhrzoll *m*, Einfuhrabgabe *f*

import licence ['ɪmpɔːt 'laɪsəns] *sb* Einfuhrgenehmigung *f*, Importlizenz *f*
import permit ['ɪmpɔːt 'pɜːmɪt] *sb* Einfuhrgenehmigung *f*, Importerlaubnis *f*
import quota ['ɪmpɔːt 'kwəʊtə] *sb* Importquote *f*
import restriction ['ɪmpɔːt rɪ'strɪkʃən] *sb* Einfuhrbeschränkung *f*, Importbeschränkung *f*
import trade ['ɪmpɔːt treɪd] *sb* Importhandel *m*
importer [ɪm'pɔːtə] *sb* Importeur *m*, Importfirma *f*
impose [ɪm'pəʊz] *v (a fine)* verhängen; *(a tax)* erheben
imposition [ɪmpə'zɪʃən] *sb* Auferlegung *f*, Verhängung *f*, Erhebung *f*
impost ['ɪmpəʊst] *sb (tax, duty)* Ausgleichsabgabe *f*, Steuer *f*, Einfuhrzoll *m*
impound [ɪm'paʊnd] *v* beschlagnahmen, sicherstellen
imprest [ɪm'prest] *sb* Vorschuss *m*, Spesenvorschuss *m*
improper [ɪm'prɒpə] *adj* unsachgemäß
improve [ɪm'pruːv] *v (sth)* verbessern; *(refine)* verfeinern
improvement [ɪm'pruːvmənt] *sb* Verbesserung *f*, Besserung *f*, Verschönerung *f*
in cash [ɪn'kæʃ] *adv* in bar
in duplicate [ɪn'djuːplɪkət] *adv* in zweifacher Ausfertigung
in lieu of [ɪn ljuː əv] *adv* an Stelle von, anstatt
in rem [ɪn rem] *adv* dinglich
in stock [ɪn stɒk] *adv* auf Lager, vorrätig
inaugurate [ɪ'nɔːgjʊreɪt] *v (an official)* ins Amt einsetzen; *(a building)* einweihen

incapacitated [ɪnkə'pæsɪteɪtɪd] *adj (unable to work)* erwerbsunfähig

incentive [ɪn'sentɪv] *sb* Ansporn *m*, Anreiz *m*

incentive system [ɪn'sentɪv 'sɪstəm] *sb* Anreizsystem *n*

incidental [ɪnsɪ'dentl] *adj* ~ *expenses* Nebenkosten *pl*

incidental labour costs [ɪnsɪ'dentl 'leɪbə kɒsts] *sb* Lohnnebenkosten *pl*

include [ɪn'kluːd] *v* einschließen, enthalten, umfassen; *tax* ~*d* einschließlich Steuer, inklusive Steuer

included in the price [ɪn'kluːdɪd ɪn ðə praɪs] *adv* im Preis inbegriffen, im Preis enthalten

including [ɪn'kluːdɪŋ] *prep* einschließlich, inklusive

inclusive [ɪn'kluːsɪv] *adj* ~ *of* einschließlich, inklusive

income ['ɪnkʌm] *sb* Einkommen *n*, Einkünfte *pl*

income declaration ['ɪnkʌm deklə'reɪʃən] *sb* Einkommenserklärung *f*

income tax ['ɪnkʌm tæks] *sb* Einkommensteuer *f*; ~ *return* Einkommensteuererklärung *f*

incoming ['ɪnkʌmɪŋ] *adj (post)* eingehend

incomplete [ɪnkəm'pliːt] *adj* unvollständig, unvollendet, unvollkommen

incorporate [ɪn'kɔːpəreɪt] *v* gesellschaftlich organisieren; *(US)* als Aktiengesellschaft eintragen

incorporation [ɪnkɔːpə'reɪʃən] *sb* Gründung *f*

increase [ɪn'kriːs] *v* zunehmen; *(amount, number)* anwachsen; *(sales, demand)* steigen; *(sth)* vergrößern; *(taxes, price, speed)* erhöhen; *(performance)* steigern; *sb* Zunahme *f*, Erhöhung *f*, Steigerung *f*

increase in efficiency ['ɪnkriːs ɪn ɪf'ɪʃənsi] *sb* Leistungssteigerung *f*

increase in salary ['ɪnkriːs ɪn 'sæləri] *sb* Gehaltserhöhung *f*

increase in taxes ['ɪnkriːs ɪn 'taksɪz] *sb* Steuererhöhung *f*

increase in wages ['ɪnkriːs ɪn 'weɪdʒɪz] *sb* Lohnerhöhung *f*

increase of capital ['ɪnkriːs əv 'kæpɪtl] *sb* Kapitalerhöhung *f*

increase of the share capital ['ɪnkriːs əv ðə ʃeə 'kæpɪtl] *sb* Kapitalerhöhung *f*

incrimination [ɪnkrɪmɪ'neɪʃən] *sb* Belastung *f*

indebtedness [ɪn'detɪdnɪs] *sb* Verschuldung *f*

indemnification [ɪndemnɪfɪ'keɪʃən] *sb* Entschädigung *f*; *(insurance)* Versicherung *f*

indemnify [ɪn'demnɪfaɪ] *v* entschädigen; *(insurance)* versichern

indemnity [ɪn'demnɪti] *sb* Entschädigung *f*; *(insurance)* Versicherung *f*; *(sum)* Entschädigungssumme *f*

independence [ɪndɪ'pendəns] *sb* Unabhängigkeit *f*, Selbstständigkeit *f*

independent [ɪndɪ'pendənt] *adj* unabhängig, selbstständig

index ['ɪndeks] *sb* Index *m*; Kartei *f*

index card ['ɪndeks kɑːd] *sb* Karteikarte *f*

index clause ['ɪndeks klɔːz] *sb* Indexklausel *f*

index numbers ['ɪndeks 'nʌmbəz] *sb* Kennziffern *pl*

index-linked ['ɪndekslɪŋkd] *adj* sich nach der Inflationsrate richtend

indirect taxes [ɪndɪ'rekt 'tæksɪz] *sb* indirekte Steuern *pl*

indorsement [ɪn'dɔːsmənt] *sb* Indossament *n*

induce [ɪnˈdjuːs] *v* herbeiführen, führen zu, bewirken

inducement [ɪnˈdjuːsmənt] *sb (incentive)* Anreiz *m*, Ansporn *m*

industrial [ɪnˈdʌstrɪəl] *adj* industriell, Industrie..., Betriebs..., Arbeits...

industrial accident [ɪnˈdʌstrɪəl ˈæksɪdənt] *sb* Arbeitsunfall *m*

industrial action [ɪnˈdʌstrɪəl ˈækʃən] *sb (UK)* Arbeitskampfmaßnahmen *pl*

industrial area [ɪnˈdʌstrɪəl ˈɛərɪə] *sb* Industriegebiet *n*

industrial bond [ɪnˈdʌstrɪəl bɒnd] *sb* Industrieobligation *f*

industrial enterprise [ɪnˈdʌstrɪəl ˈentəpraɪz] *sb* Industriebetrieb *m*

industrial espionage [ɪnˈdʌstrɪəl ˈespɪɑnɑːʒ] *sb* Industriespionage *f*

industrial estate [ɪnˈdʌstrɪəl ɪˈsteɪt] *sb (UK)* Industriegebiet *n*

industrial injury [ɪnˈdʌstrɪəl ˈɪndʒərɪ] *sb* Arbeitsunfall *m*, Betriebsunfall *m*

industrial plant [ɪnˈdʌstrɪəl plɑnt] *sb* Industrieanlage *f*

industrial psychology [ɪnˈdʌstrɪəl saɪˈkɒlədʒɪ] *sb* Arbeitspsychologie *f*

industrial undertaking [ɪnˈdʌstrɪəl ʌndəˈtækɪŋ] *sb* Industrieunternehmen *n*

industrialism [ɪnˈdʌstrɪəlɪzm] *sb* Industrialismus *m*

industrialist [ɪnˈdʌstrɪəlɪst] *sb* Industrielle(r) *m/f*

industrialization [ɪndʌstrɪəlaɪˈzeɪʃən] *sb* Industrialisierung *f*

industry [ˈɪndəstrɪ] *sb* Industrie *f*

inefficiency [ɪnɪˈfɪʃənsɪ] *sb* Unproduktivität *f*; Ineffizienz *f*

inefficient [ɪnɪˈfɪʃənt] *adj* unproduktiv; ineffizient

inexperienced [ɪnɪksˈpɪərɪənst] *adj* unerfahren

inexpert [ɪnˈekspɜːt] *adj* unfachmännisch, laienhaft

inferior [ɪnˈfɪərɪə] *adj* niedriger, geringer; *to be ~ to s.o.* jdm unterlegen sein; *(low-quality)* minderwertig

inflate [ɪnˈfleɪt] *v (prices)* hochtreiben, in die Höhe treiben

inflation [ɪnˈfleɪʃən] *sb* Inflation *f*; *rate of ~* Inflationsrate *f*

inflationary [ɪnˈfleɪʃənərɪ] *adj* inflationär, inflationistisch

influence [ˈɪnfluəns] *sb* Einfluss *m*

influential [ɪnfluˈenʃəl] *adj* einflussreich

influx [ˈɪnflʌks] *sb* Zufuhr *f*, Zufluss *m*

infomercial [ɪnfəʊˈmɜːʃəl] *sb* Werbesendung *f*

informal [ɪnˈfɔːməl] *adj* zwanglos, ungezwungen; *(meeting, talks)* nicht förmlich, nicht formell, inoffiziell

information [ɪnfəˈmeɪʃən] *sb* Information *f*; *(provided)* Auskunft *f*, Informationen *pl*

information costs [ɪnfəˈmeɪʃən kɒsts] *sb* Informationskosten *pl*

information desk [ɪnfəˈmeɪʃən desk] *sb* Auskunft *f*, Information *f*

information highway [ɪnfəˈmeɪʃən ˈhaɪweɪ] *sb* Datenautobahn *f*, Datenhighway *m*

information science [ɪnfəˈmeɪʃən ˈsaɪəns] *sb* Informatik *f*

information technology [ɪnfəˈmeɪʃən tekˈnɒlədʒɪ] *sb* Informationstechnologie *f*

infrastructure [ˈɪnfrəstrʌktʃə] *sb* Infrastruktur *f*

infringe [ɪnˈfrɪndʒ] *v ~ upon* verstoßen gegen; *(law, copyright)* verletzen; *~ upon s.o.'s rights* in jds Rechte eingreifen

infringement [ɪnˈfrɪndʒmənt] *sb* Verletzung *f*, Verstoß *m*

inherit [ɪnˈherɪt] *v* erben
inheritable [ɪnˈherɪtəbl] *adj* vererbbar, erblich
inheritance [ɪnˈherɪtəns] *sb* Nachlass *m*, Erbschaft *f*
inheritance tax [ɪnˈherɪtəns tæks] *sb* Erbschaftssteuer *f*
initial contribution [ɪˈnɪʃl kɒntrɪˈbjuːʃən] *sb* Stammeinlage *f*
initial period [ɪˈnɪʃl ˈpɪəriəd] *sb* Anlaufperiode *f*, Anlaufzeit *f*
initialize [ɪˈnɪʃəlaɪz] *v (a computer)* initialisieren
injunction [ɪnˈdʒʌŋkʃən] *sb* gerichtliche Verfügung *f*
inland [ˈɪnlənd] *adj* Inland...
Inland Revenue [ˈɪnlənd ˈrevənjuː] *sb (UK)* Finanzamt *n*
innovate [ˈɪnəveɪt] *v* Neuerungen vornehmen
innovation [ɪnəˈveɪʃən] *sb* Neuerung *f*, Innovation *f*
innovative [ˈɪnəvətɪv] *adj* innovativ, innovatorisch
innovator [ˈɪnəveɪtə] *sb* Erneuerer *m*, Neuerer *m*
inoperative [ɪnˈɒpərətɪv] *adj (not working)* außer Betrieb, nicht einsatzfähig
input [ˈɪnpʊt] *v* eingeben; *sb* Input *m*; *computer* ~ Dateneingabe *f*
input tax [ˈɪnpʊt tæks] *sb* Vorsteuer *f*
input-output analysis [ˈɪnpʊtˈaʊtpʊt əˈnæləsɪs] *sb* Input-Output-Analyse *f*
inquest [ˈɪnkwest] *sb* gerichtliche Untersuchung *f*
inquiry [ɪnˈkwaɪri] *sb* Anfrage *f*
insert [ɪnˈsɜːt] *v (an advertisement)* setzen; [ˈɪnsɜːt] *sb* Beilage *f*
insertion of an advertisement [ɪnˈsɜːʃən əv ən ədˈvɜːtɪsmənt] *sb* Anzeigenschaltung *f*

insolvency [ɪnˈsɒlvənsi] *sb* Zahlungsunfähigkeit *f*, Insolvenz *f*
insolvent [ɪnˈsɒlvənt] *adj* zahlungsunfähig
inspect [ɪnˈspekt] *v* kontrollieren, prüfen, untersuchen
inspection [ɪnˈspekʃən] *sb* Kontrolle *f*, Prüfung *f*, Einsichtnahme *f*
installation [ɪnstəˈleɪʃən] *sb* Montage *f*, Aufbau *m*, Aufstellung *f*
instal(l)ment [ɪnˈstɔːlmənt] *sb* Rate *f*
insta(l)ment plan [ɪnˈstɔːlmənt plæn] *sb* Ratenzahlung *f*
instance [ˈɪnstəns] *sb (court)* Instanz *f*
instruct [ɪnˈstrʌkt] *v* unterrichten; *(tell, direct)* anweisen; *(a jury)* instruieren
instruction [ɪnˈstrʌkʃən] *sb (order)* Anweisung *f*, Instruktion *f*; ~s *pl (for use)* Gebrauchsanweisung *f*
insubordination [ɪnsʌbɔːdɪˈneɪʃən] *sb* Ungehorsamkeit *f*, Insubordination *f*
insulation [ɪnsjʊˈleɪʃən] *sb* Isolierung *f*
insurance [ɪnˈʃʊərəns] *sb* Versicherung *f*
insurance agent [ɪnˈʃʊərəns ˈeɪdʒənt] *sb* Versicherungsvertreter *m*
insurance company [ɪnˈʃʊərəns ˈkʌmpəni] *sb* Versicherungsgesellschaft *f*
insurance contract [ɪnˈʃʊərəns ˈkɒntrækt] *sb* Versicherungsvertrag *m*
insurance coverage [ɪnˈʃʊərəns ˈkʌvərɪdʒ] *sb* Versicherungsschutz *m*
insurance of persons [ɪnˈʃʊərəns əv ˈpɜːsənz] *sb* Personenversicherung *f*
insurance policy [ɪnˈʃʊərəns ˈpɒlɪsi] *sb* Versicherungspolice *f*
insurance premium [ɪnˈʃʊərəns ˈpriːmiəm] *sb* Versicherungsprämie *f*
insure [ɪnˈʃʊə] *v* versichern
insured [ɪnˈʃʊəd] *adj* versichert
insured letter [ɪnˈʃʊəd ˈletə] *sb* Wertbrief *m*

insured person [ɪnˈʃʊəd ˈpɜːsən] *sb* Versicherungsnehmer(in) *m/f*, Versicherte(r) *m/f*

insured sum [ɪnˈʃʊəd sʌm] *sb* Versicherungssumme *f*

insurer [ɪnˈʃʊərə] *sb* Versicherer *m*, Versicherungsträger *m*

integration [ɪntɪˈgreɪʃən] *sb* Integration *f*, Eingliederung *f*

interact [ɪntərˈækt] *v* aufeinander wirken, interagieren

interaction [ɪntərˈækʃən] *sb* Wechselwirkung *f*, Interaktion *f*

interactive [ɪntərˈæktɪv] *adj* interaktiv

intercom [ˈɪntəkɒm] *sb* Gegensprechanlage *f*; Lautsprecheranlage *f*

intercontinental [ɪntəkɒntɪˈnentl] *adj* interkontinental

interdependence [ɪntədɪˈpendəns] *sb* Interdependenz *f*

interest [ˈɪntrest] *sb* Zinsen *pl*; *(share, stake)* Anteil *m*, Beteiligung *f*; *taxation of ~* Zinsbesteuerung *f*

interest account [ˈɪntrest əˈkaʊnt] *sb* Zinsmarge *f*

interest margin [ˈɪntrest ˈmɑːdʒɪn] *sb* Zinsmarge *f*

interest on capital [ˈɪntrest ɒn ˈkæpɪtl] *sb* Kapitalzins *m*

interest rate [ˈɪntrest reɪt] *sb* Zinssatz *m*

interest rate level [ˈɪntrest reɪt ˈlevl] *sb* Zinsniveau *n*

interest rate policy [ˈɪntrest reɪt ˈpɒlɪsi] *sb* Zinspolitik *f*

interested party [ˈɪntrestɪd ˈpɑːti] *sb* Interessent *m*

interest-free [ɪntrestˈfriː] *adj* zinslos

interface [ˈɪntəfeɪs] *sb* Interface *n*, Schnittstelle *f*

interim [ˈɪntərɪm] *adj* vorläufig, Übergangs..., Interims...; *sb* Zwischenzeit *f*

interim account [ˈɪntərɪm əˈkaʊnt] *sb* Zwischenkonto *n*

interim balance sheet [ˈɪntərɪm ˈbæləns ʃiːt] *sb* Zwischenbilanz *f*

interior [ɪnˈtɪərɪə] *adj* Innen..., Binnen...

intermediary [ɪntəˈmiːdɪəri] *sb* Vermittler *m*, Mittelsmann *m*; *act as ~* vermitteln

internal [ɪnˈtɜːnl] *adj (within an organization)* intern; *(within a country)* Innen..., Binnen...

Internal Market of the European Community [ɪnˈtɜːnl ˈmɑːkɪt əv ðə ˈjʊərəʊˈpɪən kəˈmjuːnɪti] *sb* Europäischer Binnenmarkt *m*

international [ɪntəˈnæʃnəl] *adj* international

International Commodity Agreements [ɪntəˈnæʃnəl kəˈmɒdɪti əˈgriːmənts] *sb* Rohstoffabkommen *n*

international economic order [ɪntəˈnæʃnəl ekəˈnɒmɪk ˈɔːdə] *sb* Weltwirtschaftsordnung *f*

international law [ˈɪntənæʃnəl lɔː] *sb* Völkerrecht *n*

international monetary system [ɪntəˈnæʃnəl ˈmʌnɪtəri ˈsɪstəm] *sb* Weltwährungssystem *n*

Internet [ˈɪntənet] *sb* Internet *n*

internship [ɪnˈtɜːnʃɪp] *sb* Praktikum *n*, Volontariat *n*

intervene [ɪntəˈviːn] *v* intervenieren, eingreifen

intervention [ɪntəˈvenʃən] *sb* Intervention *f*, Eingreifen *n*

intervention buying [ɪntəˈvenʃən ˈbaɪɪŋ] *sb* Interventionskäufe *pl*

interview [ˈɪntəvjuː] *sb (formal talk)* Gespräch *n*; *(job ~)* Vorstellungsgespräch *n*

interviewer [ˈɪntəvjuːə] *sb (for a job)* Leiter eines Vorstellungsgesprächs *m*

introduce [ɪntrə'djuːs] *v (s.o.)* vorstellen; *(a subject)* einführen; ~ *o.s.* sich vorstellen

introduction [ɪntrə'dʌkʃən] *sb (to a person)* Vorstellung *f; letter of* ~ Empfehlungsschreiben *n*, Empfehlungsbrief *m; (of a method)* Einführung *f*

introductory discount [ɪntrə'dʌktəri 'dɪskaʊnt] *sb* Einführungsrabatt *m*

invent [ɪn'vent] *v* erfinden

invention [ɪn'venʃən] *sb* Erfindung *f*

inventor [ɪn'ventə] *sb* Erfinder(in) *m/f*

inventory [ɪn'ventəri] *sb* Inventar *n*, Bestandsaufnahme *f; take an* ~ *of sth* Inventar über etw aufnehmen

investigation [ɪnvestɪ'geɪʃən] *sb* Nachforschung *f*, Ermittlung

investigation into tax evasion [ɪnvestɪ'geɪʃən 'ɪntuː 'tæksɪveɪʃən] *sb* Steuerfahndung *f*

investment [ɪn'vestmənt] *sb* Investition *f*, Anlage *f*

investment bank [ɪn'vestmənt bæŋk] *sb* Investmentbank *f*

investment banking [ɪn'vestmənt 'bæŋkɪŋ] *sb* Effektenbankgeschäft *n*

investment business [ɪn'vestmənt 'bɪznɪs] *sb* Emissionsgeschäft *n*

investment capital [ɪn'vestmənt 'kæpɪtl] *sb* Kapitalanlage *f*

investment certificate [ɪn'vestmənt sə'tɪfɪkət] *sb* Investmentzertifikat *n*

investment credit [ɪn'vestmənt 'kredɪt] *sb* Investitionskredit *m*

investment grant [ɪn'vestmənt grɑnt] *sb* Investitionszulage *f*

investment loan [ɪn'vestmənt ləʊn] *sb* Investitionskredit *m*

investment promotion [ɪn'vestmənt prə'məʊʃən] *sb* Investitionsförderung *f*

investment scheme [ɪn'vestmənt skiːm] *sb* Investitionsplan *m*

investment securities [ɪn'vestmənt sɪ'kjʊərɪtiz] *sb* Anlagepapiere *pl*

investment tax [ɪn'vestmənt tæks] *sb* Investitionssteuer *f*

investor [ɪn'vestə] *sb* Kapitalanleger *m*, Investor *m*

invoice ['ɪnvɔɪs] *sb* Rechnung *f*, Faktura *f; v* Rechnung ausstellen, fakturieren

invoice amount ['ɪnvɔɪs ə'maʊnt] *sb* Rechnungssumme *f*

invoice number ['ɪnvɔɪs 'nʌmbə] *sb* Rechnungsnummer *f*

invoice total ['ɪnvɔɪs 'təʊtl] *sb* Rechnungsbetrag *m*

invoicing ['ɪnvɔɪsɪŋ] *sb* Rechnungsstellung *f*

irredeemable [ɪrɪ'diːməbl] *adj (bonds)* unkündbar; *adj (currency)* nicht einlösbar; *(debt, pawned object)* nicht ablösbar

irregularity [ɪregjʊ'lærɪti] *sb* Unregelmäßigkeit *f*

issue ['ɪʃjuː] *v (a command)* ausgeben, erteilen; *(currency)* ausgeben; *(documents)* ausstellen; *(stamps, a newspaper, a book)* herausgeben; *sb (magazine, currency, stamps)* Ausgabe *f; (shares)* Emission *f; (of documents)* Ausstellung *f; date of* ~ Ausstellungsdatum *n, (of stamps)* Ausgabetag *m*

issue of shares ['ɪsjuː əv ʃeəz] *sb* Aktienemission *f*, Aktienausgabe *f*

item ['aɪtəm] *sb (object, thing)* Stück *n*, Ding *n*, Gegenstand *m; (on an agenda)* Punkt *m; (in an account book)* Posten *m; extraordinary* ~ Sonderposten *m*

item of real estate ['aɪtəm əv 'rəlɪsteɪt] *sb* Immobilie *f*

itemize ['aɪtəmaɪz] *v* einzeln aufführen, spezifizieren

itinerary [aɪ'tɪnərəri] *sb* Reiseroute *f*, Reiseplan *m*

J/K

jam [dʒæm] *sb (blockage)* Stauung *f*
jet [dʒet] *sb* Düsenflugzeug *n*, Jet *m*
job [dʒɒb] *sb* Stelle *f*, Job *m*, Stellung *f*; *(piece of work)* Arbeit *f*; *to be paid by the ~* pro Auftrag bezahlt werden; *odd ~s pl* Gelegenheitsarbeiten *pl*; *(duty)* Aufgabe *f*
job centre [dʒɒb 'sentə] *sb (UK)* Arbeitsamt *n*
job demand [dʒɒb dɪ'mɑnd] *sb* Arbeitsnachfrage *f*
job description [dʒɒb dɪs'krɪpʃən] *sb* Tätigkeitsbeschreibung *f*
job lot [dʒɒb lɒt] *sb (of articles)* Posten *m*
job preparation [dʒɒb prepə'reɪʃən] *sb* Arbeitsvorbereitung *f*
job rotation [dʒɒb rəʊ'teɪʃən] *sb* Jobrotation *f*
job sharing [dʒɒb 'ʃɛərɪŋ] *sb* Jobsharing *n*, Teilen einer Arbeitsstelle *n*
jobbing ['dʒɒbɪŋ] *sb* Jobben *n*
joint [dʒɔɪnt] *adj* gemeinsam, Gemeinschafts...
joint publicity [dʒɔɪnt pʌ'blɪsɪti] *sb* Gemeinschaftswerbung *f*
joint-stock company ['dʒɔɪntstɒk 'kʌmpəni] *sb* Kapitalgesellschaft *f*, Aktiengesellschaft *f*
journeyman ['dʒɜːnɪmən] *sb* Geselle *m*
judge [dʒʌdʒ] *v* urteilen; *(sth)* beurteilen; *(consider)* halten für, erachten für
judgement ['dʒʌdʒmənt] *sb* Urteil *n*, Beurteilung *f*; *(estimation)* Einschätzung *f*
judicial [dʒuː'dɪʃəl] *adj* gerichtlich
junior partner ['dʒuːnɪə 'pɑːtnə] *sb* jüngere(r) Teilhaber(in) *m/f*
junk bond [dʒʌŋk bɒnd] *sb* niedrig eingestuftes Wertpapier *n*

junk mail [dʒʌŋk meɪl] *sb* Postwurfsendungen *pl*, Reklame *f*
jurisdiction [dʒʊərɪs'dɪkʃən] *sb* Rechtsprechung *f*, Zuständigkeit *f*
just-in-time [dʒʌstɪn'taɪm] *adv* produziert zur sofortigen Auslieferung
keep [kiːp] *v irr (accounts)* führen; *(an appointment)* einhalten, halten, einlösen; *(run a shop, a hotel)* führen
keeping of an account ['kiːpɪŋ əv ən ə'kaʊnt] *sb* Kontoführung *f*
kerb market [kɜːb mɑːkɪt] *sb* Nachbörse *f*, Freiverkehr *m*
key [kiː] *sb* Schlüssel *m*; *(of a typewriter, of a keyboard)* Taste *f*
key currency [kiː 'kʌrənsi] *sb* Leitwährung *f*
key money [kiː mʌni] *sb* Provision *f*
key rate [kiː reɪt] *sb* Leitzins *m*
keyboard ['kiːbɔːd] *sb* Tastatur *f*
keystroke ['kiːstrəʊk] *sb* Anschlag *m*
kilobyte ['kɪləbaɪt] *sb* Kilobyte *n*
kilogramme ['kɪləgræm] *sb (UK)* Kilogramm *n*
kilohertz ['kɪləhɜːts] *sb* Kilohertz *n*
kilometre [kɪ'lɒmɪtə] *sb* Kilometer *m*
kiloton ['kɪlətʌn] *sb* Kilotonne *f*
kilovolt ['kɪləvɒlt] *sb* Kilovolt *n*
kilowatt ['kɪləwɒt] *sb* Kilowatt *n*
king-sized ['kɪŋsaɪzd] *adj* sehr groß
kite flying ['kaɪtflaɪɪŋ] *sb* Wechselreiterei *f*
knockoff ['nɒkɒf] *sb* Imitation *f*
knock-on ['nɒkɒn] *adj* a *~ effect* ein Dominoeffekt *m*
know-how ['nəʊhaʊ] *sb* Sachkenntnis *f*, Know-how *n*

L

label ['leɪbl] *v* etikettieren, mit einem Schildchen versehen; *sb* Etikett *n*, Schild *n*
laboratory [lə'bɒrətəri] *sb* Laboratorium *n*, Labor *n*
labour ['leɪbə] *sb* Arbeit *f*, Anstrengung *f*, Mühe *f*; *(workers)* Arbeitskräfte *pl*
labour costs ['leɪbə kɒsts] *sb* Lohnkosten *pl*
labourer ['leɪbərə] *sb* Arbeiter *m*, Arbeitskraft *f*
labour exchange ['leɪbə ɪks'tʃeɪndʒ] *sb (UK)* Arbeitsamt *n*
labour-intensive ['leɪbərɪntensɪv] *adj* arbeitsintensiv
labour law ['leɪbələː] *sb* Arbeitsrecht *n*
labour market ['leɪbə 'mɑːkɪt] *sb* Arbeitsmarkt *m*
labour relations ['leɪbə rɪ'leɪʃənz] *pl* Beziehung zwischen Arbeitgeber und Arbeitnehmer in einer Firma *f*
lack [læk] *v* Mangel haben an, nicht haben, nicht besitzen; *to be ~ing* fehlen, nicht vorhanden sein; *sb* Mangel *m*
lading ['leɪdɪŋ] *sb* Ladung *f*
land price [lænd praɪs] *sb* Bodenpreis *m*
land reform [lænd rɪ'fɔːm] *sb* Bodenreform *f*
lane [leɪn] *sb (shipping route)* Schifffahrtsweg *m*; *(of an aircraft)* Route *f*
lapse [læps] *sb (of time)* Zeitraum *m*; *(expiration)* Ablauf *m*; *(of a claim)* Verfall *m*; *(mistake)* Fehler *m*, Versehen *n*
laptop ['læptɒp] *sb* Laptop *m*
large container [lɑːdʒ kən'teɪnə] *sb* Großcontainer *m*
large-scale ['lɑːdʒskeɪl] *adj* Groß..., groß, umfangreich

large-scale operation ['lɑːdʒskeɪl ɒpə'reɪʃən] *sb* Großbetrieb *m*, Großunternehmen *n*
large-scale order ['lɑːdʒskeɪl 'ɔːdə] *sb* Großauftrag *m*
laser printer ['leɪzə 'prɪntə] *sb* Laserdrucker *m*
lateness ['leɪtnɪs] *sb* Verspätung *f*
latent funds ['leɪtənt fʌndz] *sb* stille Rücklage *f*
launch [lɔːntʃ] *v (a product)* auf den Markt bringen; *(with publicity)* lancieren; *(a company)* gründen
law [lɔː] *sb (system)* Recht *n*; *under German ~* nach deutschem Recht; *~ and order* Recht und Ordnung; *lay down the ~* das Sagen haben
law on competition [lɔː ɒn kɒmpə'tɪʃən] *sb* Wettbewerbsrecht *n*
lawful ['lɔːfəl] *adj* rechtmäßig
lawless ['lɔːləs] *adj* gesetzlos
lawsuit ['lɔːsuːt] *sb* Prozess *m*, Klage *f*
lawyer ['lɔːjə] *sb* Anwalt/Anwältin *m/f*, Rechtsanwalt/Rechtsanwältin *m/f*
lay off [leɪ ɒf] *v irr (worker)* entlassen
lay-off ['leɪɒf] *sb* Massenentlassung *f*
lay out [leɪ aʊt] *v irr (money)* ausgeben; *(invest)* investieren; *(design)* anlegen
layout ['leɪaʊt] *sb* Anordnung *f*, Anlage *f*, Planung *f*; *(of a publication)* Layout *n*
lead [liːd] *v irr* führen
lead time [liːd taɪm] *sb (production)* Produktionszeit *f*; *(delivery)* Lieferzeit *f*
leader ['liːdə] *sb (of a project)* Leiter(in) *m/f*
leadership ['liːdəʃɪp] *sb* Führung *f*, Leitung *f*; *(quality)* Führungsqualitäten *pl*

leaflet ['li:flɪt] *sb* Prospekt *m*, Flugblatt *n*
lease [li:s] *v (take)* pachten, mieten; *(give)* verpachten, vermieten; *sb* Pacht *f*, Miete *f*
leasehold ['li:shəʊld] *sb* Pacht *f;* Mietvertrag *m*, Pachtvertrag *m*
leaseholder ['li:shəʊldə] *sb* Pächter *m*
leasing ['li:sɪŋ] *sb* Leasing *n*
leasing company ['li:sɪŋ 'kʌmpəni] *sb* Leasing-Gesellschaft *f*
leasing contract ['li:sɪŋ 'kɒntrækt] *sb* Leasing-Vertrag *m*
leasing payment ['li:sɪŋ 'peɪmənt] *sb* Leasing-Rate *f*
leave [li:v] *v irr* weggehen, abfahren, abfliegen; *(a message, a scar)* ~ *behind* hinterlassen; *(entrust)* überlassen; *sb (time off)* Urlaub *m*
ledger ['ledʒə] *sb* Hauptbuch *n*
legal ['li:gl] *adj (lawful)* legal; *(tender, limit)* gesetzlich
legal action ['li:gl 'ækʃən] *sb* Klage *f*, Rechtsstreit *m;* take ~ against s.o. gegen jdn gerichtlich vorgehen
legal adviser ['li:gl əd'vaɪzə] *sb* Syndikus *m*, Rechtsbeistand *m*
legal aid ['li:gl eɪd] *sb* Rechtshilfe *f*
legal competence ['li:gl 'kɒmpɪtəns] *sb* Geschäftsfähigkeit *f*
legal costs ['li:gl kɒsts] *sb* Anwaltskosten *pl*
legal fees ['li:gl fi:z] *pl* Gerichtskosten *pl*
legal form ['li:gl fɔ:m] *sb* Rechtsnorm *f*
legal position ['li:gl pə'zɪʃən] *sb* Rechtslage *f*, rechtliche Lage *f*
legal relationship ['li:gl rɪ'leɪʃənʃɪp] *sb* Rechtsverhältnis *n*
legal responsibility ['li:gl rɪspɒnsə'bɪlɪti] *sb* Rechtshaftung *f*
legal situation ['li:gl sɪtju'eɪʃən] *sb* Rechtslage *f*, rechtliche Lage *f*

legal tender [li:gl 'tendə] *sb* gesetzliches Zahlungsmittel *n*
legal transaction ['li:gl træn'zækʃən] *sb* Rechtsgeschäft *n*
legalize ['li:gəlaɪz] *v* legalisieren
legislation [ledʒɪs'leɪʃən] *sb* Gesetzgebung *f; (laws)* Gesetze *pl*
legislative sovereignty ['ledʒɪslətɪv 'sɒvərɪnti] *sb* Gesetzgebungshoheit *f*
lend [lend] *v irr* leihen, verleihen
lender ['lendə] *sb* Darlehensgeber *m*
lending on securities ['lendɪŋ ɒn sɪ'kʊərɪti:z] *sb* Lombardgeschäft *n*
lend-lease ['lendli:s] *sb* ~ *agreement* Leih-Pacht-Abkommen *n*
less [les] *prep* abzüglich
lessee [le'si:] *sb* Pächter *m*, Mieter *m*, Leasing-Nehmer *m*
lessor ['lesɔ:] *sb* Verpächter(in) *m/f*, Vermieter(in) *m/f*
let [let] *v irr (UK: hire out)* vermieten
letter ['letə] *sb* Brief *m*, Schreiben *n*
letter of acceptance ['letər əv ək'septəns] *sb* Akzept *n*
letter of application ['letər əv æplɪ'keɪʃən] *sb* Bewerbungsschreiben *n*, Bewerbung *f*
letter of credit ['letər əv 'kredɪt] *sb* Akkreditiv *n*, Kreditbrief *m*
letter of recommendation ['letər əv rekəmen'deɪʃən] *sb* Empfehlungsschreiben *n*, Referenz *f*
letter of thanks ['letər əv θæŋks] *sb* Dankschreiben *n*
letterhead ['letəhed] *sb* Briefkopf *m; (paper with ~)* Kopfbogen *m*
level ['levl] *sb* Niveau *n*, Ebene *f*
level of employment ['levl əv ɪm'plɔɪmənt] *sb* Beschäftigungsgrad *m*
leveraged buyout ['li:vərɪdʒd 'baɪaʊt] *sb* Management-Buyout *n*

levy ['levi] *sb (tax)* Steuer *f*, Abgaben *pl*; *(act of ~ing)* Erhebung *f*, Umlage *f*; *v* erheben

liability [laɪə'bɪlɪti] *sb assets and ~s* Aktiva und Passiva *pl*; *(responsibility)* Haftung *f*

liability for breach of warranty [laɪə'bɪlɪti fɔː briːtʃ əv 'wɒrənti] *sb* Gewährleistungshaftung *f*

liability for damages [laɪə'bɪlɪti fɔː 'dæmɪdʒɪz] *sb* Schadenersatzpflicht *f*

liability to insure [laɪə'bɪlɪti tuː ɪn'ʃʊə] *sb* Versicherungspflicht *f*

liable to prosecution ['laɪəbl tuː prɒsɪ'kjuːʃən] *adj* straffällig

liable to tax ['laɪəbl tuː tæks] *adj* abgabenpflichtig, steuerpflichtig

liaison [liː'eɪzɒn] *sb (working together)* Verbindung *f*, Zusammenarbeit *f*

liberal ['lɪbərəl] *adj (supply)* großzügig; *(politically)* liberal

liberalism ['lɪbərəlɪzəm] *sb* Liberalismus *m*

licence ['laɪsəns] *sb* Genehmigung *f*, Erlaubnis *f*, Lizenz *f*, Konzession *f*

licence agreement ['laɪsəns ə'griːmənt] *sb* Lizenzvertrag *m*

licence number ['laɪsəns 'nʌmbə] *sb* Kraftfahrzeugnummer *f*, Kraftfahrzeugkennzeichen *n*

license ['laɪsəns] *sb (US: see "licence")*

license ['laɪsəns] *v* eine Lizenz vergeben, lizensieren, konzessionieren

license fee ['laɪsəns fiː] *sb* Lizenzgebühr *f*

licensee [laɪsən'siː] *sb* Konzessionsinhaber *m*, Lizenzinhaber *m*

licenser ['laɪsənsə] *sb (US: ~or)* Lizenzgeber *m*

life annuity [laɪf ə'njuːɪti] *sb* Leibrente *f*

life assurance [laɪf ə'ʃʊərəns] *sb (UK)* Lebensversicherung *f*

life insurance ['laɪfɪnʃʊərəns] *sb* Lebensversicherung *f*

limit ['lɪmɪt] *v* begrenzen, beschränken; *sb* Grenze *f*, Beschränkung *f*, Begrenzung *f*

limitation [lɪmɪ'teɪʃən] *sb* Beschränkung *f*, Einschränkung *f*; *(statutory period of ~)* Verjährung *f*, Verjährungsfrist *f*

limitation of actions [lɪmɪ'teɪʃən əv 'ækʃənz] *sb* Verjährung *f*

limited ['lɪmɪtɪd] *adj* begrenzt, beschränkt

limited company ['lɪmɪtɪd 'kʌmpəni] *sb* Aktiengesellschaft *f*

limited liability ['lɪmɪtɪd laɪə'bɪlɪti] *sb* beschränkte Haftung *f*

limited liability company ['lɪmɪtɪd laɪə'bɪlɪti 'kʌmpəni] *sb* Gesellschaft mit beschränkter Haftung *f*

limited partner ['lɪmɪtɪd 'pɑːtnə] *sb* Kommanditist *m*

limited partnership ['lɪmɪtɪd 'pɑːtnəʃɪp] *sb* Kommanditgesellschaft *f*

limiting value ['lɪmɪtɪŋ 'væljuː] *sb* Grenzwert *m*

line [laɪn] *sb (of products)* Produktlinie *f*; *(type of business)* Branche *f*, Fach *n*; *What's his ~?* Was macht er beruflich?; *(telephone ~)* Leitung *f*, *Hold the ~!* Bleiben Sie am Apparat!; *(of products)* Posten *m*

line of business ['laɪn əv 'bɪznɪs] *sb* Branche *f*, Zweig *m*

linear depreciation ['lɪnɪə dɪpriːʃi'eɪʃən] *sb* lineare Abschreibung *f*

liquidate ['lɪkwɪdeɪt] *v (assets)* flüssig machen; *(a company)* liquidieren, auflösen; *(a debt)* tilgen

liquidation [lɪkwɪ'deɪʃən] *sb* Liquidation *f*, Realisierung *f*, Tilgung *f*

liquidator [lıkwı'deıtə] *sb* Liquidator *m*
liquidity [lı'kwıdıtı] *sb (of assets)* Liquidität *f*
liquidity reserves [lı'kwıdıtı rı'zɜːvz] *sb* Liquiditätsreserve *f*
liquidity squeeze [lı'kwıdıtı skwiːz] *sb* Liquiditätsengpass *m*
list price [lıst praıs] *sb* Listenpreis *m*
litigant ['lıtıgənt] *sb* prozessführende Partei *f*
litre ['liːtə] *sb* Liter *m/n*
load [ləud] *v* laden, beladen; ~ *up* aufladen; *sb (cargo)* Ladung *f*, Fracht *f*
loading ['ləudıŋ] *sb* Ladung *f*, Fracht *f*
loading charges ['ləudıŋ 'tʃɑːdʒız] *sb* Verladekosten *pl*, Frachtkosten *pl*
loan [ləun] *sb* Darlehen *n*, Anleihe *f*; *v* leihen
loan granted by way of bank guarantee [ləun 'grɑntıd baı weı əv bæŋk gærən'tiː] *sb* Avalkredit *m*
lobby ['lɒbi] *sb* Vorzimmer *n*; *v* Einfluss nehmen
lobbyist ['lɒbiıst] *sb* Lobbyist *m*
local authority ['ləukəl ɔː'θɒrıti] *sb (UK)* örtliche Behörde *f*
local authority loan ['ləukəl ɔː'θɒrıti ləun] *sb* Kommunalanleihen *pl*
local call ['ləukəl kɔːl] *sb* Ortsgespräch *n*
local time ['ləukəl taım] *sb* Ortszeit *f*
location [ləu'keıʃən] *sb* Standort *m*
lock out [lɒk aut] *v* aussperren
locker ['lɒkə] *sb* Schließfach *n*
lockout ['lɒkaut] *sb* Aussperrung *f*
log [lɒg] *v* ~ *in* einloggen
logistics [lɒ'dʒıstıks] *pl* Logistik *f*
logo ['ləugəu] *sb* Logo *n*, Emblem *n*
loitering ['lɔıtərıŋ] *sb* unberechtigter Aufenthalt *m*
long-distance traffic [lɒŋ'dıstəns 'træfık] *sb* Fernverkehr *m*

long-distance call [lɒŋ'dıstəns kɔːl] *sb* Ferngespräch *n*
long-term ['lɒŋtɜːm] *adj* langfristig, Langzeit...
long-term credit ['lɒŋtɜːm 'kredıt] *sb* langfristiger Kredit *m*
lorry ['lɒri] *sb (UK)* Lastwagen *m*
lorry-load ['lɒriləud] *sb* Wagenladung *f*, Lastwagenladung *f*
losing business ['luːzıŋ 'bıznıs] *sb* Verlustgeschäft *n*
loss [lɒs] *sb* Damnum *n*, Verlust *m*
loss in exchange [lɒs ın ıks'tʃeındʒ] *sb* Produktionsausfall *m*
loss in value [lɒs ın 'væljuː] *sb* Wertverfall *m*
loss of production ['lɒs əv prə'dʌkʃən] *sb* Produktionsausfall *m*
loss of value ['lɒs əv 'væljuː] *sb* Wertverfall *m*
loss on goods in transit [lɒs ɒn gudz ın 'trænsıt] *sb* Transportschaden *m*
loss on stock prices [lɒs ɒn stɒk 'praısız] *sb* Kursverlust *m*
lossmaker ['lɒsmeıkə] *sb (UK)* Verlustgeschäft *n*
loss-making business ['lɒsmeıkıŋ 'bıznıs] *sb* Verlustgeschäft *n*
lost shipment [lɒst 'ʃıpmənt] *sb* verloren gegangene Sendung *f*
lot [lɒt] *sb (property, plot)* Parzelle *f*, Gelände *n*; *(quantity)* Posten *m*
low-loader ['ləuləudə] *sb* Tieflader *m*
lump sum [lʌmp sʌm] *sb* Pauschalsumme *f*, Pauschalbetrag *m*
lunch hour [lʌntʃ auə] *sb* Mittagspause *f*
luxury ['lʌkʃəri] *sb* Luxus *m*
luxury goods ['lʌkʃəri gudz] *sb* Luxusgüter *pl*, Luxusartikel *pl*
luxury tax ['lʌkʃəri tæks] *sb* Luxussteuer *f*

M

machine [mə'ʃiːn] *sb* Maschine *f*, Apparat *m; (vending ~)* Automat *m*

machine insurance [mə'ʃiːn ɪn'ʃʊərəns] *sb* Maschinenversicherung *f*

machinery [mə'ʃiːnəri] *sb* Maschinen *pl*

macroeconomics ['mækrəʊikə'nɒmɪks] *sb* Makroökonomie *f*

magazine ['mægəziːn] *sb* Zeitschrift *f*, Magazin *n*

magnitude ['mægnɪtjuːd] *sb* Größe *f; (importance)* Bedeutung *f*

mail [meɪl] *sb* Post *f; by ~* mit der Post; *v (US)* schicken, abschicken

mailbag ['meɪlbæg] *sb* Postsack *m*

mailbox ['meɪlbɒks] *sb (computer ~)* Mailbox *f; (US)* Briefkasten *m*

mailing list ['meɪlɪŋ lɪst] *sb* Adressenliste *f*, Versandliste *f*

mail-order ['meɪlɔːdə] *adj* Postversand...

mail order business [meɪl 'ɔːdə 'bɪznɪs] *sb* Versandhandel *m*, Versandgeschäft *n*

mailshot ['meɪlʃɒt] *sb* Direktwerbung *f*

mainframe ['meɪnfreɪm] *sb* Großrechner *m*

maintain [meɪn'teɪn] *v (keep in good condition)* in Stand halten, warten

maintainer [meɪn'teɪnə] *sb* Wärter(in) *m/f*, für die Wartung zuständige Person *f*

maintenance ['meɪntənəns] *sb* Aufrechterhaltung *f*, Beibehaltung *f; (keeping in good condition)* Instandhaltung *f*, Wartung *f*

majority [mə'dʒɒrɪti] *sb* Majorität *f*, Mehrheit *f*

majority of stock [mə'dʒɒrɪti əv stɒk] *sb* Aktienmehrheit *f*

majority of votes [mə'dʒɒrɪti əv vəʊts] *sb* Stimmenmehrheit *f*

majority-ownership [mə'dʒɒrɪti'əʊnəʃɪp] *sb* Mehrheitsbesitz *m*

make [meɪk] *v irr (manufacture)* herstellen; *(arrangements, a choice)* treffen; *(earn)* verdienen; *(a profit, a fortune)* machen; *sb* Marke *f*, Fabrikat *n*

make out [meɪk 'aʊt] *v irr (write out)* ausstellen; *(a bill)* zu

make over [meɪk'aʊt] *v irr* überschreiben

maker ['meɪkə] *sb* Hersteller *m*, Produzent *m*

making ['meɪkɪŋ] *sb* Machen *n; (production)* Herstellung *f*

maladministration [mæləd'mɪnɪsreɪʃn] *sb* Misswirtschaft

malfunction [mæl'fʌŋkʃən] *v* versagen, schlecht funktionieren; *sb* Versagen *n*, schlechtes Funktionieren *n*

man of straw [mæn əv strɔː] *sb* Strohmann *m*

manage ['mænɪdʒ] *v (supervise)* führen, verwalten, leiten; *(a team, a band)* managen

management ['mænɪdʒmənt] *sb* Führung *f*, Verwaltung *f*, Leitung *f; (people)* Geschäftsleitung *f*, Direktion *f*, Betriebsleitung *f*

management consultant ['mænɪdʒmənt kən'sʌltənt] *sb* Unternehmensberater *m*

management games ['mænɪdʒmənt geɪmz] *sb* Planspiel *n*

manager ['mænɪdʒə] *sb* Geschäftsführer *m*, Leiter *m*, Direktor *m*, Manager *m*

manageress [mænɪdʒəˈres] *sb* Managerin *f*

managing [ˈmænɪdʒɪŋ] *adj* geschäftsführend, leitend, Betriebs...

managing director [ˈmænɪdʒɪŋ dɪˈrektə] *sb* Generaldirektor *m*, Hauptgeschäftsführer *m*

mandatory [ˈmændətəri] *adj* obligatorisch; *to be ~* Pflicht sein

man-hour [ˈmænaʊə] *sb* Arbeitsstunde *f*

manipulate [məˈnɪpjʊleɪt] *v* manipulieren; handhaben, bedienen

manner of delivery [ˈmænə əv dɪˈlɪvəri] *sb* Versandform *f*

manpower [ˈmænpaʊə] *sb* Arbeitskräfte *pl*, Arbeitspotenzial *n*

manual [ˈmænjʊəl] *adj* mit der Hand, Hand..., manuell; *sb* Handbuch *n*

manual labour [ˈmænjʊəl ˈleɪbə] *sb* Handarbeit *f*

manual work [ˈmænjʊəl wɜːk] *sb* Handarbeit *f*

manufactory [mænjʊˈfæktəri] *sb* Manufaktur *f*

manufacture [mænjʊˈfæktʃə] *v* herstellen; *sb* Herstellung *f*; *(products)* Waren *pl*, Erzeugnisse *pl*

manufacture to customer's specifications [mænjʊˈfæktʃə tuː ˈkʌstəməz spesɪfɪˈkeɪʃənz] *sb* Sonderanfertigung *f* (für einen Kunden)

manufactured quantity [mænjʊˈfæktʃəd ˈkwɒntɪti] *sb* Fertigungsmenge *f*

manufactured to measure [mænjʊˈfæktʃəd tuː ˈmeʒə] *adj* maßgefertigt

manufacturer [mænjʊˈfæktʃərə] *sb* Hersteller *m*, Erzeuger *m*

manufacturing [mænjʊˈfæktʃərɪŋ] *sb* Erzeugung *f*, Herstellung *f*

margin [ˈmɑːdʒɪn] *sb* Spanne, Marge *f*, Spielraum *m*; Grenze *f*

margin of profit [ˈmɑːdʒɪn əv ˈprɒfɪt] *sb* Gewinnspanne *f*

marginal costing [ˈmɑːdʒɪnəl ˈkɒstɪŋ] *sb* Grenzkostenrechnung *f*

marginal value [ˈmɑːdʒɪnəl ˈvæljuː] *sb* Marginalwert *m*

mark down [mɑːk daʊn] *v (prices)* herabsetzen, senken

mark-down [ˈmɑːkdaʊn] *sb (amount lowered)* Preissenkung *f*, Preisabschlag *m*

market [ˈmɑːkɪt] *sb (demand)* Absatzmarkt *m*, Markt *m*; *to be in the ~ for* Bedarf haben an; *(stock ~)* Börse *f*; *labour ~* Arbeitsmarkt *m*

market [ˈmɑːkɪt] *v* vertreiben, vermarkten

market economy [ˈmɑːkɪt ɪˈkɒnəmi] *sb* Marktwirtschaft *f*

market gap [ˈmɑːkɪt gæp] *sb* Marktlücke *f*

market position [ˈmɑːkɪt pəˈsɪʃən] *sb* Marktposition *f*

market price [ˈmɑːkɪt praɪs] *sb* Marktpreis *m*

market research [ˈmɑːkɪt ˈriːsɜːtʃ] *sb* Marktforschung *f*

market research institute [ˈmɑːkɪt ˈriːsɜːtʃ ˈɪnstɪtjuːt] *sb* Marktforschungsinstitut *n*

market share [ˈmɑːkɪt ʃɛə] *sb* Marktanteil *m*

market value [ˈmɑːkɪtvæljuː] *sb* Marktwert *m*

marketable [ˈmɑːkɪtəbl] *adj* marktfähig, absatzfähig

marketing [ˈmɑːkətɪŋ] *sb* Marketing *n*, Absatzwirtschaft *f*

marketing consultant [ˈmɑːkɪtɪŋ kənˈsʌltənt] *sb* Marketingberater *m*

marketing department [ˈmɑːkɪtɪŋ dɪˈpɑːtmənt] *sb* Marketingabteilung *f*

marketing mix ['mɑːkɪtɪŋ mɪks] *sb* Marketingmix *m*

mark-up ['mɑːkʌp] *sb (amount added)* Preiserhöhung *f*, Preisaufschlag *m*

mass media [mæs 'miːdɪə] *pl* Massenmedien *pl*

mass production [mæs prə'dʌkʃən] *sb* Massenfertigung *f*, Massenproduktion *f*

mass-produce [mæsprə'djuːs] *v* serienmäßig herstellen, in Massen produzieren

master ['mɑstə] *sb (employer of an apprentice)* Meister *m*

material [mə'tɪərɪəl] *sb* Material *n;* ~s *pl (files, notes)* Unterlagen *pl; adj* wesentlich, erheblich

material assets [mə'tɪərɪəl 'æsets] *sb* Sachvermögen *n*

material costs [mə'tɪərɪəl kɒsts] *sb* Materialkosten *pl*

maturity [mə'tjʊərɪti] *sb* Fälligkeit *f; date of* ~ Fälligkeitsdatum *n*

maximisation of profits [mæksɪmaɪ-'zeɪʃən əv 'prɒfɪts] *sb* Gewinnmaximierung *f*

maximize ['mæksɪmaɪz] *v* maximieren

maximum ['mæksɪməm] *sb* Maximum *n; adj* Höchst..., maximal

mean [miːn] *adj* mittlere(r,s); *sb* Mittelwert *m;* ~s *pl* Mittel *n*

means of advertising ['miːnz əv 'ædvətaɪzɪŋ] *sb* Werbemittel *n*

means of payment ['miːnz əv 'peɪmənt] *sb* Zahlungsmittel *n*

means of transport ['miːnz əv 'trænspɔːt] *sb* Transportmittel *n*

means test [miːnz test] *sb* Einkommensüberprüfung *f*

measurability [meʒərə'bɪlɪti] *sb* Messbarkeit *f*

measurable ['meʒərəbl] *adj* messbar

measure ['meʒə] *v* messen

measurements ['meʒəmənts] *sb* Messwerte *pl*

measures to encourage exports ['meʒəz tuː ɪn'kʌrɪdʒ 'ekspɔːts] *sb* Ausfuhrförderung *f*, Exportförderung *f*

mechanic [mɪ'kænɪk] *sb* Mechaniker *m*

mechanical [mɪ'kænɪkəl] *adj* mechanisch

mechanical engineering [mɪ'kænɪkəl endʒɪ'nɪərɪŋ] *sb* Maschinenbau *m*

mechanics [mɪ'kænɪks] *sb* Mechanik *f*

mechanize ['mekənaɪz] *v* mechanisieren

media ['miːdɪə] *pl* Medien *pl*

media event ['miːdɪə ɪ'vent] *sb* Medienereignis *n*

mediate ['miːdɪeɪt] *v* vermitteln

mediation [miːdɪ'eɪʃən] *sb* Vermittlung *f*

mediator ['miːdɪeɪtə] *sb* Vermittler *m*, Mittelsmann *m*

medium ['miːdɪəm] *adj* mittlere(r,s); *sb (mass* ~) Massenmedium *n*

medium-term ['miːdɪəmtɜːm] *adj* mittelfristig

meeting ['miːtɪŋ] *sb* Begegnung *f* Treffen *n; (business* ~) Besprechung *f; (of a committee)* Sitzung *f*

meeting date ['miːtɪŋ deɪt] *sb* Besprechungstermin *m*

meeting of shareholders ['miːtɪŋ əv 'ʃɛəhəʊldəz] *sb* Gesellschafterversammlung *f*

megabyte ['megəbaɪt] *sb* Megabyte *n*

megahertz ['megəhɜːts] *sb* Megahertz *n*

member ['membə] *sb* Mitglied *n*

member of the board ['membər əv ðə 'bɔːd] *sb* Vorstandsmitglied *n*

memorandum [memə'rændəm] *sb* Mitteilung *f*, Aktennotiz *f*, Vermerk *m*

memory ['meməri] *sb* Speicher *m; (capacity)* Speicherkapazität *f*

mend [mend] *v (sth)* reparieren; *(clothes)* ausbessern; *(in metal)* Reparatur *f*

mensal ['mensl] *adj* monatlich, Monats...
menu ['menjuː] *sb (computer)* Menü *n*
mercantile ['mɜːkəntaɪl] *adj* kaufmännisch, Handels...
mercantile system ['mɜːkəntaɪl 'sɪstəm] *sb* Merkantilismus *m*
mercantilism ['mɜːkəntaɪlɪzəm] *sb* Merkantilismus *m*
merchandise ['mɜːtʃəndaɪz] *sb* Ware *f*
merchandising ['mɜːtʃəndaɪzɪŋ] *sb* Merchandising *n*, Verkaufsförderung *f*
merchant ['mɜːtʃənt] *sb* Kaufmann *m*; *(dealer)* Händler *m*
merchant bank ['mɜːtʃənt bæŋk] *sb* Handelsbank *f*
merge ['mɜːdʒ] *v* zusammenkommen; *(companies)* fusionieren
merger ['mɜːdʒə] *sb* Fusion *f*, Verschmelzung *f*
merger control ['mɜːdʒə kən'trəʊl] *sb* Fusionskontrolle *f*
merit ['merɪt] *sb* Leistung *f*, Verdienst *n*; *(advantage, positive aspect)* Vorzug *m*
message ['mesɪdʒ] *sb* Mitteilung *f*, Nachricht *f*, Botschaft *f*
meter ['miːtə] *sb (measuring device)* Zähler *m*, Messer *m*, Messgerät *n*
metre ['miːtə] *sb* Meter *m/n*
metric ['metrɪk] *adj* metrisch
microbiology [maɪkrəʊbaɪ'ɒlədʒi] *sb* Mikrobiologie *f*
microchip ['maɪkrəʊtʃɪp] *sb* Mikrochip *m*
microeconomics [maɪkrəʊiːkə'nɒmɪks] *pl* Mikroökonomie *f*
microelectronics [maɪkrəʊilek'trɒnɪks] *pl* Mikroelektronik *f*
microfiche ['maɪkrəʊfiːʃ] *sb* Mikrofiche *m*
microfilm ['maɪkrəʊfɪlm] *sb* Mikrofilm *m*
microprocessor [maɪkrəʊ'prəʊsesə] *sb* Mikroprozessor *m*
middleman ['mɪdlmæn] *sb* Zwischenhändler *m*
mile [maɪl] *sb* Meile *f*
mileage allowance ['maɪlɪdʒ ə'laʊəns] *sb* Kilometergeld *n*
millennium [mɪ'leniəm] *sb* Jahrtausend *n*, Millennium *n*
milligramme ['mɪlɪgræm] *sb (UK)* Milligramm *n*
millilitre ['mɪlɪliːtə] *sb* Milliliter *m*
millimetre ['mɪlɪmiːtə] *sb* Millimeter *m*
million ['mɪljən] *sb* Million *f*
millionaire ['mɪljənɛə] *sb* Millionär(in) *m/f*
mine [maɪn] *v* fördern, abbauen; *sb* Bergwerk *n*, Mine *f*, Grube *f*
miner ['maɪnə] *sb* Bergmann *m*, Kumpel *m*
mineral oil ['mɪnərəl ɔɪl] *sb* Mineralöl *n*
mineral oil tax ['mɪnərəl ɔɪl tæks] *sb* Mineralölsteuer *f*
minimal damage ['mɪnɪməl 'dæmɪdʒ] *sb* Bagatellschaden *m*
minimisation of costs [mɪnɪmaɪ'zeɪʃən əv kɒsts] *sb* Kostenminimierung *f*
minimize ['mɪnɪmaɪz] *v* minimieren, auf ein Minimum reduzieren, möglichst gering halten
minimum ['mɪnɪməm] *sb* Minimum *n*; *adj* minimal, Mindest...
minimum amount ['mɪnɪməm ə'maʊnt] *sb* Mindestbetrag *m*
minimum capital ['mɪnɪməm 'kæpɪtl] *sb* Mindestkapital *n*
minimum import price ['mɪnɪməm 'ɪmpɔːt praɪs] *sb* Mindesteinfuhrpreise *pl*
minimum lending rate ['mɪnɪməm 'lendɪŋ reɪt] *sb (UK)* Diskontsatz *m*
minimum price ['mɪnɪməm praɪs] *sb* Mindestpreis *m*

minimum purchase ['mɪnɪməm 'pɜːtʃɪs] *sb* Mindestabnahme *f*

minimum quantity order ['mɪnɪməm 'kwɒntɪti 'ɔːdə] *sb* Mindestbestellmenge *f*

minimum reserves ['mɪnɪməm rɪ'zɜːvz] *sb* Mindestreserve *f*

minimum turnover ['mɪnɪməm 'tɜːnəʊvə] *sb* Mindestumsatz *m*

minimum wage ['mɪnɪməm weɪdʒ] *sb* Mindestlohn *m*

mining ['maɪnɪŋ] *sb* Bergbau *m*

mining industry ['maɪnɪŋ 'ɪndʌstri] *sb* Montanindustrie *f*

minor ['maɪnə] *sb* Minderjährige(r) *m/f*

minority shareholder ['maɪnɔrɪti 'ʃeəhəʊldə] *sb* Minderheitsaktionär *m*

minute ['mɪnɪt] *sb* ~s *pl* Protokoll *n*; *v* protokollieren

misappropriation [mɪsəprəʊprɪ'eɪʃən] *sb* Entwendung *f*; *(money)* Veruntreuung *f*

miscalculate [mɪs'kælkjʊleɪt] *v* sich verrechnen; *(sth)* falsch berechnen

miscalculation [mɪskælkjʊ'leɪʃən] *sb* Rechenfehler *m*, Fehlkalkulation *f*

misdirect [mɪsdɪ'rekt] *v (letter)* falsch adressieren

mishandle [mɪs'hændl] *v* falsch behandeln, schlecht handhaben

mishandling [mɪs'hændlɪŋ] *sb* schlechte Handhabung *f*, Verpatzen *n*

misinform [mɪsɪn'fɔːm] *v* falsch informieren

misinterpretation [mɪsɪntɜːprɪ'teɪʃən] *sb* Fehldeutung *f*, Fehlinterpretation *f*

mismanage [mɪs'mænɪdʒ] *v* schlecht verwalten; *(a deal)* unrichtig handhaben

mismanagement [mɪs'mænɪdʒmənt] *sb* schlechte Verwaltung *f*, Misswirtschaft *f*

mistake of law [mɪs'teɪk əv lɔː] *sb* Rechtsirrtum *m*

misuse [mɪs'juːs] *sb* Missbrauch *m*

mixed cargo [mɪkst 'kɑːgəʊ] *sb* Stückgut *n*

mixed economy [mɪkst ɪ'kɒnəmi] *sb* gemischte Wirtschaftsform *f*

mixture of marketing strategies ['mɪkstʃə əv 'mɑːkɪtɪŋ 'strætɪdʒiz] *sb* Marketingmix *m*

mobile ['məʊbaɪl] *adj* beweglich

mobile phone ['məʊbaɪl fəʊn] *sb* Handy *n*, Mobiltelefon *n*, Funktelefon *n*

modality [məʊ'dælɪti] *sb* Modalität *f*, Art und Weise *f*

model ['mɒdl] *sb* Modell *n*, Muster *n*; Vorbild *n*; *adj* vorbildlich, musterhaft

modem ['məʊdem] *sb* Modem *n*

monetarism ['mʌnɪtərɪzəm] *sb* Monetarismus *m*

monetary ['mʌnɪtəri] *adj* geldlich, Geld...; *(politically)* Währungs..., monetär

monetary agreement ['mʌnɪtəri ə'griːmənt] *sb* Währungsabkommen *n*

monetary authority ['mʌnɪtəri ɔː'θɒrɪti] *sb* Währungsbehörde *f*

monetary policy ['mʌnɪtəri 'pɒlɪsi] *sb* Währungspolitik *f*

monetary restriction ['mʌnɪtəri rɪ'strɪkʃən] *sb* Geldverknappung *f*

monetary union ['mʌnɪtəri 'juːnjən] *sb* Währungsunion *f*

monetary unit ['mʌnɪtəri 'juːnɪt] *sb* Währungseinheit *f*

money ['mʌni] *sb* Geld *n*; *make* ~ Geld verdienen, *(business)* sich rentieren

moneychanger ['mʌnɪtʃeɪndʒə] *sb* Geldwechsler *m*; Wechselautomat *m*

money in account ['mʌni ɪn ə'kaʊnt] *sb* Buchgeld *n*

moneylender ['mʌnilendə] *sb* Geldverleiher *m*

money-maker ['mʌnimeɪkə] *sb (product)* Renner *m* (fam), Verkaufserfolg *m*

money market ['mʌni 'mɑːkɪt] *sb* Geldmarkt *m*

money order ['mʌni 'ɔːdə] *sb* Postanweisung *f*, Zahlungsanweisung *f*

money owed ['mʌni əʊd] *sb* Guthaben *n*

money supply ['mʌni sə'plaɪ] *sb* Geldvolumen *n*

monitor ['mɒnɪtə] *v* überwachen; abhören; *sb (screen)* Monitor *m*

monopolize [mə'nɒpəlaɪz] *v* monopolisieren

monopoly [mə'nɒpəli] *sb* Monopol *n*; state ~ staatliches Monopol *n*

montage [mɒn'tɑːʒ] *sb* Montage *f*, Zusammenbau *m*

monthly ['mʌnθli] *adj* monatlich

monthly instalment ['mʌnθli ɪn'stɔːlmənt] *sb* Teilzahlungsrate *f*, monatliche Rate *f*

mortgage ['mɔːgɪdʒ] *sb* Hypothek *f*; *v* eine Hypothek aufnehmen auf, hypothekarisch belasten

mortgage bank ['mɔːgɪdʒ bæŋk] *sb* Hypothekenbank *f*

mortgage bond ['mɔːgɪdʒ bɒnd] *sb* (Hypotheken-)Pfandbrief *m*

mortgage rate ['mɔːgɪdʒ reɪt] *sb* Hypothekenzins *m*

most favourable offer [məʊst 'feɪvərəbl 'ɒfə] *sb* günstigstes Angebot *n*

most-favoured nation clause [məʊst-'feɪvəd 'neɪʃən klɔːz] *sb* Meistbegünstigungsklausel *f*

motherboard ['mʌðəbɔːd] *sb* Hauptplatine *f*

motion ['məʊʃən] *sb (proposal)* Antrag *m*; propose a ~ einen Antrag stellen

motor insurance ['məʊtər ɪn'ʃʊərəns] *sb* Kraftfahrzeugversicherung *f*

motor vehicle ['məʊtə 'viːhɪkl] *sb* Kraftfahrzeug *n*

motor vehicle tax ['məʊtə 'viːhɪkl tæks] *sb* Kraftfahrzeugsteuer *f*

mouse [maʊs] *sb (computer)* Maus *f*

movable goods ['muːvəbəl gʊdz] *sb* bewegliche Güter *pl*

move [muːv] *v* umziehen; *(transport)* befördern; *sb (to a different job)* Wechsel *m*; *(to a new residence)* Umzug *m*

mover ['muːvə] *sb (person who moves furniture)* Umzugsspediteur *m*

multilateral [mʌlti'lætərəl] *adj* multilateral

multilingual [mʌlti'lɪŋgwəl] *adj* mehrsprachig

multimillionaire [mʌlti'mɪljənɛə] *sb* Multimillionär(in) *m/f*

multinational [mʌlti'næʃənl] *adj* multinational

multinational group [mʌlti'næʃənl gruːp] *sb* multinationaler Konzern *m*

multiplication [mʌltɪplɪ'keɪʃən] *sb* Multiplikation *f*; *(fig)* Vermehrung *f*

multiply ['mʌltɪplaɪ] *v* multiplizieren; *(sth)* vermehren, vervielfachen

multipurpose [mʌlti'pɜːpəs] *adj* Mehrzweck...

multitasking [mʌlti'tɑːskɪŋ] *sb* Multitasking *n*

municipal [mjuː'nɪsɪpəl] *adj* städtisch, Stadt..., kommunal

municipal bonds [mjuː'nɪsɪpəl bɒndz] *pl* Kommunalobligationen *pl*

municipality [mjuːnɪsɪ'pælɪti] *sb* Kommune *f*, Gemeinde *f*

mutual ['mjuːtʃuəl] *adj (shared)* gemeinsam; *(bilateral)* beiderseitig; *(reciprocal)* gegenseitig

mutual fund ['mjuːtʃuəl fʌnd] *sb (US)* Investmentfonds *m*

mutual insurance ['mjuːtʃuəl ɪn'ʃʊərəns] *sb* Versicherung auf Gegenseitigkeit *f*

N

name [neɪm] *v (specify)* nennen; *(appoint)* ernennen; *sb* Name *m; What is your ~?* Wie heißen Sie? *My ~ is ...* Ich heiße ...; *in the ~ of the law* im Namen des Gesetzes; *by the ~ of* namens; *(reputation)* Name *m*, Ruf *m; give s.o. a bad ~* jdn in Verruf bringen; *make a ~ for o.s. as* sich einen Namen machen als

name tag [neɪm tæg] *sb* Namensschild *n*

name-plate ['neɪmpleɪt] *sb* Namensschild *n; (on a door)* Türschild *n*

national ['næʃənl] *adj* national, öffentlich, Landes...

national accounting ['næʃənl ə'kaʊntɪŋ] *sb* volkswirtschaftliche Gesamtrechnung *f*

national economy ['næʃənl ɪ'kɒnəmi] *sb* Volkswirtschaft *f*

national income ['næʃənl 'ɪnkʌm] *sb* Volkseinkommen *n*

national insurance ['næʃənl ɪn'ʃʊərəns] *sb (UK)* Sozialversicherung *f*

national product ['næʃənl 'prɒdʌkt] *sb* Sozialprodukt *n*

national sovereignty rights ['næʃənl 'sɒvərɪnti raɪts] *sb* nationale Souveränitätsrechte *pl*

nationality [næʃə'næliti] *sb* Staatsangehörigkeit *f*, Nationalität *f*

nationalization [næʃənəlaɪ'zeɪʃn] *sb* Verstaatlichung *f*

nationalize ['næʃənəlaɪz] *v (an industry)* verstaatlichen

nationwide [neɪʃən'waɪd] *adj* landesweit

natural gas ['nætʃərəl gæs] *sb* Erdgas *n*

naught [nɔːt] *sb* Null *f*

navigability [nævɪgə'bɪlɪti] *sb* Schiffbarkeit *f*

necessary ['nesɪsəri] *sb necessaries pl* Notwendigkeiten *pl*

necessity [nɪ'sesɪti] *sb* Notwendigkeit *f; of ~* notwendigerweise

need [niːd] *sb (necessity)* Notwendigkeit *f; there's no ~ to ... ...* braucht nicht getan werden; *(requirement)* Bedürfnis *n*, Bedarf *m; to be in ~ of sth* etw dringend brauchen

negligence ['neglɪdʒəns] *sb* Nachlässigkeit *f*, Unachtsamkeit *f;* (grobe) Fahrlässigkeit *f*

negligent ['neglɪdʒənt] *adj* fahrlässig, nachlässig

negotiable [nɪ'gəʊʃiəbl] *adj* verkäuflich; *It's ~.* Darüber kann verhandelt werden.

negotiant [nɪ'gəʊʃiənt] *sb* Verhandelnde(r) *m/f*

negotiate [nɪ'gəʊʃieɪt] *v* verhandeln; *(sth)* handeln über; *(bring about)* aushandeln

negotiation [nɪgəʊʃi'eɪʃən] *sb* Verhandlung *f; enter into ~s* in Verhandlungen eintreten

negotiation skills [nɪgəʊʃi'eɪʃən skɪlz] *sb* Verhandlungsgeschick *n*

negotiator [nɪ'gəʊʃieɪtə] *sb* Unterhändler *m*

nepotism ['nepətɪzəm] *sb* Nepotismus *m*, Vetternwirtschaft *f*

net [net] *adj* netto, Netto..., Rein...; *~price* Nettopreis *m; v* netto einbringen; *(in wages)* netto verdienen

net assets [net 'æsets] *sb* Reinvermögen, Nettovermögen *n*

net book value [net bʊk 'vælju:] *sb* Restwert *m*

net earnings [net 'ɜ:nɪŋz] *sb* Nettoertrag *m*

net income [net 'ɪnkʌm] *sb* Nettoeinkommen *n*

net income percentage of turnover [net 'ɪnkʌm pə'sentɪdʒ əv 'tɜ:nɒvə] *sb* Umsatzrendite *f*

net indebtedness [net ɪn'detɪdnɪs] *sb* Nettoverschuldung *f*

net investment [net ɪn'vestmənt] *sb* Nettoinvestition *f*

net price [net praɪs] *sb* Nettopreis *m*

net proceeds [net 'prəʊsi:dz] *sb* Nettoertrag *m*

net profit [net 'prɒfɪt] *sb* Reingewinn *m*, Nettogewinn *m*

net sales [net' sls] *sb* Nettoumsatz *m*

net turnover [net 'tɜ:nɒvə] *sb* Nettoumsatz *m*

net wages [net 'weɪdʒɪz] *sb* Nettolohn *m*

net weight [net weɪt] *sb* Nettogewicht *n*, Reingewicht *n*, Eigengewicht *n*

network ['netwɜ:k] *sb* Netz *n*, Netzwerk *n*; *v* vernetzen

networker ['netwɜ:kə] *sb* mit dem Computer an ein Netzwerk angeschlossener Arbeiter *m*

networking ['netwɜ:kɪŋ] *sb* Rechnerverbund *m*

new foundation [nju: faʊn'deɪʃən] *sb* Neugründung *f*

newcomer ['nju:kʌmə] *sb* (*beginner*) Neuling *m*, Newcomer *m*

news [nju:z] *sb* Neuigkeiten *pl*; *Is there any ~? Gibt es etwas Neues? It's ~ to me.* Das ist mir ganz neu.

newsletter ['nju:zletə] *sb* Rundschreiben *n*, Rundbrief *m*

newspaper ['nju:zpeɪpə] *sb* Zeitung *f*

newspaper and magazine advertising ['nju:zpeɪpə ənd mægə'zi:n 'ædvətaɪzɪŋ] *sb* Anzeigenwerbung *f*

niche [ni:ʃ] *sb* Nische *f*

night safe ['naɪtseɪf] *sb* Nachtsafe *m*, Nachttresor *m*

night school ['naɪtsku:l] *sb* Abendschule *f*

night shift ['naɪtʃɪft] *sb* Nachtschicht *f*

night watchman [naɪt 'wɒtʃmən] *sb* Nachtwächter *m*, Nachtportier *m*

nil tariff [nɪl 'tærɪf] *sb* Nulltarif *m*

nominal ['nɒmɪnl] *adj* nominell, gering, Nominal...

nominal amount ['nɒmɪnl ə'maʊnt] *sb* Nominalbetrag *m*

nominal income ['nɒmɪnl 'ɪnkʌm] *sb* Nominaleinkommen *n*

nominal value ['nɒmɪnl 'vælju:] *sb* Nennwert *m*, Nominalwert *m*

non cash [nɒn kæʃ] *adj* unbar

non-assignable [nɒnə'saɪnəbl] *adj* nicht übertragbar

non-compliance [nɒnkəm'plaɪəns] *sb* (*with rules*) Nichterfüllung *f*, Nichteinhaltung *f*

nonexistent [nɒnɪg'zɪstənt] *adj* nicht existierend, nicht vorhanden

non-flammable [nɒn'flæməbl] *adj* nicht entzündbar

non-liquidity [nɒnlɪ'kwɪdɪti] *sb* Illiquidität *f*

non-negotiable [nɒnnɪ'gəʊʃɪəbl] *adj* (*ticket*) unübertragbar, nicht übertragbar

non-profit-making [nɒn'prɒfɪtmeɪkɪŋ] *adj* (*UK*) gemeinnützig

non-recourse financing [nɒnrɪ'kɔ:s faɪ'nænsɪŋ] *sb* Forfaitierung *f*

non-returnable [nɒnrɪ'tɜ:nəbl] *adj* Einweg...

nonstop [ˈnɒnˈstɒp] *adj* ohne Halt, pausenlos; *(train)* durchgehend
norm [nɔːm] *sb* Norm *f*
normal [ˈnɔːməl] *adj* normal, üblich
not binding [nɒt ˈbaɪndɪŋ] *adj* unverbindlich
notarize [ˈnəʊtəraɪz] *v* notariell beglaubigen
notary public [ˈnəʊtəri ˈpʌblɪk] *sb* Notar *m*
note [nəʊt] *sb* Notiz *f*, Vermerk *m*, Schein *m*
notes in circulation [nəʊts ɪn sɜːkjʊˈleɪʃən] *sb* Notenumlauf *m*
notice [ˈnəʊtɪs] *sb (notification)* Bescheid *m*, Benachrichtigung *f*; *(in writing)* Mitteilung *f*; *until further ~* bis auf weiteres; *at short ~* kurzfristig; *(of quitting a job, of moving out)* Kündigung *f*; *give s.o. ~ (to an employee, to a tenant)* jdm kündigen; *(to an employer, to a landlord)* bei jdm kündigen; *(public announcement)* Bekanntmachung *f*, öffentliche Mitteilung *f*
notice of assessment [ˈnəʊtɪs əvəˈsesmənt] *sb* Steuerbescheid *m*

notice of defect [ˈnəʊtɪs əv ˈdiːfekt] *sb* Mängelanzeige *f*
notice of termination [ˈnəʊtɪs əv tɜːmɪˈneɪʃən] *sb* Kündigung *f*
notifiable [nəʊtɪˈfaɪəbl] *adj* meldepflichtig
notification [nəʊtɪfɪˈkeɪʃən] *sb* Benachrichtigung *f*, Mitteilung *f*, Meldung *f*
notification of damage [nəʊtɪfɪˈkeɪʃən əv ˈdæmɪdʒ] *sb* Schadensmeldung *f*
novelty [ˈnɒvəlti] *sb (newness)* Neuheit *f*; *(something new)* etwas Neues *n*
nuclear energy [ˈnjuːklɪə ˈenədʒi] *sb* Atomenergie *f*, Kernenergie *f*
nuclear power [ˈnjuːklɪə ˈpaʊə] *sb* Atomkraft *f*
nuclear power plant [ˈnjuːklɪə ˈpaʊə plɑːnt] *sb* Atomkraftwerk *n*, Kernkraftwerk *n*
null [nʌl] *adj* nichtig, ungültig
nullify [ˈnʌlɪfaɪ] *v* annullieren, für null und nichtig erklären, ungültig machen
number [ˈnʌmbə] *sb* Zahl *f*; *(numeral)* Ziffer *f*; *(phone ~, house ~)* Nummer *f*; *(quantity)* Anzahl *f*

O

obedience [ə'bi:dɪəns] *sb* Gehorsamkeit *f*, Gehorsam *m*

obedient [ə'bi:dɪənt] *adj* gehorsam

obey [ə'beɪ] *v* gehorchen, folgen; *(an order)* Folge leisten, befolgen

objection [əb'dʒekʃən] *sb* Beanstandung *f*, Einwand *m*

objective [əb'dʒektɪv] *sb* Ziel *n*

objectivity [ɒbdʒek'tɪvɪti] *sb* Objektivität *f*

obligation [ɒblɪ'geɪʃən] *sb* Verpflichtung *f*, Pflicht *f*; *without ~* unverbindlich

obligation to preserve records [ɒblɪ'geɪʃən tu: prɪ'zɜ:v 'rekɔ:dz] *sb* Aufbewahrungspflicht *f*

obligation to take delivery [ɒblɪ'geɪʃən tu: teɪk dɪ'lɪvəri] *sb* Abnahmepflicht *f*

obligatory [ɒ'blɪgətəri] *adj* obligatorisch; *It is ~.* Es ist Pflicht.

obligor ['ɒblɪgɔ:] *sb* Schuldner *m*

observation [ɒbzə'veɪʃən] *sb* Beobachtung *f*

observation of markets [ɒbzə'veɪʃən əv 'mɑ:kɪts] *sb* Marktbeobachtung *f*

obtainable [əb'teɪnəbl] *adj* erhältlich

occupation [ɒkju'peɪʃən] *sb (employment)* Beruf *m*, Tätigkeit *f*; *(pastime)* Beschäftigung *f*, Betätigung *f*, Tätigkeit *f*

occupational [ɒkju'peɪʃənəl] *adj* beruflich, Berufs..., Arbeits...

occupational hazard [ɒkju'peɪʃənəl 'hæzəd] *sb* Berufsrisiko *n*

odd jobs [ɒd dʒɒbz] *pl* Gelegenheitsarbeiten *pl*, Gelegenheitsjobs *pl*

odd lot [ɒd lɒt] *sb* Sondermenge *f*

oddment ['ɒdmənt] *sb* Restposten *m*

off-duty [ɒf'dju:ti] *adj* dienstfrei

offence [ə'fens] *sb* Straftat *f*, Delikt *n*; *first ~* erste Straftat *f*

offer ['ɒfə] *v* anbieten; *~ to do sth* anbieten, etw zu tun, sich bereit erklären, etw zu tun; *~ one's hand* jdm die Hand reichen; *(a view, a price)* bieten; *~ resistance* Widerstand leisten; *sb* Angebot *n*

offer of employment ['ɒfər əv ɪm'plɔɪmənt] *sb* Stellenangebot *n*

office ['ɒfɪs] *sb* Büro *n*; *(lawyer's)* Kanzlei *f*; *(public position)* Amt *n*; *take ~* sein Amt antreten; *in ~* im Amt; *hold ~* im Amt sein; *(department)* Abteilung *f*; *(department of the government)* Behörde *f*, Amt *n*; *(one location of a business)* Geschäftsstelle *f*

office block ['ɒfɪs blɒk] *sb* Bürogebäude *n*

office hours ['ɒfɪs auəz] *pl* Dienststunden *pl*, Geschäftszeit *f*; *(time available for consultation)* Sprechstunden *pl*

office junior ['ɒfɪs 'dʒu:njə] *sb* Bürogehilfe/Bürogehilfin *m/f*

office supplies ['ɒfɪs sə'plaɪz] *pl* Bürobedarf *m*, Büromaterial *n*

officeholder ['ɒfɪshəʊldə] *sb* Amtsinhaber *m*

officer ['ɒfɪsə] *sb (official)* Beamte(r)/Beamtin *m/f*, Funktionär(in) *m/f*

official [ə'fɪʃəl] *adj* offiziell, amtlich; *sb* Beamte(r)/Beamtin *m/f*, Funktionär(in) *m/f*

official business [ə'fɪʃəl 'bɪznɪs] *sb* "*~*" *(on a letter)* Dienstsache *f*

official receiver [ə'fɪʃəl rɪ'si:və] *sb* Konkursverwalter *m*

official secret [ə'fɪʃəl 'siːkrɪt] *sb* Dienstgeheimnis *n*, Amtsgeheimnis *n*

officialdom [ə'fɪʃəldəm] *sb* Bürokratie *f*, Beamtentum *n*

off-limits [ɒf'lɪmɪts] *adj* mit Zugangsbeschränkung

off-peak hours ['ɒfpiːk 'aʊəz] *pl* verkehrsschwache Stunden *pl*

offset ['ɒfset] *sb* Ausgleich *m*

old age pensioner [əʊld eɪdʒ 'penʃənə] *sb* Rentner *m*

old-established [əʊldɪs'tæblɪʃd] *adj* alteingesessen, alt

old-fashioned [əʊld'fæʃənd] *adj* altmodisch

oligopoly [ɒlɪ'gɒpəli] *sb* Oligopol *n*

on a commission basis ['ɒn ə kə'mɪʃən 'beɪsɪs] *adv* auf Provisionsbasis

on approval [ɒn ə'pruːvəl] *adv* zur Ansicht

on call [ɒn cɔːl] *adv* auf Abruf

oncosts [ɒnkɒsts] *pl* Fixkosten *pl*

on receipt of the invoice [ɒn rɪ'siːt əv ði: 'ɪnvɔɪs] *adv* nach Erhalt der Rechnung

on schedule [ɒn 'ʃedjuːl] *adv* termingerecht

on time [ɒn taɪm] *adv* fristgerecht

on trial [ɒn'traɪəl] *adv* auf Probe

one-stop ['wʌnstɒp] *adj* alles an einem Ort

one-to-one ['wʌntuː'wʌn] *adj* eins-zu-eins, sich genau entsprechend

one-way ['wʌnweɪ] *adj (traffic)* Einbahn...; *(packaging, bottles)* Einweg...

ongoing ['ɒngəʊɪŋ] *adj* laufend, im Gang befindlich; *(long-term)* andauernd

online [ɒn'laɪn] *adj* online, Online...

open ['əʊpən] *v (shop)* aufmachen, öffnen; *(trial, exhibition, new business)* eröffnen

open cheque ['əʊpən tʃek] *sb* Barscheck *m*

open day ['əʊpən deɪ] *sb* Tag der offenen Tür *m*

open market ['əʊpən 'mɑːkɪt] *sb* offener Markt *m*

opening balance sheet ['əʊpənɪŋ 'bæləns ʃiːt] *sb* Eröffnungsbilanz *f*

opening capital ['əʊpənɪŋ 'kæpɪtl] *sb* Anfangskapital *n*, Startkapital *n*

opening of a business ['əʊpənɪŋ əv ə 'bɪznɪs] *sb* Geschäftseröffnung *f*

opening of an account ['əʊpənɪŋ əv ən ə'kaʊnt] *sb* Kontoeröffnung *f*

opening stock ['əʊpənɪŋ stɒk] *sb* Anfangsbestand *m*

opening time ['əʊpənɪŋ taɪm] *sb (UK)* Öffnungszeit *f*

operate ['ɒpəreɪt] *v (machine)* funktionieren, in Betrieb sein; *(system, organization)* arbeiten; *(manage)* betreiben, führen; *(a machine)* bedienen, *(a brake, a lever)* betätigen

operating ['ɒpəreɪtɪŋ] *adj* Betriebs...

operating costs ['ɒpəreɪtɪŋ kɒsts] *sb* Betriebskosten *pl*

operating expenses ['ɒpəreɪtɪŋ ɪks'pensɪz] *pl* Betriebskosten *pl*, Geschäftskosten *pl*

operating instructions ['ɒpəreɪtɪŋ ɪn'strʌkʃənz] *pl* Betriebsanleitung *f*, Bedienungsvorschrift *f*

operating permit ['ɒpəreɪtɪŋ 'pɜːmɪt] *sb* Betriebserlaubnis *f*

operating system ['ɒpəreɪtɪŋ 'sɪstəm] *sb* Betriebssystem *n*

operation [ɒpə'reɪʃən] *sb (control)* Bedienung *f*, Betätigung *f*; *(running)* Betrieb *m*; put out of ~ außer Betrieb setzen; *(enterprise)* Unternehmen *n*, Unternehmung *f*, Operation *f*

operational [ɒpəˈreɪʃənəl] *adj (in use)* in Betrieb, im Gebrauch; *(ready for use)* betriebsbereit, einsatzfähig

operator [ˈɒpəreɪtə] *sb (telephone)* Vermittlung *f*, Dame/Herr von der Vermittlung *m/f*; *(company)* Unternehmer *m*; *(of a machine)* Bedienungsperson *f*, Arbeiter *m*; *(of a lift, of a vehicle)* Führer *m*

opinion [əˈpɪnjən] *sb (professional advice)* Gutachten *n*

opinion poll [əˈpɪnjən pəʊl] *sb* Meinungsumfrage *f*

opportunity for advancement [ɒpəˈtjuːnɪti fɔːr ədˈvɑːnsmənt] *sb* Aufstiegsmöglichkeit *f*

optimisation [ɒptɪmaɪˈzeɪʃən] *sb* Optimierung *f*

optimism [ˈɒptɪmɪzm] *sb* Optimismus *m*

optimistic [ɒptɪˈmɪstɪk] *adj* optimistisch

optimize [ˈɒptɪmaɪz] *v* optimieren

optimum [ˈɒptɪməm] *adj* optimal, bestmöglich, *sb* Optimum *n*

option [ˈɒpʃən] *sb* Option *f*

option to sell [ˈɒpʃən tu sel] *sb* Verkaufsoption *f*

optional [ˈɒpʃənəl] *adj* freiwillig; *(accessory)* auf Wunsch erhältlich

oral [ˈɔːrəl] *adj (verbal)* mündlich

order [ˈɔːdə] *v (place an ~)* bestellen; *(place an ~ for)* bestellen, *(~ to be manufactured)* in Auftrag geben; *(command)* befehlen, anordnen; ~ *in* hereinkommen lassen; *(arrange)* ordnen; *sb (sequence)* Reihenfolge *f*, Folge *f*, Ordnung *f*; *in ~ of priority* je nach Dringlichkeit; *(proper state)* Ordnung *f*; *law and ~* Recht und Ordnung; *(working condition)* Zustand *m*; *to be out of ~* nicht funktionieren, außer Betrieb sein; *(command)* Befehl *m*, Anordnung *f*; *to be under ~s to do sth* Befehl haben, etw zu tun; *by ~ of* auf Befehl von, im Auftrag von; *(for goods, in a restaurant)* Bestellung *f*; *(to have sth made)* Auftrag *m*; *make to ~* auf Bestellung anfertigen

order cheque [ˈɔːdə tʃek] *sb* Orderscheck *m*

ordered quantity [ˈɔːdəd ˈkwɒntɪti] *sb* Bestellmenge *f*

order for payment [ˈɔːdə fɔː ˈpeɪmənt] *sb* Zahlungsbefehl, Zahlungsanweisung *f*

order form [ˈɔːdə fɔːm] *sb* Bestellschein *m*

order instrument [ˈɔːdə ˈɪnstrəmənt] *sb* Orderpapier *n*

order number [ˈɔːdə ˈnʌmbə] *sb* Auftragsnummer *f*

order processing [ˈɔːdə ˈprəʊsesɪŋ] *sb* Auftragsbearbeitung *f*

order scheduling [ˈɔːdə ˈʃedjuːlɪŋ] *sb* Auftragsplanung *f*

ordinary shares [ˈɔːdɪnəri ʃeəz] *sb* Stammaktie *f*

organization [ɔːɡənaɪˈzeɪʃən] *sb* Organisation *f*

organizational [ɔːɡənaɪˈzeɪʃənəl] *adj* organisatorisch

organize [ˈɔːɡənaɪz] *v* organisieren

organizer [ˈɔːɡənaɪzə] *sb* Organisator *m*; *(of an event)* Veranstalter *m*

origin [ˈɒrɪdʒɪn] *sb* Ursprung *m*, Herkunft *f*

original [əˈrɪdʒɪnəl] *adj (version)* original, Original...

ouster [ˈaʊstə] *sb* Enteignung *f*

outbid [aʊtˈbɪd] *v irr* überbieten

outdated [aʊtˈdeɪtɪd] *adj* überholt, veraltet

outdoor advertising [ˈaʊtdɔːr ˈædvətaɪzɪŋ] *sb* Außenwerbung *f*

outfit [ˈaʊtfɪt] *v* ausrüsten, ausstatten; *sb (equipment)* Ausrüstung *f*, Ausstattung *f*

outfitter ['aʊtfɪtə] *sb (UK)* Ausrüster *m*, Ausstatter *m*

outlaw ['aʊtlɔː] *v* für ungesetzlich erklären, verbieten

outlay ['aʊtleɪ] *sb* Geldauslage *f*

outlet ['aʊtlet] *sb (electrical ~)* Steckdose *f; (shop)* Verkaufsstelle *f; (for goods)* Absatzmöglichkeit *f*

outlook ['aʊtlʊk] *sb (prospects)* Aussichten *pl*

outmoded [aʊt'məʊdɪd] *adj* unzeitgemäß, überholt

out-of-date [aʊtəv'deɪt] *adj* veraltet, altmodisch

outplacement ['aʊtpleɪsmənt] *sb* Vermittlung von Führungskräften durch die eigene Firma *f*

output ['aʊtpʊt] *sb* Produktion *f*, Output *m*, Fördermenge *f*

outside financing ['aʊtsaɪd faɪ'nænsɪŋ] *sb* Fremdfinanzierung *f*

outsource [aʊt'sɔːs] *v* an Fremdfirmen vergeben

outsourcing ['aʊtsɔːsɪŋ] *sb* Fremdvergabe *f*

outstanding [aʊt'stændɪŋ] *adj (not yet paid)* ausstehend

outstanding account [aʊt'stændɪŋ ə'kaʊnt] *sb* offene Rechnung *f*

outstanding debts [aʊt'stændɪŋ dets] *sb* Außenstände *pl*

overachieve [əʊvərə'tʃiːv] *v* besser abschneiden als erwartet

overcharge [əʊvə'tʃɑːdʒ] *v (s.o.)* zu viel berechnen

overdraft ['əʊvədrɑːft] *sb* Kontoüberziehung *f*

overdraft credit ['əʊvədrɑːft 'kredɪt] *sb* Überziehungskredit *m*

overdraft of an account ['əʊvədrɑːft əv ən ə'kaʊnt] *sb* Kontoüberziehung *f*

overdraw [əʊvə'drɔː] *v (account)* überziehen

overdue [əʊvə'djuː] *adj* überfällig

overestimate [əʊvər'estɪmeɪt] *v* überschätzen, überbewerten

overflow ['əʊvəfləʊ] *sb (fig: excess)* Überschuss *m*

overhaul [əʊvə'hɔːl] *v (a machine)* überholen; *(plans)* gründlich überprüfen; *sb* Überholung *f*, gründliche Überprüfung *f*, Generalüberholung *f*

overhead costs ['əʊvəhed kɒsts] *sb* Gemeinkosten *pl*, allgemeine Unkosten *pl*

overland [əʊvə'lænd] *adv* auf dem Landweg, über Land

overleaf [əʊvə'liːf] *adv* umseitig

overload [əʊvə'ləʊd] *v* überladen, *(with electricity)* überlasten; *sb* Überbelastung *f*; *(electricity)* Überlastung *f*

overqualified [əʊvə'kwɒlɪfaɪd] *adj* überqualifiziert

overrate [əʊvə'reɪt] *v* überschätzen, überbewerten

override [əʊvə'raɪd] *v irr (cancel out)* umstoßen, aufheben; *(an objection)* ablehnen

overseas [əʊvə'siːz] *adv* nach Übersee, in Übersee

oversell [əʊvə'sel] *v irr* überbuchen, mehr verkaufen als geliefert werden kann

overtime ['əʊvətaɪm] *sb* Überstunden *pl*

owe [əʊ] *v* schulden, schuldig sein; *~ sth to s.o.* jdm etw verdanken; *owing to* wegen

own [əʊn] *v* besitzen, haben; *sb come into one's ~* sein rechtmäßiges Eigentum erlangen

owner ['əʊnə] *sb* Besitzer(in) *m/f; (of a house, of a firm)* Eigentümer(in) *m/f;- sole ~* Alleineigentümer(in) *m/f*

ownership ['əʊnəʃɪp] *sb* Besitz *m; under new ~* unter neuer Leitung

P

pack [pæk] *v* packen, einpacken; *(wrap)* einpacken; *sb (packet)* Paket *n*

package ['pækɪdʒ] *sb* Paket *n*, Packung *f*

packages ['pækɪdʒɪz] *sb* Frachtstücke *pl*

packaging ['pækɪdʒɪŋ] *sb* Verpackung *f*

packet ['pækɪt] *sb* Paket *n*, Päckchen *n*

packing ['pækɪŋ] *sb (material)* Verpackungsmaterial *n*, Verpackung *f*

packing instructions ['pækɪŋ ɪn'strʌkʃənz] *sb* Verpackungsvorschriften *pl*

packing unit ['pækɪŋ 'juːnɪt] *sb* Verpackungseinheit *f*

packing waste ['pækɪŋ weɪst] *sb* Verpackungsmüll *m*, Verpackungsabfall *m*

padded ['pædɪd] *adj* gepolstert

paid vacation [peɪd veɪ'keɪʃən] *sb* bezahlter Urlaub *m*

paid-up capital [peɪd'ʌp 'kæpɪtl] *sb* eingezahltes Kapital *n*

pair [pɛə] *v* paarweise anordnen; *sb* Paar *n*, Pärchen *n*

pallet ['pælɪt] *sb* Palette *f*

panel [pænl] *sb (of switches)* Schalttafel *f*, Kontrolltafel *f*; *(of a car)* Armaturenbrett *n*; *(of experts, of interviewers)* Gremium *n*

panel discussion [pænl dɪs'kʌʃən] *sb* Podiumsdiskussion *f*

panellist ['pænəlɪst] *sb* Diskussionsteilnehmer(in) *m/f*

panic buying ['pænɪk 'baɪɪŋ] *sb* Panikkauf *m*

paper ['peɪpə] *sb* ~s *pl* Papiere *pl*

paper money ['peɪpə 'mʌni] *sb* Papiergeld *n*

parcel ['paːsl] *sb* Paket *n*; *(land)* Parzelle *f*

parcenary ['paːsɪnəri] *sb* Mitbesitz *m*

pardon ['paːdn] *v* entschuldigen; begnadigen; *sb* Entschuldigung *f*; Begnadigung *f*

parent company ['pɛərənt 'kʌmpəni] *sb* Muttergesellschaft *f*, Stammhaus *n*

parity ['pærɪti] *sb (of currency)* Parität *f*

parol ['pærəl] *adj* mündlich

part exchange [paːt ɪks'tʃeɪndʒ] *sb offer sth in ~* etw in Zahlung geben; *take sth in ~* etw in Zahlung nehmen

part payment [paːt 'peɪmənt] *sb* Abschlagszahlung *f*, Teilzahlung *f*

partial ['paːʃəl] *adj* Teil..., teilweise, partiell

partial balance sheet ['paːʃəl 'bælənsʃiːt] *sb* Teilbilanz *f*

partial delivery ['paːʃəl dɪ'lɪvəri] *sb* Teillieferung *f*

partial edition ['paːʃəl ɪ'dɪʃən] *sb* Teilauflage *f*

partial loss ['paːʃəl lɒs] *sb* Teilverlust *m*

partial payment ['paːʃəl 'peɪmənt] *sb* Teilzahlung *f*

partial privatisation ['paːʃəl praɪvɪtaɪ'zeɪʃən] *sb* Teilprivatisierung *f*

partial value ['paːʃəl 'væljuː] *sb* Teilwert *m*

participant [paː'tɪsɪpənt] *sb* Teilnehmer(in) *m/f*

participate [paː'tɪsɪpeɪt] *v* sich beteiligen, teilnehmen

participation [paːtɪsɪ'peɪʃən] *sb* Beteiligung *f*, Teilnahme *f*

particularity [pətɪkjʊ'lærɪti] *sb* Besonderheit *f*, besonderer Umstand *m*, Einzelheit *f*

particularize [pə'tɪkjʊləraɪz] *v* einzeln angeben, detailliert aufführen

particulars [pəˈtɪkjʊləz] *pl* Einzelheiten *pl*

parties to a collective wage agreement [ˈpɑːtiz tuː ə kəˈlektɪv ˈweɪdʒagriːmənt] *sb* Tarifpartner *m*

part-load traffic [ˈpɑːtləʊd ˈtræfɪk] *sb* Stückgutverkehr *m*

partner [ˈpɑːtnə] *sb* Partner(in) *m/f; (in a limited company)* Gesellschafter(in) *m/f*

partnership [ˈpɑːtnəʃɪp] *sb* Partnerschaft *f*, Personengesellschaft *f*, Sozietät *f*

partnership assets [ˈpɑːtnəʃɪp ˈæsets] *sb* Gesellschaftsvermögen *n*

partnership limited by shares [ˈpɑːtnəʃɪp ˈlɪmɪtɪd baɪ ʃɛəz] *sb* Kommanditgesellschaft auf Aktien *f*

part-time [ˈpɑːttaɪm] *adj* Teilzeit...; *adv* auf Teilzeit, stundenweise

part-time job [ˈpɑːttaɪm dʒɒb] *sb* Teilzeitstelle *f*

part-time work [ˈpɑːttaɪm wɜːk] *sb* Teilzeitarbeit *f*

party [ˈpɑːti] *sb* Partei *f*

passbook [ˈpɑsbʊk] *sb* Sparbuch *n*

patent [ˈpeɪtənt] *v* patentieren lassen; *sb* Patent *n*

Patent Office [ˈpeɪtənt ɒfɪs] *sb* Patentamt *n*

patentee [peɪtənˈtiː] *sb* Patentinhaber *m*

patentor [ˈpeɪtəntɔː] *sb* Patentgeber *m*

patron [ˈpeɪtrən] *sb (customer)* Kunde/Kundin *m/f*, Gast *m*

patronize [ˈpætrənaɪz] *v (a business)* besuchen (als Stammkunde)

pattern of organization [ˈpætən əv ɔːɡənaɪˈzeɪʃən] *sb* Organisationsform *f*

pay [peɪ] *v irr* bezahlen, *(a bill, interest)* zahlen; ~ *for* bezahlen für; *(to be profitable)* sich lohnen, sich auszahlen; *sb* Lohn *m; (salary)* Gehalt *n*

pay back [peɪ bæk] *v irr* zurückzahlen

pay increase [peɪ ˈɪnkriːs] *sb* Lohnerhöhung *f*, Gehaltserhöhung *f*

pay interest on [peɪ ˈɪntrest ɒn] *v* verzinsen

pay off [peɪ ɒf] *v irr (to be profitable) (fam)* sich lohnen; *(sth) (a debt)* abbezahlen; *(a mortgage)* ablösen; *(s.o.) (creditors)* befriedigen; *(workmen)* auszahlen

pay raise [peɪ reɪz] *sb (US)* Lohnerhöhung *f*, Gehaltserhöhung *f*

pay rise [peɪ raɪz] *sb* Lohnerhöhung *f*, Gehaltserhöhung *f*

pay the postage [peɪ ðə ˈpəʊstɪdʒ] *v* frankieren

pay up [peɪ ʌp] *v irr* sofort bezahlen

payable [ˈpeɪəbl] *adj* zahlbar; *(due)* fällig; *make a cheque* ~ *to s.o.* einen Scheck auf jdn ausstellen

paycheck [ˈpeɪtʃek] *sb (US)* Lohnscheck *m*, Gehaltsscheck *m*

pay-day [ˈpeɪdeɪ] *sb* Zahltag *m*, Löhnungstag *m*

payee [peɪˈiː] *sb* Zahlungsempfänger *m*, Remittent *m*

payer [ˈpeɪə] *sb* Zahler *m*

paying authority [ˈpeɪɪŋ ɔːˈθɒrɪti] *sb* Kostenträger *m*

paying out [ˈpeɪɪŋ aʊt] *sb* Auszahlung *f*

payload [ˈpeɪləʊd] *sb* Nutzlast *f*

payment [ˈpeɪmənt] *sb* (Aus-)Zahlung *f; (to a person)* Bezahlung *f*

payment by installments [ˈpeɪmənt baɪ ɪnˈstɔːlmənts] *sb* Ratenzahlung *f*

payment in advance [ˈpeɪmənt ɪn ədˈvɑns] *sb* Vorauszahlung *f*

payment in arrears [ˈpeɪmənt ɪn əˈrɪəs] *sb* Zahlungsrückstand *m*

payment in full [ˈpeɪmənt ɪn fʊl] *sb* vollständige Bezahlung *f*

payment on account [ˈpeɪmənt ɒn əˈkaʊnt] *sb* Akontozahlung *f*

payment supra protest ['peɪmənt 'suː-prə 'prəʊtest] *sb* Zahlung unter Protest *f*

payment transaction ['peɪmənt træn-'zækʃən] *sb* Zahlungsverkehr *m*

payoff ['peɪɒf] *sb (bribe)* Bestechungsgeld *n*

payroll ['peɪrəʊl] *sb* Lohnliste *f*; *have s.o. on one's ~* jdn beschäftigen

peak hours [piːk 'aʊəz] *pl* Hauptverkehrszeit *f*, Stoßzeit *f*

pecuniary [pɪ'kjuːnɪəri] *adj* Geld..., finanziell, pekuniär

penalize ['piːnəlaɪz] *v* bestrafen

penalty ['penəlti] *sb* Strafe; *(punishment)* Bußgeld *n*

pending ['pendɪŋ] *adj* anhängig, schwebend

pension ['penʃən] *sb* Rente *f*, Pension *f*

pension fund ['penʃən fʌnd] *sb* Rentenfonds *m*

per annum [pɜː 'ænəm] *adv* pro Jahr

per capita [pɜː 'kæpɪtə] *adv* pro Kopf

per cent [pɜː sent] *sb* Prozent *n*

per diem [pɜː 'daɪem] *sb (money)* Tagegeld *n*

percentage [pə'sentɪdʒ] *sb* Prozentsatz *m*; *(proportion)* Teil *m*; *on a ~ basis* prozentual, auf Prozentbasis

percentage of profits [pə'sentɪdʒ əv 'prɒfɪts] *sb* Tantieme *f*

perform [pə'fɔːm] *v* leisten; *~ well* eine gute Leistung bringen; *(a task, a duty)* erfüllen

performance [pə'fɔːməns] *sb (carrying out)* Erfüllung *f*, Durchführung *f*; *(effectiveness)* Leistung *f*

performance-oriented [pə'fɔːməns-ɔːrɪəntɪd] *adj* leistungsorientiert

period ['pɪərɪəd] *sb* Frist *f*, Zeitraum *m*

period for application ['pɪərɪəd fɔː æplɪ'keɪʃən] *sb* Anmeldefrist *f*

period for payment ['pɪərɪəd fɔː 'paɪmənt] *sb* Zahlungsziel *n*, Zahlungszeitraum

period of grace ['pɪərɪəd əv greɪs] *sb* Nachfrist *f*

period of notice ['pɪərɪəd əv 'nəʊtɪs] *sb* Kündigungsfrist *f*

perish ['perɪʃ] *v (goods)* verderben

permission [pə'mɪʃən] *sb* Genehmigung *f*, Erlaubnis *f*

permit [pə'mɪt] *v* erlauben, gestatten; *~ o.s. sth* sich etw erlauben; *sb* Genehmigung *f*, Erlaubnis *f*

perpetual bonds [pə'petʃʊəl bɒndz] *sb* Rentenanleihe *f*

perquisite ['pɜːkwɪzɪt] *sb* Vergünstigung *f*

personal computer ['pɜːsnl kəm-'pjuːtə] *sb* Personalcomputer *m*, PC *m*

personal consumption ['pɜːsənl kən-'sʌmpʃən] *sb* Eigenverbrauch *m*

personal conversation ['pɜːsənl kɒnvə'seɪʃən] *sb* persönliches Gespräch *n*

personal loan ['pɜːsənl ləʊn] *sb* Personalkredit *m*

personal organizer ['pɜːsənl 'ɔːɡənaɪzə] *sb* Terminplaner *m*, Zeitplaner *m*

personnel [pɜːsə'nel] *sb* Personal *n*, Belegschaft *f*

personnel department [pɜːsə'nel dɪ-'pɑːtmənt] *sb* Personalabteilung *f*

personnel leasing [pɜːsə'nel 'liːsɪŋ] *sb* Personal-Leasing *n*

personnel office [pɜːsə'nel 'ɒfɪs] *sb* Personalbüro *n*

personnel strategy [pɜːsə'nel 'strætədʒi] *sb* Personalstrategie *f*

petition [pə'tɪʃən] *sb* Gesuch *n*, Petition *f*, Bittschrift *f*; *(list of signatures)* Unterschriftenliste *f*

petitioner [pə'tɪʃənə] *sb* Bittsteller *m*, Antragssteller *m*

petrol voucher ['petrəl 'vaʊtʃə] sb Benzingutscheine pl

petty cash [peti kæʃ] sb Portokasse f

phone [fəʊn] sb (see "telephone")

phonecard ['fəʊnkɑːd] sb Telefonkarte f

photo CD ['fəʊtəʊ siːdiː] sb Foto-CD f

photocopier ['fəʊtəkɒpiə] sb Fotokopiergerät n, Kopierer m

photocopy ['fəʊtəkɒpi] v fotokopieren, kopieren; sb Fotokopie f, Kopie f

photograph ['fəʊtəgrɑːf] v fotografieren; sb Fotografie f, Lichtbild n

physical examination ['fɪzɪkəl ɪgzæmɪ'neɪʃən] sb ärztliche Untersuchung f

physical handicap ['fɪzɪkəl 'hændɪkæp] sb körperliche Behinderung f

piece [piːs] sb Stück n; (article) Artikel m; (coin) Münze f

piece rate [piːs reɪt] sb Leistungslohn m

piece time [piːs taɪm] sb Stückzeit f

piece work wage [piːs wɜːk weɪdʒ] sb Akkordlohn m

piecework ['piːswɜːk] sb Akkordarbeit f

piece-work pay [piːswɜːk peɪ] sb Stücklohn m

piggyback advertisement ['pɪgibæk əd'vɜːtɪsmənt] sb Huckepackwerbung f

pile [paɪl] v stapeln; sb Stapel m, Stoß m

piracy ['paɪrəsi] sb (plagiarism) Plagiat n

pirate copy ['paɪərət 'kɒpi] sb Raubkopie f

pitchman ['pɪtʃmən] sb (vendor) Straßenverkäufer m; (advertising ~) Werbeträger m

place [pleɪs] v ~ an order bestellen, einen Auftrag erteilen; (an advertisement) platzieren

place of birth ['pleɪs əv bɜːθ] sb Geburtsort m

place of business ['pleɪs əv 'bɪznɪs] sb Arbeitsstelle f, Arbeitsplatz m

place of destination ['pleɪs əv destɪ'neɪʃən] sb Bestimmungsort m

place of employment ['pleɪs əv ɪm'plɔɪmənt] sb Arbeitsplatz m, Stelle f

place of jurisdiction ['pleɪs əv dʒʊərɪs'dɪkʃən] sb Gerichtsstand m

placement of an advertisement ['pleɪsmənt əv ən əd'vɜːtɪsmənt] sb Anzeigenschaltung f

placing ['pleɪsɪŋ] sb Platzierung f

placing of an order ['pleɪsɪŋ əv ən 'ɔːdə] sb Auftragserteilung f

plagiarism ['pleɪdʒərɪzəm] sb Plagiat n

plagiarize ['pleɪdʒəraɪz] v plagiieren, ein Plagiat herstellen

planned economy [plænd ɪ'kɒnəmi] sb Planwirtschaft f

planning ['plænɪŋ] sb Planung f

planning control ['plænɪŋ kən'trəʊl] sb Planungskontrolle f

planning figures ['plænɪŋ 'fɪgəz] sb Planwerte pl

planning game ['plænɪŋ geɪm] sb Planspiel n

planning permission ['plænɪŋ pə'mɪʃən] sb Baugenehmigung f

plant [plɑnt] sb (factory) Werk n; (equipment) Anlagen pl

plastic ['plæstɪk] sb Kunststoff m, Plastik n; adj (made of plastic) Plastik...

plenipotentiary [plenɪpəʊ'tenʃəri] sb Generalbevollmächtigte(r) m/f

plough back [plaʊ bæk] v reinvestieren, wieder anlegen

plug [plʌg] sb (electric) Stecker m; (bit of publicity) Schleichwerbung f

policy ['pɒlɪsi] sb (principles of conduct) Verfahrensweise f, Politik f, Taktik f; (insurance ~) Police f

policy holder ['pɒlɪsi həʊldə] sb Versicherungsnehmer m

poll [pəʊl] *sb (opinion ~)* Umfrage *f*
pollster ['pəʊlstə] *sb (US)* Meinungsforscher *m*
pollutant [pə'luːtənt] *sb* Schadstoff *m*
polluter pays principle [pə'luːtə peɪz 'prɪnsɪpl] *sb* Verursacherprinzip *n*
pollution [pə'luːʃən] *sb* Verschmutzung *f; (environment)* Umweltverschmutzung *f*
polytechnic [pɒli'teknɪk] *sb (UK)* Polytechnikum *n*, Fachhochschule *f*
poor quality [pʊə 'kwɒlɪti] *sb* schlechte Qualität *f*
port [pɔːt] *sb* Hafen *m*
portable ['pɔːtəbl] *adj* tragbar
portage ['pɔːtɪdʒ] *sb* Transportkosten *pl*, Beförderungskosten *pl*
portfolio [pɔːt'fəʊliəʊ] *sb* Portfolio *n; (folder)* Mappe *f*
position [pə'zɪʃən] *v* aufstellen, platzieren; *sb* Position *f*, Stellung *f; (job)* Stelle *f; (point of view)* Standpunkt *m*, Haltung *f*, Einstellung *f*
position offered [pə'zɪʃən 'ɒfəd] *sb* Stellenanzeige *f*
possess [pə'zes] *v* besitzen, haben
possession [pə'zeʃən] *sb (thing owned)* Besitz *m; (owning)* Besitz *m*; take ~ of sth etw in Besitz nehmen
possessor [pə'zesə] *sb* Besitzer *m*
post [pəʊst] *v (put in the ~) (UK)* aufgeben, mit der Post schicken, *(put in a letter box)* einwerfen; *sb (job)* Stelle *f*, Posten *m; (mail)* Post *f;* by return of ~ postwendend
post office ['pəʊst ɒfɪs] *sb* Post *f*, Postamt *n*
post office box ['pəʊst ɒfɪs bɒks] *sb* Postfach *n*
postage ['pəʊstɪdʒ] *sb* Porto *n*, Gebühr *f*
postage deduction ['pəʊstɪdʒ dɪ'dʌkʃən] *sb* Portoabzug *m*

postage due ['pəʊstɪdʒ djuː] *sb* Strafporto *n*, Nachporto *n*
postage stamp ['pəʊstɪdʒ stæmp] *sb* Briefmarke *f*
postage-free ['pəʊstɪdʒfriː] *adj* portofrei, gebührenfrei
postal cheque ['pəʊstəl tʃek] *sb* Postscheck *m*
postal code ['pəʊstəl kəʊd] *sb (UK)* Postleitzahl *f*
postal giro ['pəʊstəl 'dʒaɪrəʊ] *sb* Postgiro *n*
postal giro account ['pəʊstəl 'dʒaɪrəʊ ə'kaʊnt] *sb* Postscheckkonto *n*
postal money order ['pəʊstəl 'mʌni ɔːdə] *sb* Postanweisung *f*
postal order ['pəʊstəl 'ɔːdə] *sb (UK)* Postanweisung *f*
postal service ['pəʊstəl 'sɜːvɪs] *sb* Postdienst *m*, Post *f*
postal transfer ['pəʊstəl 'trænsfɜː] *sb* Postüberweisung *f*
postal wrapper ['pəʊstəl 'ræpə] *sb* Streifband *n*
postcode ['pəʊstkəʊd] *sb (UK)* Postleitzahl *f*
postdate [pəʊst'deɪt] *v* vordatieren
postmark ['pəʊstmɑːk] *sb* Poststempel *m*
post-paid [pəʊst'peɪd] *adj* freigemacht, frankiert
postpone [pəʊst'pəʊn] *v* aufschieben; *(for a specified period)* verschieben
postponement [pəʊst'pəʊnmənt] *sb (act of postponing)* Verschiebung *f*, Vertagung *f*, Aufschub *m*
poundage ['paʊndɪdʒ] *sb (weight)* Gewicht in Pfund *n; (fee)* auf Gewichtsbasis errechnete Gebühr *f*
power ['paʊə] *sb* Macht *f (of an engine, of loudspeakers)* Leistung *f*
power cut ['paʊə kʌt] *sb* Stromausfall *m*

power failure ['paʊə 'feɪljə] *sb* Stromausfall *m*, Netzausfall *m*
power of attorney ['paʊər əv ə'tɜːni] *sb* Vollmacht *f*, Prokura *f*
power pack ['paʊə pæk] *sb* Netzteil *n*
power plant ['paʊə plɑnt] *sb* Kraftwerk *n*, Elektrizitätswerk *n*
PR *(see "public relations")*
practicable ['præktɪkəbl] *adj* durchführbar, machbar
practice ['præktɪs] *sb (business ~)* Verfahrensweise *f*
practice of payment ['præktɪs əv 'peɪmənt] *sb* Zahlungsgewohnheit *f*
practise ['præktɪs] *v (a profession, a religion)* ausüben, praktizieren
prearrange [priːə'reɪndʒ] *v* vorher abmachen, vorher bestimmen
precaution [prɪ'kɔːʃən] *sb* Vorsichtsmaßnahme *f*; *take ~s* Vorsichtsmaßnahmen treffen; *as a ~* vorsichtshalber
precision [prɪ'sɪʒən] *sb* Genauigkeit *f*, Präzision *f*
precondition [priːkən'dɪʃən] *sb* Voraussetzung *f*, Bedingung *f*
predate [priː'deɪt] *v (come before)* vorausgehen; *(a document)* zurückdatieren
predecessor ['priːdɪsesə] *sb* Vorgänger(in) *m/f*
preference ['prefərəns] *sb* Vorkaufsrecht *n*
preference share ['prefərəns ʃɛə] *sb* Vorzugsaktie *f*
preferential discount [prefə'renʃəl 'dɪskaʊnt] *sb* Vorzugsrabatt *m*
preferment [prɪ'fɜːmənt] *sb (promotion)* Beförderung *f*
prejudice ['predʒʊdɪs] *sb* Vorurteil *n*; *(detriment)* Schaden *m*
preliminaries [prɪ'lɪmɪnərɪz] *pl* vorbereitende Maßnahmen *pl*, Vorarbeit *f*

premises ['premɪsɪz] *pl* Grundstück *n*; *(of a factory)* Gelände *n*; *(of a shop)* Räumlichkeiten *pl*
premium ['priːmɪəm] *sb (bonus)* Bonus *m*, Prämie *f*; *(insurance ~)* Prämie *f*; *(surcharge)* Zuschlag *m*
prepaid [priː'peɪd] *adj* vorausbezahlt, im Voraus bezahlt
preparation [prepə'reɪʃən] *sb* Vorbereitung *f*
prepay [priː'peɪ] *v irr* im Voraus bezahlen
prepay the postage [priː'peɪ ðə 'pəʊstɪdʒ] *sb* frankieren
prepayable [priː'peɪəbl] *adj* im Voraus zu bezahlen
prepayment [priː'peɪmənt] *sb* Vorauszahlung *f*
prerogative [prɪ'rɒgətɪv] *sb* Vorrecht *n*
presale ['priːseɪl] *sb* Vorverkauf *m*
presell [priː'sel] *v irr* im Voraus verkaufen
presentation [prezn'teɪʃən] *sb* Vorlage *f*, Präsentation *f*; *(handing over)* Überreichung *f*, *(of an award)* Verleihung *f*
preservation [prezə'veɪʃən] *sb* Erhaltung *f*; *(keeping)* Aufbewahrung *f*
preservative [prɪ'zɜːvətɪv] *sb* Konservierungsmittel *n*
preserve [prɪ'zɜːv] *v (maintain)* erhalten; *(keep from harm)* bewahren
preside [prɪ'zaɪd] *v ~ over* den Vorsitz haben über
presidency ['prezɪdənsi] *sb* Vorsitz *m*
president ['prezɪdənt] *sb* Vorsitzende(r) *m/f*, Präsident(in) *m/f*
press conference [pres 'kɒnfərəns] *sb* Pressekonferenz *f*
press release [pres rɪ'liːs] *sb* Presseverlautbarung *f*, Pressemitteilung *f*
press report [pres rɪ'pɔːt] *sb* Pressenotiz *f*, Pressebericht *m*

pre-tax [priːˈtæks] *adj* brutto, vor Abzug der Steuern

preview [ˈpriːvjuː] *sb* Vorschau *f*

price [praɪs] *sb* Preis *m*; *v (fix the ~ of sth)* den Preis von etw festsetzen

price advance [praɪs ədˈvɑns] *sb* Kurssteigerung *f*

price ceiling [ˈpraɪs siːlɪŋ] *sb* Preisobergrenze *f*

price control [praɪs kɒnˈtrəʊl] *sb* Preiskontrolle *f*

price deduction [praɪs dɪˈdʌkʃən] *sb* Preisabzug *m*

price floor [praɪs flɔː] *sb* Preisuntergrenze *f*

price increase [praɪs ˈɪnkriːs] *sb* Preissteigerung *f*, Preiserhöhung *f*

price level [praɪs levl] *sb* Preisniveau *n*

price list [praɪs lɪst] *sb* Preisliste *f*

price management [praɪs ˈmænædʒmənt] *sb* Kurspflege *f*

price pegging [praɪs ˈpegɪŋ] *sb* Kursstützung *f*

price policy [praɪs ˈpɒlɪsi] *sb* Preispolitik *f*

price quotation [praɪs kwɒˈteɪʃən] *sb* Preisnotierung *f*

price recommendation [praɪs rekəmenˈdeɪʃən] *sb* Preisempfehlung *f*

price reduction [praɪs rɪˈdʌkʃən] *sb* Preissenkung *f*, Preisreduzierung *f*

price risk [praɪs rɪsk] *sb* Kursrisiko *n*

price stop [praɪs stɒp] *sb* Preisstopp *m*

price subject to change [praɪs ˈsʌbjekt tuː tʃeɪndʒ] *sb* Preis freibleibend

price support [praɪs sʌˈpɔːt] *sb* Kursstützung *f*

price tag [praɪs tæg] *sb* Preisschild *n*

price war [praɪs wɔː] *sb* Preiskrieg *m*

price-earnings ratio [praɪsˈɜːnɪŋz reɪʃɪəʊ] *sb* Kurs-Gewinn-Verhältnis *n*

price-fixing [ˈpraɪsfɪksɪŋ] *sb* Preisfestlegung *f*

price-marking [ˈpraɪsmɑːkɪŋ] *sb* Preisauszeichnung *f*

prices of farm products [ˈpraɪsɪz əv fɑːm ˈprɒdʌkts] *sb* Agrarpreis *m*

price-sensitive [ˈpraɪsˈsensɪtɪv] *adj* preissensibel

primary energy [ˈpraɪməri ˈenədʒi] *sb* Primärenergie *f*

primary expenses [ˈpraɪməri ɪkˈspensɪz] *sb* Primäraufwand *m*

prime cost [praɪm kɒst] *sb* Selbstkosten *pl*, Entstehungskosten *pl*

prime rate [praɪm reɪt] *sb* Sollzinssatz

print [prɪnt] *v* drucken

printed form [ˈprɪntɪd fɔːm] *sb* Vordruck *m*

printed matter [ˈprɪntɪd ˈmætə] *sb* Drucksache *f*

printer [ˈprɪntə] *sb* Drucker *m*

printer's error [ˈprɪntəz ˈerə] *sb* Druckfehler *m*

private company [ˈpraɪvɪt ˈkʌmpəni] *sb* Gesellschaft mit beschränkter Haftung *f*

private contribution [ˈpraɪvɪt kɒntrɪˈbjuːʃən] *sb* Privateinlagen *pl*

private insurance [ˈpraɪvɪt ɪnˈʃʊərəns] *sb* Privatversicherung *f*

private property [ˈpraɪvɪt ˈprɒpəti] *sb* Privateigentum *n*, Privatbesitz *m*

private sector [ˈpraɪvɪt ˈsektə] *sb* privater Sektor *m*

privatization [praɪvətaɪˈzeɪʃən] *sb* Privatisierung *f*

privatize [ˈpraɪvətaɪz] *v* privatisieren

prize-winning [ˈpraɪzwɪnɪŋ] *adj* preisgekrönt

pro [prəʊ] *sb the ~s and cons pl* das Für und Wider *n*, das Pro und Kontra *n*; *(fam: professional)* Profi *m*

pro forma invoice [prəʊˈfɔːmə ˈɪnvɔɪs] *sb* Proformarechnung *f*
pro rata [prəʊ rɑtə] *adj* anteilmäßig
probation [prəˈbeɪʃən] *sb* (~ *period*) Probezeit *f*
procedure [prəˈsiːdʒə] *sb* Verfahren *n*, Prozedur *f*
proceeding [prəˈsiːdɪŋ] *sb* Vorgehen *n*, Verfahren *n*
proceedings in bankruptcy [prəˈsiːdɪŋz ɪn ˈbæŋkrʌptsi] *sb* Konkursverfahren *n*
proceeds [ˈprəʊsiːdz] *pl* Erlös *m*, Ertrag *m*
process [ˈprəʊses] *v (an application)* bearbeiten; *sb* Verfahren *n*, Prozess *m*; *due ~ of law* rechtliches Gehör *n*
process of production [ˈprəʊses əv prəˈdʌkʃən] *sb* Produktionsprozess *m*, Herstellungsprozess *m*
processing [ˈprəʊsesɪŋ] *sb* Verarbeitung *f*, Bearbeitung *f*; *(industrial)* Veredelung *f*
processing of an order [prəʊsesɪŋ əv ən ˈɔːdə] *sb* Auftragsabwicklung *f*, Auftragsbearbeitung *f*
processor [ˈprəʊsesə] *sb* Prozessor *m*
procuration [prɒkjʊˈreɪʃən] *sb* *(procurement)* Beschaffung *f*; *(power)* Vollmacht *f*, Prokura *f*
produce [prəˈdjuːs] *v* produzieren, herstellen; *(energy)* erzeugen; *sb (agriculture)* Produkte *pl*, Erzeugnis *n*
producer [prəˈdjuːsə] *sb* Hersteller(in) *m/f*, Erzeuger(in) *m/f*
producer price [prəˈdjuːsə praɪs] *sb* Erzeugerpreis *m*, Herstellerpreis *m*
producer's co-operative [prəˈdjuːsəz kəʊˈɒpərɪtɪv] *sb* Produktionsgenossenschaft *f*
producer's surplus [prəˈdjuːsəz ˈsɜːpləs] *sb* Produzentenrente *f*

product [ˈprɒdʌkt] *sb* Produkt *n*
product design [ˈprɒdʌkt dɪˈzaɪn] *sb* Produktgestaltung *f*
product liability [ˈprɒdʌkt laɪəˈbɪlɪti] *sb* Produkthaftung *f*
product line [ˈprɒdʌkt laɪn] *sb* Produktpalette *f*
product placement [ˈprɒdʌkt ˈpleɪsmənt] *sb* Produktplatzierung *f*, Productplacement *n*
production [prəˈdʌkʃən] *sb* Herstellung *f*, Produktion *f*
production capacity [prəˈdʌkʃən kəˈpæsɪti] *sb* Produktionskapazität *f*
production costs [prəˈdʌkʃən kɒsts] *sb* Herstellungskosten *pl*, Produktionskosten *pl*
production facilities [prəˈdʌkʃən fəˈsɪlɪtiz] *sb* Produktionsanlagen *pl*
production factors [prəˈdʌkʃən ˈfæktəz] *sb* Produktionsfaktoren *pl*
production limit [prəˈdʌkʃən ˈlɪmɪt] *sb* Förderlimit *n*
production line [prəˈdʌkʃən laɪn] *sb* Fließband *n*, Produktionslinie *f*
production plant [prəˈdʌkʃən plɑnt] *sb* Produktionsanlagen *pl*
production potential [prəˈdʌkʃən pəˈtenʃəl] *sb* Produktionspotential *n*
production procedure [prəˈdʌkʃən prəˈsiːdʒə] *sb* Fertigungsprozess *m*
production process [prəˈdʌkʃən ˈprəʊses] *sb* Fertigungsverfahren *n*
production programme [prəˈdʌkʃən ˈprəʊgræm] *sb* Produktionsprogramm *n*
production scheduling [prəˈdʌkʃən ˈʃedjuːlɪŋ] *sb* Produktlinie *f*
production theory [prəˈdʌkʃən ˈθɪəri] *sb* Produktionstheorie *f*
production value [prəˈdʌkʃən ˈvæljuː] *sb* Produktionswert *m*

productive [prəˈdʌktɪv] *adj* produktiv; *(mine, well)* ergiebig
productive property [prəˈdʌktɪv ˈprɒpəti] *sb* Produktivvermögen *n*
productivity [prɒdʌkˈtɪvɪti] *sb* Produktivität *f*
profession [prəˈfeʃən] *sb* Beruf *m*
professional [prəˈfeʃənl] *adj* beruflich, Berufs...; *(competent, expert)* fachmännisch, professionell; *sb* Profi *m*
professional discretion [prəˈfeʃənl dɪsˈkreʃən] *sb* Schweigepflicht *f*
professional knowledge [prəˈfeʃənl ˈnɒlɪdʒ] *sb* Fachwissen *n*
professional secret [prəˈfeʃənl ˈsiːkrɪt] *sb* Berufsgeheimnis *n*
professional training [prəˈfeʃənl ˈtreɪnɪŋ] *sb* Berufsausbildung *f*
profit [ˈprɒfɪt] *v* profitieren, Nutzen ziehen, Gewinn ziehen; *sb* Gewinn *m*, Profit *m*; *(fig)* Nutzen *m*, Vorteil *m*
profit and loss [ˈprɒfɪt ənd lɒs] *sb* Gewinn und Verlust *m*
profit and loss account [ˈprɒfɪt ənd lɒs əˈkaʊnt] *sb* Ertragsrechnung *f*
profit margin [ˈprɒfɪt ˈmɑːdʒɪn] *sb* Gewinnspanne *f*
profit mark-up [ˈprɒfɪt ˈmɑːkʌp] *sb* Gewinnaufschlag *m*
profit of the enterprise [ˈprɒfɪt əv ðɪ ˈentəpraɪz] *sb* Unternehmensgewinn *m*
profit rate [ˈprɒfɪt reɪt] *sb* Profitrate *f*
profitability [prɒfɪtəˈbɪlɪti] *sb* Rentabilität *f*
profitable [ˈprɒfɪtəbl] *adj* rentabel
profiteering [prɒfɪˈtɪərɪŋ] *sb* Wucher *m*, Wucherei *f*
profit-sharing [ˈprɒfɪtˈʃeərɪŋ] *sb* Gewinnbeteiligung *f*
profit-taking [ˈprɒfɪtˈteɪkɪŋ] *sb* Gewinnmitnahme *f*

prognosis [prɒgˈnəʊsɪs] *sb* Prognose *f*
prognosticate [prɒgˈnɒstɪkeɪt] *v (sth)* prognostizieren
programmable [prəʊˈgræməbl] *adj* programmierbar
programme [ˈprəʊgræm] *v* programmieren; *sb* Programm *n*
programmer [ˈprəʊgræmə] *sb* Programmierer *m*
programming language [ˈprəʊgræmɪŋ ˈlæŋgwɪdʒ] *sb* Programmiersprache *f*
progress [prəˈgres] *v (make ~)* vorwärts kommen; *sb* Fortschritt *m*; *in ~* im Gange
progress report [ˈprəʊgres rɪˈpɔːt] *sb* Zwischenbericht *m*
progression [prəˈgreʃən] *sb (taxation)* Progression *f*, Staffelung *f*
progressive depreciation [prəˈgresɪv dɪpriːʃiˈeɪʃən] *sb* progressive Abschreibung *f*
prohibitive duty [prəˈhɪbɪtɪv ˈdjuːti] *sb* Prohibitivzoll *m*
project [ˈprɒdʒekt] *sb* Projekt *n*; [prəˈdʒekt] *v (costs)* überschlagen
project management [ˈprɒdʒekt ˈmænɪdʒmənt] *sb* Projektmanagement *n*
projection [prəˈdʒekʃən] *sb* Projektion *f*
promise [ˈprɒmɪs] *sb* Zusage *f*
promise of credit [ˈprɒmɪs əv ˈkredɪt] *sb* Kreditzusage *f*
promissory note [ˈprɒmɪsəri nəʊt] *sb* Schuldschein *m*
promote [prəˈməʊt] *v (in rank)* befördern; *(advertise)* werben für
promoter [prəˈməʊtə] *sb* Förderer *m*; *(of an event)* Veranstalter *m*, Promoter *m*
promotion [prəˈməʊʃən] *sb (to a better job)* Beförderung *f*; *(advertising, marketing)* Werbung *f*, Promotion *f*; *(of an event)* Veranstaltung *f*

promotional gift [prə'məʊʃənl gɪft] *sb* Werbegeschenk *n*
proof [pruːf] *sb* Beweis *m*, Nachweis *m*
property ['prɒpəti] *sb* Eigentum *n*, Besitz *m; (characteristic)* Eigenschaft *f*
property insurance ['prɒpəti ɪn'ʃʊərəns] *sb* Sachversicherung *f*
property tax ['prɒpəti tæks] *sb* Grundsteuer *f*
proportion [prə'pɔːʃən] *sb* Verhältnis *n*, Proportion *f*
proprietary [prə'praɪətəri] *adj* besitzend, Besitz...
proprietor [prə'praɪətə] *sb* Besitzer(in) *m/f*, Eigentümer(in) *m/f*
prosecute ['prɒsɪkjuːt] *v* strafrechtlich verfolgen, strafrechtlich belangen
prospect ['prɒspekt] *sb* Aussicht *f*
prospectus [prə'spektəs] *sb* Prospekt *m*
prosperity [prɒ'sperɪti] *sb* Wohlstand *m*
prosperous ['prɒspərəs] *adj* florierend, gut gehend, blühend
protection [prə'tekʃən] *sb* Schutz *m*, Protektion *f*
protection against dismissal [prə'tekʃən ə'genst dɪs'mɪsəl] *sb* Kündigungsschutz *m*
protection of creditors [prə'tekʃən əv 'kredɪtəz] *sb* Gläubigerschutz *m*
protection of mothers [prə'tekʃən əv 'mʌðəz] *sb* Mutterschutz *m*
protection of tenants [prə'tekʃən əv 'tenənts] *sb* Mieterschutz *m*
protectionism [prə'tekʃənɪzm] *sb* Protektionismus *m*
protective duty [prə'tektɪv 'djuːti] *sb* Schutzzoll *m*
protest ['prəʊtest] *sb* Wechselprotest *m*
protocol ['prəʊtəkɒl] *sb* Protokoll *n*
provide [prə'vaɪd] *v* besorgen, beschaffen, liefern; *(an opportunity)* bieten; *(make available)* zur Verfügung stellen; ~ s.o. with sth jdn mit etw versorgen
providing of guarantee [prə'vaɪdɪŋ əv gærən'tiː] *sb* Garantieleistung *f*
provision [prə'vɪʒən] *sb (supplying)* Bereitstellung *f; (for oneself)* Beschaffung *f;* ~s *pl (supplies)* Vorräte *pl; (of a contract)* Bestimmung *f; (allowance)* Berücksichtigung *f*
provisional [prə'vɪʒənəl] *adj* provisorisch; *(measures, legislation)* vorläufig
proviso [prə'vaɪzəʊ] *sb* Vorbehalt *m; (clause)* Vorbehaltsklausel *f*
provisory [prə'vaɪzəri] *adj (provisional)* provisorisch, vorläufig; *(conditional)* vorbehaltlich
proxy ['prɒksi]*sb (power)* Vollmacht *f;* by ~ in Vertretung; *(person)* Vertreter *m*, Stellvertreter *m*
public ['pʌblɪk] *adj* öffentlich; *sb* Öffentlichkeit *f*
public assistance ['pʌblɪk ə'sɪstəns] *sb* Spezialhilfe *f*
publication [pʌblɪ'keɪʃən] *sb* Veröffentlichung *f*, Publikation *f*
public authorities ['pʌblɪk ɔː'θɒrɪtiz] *sb* öffentliche Hand *f*
public company ['pʌblɪk 'kʌmpəni] *sb* Aktiengesellschaft *f*
public domain ['pʌblɪk dəʊ'meɪn] *sb* in the ~ ohne Urheberschutz
public enterprise ['pʌblɪk 'entəpraɪz] *sb* öffentliches Unternehmen *n*
public goods ['pʌblɪk gʊdz] *sb* öffentliche Güter *pl*
public holiday ['pʌblɪk 'hɒlɪdeɪ] *sb* gesetzlicher Feiertag *m*
public institution ['pʌblɪk ɪnstɪ'tjuːʃən] *sb* gemeinnütziges Unternehmen *n*
publicity [pʌb'lɪsɪti] *sb* Werbung *f*, Reklame *f*

publicity department [pʌb'lɪsɪti dɪ-'pɑːtmənt] *sb* Werbeabteilung *f*

publicize ['pʌblɪsaɪz] *v (promote)* Reklame machen für

public law ['pʌblɪk lɔː] *sb* öffentliches Recht *n*

public limited company ['pʌblɪk 'lɪmɪtɪd 'kʌmpəni] *sb (UK)* Aktiengesellschaft *f*

publicly owned enterprise [pʌblɪkli əʊnd 'entəpraɪz] *sb* Regiebetrieb *m*

public ownership ['pʌblɪk 'əʊnəʃɪp] *sb* Staatseigentum *n*

public property ['pʌblɪk 'prɒpəti] *sb* Staatseigentum *n*

public relations ['pʌblɪk rɪ'leɪʃənz] *sb* Public Relations *pl*

public revenue ['pʌblɪk 'revənjuː] *sb* Staatseinnahmen *pl*

public sector ['pʌblɪk 'sektə] *sb* öffentlicher Sektor *m*

public servant ['pʌblɪk 'sɜːvənt] *sb* Angestellte(r) im öffentlichen Dienst *m/f*

public spending ['pʌblɪk 'spendɪŋ] *sb* Staatsausgaben *pl*, öffentliche Ausgaben *pl*

publishing house ['pʌblɪʃɪŋ haʊs] *sb* Verlag *m*

pull-down menu ['pʊldaʊn 'menjuː] *sb* Pull-down-Menü *n*

punishment ['pʌnɪʃmənt] *sb (penalty)* Strafe *f*; *(punishing)* Bestrafung *f*

punter ['pʌntə] *sb (UK: average person)* Otto Normalverbraucher *m*

purchase ['pɜːtʃɪs] *v* kaufen, erwerben; *sb* Kauf *m*, Anschaffung *f*, Ankauf *m*

purchase costs ['pɜːtʃɪs kɒsts] *sb* Anschaffungskosten *pl*

purchase on credit ['pɜːtʃɪs ɒn 'kredɪt] *sb* Zielkauf *m*

purchase pattern ['pɜːtʃɪs 'patən] *sb* Kaufverhalten *n*

purchase price ['pɜːtʃɪs praɪs] *sb* Kaufpreis *m*

purchase quantity ['pɜːtʃɪs 'kwɒntɪti] *sb* Abnahmemenge *f*

purchase-money loan [pɜːtʃɪs'mʌni ləʊn] *sb* Restdarlehen *n*

purchaser ['pɜːtʃɪsə] *sb* Käufer(in) *m/f*

purchasing costs ['pɜːtʃɪsɪŋ kɒsts] *sb* Bezugskosten *pl*

purchasing power ['pɜːtʃɪsɪŋ 'paʊə] *sb* Kaufkraft *f*

purchasing terms ['pɜːtʃɪsɪŋ tɜːmz] *sb* Einkaufsbedingungen *pl*

purpose-built ['pɜːpəsbɪlt] *adj* spezialgefertigt, Spezial...

pursuant [pə'sjuːənt] *adj* ~ *to* gemäß, laut

purveyor [pə'veɪə] *sb* Lieferant(in) *m/f*

push [pʊʃ] *v (s.o.) (put pressure on)* drängen, antreiben; *(promote)* propagieren

put down [pʊt daʊn] *v irr (a deposit)* machen, anzahlen; *(write down)* aufschreiben, notieren, eintragen; *(on a form)* angeben

put in [pʊt ɪn] *v irr* ~ *for sth* sich um etw bewerben; *(a claim, an application)* einreichen; *(time)* zubringen; ~ *an hour's work* eine Stunde arbeiten

put off [pʊt ɒf] *v irr (postpone)* verschieben; *(a decision)* aufschieben; *put s.o. off (by making excuses)* jdn hinhalten

put through [pʊt 'θruː] *v irr (connect)* durchstellen

put together [pʊt tə'geðə] *v irr (assemble)* zusammensetzen, zusammenbauen; *(a brochure)* zusammenstellen

put up [pʊt ʌp] *v irr put sth up for sale* etw zum Verkauf anbieten

pyramid selling ['pɪrəmɪd 'selɪŋ] *sb* Vertrieb nach dem Schneeballsystem *m*

Q

qualification [kwɒlɪfɪ'keɪʃən] *sb (suitable skill, suitable quality)* Qualifikation *f*, Voraussetzung *f*; *(UK: document)* Zeugnis *n*

qualified ['kwɒlɪfaɪd] *adj (person)* qualifiziert, geeignet; *(entitled)* berechtigt

qualifying period ['kwɒlɪfaɪɪŋ 'pɪərɪəd] *sb* Karenzzeit *f*

qualitative ['kwɒlɪtətɪv] *adj* qualitativ

quality ['kwɒlɪti] *sb* Qualität *f*; *(characteristic)* Eigenschaft *f*

quality assurance ['kwɒlɪti ə'ʃʊərəns] *sb* Qualitätssicherung *f*

quality control ['kwɒlɪti kən'trəʊl] *sb* Qualitätskontrolle *f*

quango ['kwæŋgəʊ] *sb* halbstaatliche Organisation *f*

quantifiable ['kwɒntɪ'faɪəbl] *adj* messbar, in Zahlen ausdrückbar

quantify ['kwɒntɪfaɪ] *v* in Zahlen ausdrücken

quantitative ['kwɒntɪtətɪv] *adj* quantitativ

quantity ['kwɒntɪti] *sb* Quantität *f*; *(amount)* Menge *f*

quantity discount ['kwɒntɪti 'dɪskaʊnt] *sb* Mengenrabatt *m*

quantity quota ['kwɒntɪti 'kwəʊtə] *sb* Mengenkontingent *n*

quantity unit ['kwɒntɪti 'juːnɪt] *sb* Mengeneinheit *f*

quart [kwɔːt] *sb (UK: 1.14 litres; US: 0.95 litres)* Quart *n*

quarter ['kwɔːtə] *sb (of a year)* Quartal *n*, Vierteljahr *n*; *(US)* 25-Centstück *n*

quarter day ['kwɔːtə deɪ] *sb* vierteljährlicher Zahltag *m*

quarter wage ['kwɔːtər weɪdʒ] *sb* Quartalsgehalt *n*, Vierteljahreszahlung *f*

quarterly ['kwɔːtəli] *adj, adv* vierteljährlich, Quartals...

quarterly invoice ['kwɔːtəli ɪnvɔɪs] *sb* Quartalsrechnung *f*

quay [kiː] *sb* Kai *m*

quayage ['kiːɪdʒ] *sb* Kaigebühren *pl*

questionnaire [kwestʃə'neə] *sb* Fragebogen *m*

queue up [kjuː ʌp] *v* anstehen, Schlange stehen

quid [kwɪd] *sb (fam) (UK)* Pfund *n*

quid pro quo [kwɪd prəʊ kwəʊ] *sb* Gegenleistung *f*

quit [kwɪt] *v irr (leave one's job)* kündigen

quittance ['kwɪtəns] *sb* Schuldenerlass *m*; Quittung *f*

quorum ['kwɔːrəm] *sb* beschlussfähige Anzahl *f*

quota ['kwəʊtə] *sb* Quote *f*; *(of goods)* Kontingent *n*

quota system ['kwəʊtə 'sɪstəm] *sb* Quotensystem *n*

quotation [kwəʊ'teɪʃən] *sb (price ~)* Kostenvoranschlag *m*, Preisangabe *f*; *(stock ~)* Börsennotierung *f*

quotation of prices [kwəʊ'teɪʃən əv 'praɪsɪz] *sb* Kursnotierung *f*

quotation on the stock exchange [kwəʊ'teɪʃən ɒn ðə stɒk ɪks'tʃteɪndʒ] *sb* Börsenkurs *m*

quote [kwəʊt] *v (a price)* nennen, anführen, angeben; *(at the stock exchange)* notieren

quotient ['kwəʊʃənt] *sb* Quotient *m*

R

radio advertising ['reɪdɪəʊ 'ædvətaɪzɪŋ] *sb* Rundfunkwerbung *f*

rail freight [reɪl freɪt] *sb* Bahnfracht *f*

railroad ['reɪlrəʊd] *sb (US)* Eisenbahn *f*, Bahn *f*

railway ['reɪlweɪ] *sb* Eisenbahn *f*, Bahn *f*

railway tariff ['reɪlweɪ 'tærɪf] *sb* Eisenbahntarif *m*

raise [reɪz] *v (salary, price)* erhöhen, anheben; *(gather money)* aufbringen, auftreiben; *(an objection)* erheben; *sb (in salary)* Gehaltserhöhung *f*; *(in wages)* Lohnerhöhung *f*

RAM [ræm] *sb (random access memory)* RAM *n*

ramp [ræmp] *sb* Rampe *f*; *(for loading)* Laderampe *f*

random test ['rændəm test] *sb* Stichprobe *f*

range [reɪndʒ] *sb (distance)* Entfernung *f*; *(selection)* Reihe *f*, Auswahl *f*

range of products ['reɪndʒ əv 'prɒdʌkts] *sb* Produktpalette *f*

rank [ræŋk] *sb (status)* Stand *m*, Rang *m*

rate [reɪt] *v (estimate)* schätzen, einschätzen; *sb* Rate *f*, Ziffer *f*; *(speed)* Tempo *n*; *(UK: local tax)* Gemeindesteuer *f*; *(stock exchange)* Satz *m*; *(fixed charge)* Tarif *m*

rate of conversion ['reɪt əv kən'vɜːʃən] *sb* Umrechnungskurs *m*

rate of exchange ['reɪt əv ɪks'tʃeɪndʒ] *sb* Umrechnungskurs *m*

rate of growth ['reɪt əv grəʊθ] *sb* Wachstumsrate *f*

rate of inflation ['reɪt əv ɪn'fleɪʃən] *sb* Inflationsrate *f*

rateable ['reɪtəbl] *adj* steuerpflichtig, zu versteuern

ratification [rætɪfɪ'keɪʃən] *sb* Ratifikation *f*

rating ['reɪtɪŋ] *sb (assessment)* Schätzung *f*; *(category)* Klasse *f*

ratio ['reɪʃɪəʊ] *sb* Verhältnis *n*

rationalization [ræʃənəlaɪ'zeɪʃən] *sb* Rationalisierung *f*

rationalization profit [ræʃənəlaɪ'zeɪʃən 'prɒfɪt] *sb* Rationalisierungsgewinn *m*

rationing ['ræʃənɪŋ] *sb* Rationierung *f*

raw material [rɔː mə'tɪərɪəl] *sb* Rohstoff *m*

raw material shortage [rɔː mə'tɪərɪəl 'ʃɔːtɪdʒ] *sb* Rohstoffknappheit *f*

re [riː] *prep (on a letter)* bezüglich, betrifft

reach [riːtʃ] *v* kommen zu, gelangen zu

readily ['redɪli] *adv* bereitwillig; *(easily)* leicht

readjust [riːə'dʒʌst] *v (~ sth)* anpassen, angleichen

readjustment [riːə'dʒʌstmənt] *sb* Anpassung *f*, Angleichung *f*

ready ['redi] *adj* bereit, fertig

ready for collection ['redi fɔː kə'lekʃən] *adv* abholbereit

ready for dispatch ['redi fɔː dɪs'pætʃ] *adv* versandbereit

ready-made ['redimeɪd] *adj* gebrauchsfertig, fertig

ready money ['redi 'mʌni] *sb* jederzeit verfügbares Geld *n*

real account [rɪəl ə'kaʊnt] *sb* Bestandskonto *n*

real estate [rɪəl ɪ'steɪt] *sb* Immobilien *pl*, Grundstück *n*

real estate agent [rɪəl ɪ'steɪt 'eɪdʒənt] *sb* Immobilienmakler *m*

real estate fund ['rɪəlɪ 'steɪt fʌnd] *sb* Immobilienfonds *m*

real income [rɪəl .'ɪnkʌm] *sb* Realeinkommen *n*

real indebtedness [rɪəl ɪn'detɪdnɪs] *sb* effektive Verschuldung *f*

real rate of interest [rɪəl reɪt əv 'ɪntrest] *sb* Realzins *m*

real right [rɪəl raɪt] *sb* dingliches Recht *n*

real security [rɪəl sɪ'kjʊərɪti] *sb* dingliche Sicherung *f*

real value [rɪəl 'væljuː] *sb* Substanzwert, Sachwert *m*

real wages [rɪəl 'weɪdʒɪz] *sb* Reallohn *m*

real wealth [rɪəl welθ] *sb* Realvermögen *n*

realization [rɪəlaɪ'zeɪʃən] *sb (of assets)* Realisation *f*, Flüssigmachen *n*

realize ['rɪəlaɪz] *v (achieve)* verwirklichen; *(assets)* realisieren, verflüssigen

realtor ['rɪəltə] *sb* Immobilienmakler *m*, Immobilienhändler *m*

realty ['rɪəlti] *sb* Immobilien *pl*

reap [riːp] *v (fig: a profit)* ernten

reasonable ['riːznəbəl] *adj (sensible)* vernünftig; *(price)* angemessen, preiswert

reasoning ['riːznɪŋ] *sb* Argumentation *f*

reassemble [rɪə'sembl] *v (put back together)* wieder zusammenbauen

reassign [rɪə'saɪn] *v (s.o.)* versetzen

rebate ['riːbeɪt] *sb (money back)* Rückvergütung *f*, Rückzahlung *f*; *(discount)* Rabatt *m*

receipt [rɪ'siːt] *sb* Eingang *m*, Erhalt *m*, Quittung *f*, Beleg *m*; ~s *pl* Einnahmen *pl*

receive [rɪ'siːv] *v* bekommen, erhalten; empfangen

receiver [rɪ'siːvə] *sb* Empfänger *m*; *(phone)* Hörer *m*; *(in bankruptcy)* official ~ Konkursverwalter *m*; *(of stolen goods)* Hehler *m*

receivership [rɪ'siːvəʃɪp] *sb* go into ~ in Konkurs gehen

receiving order [rɪ'siːvɪŋ 'ɔːdə] *sb* Konkurseröffnungsbeschluss *m*

reception [rɪ'sepʃən] *sb* Empfang *m*, Rezeption *f*

reception room [rɪ'sepʃən ruːm] *sb* Empfangsraum *m*

receptionist [rɪ'sepʃənɪst] *sb* Empfangssekretär(in) *m/f*

recession [rɪ'seʃən] *sb* Rezession *f*, Konjunkturrückgang *m*

recessive [rɪ'sesɪv] *adj* rezessiv

recipient [rɪ'sɪpɪənt] *sb* Empfänger *m*

reciprocal [rɪ'sɪprəkəl] *adj* gegenseitig, wechselseitig, reziprok

reciprocity [resɪ'prɒsɪti] *sb* Gegenseitigkeit *f*, Wechselseitigkeit *f*, Reziprozität *f*

recision [rɪ'sɪʒən] *sb* Stornierung *f*, Streichung *f*, Entwertung *f*

reckon ['rekən] *v (calculate)* rechnen; berechnen, errechnen, kalkulieren; *(estimate)* schätzen

reclaim [rɪ'kleɪm] *v* zurückfordern

reclamation [rekla'meɪʃən] *sb* Zurückforderung *f*, Rückforderung *f*

recognizance [rɪ'kɒgnɪzəns] *sb* schriftliche Verpflichtung *f*

recommend [rekə'mend] *v* empfehlen

recommendable [rekə'mendəbl] *adj* empfehlenswert

recommendation [rekəmen'deɪʃən] *sb* Empfehlung *f*; *(letter of ~)* Empfehlungsschreiben *n*

recommended retail price [rekə'mendɪd 'riːteɪl praɪs] *sb* Richtpreis *m*

recompense ['rekəmpens] *sb (repayment)* Entschädigung *f*; *(reward)* Belohnung *f*

recondition [riːkənˈdɪʃən] *v* generalüberholen

reconsider [riːkənˈsɪdə] *v* nochmals überlegen

reconsideration [riːkənsɪdəˈreɪʃən] *sb* erneute Betrachtung *f*, Überdenken *n*, Revision *f*

record [rɪˈkɔːd] *v (write down)* aufzeichnen; *(register)* eintragen; *by ~ed delivery (UK)* per Einschreiben; *(keep minutes of)* protokollieren; [ˈrekɔːd] *sb (account)* Aufzeichnung *f*; *(of a meeting)* Protokoll *n*; *on the ~* offiziell; *off the ~* nicht für die Öffentlichkeit bestimmt; *(official document)* Unterlage *f*, Akte *f*; *police ~* Vorstrafenregister *n*

recourse [ˈriːkɔːs] *sb* Rückgriff *m*, Regress *m*

recoverable [rɪˈkʌvərəbl] *adj (damages)* ersetzbar; *(deposit)* rückzahlbar

recovery [rɪˈkʌvəri] *sb economic ~* Konjunkturaufschwung *m*

recovery of damages [rɪˈkʌvəri əv ˈdæmɪdʒɪz] *sb* Schadenersatz *m*

recruit [rɪˈkruːt] *v (members)* werben, anwerben, gewinnen

recruitment [rɪˈkruːtmənt] *sb* Anwerbung *f*, Werbung *f*

rectify [ˈrektɪfaɪ] *v* berichtigen, korrigieren

recyclable [rɪˈsaɪkləbl] *adj* wieder verwertbar, recycelbar

recycle [riːˈsaɪkl] *v* wieder verwerten, recyceln

recycling [riːˈsaɪklɪŋ] *sb* Recycling *n*, Wiederverwertung *f*

recycling exchange [riːˈsaɪklɪŋ ɪkstʃeɪndʒ] *sb* Abfallbörse *f*

redeem [rɪˈdiːm] *v (a coupon)* einlösen; *(a mortgage)* abzahlen; *(a pawned object)* auslösen

redeemable [rɪˈdiːməbl] *adj* kündbar

redemption [rɪˈdemʃən] *sb* Abzahlung *f*

redemption sum [rɪˈdemʃən sʌm] *sb* Ablösesumme *f*

redirect [riːdaɪˈrekt] *v (forward)* nachsenden, nachschicken

rediscount [riːˈdɪskaʊnt] *v* rediskontieren

reduce [rɪˈdjuːs] *v (a price, standards)* herabsetzen; *(expenses)* kürzen

reduced tariffs [rɪˈdjuːst ˈtærɪfs] *sb* ermäßigte Tarife *pl*

reduction [rɪˈdʌkʃən] *sb* Verminderung *f*, Reduzierung *f*; *(of prices)* Herabsetzung *f*

reduction of interest [rɪˈdʌkʃən əv ˈɪntrest] *sb* Zinssenkung *f*

reduction of staff [rɪˈdʌkʃən əv stɑf] *sb* Personalabbau *m*

redundancy [rɪˈdʌndənsi] *sb* Redundanz *f*

redundant [rɪˈdʌndənt] *adj* überflüssig; *(UK: worker)* arbeitslos

re-export [riːɪkˈspɔːt] *v* reexportieren, wieder ausführen

reexportation [riːekspəˈteɪʃən] *sb* Wiederausfuhr *f*

refer [rɪˈfɜː] *v ~ s.o. to s.o.* jdn an jdn verweisen; *(regard)* sich beziehen auf; *(rule)* gelten für; *(consult a book)* nachschauen in

referee [refəˈriː] *sb (UK: person giving a reference)* Referenzgeber *m*

reference [ˈrefrəns] *sb (testimonial)* Referenz *f*, Zeugnis *n*; *(US: person giving a ~)* Referenz *f*; *with ~ to ...* was ... betrifft; *(in a business letter)* bezüglich

reference book [ˈrefrəns bʊk] *sb* Nachschlagewerk *n*

referring to [rɪˈfɜːrɪŋ tuː] *adv* Bezug nehmend auf

refinancing [riːfaɪˈnænsɪŋ] *sb* Refinanzierung *f*

refinery [rɪˈfaɪnəri] *sb* Raffinerie *f*

reflate [riːˈfleɪt] *v* ankurbeln

reflation [riːˈfleɪʃən] *sb* Reflation *f*, Ankurbelung der Konjunktur *f*

reform [rɪˈfɔːm] *v (sth)* reformieren; *sb* Reform *f*

refrain [rɪˈfreɪn] *v ~ from* Abstand nehmen von, absehen von

refund [rɪˈfʌnd] *v* zurückzahlen, zurückerstatten; *(expenses)* erstatten; [ˈriːfʌnd] *sb* Rückzahlung *f*, Rückerstattung *f*

refusal [rɪˈfjuːzəl] *sb* Ablehnung *f*

refusal of delivery [rɪˈfjuːzəl əv dɪˈlɪvəri] *sb* Annahmeverweigerung

refuse [ˈrefjuːs] *sb* Müll *m*

regional bank [ˈriːdʒənəl bæŋk] *sb* Regionalbank *f*

regional planning [ˈriːdʒənəl ˈplænɪŋ] *sb* Raumplanung *f*

regional policy [ˈriːdʒənəl ˈpɒlɪsi] *sb* Raumordnung *f*

register [ˈredʒɪstə] *v* sich anmelden; *(for classes)* sich einschreiben; *(sth)* registrieren; *(a trademark)* anmelden, eintragen lassen; *(a letter)* als Einschreiben aufgeben; *(in files)* eintragen; *(a statistic)* erfassen, *sb* Register *n*

register of ships [ˈredʒɪstər əv ʃɪps] *sb* Schiffsregister *n*

registered [ˈredʒɪstəd] *adj* eingetragen

registered letter [ˈredʒɪstəd ˈletə] *sb* Einschreibebrief *m*

registered post [ˈredʒɪstəd pəʊst] *sb* eingeschriebene Sendung *f*; *by ~* per Einschreiben

registered share [ˈredʒɪstəd ʃɛə] *sb* Namensaktie *f*

registration [redʒɪˈstreɪʃən] *sb* Anmeldung *f*; *(by authorities)* Registrierung *f*; *(of a trademark)* Einschreibung *f*; *vehicle ~* Kraftfahrzeugbrief *m*

registration document [redʒɪsˈtreɪʃən ˈdɒkjʊmənt] *sb* Kraftfahrzeugbrief *m*

registration number [redʒɪsˈtreɪʃən ˈnʌmbə] *sb (of a car)* Kennzeichen *n*

regress [rɪˈgres] *v* sich rückläufig entwickeln

regression [rɪˈgreʃən] *sb* Regression *f*

regressive [rɪˈgresɪv] *adj* regressiv, rückläufig

regular [ˈregjʊlə] *sb (~ customer)* Stammkunde/Stammkundin *m/f*; *adj* ordnungsgemäß

regular meeting [ˈregjʊlə ˈmiːtɪŋ] *sb* ordentliche Versammlung *f*

regulate [ˈregjʊleɪt] *v* regulieren, regeln

regulation [regjʊˈleɪʃən] *sb* Vorschrift *f*; *adj* vorschriftsmäßig, vorgeschrieben

reimburse [riːɪmˈbɜːs] *v (s.o.)* entschädigen; *(costs)* zurückerstatten, ersetzen

reimbursement [riːɪmˈbɜːsmənt] *sb* Entschädigung *f*, Rückerstattung *f*, Ersatz *m*

reimport [riːɪmˈpɔːt] *v* reimportieren, wieder einführen

reimportation [riːɪmpəˈteɪʃən] *sb* Reimport *m*, Wiedereinfuhr *f*

reinforce [riːɪnˈfɔːs] *v* verstärken; *(a statement, an opinion)* bestätigen

reinsurance [riːɪnˈʃʊərəns] *sb* Rückversicherung *f*

reinsure [riːɪnˈʃʊə] *v* rückversichern

reinvestment [riːɪnˈvestmənt] *sb* Reinvestition *f*

reject [rɪˈdʒekt] *v* ablehnen; *(a possibility, a judgment)* verwerfen; *(by a machine)* zurückweisen, nicht annehmen

rejection [rɪˈdʒekʃən] *sb* Ablehnung *f*, Verwerfung *f*, Zurückweisung *f*

release [rɪˈliːs] *v (a new product)* herausbringen; *(news, a statement)* veröf-

fentlichen; *sb (of a new product)* Neuerscheinung *f*; *(press ~)* Verlautbarung *f*
reliability [rɪlaɪə'bɪlɪti] *sb (of a company)* Vertrauenswürdigkeit *f*
reliable [rɪ'laɪəbl] *adj* zuverlässig; *(company)* vertrauenswürdig
relocate [riːləʊ'keɪt] *v* umziehen; *(sth)* verlegen
relocation [riːləʊ'keɪʃən] *sb* Umzug *m*
relocation costs [riːləʊ'keɪʃən kɒsts] *pl* Umzugskosten *pl*
remainder [rɪ'meɪndə] *sb* Rest *m*; ~s *pl* Restbestände *pl*
remaining stock [rɪ'meɪnɪŋ stɒk] *sb* Restposten *m*
remaining time to maturity [rɪ'meɪnɪŋ taɪm tuː mə'tjʊərɪti] *sb* Restlaufzeit *f*
reminder [rɪ'maɪndə] *sb (letter of ~)* Mahnung *f*, Mahnbrief *m*
remission [rɪ'mɪʃən] *sb (of a sentence)* Straferlass *m*
remittal [rɪ'mɪtl] *sb (money)* Überweisung *f*
remittance [rɪ'mɪtəns] *sb* Überweisung *f*
remittent [rɪ'mɪtənt] *adj* remittierend
remote control [rɪ'məʊt kən'trəʊl] *sb* Fernsteuerung *f*
remunerable [rɪ'mjuːnərəbl] *adj* zu bezahlen, zu vergüten
remunerate [rɪ'mjuːnəreɪt] *v (pay)* bezahlen; *(reward)* belohnen
remuneration [rɪmjuːnə'reɪʃən] *sb* Bezahlung *f*; *(reward)* Belohnung *f*
remuneration in kind [rɪmjuːnə'reɪʃən ɪn kaɪnd] *sb* Sachbezüge *pl*
renew [rɪ'njuː] *v* erneuern
rent [rent] *v* mieten, *(a building)* pachten, *(a machine)* leihen; *(~ out)* vermieten, *(a building)* verpachten, *(a machine)* verleihen; *sb* Miete *f*, Pacht *f*; for ~ *(US)* zu vermieten

rent control [rent kən'trəʊl] *sb* Mietpreisbindung *f*
rentability [rentə'bɪlɪti] *sb* Rentabilität *f*
rentable ['rentəbl] *adj* zu vermieten, mietbar
rental ['rentəl] *sb* Miete *f*; *(for a machine, for a car)* Leihgebühr *f*; *(for land)* Pacht *f*; *(rented item)* Leihgerät *n*
rental car [rentəl kɑː] *sb* Mietwagen *m*
renter ['rentə] *sb* Mieter(in) *m/f*, Pächter(in) *m/f*
reopen [riː'əʊpən] *v (sth)* wieder eröffnen; *(negotiations, a case)* wieder aufnehmen
reorganization [riːɔːgənaɪ'zeɪʃən] *sb* Neuorganisation *f*, Umorganisation *f*, Umordnung *f*
reorganize [riː'ɔːgənaɪz] *v* neu organisieren, umorganisieren
repair [rɪ'pɛə] *v* reparieren; *sb* Reparatur *f*, Ausbesserung *f*; *to be in good ~* in gutem Zustand sein
repairable [rɪ'pɛərəbl] *adj* zu reparieren, reparabel
reparable ['repərəbl] *adj* reparabel, wieder gutzumachen
reparation [repə'reɪʃən] *sb (for damage)* Entschädigung *f*
repay [riː'peɪ] *v irr (a debt)* abzahlen; *(expenses)* erstatten; *(fig: a visit)* erwidern
repayable [rɪ'peɪəbl] *adj* rückzahlbar
repayment [riː'peɪmənt] *sb* Rückzahlung *f*, Abzahlung *f*, Rückerstattung *f*
repeat order [rɪ'piːt 'ɔːdə] *sb* Nachbestellung *f*
replace [rɪ'pleɪs] *v (substitute for, be substituted for)* ersetzen; *(put back)* zurücksetzen, zurückstellen; *(on its side)* zurücklegen; *~ the receiver* den Hörer auflegen; *(parts)* austauschen, ersetzen

replaceable [rɪˈpleɪsəbl] *adj* ersetzbar; *(part)* auswechselbar

replacement [rɪˈpleɪsmənt] *sb* Ersatz *m*, Wiederbeschaffung *f*; ~ part Ersatzteil *n*; *(person: temporary)* Stellvertreter *m*

replacement delivery [rɪˈpleɪsmənt dɪˈlɪvəri] *sb* Ersatzlieferung *f*

replica [ˈreplɪkə] *sb* Kopie *f*

replicate [ˈreplɪkeɪt] *v (reproduce)* nachahmen, nachbilden

replication [replɪˈkeɪʃən] *sb (duplicate)* Kopie *f*, Nachbildung *f*

reply [rɪˈplaɪ] *sb* Antwort *f*; *v* antworten, erwidern

report [rɪˈpɔːt] *v (announce o.s.)* sich melden; ~ for duty sich zum Dienst melden; berichten; *(inform authorities about)* melden; *sb* Bericht *m*

reporting [rɪˈpɔːtɪŋ] *sb* Berichterstattung *f*

reposit [rɪˈpɒzɪt] *v (deposit)* hinterlegen

repository [rɪˈpɒzɪtəri] *sb (store)* Laden *m*, Magazin *n*

represent [reprɪˈzent] *v (act for, speak for)* vertreten

representation [reprɪzenˈteɪʃən] *sb (representatives)* Vertretung *f*

representative [reprɪˈzentətɪv] *adj (acting for)* vertretend; *(typical)* repräsentativ; *(symbolic)* symbolisch; *sb* Vertreter *m*; *(deputy)* Stellvertreter *m*; *(legal)* Bevollmächtigte(r) *m/f*

reprieve [rɪˈpriːv] *sb (temporary)* Aufschub *m*

re-privatisation [riːpraɪvɪtaɪˈzeɪʃən] *sb* Reprivatisierung *f*

reproduction [riːprəˈdʌkʃən] *sb (copy)* Reproduktion *f*; *(photo)* Kopie *f*

reproduction cost [riːprəˈdʌkʃən kɒst] *sb* Reproduktionskosten *pl*

reputation [repjʊˈteɪʃən] *sb* Ruf *m*

request [rɪˈkwest] *v* bitten um, ersuchen um; ~ s.o. to do sth jdn bitten, etwas zu tun; *sb* Bitte *f*, Wunsch *m*; *(official ~)* Ersuchen *n*

require [rɪˈkwaɪə] *v (need)* brauchen, benötigen; *I'll do whatever is ~d*. Ich werde alles Nötige tun. *(order)* verlangen, fordern

required [rɪˈkwaɪəd] *adj* erforderlich, notwendig

requirement [rɪˈkwaɪəmənt] *sb (condition)* Erfordernis *n*, Anforderung *f*, Voraussetzung *f*; *(need)* Bedürfnis *n*, Bedarf *m*

requirement of information [rɪˈkwaɪəmənt əv ɪnfəˈmeɪʃən] *sb* Informationsbedarf *m*

resale [ˈriːseɪl] *sb* Wiederverkauf *m*

resale price [ˈriːseɪl praɪs] *sb* Wiederverkaufspreis *m*

reschedule [riːˈʃedjuːl] *v* verlegen; *(to an earlier time)* vorverlegen

rescission [rɪˈsɪʒən] *sb* Rücktritt *m*

research [rɪˈsɜːtʃ] *sb* Forschung *f*

reservation [rezəˈveɪʃən] *sb (qualification of opinion)* Vorbehalt *m*; *without ~* ohne Vorbehalt; *(booking)* Reservierung *f*, Vorbestellung *f*

reserve [rɪˈzɜːv] *v (book)* reservieren lassen; *(keep)* aufsparen, aufheben; ~ the right to do sth sich das Recht vorbehalten, etw zu tun; *all rights ~d* alle Rechte vorbehalten; *sb (store)* Reserve *f*, Vorrat *m*; *in ~* in Reserve

reserve currency [rɪˈzɜːv ˈkʌrənsi] *sb* Reservewährung *f*

reserve fund [rɪˈzɜːv fʌnd] *sb* Reservefonds *m*

reserves [rɪˈzɜːvz] *sb* Rückstellung *f*, Reserve *f*

reserve stock [rɪˈzɜːv stɒk] *sb* Reserve *f*

reset [riːˈset] *v* rücksetzen, zurücksetzen

residence permit ['rezɪdəns 'pɜːmɪt] sb Aufenthaltsgenehmigung f, Aufenthaltserlaubnis f

residual value [rɪ'zɪdjuəl 'væljuː] sb Restwert m

residues ['rezɪdjuːz] sb Rückstände pl

resign [rɪ'zaɪn] v kündigen; *(from public office, from a committee)* zurücktreten; *(civil servant)* sein Amt niederlegen; *(sth)* zurücktreten von, aufgeben

resignation [rezɪg'neɪʃən] sb Rücktritt m, Kündigung f

resistant [rɪ'zɪstənt] adj *(material)* widerstandsfähig, beständig

resourceful [rɪ'sɔːsfʊl] adj *(person)* einfallsreich, findig

resources [rɪ'sɔːsɪz] pl Ressourcen pl, Geldmittel pl

respite ['respaɪt] sb Stundung f

responsibility [rɪspɒnsə'bɪlɪti] sb Verantwortung f; *take ~ for* die Verantwortung übernehmen für; *(sense of ~)* Verantwortungsgefühl n

responsible [rɪs'pɒnsəbl] adj verantwortlich; *(job)* verantwortungsvoll

restraint of competition [rɪ'streɪnt əv kɒmpə'tɪʃən] sb Wettbewerbsbeschränkung f

restriction [res'trɪkʃən] sb Restriktion f, Beschränkung f

restructuring [riː'strʌktʃərɪŋ] sb Umstrukturierung f

result [rɪ'zʌlt] v sich ergeben, resultieren; *~ from* sich ergeben aus; *~ in* führen zu; sb *(consequence)* Folge f; *as a ~* folglich; *(outcome)* Ergebnis n, Resultat n

résumé ['rezuːmeɪ] sb *(US: curriculum vitae)* Lebenslauf m; *(summary)* Zusammenfassung f

retail ['riːteɪl] v im Einzelhandel verkaufen; sb *(~ trade)* Einzelhandel m

retail price ['riːteɪl praɪs] sb Einzelhandelspreis m, Ladenpreis m

retail price margin ['riːteɪl praɪs 'maːdʒɪn] sb Einzelhandelsspanne f

retail trade ['riːteɪl treɪd] sb Einzelhandel m

retailer ['riːteɪlə] sb Einzelhändler m

retainer [rɪ'teɪnə] sb *(fee)* Honorar n

retire [rɪ'taɪə] v sich zurückziehen, in Pension gehen

retirement [rɪ'taɪəmənt] sb *(state)* Ruhestand m; *(act of retiring)* Zurückziehen n, Ausscheiden n, Pensionierung f

retirement pension [rɪ'taɪəmənt 'penʃən] sb Altersruhegeld n, Rente f

retool [riː'tuːl] v *(a machine)* umrüsten

retraining [riː'treɪnɪŋ] sb Umschulung f

retrospective [retrə'spektɪv] adj rückblickend, retrospektiv

return [rɪ'tɜːn] v *(a letter)* zurücksenden, zurückschicken; *(profit, interest)* abwerfen; sb *(giving back)* Rückgabe f; *(profit)* Ertrag m

returnable [rɪ'tɜːnəbl] adj *(purchased item)* umtauschbar; *(deposit)* rückzahlbar

returner [rɪ'tɜːnə] sb *(to work force)* Wiedereinsteiger(in) (ins Berufsleben) m/f

return on capital [rɪ'tɜːn ɒn 'kæpɪtl] sb Kapitalertrag m

return on investment [rɪ'tɜːn ɒn ɪn'vestmənt] sb Kapitalrentabilität f

re-use [riː'juːz] v wieder verwenden, wieder benutzen

revaluation [riːvæljuː'eɪʃən] sb Aufwertung f

revalue [riː'væljuː] v neu bewerten

reversal [rɪ'vɜːsəl] sb Storno n

review [rɪ'vjuː] v *(a situation)* überprüfen; *(re-examine)* erneut prüfen, nochmals prüfen; sb *(re-examination)* Prüfung f, Nachprüfung f; *(summary)* Überblick m

revival [rɪ'vaɪvəl] *sb (coming back)* Wiederaufleben *n*, Wiederaufblühen *n*

revive [rɪ'vaɪv] *v (a business)* wieder aufleben; *(a product)* wieder einführen, wieder auf den Markt bringen

revocation [revə'keɪʃən] *sb* Aufhebung *f*, Widerruf *m*

revocation clause [revə'keɪʃən klɔːz] *sb* Widerrufsklausel *f*

revoke [rɪ'vəʊk] *v (licence)* entziehen; *(a decision)* widerrufen; *(a law)* aufheben

reward [rɪ'wɔːd] *v* belohnen; *sb* Belohnung *f*

rewarding [rɪ'wɔːdɪŋ] *adj (financially)* lohnend; *(task)* dankbar

rework [riː'wɜːk] *v* überarbeiten, neu fassen

rider ['raɪdə] *sb (to a contract)* Zusatzklausel *f*

right [raɪt] *sb (to sth)* Anrecht *n*, Anspruch *m*, Recht *n*; *have a ~ to sth* einen Anspruch auf etw haben; *equal ~s pl* Gleichberechtigung *f*

right of pre-emption [raɪt əv priː'empʃən] *sb* Vorkaufsrecht *n*

right of redemption [raɪt əv rɪ'dempʃən] *sb* Rückgaberecht *n*

right of revocation [raɪt əv rɪvəʊ'keɪʃən] *sb* Widerrufsrecht *n*

right to vote [raɪt tuː vəʊt] *sb* Stimmrecht *n*

rip-off ['rɪpɒf] *sb (fam)* Nepp *m*

rise [raɪz] *sb* Erhöhung *f*

rise in price [raɪz ɪn praɪs] *sb* Preisanstieg *m*, Preiserhöhung *f*

risk [rɪsk] *v irr* riskieren; *sb* Risiko *n*; *calculated ~* kalkuliertes Risiko; *at one's own ~* auf eigene Gefahr; *put at ~* gefährden; *run a ~* ein Risiko eingehen

risk of payment [rɪsk əv 'peɪmənt] *sb* Zahlungsrisiko *n*

risk of transfer [rɪsk əv 'trænsfɜː] *sb* Transferrisiko *n*

risk premium [rɪsk 'priːmɪəm] *sb* Risikoprämie *f*

risky ['rɪski] *adj* riskant, gefährlich

rival ['raɪvəl] *sb (competitor)* Konkurrent(in) *m/f*

roll [rəʊl] *sb (list)* Liste *f*, Register *n*

roll-over credit ['rəʊləʊvə 'kredɪt] *sb* Roll-over-Kredit *m*

rotation [rəʊ'teɪʃən] *sb (taking turns)* turnusmäßiger Wechsel *m*, Rotation *f*

route [ruːt] *sb* Route *f*, Strecke *f*

route of transportation [ruːt əv trænspɔː'teɪʃən] *sb* Transportweg

routine [ruː'tiːn] *adj (everyday)* alltäglich, immer gleich bleibend, üblich; *(happening on a regular basis)* laufend, regelmäßig, routinemäßig; *sb* Routine *f*

royalty ['rɔɪəlti] *sb* Lizenzgebühr *f*

ruinous ['ruːɪnəs] *adj* ruinös

ruinous exploitation ['ruːɪnəs eksplɔɪ'teɪʃən] *sb* Raubbau *m*

rule [ruːl] *v* entscheiden

rummage sale ['rʌmɪdʒ seɪl] *sb (clearance sale)* Ramschverkauf *m*, Ausverkauf *m*, Restwarenverkauf *m*

run [rʌn] *v irr (machine)* laufen; *~ low*, *~ short* knapp werden; *(fig: resources)* ausgehen; *~ a risk* ein Risiko eingehen; *(US: for office)* kandidieren; *~ against s.o.* jds Gegenkandidat(in) sein; *(manage)* führen, leiten; *(operate a machine)* betreiben; *(with a person as operator)* bedienen

run out [rʌn aʊt] *v irr (period of time)* ablaufen; *(supplies, money)* ausgehen

rural economy ['rʊərəl ɪ'kɒnəmi] *sb* Agrarwirtschaft *f*

rush hour [rʌʃ aʊə] *sb* Hauptverkehrszeit *f*, Stoßzeit *f*

S

sack [sæk] *sb get the ~* gefeuert werden
safe [seɪf] *sb* Safe *m*, Tresor *m*
safe deposit box [seɪf dɪˈpɒzɪt bɒks] *sb* Bankschließfach *n*
safekeeping [seɪfˈkiːpɪŋ] *sb* sichere Verwahrung *f*, Gewahrsam *m*; *for ~* zur sicheren Aufbewahrung
salaried [ˈsælərɪd] *adj* angestellt
salary [ˈsælərɪ] *sb* Gehalt *n*; *gross ~* Bruttogehalt *n*; *net ~* Nettogehalt *n*
salary account [ˈsælərɪ əˈkaʊnt] *sb* Gehaltskonto *n*
salary bracket [ˈsælərɪ ˈbrækɪt] *sb* Gehaltsgruppe *f*
salary increase [ˈsælərɪ ˈɪnkriːs] *sb* Gehaltserhöhung *f*
sale [seɪl] *sb* Verkauf *m*; *for ~* zu verkaufen; *not for ~* unverkäuflich; *(at reduced prices)* Ausverkauf *m*; *on ~* reduziert; *(a transaction)* Geschäft *n*, Abschluss *m*; *~s pl (department)* Verkaufsabteilung *f*; *~s pl (turnover)* Absatz *m*; Verkauf *m*, Veräußerung *f*
saleable [ˈseɪləbl] *adj* absatzfähig, marktfähig, verkäuflich
sale of goods [seɪl əv gʊdz] *sb* Warenausgang *m*
sale on approval [seɪl ɒn əˈpruːvəl] *sb* Kauf auf Probe *m*
sale proceeds [seɪl ˈprəʊsiːdz] *sb* Verkaufserlös *m*
sales analysis [seɪlz əˈnælɪsɪs] *sb* Absatzanalyse *f*
sales campaign [seɪlz kæmˈpeɪn] *sb* Verkaufskampagne *f*
salesclerk [ˈseɪlzklɜːk] *sb (US)* Verkäufer *m*

sales commission [seɪlz kəˈmɪʃən] *sb* Verkäuferprovision *f*, Umsatzprovision *f*
sales contract [seɪlz ˈkɒntrækt] *sb* Verkaufsabschluss *m*
sales crisis [seɪlz ˈkraɪsɪs] *sb* Absatzkrise *f*
sales financing [seɪlz faɪˈnænsɪŋ] *sb* Absatzfinanzierung *f*
salesman [ˈseɪlzmən] *sb* Verkäufer *m*
sales manager [ˈseɪlz mænɪdʒə] *sb* Verkaufsleiter *m*
sales planning [seɪlz ˈplænɪŋ] *sb* Absatzplanung *f*
sales possibilities [seɪlz pɒsɪˈbɪlɪtɪz] *pl* Verkaufschance *f*
sales promotion [seɪlz prəˈməʊʃən] *sb* Absatzförderung *f*, Verkaufsförderung *f*
sales prospects [seɪlz ˈprɒspekts] *pl* Absatzchance *f*
sales report [ˈseɪlz rɪpɔːt] *sb* Verkaufsbericht *m*
salesroom [ˈseɪlzruːm] *sb* Auktionsraum *m*
sales segment [seɪlz ˈsegmənt] *sb* Absatzsegment *n*
sales statistics [seɪlz stəˈtɪstɪks] *pl* Absatzstatistik *f*
sales strategy [seɪlz ˈstrætɪdʒɪ] *sb* Verkaufsmethoden *pl*
sales target [seɪlz ˈtɑːgɪt] *sb* Absatzziel *n*
sales tax [seɪlz tæks] *sb (US)* Verkaufssteuer *f*
sales technique [seɪlz tekˈniːk] *sb* Verkaufstechnik *f*
sales territory [seɪlz ˈterɪtərɪ] *sb* Verkaufsgebiet *n*

sales training [seɪlz 'treɪnɪŋ] *sb* Verkäuferschulung *f*

saleswoman ['seɪlzwʊmən] *sb* Verkäuferin *f*

sample [sɑmpl] *v* probieren, kosten; *sb* Probe *f*, Muster *n*, Warenprobe *f*; *(statistical)* Sample *n*, Stichprobe *f*

sample bag [sɑmpl bæg] *sb* Mustermappe *f*

sample consignment [sɑmpl kən'saɪnmənt] *sb* Mustersendung *f*

sample with no commercial value [sɑmpl wɪð nəʊ kə'mɜːʃəl 'væljuː] *sb* Muster ohne Wert *n*

samples fair [sɑmplz fɛə] *sb* Mustermesse *f*

sampling procedure ['sɑmplɪŋ prə'siːdʒə] *sb* Stichprobenverfahren *n*

sanction ['sæŋkʃən] *v* sanktionieren; *sb (punishment)* Sanktion *f*; *(permission)* Zustimmung *f*

satisfaction [sætɪs'fækʃən] *sb (of conditions)* Erfüllung *f*; *(state)* Zufriedenheit *f*, Befriedigung *f*

satisfaction of needs [sætɪs'fakʃən əv niːdz] *sb* Bedürfnisbefriedigung *f*

satisfy ['sætɪsfaɪ] *v* befriedigen; *(customers)* zufrieden stellen; *(conditions, a contract)* erfüllen

save [seɪv] *v (avoid using up)* sparen; *(keep)* aufheben, aufbewahren; *(money)* sparen; *(computer)* speichern

saving ['seɪvɪŋ] *adj (economical)* sparend, einsparend

savings ['seɪvɪŋz] *pl* Ersparnisse *pl*

savings account ['seɪvɪŋz ə'kaʊnt] *sb* Sparkonto *n*

savings bank ['seɪvɪŋz bæŋk] *sb* Sparkasse *f*

savings book ['seɪvɪŋz bʊk] *sb* Sparbuch *n*

savings deposit ['seɪvɪŋz dɪ'pɒsɪt] *sb* Spareinlage *f*

scale [skeɪl] *sb (indicating a reading)* Skala *f*; *(measuring instrument)* Messgerät *n*; *(table, list)* Tabelle *f*; *(of a map)* Maßstab *m*; *(fig)* Umfang *m*, Ausmaß *n*

scan [skæn] *v (an image)* scannen

scanner ['skænə] *sb* Scanner *m*

schedule ['ʃedjuːl] *v* planen; *(add to a timetable)* ansetzen; *sb (list)* Verzeichnis *n*; *(timetable)* Plan *m*; **on ~** planmäßig, pünktlich

scheduled ['ʃedjuːld] *adj (planned)* vorgesehen, geplant; *(time)* planmäßig

scheduling ['ʃedjuːlɪŋ] *sb* Terminplanung *f*

scheme [skiːm] *sb (plan)* Plan *m*, Programm *n*; *(system)* System *n*

science ['saɪəns] *sb* Wissenschaft *f*

science park ['saɪəns pɑːk] *sb* Forschungspark *m*

scientific [saɪən'tɪfɪk] *adj* wissenschaftlich

scientist ['saɪəntɪst] *sb* Wissenschaftler(in) *m/f*

screen [skriːn] *v (applicants)* überprüfen; *sb* Bildschirm *m*

screen work [skriːn wɜːk] *sb* Bildschirmarbeit *f*

sea route [siː ruːt] *sb* Seeweg *m*

seal [siːl] *sb* Siegel *n*

seasonal fluctuations ['siːznəl flʌktjuːeɪʃənz] *sb* Saisonschwankungen *pl*

seasonal sale ['siːznəl seɪl] *sb* Schlussverkauf *m*

seasonally adjusted ['siːznəli ə'dʒʌstɪd] *adj* saisonbedingt

sea-tight packing ['siːtaɪt 'pækɪŋ] *sb* seemäßige Verpackung *f*

secondary energy ['sekəndəri 'enədʒi] *sb* Sekundärenergie *f*

second-class [sekənd'klas] *adj* zweitklassig, zweitrangig; *(compartment, mail)* zweiter Klasse

second-hand ['sekəndhænd] *adj* gebraucht; *(fig: information)* aus zweiter Hand

second-rate [sekənd'reɪt] *adj* zweitklassig, zweitrangig

secretariat [sekrə'tɛərɪət] *sb (UK)* Sekretariat *n*

secretary ['sekrətri] *sb* Sekretär(in) *m/f; (US: minister)* Minister(in) *m/f*

securities [sɪ'kjʊrɪtiz] *sb* Effekten *pl*, Wertpapiere *pl*

securities business [sɪ'kjʊrɪtiz 'bɪznɪs] *sb* Wertpapiergeschäft *n*

securities fund [sɪ'kjʊrɪtiz fʌnd] *sb* Wertpapierfonds *m*

security [sɪ'kjʊrɪti] *sb (guarantee)* Bürgschaft *f; (deposit)* Kaution *f*

seize [siːz] *v (an opportunity)* ergreifen; *(power)* an sich reißen; *(confiscate)* beschlagnahmen

seizure ['siːʒə] *sb (confiscation)* Beschlagnahmung *f*, Pfändung *f*

select [sɪ'lekt] *v* auswählen; *adj* auserwählt, auserlesen; *(exclusive)* exklusiv

self-employed [selfɪm'plɔɪd] *adj* selbstständig erwerbstätig, freiberuflich

self-financing [selffaɪ'nænsɪŋ] *sb* Eigenfinanzierung, Selbstfinanzierung *f*

self-service ['selfsɜːvɪs] *sb* Selbstbedienung *f*

self-starter ['selfstɑːtə] *sb (fig)* Mensch mit Eigeninitiative *m*

sell [sel] *v irr (have sales appeal)* sich verkaufen lassen; *(sth)* verkaufen

sell off [sel ɒf] *v irr* verkaufen; *(quickly, cheaply)* abstoßen

sell out [sel aʊt] *v irr* alles verkaufen; *(sth)* ausverkaufen; *(one's share)* verkaufen; *sold out* ausverkauft

sell up [sel ʌp] *v irr* zu Geld machen, ausverkaufen

sell-by date ['selbaɪ deɪt] *sb* Haltbarkeitsdatum *n*

seller ['selə] *sb* Verkäufer *m*

sellers competition ['seləz kɒmpə'tɪʃən] *sb* Verkäuferwettbewerb *m*

seller's market ['seləz 'mɑːkɪt] *sb* Verkäufermarkt *m*

selling price [selɪŋ praɪs] *sb* Briefkurs *m*

semi-annual [semi'ænjʊəl] *adj (US)* halbjährlich

semi-finished goods [semi'fɪnɪʃt gʊdz] *pl* Halberzeugnis *n*

semi-monthly [semi'mʌnθli] *adj (US)* zweimal monatlich

semiskilled [semi'skɪld] *adj* angelernt

semi-truck [semi'trʌk] *sb (US)* Sattelschlepper *m*

send [send] *v irr* schicken

send away [sendə'weɪ] *v irr* ~ *for sth* etw kommen lassen, etw anfordern

sender ['sendə] *sb* Absender *m; return to* ~ zurück an Absender

send for [send fɔː] *v irr* kommen lassen, sich bestellen

send in [send ɪn] *v irr* einschicken, einsenden

send off [send ɒf] *v irr* abschicken

senior ['siːnɪə] *adj* älter, ältere(r); *(in time of service)* dienstälter; *(in rank)* vorgesetzt

senior citizen ['siːnɪə 'sɪtɪzn] *sb* Senior *m; (pensioner)* Rentner *m*

sequence ['siːkwəns] *sb* Folge *f; (order)* Reihenfolge *f*

serial number ['sɪərɪəl 'nʌmbə] *sb* Fabrikationsnummer *f*, Seriennummer *f*

serial port ['sɪərɪəl pɔːt] *sb* serieller Anschluss *m*

series ['sɪəriːz] *sb* Serie *f*, Reihe *f*

series production ['sɪəriːz prə'dʌkʃən] *sb* Serienfertigung *f*

seriousness ['sɪərɪəsnɪs] *sb* Seriosität *f*

serve [sɜːv] *v* dienen; *(a summons)* zustellen; *(in a restaurant, in a shop)* bedienen; *(food, drinks)* servieren

server ['sɜːvə] *sb* Server *m*

service ['sɜːvɪs] *sb* Dienst *m*, Dienstleistung *f*; I'm at your ~. Ich stehe Ihnen zur Verfügung. to be of ~ nützlich sein; *(to customers)* Service *m*; *(in a restaurant, in a shop)* Bedienung *f*; *(regular transport, air ~)* Verkehr *m*; *(operation)* Betrieb *m*; *(upkeep of machines)* Wartung *f*

service charge ['sɜːvɪs tʃɑːdʒ] *sb* Bearbeitungsgebühr *f*

service contract ['sɜːvɪs kɒntrækt] *sb* Wartungsvertrag *m*, Servicevertrag *m*

service industry ['sɜːvɪs 'ɪndʌstri] *sb* Dienstleistungsgewerbe *n*

service organisation ['sɜːvɪs ɔːɡənaɪ'zeɪʃən] *sb* Kundendienstorganisation *f*

set up [set ʌp] *v irr (arrange)* arrangieren, vereinbaren; *(establish)* gründen; *(fit out)* einrichten

set-off ['setɒf] *sb* Aufrechnung *f*

setting day ['setɪŋ deɪ] *sb* Abrechnungstag *m*

setting procedure ['setɪŋ prə'siːdʒə] *sb* Abrechnungsverfahren *n*

settle [setl] *v (a bill)* begleichen, bezahlen

settle on [setl ɒn] *v (agree on)* sich einigen auf

settle up [setl ʌp] *v* bezahlen

settlement ['setlmənt] *sb* Erledigung *f*, Regelung *f*, Begleichung *f*; *(agreement)* Übereinkommen *n*, Abmachung *f*; an out-of-court ~ ein außergerichtlicher Vergleich *m*

settlement account ['setlmənt ə'kaʊnt] *sb* Abwicklungskonto *n*

settlement day ['setlmənt deɪ] *sb* Abrechnungstag *m*

settlement of accounts ['setlmənt əv ə'kaʊnts] *sb* Abrechnung *f*

settlement with immediate effect ['setlmənt wɪð ɪ'miːdɪət ɪ'fekt] *sb* sofortige Regulierung *f*

share [ʃɛə] *v* teilen; ~ in sth an etw teilnehmen; *sb* (Geschäfts-)Anteil *m*; *(in a public limited company)* Aktie *f*

share capital [ʃɛə 'kæpɪtl] *sb* Aktienkapital *n*

share deposit [ʃɛə dɪ'pɒsɪt] *sb* Aktiendepot *n*

share in capital [ʃɛə ɪn 'kæpɪtl] *sb* Kapitalanteil *m*

share index [ʃɛə 'ɪndeks] *sb* Aktienindex *m*

share issue [ʃɛə 'ɪʃuː] *sb* Aktienausgabe *f*

share price [ʃɛə praɪs] *sb* Aktienkurs *m*

share quotation [ʃɛə kwəʊ'teɪʃən] *sb* Aktiennotierung *f*

shareholder ['ʃɛəhəʊldə] *sb* Aktionär(in) *m/f*

shareholding ['ʃɛəhəʊldɪŋ] *sb* Aktienbestand *m*

shareware ['ʃɛəwɛə] *sb* Shareware *f*

shelf [ʃelf] *sb* Brett *n*, Bord *n*, Fach *n*; off the ~ von der Stange

shelf life [ʃelf laɪf] *sb* Lagerfähigkeit *f*

shell company [ʃel 'kʌmpəni] *sb* Briefkastenfirma *f*

shelve [ʃelv] *v* einräumen, in ein Regal stellen; *(fig: a plan)* zu den Akten legen

shift [ʃɪft] *sb (work period)* Schicht *f*

shift work [ʃɪft wɜːk] *sb* Schichtarbeit *f*

ship [ʃɪp] *v (send)* versenden, befördern; *(grain, coal)* verfrachten

ship broker [ʃɪp 'brəʊkə] *sb* Schiffsmakler *m*

shipload ['ʃɪpləʊd] *sb* Schiffsladung *f*
shipment ['ʃɪpmənt] *sb* Sendung *f*, Verschiffung *f*; *(batch of goods)* Lieferung *f*
shipper ['ʃɪpə] *sb* Spediteur *m*
shipping ['ʃɪpɪŋ] *sb* Schifffahrt *f*; Versand *m*; *(by sea)* Verschiffung *f*
shipping company ['ʃɪpɪŋ 'kʌmpəni] *sb* Reederei *f*
shipping document ['ʃɪpɪŋ 'dɒkjʊmənt] *sb* Versanddokument *n*
shipping line ['ʃɪpɪŋ laɪn] *sb* Reederei *f*
shipyard ['ʃɪpjɑːd] *sb* Werft *f*, Schiffswerft *f*
shockproof ['ʃɒkpruːf] *adj* stoßfest
shop [ʃɒp] *sb* Laden *m*, Geschäft *n*; *set up ~* einen Laden eröffnen, ein Geschäft eröffnen; *talk ~* fachsimpeln; *closed ~* Unternehmen mit Gewerkschaftspflicht *n*; *v* einkaufen; *go ~ping* einkaufen gehen
shop assistant [ʃɒp ə'sɪstənt] *sb* Verkäufer(in) *m/f*
shop floor [ʃɒp flɔː] *sb* Arbeiter in der Produktion *pl*
shopkeeper ['ʃɒpkiːpə] *sb* Ladenbesitzer(in) *m/f*
shoplifter ['ʃɒplɪftə] *sb* Ladendieb(in) *m/f*
shoplifting ['ʃɒplɪftɪŋ] *sb* Ladendiebstahl *m*
shopping centre ['ʃɒpɪŋ 'sentə] *sb* Einkaufszentrum *n*
shopping mall ['ʃɒpɪŋ mɔːl] *sb* Einkaufsgalerie *f*
shopping precinct ['ʃɒpɪŋ priːsɪŋkt] *sb* Einkaufsgegend *f*
shop window [ʃɒp 'wɪndəʊ] *sb* Schaufenster *n*
short delivery [ʃɔːt dɪ'lɪvəri] *sb* Minderlieferung *f*
short sale [ʃɔːt seɪl] *sb* Blankoverkauf *m*
shortage ['ʃɔːtɪdʒ] *sb* Knappheit *f*; *(of people, of money)* Mangel *m*

shortage of goods ['ʃɔːtɪdʒ əv gʊdz] *sb* Warenknappheit *f*
shortage of staff ['ʃɔːtɪdʒ əv stɑːf] *sb* Personalmangel *m*
shortcoming ['ʃɔːtkʌmɪŋ] *sb* Unzulänglichkeit *f*, Mangel *m*
shorthand ['ʃɔːthænd] *sb* Kurzschrift *f*, Stenografie *f*
short-term ['ʃɔːttɜːm] *adj* kurzfristig
short-time work ['ʃɔːt 'taɪm wɜːk] *sb* Kurzarbeit *f*
show [ʃəʊ] *sb* Ausstellung *f*
showroom ['ʃəʊruːm] *sb* Ausstellungsraum *m*
shredder ['ʃredə] *sb* Zerkleinerungsmaschine *f*; *(paper-~)* Reißwolf *m*
shut down [ʃʌt daʊn] *v irr* zumachen, schließen
shutdown ['ʃʌtdaʊn] *sb* (vorübergehende) Stilllegung *f*
shut off [ʃʌt ɒf] *v irr (sth)* abstellen, ausschalten, abschalten
shuttle [ʃʌtl] *sb* Pendelverkehr *m*
sick note [sɪk nəʊt] *sb* Krankmeldung *f*
sick pay [sɪk peɪ] *sb* Krankengeld *n*
sick-leave ['sɪkliːv] *sb to be on ~* krank geschrieben sein
sight draft [saɪt drɑːft] *sb* Sichtwechsel *m*
sign [saɪn] *v* unterschreiben
signature ['sɪgnətʃə] *sb* Unterschrift *f*
sign for [saɪn fɔː] *v* den Empfang bestätigen
sign in [saɪn ɪn] *v* sich eintragen
sign on [saɪn ɒn] *v (for unemployment benefits)* sich arbeitslos melden
sign up [saɪn ʌp] *v (by signing a contract)* sich verpflichten; *(s.o.)* verpflichten, anstellen
silent partner ['saɪlənt 'pɑːtnə] *sb* stiller Teilhaber *m*
simulator ['sɪmjʊleɪtə] *sb* Simulator *m*

simultaneous interpreter [sɪməl'teɪnɪəs ɪn'tɜːprɪtə] *sb* Simultandolmetscher(in) *m/f*
situation [sɪtjʊ'eɪʃən] *sb (job)* Stelle *f*
situations wanted [sɪtjʊ'eɪʃənz 'wɒntɪd] *pl* Stellengesuche *pl*
size [saɪz] *sb* Größe *f*, *v* ~ **up** abschätzen
sizeable ['saɪzəbl] *adj (sum, difference)* beträchtlich
skill [skɪl] *sb* Fertigkeit *f*, Kenntnis *f*
skilled [skɪld] *adj* geschickt; *(trained)* ausgebildet
skim [skɪm] *v (fig: profits)* abschöpfen
slash [slæʃ] *v (fig: reduce)* stark herabsetzen
slide projector [slaɪd prə'dʒektə] *sb* Diaprojektor *m*
slow down [sləʊ daʊn] *v (in an activity)* etw langsamer machen; *(sth)* verlangsamen
slump-proof ['slʌmppruːf] *adj* krisenfest
small and medium-sized enterprises [smɔːl ənd 'miːdɪəmsaɪzd 'entəpraɪzɪz] *sb* Klein- und Mittelbetriebe *pl*
small change [smɔːl tʃeɪndʒ] *sb* Kleingeld *n*
smash hit [smæʃ hɪt] *sb* Bombenerfolg *m*, Schlager *m*
smuggling ['smʌglɪŋ] *sb* Schmuggel *m*
snob effect [snɒb ɪ'fekt] *sb* Snob-Effekt *m*
snowball system ['snəʊbɔːl 'sɪstəm] *sb* Schneeballsystem *n*
soar [sɔː] *v (prices)* in die Höhe schnellen
sociable ['səʊʃəbl] *adj* gesellig, umgänglich
social ['səʊʃəl] *adj* gesellschaftlich, Gesellschafts..., sozial
social insurance ['səʊʃəl ɪn'ʃʊərəns] *sb* Sozialversicherung *f*

social market economy ['səʊʃəl 'mɑːkɪt ɪ'kɒnəmi] *sb* soziale Marktwirtschaft *f*
social policy ['səʊʃəl 'pɒlɪsi] *sb* Sozialpolitik *f*
social security ['səʊʃəl sɪ'kjʊərɪti] *sb* Sozialversicherung *f*, Sozialhilfe *f*
social services ['səʊʃəl 'sɜːvɪsɪz] *sb* Sozialleistung *f*
socialism ['səʊʃəlɪzm] *sb* Sozialismus *m*
society [sə'saɪəti] *sb* Gesellschaft *f*
soft currency [sɒft 'kʌrənsi] *sb* weiche Währung *f*
software ['sɒftweə] *sb* Software *f*
solar energy ['səʊlər 'enədʒi] *sb* Sonnenenergie *f*
solar power ['səʊlə 'paʊə] *sb* Sonnenenergie *f*, Solarenergie *f*
sole agency [səʊl 'eɪdʒənsi] *sb* Alleinvertretung *f*
sole heir [səʊl eə] *sb* Alleinerbe *m*
sole owner [səʊl 'əʊnə] *sb* Alleininhaber *m*
solicitor [sə'lɪsɪtə] *sb (UK)* Rechtsanwalt/Rechtsanwältin *m/f*
solvency ['sɒlvənsi] *sb* Zahlungsfähigkeit *f*, Solvenz *f*
solvent ['sɒlvənt] *adj* zahlungsfähig
sort [sɔːt] *v* sortieren; *sb* Art *f*, Sorte *f*
sort out [sɔːt aʊt] *v (straighten out)* in Ordnung bringen, klären
sought-after ['sɔːtɑftə] *adj* begehrt
sound [saʊnd] *adj (company)* solide
source [sɔːs] *sb* Quelle *f*; Ursprung *m*
source of supply [sɔːs əv sə'plaɪ] *sb* Bezugsquelle *f*
spare [speə] *v (do without)* entbehren, verzichten auf; *adj* übrig, überschüssig; *(meagre)* dürftig
spare part [speə pɑːt] *sb* Ersatzteil *n*
spare time [speə taɪm] *sb* Freizeit *f*

sparingly ['spɛərɪŋli] *adv use sth ~* mit etw sparsam umgehen
spatial structure ['speɪʃəl 'strʌktʃə] *sb* Raumstruktur *f*
special ['speʃəl] *adj* besondere(r,s), Sonder...; *(specific)* bestimmt; *sb (reduced price)* Sonderangebot *n*
special action ['speʃəl 'ækʃən] *sb* Sonderaktion *f*
special agreements ['speʃəl ə'griːmənts] *sb* Sondervereinbarung *f*
special allowance ['speʃəl ə'laʊəns] *sb* Sondervergütung *f*
special delivery ['speʃəl dɪ'lɪvəri] *sb (US)* Eilzustellung *f*
special depreciation ['speʃəl dɪpriːʃi'eɪʃən] *sb* Sonderabschreibungen *pl*
special discount ['speʃəl 'dɪskaʊnt] *sb* Sonderrabatt *m*
special drawing rights ['speʃəl 'drɔːɪŋ raɪts] *sb* Sonderziehungsrechte *pl*
special expenses ['speʃəl ɪk'spensɪz] *sb* Sonderausgaben *pl*
specialist ['speʃəlɪst] *sb* Fachmann/Fachfrau *m/f*, Spezialist(in) *m/f*
speciality ['speʃəəti] *sb* Besonderheit *f*, Spezialartikel *m*; Neuheit *f*
specialization [speʃəlaɪ'zeɪʃən] *sb* Spezialisierung *f*
specialize ['speʃəlaɪz] *v ~ in sth* sich auf etw spezialisieren
special meeting ['speʃəl 'miːtɪŋ] *sb* Sondersitzung *f*
special offer ['speʃəl 'ɒfə] *sb* Sonderangebot *n*
special remuneration ['speʃəl rɪmjuːnə'reɪʃən] *sb* Sondervergütung *f*
specie ['spiːʃiː] *sb* Hartgeld *n*, Münzgeld *n*
specific duty [spe'sɪfɪk 'djuːti] *sb* Mengenzoll *m*

specification [spesɪfɪ'keɪʃən] *sb* Spezifikation; *(stipulation)* Bedingung *f*
specifications [spesɪfɪ'keɪʃənz] *pl (design)* technische Daten *pl*, technische Beschreibung *f*
specify ['spesɪfaɪ] *v* genau angeben; *(prescribe)* vorschreiben
specimen ['spesɪmɪn] *sb (sample)* Muster *n*, Probe *f*
speculate ['spekjʊleɪt] *v* spekulieren
speculation [spekjʊ'leɪʃən] *sb* Spekulation *f*
speculative ['spekjʊlətɪv] *adj* Spekulations...
speculative buying ['spekjʊlətɪv 'baɪɪŋ] *sb* Meinungskäufe *pl*
speculative operations ['spekjʊlətɪv ɒpə'reɪʃənz] *sb* Spekulationsgeschäft *n*
speculative transaction ['spekjʊlətɪv trænz'ækʃən] *sb* Spekulationsgeschäft *n*
speculator ['spekjʊleɪtə] *sb* Spekulant *m*
spell-checker ['speltʃekə] *sb (computer programme)* Rechtschreibprüfung *f*
spend [spend] *v irr (money)* ausgeben; *(energy, resources)* verbrauchen; *(time: pass)* verbringen, *(time: use)* brauchen
spending ['spendɪŋ] *sb* Ausgaben *pl*
spiel [spiːl] *sb* Verkaufsmasche *f*
sponsion ['spɒnʃən] *sb* Übernahme einer Bürgschaft *f*
sponsor ['spɒnsə] *v* fördern; *sb* Förderer/Förderin *m/f*
sponsored ['spɒnsəd] *adj* gesponsert, gefördert, unterstützt
sponsorship ['spɒnsəʃɪp] *sb* Sponsern *n*, Unterstützung *f*, Förderung *f*
spot [spɒt] *sb (commercial)* Werbespot *m*
spreadsheet ['spredʃiːt] *sb* Tabellenkalkulation *f*
squander ['skwɒndə] *v (money)* vergeuden; *(opportunities)* vertun

square [skwɛə] *v (debts)* begleichen

stability [stə'bılıti] *sb* Stabilität *f*

stability of prices [stə'bılıti əv 'praısız] *sb* Preisstabilität *f*

stability of the value of money [stə'bılıti əv ðə 'væljuː əv 'mʌni] *sb* Geldwertstabilität *f*

stability policy [stə'bılıti 'pɒlısi] *sb* Stabilitätspolitik *f*

stabilization [steıbılaı'zeıʃən] *sb* Stabilisierung *f*

stabilize ['steıbəlaız] *v* sich stabilisieren; *(sth)* stabilisieren

stable value clause ['steıbl 'væljuː klɔːz] *sb* Versicherungsklausel *f*

staff [stɑf] *sb (personnel)* Personal *n*, Belegschaft *f; to be on the ~ of* Mitarbeiter sein bei

staff changes [stɑf 'tʃeındʒız] *sb* Personalwechsel *m*

staffer ['stæfə] *sb* feste(r) Mitarbeiter(in) *m/f*

stagflation [stæg'fleıʃən] *sb* Stagflation *f*

stagnant ['stægnənt] *adj* stehend, stagnierend

stagnate ['stægneıt] *v* stagnieren

stagnation [stæg'neıʃən] *sb* Stagnieren *n; (of a market)* Stagnation *f*

stainless ['steınlıs] *adj* rostfrei

stake [steık] *v ~ a claim to sth* sich ein Anrecht auf etw sichern; *sb (financial interest)* Anteil *m*

stamp [stæmp] *v (sth)* stempeln; *(with a machine)* prägen; *(put postage on)* frankieren; *sb (postage ~)* Briefmarke *f; (mark, instrument)* Stempel *m*

stamp duty [stæmp 'djuːti] *sb* Gebühr *f*

standard ['stændəd] *adj* handelsüblich, Standard..., Norm...; *sb (monetary)* Standard *m*, Norm *f*

standard wages ['stændəd 'weıdʒız] *sb* Tariflohn *m*

standardize ['stændədaız] *v* vereinheitlichen, normen, normieren

stand-by ['stændbaı] *sb on ~* in Bereitschaft *f*

stand-in ['stændın] *sb* Ersatz *m*

standing ['stændıŋ] *sb (position)* Rang *m; of long ~* langjährig, alt; *sb (repute)* Ruf *m*

standing order ['stændıŋ 'ɔːdə] *sb* Dauerauftrag *m*

staple goods ['steıpl gʊdz] *pl* Stapelware *f*

stapler ['steıplə] *sb* Heftmaschine *f*

start [stɑːt] *v (engine)* anspringen; *(found)* gründen; anfangen, beginnen

starting salary ['stɑːtıŋ 'sæləri] *sb* Anfangsgehalt *n*

state [steıt] *sb* Staat *m; ~ of affairs* Stand *m*, Lage *f; (condition)* Zustand *m; adj* staatlich

state activity [steıt æk'tıvıti] *sb* Staatstätigkeit *f*

state bank [steıt bæŋk] *sb* Staatsbank *f*

state indebtedness [steıt ın'detıdnıs] *sb* Staatsverschuldung *f*

state of the market [steıt əv ðə 'mɑːkıt] *sb* Marktlage *f*

statement ['steıtmənt] *sb (bank ~)* Kontoauszug *m*

statement of account ['steıtmənt əv ə'kaʊnt] *sb* Kontoauszug *m*

statement of commission ['steıtmənt əv kə'mıʃən] *sb* Provisionsabrechnung *f*

statement of costs ['steıtmənt əv kɒsts] *sb* Erfolgskonto *n*

statement of expenses ['steıtmənt əv ık'spensız] *sb* Spesenabrechnung *f*

statement of quantity ['steıtmənt əv 'kwɒntıti] *sb* Mengenangabe *f*

state-of-the-art [ˌsteɪtəvðɪˈɑːt] *adj* hochmodern, auf dem neuesten Stand
station of destination [ˈsteɪʃən əv ˌdestɪˈneɪʃən] *sb* Bestimmungsbahnhof *m*
statistic [stəˈtɪstɪk] *sb* Statistik *f;* ~s *pl* Statistik *f*
statistical [stəˈtɪstɪkəl] *adj* statistisch
status [ˈsteɪtəs] *sb* Status *m; marital* ~ Familienstand *m*
status quo [ˌsteɪtəsˈkwəʊ] *sb* Status quo *m*
statute [ˈstætjuːt] *sb* Statut *n*
statutes [ˈstætjuːts] *pl* Satzung *f*
steamship [ˈstiːmʃɪp] *sb* Dampfer *m*, Dampfschiff *n*
stenographer [stəˈnɒgrəfə] *sb* Stenograf(in) *m/f*
stenography [stəˈnɒgrəfi] *sb* Kurzschrift *f*, Stenografie *f*
stenotypy [ˈstenətaɪpi] *sb* Kurzschrift *f*
stimulus [ˈstɪmjʊləs] *sb* Anreiz *m*
stint [stɪnt] *sb* Schicht *f*
stipend [ˈstaɪpənd] *sb* Lohn *m*
stipulate [ˈstɪpjʊleɪt] *v (specify)* festsetzen; *(make a condition)* voraussetzen
stipulation [ˌstɪpjʊˈleɪʃən] *sb* Bedingung *f*
stock [stɒk] *v (a product)* führen; *sb (supply)* Vorrat *m*, (Waren-)Bestand *m; (financial)* Aktien *pl; in* ~ vorrätig; *take* ~ *of the situation* die Lage abschätzen
stock exchange [ˈstɒk ɪkstʃeɪndʒ] *sb* (Effekten-)Börse *f*
stock exchange centre [ˈstɒk ɪksˈtʃeɪndʒ ˈsentə] *sb* Börsenplatz *m*
stock exchange dealings [ˈstɒk ɪksˈtʃeɪndʒ ˈdiːlɪŋz] *sb* Börsenhandel *m*
stock exchange index [ˈstɒk ɪksˈtʃeɪndʒ ˈɪndeks] *sb* Börsenindex *m*
stock exchange list [ˈstɒk ɪkstʃeɪndʒ lɪst] *sb* Kurszettel *m*
stock exchange quotation [ˈstɒk ɪksˈtʃeɪndʒ kwəʊˈteɪʃən] *sb* Börsennotierung *f*
stock market [stɒk ˈmɑːkɪt] *sb* Börse *f*
stock market crash [stɒk ˈmɑːkɪt kræʃ] *sb* Börsenkrach *m*
stock market transactions [stɒk ˈmɑːkɪt trænˈzækʃənz] *sb* Börsengeschäfte *pl*
stockbroker [ˈstɒkbrəʊkə] *sb* Börsenmakler *m*
stockholder [ˈstɒkhəʊldə] *sb (US)* Aktionär *m*
stockkeeping [ˈstɒkkiːpɪŋ] *sb* Lagerhaltung *f*
stockpile [ˈstɒkpaɪl] *v* aufstapeln; *sb* Vorrat *m*
stockpiling [ˈstɒkpaɪlɪŋ] *sb* Vorratshaltung *f*
stockroom [ˈstɒkruːm] *sb* Lager *n*, Lagerraum *m*
stock-taking [ˈstɒkteɪkɪŋ] *sb* Inventur *f;* (fig) Bestandsaufnahme *f*
stone [stəʊn] *sb (UK: unit of weight)* 6,35 kg
stop [stɒp] *v* anhalten; *Stop!* Halt! *(cease)* aufhören; *(an action)* aufhören mit; *(interrupt temporarily)* unterbrechen; *(a machine)* abstellen; *(payments, production)* einstellen; *(a cheque)* sperren; *sb* Stillstand *m; come to a* ~ zum Stillstand kommen; *put a* ~ *to sth* etw ein Ende machen
stoppage [ˈstɒpɪdʒ] *sb (interruption)* Unterbrechung *f; (strike)* Streik *m*
storage [ˈstɔːrɪdʒ] *sb* (Ein-)Lagerung *f; put into* ~ lagern
storage capacity [ˈstɔːrɪdʒ kəˈpæsɪti] *sb* Lagerkapazität *f*
storage space [ˈstɔːrɪdʒ speɪs] *sb* Lagerraum *m*

store [stɔː] v lagern; aufbewahren; *sb (large shop)* Geschäft n; *(US: shop)* Laden m; *(storage place)* Lager n; *(supply)* Vorrat m; *(UK: computer)* Speicher m
storehouse ['stɔːhaus] sb Lagerhaus n
storekeeper ['stɔːkiːpə] sb Ladenbesitzer(in) m/f
storeroom ['stɔːruːm] sb Lagerraum m
stores [stɔːz] pl Vorräte pl, Bestände pl
stowage ['stəuɪdʒ] sb *(stowing)* Beladen n, Verstauen n; *(charge)* Staugebühr f
strategic [strəˈtiːdʒɪk] adj strategisch
strategy ['strætɪdʒi] sb Strategie f
strictly confidential ['strɪktli kɒnfɪ'denʃəl] adj streng vertraulich
strike [straɪk] v irr streiken; sb Streik m, Ausstand m
strikebound ['straɪkbaund] adj bestreikt, von Streik betroffen
strike-breaker ['straɪkbreɪkə] sb Streikbrecher m
striker ['straɪkə] sb Streikende(r) m/f, Ausständige(r) m/f
structural engineer ['strʌktʃərəl endʒɪ'nɪə] sb Bauingenieur m
structural engineering ['strʌktʃərəl endʒɪ'nɪərɪŋ] sb Bautechnik f
structural policy ['strʌktʃərəl 'pɒlɪsi] sb Strukturpolitik f
structure ['strʌktʃə] v strukturieren; aufbauen, gliedern; sb Struktur f
structure of distribution ['strʌktʃər əv dɪstrɪ'bjuːʃən] sb Vertriebsstruktur f
suable ['sjuːəbl] adj einklagbar
subagent ['sʌbeɪdʒənt] sb Untervertreter m
subcontractor ['sʌbkɒntræktə] sb Subunternehmer m, Zulieferer m
subject to confirmation ['sʌbdʒekt tuː kɒnfə'meɪʃən] adv freibleibend

sublease ['sʌbliːs] sb Untervermietung f, Unterverpachtung f
subordinate [səˈbɔːdɪnət] sb Mitarbeiter m, Untergebene(r) m/f
subscribe [səbˈskraɪb] v ~ to (a publication) abonnieren
subscriber [səbˈskraɪbə] sb Abonnent m
subscription [səbˈskrɪpʃən] sb Abonnement n
subsidiary [səbˈsɪdɪəri] adj Tochter..., Neben...; sb Tochtergesellschaft f
subsidize ['sʌbsɪdaɪz] v subventionieren
subsidy ['sʌbsɪdi] sb Subvention f, Zuschuss m
subsistence [səbˈsɪstəns] sb *(means of ~)* Lebensunterhalt m
subsistence level [səbˈsɪstəns lev̩l] sb Existenzminimum n
subsistence minimum [səbˈsɪstəns 'mɪnɪməm] sb Existenzminimum n
substance ['sʌbstəns] sb Substanz f
substitute ['sʌbstɪtjuːt] v ~ for s.o. jdn vertreten, als Ersatz für jdn dienen; sb Ersatz m; *(person)* Vertretung f; adj Ersatz...
substitute delivery ['sʌbstɪtjuːt dɪ'lɪvəri] sb Ersatzlieferung f
substitute purchase ['sʌbstɪtjuːt 'pɜːtʃɪs] sb Ersatzkauf m
substitution [sʌbstɪ'tjuːʃən] sb Ersetzen n, Einsetzen n
subtract [səbˈtrækt] v abziehen
succession [səkˈseʃən] sb *(to a post)* Nachfolge f
successor [səkˈsesə] sb Nachfolger(in) m/f
success-oriented [səkses'ɔːrɪəntɪd] adj erfolgsorientiert
sue [suː] v klagen, Klage erheben; ~ s.o. gegen jdn gerichtlich vorgehen, jdn belangen; ~ s.o. for damages jdn auf Schadenersatz verklagen

suit [suːt] *sb* Prozess *m*, Verfahren *n*
suitability [suːtə'bɪlɪti] *sb* Eignung *f*
suitable ['suːtəbl] *adj* geeignet, passend
sum [sʌm] *v* summieren, zusammenzählen, *sb* Summe *f; (of money)* Betrag *m*, Summe *f*, Geldsumme *f*
sum total [sʌm 'təʊtəl] *sb* Gesamtbetrag *m*
superior [sʊ'pɪərɪə] *adj (in rank)* höher; *sb (in rank)* Vorgesetzte(r) *m/f*
superspartarif fare ['suːpərseɪvə fɛə] *sb* Superspartarif *m*
superstore ['suːpəstɔː] *sb* Verbrauchermarkt *m*
supervise ['suːpəvaɪz] *v* beaufsichtigen, überwachen
supervision [suːpə'vɪʒən] *sb* Aufsicht *f*, Beaufsichtigung *f*; Leitung *f*
supervisor ['suːpəvaɪzə] *sb* Aufseher(in) *m/f*; Leiter(in) *m/f*
supervisory ['suːpəvaɪzəri] *adj* überwachend, Kontroll...
supervisory board ['suːpəvaɪzəri bɔːd] *sb* Aufsichtsrat *m*
supplement ['sʌplɪmənt] *v* ergänzen; *sb* Ergänzung *f; (in a newspaper)* Beilage *f*
supplementary [sʌplɪ'mentəri] *adj* zusätzlich, Zusatz...
supplementary payment [sʌplɪ'mentəri 'peɪmənt] *sb* Nachzahlung *f*
supplier [sə'plaɪə] *sb* Lieferant *m*
supplier's credit [sə'plaɪəz 'kredɪt] *sb* Lieferantenkredit *m*
supply [sə'plaɪ] *v* sorgen für; *(goods, public utilities)* liefern; *sb (act of supplying)* Versorgung *f*; ~ and demand Angebot und Nachfrage; *(thing supplied)* Lieferung *f; (delivery)* Lieferung *f; (stock)* Vorrat *m*
supply contract [sə'plaɪ 'kɒntrækt] *sb* Liefervertrag *m*

supply-side economics [sə'plaɪsaɪd ekə'nɒmɪks] *sb* angebotsorientierte Wirtschaftspolitik *f*
support buying [sə'pɔːt 'baɪɪŋ] *sb* Stützungskauf *m*
surcharge ['sɜːtʃɑdʒ] *sb* Zuschlag *m*
surf [sɜːf] *v* ~ *the Internet (fam)* im Internet surfen
surplus ['sɜːpləs] *sb* Überschuss *m; adj* überschüssig
surtax ['sɜːtæks] *sb* Steuerzuschlag *m*, Zusatzsteuer *f*
survey [sɜː'veɪ] *v (fam: poll)* befragen; ['sɜːveɪ] *sb (poll)* Umfrage *f*
survey report ['sɜːveɪ rɪ'pɔːt] *sb* Havariezertifikat *n*
suspension of payments [sʌs'penʃən əv 'peɪmənts] *sb* Zahlungseinstellung *f*
swap [swɒp] *v* tauschen; ~ *sth for sth* etw gegen etw austauschen; *sb* Tausch *m*
swing shift [swɪŋ ʃɪft] *sb (US)* Spätschicht *f*
switchboard ['swɪtʃbɔːd] *sb* Telefonvermittlung *f; (in an office)* Telefonzentrale *f; (panel)* Schalttafel *f*
sworn statement [swɔːn 'steɪtmənt] *sb* beeidigte Erklärung *f*
synchronization [sɪŋkrənaɪ'zeɪʃən] *sb* Abstimmung *f*
synchronize ['sɪŋkrənaɪz] *v* abstimmen *(clocks)* gleichstellen
syndication [sɪndɪ'keɪʃən] *sb* Syndizierung *f*
synthetic [sɪn'θetɪk] *adj* synthetisch
system ['sɪstəm] *sb* System *n*
system control ['sɪstəm kən'trəʊl] *sb* Systemsteuerung *f*
system of taxation ['sɪstəm əv tæk'seɪʃən] *sb* Steuersystem *n*
systematic [sɪstə'mætɪk] *adj* systematisch

T

tab [tæb] *sb (on a file card)* Karteireiter *m*
table ['teɪbl] *sb* Tabelle *f*
tablet ['tæblɪt] *sb* Notizblock *m*
tabular ['tæbjʊlə] *adj* tabellarisch
tabulate ['tæbjʊleɪt] *v* tabellarisch darstellen, tabellarisieren
tackle ['tækl] *v (a problem)* anpacken; *(a task)* in Angriff nehmen
tactics ['tæktɪks] *pl* Taktik *f*
tag [tæg] *sb (label)* Schild *n*; *(name ~)* Namensschild *n*; Etikett *n*
tailboard ['teɪlbɔːd] *sb* Ladeklappe *f*
tailor-made ['teɪlə'meɪd] *adj (fig)* genau zugeschnitten
take [teɪk] *v irr (~ over)* übernehmen; *(measure)* messen; *(transport)* bringen; *(a poll)* durchführen; *(dictation)* aufnehmen
take in [teɪk ɪn] *v irr* einnehmen
take off [teɪk ɒf] *v irr (start to have success)* ankommen; *(a day from work)* frei nehmen
take on [teɪk ɒn] *v irr (undertake)* übernehmen; *(an opponent)* antreten gegen; *(give a job to)* einstellen, anstellen
take out [teɪk aʊt] *v irr* abheben; ~ *an insurance policy* eine Versicherung abschließen
take over [teɪk 'əʊvə] *v irr* die Leitung übernehmen
takeover ['teɪkəʊvə] *sb* Übernahme *f*
taker ['teɪkə] *sb* Käufer *m*
take up [teɪk ʌp] *v irr take s.o. up on an offer* von jds Angebot Gebrauch machen; *(a challenge, a new job)* annehmen; *take sth up with s.o.* etw mit jdm besprechen; *(time)* in Anspruch nehmen

taking of the inventory ['teɪkɪŋ əv ðiː ɪn'ventəri] *sb* Inventur *f*
talk out [tɔːk aʊt] *v* ausdiskutieren
talk over [tɔːk 'əʊvə] *v* besprechen
tangible ['tændʒəbl] *adj* greifbar, konkret
tardy ['tɑːdi] *adj* spät; *(person)* säumig
tare [tɛə] *sb* Tara *f*
target ['tɑːgɪt] *sb* Ziel *n*
target calculation ['tɑːgɪt kælkjʊ'leɪʃən] *sb* Plankalkulation *f*
target figures ['tɑːgɪt 'fɪgəz] *sb* Sollzahlen *pl*
target group ['tɑːgɪt gruːp] *sb* Zielgruppe *f*
tariff ['tærɪf] *sb* (Zoll-)Tarif *m*, Zollgebühr *f*; *(price list)* Preisverzeichnis *n*
taskwork ['tɑːskwɜːk] *sb* Akkordarbeit *f*
tax [tæks] *sb* Steuer *f*; *v (s.o., sth)* besteuern
tax adviser [tæks əd'vaɪzə] *sb* Steuerberater(in) *m/f*
tax assessment [tæks ə'sesmənt] *sb* Steuerveranlagung *f*
tax balance sheet [tæks 'bæləns ʃiːt] *sb* Steuerbilanz *f*
tax evasion [tæks ɪ'veɪʒən] *sb* Steuerhinterziehung *f*
tax haven [tæks heɪvn] *sb* Steueroase *f*
tax increase [tæks 'ɪnkriːs] *sb* Steuererhöhung *f*
tax on earnings [tæks ɒn 'ɜːnɪŋz] *sb* Ertragsteuer *f*
tax on real estate [tæks ɒn 'rɪəlɪsteɪt] *sb* Realsteuern *pl*
tax return [tæks rɪ'tɜːn] *sb* Steuererklärung *f*

taxable ['tæksəbl] *adj* steuerpflichtig
taxation [tæk'seɪʃən] *sb* Besteuerung *f*
tax-exempt ['tæksɪgzempt] *adj (business)* abgabenfrei; *(income)* steuerfrei
tax-free ['tæksfriː] *adj* steuerfrei
taxless ['tækslɪs] *adj* unbesteuert
taxpayer ['tækspeɪə] *sb* Steuerzahler(in) *m/f*
team [tiːm] *sb* Mannschaft *f*, Team *n*
teamwork ['tiːmwɜːk] *sb* Teamarbeit *f*
technical ['teknɪkəl] *adj* technisch, Fach...
technical book ['teknɪkəl bʊk] *sb* Fachbuch *n*
technical journal ['teknɪkəl 'dʒɜːnəl] *sb* Fachzeitschrift *f*
technical term ['teknɪkəl tɜːm] *sb* Fachausdruck *m*, Fachterminus *m*
technicality [teknɪ'kælɪti] *sb (petty detail)* Formsache *f*
technician [tek'nɪʃən] *sb* Techniker *m*
technique [tek'niːk] *sb* (Arbeits-)Technik *f*
technological [teknə'lɒdʒɪkəl] *adj* technologisch
technology [tek'nɒlədʒi] *sb* Technologie *f*
technology payment order [tek'nɒlədʒi 'peɪmənt 'ɔːdə] *sb* telegrafische Anweisung *f*
technology push [tek'nɒlədʒi pʊʃ] *sb* Innovationsschub *m*
telegram ['telɪgræm] *sb* Telegramm *n*; *send a ~* telegrafieren
telegraphic [telɪ'græfɪk] *adj* telegrafisch
telemarketing [teli'mɑːkətɪŋ] *sb* Telefonmarketing *n*
telephone ['telɪfəʊn] *sb* Telefon *n*, Fernsprecher *m*; *to be on the ~* am Telefon sein; *v (s.o.)* anrufen; telefonieren

telephone call ['telɪfəʊn kɔːl] *sb* Telefonanruf *m*
telephone directory ['telɪfəʊn dɪ'rektəri] *sb* Telefonbuch *n*, Telefonverzeichnis *n*
telephone service ['telɪfəʊn 'sɜːvɪs] *sb* Telefondienst *m*
telephonist [tɪ'lefənɪst] *sb* Telefonist(in) *m/f*
teleprinter ['telɪprɪntə] *sb* Fernschreiber *m*
teleselling ['telɪselɪŋ] *sb (UK)* Telefonverkauf *m*
telex ['teleks] *sb (message)* Telex *n*; *(machine)* Fernschreiber *m*
teller ['telə] *sb (in a bank)* Kassierer(in) *m/f*
temp [temp] *sb (fam)* Aushilfe *f*, Aushilfskraft *f*
temporality [tempə'rælɪti] *sb* zeitliche Befristung *f*
temporarily [tempə'rərɪli] *adv* vorübergehend, temporär
temporary ['tempərəri] *adj (provisional)* vorläufig, provisorisch; *sb (~ employee)* Aushilfe *f*, Aushilfskraft *f*
temporary help ['tempərəri help] *sb* Aushilfe *f*, Aushilfskraft *f*
temporary injunction ['tempərəri ɪn'dʒʌnkʃən] *sb* einstweilige Verfügung *f*
tend [tend] *v (a machine)* bedienen
tender ['tendə] *sb* Angebot *n*, Offerte *f*; *invite ~s for a job (UK)* Angebote für eine Arbeit einholen; *legal ~* gesetzliches Zahlungsmittel *n*
tender guarantee ['tendə gærən'tiː] *sb* Bietungsgarantie *f*
tender procedure ['tendə prə'siːdʒə] *sb* Tenderverfahren *n*
term [tɜːm] *sb (period)* Zeit *f*, Dauer *f*, Laufzeit *f*; *(limit)* Frist *f*

term of a contract [tɜːm əv ə 'kɒntrækt] *sb* Vertragsdauer *f*

term of delivery [tɜːm əv dɪ'lɪvəri] *sb* Lieferfrist *f*

term of protection [tɜːm əv prə'tekʃən] *sb* Schutzfrist *f*

terminable ['tɜːmɪnəbl] *adj* befristet, begrenzt

terminal operator ['tɜːmɪnəl 'ɒpəreɪtə] *sb* Datentypistin *f*

terminate ['tɜːmɪneɪt] *v (contract)* ablaufen; *(sth)* beenden, beschließen; *(a contract)* kündigen

termination [tɜːmɪ'neɪʃən] *sb* Beendigung *f*; *(of a contract)* Kündigung *f*

terms of delivery [tɜːmz əv dɪ'lɪvəri] *sb* Lieferbedingung *f*

terms of payment [tɜːmz əv 'peɪmənt] *sb* Zahlungsbedingung *f*, Zahlungsfrist *f*

test [test] *v* testen, prüfen; *sb* Test *m*, Prüfung *f*, Probe *f*; *put sth to the ~* etw auf die Probe stellen; *stand the ~ of time* die Zeit überdauern; *(check)* Kontrolle *f*

test case [test keɪs] *sb* Musterfall *m*, Musterprozess *m*

test market [test 'mɑːkɪt] *sb* Testmarkt *m*

test shops [test ʃɒps] *sb* Testläden *pl*

testator ['testeɪtɔr] *sb* Erblasser *m*

testimonial [testɪ'məʊnɪəl] *sb* Empfehlungsschreiben *n*

text configuration [tekst kənfɪgə'reɪʃən] *sb* Textgestaltung *f*

theory ['θɪəri] *sb* Theorie *f*

think tank [θɪŋk tæŋk] *sb* Denkfabrik *f*

third countries [θɜːd 'kʌntriz] *pl* Drittländer *pl*

third party liability insurance [θɜːd 'pɑːti laɪə'bɪlɪti ɪn'ʃʊərəns] *sb* Haftpflichtversicherung *f*

third-rate ['θɜːdreɪt] *adj* drittklassig, drittrangig

three months' papers [θriː mʌnθs 'peɪpəz] *sb* Dreimonatspapier *n*

three-mile zone [θriːmaɪl zəʊn] *sb (nautical)* Dreimeilenzone *f*

thrift [θrɪft] *sb* Sparsamkeit *f*

thriftiness ['θrɪftɪnɪs] *sb* Sparsamkeit *f*, Wirtschaftlichkeit *f*

thrifty ['θrɪfti] *adj* sparsam

thrive [θraɪv] *v irr (fig: do well)* blühen, Erfolg haben

throw in [θrəʊ ɪn] *v irr (with a purchase)* mit in den Kauf geben, dreingeben; *sb (extra)* Zugabe *f*

tick off [tɪk ɒf] *v* abhaken

ticker ['tɪkə] *sb* Börsentelegraf *m*

ticker tape ['tɪkə teɪp] *sb* Lochstreifen *m*

ticket day ['tɪkɪt deɪ] *sb* Tag vor dem Abrechnungstag *m*

tied production [taɪd prə'dʌkʃən] *sb* Koppelproduktion *f*

tight [taɪt] *adj (fig: money)* knapp; *(schedule)* knapp bemessen; *(control)* streng

tighten ['taɪtn] *v (fig: restrictions)* verschärfen

till [tɪl] *sb* Ladenkasse *f*

time [taɪm] *sb ~ and a half* fünfzig Prozent Zuschlag

time bargain [taɪm 'bɑːgɪn] *sb* Termingeschäft *n*

time clock [taɪm klɒk] *sb* Stechuhr *f*

time deposit [taɪm dɪ'pɒzɪt] *sb* Festgeld *n*

time for delivery [taɪm fɔː dɪ'lɪvəri] *sb* Lieferfrist *f*

time limit [taɪm lɪmɪt] *sb* Ablauffrist *f*

time loan [taɪm ləʊn] *sb* Ratenkredit *m*

time sheet [taɪm ʃiːt] *sb* Stempelkarte *f*

time study [taɪm 'stʌdi] *sb* Zeitstudie *f*

time wages [taɪm 'weɪdʒɪz] *sb* Zeitlohn *m*

time work [taɪm wɜːk] *sb* nach Zeit bezahlte Arbeit *f*

time zone [taɪm zəʊn] *sb* Zeitzone *f*

timecard ['taɪmkɑːd] *sb* Stempelkarte *f*

timely ['taɪmli] *adj* fristgerecht

timescale ['taɪmskeɪl] *sb* zeitlicher Rahmen *m*

time-share ['taɪmʃɛə] *adj* Timesharing...

timetable ['taɪmteɪbl] *sb* Zeittabelle *f*, Fahrplan *m* (fam)

tip [tɪp] *sb (for rubbish)* Abladeplatz *m; (for coal)* Halde *f*

tipper ['tɪpə] *sb (lorry)* Kipplaster *m*

tipper truck ['tɪpə trʌk] *sb* Kipplaster *m*, Kippwagen *m*

title [taɪtl] *sb* Rechtsanspruch *m; (to property)* Eigentumsrecht *n; (document)* Eigentumsurkunde *f*

titre [tiːtrə] *sb* Feingehalt *m*

token ['təʊkən] *sb (voucher)* Gutschein *m; (sign)* Zeichen *n*

token payment ['təʊkən 'peɪmənt] *sb* symbolische Bezahlung *f*

toll [təʊl] *sb* Zoll *m*, Gebühr *f; (for a road)* Straßengebühr *f*, Maut *f*

toll road [təʊl rəʊd] *sb* gebührenpflichtige Straße *f*, Mautstraße *f*

tonnage ['tʌnɪdʒ] *sb* Tonnage *f*

tonne [tʌn] *sb* Tonne *f*

tool [tuːl] *sb* Werkzeug *n*, Gerät *n*, Instrument *n*

toolroom ['tuːlruːm] *sb* Werkzeugraum *m*

top price [tɒp praɪs] *sb* Höchstpreis *m*

top wage [tɒp weɪdʒ] *sb* Spitzenlohn *m*

top-level ['tɒplevl] *adj* Spitzen...

total [təʊtl] *v (add)* zusammenzählen, zusammenrechnen; *(amount to)* sich belaufen auf; *sb* Gesamtsumme *f*, Gesamtbetrag *m*, Gesamtmenge *f*

total amount [təʊtl ə'maʊnt] *sb* Gesamtsumme *f*, Gesamtbetrag *m*

total costs [təʊtl kɒsts] *sb* Gesamtkosten *pl*

total delivery [təʊtl dɪ'lɪvəri] *sb* Gesamtlieferung *f*

toxic waste ['tɒksɪk weɪst] *sb* Giftmüll *m*

toxin ['tɒksɪn] *sb* Giftstoff *m*

trade [treɪd] *v* handeln, Handel treiben; ~ *in sth* mit etw handeln; ~ *sth for sth* etw gegen etw tauschen; ~ *in one's car* sein Auto in Zahlung geben; *sb (commerce)* Handel *m*, Gewerbe *n; (exchange)* Tausch *m; (line of work)* Branche *f; know all the tricks of the* ~ alle Kniffe kennen; *by* ~ von Beruf; *(craft)* Handwerk *n*

trade analysis [treɪd ə'nælɪsɪs] *sb* Branchenanalyse *f*

trade association [treɪd əsəʊsi'eɪʃən] *sb* Wirtschaftsverband *m*

trade balance [treɪd 'bæləns] *sb* Handelsbilanz *f*

trade centre [treɪd 'sentə] *sb* Handelsplatz *m*

trade clause [treɪd klɔːz] *sb* Handelsklausel *f*

trade comparison [treɪd kəm'pærɪsən] *sb* Branchenvergleich *m*

trade credit [treɪd 'kredɪt] *sb* Warenkredit *m*

trade discount [treɪd 'dɪskaʊnt] *sb* Händlerrabatt *m*

trade embargo [treɪdɪm' bɑːgəʊ] *sb* Handelsembargo *n*

trade fair [treɪd fɛə] *sb* Handelsmesse *f*

trade mission [treɪd 'mɪʃən] *sb* Handelsmission *f*

trade name ['treɪd neɪm] *sb* Handelsname *m*

trade practice [treɪd 'præktɪs] *sb* Handelsusancen *pl*

trade relations [treɪd rɪ'leɪʃənz] *pl* Handelsbeziehungen *pl*

trade restrictions [treɪd rɪ'strɪkʃənz] *pl* Handelsbeschränkungen *pl*

trade school [treɪd skuːl] *sb* Berufsschule *f*

trade secret [treɪd siːkrɪt] *sb* Betriebsgeheimnis *n*

trade show [treɪd ʃəʊ] *sb* Messe *f*

trade structure [treɪd 'strʌktʃə] *sb* Branchenstruktur *f*

trade surplus [treɪd 'sɜːpləs] *sb* Handelsüberschuss *m*

trade tariff [treɪd 'tærɪf] *sb* Gütertarif *m*

trade tax [treɪd tæks] *sb* Gewerbesteuer *f*

trade union [treɪd 'juːnɪən] *sb* Gewerkschaft *f*

trade war [treɪd wɔː] *sb* Handelskrieg *m*

trademark ['treɪdmɑːk] *v* gesetzlich schützen lassen; *sb* Markenzeichen *n*, Warenzeichen *n*

trader ['treɪdə] *sb (person)* Händler *m*; *(ship)* Handelsschiff *n*

trade-registered article ['treɪdredʒɪstəd 'ɑːtɪkəl] *sb* Markenartikel *m*

tradesman ['treɪdzmən] *sb* Händler *m*; *(craftsman)* Handwerker *m*

trading ['treɪdɪŋ] *sb* Handel *m*, Handeln *n*

trading estate ['treɪdɪŋ ɪ'steɪt] *sb* Gewerbegebiet *n*

trading margin ['treɪdɪŋ 'mɑːdʒɪn] *sb* Handelsspanne *f*

trading partner ['treɪdɪŋ 'pɑːtnə] *sb* Handelspartner *m*

traffic ['træfɪk] *sb (trade)* Handel *m*

train [treɪn] *v (s.o.)* ausbilden

trainee [treɪ'niː] *sb* Auszubildende(r) *m/f*, Lehrling *m*, Praktikant(in) *m/f*

trainer ['treɪnə] *sb (instructor)* Ausbilder *m*

training ['treɪnɪŋ] *sb* Ausbildung *f*, Schulung *f*

training staff ['treɪnɪŋ stɑːf] *sb* Schulungspersonal *n*

transact [træn'zækt] *v* führen, abschließen

transaction [træn'zækʃən] *sb* Geschäft *n*, Transaktion *f*

transcript ['trænskrɪpt] *sb* Kopie *f*; *(of a tape)* Niederschrift *f*

transcription error [træn'skrɪpʃən 'erə] *sb* Übertragungsfehler *m*

transfer [træns'fɜː] *v (money)* überweisen; *(employee)* versetzen; ['trænsfɜː] *sb (handing over)* Übertragung *f*; *(funds)* Überweisung *f*; *(employee)* Versetzung *f*

transfer of an entry ['trænsfɜr əv ən 'entri] *sb* Umbuchung *f*

transfer of profit ['trænsfɜr əv 'prɒfɪt] *sb* Gewinnabführung *f*

transferable [træns'fɜːrəbl] *adj* übertragbar

transit certificate ['trænzɪt sə'tɪfɪkət] *sb* Durchgangsschein *m*

transit clause ['trænzɪt klɔːz] *sb* Transitklausel *f*

transit duty ['trænzɪt 'djuːti] *sb* Transitzoll *m*

transit trade ['trænzɪt treɪd] *sb* Transithandel *m*

transitional arrangement [træn'zɪʃənəl ə'reɪndʒmənt] *sb* Übergangsregelung *f*

transmission [trænz'mɪʃən] *sb* Übertragung *f*; *(of news)* Übermittlung *f*

transparency [træn'spærənsi] *sb* Transparenz *f*

transport [træn'spɔːt] *v* transportieren, befördern; ['trænspɔːt] *sb* Transport *m*, Beförderung *f*

transport documents ['trænspɔːt 'dɒkjumənts] *sb* Transportpapiere *pl*

transport insurance ['trænspɔːt ɪn-'ʃuərəns] *sb* Transportversicherung *f*

transportation [trænspɔː'teɪʃən] *sb* Transport *m*, Beförderung *f; (means of ~)* Beförderungsmittel *n*

transship [træns'ʃɪp] *v* umladen, umschlagen

transshipment [træns'ʃɪpmənt] *sb* Umschlag *m*

travelling expenses ['trævəlɪŋ ɪk-'spensɪz] *sb* Reisespesen *pl*

tray [treɪ] *sb (for papers)* Ablagekorb *m*

treasury ['treʒəri] *sb the Treasury (UK)* Finanzministerium *n*

trend analysis [trend ə'nælɪsɪs] *sb* Trendanalyse *f*

triable ['traɪəbl] *adj* verhandelbar, verhandlungsfähig

trial ['traɪəl] *sb* Prozess *m*, Verfahren *n; (test)* Probe *f; on a ~ basis* probeweise

trial order ['traɪəl 'ɔːdə] *sb* Probeauftrag *m*

trial period ['traɪəl 'pɪərɪəd] *sb* Probezeit *f*

trial run ['traɪəl rʌn] *sb* Versuchslauf *m*

trial shipment ['traɪəl 'ʃɪpmənt] *sb* Probelieferung *f*

triangular transaction [traɪ'æŋgjulə træn'zækʃən] *sb* Dreiecksgeschäft *n*

trim [trɪm] *v (fig: a budget)* kürzen

truck [trʌk] *sb (US)* Lastwagen *m*

truckage ['trʌkɪdʒ] *sb (transport)* Transport *m; (charge)* Transportkosten *pl*, Rollgeld *n*

trucking ['trʌkɪŋ] *sb* Transport *m; (bartering)* Tauschgeschäfte *pl*

truckload ['trʌkləud] *sb* Lkw-Ladung *f*

trust [trʌst] *sb (charitable ~)* Stiftung *f*

trust fund [trʌst fʌnd] *sb* Treuhandgelder *pl*

trustee [trʌ'stiː] *sb (of an estate)* Treuhänder *m; (of an institution)* Verwalter *m*

trusteeship [trʌ'stiːʃɪp] *sb* Treuhandschaft *f*, Mandat *n*

try [traɪ] *v (a case)* verhandeln

turn out [tɜːn aut] *v (produce)* hervorbringen

turnout ['tɜːnaut] *sb* Beteiligung *f*, Teilnahme *f*

turnover ['tɜːnəuvə] *sb* Umsatz *m; (of staff)* Fluktuation *f*

turnover forecast ['tɜːnəuvə 'fɔːkəst] *sb* Umsatzprognose *f*

turnover increase ['tɜːnəuvər 'ɪnkriːs] *sb* Umsatzanstieg *m*

turnover plan ['tɜːnəuvə plæn] *sb* Umsatzplan *m*

turnover tax ['tɜːnəuvə tæks] *sb* Umsatzsteuer *f*

turnover trend ['tɜːnəuvə trend] *sb* Umsatzentwicklung *f*

tutorial [tjuː'tɔːrɪəl] *sb* Benutzerhandbuch *n*

two-tier exchange rate [tuː'tiːər ɪks'tʃeɪndʒ reɪt] *sb* gespaltene Wechselkurse *pl*

type [taɪp] *v (use a typewriter)* Maschine schreiben, tippen *(fam); (sth)* tippen, mit der Maschine schreiben

typewriter ['taɪpraɪtə] *sb* Schreibmaschine *f*

typewriting ['taɪpraɪtɪŋ] *sb* Maschineschreiben *n*

typist ['taɪpɪst] *sb* Schreibkraft *f*

typographical error [taɪpə'græfɪkəl 'erə] *sb* Tippfehler *m*, Druckfehler *m*

U

ultimate ['ʌltɪmɪt] *adj (last)* letzte(r,s), endgültig; *(greatest possible)* vollendet, äußerste(r,s)

ultimate buyer ['ʌltɪmɪt 'baɪə] *sb* Endabnehmer *m*

ultimate consumer ['ʌltɪmɪt kən'sjuːmə] *sb* Endverbraucher *m*, Endkonsument *m*

ultimatum [ʌltɪ'meɪtəm] *sb* Ultimatum *n*

ultimo ['ʌltɪməʊ] *adv* letzten Monats

unabridged [ʌnə'brɪdʒd] *adj* ungekürzt

unacceptable [ʌnək'septəbl] *adj* nicht akzeptabel, unannehmbar

unaddressed printed matter posted in bulk [ʌnə'drest 'prɪntɪd 'mætə 'pəʊstɪd ɪn bʌlk] *sb* Postwurfsendung *f*

unanimous [juː'nænɪməs] *adj* einstimmig

unannounced [ʌnə'naʊnst] *adj* unangemeldet

unappropriated [ʌnə'prəʊprieɪtɪd] *adj* frei verfügbar

unauthorized [ʌn'ɔːθəraɪzd] *adj* unbefugt

unbiased [ʌn'baɪəst] *adj* unvoreingenommen, unparteiisch

uncertain [ʌn'sɜːtn] *adj (unknown)* ungewiss, unbestimmt; *(unclear)* vage

uncertainty [ʌn'sɜːtnti] *sb* Unsicherheit *f*

uncompromising [ʌn'kɒmprəmaɪzɪŋ] *adj* kompromisslos

unconditional [ʌnkən'dɪʃənl] *adj* bedingungslos; *(offer, agreement)* vorbehaltlos

undecided [ʌndɪ'saɪdɪd] *adj (person)* unentschlossen; *(issue, matter)* unentschieden

under separate cover ['ʌndə 'sepərɪt 'kʌvə] *sb* mit getrennter Post

undercharge [ʌndə'tʃɑːdʒ] *v* zu wenig berechnen

undercut [ʌndə'kʌt] *v irr (prices)* unterbieten

underemployment [ʌndəem'plɔɪmənt] *sb* Unterbeschäftigung *f*

underestimate [ʌndər'estɪmeɪt] *v* unterschätzen

underinsurance [ʌndəɪn'sʊərəns] *sb* Unterversicherung *f*

underline [ʌndə'laɪn] *v* unterstreichen

undermine [ʌndə'maɪn] *v (fig: authority)* unterminieren

underpaid [ʌndə'peɪd] *adj* unterbezahlt

underprice [ʌndə'praɪs] *v* unter Preis anbieten

underquote [ʌndə'kwəʊt] *v* unterbieten

undersigned [ʌndə'saɪnd] *adj* the ~ der/die Unterzeichnete *m/f*

understaffed [ʌndə'stɑːfd] *adj* unterbesetzt

understanding [ʌndə'stændɪŋ] *sb (agreement)* Vereinbarung *f*, Abmachung *f*; come to an ~ with s.o. zu einer Einigung mit jdm kommen; on the ~ that ... unter der Voraussetzung, dass ...

understood [ʌndə'stʊd] *adj (agreed)* vereinbart, festgesetzt

undertake [ʌndə'teɪk] *v irr* unternehmen; *(a task)* übernehmen; *(a risk)* eingehen

undertaking [ʌndə'teɪkɪŋ] *sb (task)* Aufgabe *f*; *(risky ~, bold ~)* Unterfangen *n*

undervaluation [ʌndəvæljuː'eɪʃən] *sb* Unterbewertung *f*

undervalue [ʌndəˈvæljuː] *v* unterschätzen, unterbewerten

underwrite [ʌndəˈraɪt] *v irr (guarantee)* garantieren, die Haftung übernehmen für, haften, bürgen

underwriter [ˈʌndəraɪtə] *sb* Versicherer *m*

undue [ʌnˈdjuː] *adj* übermäßig, übertrieben

unearned income [ʌnˈɜːnd ˈɪnkʌm] *sb* Kapitaleinkommen *n*, Besitzeinkommen *n*

uneconomical [ʌnekəˈnɒmɪkl] *adj* unwirtschaftlich, unökonomisch

uneducated [ʌnˈedjʊkeɪtɪd] *adj* ungebildet

unemployed [ʌnɪmˈplɔɪd] *adj* arbeitslos

unemployment [ʌnɪmˈplɔɪmənt] *sb* Arbeitslosigkeit *f*

unemployment insurance [ʌnɪmˈplɔɪmənt ɪnˈʃʊərəns] *sb* Arbeitslosenversicherung *f*

unemployment rate [ʌnɪmˈplɔɪmənt reɪt] *sb* Arbeitslosenrate *f*

unfair competition [ʌnˈfɛə kɒmpəˈtɪʃən] *sb* unlauterer Wettbewerb *m*

unfashionable [ʌnˈfæʃənəbl] *adj* unmodern; *(subject)* nicht in Mode

unfinished [ʌnˈfɪnɪʃt] *adj* nicht fertig; *(business)* unerledigt

unified currency [ˈjuːnɪfaɪd ˈkʌrənsi] *sb* Einheitswährung *f*

uniform [ˈjuːnɪfɔːm] *adj* einheitlich, gleich

uniform duty [ˈjuːnɪfɔːm ˈdjuːti] *sb* Einheitszoll *m*

uniform price [ˈjuːnɪfɔːm praɪs] *sb* Einheitskurs *m*

uniformity [juːnɪˈfɔːmɪti] *sb* Einförmigkeit *f*, Gleichförmigkeit *f*, Eintönigkeit *f*

unilateral [juːnɪˈlætərəl] *adj* einseitig

union [ˈjuːnjən] *sb (group)* Vereinigung *f*, Verband *m*, Verein *m*; *(labor ~, trade ~)* Gewerkschaft *f*

unionism [ˈjuːnjənɪzm] *sb* Gewerkschaftswesen *n*

unionist [ˈjuːnjənɪst] *sb* Gewerkschaftler(in) *m/f*

unique [juːˈniːk] *adj* einzig, einmalig, einzigartig

unit [ˈjuːnɪt] *sb* Einheit *f*

unit of account [ˈjuːnɪt əv əˈkaʊnt] *sb* Rechnungseinheit *f*

unit trust fund [ˈjuːnɪt trʌst fʌnd] *sb* Investmentfonds *m*

universal [juːnɪˈvɜːsəl] *adj* universal, Universal..., Welt...; *(general)* allgemein; *(rule)* allgemein gültig

unlawful [ʌnˈlɔːful] *adj* rechtswidrig, gesetzwidrig, ungesetzlich

unlimited [ʌnˈlɪmɪtɪd] *adj* unbegrenzt

unlisted [ʌnˈlɪstɪd] *adj* nicht verzeichnet

unload [ʌnˈləʊd] *v (freight)* ausladen

unnecessary [ʌnˈnesəsəri] *adj* unnötig, nicht notwendig; *(superfluous)* überflüssig

unofficial [ʌnəˈfɪʃəl] *adj* inoffiziell

unpacked [ʌnˈpækt] *adj* unverpackt

unpaid [ʌnˈpeɪd] *adj* unbezahlt

unpaid vacation [ʌnˈpeɪd vəˈkeɪʃən] *sb* unbezahlter Urlaub *m*

unpriced [ʌnˈpraɪst] *adj* nicht ausgezeichnet

unproductive [ʌnprəˈdʌktɪv] *adj* unproduktiv, unergiebig

unprofitable [ʌnˈprɒfɪtəbl] *adj* wenig einträglich, unrentabel

unqualified [ʌnˈkwɒlɪfaɪd] *adj (applicant)* unqualifiziert, nicht qualifiziert

unredeemable bond [ʌnrɪˈdiːməbl bɒnd] *sb* Dauerschuldverschreibung *f*

unreserved [ˌʌnrɪˈzɜːvd] *adj (complete)* uneingeschränkt
unsalable [ʌnˈseɪləbl] *adj* unverkäuflich
unsecured [ˌʌnsɪˈkjʊəd] *adj* ohne Sicherheiten
unsecured credit [ˌʌnsɪˈkjʊəd ˈkredɪt] *sb* Blankokredit *m*
unsettled account [ʌnˈsetld əˈkaʊnt] *sb* offene Rechnung *f*
unsolicited [ˌʌnsəˈlɪsɪtɪd] *adj* unaufgefordert, unverlangt
unused [ʌnˈjuːzd] *adj* ungenutzt
unvalued [ʌnˈvæljuːd] *adj* untaxiert, ungewertet
update [ʌpˈdeɪt] *v* auf den neuesten Stand bringen
upkeep [ˈʌpkiːp] *sb* Instandhaltung *f*; *(costs)* Instandhaltungskosten *pl*
upward trend [ˈʌpwəd trend] *sb* Aufwärtstrend *m*

usage [ˈjuːsɪdʒ] *sb* Usancen *pl*
usance [ˈjuːzəns] *sb* Uso *m*, Usance *f*, Handelsbrauch *m*
use [juːz] *sb* Nutzung *f*, Verwendung *f*
used car [juːzd kɑː] *sb* Gebrauchtwagen *m*
user-friendly [ˈjuːzəˈfrendli] *adj* benutzerfreundlich, anwenderfreundlich
usury [ˈjuːʒəri] *sb* Wucher *m*
utility [juːˈtɪlɪti] *adj* Gebrauchs..., Allzweck...; *sb public utilities pl (services)* Leistungen der öffentlichen Versorgungsbetriebe *pl, (gas)* Gasversorgung *f, (power)* Stromversorgung *f*
utility costs [juːˈtɪlɪti kɒsts] *sb* Nutzkosten *pl*
utilization of capacity [juːtɪlaɪˈzeɪʃən əv kəˈpæsɪti] *sb* Kapazitätsauslastung *f*
utilization rate [juːtɪlaɪˈzeɪʃən reɪt] *sb* Ausnutzungsgrad *m*

V

vacancy ['veɪkənsi] *sb (job)* freie Stelle *f*
vacant ['veɪkənt] *adj* frei, leer, unbesetzt; *(building)* unbewohnt, unvermietet
vacate [və'keɪt] *v (a job)* aufgeben
vacation [və'keɪʃən] *sb (US)* Ferien *pl*, Urlaub *m*
valid ['vælɪd] *adj* gültig; *(argument)* stichhaltig
validate ['vælɪdeɪt] *v* gültig machen; *(claim)* bestätigen
validity [və'lɪdɪti] *sb* Gültigkeit *f*; *(of an argument)* Stichhaltigkeit *f*
valorize ['vælərɑɪz] *v* valorisieren, aufwerten
valuable ['væljʊəbl] *adj* wertvoll; *sb* Wertgegenstand *m*
valuation [væljʊ'eɪʃən] *sb (process)* Schätzung *f*, Bewertung *f*; *(estimated value)* Schätzwert *m*
valuator ['væljʊeɪtə] *sb* Schätzer *m*, Taxator *m*
value ['vælju:] *v (estimate the ~ of)* schätzen, abschätzen; *sb* Wert *m*
value added ['vælju: 'ædɪd] *sb* Mehrwert *m*
value-added tax [vælju:'ædɪd tæks] *sb (VAT)* Mehrwertsteuer *f*
value date ['vælju: deɪt] *sb* Wertstellung *f*
value of money ['vælju: əv 'mʌni] *sb* Geldwert *m*
valuer ['væljʊə] *sb* Schätzer *m*
van [væn] *sb* Lieferwagen *m*
variable ['veərɪəbl] *adj* veränderlich, wechselnd; *(adjustable)* regelbar, verstellbar; *sb* Variable *f*, veränderliche Größe *f*

variable costs ['veərɪəbl kɒsts] *sb* variable Kosten *pl*
variable rate of interest ['veərɪəbl reɪt əv 'ɪntrest] *sb* variabler Zins *m*
variant ['veərɪənt] *sb* Variante *f*
variety [və'rɑɪəti] *sb (assortment)* Vielfalt *f*; *(selection)* Auswahl *f*
vary ['veəri] *v (to be different)* unterschiedlich sein; *(fluctuate)* schwanken; *(give variety to)* variieren
vault [vɔ:lt] *sb (of a bank)* Tresorraum *m*
venal ['vi:nl] *adj* käuflich, korrupt
vendible ['vendəbl] *adj* verkäuflich, gängig
vending machine ['vendɪŋ mə'ʃi:n] *sb* Verkaufsautomat *m*
vendition [ven'dɪʃən] *sb* Verkauf *m*
vendor ['vendə] *sb* Verkäufer(in) *m/f*; *(machine)* Automat *m*
venture ['ventʃə] *sb* Wagnis *n*
verbal ['vɜ:bəl] *adj (oral)* mündlich
verbatim [vɜ:'beɪtɪm] *adv* wortwörtlich
verdict ['vɜ:dɪkt] *sb* Urteil *n*
verification [verɪfɪ'keɪʃən] *sb (check)* Überprüfung *f*, Kontrolle *f*; *(confirmation)* Bestätigung *f*, Nachweis *m*
verify ['verɪfɑɪ] *v (check)* prüfen, nachprüfen; *(confirm)* bestätigen
versatile ['vɜ:sətɑɪl] *adj* vielseitig
versatility [vɜ:sə'tɪlɪti] *sb* Vielseitigkeit *f*
version ['vɜ:ʃən] *sb* Modell *n*
versus ['vɜ:səs] *prep* kontra
veto ['vi:təʊ] *sb* Veto *n*; *v* ~ sth ein Veto gegen etw einlegen
viable ['vɑɪəbl] *adj (fig)* durchführbar
video conference ['vɪdɪəʊ 'kɒnfərəns] *sb* Videokonferenz *f*

videodisc ['vɪdɪəʊdɪsk] *sb* Video Disc *f*, Bildplatte *f*
videophone ['vɪdɪəʊfəʊn] *sb* Bildschirmtelefon *n*
videotape ['vɪdɪəʊteɪp] *sb* Videoband *n*
videotext ['vɪdɪəʊtekst] *sb* Videotext *m*
violate ['vaɪəleɪt] *v (a contract, a treaty, an oath)* verletzen; *(a law)* übertreten
violation [vaɪə'leɪʃən] *sb (of a contract)* Verletzung *f*; *(of a law)* Gesetzübertretung *f*
violation of competition rule [vaɪə'leɪʃən əv kɒmpə'tɪʃən ruːl] *sb* Wettbewerbsverstoß *m*
virtual reality ['vɜːtʃʊəl rɪ'æliti] *sb* virtuelle Realität *f*
virus ['vaɪrəs] *sb* Virus *n*
visa ['viːzə] *sb* Visum *n*
visiting card ['vɪzɪtɪŋ kɑːd] *sb (UK)* Visitenkarte *f*
visiting hours ['vɪzɪtɪŋ 'aʊəz] *pl* Besuchszeiten *pl*
visitor ['vɪzɪtə] *sb* Besucher(in) *m/f*, Gast *m*
vocation [vəʊ'keɪʃən] *sb (profession)* Beruf *m*
vocational [vəʊ'keɪʃənəl] *adj* Berufs...
voice mail [vɔɪs meɪl] *sb* Voice Mail *f*
voidable ['vɔɪdəbl] *adj* aufhebbar, anfechtbar
volt [vəʊlt] *sb* Volt *n*
voltage ['vəʊltɪdʒ] *sb* Spannung *f*
volume ['vɒljuːm] *sb (measure)* Volumen *n*; *(fig: of business, of traffic)* Umfang *m*
volume of money ['vɒljuːm əv 'mʌni] *sb* Geldvolumen *n*
voluntary ['vɒləntəri] *adj* freiwillig, ehrenamtlich
voluntary disclosure ['vɒləntəri dɪs'kləʊʒə] *sb* freiwillige Selbstauskunft *f*
voucher ['vaʊtʃə] *sb (coupon)* Gutschein *m*, Bon *m*; *(receipt)* Beleg *m*
vouchsafe [vaʊtʃ'seɪf] *v* gewähren

W/X/Y/Z

wage [weɪdʒ] *sb (~s)* Lohn *m*

wage agreement [weɪdʒ ə'griːmənt] *sb* Lohnvereinbarung *f*

wage claim [weɪdʒ kleɪm] *sb* Lohnforderung *f*

wage-earner ['weɪdʒɜːnə] *sb* Lohnempfänger(in) *m/f*

wage freeze [weɪdʒ friːz] *sb* Lohnstopp *m*

wage-intensive [weɪdʒɪn'tensɪv] *adj* lohnintensiv

wage-price spiral ['weɪdʒ'praɪs spaɪrəl] *sb* Lohn-Preis-Spirale *f*

wage scale [weɪdʒ skeɪl] *sb* Lohntarif *m*

wage slave [weɪdʒ sleɪv] *sb (fam)* Lohnsklave/Lohnsklavin *m/f*

wages paid in kind ['weɪdʒɪz peɪd ɪn 'kaɪnd] *sb* Naturallohn *m*

wage tax [weɪdʒ tæks] *sb* Lohnsteuer *f*

waive [weɪv] *v* verzichten auf; *(question)* zurückstellen

waiver ['weɪvə] *sb* Verzicht *m; (form, written ~)* Verzichterklärung *f*

wallet ['wɒlɪt] *sb* Brieftasche *f*

want [wɒnt] *sb (need)* Bedürfnis *n; (lack)* Mangel *m;* for ~ of mangels; *(poverty)* Not *f*

wanting ['wɒntɪŋ] *adj* fehlend, mangelnd; to be found ~ sich als mangelhaft erweisen

ware [wɛə] *sb* Ware *f*, Erzeugnis *n*

warehouse ['wɛəhaʊs] *sb* Lagerhaus *n*, (Waren-)Lager *n*

warehouse rent ['wɛəhaʊs rent] *sb* Lagermiete *f*

warehouse warrant ['wɛəhaʊs 'wɒrənt] *sb* Lagerschein *m*

warehousing ['wɛəhaʊzɪŋ] *sb* Lagerung *f*

warning ['wɔːnɪŋ] *sb (notice)* Ankündigung *f*, Benachrichtigung *f*

warrant ['wɒrənt] *sb* Befehl *m; (search ~)* Durchsuchungsbefehl *m; (for arrest)* Haftbefehl *m*

warrantor ['wɒrəntɔː] *sb* Garantiegeber *m*

warranty ['wɒrənti] *sb* Garantie *f*, Gewährleistung *f*

waste [weɪst] *v (sth)* verschwenden, vergeuden; *(a chance)* vertun; *sb* Verschwendung *f; (rubbish)* Abfall *m; (~ material)* Abfallstoffe *pl*

waste disposal [weɪst dɪ'spəʊzəl] *sb* Abfallbeseitigung *f*

waste management [weɪst 'mænɪdʒmənt] *sb* Abfallwirtschaft *f*

waterage ['wɔːtərɪdʒ] *sb* Transport auf dem Wasserweg *m*

watt [wɒt] *sb* Watt *n*

wattage ['wɒtɪdʒ] *sb* Wattleistung *f*

waybill ['weɪbɪl] *sb* Frachtbrief *m*

wear and tear [wɛər ənd tɛə] *sb* Abnutzung *f*, (normale) Verschleißerscheinungen *pl*

wearproof ['wɛəpruːf] *adj* strapazierfähig

web [web] *sb* the Web das World Wide Web *n*

web browser [web 'braʊzə] *sb* Webbrowser *m*

web page [web peɪdʒ] *sb* Web-Seite *f*

web site [web saɪt] *sb* Website *f*

weekday ['wiːkdeɪ] *sb* Wochentag *m*

weekend ['wiːkend] *sb* Wochenende *n*

weigh [weɪ] *v* wiegen; *(sth)* wiegen; *(fig: pros and cons)* abwägen; ~ *one's words* seine Worte abwägen

weight [weɪt] *sb* Gewicht *n;* lose ~/gain ~ *(person)* abnehmen/zunehmen

weighting ['weɪtɪŋ] *sb (UK:* ~ *allowance)* Zulage *f*

weight loaded [weɪt 'ləʊdɪd] *sb* Abladegewicht *n*

welfare ['welfɛə] *sb* Sozialhilfe *f*

welfare state ['welfɛə steɪt] *sb* Wohlfahrtsstaat *m*

well-chosen [wel'tʃəʊzn] *adj* gut gewählt

well-connected [welkə'nektɪd] *adj* mit guten Beziehungen; *to be* ~ gute Beziehungen haben

well-deserved [weldɪ'zɜːvd] *adj* wohlverdient

well-informed [welɪn'fɔːmd] *adj (person)* gut informiert

well-intentioned [welɪn'tenʃənd] *adj* wohl gemeint; *(person)* wohlmeinend

well-known ['welnəʊn] *adj* bekannt

wharf [wɔːf] *sb* Kai *m*

wharfage ['wɔːfɪdʒ] *sb* Kaigebühren *pl*

whispering campaign ['wɪspərɪŋ kæm'peɪn] *sb* Verleumdungskampagne *f*

white-collar crime [waɪt'kɒlə kraɪm] *sb* Wirtschaftskriminalität *f*

white collar worker [waɪt 'kɒlə 'wɜːkə] *sb* Angestellte(r) *m/f,* Büroangestellte(r) *m/f*

white knight [waɪt naɪt] *sb* Investor, der eine Firma vor einer Übernahme rettet *m,* Retter in der Not *m*

whiteout ['waɪtaʊt] *sb (fam: correction fluid)* Tipp-Ex *n*

wholesale ['həʊlseɪl] *sb* Großhandel *m; adv* im Großhandel

wholesale market ['həʊlseɪl 'mɑːkɪt] *sb* Großmarkt *m*

wholesale price ['həʊlseɪl praɪs] *sb* Großhandelspreis *m*

wholesale trade ['həʊlseɪl treɪd] *sb* Großhandel *m*

wholesaler ['həʊlseɪlə] *sb* Großhändler(in) *m/f,* Grossist(in) *m/f*

wholly-owned [həʊli'əʊnd] *adj a* ~ *subsidiary* eine hundertprozentige Tochtergesellschaft *f*

width [wɪdθ] *sb* Breite *f*

wield [wiːld] *v (power)* ausüben

wilful ['wɪlfʊl] *adj (deliberate)* vorsätzlich, mutwillig

willingness ['wɪlɪŋnɪs] *sb* Bereitwilligkeit *f,* Bereitschaft *f*

window envelope ['wɪndəʊ 'envələʊp] *sb* Fensterbriefumschlag *m*

window-dressing ['wɪndəʊdresɪŋ] *sb* Schaufenstergestaltung *f*

wire [waɪə] *v (send a telegram to)* telegrafieren

without competition [wɪð'aʊt kɒmpə'tɪʃən] *adv* konkurrenzlos

without guarantee [wɪð'aʊt gærən'tiː] *adv* ohne Gewähr

without obligation [wɪð'aʊt ɒblɪ'geɪʃən] *adv* ohne Obligo

without prior notice [wɪð'aʊt 'praɪə 'nəʊtɪs] *adv* fristlos

word processing [wɜːd 'prəʊsesɪŋ] *sb* Textverarbeitung *f*

word-wrapping ['wɜːdræpɪŋ] *sb* automatischer Zeilenumbruch *m*

work [wɜːk] *v* arbeiten; ~ *on* arbeiten an; *(a machine)* bedienen; *(to be successful)* klappen; *(function)* funktionieren; *sb* Arbeit *f; to be at* ~ *on sth* an etw arbeiten; *out of* ~ arbeitslos; *make short* ~ *of sth* mit etw kurzen Prozess machen; *He's at* ~. Er ist in der Arbeit. ~*s pl (factory)* Betrieb *m,* Fabrik *f*

workaholic [wɜːkəˈhɒlɪk] *sb* Arbeitssüchtige(r) *m/f*, Workaholic *m*

workbench [ˈwɜːkbentʃ] *sb* Werkbank *f*

worker [ˈwɜːkə] *sb* Arbeiter(in) *m/f*

worker participation [ˈwɜːkə pɑːtɪsɪˈpeɪʃən] *sb* Arbeitnehmerbeteiligung *f*

work ethic [wɜːk ˈeθɪk] *sb* Arbeitsmoral *f*

workforce [ˈwɜːkfɔːs] *sb* Arbeiterschaft *f*, Arbeitskräfte *pl*, Belegschaft *f*

working capital [ˈwɜːkɪŋ ˈkæpɪtl] *sb* Betriebskapital *n*

working conditions and human relations [ˈwɜːkɪŋ kənˈdɪʃənz ənd ˈhjuːmən rɪˈleɪʃənz] *sb* Betriebsklima *n*

working day [ˈwɜːkɪŋ deɪ] *sb* Arbeitstag *m*

working hours [ˈwɜːkɪŋ ˈaʊəz] *sb* Arbeitszeit *f*

working lunch [ˈwɜːkɪŋ lʌntʃ] *sb* Arbeitsessen *n*

workload [ˈwɜːkləʊd] *sb* Nutzlast *f*, Arbeitslast *f*

workmanship [ˈwɜːkmənʃɪp] *sb* Arbeitsqualität *f*

work out [wɜːk aʊt] *v (figures)* ausrechnen

work performed [wɜːk pəˈfɔːmd] *sb* Arbeitsertrag *m*

work permit [wɜːk pɜːmɪt] *sb* Arbeitserlaubnis *f*

works protection force [wɜːks prəˈtekʃən fɔːs] *sb* Werkschutz *m*

workshop [ˈwɜːkʃɒp] *sb* Werkstatt *f*; *(fig: seminar)* Seminar *n*

work together [wɜːk təˈgeðə] *v* zusammenarbeiten

workweek [ˈwɜːkwiːk] *sb* Arbeitswoche *f*

World Bank [wɜːld bæŋk] *sb* Weltbank *f*

world economy [wɜːld ɪkˈɒnəmi] *sb* Weltwirtschaft *f*

world market price [wɜːld ˈmɑːkɪt praɪs] *sb* Weltmarktpreis *m*

world trade [wɜːld treɪd] *sb* Welthandel *m*

world-wide [wɜːldˈwaɪd] *adj* weltweit

worst-case [ˈwɜːstkeɪs] *adj* ~ *scenario* Annahme des ungünstigsten Falles *f*

worth [wɜːθ] *sb* Wert *m*

wrapping [ˈræpɪŋ] *sb* Verpackung *f*

wrapping paper [ˈræpɪŋ ˈpeɪpə] *sb* Packpapier *n*

write down [raɪt daʊn] *v irr* abschreiben

writedown [ˈraɪtdaʊn] *sb* Teilabschreibung *f*

write off [raɪt ɒf] *v irr* abschreiben

write-off [ˈraɪtɒf] *sb (tax ~)* Abschreibung *f*

write out [raɪt aʊt] *v irr (cheque)* ausstellen

written [ˈrɪtn] *adj* schriftlich

yard [jɑːd] *sb (0.914 metres)* Yard *n*

yearly [ˈjɪəli] *adj* jährlich, Jahres...

Yellow Pages [ˈjeləʊ ˈpeɪdʒɪz] *pl the* ~ die Gelben Seiten *pl*

yield [jiːld] *v (a crop, a result)* hervorbringen, ergeben; *(interest)* abwerfen; *sb* Ertrag *m*, Rendite *f*

young businessman [jʌŋ ˈbɪznɪsmən] *sb* Jungunternehmer *m*

zealous [ˈzeləs] *adj* eifrig

zero [ˈzɪərəʊ] *sb* Null *f*; *(on a scale)* Nullpunkt *m*

zero growth [ˈzɪərəʊ grəʊθ] *sb* Nullwachstum *n*

zero-rated [ˈzɪərəʊreɪtɪd] *adj* mehrwertsteuerfrei

ZIP code [ˈzɪpkəʊd] *sb (US)* Postleitzahl *f*

zone [zəʊn] *sb* Zone *f*

Deutsch – Englisch

A

abarbeiten ['aparbaɪtən] *v* work off
Abbau ['apbau] *m* reduction, *(im Bergbau)* mining, exploitation, exhaustion
abbaubar ['apbaubaːr] *adj* degradable, decomposable
abbauen ['apbauən] *v (verringern)* reduce; *(zerlegen)* dismantle, pull down, take to pieces; *(im Bergbau)* mine, work
abbezahlen ['apbətsaːlən] *v* pay off, repay
abbuchen ['apbuːxən] *v* deduct, debit; *(abschreiben)* write off
Abbuchung ['apbuːxuŋ] *f* debit; *(Abschreibung)* write-off
Abfall ['apfal] *m* waste
Abfallbeseitigung ['apfalbəzaɪtɪɡuŋ] *f* waste disposal
Abfallbörse ['apfalbœrzə] *f* recycling exchange
Abfallprodukt ['apfalprodukt] *n* waste product
Abfallverwertung ['apfalfɛrveːrtuŋ] *f* recycling, waste utilization
Abfallwirtschaft ['apfalvɪrtʃaft] *f* waste management
abfertigen ['apfɛrtɪɡən] *v (Zoll)* clear; *(Kunde)* attend to, serve
Abfertigung ['apfɛrtɪɡuŋ] *f* dispatch, *(Zoll)* clearance, *(Kunde)* service
abfinden ['apfɪndən] *v irr* settle with, indemnify, pay off; *(jdn ~)* pay off, *(Teilhaber)* buy out
Abfindung ['apfɪnduŋ] *f* settlement, indemnification; settlement, compensation
abflauen ['apflauən] *v* flag, slow down
abführen ['apfyːrən] *v (Gelder)* pay, *(Geldbetrag, Steuer)* pay over

Abgabe ['apɡaːbə] *f* duty, levy, tax
Abgabemenge ['apɡaːbəmɛŋə] *f* quantity sold
abgabenfrei ['apɡaːbənfraɪ] *adj* duty-free, tax-free, tax-exempt
abgabenpflichtig ['apɡaːbənpflɪçtɪç] *adj* taxable, liable to tax
Abgabetermin ['apɡaːbətɛrmiːn] *m* submission date
Abgang ['apɡaŋ] *m (Waren)* outlet, sale, market
abheben ['apheːbən] *v irr (Geld)* withdraw, take out, draw
abkaufen ['apkaufən] *v* buy, purchase
Abladegewicht ['aplaːdəɡəvɪçt] *n* weight loaded
Ablage ['aplaːɡə] *f* file, filing
Ablauf ['aplauf] *m (Frist)* expiry, expiration *(US)*
ablaufen ['aplaufən] *v irr (Frist)* run out
abliefern ['apliːfərn] *v* deliver
Ablieferung ['apliːfəruŋ] *f* delivery, submission
Ablösesumme ['aplØːzezumə] *f* redemption price, redemption sum
abmahnen ['apmaːnən] *v* caution
Abmahnung ['apmaːnuŋ] *f* warning, reminder
ABM-Stelle [aːbeːˈɛmʃtɛlə] *f* job creation scheme position
Abnahmemenge ['apnaːməmɛŋə] *f* purchased quantity
Abnahmepflicht ['apnaːmepflɪçt] *f* obligation to take delivery
abnehmen ['apneːmən] *v irr (entgegennehmen)* take, *(abkaufen)* buy; *jdm etw ~* relieve s.o. of sth; inspect

Abnehmer ['apne:mər] *m* buyer, purchaser, *(Kunde)* customer, consumer

Abnehmerland ['apne:mərlant] *n* buyer country

abrechnen ['apreçnən] *v* settle; *(etw abziehen)* deduct

Abrechnung ['apreçnuŋ] *f (Abzug)* deduction; *(Aufstellung)* statement; *(Schlussrechnung)* settlement (of accounts), bill

Abrechnungstag ['apreçnuŋsta:k] *m* settling day

Abrechnungstermin ['apreçnuŋstermi:n] *m* accounting date

Abrechnungsverfahren ['apreçnuŋsfɛrfa:rən] *n* settling procedure

Abrechnungszeitraum ['apreçnuŋstsaɪtraum] *m* accounting period

Absage ['apza:gə] *f* cancellation; *(Ablehnung)* refusal

Absatz ['apzats] *m* sales; *(Vertrieb)* marketing, distribution

Absatzanalyse ['apzatsanaly:zə] *f* sales analysis

Absatzbeschränkung ['apzatsbəʃrɛŋkuŋ] *f* restriction on the sale of sth

Absatzchance ['apzatsʃãsə] *f* sales prospects

absatzfähig ['apzatsfɛ:ɪç] *adj* marketable, saleable

Absatzfinanzierung ['apzatsfɪnantsi:ruŋ] *f* sales financing

Absatzflaute ['apzatsflautə] *f* slump in sales

Absatzgebiet ['apzatsgəbi:t] *n* marketing area

Absatzkrise ['apzatskri:zə] *f* sales crisis

Absatzmarkt ['apzatsmarkt] *m* market, outlet

Absatzpolitik ['apzatspoliti:k] *f* sales policy, marketing policy

Absatzzahlen ['apzatstsa:lən] *pl* sales figures

Abschlag ['apʃla:k] *m (Rate)* part payment; *(Preissenkung)* markdown, discount; *(Kursabschlag)* marking down

Abschlagssumme ['apʃla:gszumə] *f* lump sum

Abschlagszahlung ['apʃla:kstsa:luŋ] *f* down payment, part payment, instalment rate

abschließen ['apʃli:sən] *v irr (Geschäft)* transact, conclude

Abschluss ['apʃlus] *m* end; *zum ~ bringen* bring to a conclusion; *zum ~ kommen* come to an end; *(Vertragsschluss)* signing of an agreement, conclusion of a contract; *(Geschäftsabschluss)* (business) transaction, (business) deal; *(Bilanz)* financial statement, annual accounts

Abschlussbilanz ['apʃlusbɪlants] *m* final annual balance sheet

Abschlusskurs ['apʃluskurs] *m* closing rate

Abschlussprovision ['apʃlusprovizjo:n] *f* sales commission, acquisition commission

Abschlussstichtag ['apʃlusʃtɪçta:k] *m* closing date of accounts

abschreiben ['apʃraɪbən] *v irr* write off

Abschreibung ['apʃraɪbuŋ] *f* write-off; *(Wertverminderung)* depreciation

Absendung ['apzɛnduŋ] *f* dispatch, sending

absetzbar ['apzɛtsba:r] *adj (verkäuflich)* marketable, saleable; *(steuerlich ~)* deductible

absetzen ['apzɛtsən] *v (verkaufen)* sell; *(abschreiben)* deduct

Absetzung ['apzɛtsuŋ] *f (Abschreibung)* deduction, depreciation, allowance; *(politisch)* dismissal

Absorption [apzɔrp'tsjoːn] *f* absorption
absprechen ['apʃprɛçən] *v irr* agree, arrange, settle
Abstandszahlung ['apʃtantstsaːluŋ] *f* indemnity
abstoßen ['apʃtoːsən] *v irr (verkaufen)* get rid of, sell off, dispose of
Abstrich ['apʃtrɪç] *m (Abzug)* cut, curtailment
Abteilung [ap'tailuŋ] *f* department, section
Abteilungsleiter [ap'tailuŋslaitər] *m* head of department, department manager
abtragen ['aptraːgən] *v irr (Schulden)* pay off
Abtragung ['aptraːguŋ] *f (von Schulden)* paying off, payment
abtreten ['aptreːtən] *v irr (überlassen)* relinquish, transfer, cede
Abtretung ['aptreːtuŋ] *f* assignment, cession, transfer
Abwärtsentwicklung ['apvɛrtsɛntvɪkluŋ] *f* downward trend, downward tendency, downward movement
Abwärtstrend ['apvɛrtstrɛnt] *m* downward trend
Abweichung ['apvaiçuŋ] *f* deviation
abwerben ['apvɛrbən] *v irr* entice away, woo away
Abwerbung ['apvɛrbuŋ] *f* enticement, wooing
abwerfen ['apvɛrfən] *v irr (einbringen)* yield, return
abwerten ['apveːrtən] *v* devaluate, depreciate, devalue
Abwertung ['apveːrtuŋ] *f* devaluation
Abwickler ['apvɪklər] *m* liquidator
Abwicklung ['apvɪkluŋ] *f* completion, settlement, handling
abzahlen ['aptsaːlən] *v (Raten)* pay off, repay, pay by instalments

Abzahlung ['aptsaːluŋ] *f (Raten)* payment by instalments, repayment
abzeichnen ['aptsaiçnən] *v (unterschreiben)* initial, sign, tick off
abziehen ['aptsiːən] *v irr (Rabatt)* deduct; *vom Preis* ~ take off the price
Abzinsung ['aptsɪnzuŋ] *f* discounting
Abzug ['aptsuːk] *m (Kopie)* copy, duplicate, print; *(Rabatt)* discount, deduction
abzüglich ['aptsyːklɪç] *prep* less, minus, deducting
Achtstundentag [axt'ʃtundəntaːk] *m* eight-hour day
Administration [atmɪnɪstra'tsjoːn] *f* administration
administrativ [atministra'tiːf] *adj* administrative
Advokat [atvo'kaːt] *m* lawyer
Agent [a'gɛnt] *m* agent
Agentur [agɛn'tuːr] *f* agency
Agglomeration [aglomera'tsjoːn] *f* aggregation, agglomeration
Agio ['adʒo] *n* agio, premium
Agrarbetrieb [a'graːrbətriːp] *m* agricultural enterprise
Agrarerzeugnis [a'graːrɛrtsɔygnɪs] *n* agricultural produce
Agrarindustrie [a'graːrɪndustriː] *f* agricultural industry
Agrarmarkt [a'graːrmarkt] *m* agricultural market
Agrarpreis [a'graːrprais] *m* prices of agricultural produce
Agrarprodukt [a'graːrprodukt] *n* farm produce
Agrarstaat [a'graːrʃtaːt] *m* agricultural state
Agrarüberschüsse [a'graːryːbərʃysə] *m/pl* agricultural surpluses
Agrarwirtschaft [a'graːrvɪrtʃaft] *f* rural economy

Akademiker(in) [aka'de:mɪkər(ɪn)] *m* university graduate
Akkord [a'kɔrt] *m* piece-work
Akkordarbeit [a'kɔrtarbaɪt] *f* piecework
akkreditieren [akredi'ti:rən] *v jdn für etw* ~ credit sth to s.o.'s account
Akkreditierung [akredi'ti:ruŋ] *f* opening a credit
Akkreditiv [akredɪ'ti:f] *n* letter of credit
Akkumulation [akumula'tsjo:n] *f* accumulation
Akontozahlung [a'kɔnto'tsa:luŋ] *f* payment on account
akkumulieren [akumu'li:rən] *v* accumulate
Akquisition [akvizi'tsjo:n] *f* acquisition
Akte ['aktə] *f abgelegte* ~ file, record, *(amtlich)* document, *(juristisch)* instrument, deed
Aktenablage ['aktənapla:gə] *f* filing
Aktenmappe ['aktənmapə] *f* portfolio, briefcase, folder
Aktennotiz ['aktənnoti:ts] *f* memorandum
Aktenzeichen ['aktəntsaɪçən] *n* reference number, file number, case number
Aktie ['aktsjə] *f* share, stock *(US)*
Aktienausgabe ['aktsjənausga:bə] *f* issue of shares, stocks *(US)*
Aktienbestand ['aktsjənbəʃtant] *m* shareholding
Aktienbezugsrecht [aktsjənbə'tsu:ksreçt] *n* subscription right
Aktienbörse ['aktsjənbœrzə] *f* stock exchange
Aktienemission ['aktsjənemɪsjo:n] *f* issue of shares
Aktiengesellschaft ['aktsjəngəzɛlʃaft] *f* joint stock company, (public) limited company

Aktienindex ['aktsjənɪndɛks] *m* share index
Aktienkapital ['aktsjənkapɪta:l] *n* share capital, capital stock
Aktienkurs ['aktsjənkurs] *m* share price, quotation
Aktienmarkt ['aktsjənmarkt] *m* stock market
Aktienmehrheit ['aktsjənme:rhaɪt] *f* majority of stock, *die* ~ *besitzen* hold the controlling interest
Aktiennotierung ['aktsjənnoti:ruŋ] *f* share quotation
Aktienpaket ['aktsjənpake:t] *n* block of shares, parcel of shares
Aktionen [ak'tsjo:nən] *f/pl* actions, measures
aktiv [ak'ti:f] *adj (Bilanz)* favourable
Aktiva [ak'ti:va] *pl* assets
Aktivbestand [ak'ti:fbəʃtant] *m* assets
Aktivgeschäft [ak'ti:fgəʃɛft] *n* credit transaction
aktivieren [akti'vi:rən] *f* enter on the assets side
Aktivierung [akti'vi:ruŋ] *f* entering on the assets side
Aktivposten [ak'ti:fpɔstən] *m* asset, credit item
Aktivsaldo [ak'ti:fzaldo] *n* credit balance, active balance
Akzelerationsprinzip [aktselera'tsjo:nsprɪntsi:p] *n* acceleration principle
Akzept [ak'tsɛpt] *n* acceptance
akzeptieren [aktsɛp'ti:rən] *v (Rechnung)* honour
Akzeptkredit ['aktsɛptkredi:t] *m* acceptance credit
Alleininhaber [a'laɪnɪnha:bər] *m* sole owner
Alleinverkaufsrecht [a'laɪnfɛrkaufsreçt] *n* exclusive right to sell (sth)

Alleinvertreter [a'laɪnfɛrtreːtər] *m* sole representative, sole agent

Alleinvertretung [a'laɪnfɛrtreːtʊŋ] *f* sole agency

Alleinvertrieb [a'laɪnfɛrtriːp] *m* sole distribution rights *pl,* exclusive distribution rights *pl*

Allianz [al'jants] *f* alliance

Altersrente ['altərsrɛntə] *f* old-age pension

Altersversorgung ['altərsfɛrzɔrgʊŋ] *f* old-age pension (scheme)

Amortisation [amɔrtiza'tsjoːn] *f* amortization

amortisieren [amɔrti'ziːrən] *v* write off, amortize

Amt [amt] *n* office

Amtsinhaber ['amtsɪnhaːbər] *m* officeholder

Analogrechner [ana'loːkrɛçnər] *m* analogue computer

Analogtechnik [ana'loːktɛçnɪk] *f* analogue technology

Analyst [ana'lyst] *m* analyst

anbieten ['anbiːtən] *v* offer, tender; *sich* ~ offer one's services

Anbieter ['anbiːtər] *m (Dienstleistung)* service provider, *(Ware)* supplier

Anfangsbestand ['anfaŋsbəʃtant] *m* opening stock

Anfangsgehalt ['anfaŋsgəhalt] *n* starting salary, initial salary

Anfangskapital ['anfaŋskapitaːl] *n* opening capital; original investment

Anforderung ['anfɔrdərʊŋ] *f* demand, *(Bestellung)* request

Anfrage ['anfraːgə] *f* inquiry

Angebot ['angəboːt] *n* offer

Angebotspreis ['angəboːtspraɪs] *m* asking price, price quoted in an offer

angestellt ['angəʃtɛlt] *adj* employed

Angestelltengewerkschaft ['angəʃtɛltəngəvɛrkʃaft] *f* employees' union

Angestelltenverhältnis ['angəʃtɛltənfɐhɛːltnɪs] *n* non-tenured employment

Angestellte(r) ['angəʃtɛltə(r)] *m/f* employee

anhängig ['anhɛŋɪç] *adj* pending

anheizen ['anhaɪtsən] *v* pep up, boost

Anhörung ['anhøːrʊŋ] *f* hearing

Ankauf ['ankauf] *m* purchase

ankaufen ['ankaufən] *v* purchase, acquire

Ankaufskurs ['ankaufskʊrs] *m* buying price

Ankaufspreis ['ankaufspraɪs] *m* purchase price

Anlage ['anlaːgə] *f (Fabrik)* plant, works, factory; *(Geldanlage)* investment; *(Briefanlage)* enclosure

Anlageberater ['anlaːgəbəraːtər] *m* investment consultant

Anlagegüter ['anlaːgəgyːtər] *n/pl* capital goods *pl*

Anlagepapiere ['anlaːgəpapiːrə] *pl* investment securities *pl*

Anlagevermögen ['anlaːgəfɛrmøːgən] *n* fixed assets

Anlaufperiode ['anlaufperjoːdə] *f* initial period

anlegen ['anleːgən] *v (Geld)* invest; *eine Akte* ~ start a file

Anleger ['anleːgər] *m* investor

Anleihe ['anlaɪə] *f* loan, loan stock, debenture

anliefern ['anliːfərn] *v* supply, deliver

Anlieferung ['anliːfərʊŋ] *f* supply, delivery

Anmeldefrist ['anmɛldəfrɪst] *f* period for application, period for registration

Anmeldung ['anmɛldʊŋ] *f* registration; notification

Annahme ['anaːmə] *f (Zustimmung)* acceptance, approval

Annahmeverweigerung ['anaːməfɛrvaɪgərʊŋ] *f* refusal of delivery

Annonce [a'nɔ̃ːsə] *f* advertisement

Annuität [anui'tɛːt] *f* annuity

Anpassung ['anpasʊŋ] *f* adjustment

anrechnen ['anrɛçnən] *v (berechnen)* charge for; *(gutschreiben)*

Anreizsystem ['anraɪtszysteːm] *n* incentive system

Anschaffung ['anʃafʊŋ] *f* acquisition

Anschaffungskosten ['anʃafʊŋskostən] *pl* acquisition cost

Anschaffungspreis ['anʃafʊŋspraɪs] *m* purchase price, initial cost

Anschlussfinanzierung ['anʃlʊsfɪnantsiːrʊŋ] *f* follow-up financing

Ansprechpartner(in) ['anʃprɛçpartnər(ɪn)] *m/f* contact person

Anspruch ['anʃprʊx] *m* claim

anstellen ['anʃtɛlən] *v* employ, engage

Anstellung ['anʃtɛlʊŋ] *f (Einstellung)* employment, engagement, hiring; *(Stellung)* job, position, post, job

Anteil ['antaɪl] *m* interest; share of stock

Antrag ['antraːk] *m* application, petition, motion

Antragsformular ['antraːksfɔrmulaːr] *n* application form

Antragsteller(in) ['antraːkʃtɛlər(ɪn)] *m/f* applicant, proposer, claimant

Antwortschreiben ['antvɔrtʃraɪbən] *n* written reply, answering letter

anweisen ['anvaɪzən] *v irr (Geld)* remit, transfer; *(zuweisen)* assign

Anweisung ['anvaɪzʊŋ] *f (Zahlung)* transfer, remittance

Anwender(in) ['anvɛndər(ɪn)] *m/f* user

anwenderfreundlich ['anvɛndərfrɔyntlɪç] *adj* user-friendly

Anwenderprogramm ['anvɛndərprograːm] *n* user programme

anwerben ['anvɛrbən] *v irr* recruit

Anwerbung ['anvɛrbʊŋ] *f* recruitment

Anzahlung ['antsaːlʊŋ] *f* down payment, deposit

Anzeige ['antsaɪgə] *f* advertisement

Arbeit ['arbaɪt] *f* employment

arbeiten ['arbaɪtən] *v* work, labour

Arbeiter ['arbaɪtər] *m* worker, employee, labourer

Arbeiterbewegung ['arbaɪtərbəveːgʊŋ] *f* labour movement

Arbeiterschaft ['arbaɪtərʃaft] *f* labour force

Arbeitgeber ['arbaɪtgeːbər] *m* employer

Arbeitgeberverband [arbaɪt'geːbərfɛrband] *m* employers' association

Arbeitnehmer ['arbaɪtneːmər] *m* employee

Arbeitsbeschaffung ['arbaɪtsbəʃafʊŋ] *f* job creation

Arbeitsbeschaffungsmaßnahme [arbaɪtsbə'ʃafʊŋsmaːsnaːmə] *f* job creation scheme

Arbeitserlaubnis ['arbaɪtsɛrlaʊpnɪs] *f* work permit

Arbeitsessen ['arbaɪtsɛsən] *n* working lunch, business lunch

Arbeitsgang ['arbaɪtsgaŋ] *m* operation, routine

Arbeitsgemeinschaft ['arbaɪtsgəmaɪnʃaft] *f* working group, team

Arbeitsgericht ['arbaɪtsgərɪçt] *n* industrial tribunal

Arbeitskampf ['arbaɪtskampf] *m* trade dispute, labour dispute

Arbeitskraft ['arbaɪtskraft] *f (Person)* worker; *(Fähigkeit)* working capacity

Arbeitsleistung ['arbaɪtslaɪstʊŋ] *f* productivity

arbeitslos ['arbaɪtsloːs] *adj* unemployed, jobless, out of work

Arbeitslose(r) ['arbaɪtsloːzə(r)] *m/f* unemployed person

Arbeitslosengeld ['arbaɪtsloːzəngɛlt] *n* unemployment benefit

Arbeitslosenhilfe ['arbaɪtsloːzənhɪlfə] *f* unemployment benefit, dole *(fam UK)*

Arbeitslosenversicherung ['arbaɪtsloːzənfɛrzɪçəruŋ] *f* unemployment insurance

Arbeitslosigkeit ['arbaɪtsloːzɪçkaɪt] *f* unemployment

Arbeitsmarkt ['arbaɪtsmarkt] *m* labour market

Arbeitsplatz ['arbaɪtsplats] *m* place of employment; *(Stellung)* situation, job

Arbeitspsychologie ['arbaɪtspsyçologiː] *f* industrial psychology

Arbeitsrecht ['arbaɪtsrɛçt] *n* labour law

Arbeitsschutz ['arbaɪtsʃuts] *m* industrial safety

Arbeitsstelle ['arbaɪtsʃtɛlə] *f* place of work; *(Stellung)* job

Arbeitstag ['arbaɪtstaːk] *m* workday, working day

Arbeitsteilung ['arbaɪtstaɪluŋ] *f* division of labour

arbeitsunfähig ['arbaɪtsunfɛːɪç] *adj* unable to work, disabled, unfit for work

Arbeitsunfall ['arbaɪtsunfal] *m* industrial accident

Arbeitsvermittlung ['arbaɪtsfɛrmɪtluŋ] *f* employment agency

Arbeitsvertrag ['arbaɪtsfɛrtraːk] *m* contract of employment

Arbeitszeit ['arbaɪtstsaɪt] *f* working hours

Arbitrage [arbi'traːʒə] *f* arbitrage

Artikel [ar'tɪkəl] *m* product, commodity

Assekuranz [aseku'rants] *f* assurance

Asset-Swap ['æsetswɔp] *n* asset swap

Atomwirtschaft [a'toːmvɪrtʃaft] *f* nuclear economy

auf Abruf [auf 'apruːf] on call

Aufbewahrungspflicht ['aufbəvaːruŋspflɪçt] *f* obligation to preserve records

Aufenthaltserlaubnis ['aufɛnthaltsɛrlaupnis] *f* residence permit

Aufgabe ['aufgaːbə] *f (Arbeit)* task, assignment, responsibility; *mit einer ~ betraut sein* to be given a task

Aufgabengebiet ['aufgaːbəngəbiːt] *n* area of responsibility, area of duty

Aufgeld ['aufgɛlt] *n* premium, extra charge, agio

aufkaufen ['aufkaufən] *v* buy up

auf Kommissionsbasis [auf kɔmɪsjoːnsbaːzɪs] on a commission basis

auf Lager [auf 'laːgər] in stock

auflösen ['aufløːzən] *v (Geschäft)* liquidate, dissolve

Auflösung ['aufløːzuŋ] *f (Geschäft)* dissolution, liquidation

Aufpreis ['aufpraɪs] *m* additional charge, surcharge

auf Probe [auf 'proːbə] on trial

auf Provisionsbasis [auf provi'zjoːnsbaːzɪs] on a commission basis

Aufschlag ['aufʃlaːk] *m (Preisaufschlag)* surcharge, extra charge

Aufschwung ['aufʃvuŋ] *m* recovery, boom, upswing

Aufsichtsbehörde ['aufzɪçtsbəhœrdə] *f* supervisory authority, board of control

Aufsichtsrat ['aufzɪçtsraːt] *m* supervisory board

Aufsichtsratsvorsitzender ['aufzɪçtsraːtsfoːrzɪtsəndər] *m* chairman of the supervisory board

Aufstiegsmöglichkeit ['aufʃtiːksmøːklıçkaıt] f opportunity for advancement, opportunity for promotion

Auftrag ['auftraːk] m (Bestellung) order; (Aufgabe) task, job, assignment; (Weisung) instruction, direction; (öffentlicher ~) contract

Auftraggeber ['auftraːkgeːbər] m client, customer

Auftragnehmer ['auftraːkneːmər] m contractor, company accepting an order; consignee

Auftragsabwicklung ['auftraːksapvıkluŋ] f processing of an order

Auftragsbestätigung ['auftraːksbəʃtɛtıgʊŋ] f confirmation of order

Auftragsnummer ['auftraːksnumər] f order number

Auftragsplanung ['auftraːksplaːnʊŋ] f order scheduling

Aufwand ['aufvant] m (Einsatz) effort; (Kosten) expense(s), cost, expenditure

Aufwandsentschädigung ['aufvantsɛntʃɛːdıgʊŋ] f expense allowance

Aufwärtstrend ['aufvɛrtstrɛnt] m upward trend

Aufwendung ['aufvɛndʊŋ] f (Kosten) expense, expenditure

aufwerten ['aufvɛrtən] v revalue

Aufwertung ['aufveːrtʊŋ] f (Währung) revaluation

ausarbeiten ['ausarbaɪtən] v work out, develop

Ausbilder ['ausbɪldər] m trainer, instructor

Ausbildung ['ausbɪldʊŋ] f education, training, instruction; (Lehre) apprenticeship

Ausfallbürgschaft ['ausfalbyrkʃaft] f deficiency guarantee, indemnity bond

ausfallen ['ausfalən] v irr (Maschine) fail, break down

Ausfallzeit ['ausfaltzaɪt] f downtime

Ausfuhr ['ausfuːr] f export, exportation

Ausfuhrbescheinigung ['ausfuːrbəʃaınıgʊŋ] f export certificate

Ausfuhrbeschränkung ['ausfuːrbəʃrɛŋkʊŋ] f export restriction

Ausfuhrbestimmungen ['ausfuːrbəʃtımʊŋən] pl export regulations pl

ausführen ['ausfyːrən] v export

Ausfuhrgenehmigung ['ausfuːrgəneːmıgʊŋ] f export permit, export licence

Ausfuhrpapiere ['ausfuːrpapiːrə] n/pl export documents pl

Ausfuhrverbot ['ausfuːrfɛrboːt] n export ban

Ausfuhrzoll ['ausfuːrtsɔl] m export duty

Ausgaben ['ausgaːbən] f/pl expenses pl

ausgeben ['ausgeːbən] v irr (Geld) spend; (Aktien, Banknoten) issue

ausgleichen ['ausglaɪçən] v irr balance, equalize, compensate, settle

Ausgleichszahlung ['ausglaɪçstsaːlʊŋ] f deficiency payment, equalization payment, equalisation payment (UK)

aushandeln ['aushandəln] v negotiate

Aushilfskraft ['aushɪlfskraft] f temporary worker

Auskunft ['auskunft] f information, (in einem Büro) information desk; (am Telefon) Directory Enquiries (UK), directory assistance (US)

Auslage ['auslaːgə] f (Geld) expenditure, disbursement, outlay; (Ware) display, goods exhibited

auslagern ['auslaːgərn] v store outdoors; (Industrie) dislocate

Auslandsanleihe ['auslantsanlaɪə] f foreign loan, external loan

Auslandsgeschäft ['auslantsgəʃɛft] n foreign business, foreign trade

Auslandsinvestitionen ['auslantsɪnvɛstitsjo:nən] *f/pl* capital invested abroad, foreign investments

Auslandskonto ['auslantskɔnto] *n* foreign account

Auslandsmärkte ['auslantsmɛrktə] *m/pl* foreign markets *pl*

Auslandsniederlassung ['auslantsni:dərlasuŋ] *f* branch abroad

Auslandsschulden ['auslantsʃuldən] *f/pl* foreign debts

Auslandsvermögen ['auslantsfɛrmø:gən] *f* foreign assets, property abroad

Auslandsverschuldung ['auslantsfɛrʃulduŋ] *f* foreign debt

Auslandsvertretung ['auslantsfɛrtre:tuŋ] *f* agency abroad

auslasten ['auslastən] *v* utilize fully, utilise fully *(UK), make full use of; (Maschine)* use to capacity

Auslastung ['auslastuŋ] *f* utilization to capacity, utilisation to capacity *(UK)*

Auslastungsgrad ['auslastuŋsgra:t] *m* degree of utilization, degree of utilisation *(UK)*

ausliefern ['ausli:fərn] *v* deliver, hand over

Auslieferung ['ausli:fəruŋ] *f* delivery, handing over

Auslieferungslager ['ausli:fəruŋsla:gər] *n* distribution store, supply depot

Ausnutzungsgrad ['ausnutsuŋsgra:t] *m* utilization rate

ausschreiben ['ausʃraɪbən] *v irr (Scheck)* issue, write out, make out

Ausschreibung ['ausʃraɪbuŋ] *f* call for tenders, invitation to bid

ausschütten ['ausʃytən] *v (Dividenden)* distribute, pay

Ausschüttung ['ausʃytuŋ] *f* distribution, payout

Außendienst ['ausəndi:nst] *m* field work

Außenhandel ['ausənhandəl] *m* foreign trade

Außenhandelsbilanz ['ausənhandəlsbɪlants] *f* foreign trade balance

Außenhandelsfreiheit ['ausənhandəlsfraɪhaɪt] *f* free trade

Außenstände ['ausənʃtɛndə] *pl* outstanding accounts, accounts receivable

Außenwirtschaft ['ausənvɪrtʃaft] *f* foreign trade

aussperren ['ausʃpɛrən] *v (Streik)* lock out

Aussperrung ['ausʃpɛruŋ] *f* lock-out

Ausstand ['ausʃtant] *m (Streik)* strike, *im ~* on strike

Ausverkauf ['ausfɛrkauf] *m* clearance sale

Ausverkaufspreise ['ausfɛrkaufspraɪzə] *pl* sale prices, clearance prices

ausverkauft ['ausfɛrkauft] *adj* sold out

auszahlen ['austsa:lən] *v* pay; *sich ~* pay off, to be worthwhile

Auszahlung ['austsa:luŋ] *f* payment; *(Ablohnung)* pay-off

Auszubildende(r) ['austsubɪldəndə(r)] *m/f* trainee, apprentice

Auszug ['austsu:k] *m (Kontoauszug)* statement (of account)

Automation [automa'tsjo:n] *f* automation

Automatisierung [automati'zi:ruŋ] *f* automation

autoritär [autori'tɛ:r] *adj* authoritarian

Aval [a'val] *m* guarantee of a bill, surety

Avalkredit [a'valkredit] *m* loan granted by way of bank guarantee

Avis [a'vi:] *m/n* advice

Azubi [a'tsu:bi] *m/f (Auszubildende(r))* apprentice

B

Baby-Bonds [ˈbeːbibɔnds] *pl* baby bonds

Bahnfracht [ˈbɑːnfraxt] *f* rail freight

Baisse [ˈbɛːsə] *f* depression, slump, bear market

Ballen [ˈbalən] *m* bale, bundle

Ballungsgebiet [ˈbaluŋsɡəbiːt] *n* overcrowded area, conurbation

Band [bant] *n* Förder~ conveyor belt; Fließ~ production line, assembly line

Bandenwerbung [ˈbandənvɛrbuŋ] *f* sideline advertising

Bank [baŋk] *f* bank

Bankakkreditiv [ˈbaŋkakrediːtiːf] *n* bank letter of credit

Bankanweisung [ˈbaŋkanvaɪzuŋ] *f* bank transfer

Bankautomat [ˈbaŋkautomaːt] *m* automatic cash dispenser, cash-point

Bankavis [ˈbaŋkaviː(s)] *m/n* bank notification

Bankdarlehen [ˈbaŋkdaːrleːən] *n* bank loan, bank credit

Bankdirektor [ˈbaŋkdirɛktɔr] *m* bank manager, bank director

Bankenkonsortium [ˈbaŋkənkɔnzɔrtsjum] *n* banking syndicate

Bankfiliale [ˈbaŋkfɪljaːlə] *f* branch bank

Bankgarantie [ˈbaŋkɡaranti:] *f* bank guarantee

Bankgeheimnis [ˈbaŋkɡəhaɪmnɪs] *n* confidentiality in banking, banking secrecy

Bankguthaben [ˈbaŋkɡuːthaːbən] *n* bank credit balance

Bankhaus [ˈbaŋkhaus] *n* bank, banking house

Bankier [baŋkˈjeː] *m* banker

Bankkauffrau [ˈbaŋkkaufrau] *f* (female) trained bank employee

Bankkaufmann [ˈbaŋkkaufman] *m* (male) trained bank employee

Bankkonto [ˈbaŋkkɔnto] *n* bank account

Bankleitzahl [ˈbaŋklaɪttsaːl] *f* bank code number, sort code *(UK)*, bank identification number *(US)*

bankrott [baŋkˈrɔt] *adj* bankrupt

Bankrott [baŋkˈrɔt] *m* bankruptcy, insolvency

Banksafe [ˈbaŋkseɪf] *m* bank safe

Bankschließfach [ˈbaŋkʃliːsfax] *n* safe-deposit box, safety-deposit box

Banküberweisung [ˈbaŋkyːbərvaɪzuŋ] *f* bank transfer

Bankverbindung [ˈbaŋkfɛrbɪnduŋ] *f* banking details *pl*, *(Konto)* bank account

Bankwesen [ˈbaŋkveːzən] *n* banking

Barakkreditiv [ˈbaːrakrediːtiːf] *n* cash in letter of credit

Bargeld [ˈbaːrɡɛlt] *n* cash

Bargeldbestand [ˈbaːrɡɛltbəʃtant] *m* cash in hand

bargeldlos [ˈbaːrɡɛltloːs] *adj* non-cash, without cash, cashless

Bargeldverkehr [ˈbaːrɡɛltfɛrkeːr] *m* cash transactions

Barkauf [ˈbaːrkauf] *m* cash purchase

Barkredit [ˈbaːrkredit] *m* cash credit

Barren [ˈbarən] *m* bar of gold, gold ingot

Barschaft [ˈbaːrʃaft] *f* cash stock, ready money

Barscheck [ˈbaːrʃɛk] *m* cash cheque, open cheque, uncrossed cheque

Barvermögen [ˈbaːrfɛrmøːgən] *n* cash assets *pl*, liquid assets *pl*

Barzahlung [ˈbaːrtsaːluŋ] *f* cash payment, payment in cash

Basiseinkommen [ˈbaːzɪsaɪnkɔmən] *n* basic income

Basisjahr [ˈbaːzɪsjaːr] *n* base year

Basislohn [ˈbaːzɪsloːn] *m* basic wage

Bau [bau] *m* construction

Bauboom [ˈbaubuːm] *m* building boom

Bauelement [ˈbauelɛmɛnt] *n* component part, construction element

Baufinanzierung [ˈbaufɪnantsiːruŋ] *f* financing of building projects

Baugewerbe [ˈbaugəvɛrbə] *n* construction industry, building trade

Bauindustrie [ˈbauɪndustriː] *f* construction industry

Baukosten [ˈbaukɔstən] *pl* building costs *pl*, construction costs *pl*

Baukredit [ˈbaukredit] *m* building loan

Bauland [ˈbaulant] *n* building site

Bauplan [ˈbauplaːn] *m* architect's plan, blueprint

Bausparkasse [ˈbauʃparkasə] *f* home savings bank, building society *(UK)*

Bausparvertrag [ˈbauʃpaːrfɛrtraːk] *m* building loan agreement

Bauwirtschaft [ˈbauvɪrtʃaft] *f* building and contracting industry

beanstanden [bəˈanʃtandən] *v* object, complain, challenge; *(Waren)* reject, refuse

beantragen [bəˈantraːgən] *v* apply for; *(vorschlagen)* propose

Bearbeitung [bəˈarbaɪtuŋ] *f* treatment, processing; *in* ~ in preparation

Bearbeitungsgebühr [bəˈarbaɪtuŋsgəbyːr] *f* handling fee, service charge, processing fee

beaufsichtigen [bəˈaufzɪçtɪgən] *v* supervise, control, oversee

beauftragen [bəˈauftraːgən] *v* charge; empower, commission; instruct

Beauftragte(r) [bəˈauftraːktə(r)] *m/f* representative; *(amtlich)* commissioner

Bebauungsplan [bəˈbauuŋsplan] *m* development plan, building scheme

Bedarf [bəˈdarf] *m* demand, need

Bedarfsanalyse [bəˈdarfsanalyːzə] *f* analysis of requirements

Bedarfsschwankung [bəˈdarfsʃvaŋkuŋ] *f* fluctuations in requirements

bedienen [bəˈdiːnən] *v* serve, wait on; *(Maschine)* operate

Bedienung [bəˈdiːnuŋ] *f* service; *(Maschine)* operation, control

Bedienungsanleitung [bəˈdiːnuŋsanlaɪtuŋ] *f* operating instructions *pl*, working instructions *pl*, directions for use *pl*

Bedienungsfehler [bəˈdiːnuŋsfeːlər] *m* operating error

Bedürfnis [bəˈdyrfnɪs] *n* need, requirement, necessity

Bedürfnisbefriedigung [bəˈdyrfnɪsbəfriːdɪguŋ] *f* satisfaction of needs

beeidigte Erklärung [bəˈaɪdɪgtə ɛrˈklɛːruŋ] *f* sworn statement

Befähigung [bəˈfɛːɪguŋ] *f* capacity, competence, aptitude; *(Voraussetzung)* qualifications *pl*

Beförderer [bəˈfœrdərər] *m* carrier

befördern [bəˈfœrdərn] *v (transportieren)* transport, convey, carry, *(nur Güter)* haul; *(dienstlich aufrücken lassen)* promote, advance

Beförderung [bəˈfœrdəruŋ] *f (Waren)* transport, conveying, shipping; *(eines Angestellten, eines Offiziers)* promotion, advancement

Beförderungsgebühr [bəˈfœrdəruŋsgəbyːr] *f (Portokosten)* postage charges; *(Transportkosten)* transport charges

Beförderungsmittel [bə'fœrdəruŋsmɪtəl] *n* means of transport *pl*

befreien [bə'fraɪən] *v* acquit, discharge, *(von Steuern)* exempt

Befreiung [bə'fraɪuŋ] *f* exemption

befristen [bə'frɪstən] *v* limit

befristet [bə'frɪstət] *adj* limited (time), temporary

Befürworter(in) [bə'fyːrvɔrtər(ɪn)] *m/f* supporter, advocate

beglaubigen [bə'glaʊbɪgən] *v* attest, certify, authenticate; *(Testament)* prove

Beglaubigung [bə'glaʊbɪguŋ] *f* authentication, certification, attestation

begleichen [bə'glaɪçən] *v irr* pay, settle

Begleichung [bə'glaɪçuŋ] *f (von Schulden)* payment, settlement

Begleitschreiben [bə'glaɪtʃraɪbən] *n* accompanying letter

Begünstigte(r) [bə'gynstɪgtə(r)] *m/f* beneficiary

begutachten [bə'guːtaxtən] *v* examine, give a professional opinion on

Behälterverkehr [bə'hɛltərfɛrkeːr] *m* container transport

Behörde [bə'høːrdə] *f* authority

Beilage ['baɪlaːgə] *f* supplement; *(in Briefen)* enclosure

beilegen ['baɪleːgən] *v* insert, enclose

Beirat ['baɪraːt] *m* advisory council

Beistandspakt ['baɪʃtantspakt] *m* mutual assistance treaty

Beiträge ['baɪtrɛːgə] *m/pl* contributions

Beitragssatz ['baɪtraːkszats] *m* rate of contribution

Beitragszahlung ['baɪtraːkstsaːluŋ] *f* contribution payment

Bekleidungsindustrie [bə'klaɪduŋsɪndustriː] *f* clothing industry

belasten [bə'lastən] *v* load, *(beanspruchen)* burden, strain, *(Haus)* mortgage, encumber; *(Konto)* debit, charge to; *(strafrechtlich)* charge, incriminate

Belastung [bə'lastuŋ] *f* load, stress *(Hypothek)* mortgage; *(Steuer)* burden; *(Konto)* debit

belaufen [bə'laʊfən] *v irr sich ~ auf* amount to, come to, add up to

Beleg [bə'leːk] *m (Beweis)* proof, evidence; *(Quittung)* receipt; *~schein* voucher

belegen [bə'leːgən] *v (beweisen)* account for, prove, substantiate, furnish; illustrate, exemplify ; *~ mit Abgaben* impose taxes upon

Belegschaft [bə'leːkʃaft] *f* staff, employees, workers

Benutzer [bə'nutsər] *m* user

benutzerfreundlich [bə'nutsərfrɔyntlɪç] *adj* user-friendly

Benutzungsgebühr [bə'nutsuŋsgəbyːr] *f* user fee

Benzin [bɛn'tsiːn] *n* petrol

Benzinpreis [bɛn'tsiːnpraɪs] *m* petrol price, gasoline price *(US)*

Benzinverbrauch [bɛn'tsiːnfɛrbraʊx] *m* petrol consumption, gasoline consumption *(US)*, gas consumption *(US fam)*

Beratungsgespräch [bə'raːtuŋsgəʃprɛːç] *n* consultation

berechenbar [bə'rɛçənbaːr] *adj (abschätzbar)* calculable, computable

berechnen [bə'rɛçnən] *v* calculate, work out, compute; *jdm etw ~* charge s.o. for sth

Berechnung [bə'rɛçnuŋ] *f* calculation, computation

bereitstellen [bə'raɪtʃtɛlən] *v* make available, provide

Bereitstellungskosten [bə'raɪtʃtɛluŋskɔstən] *f* commitment fee

Bergarbeiter ['bɛrkarbaɪtər] *m* miner

Bergbau ['bɛrkbaʊ] *m* mining

Bergwerk ['bɛrkvɛrk] *n* mine

Bericht [bə'rɪçt] *m* report, account, official statement

Berichterstattung [bə'rɪçtɛrʃtatuŋ] *f* reporting

berichtigen [bə'rɪçtɪgən] *v* correct, rectify, put right; *(Buchung)* adjust

Berichtigung [bə'rɪçtɪguŋ] *f* correction, adjustment

Beruf [bə'ru:f] *m* occupation, profession; *(Gewerbe)* trade

beruflich [bə'ru:flɪç] *adj* professional, occupational

Berufsanfänger [bə'ru:fsanfɛŋər] *m* person starting a career

Berufsausbildung [bə'ru:fsausbɪlduŋ] *f* vocational training, professional training, job training

berufsbedingt [bə'ru:fsbədɪŋkt] *adj* professional, occupational, due to one's occupation

berufsbegleitend [bə'ru:fsbəglaɪtənt] *adj* in addition to one's job

Berufserfahrung [bə'ru:fsɛrfa:ruŋ] *f* professional experience

Berufsgeheimnis [bə'ru:fsgəhaɪmnɪs] *n* professional secret

Berufskleidung [bə'ru:fsklaɪduŋ] *f* work(ing) clothes *pl*

Berufskrankheit [bə'ru:fskraŋkhaɪt] *f* occupational disease

Berufsleben [bə'ru:fsle:bən] *n* professional life

Berufsrisiko [bə'ru:fsri:ziko] *n* occupational hazard

Berufsschule [bə'ru:fsʃu:lə] *f* vocational school

berufstätig [bə'ru:fstɛ:tɪç] *adj* working, (gainfully) employed

Berufstätigkeit [bə'ru:fstɛ:tɪçkaɪt] *f* employment; professional activity

Berufsverbot [bə'ru:fsfɛrbo:t] *n jdm ~ erteilen* ban s.o. from a profession

Berufung [bə'ru:fuŋ] *f (Ernennung)* nomination, appointment

Berufungsinstanz [bə'ru:fuŋsɪnstants] *f* higher court, court of appeal

Berufungsverfahren [bə'ru:fuŋsfɛrfa:rən] *n* appellate procedure, appeal proceedings *pl*

beschaffen [bə'ʃafən] *v* procure, obtain, get

beschäftigen [bə'ʃɛftɪgən] *v jdn ~* occupy, engage, employ; *sich mit etw ~* concern o.s. with sth, occupy o.s. with sth, engage in sth; *damit beschäftigt sein, etw zu tun* to be busy doing sth

Beschäftigung [bə'ʃɛftɪguŋ] *f* occupation, work; *(Anstellung)* employment; *(Geschäft)* business

Beschäftigungsabbau [bə'ʃɛftɪguŋsapbau] *m* reduction in employment

Beschäftigungsgrad [bə'ʃɛftɪguŋsgra:t] *m* level of employment

Beschäftigungspolitik [bə'ʃɛftɪguŋspolitik] *f* employment policy

Bescheinigung [bə'ʃaɪnɪguŋ] *f (Dokument)* certificate; *(das Bescheinigen)* certification

Beschlagnahme [bə'ʃla:kna:mə] *f* seizure, confiscation; *(Schifffahrt)* embargo (on)

beschlagnahmen [bə'ʃla:kna:mən] *v* confiscate, seize; *(Schifffahrt)* lay an embargo on

Beschluss [bə'ʃlus] *m* decision

beschlussfähig [bə'ʃlusfɛ:ɪç] *adj ~ sein* to be a quorum, have a quorum

Beschwerde [bə'ʃve:rdə] *f* appeal, complaint

besetzt [bə'zɛtst] *adj* occupied, taken; *(Telefon)* engaged, busy *(US)*

Besetztzeichen [bəˈzɛtsttsaıçən] *n* engaged tone, busy signal *(US)*

Besitz [bəˈzıts] *m* possession; *(Immobilien)* property, estate

Besitzanspruch [bəˈzıtsanʃprux] *m* possessory claim

Besitznachweis [bəˈzıtsnaːxvaıs] *m* proof of ownership

Besoldung [bəˈzɔldʊŋ] *f* salary, pay

besprechen [bəˈʃprɛçən] *v irr* discuss, talk over

Besprechung [bəˈʃprɛçʊŋ] *f* discussion, conference; *(Verhandlung)* negotiation

Besprechungsraum [bəˈʃprɛçʊŋsraum] *m* conference room, meeting room

Besprechungstermin [bəˈʃprɛçʊŋstɛrmiːn] *m* conference date, meeting date

Besserverdienende(r) [ˈbɛsərfɛrdiːnəndə(r)] *m/f* person in a higher income bracket

Bestand [bəˈʃtant] *m (Kassenbestand)* cash assets *pl; (Vorrat)* stock, stores *pl,* supply

Bestandsaufnahme [bəˈʃtantsaufnaːmə] *f* inventory, stock-taking

Bestandsgröße [bəˈʃtantsgrøːsə] *f* stock variable

Bestandskonto [bəˈʃtantskɔnto] *n* real account

Bestätigung [bəˈʃtɛːtıgʊŋ] *f* confirmation; verification, endorsement

bestechen [bəˈʃtɛçən] *v irr* bribe, corrupt

Bestechung [bəˈʃtɛçʊŋ] *f* bribery, corruption

Bestechungsgeld [bəˈʃtɛçʊŋsgɛlt] *n* bribe money, bribe

bestellen [bəˈʃtɛlən] *v (in Auftrag geben)* order, place an order, commission

Bestellformular [bəˈʃtɛlfɔrmulaːr] *n* order form

Bestellliste [bəˈʃtɛllıstə] *f* order form, order list

Bestellmenge [bəˈʃtɛlmɛŋə] *f* ordered quantity

Bestellnummer [bəˈʃtɛlnʊmər] *f* order number

Bestellschein [bəˈʃtɛlʃaın] *m* order coupon, order form

Bestellung [bəˈʃtɛlʊŋ] *f* order

besteuern [bəˈʃtɔyərn] *v* tax, impose a tax

Besteuerung [bəˈʃtɔyərʊŋ] *f* taxation

Bestimmung [bəˈʃtımʊŋ] *f (Vorschrift)* provision, decree, regulations *pl; (Zweck)* purpose

Bestimmungsort [bəˈʃtımʊŋsɔrt] *m* (place of) destination

Bestleistung [ˈbɛstlaıstʊŋ] *f* record, best performance

bestreiken [bəˈʃtraıkən] *v* strike against

Besuch [bəˈzuːx] *m* visit, *(Versammlung)* attendance

besuchen [bəˈzuːxən] *v (besichtigen)* visit; *(Kunde)* patronize; *(Versammlung)* attend

Besuchserlaubnis [bəˈzuːxsɛrlaupnıs] *f* visitor's pass

Betätigungsfeld [bəˈtɛːtıgʊŋsfɛlt] *n* range of activities, field of activity

beteiligen [bəˈtaılıgən] *v sich* ~ participate, take part, join; have an interest/ a share in; *(am Gewinn)* share in profits; *jdn an etw* ~ give a person a share, make a person a partner, let s.o. take part

Beteiligte(r) [bəˈtaılıçtə(r)] *m/f* participant; interested party

Beteiligung [bəˈtaılıgʊŋ] *f* participation

Betrag [bəˈtraːk] *m* amount

betragen [bəˈtraːgən] *v irr (sich belaufen auf)* amount to, add up to, come to

Betreff [bə'trɛf] *m* subject, subject matter

betreffend [bə'trɛfənt] *prep* regarding, concerning, respecting

betreiben [bə'traɪbən] *v irr (leiten)* operate, manage, run; *(ausüben)* do, pursue

Betreiber [bə'traɪbər] *m* operator

betreuen [bə'trɔyən] *v (Sachgebiet)* to be in charge of; *(Kunden)* serve

Betreuung [bə'trɔyuŋ] *f (der Kunden)* service

Betrieb [bə'tri:p] *m (Firma)* business, enterprise, firm; *(Werk)* factory, works; ~praxis engineering practice; *etw in ~ nehmen* start using sth, put sth into operation; *außer ~* out of order

betrieblich [bə'tri:plɪç] *adj* operational, operating; internal

Betriebsangehörige(r) [bə'tri:psaŋgəhø:rɪgə(r)] *m/f* employee (of a firm)

Betriebsanleitung [bə'tri:psanlaɪtuŋ] *f* operating instructions *pl*

Betriebsarzt [bə'tri:psartst] *m* company doctor

Betriebsausflug [bə'tri:psausflu:k] *m* company outing

Betriebsausgaben [bə'tri:psausga:bən] *f/pl* operating expenses *pl*

betriebsbereit [bə'tri:psbəraɪt] *adj* operational, ready for use, operative

betriebsblind [bə'tri:psblɪnt] *adj* blind to one's company's faults

Betriebsdauer [bə'tri:psdauər] *f* operating period, service life

Betriebsferien [bə'tri:psfe:rjən] *f/pl* annual holiday

Betriebsführung [bə'tri:psfy:ruŋ] *f* management

Betriebsgeheimnis [bə'tri:psgəhaɪmnɪs] *n* trade secret, industrial secret

Betriebsgröße [bə'tri:psgrø:sə] *f* size of the company

betriebsintern [bə'tri:psɪntɛrn] *adj* internal; *adv* within the company

Betriebskapital [bə'tri:pskapita:l] *n* working capital

Betriebsklima [bə'tri:pskli:ma] *n* working conditions and human relations

Betriebskosten [bə'tri:pskɔstən] *pl* operating costs *pl*, working expenses *pl*

Betriebsprüfer [bə'tri:pspry:fər] *m* auditor

Betriebsprüfung [bə'tri:pspry:fuŋ] *f* fiscal audit of operating results

Betriebsrat [bə'tri:psra:t] *m* works council

Betriebssystem [bə'tri:pszyste:m] *n* operating system

Betriebsunfall [bə'tri:psunfal] *m* industrial accident, accident at work

Betriebswirt(in) [bə'tri:psvɪrt(ɪn)] *m/f* business economist, management expert

Betriebswirtschaft [bə'tri:psvɪrtʃaft] *f* business economics

Betriebswirtschaftslehre [bə'tri:psvɪrtʃaftsle:rə] *f* (science of) business management, business administration

betrügerischer Bankrott [bə'try:gərɪʃər baŋ'krɔt] *m* fraudulent bankruptcy

beurkunden [bə'u:rkundən] *v (bezeugen)* prove (by documentary evidence); record (in an official document), document

Beurkundung [bə'u:rkunduŋ] *f (Bezeugung)* documentary evidence; recording, certification, documentation

beurlauben [bə'u:rlaubən] *v* grant leave, give leave; *(suspendieren)* suspend

Beurlaubung [bə'u:rlaubuŋ] *f* granting of leave; *~ vom Amt* suspension (from office)

Beurteilung [bəˈurtaɪluŋ] f assessment, judgement, judgment (US), opinion

Bevölkerung [bəˈfœlkəruŋ] f population

bevollmächtigen [bəˈfɔlmɛçtɪgən] v authorize, empower, give power of attorney

Bevollmächtigte(r) [bəˈfɔlmɛçtɪktə(r)] m/f person holding power of attorney, proxy (for votes), representative

Bevollmächtigung [bəˈfɔlmɛçtɪguŋ] f power of attorney, authorization; *durch ~* by proxy

bewegliche Güter [bəˈveːklɪçə ˈgyːtər] n/pl movable goods pl

bewerben [bəˈvɛrbən] v irr sich ~ um apply for

Bewerber [bəˈvɛrbər] m applicant

Bewerbung [bəˈvɛrbuŋ] f application

Bewerbungsschreiben [bəˈvɛrbuŋsʃraɪbən] n letter of application

Bewerbungsunterlagen [bəˈvɛrbuŋsuntərlaːgən] f/pl application documents pl

Bewertung [bəˈvɛrtuŋ] f evaluation, assessment; valuation, appraisal

bewilligen [bəˈvɪlɪgən] v permit, grant, agree to

Bewilligung [bəˈvɪlɪguŋ] f allowance, granting, permission

bezahlen [bəˈtsaːlən] v pay, pay for; *(Lohn) gut bezahlt* well-paid, highly paid; *schlecht bezahlt* low-paid; poorly paid

Bezahlung [bəˈtsaːluŋ] f payment; *(Lohn)* pay

beziehen [bəˈtsiːən] v irr *(Gehalt)* receive, draw

Bezieher [bəˈtsiːər] m subscriber, buyer

Bezogener [bəˈtsoːgənər] m drawee

Bezug [bəˈtsuːk] m *in ~ auf* with reference to

Bezüge [bəˈtsyːgə] f earnings, salary

Bezugskosten [bəˈtsuːkskɔstən] pl delivery costs pl, purchasing costs pl

Bezugsquelle [bəˈtsuːkskvɛlə] f source of supply

Bezugsrecht [bəˈtsuːksrɛçt] n subscription right, stock option, pre-emptive right

Bezugsschein [bəˈtsuːksʃaɪn] m purchasing permit, subscription warrant

bezuschussen [bəˈtsuːʃusən] v subsidize

Bezuschussung [bəˈtsuːʃusuŋ] f subsidy

Bietungsgarantie [ˈbiːtuŋsgaranti:] f tender guarantee

Bilanz [biˈlants] f balance-sheet, financial statement, balance

Bilanzanalyse [biˈlantsanalyːzə] f balance analysis

bilanzieren [bilanˈtsiːrən] v balance (accounts)

Bilanzkontinuität [biˈlantskɔntinuitɛːt] f formal identity

bilateral [ˈbilatəraːl] adj bilateral

Bildschirmarbeit [ˈbɪltʃɪrmarbaɪt] f work at a computer terminal

Bildschirmarbeitsplatz [ˈbɪltʃɪrmarbaɪtsplats] m employment working at a computer terminal

Bildungsurlaub [ˈbɪlduŋsuːrlaup] m sabbatical, paid educational leave

billig [ˈbɪlɪç] adj cheap, inexpensive; *(Preis)* low

Billigware [ˈbɪlɪçvaːrə] f marked-down product

Binnenhandel [ˈbɪnənhandəl] m domestic trade, inland trade

Binnenmarkt [ˈbɪnənmarkt] m domestic market, home market

Binnenwirtschaft [ˈbɪnənvɪrtʃaft] f domestic trade and payments

Bit [bɪt] *n* bit
blanko ['blaŋko] *adj* blank
Blankoformular ['blaŋkofɔrmulaːr] *n* blank form
Blankokredit ['blaŋkokredit] *m* unsecured credit, open credit
Blankoscheck ['blaŋkoʃɛk] *m* blank cheque, blank check *(US)*
Blankounterschrift ['blaŋkountərʃrɪft] *f* blank signature
Blankoverkauf ['blaŋkofɛrkauf] *m* short sale
Blankovollmacht ['blaŋkofɔlmaxt] *f* carte blanche, full power *(of attorney)*
Bodenpreis ['boːdənprais] *m* land price
Bodenreform ['boːdənrefɔrm] *f* land reform
Bon [bɔŋ] *m* voucher
Bonität [boːniˈtɛːt] *f* solvency
Bonus ['boːnus] *m* bonus
Boom [buːm] *m* boom
Börse ['bœrzə] *f* stock exchange, money-market
Börsenbehörde ['bœrzənbəhœːrdə] *f* stock exchange
Börsenbericht ['bœrzənbərɪçt] *m* stock-exchange news
Börsengeschäfte ['bœrzəngəʃɛftə] *n/pl* stock market transactions
Börsenhandel ['bœrzənhandəl] *m* stock market trading, stock market transactions, stock market dealing
Börsenindex ['bœrzənɪndɛks] *m* stock exchange index
Börsenkrach ['bœrzənkrax] *m* stock market crash
Börsenkurs ['bœrzənkurs] *m* market price, market rate, quotation on the stock exchange
Börsenmakler ['bœrzənmaːklər] *m* stockbroker, exchange broker

Börsennotierung ['bœrzənnotiːruŋ] *f* market exchange quotation
Börsenpapier ['bœrzənpapiːr] *n* listed security, stocks and shares *pl*
Börsenplatz ['bœrzənplats] *m* stock exchange centre
Börsenschluss ['bœrzənʃlus] *m* closing of the exchange
Börsentag ['bœrzəntaːk] *m* stock market day
Branche ['brãʃə] *f* branch, line of business, business
Branchenkenntnis ['brãʃənkɛntnɪs] *f* knowledge of the field
Branchenstruktur ['brãʃənʃtruktuːr] *f* trade structure
Branchenvergleich ['brãʃənfɛrglaiç] *m* trade comparison
Branchenverzeichnis ['braʃənfɛrtsaiçnɪs] *n* yellow pages *pl*
Brandversicherung ['brantfɛrzɪçəruŋ] *f* fire insurance
Brauindustrie ['brauindustriː] *f* brewing industry
Briefing ['briːfing] *n* briefing
Briefkastenfirma ['briːfkastənfirma] *f* dummy corporation, bogus company
Briefkurs ['briːfkurs] *m* selling price, asking price
Briefqualität ['briːfkvalitɛːt] *f* letter-quality print
Broker [broːkər] *m* broker
Broterwerb ['broːtɛrvɛrp] *m* (earning one's) living, (earning one's) livelihood
brotlos ['broːtloːs] *adj (fig: nicht einträglich)* unprofitable
Bruchschaden ['bruxʃaːdən] *m* breakage
Bruchteil ['bruxtail] *m* fraction
Bruchteilseigentümer ['bruxtailsaigəntyːmər] *m* co-owner

brutto ['bruto] *adj* gross
Bruttoeinkommen ['brutoaınkɔmən] *n* gross income
Bruttoeinnahme ['brutoaınna:mə] *f* gross earnings *pl*
Bruttoertrag ['brutoɛrtra:k] *m* gross proceeds *pl*
Bruttogewicht ['brutogəvıçt] *n* gross weight
Bruttogewinn ['brutogəvın] *m* gross profit, gross profits *pl*
Bruttoinlandsprodukt [bruto'ınlantsprodukt] *n* gross domestic product (GDP)
Bruttolohn ['brutolo:n] *m* gross salary, gross pay
Bruttopreis ['brutoprais] *m* gross price
Bruttoregistertonne ['brutoregıstərtɔnə] *f* gross register(ed)ton
Bruttosozialprodukt ['brutozo'tsja:lprodukt] *n* gross national product (*abbr* GNP)
Buch führen ['bu:x fy:rən] *v* keep accounts
Buchführung ['bu:xfy:ruŋ] *f* book-keeping, accounting
Buchgewinn ['bu:xgəvın] *m* book profit, paper profit
Buchhalter ['bu:xhaltər] *m* book-keeper, accountant
Buchhaltung ['bu:xhaltuŋ] *f* accounting
Buchprüfung ['bu:xpry:fuŋ] *f* audit
Buchung ['bu:xuŋ] *f* entry
Buchungsfehler ['bu:xuŋsfe:lər] *m* book-keeping error
Buchwert ['bu:xvɛrt] *m* book value
Budget [by'dʒe:] *n* budget, annual estimates
Budgetausgleich [by'dʒe:ausglaıç] *m* balancing of the budget
Budgetierung [bydʒe'ti:ruŋ] *f* budgeting
Budgetkontrolle [by'dʒe:kɔntrɔlə] *f* budget control
Bundesbank ['bundəsbaŋk] *f* Bundesbank, German Federal Bank
Bürge ['byrgə] *m* guarantor
bürgen ['byrgən] *v* guarantee, vouch for; *jdm für etw* ~ to be answerable to s.o. for sth; ~ *für* stand bail for s.o., stand surety for *(US)*
Bürgschaft ['byrgʃaft] *f* guarantee, security; *(im Strafrecht)* bail
Büro [by'ro:] *n* office, bureau
Büroangestellte(r) [by'ro:angəʃtɛltə(r)] *m/f* office clerk, white collar worker *(US)*, office employee
Büroarbeit [by'ro:arbaıt] *f* office work, clerical work
Bürobedarf [by'ro:bədarf] *m* office supplies *pl*
Bürohaus [by'ro:haus] *n* office building
Bürokauffrau [by'ro:kauffrau] *f* businesswoman (based in an office), (female) office administrator
Bürokaufmann [by'ro:kaufman] *m* businessman (based in an office), (male) office administrator
Bürokrat [byro'kra:t] *m* bureaucrat
Bürokratie [byrokra'ti:] *f* bureaucracy
bürokratisch [byro'kra:tıʃ] *adj* bureaucratic
Bürokratisierung [byrokrati'zi:ruŋ] *f* bureaucratization
Büromaterial [by'ro:materja:l] *n* office supplies *pl*
Büroschluss [by'ro:ʃlus] *m* closing time
Bürozeit [by'ro:tsaıt] *f* office hours
Byte [baıt] *n* byte

C

Camcorder ['kɛmkɔːdə] *m* camcorder
Cash-and-carry-Klausel ['kɛʃənd'kɛrɪ'klauzəl] *f* cash-and-carry clause
CD-ROM [tseːdeː'rɔm] *f* CD-ROM
Chance ['ʃɑ̃ːsə] *f* chance, opportunity; *eine gute ~ haben* stand a fair chance; *nicht den Hauch einer ~ haben* not have a ghost of a chance
Chancengleichheit ['ʃɑ̃ːsənglaiçhait] *f* equal opportunity
Charterflug ['tʃartərfluːk] *m* charter flight
Charterflugzeug ['tʃartərfluːktsɔyk] *n* charter plane, chartered aircraft
Chartergesellschaft ['tʃartərgəzɛlʃaft] *f* charter carrier, charter airline
Chartermaschine ['tʃartərmaʃiːnə] *f* chartered aircraft
chartern ['tʃartərn] *v* charter
Chauffeur [ʃɔ'føːr] *m* chauffeur, driver
checken ['tʃɛkən] *v* test, check
Checkliste ['tʃɛklɪstə] *f* checklist
Chef [ʃɛf] *m* head, boss
Chefetage ['ʃɛfetaːʒə] *f* executive floor
Chefingenieur ['ʃɛfɪnʒɛnjøːr] *m* chief engineer
Chefredakteur(in) ['ʃɛfredaktøːr(ɪn)] *m/f* editor-in-chief
Chefsekretär(in) ['ʃɛfzekretɛːr(ɪn)] *m/f* executive secretary
Chemiearbeiter(in) [çe'miːarbaitər(ɪn)] *m/f* worker in the chemical industry
Chemiefaser [çe'miːfaːzər] *f* chemical fibre, man-made fibre
Chemieindustrie [çe'miːindustriː] *f* chemical industry
Chemikalie [çemɪ'kaːljə] *f* chemical

Chemiker(in) ['çeːmɪkər(ɪn)] *m/f* chemist, chemical engineer
Chiffre [ʃɪfrə] *f* code, box number
Chip [tʃɪp] *m* chip
Chipkarte ['tʃɪpkartə] *f* chip card
Cliquenwirtschaft ['klɪkənvɪrtʃaft] *f* cliquism
Code [koːd] *m* code
codieren [ko'diːrən] *v* code
Computer [kɔm'pjuːtər] *m* computer
Computereinsatz [kɔm'pjuːtərainzats] *m* use of computers
computergesteuert [kɔm'pjuːtərgəʃtɔyərt] *adj* computer-controlled
computergestützt [kɔm'pjuːtərgəʃtytst] *adj* computer-aided
computergestütztes Informationssystem [kɔm'pjuːtərgəʃtytstəs ɪnfɔrma'tsjoːnszysteːm] *n* computer-aided information system
Computergrafik [kɔm'pjuːtərgraːfɪk] *f* computer graphics
Computerindustrie [kɔm'pjuːtərɪndustriː] *f* computer industry
Computernetz [kɔm'pjuːtərnɛts] *n* computer network
Computerspiel [kɔm'pjuːtərʃpiːl] *n* computer game
Container [kɔn'teɪnər] *m* container
Containerbahnhof [kɔn'teɪnərbaːnhoːf] *m* container depot
Copyright ['kɔpɪrait] *n* copyright
Coupon [ku'põː] *m* coupon
Courtage [kur'taːʒə] *f* brokerage, broker's commission
Cursor ['køːrsər] *m* cursor
Cyberspace ['saɪbəspeɪs] *m* cyberspace

D

Dachgesellschaft ['daxgəzɛlʃaft] *f* holding company, parent company

Dachorganisation ['daxɔrganizatsjoːn] *f* parent organisation, umbrella organization

Dachverband ['daxfɛrbant] *m* parent organisation, umbrella organization

dafür [da'fyːr] *adv* for it, for that; *Er kann nichts ~.* He can't help it. *etw ~ können (schuldig sein)* to be s.o.'s fault; *(als Ausgleich)* in return, in exchange, for that

Dafürhalten [da'fyːrhaltən] *n nach meinem ~* in my opinion

Damnum ['damnum] *n* loan discount

Dämpfer ['dɛmpfər] *m (fam: Rückschlag)* rap the knuckles

Dampfmaschine ['dampfmaʃiːnə] *f* steam engine

Dankschreiben ['daŋkʃraibən] *n* letter of thanks

Darlehen ['daːrleːən] *n* loan; *~ auf Hypotheken* mortgage loan; *~ auf Pfandwerte* loan against security; *~ auf Zinsen* loan on interest

Datei [da'tai] *f* file

Dateienpflege [da'taiənpfleːgə] *f* maintenance of a database

Daten ['daːtən] *pl* dates, data

Datenautobahn ['daːtənautobaːn] *f* information highway

Datenbank ['daːtənbaŋk] *f* data bank

Datenerfassung ['daːtənɛrfasuŋ] *f* data collection, data acquisition, data logging

Datenfernübertragung [daːtən'fɛrnyːbərtraːguŋ] *f* data transmission

Datenmissbrauch ['daːtənmɪsbraux] *m* data abuse

Datennetz ['daːtənnɛts] *n* data network

Datenschutz ['daːtənʃuts] *m* data protection

Datenschutzgesetz ['daːtənʃutsgəzɛts] *n* Data Protection Act

Datensicherung ['daːtənzɪçəruŋ] *f* data security

Datenträger ['daːtəntrɛːgər] *m* data medium, data carrier

Datentypistin ['daːtəntyːpɪstɪn] *f* terminal operator

Datenübertragung ['daːtənyːbərtraːguŋ] *f* data transmission

Datenverarbeitung ['daːtənfɛrarbaituŋ] *f* data processing

Datenzentrale ['daːtəntsɛntraːlə] *f* data centre

datieren [da'tiːrən] *v* date

Datierung [da'tiːruŋ] *f* dating

Datum ['daːtum] *n* date

Datumsgrenze ['daːtumsgrɛnzə] *f* international date line

Datumsstempel ['daːtumsʃtɛmpəl] *m* date stamp, dater

dauerarbeitslos ['dauərarbaitsloːs] *adj* long-term unemployed

Dauerarbeitslose(r) ['dauərarbaitsloːzə(r)] *m/f* long-term unemployed person

Dauerarbeitslosigkeit ['dauərarbaitsloːzɪçkait] *f* chronic unemployment

Dauerauftrag ['dauərauftrak] *m* standing order, banker's order

Dauerbeschäftigung ['dauərbəʃɛftiguŋ] *f* constant employment

Dauerschuldverschreibung ['dauər-
ʃultfɛrʃraɪbuŋ] *f* unredeemable bond
dazurechnen [da'tsu:rɛçnən] *v* add in;
(fig) factor in
dazuverdienen [da'tsu:fɛrdi:nən] *v*
earn additionally, earn on the side *(fam)*
Debatte [de'batə] *f* debate
debattieren [deba'ti:rən] *v* debate, discuss
Debitor ['de:bitor] *m* debtor
dechiffrieren [deʃɪ'fri:rən] *v* decode, decipher
Deckadresse ['dɛkadrɛsə] *f* address of convenience, cover address
decken ['dɛkən] *v* (Bedarf) meet, cover; (Scheck) cover; (Wechsel) provide with security
Deckung ['dɛkuŋ] *f* (Kosten) cover, collateral
Deckungsbeitrag ['dɛkuŋsbaɪtra:k] *m* contribution margin, margin (of loss), cover
Deckungsbeitragsrechnung ['dɛkuŋs-baɪtra:ksrɛçnuŋ] *f* confirmation of cover
Deckungsbetrag ['dɛkuŋsbətra:k] *m* amount covered, insured sum
deckungsgleich ['dɛkuŋsglaɪç] *adj* identical
Deckungszusage ['dɛkuŋstsu:za:gə] *f* confirmation of cover
Defensive [defɛn'zi:və] *f* defensive
Defizit ['de:fɪtsɪt] *n* deficit
defizitär [de:fɪtsɪ'tɛ:r] *adj* deficit
Defizitfinanzierung ['de:fɪtsɪtfɪnantsi:ruŋ] *f* deficit financing
Deflation [defla'tsjo:n] *f* deflation
degressive Abschreibung [degrɛ'si:və 'apʃraɪbuŋ] *f* degressive depreciation
deklarieren [dekla'ri:rən] *v* declare
Dekret [de'kre:t] *n* decree
Delegation [delega'tsjo:n] *f* delegation

Delegationsleiter [delega'tsjo:nslaɪtər] *m* head of the delegation
delegieren [dele'gi:rən] *v* delegate
Delkredere [dɛl'kredərə] *n* del credere, guarantee
Dementi [de'mɛnti] *n* official denial
dementieren [demɛn'ti:rən] *v* deny officially
Demonstration [demɔnstra'tsjo:n] *f* demonstration
Demonstrationszug [demɔnstra'tsjo:nstsu:g] *m* demonstration march
demonstrieren [demɔn'stri:rən] *v* (darlegen) demonstrate, illustrate, show; (bei einer Demonstration mitmachen) demonstrate
Demontage [demɔn'ta:ʒə] *f* disassembly, dismantling
demontieren [demɔn'ti:rən] *v* dismantle, disassemble
Demoskopie [demɔsko'pi:] *f* public opinion research
demoskopisch [demɔs'ko:pɪʃ] *adj* demoscopic
Denkanstoß ['dɛŋkanʃto:s] *m* food for thought
Denkart ['dɛŋka:rt] *f* mentality, way of thinking
Denkschrift ['dɛŋkʃrɪft] *f* memorandum, written statement
Deponie [depo'ni:] *f* dump, disposal site
Depot [de'po:] *n* depot
Depotgeschäft [de'po:gəʃɛft] *n* deposit banking
Depression [deprɛ'sjo:n] *f* depression
Deregulierung [deregu'li:ruŋ] *f* deregulation
Desinformation ['dɛsɪnfɔrmatsjo:n] *f* misinformation, disinformation
detailgetreu [de:'taɪgətrɔy] *adj* accurate

Devisen [de'viːzən] *pl* foreign currency, foreign exchange

Devisenabfluss [de'viːzənapflus] *m* foreign exchange outflow

Devisenankauf [de'viːzənankauf] *m* purchase of foreign currencies

Devisenarbitrage [de'viːzənarbitraːʒə] *f* exchange arbitrage

Devisenausgleichsabkommen [de'viːzənausglaıçsapkɔmən] *n* foreign exchange offset agreement

Devisenbeschränkung [de'viːzənbəʃrɛŋkuŋ] *f* exchange restrictions

Devisenbewirtschaftung [de'viːzənbəvırtʃaftuŋ] *f* foreign exchange control

Devisenbilanz [de'viːzənbilants] *f* foreign exchange balance

Devisenbörse [de'viːzənbøːrzə] *f* foreign exchange market

Devisenbringer [de'viːzənbrıŋər] *m* foreign-exchange earner

Devisengeschäft [de'viːzəngəʃɛft] *n* foreign exchange business, foreign exchange transactions

Devisenhandel [de'viːzənhandəl] *m* currency trading, foreign exchange dealings

Devisenkurs [de'viːzənkurs] *m* (foreign) exchange rate

Devisenmarkt [de'viːzənmarkt] *m* foreign exchange market

Devisentermingeschäft [de'viːzəntɛrmiːngəʃɛft] *n* forward exchange dealings

Devisenverkehr [de'viːzənfɛrkeːr] *m* currency transactions, foreign exchange operations

dezentralisieren [detsɛntralı'ziːrən] *v* decentralize

Dezentralisierung [detsɛntralı'ziːruŋ] *f* decentralisation

Dia ['diːa] *n* slide

Diagramm [dia'gram] *n* diagram, chart, graph

Dialogbereitschaft [dia'loːkbəraıtʃaft] *f* readiness to talk

dialogfähig [dia'loːkfɛːıç] *adj* capable of two-way communication

Diebstahlversicherung ['diːpʃtaːlfɛrzıçəruŋ] *f* theft insurance

dienstfrei ['diːnstfraı] *adj* ~er Tag day off; ~ haben to be off duty

Dienstgeheimnis ['diːnstgəhaımnıs] *n* official secret

Dienstleistung ['diːnstlaıstuŋ] *f* service

dienstlich ['diːnstlıç] *adj* official; *adv* officially, on official business, on business

Dienstreise ['diːnstraızə] *f* business trip

Dienstschluss ['diːnstʃlus] *m* closing time; *nach* ~ after office hours

Dienststelle ['diːnstʃtɛlə] *f* office, department, agency

Dienstunfähigkeit ['diːnstunfɛːıçkaıt] *f* incapacity to work, unfit for service

Dienstwagen ['diːnstvaːgən] *m* company car, official car

Dienstweg ['diːnstveːk] *m* official channels, authorized channels

Dienstwohnung ['diːnstvoːnuŋ] *f* official residence

digital [dıgı'taːl] *adj* digital

digitalisieren [digitali'ziːrən] *v* digitalize

Digitalrechner [dıgı'taːlrɛçnər] *m* digital computer

Diktafon [dıkta'foːn] *n* dictaphone

Diktat [dık'taːt] *n* dictation

Diktatzeichen [dık'taːttsaıçən] *f* reference

diktieren [dık'tiːrən] *v* dictate

Diktiergerät [dık'tiːrgərɛːt] *n* dictaphone

dinglich ['dɪŋlɪç] *adj* concrete, real; *adv* ~ *berechtigt* holding interests in rem

dingliche Sicherung ['dɪŋlɪçə 'zɪçərʊŋ] *f* real security

dingliches Recht ['dɪŋlɪçəs rɛçt] *n* real right

Diplomarbeit [di'plo:marbaɪt] *f* dissertation, thesis

Diplomingenieur [di'plo:mɪnʒenjøːr] *m* academically trained engineer

Diplomkauffrau [di'plo:mkauffrau] *f* (female) Bachelor of Commerce

Diplomkaufmann [di'plo:mkaufman] *m* (male) Bachelor of Commerce

Direktbestellung [di'rɛktbəʃtɛlʊŋ] *f* direct ordering

direkte Steuern [di'rɛktə 'ʃtɔyərn] *f/pl* direct taxes

Direktinvestitionen [di'rɛktɪnvɛstɪtsjo:nən] *f/pl* direct investments

Direktion [dirɛk'tsjo:n] *f* management, administration; board of directors

Direktive [dirɛk'ti:və] *f* directive, general instruction

Direktor [di'rɛktɔr] *m* director, manager

Direktorium [dirɛk'to:rjum] *n* directorate, board of directors; head office, headquarters

Direktübertragung [di'rɛktybərtra:ɡʊŋ] *f* live transmission

Direktverkauf [di'rɛktfɛrkauf] *m* direct selling

Dirigismus [diri'ɡɪsmus] *m* controlled economy

Disagio [diz'a:dʒo] *n* disagio, discount

Discount [dɪs'kaunt] *m* discount

Diskette [dɪs'kɛtə] *f* disk

Diskettenlaufwerk [dɪs'kɛtənlaufvɛrk] *n* disk drive

Diskont [dɪs'kɔnt] *m* discount

diskontieren [dɪskɔn'ti:rən] *v* discount

Diskontpolitik [dɪs'kɔntpolitik] *f* discount policy

Diskontsatz [dɪs'kɔntzats] *m* discount rate

Diskretion [dɪskre'tsjo:n] *f* discretion; *(vertrauliche Behandlung)* confidentiality

diskriminieren [dɪskrimi'ni:rən] *v* discriminate against

Diskussion [dɪskus'jo:n] *f* discussion, debate, argument

Diskussionsleiter [dɪskus'jo:nslaɪtər] *m* moderator, chairman

Diskussionsrunde [dɪskus'jo:nsrundə] *f* discussion

Diskussionsteilnehmer [dɪskus'jo:nstaɪlne:mər] *m* participant in a discussion

Diskussionsthema [dɪskus'jo:nste:ma:] *n* topic of discussion

diskutieren [dɪsku'ti:rən] *v* discuss, debate

Display ['dɪsple:] *n* display

disponieren [dɪspɔ'ni:rən] *v* make arrangements for; *(Auftragserteilung)* place orders; *über etw* ~ have sth at one's disposal

Disposition [dɪspozi'tsjo:n] *f (Vorbereitung)* preparations, arrangements; *(Auftragserteilung)* placing of orders; *(Verfügung) jdm zur* ~ *stehen* to be at s.o.'s disposal; *jdn zur* ~ *stellen* send s.o. into temporary retirement; *(Gliederung)* layout, plan

Dispositionskredit [dɪspozi'tsjo:nskredit] *m* drawing credit, overdraft facility

Disput [dɪs'pu:t] *m* dispute

distanzieren [dɪstan'tsi:rən] *v sich* ~ distance o.s.

Distribution [dɪstribu'tsjo:n] *f* distribution

disziplinarisch [dɪstsipli'naːrɪʃ] *adj* disciplinary

Disziplinarverfahren [dɪstsi'plinaːrfɛrfaːrən] *n* disciplinary action

disziplinieren [dɪstsipli'niːrən] *v* discipline

diszipliniert [dɪstsipli'niːrt] *adj* disciplined

Diversifikation [divɛrzifika'tsjoːn] *f* diversification

Dividende [divi'dɛndə] *f* dividend

Dividendenausschüttung [divi'dɛndənausʃyːtuŋ] *f* dividend distribution, dividend payout

D-Mark ['deːmark] *f HIST* Deutschmark, German mark

Dock [dɔk] *n* dock

Dockarbeiter ['dɔkarbaɪtər] *m* dock worker

Doktorarbeit ['dɔktɔrarbaɪt] *f* doctoral thesis

Dokument [doku'mɛnt] *n* document, record

Dokumentakkreditiv [doku'mɛntakrediːtiːf] *n* documentary letter of credit

Dokumentation [dokumɛnta'tsjoːn] *f* documentary report

Dokumente gegen Zahlung [doku'mɛntə 'geːgən 'tsaːluŋ] documents against payments

dokumentieren [dokumɛn'tiːrən] *v* document; *(fig)* demonstrate, reveal, show

Dollar ['dɔlar] *m* dollar

Dollarklausel ['dɔlarklauzəl] *f* dollar clause

Dollarkrise ['dɔlarkriːzə] *f* dollar crisis

Dollarkurs ['dɔlarkurs] *m* dollar rate

dolmetschen ['dɔlmɛtʃən] *v* interpret, translate

Dolmetscher(in) ['dɔlmɛtʃər(ɪn)] *m/f* interpreter, translator

Dolmetscherbüro ['dɔlmɛtʃərbyroː] *n* translation bureau, interpreter agency

Dominanz [domɪ'nants] *f* dominance

dominieren [domi'niːrən] *v* dominate

doppeldeutig ['dɔpəldɔytɪç] *adj* ambiguous, equivocal, with a double meaning

doppelte Buchführung ['dɔpəltə 'buːxfyːruŋ] *f* double entry book-keeping

Doppelverdiener ['dɔpəlfɛrdiːnər] *m* double wage-earner

dotieren [dɔ'tiːrən] *v* endow, fund

Dotierung [dɔ'tiːruŋ] *f* donation, grant, endowment; *(von Posten)* remuneration

Dozent [do'tsɛnt] *m* lecturer, assistant professor *(US)*

dozieren [do'tsiːrən] *v* lecture; *(fig: belehrend vorbringen)* hold forth

drahtlos ['draːtloːs] *adj* wireless

Drahtseilakt ['draːtzaɪlakt] *m (fig)* tightrope act

drängen ['drɛŋən] *v (fig)* press, urge; *(lit)* press, push, force

drastisch ['drastɪʃ] *adj* drastic

Drehachse ['dreːaksə] *f* rotary axis, pivot

Drehstrom ['dreːʃtroːm] *m* three-phase current

Dreiecksgeschäft ['draɪɛksgəʃɛft] *n* triangular transaction

Dreimonatspapier ['draɪmoːnatspapiːr] *n* three months' papers

Dreiviertelmehrheit [draɪ'fɪrtəlmeːrhaɪt] *f* three-fourths majority, three-quarters majority

dringend ['drɪŋənt] *adj* urgent, pressing, imperative; *(Gründe)* compelling

Dringlichkeit ['drɪŋlɪçkaɪt] *f* urgency

Drittel ['drɪtəl] *n* third

Drittländer ['drɪtlɛndər] *n/pl* third countries

drohen ['droːən] *v* threaten

Drohung ['dro:uŋ] *f* threat
Drosselung ['drɔsəluŋ] *f (fig: Abschwächung)* curbing, restraint
Druck [druk] *m* pressure; *(Belastung)* burden, load; *unter ~ stehen* to be under pressure; *jdn unter ~ setzen* put pressure on s.o.
Druckbuchstabe ['drukbuxʃta:bə] *m* block letter
drucken ['drukən] *v* print
drücken ['drykən] *v (Preise)* force down
Drucker ['drukər] *m (Gerät)* printer
Druckfehler ['drukfe:lər] *m* misprint
Druckmittel ['drukmɪtəl] *n* means of exercising pressure, lever
druckreif ['drukraɪf] *adj* ready for printing
Drucksache ['drukzaxə] *f* printed matter
Druckschrift ['drukʃrɪft] *f* block letters
Dualismus [dua'lɪsmus] *m* dualism
dulden ['duldən] *v (hinnehmen)* tolerate, put up with, permit; *(ertragen)* bear
Dunkelziffer ['duŋkəltsɪfər] *f* estimated number of unreported cases
Duplikat [dupli'ka:t] *n* duplicate
durcharbeiten ['durçarbaɪtən] *v* work without stopping; *etw ~* work through sth
Durchbruch ['durçbrux] *m (fig)* breakthrough
Durchfuhr ['durçfu:r] *f* transit
durchführen ['durçfy:rən] *v (ausführen)* carry out, implement, execute
Durchführung ['durçfy:ruŋ] *f* carrying out, execution, implementation
Durchgangsschein ['durçgaŋsʃaɪn] *m* transit certificate
durchgreifen ['durçgraɪfən] *v irr (fig)* take drastic measures
durchkreuzen [durç'krɔytsən] *v (fig: Pläne)* frustrate, thwart

Durchsage ['durçza:gə] *f* announcement, newsflash
durchschauen ['durçʃauən] *v* look through; *(erkennen)* see through
Durchschlag ['durçʃla:k] *m* (carbon) copy
Durchschlagpapier ['durçʃla:kpapi:r] *n* carbon paper
Durchschnitt ['durçʃnɪt] *m* average
durchschnittlich ['durçʃnɪtlɪç] *adj* average, ordinary; *adv* on average; *~ betragen* average, average out
Durchschnittsbürger ['durçʃnɪtsbyrgər] *m* average citizen, the man in the street
Durchschnittseinkommen ['durçʃnɪtsaɪnkɔmən] *n* average income
Durchschnittskosten ['durçʃnɪtskɔstən] *pl* average costs *pl*
Durchschnittswert ['durçʃnɪtsve:rt] *m* average value, mean value
durchsetzen ['durçzɛtsən] *v sich ~* get one's way, assert o.s.; *(Erzeugnis)* prove its worth, prevail on the market
Durchsetzungsvermögen ['durçzetsuŋsfɛrmø:gən] *n* ability to get things done, drive
Durchsicht ['durçzɪçt] *f* looking through, examination, inspection
durchstellen ['durçʃtɛlən] *v (fig: telefonisch)* put through
durchstreichen ['durçʃtraɪçən] *v irr* cross out, delete
Durchwahl ['durçva:l] *f* extension
Dutzend ['dutsənt] *n* dozen
dutzendweise ['dutsəntvaɪzə] *adv* by the dozen, in dozens
DVD-ROM [de: fau de: 'rɔm] *f* DVD-ROM
Dynamik [dy'na:mɪk] *f* dynamics *pl*
dynamisch [dy'na:mɪʃ] *adj* dynamic

E

Eckdaten ['ɛkdaːtən] *pl* basic data
Edelstahl ['eːdəlʃtaːl] *m* high-grade steel
EDV [eːdeː'fau] *f (elektronische Datenverarbeitung)* electronic data processing; ~ – *Abteilung* computer operating section; ~ *Kenntnisse* computer literate
EDV-Anlage [eːdeː'fauanlaːgə] *f* computer equipment, electronic data processing equipment
Effekten [ɛ'fɛktən] *f/pl* securities *pl*
Effektenbörse [ɛ'fɛktənbœrzə] *f* stock exchange
Effektengeschäft [ɛ'fɛktəngəʃɛft] *n* securities business, stock exchange transaction
Effektenhandel [ɛ'fɛktənhandəl] *m* securities trading, dealing in stocks
effektiv [ɛfɛk'tiːf] *adj* effective
Effektivität [ɛfɛktivi'tɛːt] *f* effectivity
Effektivlohn [ɛfɛk'tiːfloːn] *m* actual wage
Effektivzins [ɛfɛk'tiːftsɪns] *m* effective interest
effizient [ɛfi'tsjɛnt] *adj* efficient
Effizienz [ɛfi'tsjɛnts] *f* efficiency
ehrenamtlich ['eːrənamtlɪç] *adj* unpaid, honorary; *adv* without payment, in an honorary capacity
Ehrenkodex ['eːrənkoːdɛks] *m* code of honour
Ehrenmitglied ['eːrənmɪtgliːt] *n* honorary member
eichen ['aɪçən] *v* calibrate, gauge, standardize, standardise *(UK)*
Eichung ['aɪçuŋ] *f* adjustment, calibration, standardization, standardisation *(UK)*

eidesstattlich ['aɪdəsʃtatlɪç] *adj* in lieu of an oath
eidesstattliche Erklärung ['aɪdəsʃtatlɪçə ɛr'klɛːruŋ] *f* declaration in lieu of an oath
Eigenbeteiligung ['aɪgənbətaɪlɪguŋ] *f* self-participation
Eigenfinanzierung ['aɪgənfɪnantsiːruŋ] *f* self-financing, equity financing
Eigengewicht ['aɪgəngəvɪçt] *n* net weight
Eigenkapital ['aɪgənkapitaːl] *n* equity capital, own capital
eigenständig ['aɪgənʃtɛndɪç] *adj* independent
Eigenständigkeit ['aɪgənʃtɛndɪçkaɪt] *f* independence
Eigentum ['aɪgəntuːm] *n* property; ownership
Eigentümer ['aɪgəntyːmər] *m* owner
Eigenverbrauch ['aɪgənfɛrbraux] *m* personal consumption
Eigner ['aɪgnər] *m (Eigentümer)* owner
Eilschrift ['aɪlʃrɪft] *f* high-speed shorthand, abbreviated shorthand
Einarbeitung ['aɪnarbaɪtuŋ] *f* getting used to one's work, training, vocational adjustment
einbehalten ['aɪnbəhaltən] *v irr* keep back, retain
einberechnen ['aɪnbərɛçnən] *v etw mit* ~ take something into account
einberufen ['aɪnbəruːfən] *v irr (Versammlung)* convene, call, summon
Einberufung ['aɪnbəruːfuŋ] *f (einer Versammlung)* convening, calling, convocation

einbringen [ˈaɪnbrɪŋən] v yield; *(Kapital)* invest, pay in; *(Verlust)* make up for; *(Parlament) Gesetzesvorlage* ~ introduce a bill

Einbruchversicherung [ˈaɪnbruxfɛrzɪçərʊŋ] f housebreaking insurance

Einbuße [ˈaɪnbuːsə] f loss, damage

einbüßen [ˈaɪnbyːsən] v *(Geld)* lose; *(Recht)* forfeit

eindecken [ˈaɪndɛkən] v *sich mit etw* ~ stock up on sth, lay in a supply of sth; *jdn mit etw* ~ provide s.o. with sth, swamp s.o. with sth

Einfuhr [ˈaɪnfuːr] f import

Einfuhrabgabe [ˈaɪnfuːrapgaːbə] f import duties *pl*

Einfuhrbeschränkung [ˈaɪnfuːrbəʃrɛnkʊŋ] f import restriction

einführen [ˈaɪnfyːrən] v *(importieren)* import

Einfuhrerklärung [ˈaɪnfuːrɛrklɛːrʊŋ] f import declaration

Einfuhrgenehmigung [ˈaɪnfuːrgəneːmɪgʊŋ] f import permit, import licence

Einfuhrpapiere [ˈaɪnfuːrpapiːrə] *n/pl* import documents *pl*

Einführung [ˈaɪnfyːrʊŋ] f *(von etw Neuem)* introduction; *(Import)* import, importation

Einführungspreis [ˈaɪnfyːrʊŋspraɪs] *m* introductory price, initial price

Einführungsrabatt [ˈaɪnfyːrʊŋsrabat] *m* introductory discount

Einfuhrverbot [ˈaɪnfuːrfɛrboːt] *n* import prohibition, ban on imports

Einfuhrzoll [ˈaɪnfuːrtsɔl] *m* import duty

Eingabe [ˈaɪngaːbə] f *(Daten)* input, entry, *(Antrag)* petition, request

Eingang [ˈaɪngaŋ] *m* entrance, way in; *(Wareneingang)* goods received, receipt of goods; *(Geldeingang)* receipt

Eingang vorbehalten [ˈaɪngaŋ ˈfoːrbəhaltən] v due payment reserved

Eingangsstempel [ˈaɪngaŋsʃtɛmpəl] *m* entry stamp, receipt stamp

eingeben [ˈaɪngeːbən] v *irr (Daten)* input, enter, *(einreichen)* submit, hand in

eingetragen [ˈaɪngətraːgən] *adj* registered, entered

eingezahltes Kapital [ˈaɪngətsaːltəs kapiˈtaːl] *n* paid-up capital

eingreifen [ˈaɪngraɪfən] v *irr (einschreiten)* intervene, step in

Eingriff [ˈaɪngrɪf] *m (Einschreiten)* intervention, interference

einhalten [ˈaɪnhaltən] v *(befolgen)* observe, stick to, adhere to; *(Versprechen)* keep; *(beibehalten)* follow, keep to

Einhaltung [ˈaɪnhaltʊŋ] f *(Befolgung)* observance of, compliance with; f *(Beibehaltung)* holding to, adherence to

einheften [ˈaɪnhɛftən] v *(Akten)* file

Einheitskurs [ˈaɪnhaɪtskurs] *m* uniform price, spot price

Einheitswährung [ˈaɪnhaɪtsvɛːrʊŋ] f unified currency

Einheitszoll [ˈaɪnhaɪtstsɔl] *m* uniform duty

einkalkulieren [ˈaɪnkalkuliːrən] v take into account

Einkauf [ˈaɪnkauf] *m* purchase

einkaufen [ˈaɪnkaufən] v buy; make one's purchases

Einkäufer [ˈaɪnkɔyfər] *m* buyer

Einkaufsbedingungen [ˈaɪnkaufsbədɪŋʊŋən] *f/pl* purchasing terms *pl*

Einkaufsland [ˈaɪnkaufslant] *n* country of purchase

Einkaufspreis [ˈaɪnkaufspraɪs] *m* wholesale price, cost price, purchase price

Einkommen [ˈaɪnkɔmən] *n* income, earnings, revenue

Einkommenserklärung ['aɪnkɔmənsɛrklɛːruŋ] *f* income declaration

einkommensschwach ['aɪnkɔmənsʃvax] *adj* of low wage groups, low income groups

Einkommensteuer ['aɪnkɔmənʃtɔyər] *f* income tax

Einkommensteuererklärung ['aɪnkɔmənʃtɔyərɛrklɛːruŋ] *f* income tax return

Einkünfte ['aɪnkynftə] *pl* income, earnings *pl*, *(des Staates)* revenue

Einlage ['aɪnlaːgə] *f* investment, deposit

einlagern ['aɪnlaːgərn] *v* store, put into stock

Einlagerung ['aɪnlaːgəruŋ] *f* storage

einlegen ['aɪnleːgən] *v* put in; *Protest* ~ lodge a protest; *eine Pause* ~ take a break; *(Geld)* deposit

einloggen ['aɪnlɔgən] *v sich* ~ log in, log on

einlösen ['aɪnløːzən] *v (Scheck)* cash; *(Hypothek)* redeem

Einlösung ['aɪnløːzuŋ] *f* payment; redemption

Einnahmen ['aɪnnaːmən] *f/pl* receipts *pl*, takings *pl*

einnehmen ['aɪnneːmən] *v irr (verdienen)* earn; *(Geld)* receive, register; *jemandes Stelle* ~ succeed to a person's place, replace a person

Einsatz ['aɪnzats] *m (Kapitaleinsatz)* investment; *(Anwendung)* employment, use, application; *(Hingabe)* effort, commitment, dedication

einsatzbereit ['aɪnzatsbərait] *adj* ready for use, ready for operation

Einschreibebrief ['aɪnʃraɪbəbriːf] *m* registered letter

Einschreiben ['aɪnʃraɪbən] *n per* ~ by registered post, by registered mail *(US)*

einsenden ['aɪnzɛndən] *v irr* send in, submit

Einsendung ['aɪnzɛnduŋ] *f* letter, contribution

einsparen ['aɪnʃpaːrən] *v* economize, save money

Einsparung ['aɪnʃpaːruŋ] *f* saving, economization

Einspruch ['aɪnʃprux] *m* objection, protest

Einstandspreis ['aɪnʃtantsprais] *m* cost price

einstellen ['aɪnʃtɛlən] *v (Arbeitskräfte)* employ, engage; *(beenden)* stop, cease, leave off; *(regulieren)* adjust, regulate

Einstellung ['aɪnʃtɛluŋ] *f (Arbeitskräfte)* employment; *(Beendigung)* cessation, suspension; *(Regulierung)* setting, adjustment

einstufen ['aɪnʃtuːfən] *v* grade, classify, rate

Einstufung ['aɪnʃtuːfuŋ] *f* classification, grading

Eintragung ['aɪntraːguŋ] *f* registration

einweisen ['aɪnvaɪzən] *v irr (anleiten)* introduce, instruct

Einweisung ['aɪnvaɪzuŋ] *f (Instruktionen)* instructions *pl*

einzahlen ['aɪntsaːlən] *v* pay in, deposit

Einzahlung ['aɪntsaːluŋ] *f* payment, deposit

Einzahlungsbeleg ['aɪntsaːluŋsbəleːk] *m* paying-in slip

Einzelhandel ['aɪntsəlhandəl] *m* retail trade

Einzelhandelspreis ['aɪntsəlhandəlsprais] *m* retail price *m*

Einzelhändler ['aɪntsəlhɛndlər] *m* retailer

Einzelstück ['aɪntsəlʃtyk] *n* unique piece

einziehen ['aıntsi:ən] *v (beschlagnahmen)* confiscate, impound, withdraw; *Auskünfte über etw ~* gather information about sth; *(kassieren)* collect, call in; *(aus dem Verkehr ziehen)* call in

Einzug ['aıntsu:k] *m (Beschlagnahme)* confiscation, seizure, impounding, *(von Geld, Steuern)* collection, cashing

Eisenbahn ['aızənba:n] *f* railway

Eisenbahnnetz ['aızənba:nnɛts] *n* railway network

Eisenbahntarif ['aızənba:ntari:f] *m* railway tariff

Eisenbahnwagen ['aızənba:nva:gən] *m* railway carriage, railroad car *(US)*

Eisenhütte ['aızənhytə] *f* ironworks *pl*

Eisenindustrie ['aızənındustri:] *f* iron industry

Eisen verarbeitend ['aızənfɛrarbaıtənt] *adj* iron-processing

Elektrik [e'lɛktrık] *f* electrical equipment; *(Elektrotechnik)* electrical engineering

Elektrizität [elɛktritsi'tɛ:t] *f* electricity, electric current

Elektrizitätswerk [elɛktritsi'tɛ:tsvɛrk] *n* power station, generating plant

Elektronik [elɛk'tro:nık] *f* electronics

elektronisch [elɛk'tro:nıʃ] *adj* electronic

Elektrotechnik [e'lɛktrotɛçnık] *f* electrical engineering

Elektrotechniker [e'lɛktrotɛçnıkər] *m* electrician

E-Mail ['i:meıl] *n* e-mail

Embargo [ɛm'bargo] *n* embargo

Emission [emıs'jo:n] *f* issue, issuing

Emissionsgeschäft [emıs'jo:nsgəʃɛft] *n* investment business

Emissionskurs [emıs'jo:nskurs] *m* rate of issue

Empfänger [ɛm'pfɛŋər] *m* recipient, *(Gerät)* receiver

Empfangsbestätigung [ɛm'pfaŋsbəʃtɛ:tıguŋ] *f* acknowledgement of receipt

Empfangsdame [ɛm'pfaŋsda:mə] *f* receptionist

Empfehlungsschreiben [ɛm'pfe:luŋsʃraıbən] *n* letter of recommendation, reference *(UK)*, letter of introduction

Endabnehmer ['ɛntapne:mər] *m* ultimate buyer

Endabrechnung ['ɛntapreçnuŋ] *f* final account

Endbetrag ['ɛntbətra:k] *m* final amount

Endergebnis ['ɛntɛrge:pnıs] *n* final result

Endkontrolle ['ɛntkɔntrɔlə] *f* final control

endlagern ['ɛntla:gərn] *v* permanently dump, permanently dispose of

Endlagerung ['ɛntla:gəruŋ] *f* permanent storage (of radioactive waste)

Endprodukt ['ɛntprodukt] *n* finished product

Endverbraucher ['ɛntfɛrbrauxər] *m* (ultimate) consumer

Energie [enɛr'gi:] *f* energy

energiearm [enɛr'gi:arm] *adj* low-energy

Energiebedarf [enɛr'gi:bədarf] *m* energy requirements *pl*, energy demand

energiebewusst [enɛr'gi:bəvust] *adj* energy-conscious

Energieersparnis [enɛr'gi:ɛrʃpa:rnıs] *f* energy savings *pl*

Energiekrise [enɛr'gi:kri:zə] *f* energy crisis

Energiequelle [enɛr'gi:kvɛlə] *f* energy source

Energieverbrauch [enɛr'gi:fɛrbraux] *m* energy consumption

Energieversorgung [enɛr'giːfɛrzɔrguŋ] f energy supply

Energiewirtschaft [enɛr'giːvɪrtʃaft] f power-producing industry

enteignen [ɛnt'aɪgnən] v expropriate

Enteignung [ɛnt'aɪgnuŋ] f expropriation, dispossession

Entgelt [ɛnt'gɛlt] n compensation, payment, remuneration

Entladung [ɛnt'laːduŋ] f *(im Transportwesen)* unloading; *(elektrisch)* discharge

Entladungskosten [ɛnt'laːduŋskɔstən] f discharging expenses, unloading expenses

entlassen [ɛnt'lasən] v irr *(Arbeitskraft)* dismiss, fire *(fam)*, sack *(fam)*

Entlassung [ɛnt'lasuŋ] f dismissal

entlohnen [ɛnt'loːnən] v pay off, remunerate

Entlohnung [ɛnt'loːnuŋ] f remuneration, paying, paying off

entmündigen [ɛnt'myndɪgən] v declare incapable of managing his/her own affairs, legally incapacitate

Entmündigung [ɛnt'myndɪguŋ] f legal incapacitation

entrichten [ɛnt'rɪçtən] v pay

entschädigen [ɛnt'ʃɛːdɪgən] v compensate, repay, reimburse

Entschädigung [ɛnt'ʃɛːdɪguŋ] f compensation, indemnification, reimbursement

entscheiden [ɛnt'ʃaɪdən] v irr decide, determine, settle; *sich gegen etw ~* decide against sth; *Sie entschied sich für das rote Kleid.* She decided on the red dress.

Entscheidung [ɛnt'ʃaɪduŋ] f decision; *eine ~ treffen* make a decision; *(juristisch)* ruling, decree

Entscheidungsbefugnis [ɛnt'ʃaɪduŋsbəfuːknɪs] f competence, jurisdiction

Entscheidungsfindung [ɛnt'ʃaɪduŋsfɪnduŋ] f decisionmaking

entschlackte Produktion [ɛnt'ʃlaktə produk'tsjoːn] f lean production

entschließen [ɛnt'ʃliːsən] v irr sich ~ decide, make up one's mind, determine

entschlossen [ɛnt'ʃlɔsən] adj determined, resolved, resolute; adv with determination, resolutely

Entschlossenheit [ɛnt'ʃlɔsənhaɪt] f determination, resoluteness

Entschluss [ɛnt'ʃlus] m resolution, decision

entsorgen [ɛnt'zɔrgən] v Abfall ~ dispose of waste

Entsorgung [ɛnt'zɔrguŋ] f waste management

entwerten [ɛnt'vɛrtən] v *(Geld)* devalue; *(fig)* devalue, depreciate

Entwertung [ɛnt'vɛrtuŋ] f depreciation, devaluation

entwickeln [ɛnt'vɪkəln] v develop, evolve

Entwicklung [ɛnt'vɪkluŋ] f development

entwicklungsfähig [ɛnt'vɪkluŋsfɛːɪç] adj capable of development; *Es ist ~.* It has potential.

Entwicklungshilfe [ɛnt'vɪkluŋshɪlfə] f development aid, aid to developing countries

Entwicklungskosten [ɛnt'vɪkluŋskɔstən] pl development costs pl

Entwicklungsland [ɛnt'vɪkluŋslant] n developing country; *Entwicklungsländer* pl underdeveloped countries pl

Entwicklungsstufe [ɛnt'vɪkluŋsʃtuːfə] f developmental stage, phase of development

Entwurf [ɛntˈvurf] *m* design, plan, draft
Erben [ˈɛrbən] *m/pl* heirs *pl*
Erbengemeinschaft [ˈɛrbəngəmaɪnʃaft] *f* community of heirs *pl*
Erbschaft [ˈɛrbʃaft] *f* inheritance
Erbschaftssteuer [ˈɛrbʃaftsʃtɔyər] *f* inheritance tax
Erdöl [ˈeːrtøːl] *n* crude oil, petroleum; ~ *exportierend* oil exporting
Erdölförderung [ˈeːrtøːlfœrdəruŋ] *f* oil production
Erdölproduktion [ˈeːrtøːlproduktsjoːn] *f* oil production
Erdölvorkommen [ˈeːrtøːlfoːrkɔmən] *f* oil field, source of oil
erfinden [ɛrˈfɪndən] *v irr* invent, devise
Erfinder [ɛrˈfɪndər] *m* inventor
erfinderisch [ɛrˈfɪndərɪʃ] *adj* inventive, imaginative
Erfolg [ɛrˈfɔlk] *m* success; ~ *versprechend* promising
erfolglos [ɛrˈfɔlkloːs] *adj* unsuccessful, fruitless
Erfolglosigkeit [ɛrˈfɔlkloːzɪçkaɪt] *f* ineffectiveness, lack of success
erfolgreich [ɛrˈfɔlkraɪç] *adj* successful, effective
Erfolgsaussicht [ɛrˈfɔlksauszɪçt] *f* chances of success
Erfolgskonto [ɛrˈfɔlkskɔnto] *n* statement of costs
erfolgsorientiert [ɛrˈfɔlksɔrjɛntiːrt] *adj* success-oriented
erforschen [ɛrˈfɔrʃən] *v* explore; *(prüfen)* examine, investigate
erfüllen [ɛrˈfylən] *v (Pflicht)* fulfil, carry out; *(Wunsch)* fulfil
Erfüllung [ɛrˈfyluŋ] *f* execution, compliance
Erfüllungsort [ɛrˈfyluŋsɔrt] *m (bei einem Scheck)* place of payment; *(bei einem Vertrag)* place where a contract is to be fulfilled
Ergänzung [ɛrˈgɛntsuŋ] *f* supplementation, addition; *(Vervollständigung)* completion
Ergebnis [ɛrˈgeːpnɪs] *n* result, outcome; *(Folgen)* consequences *pl; (Wirkung)* effect
ergebnislos [ɛrˈgeːpnɪsloːs] *adj* fruitless, ineffective, without success, without result
ergiebig [ɛrˈgiːbɪç] *adj* productive, lucrative, rich
Ergiebigkeit [ɛrˈgiːbɪçkaɪt] *f* productiveness
Ergonomie [ɛrgonoˈmiː] *f* ergonomics
erhältlich [ɛrˈhɛltlɪç] *adj* obtainable, available
erheben [ɛrˈheːbən] *v irr (Steuern)* levy, impose; *(Klage)* file (a complaint), bring an action against
Erhebung [ɛrˈheːbuŋ] *f (Steuer)* imposition, levy; investigation, inquiry; *(Statistik)* survey, census
Erhebungszeitraum [ɛrˈheːbuŋstsaɪtraum] *m* period under survey
erhöhen [ɛrˈhøːən] *v* increase, raise, elevate
Erhöhung [ɛrˈhøːuŋ] *f* increase, raising, heightening
Erklärung [ɛrˈklɛːruŋ] *f* explanation
erkundigen [ɛrˈkundɪgən] *v sich* ~ make inquiries, inquire
erlassen [ɛrˈlasən] *v irr jdm etw* ~ *(Strafe)* remit; *(Gebühren)* waive; *(Verpflichtung)* exempt, release
Erlaubnis [ɛrˈlaupnɪs] *f* permission; *(Schriftstück)* permit
erläutern [ɛrˈlɔytərn] *v* explain, clarify
Erläuterung [ɛrˈlɔytəruŋ] *f* explanation, clarification

erledigen [ɛrˈleːdɪɡən] *v* handle, deal with, take care of

erledigt [ɛrˈleːdɪçt] *adj (abgeschlossen)* completed; *(fam: ruiniert)* finished, through with

Erledigung [ɛrˈleːdɪɡuŋ] *f* handling, dealing with, carrying out

Erlös [ɛrˈløːs] *m* proceeds *pl*, revenue

ermächtigen [ɛrˈmɛçtɪɡən] *v* authorize, empower

Ermächtigung [ɛrˈmɛçtɪɡuŋ] *f* authorization, power; *(Urkunde)* warrant, licence

Ermahnung [ɛrˈmaːnuŋ] *f* admonition

Ermäßigung [ɛrˈmɛːsɪɡuŋ] *f* reduction, discount

Ermessen [ɛrˈmɛsən] *n (Einschätzung)* estimation; *nach menschlichem ~* as far as it is possible to tell; *(Gutdünken)* discretion

ermitteln [ɛrˈmɪtəln] *v* investigate, inquire into

Ermittlungsverfahren [ɛrˈmɪtluŋsfɛrfaːrən] *n* preliminary investigation

Ermüdung [ɛrˈmyːduŋ] *f (Material)* fatigue

ernennen [ɛrˈnɛnən] *v irr* nominate, appoint, designate

Ernennung [ɛrˈnɛnuŋ] *f* nomination, appointment, designation

Ernennungsurkunde [ɛrˈnɛnuŋsuːrkundə] *f* letter of appointment, deed of appointment

Erniedrigung [ɛrˈniːdrɪɡuŋ] *f* reduction

eröffnen [ɛrˈœfnən] *v* open

Eröffnung [ɛrˈœfnuŋ] *f* opening; *(Einweihung)* inauguration; *(Mitteilung)* revelation, notification, disclosure

Eröffnungsbilanz [ɛrˈœfnuŋsbilants] *f* opening balance sheet

erörtern [ɛrˈœrtərn] *v* discuss, argue, debate

Erörterung [ɛrˈœrtəruŋ] *f* discussion, debate

erproben [ɛrˈproːbən] *v* test, put to the test

erprobt [ɛrˈproːpt] *adj* tested, reliable

Erprobung [ɛrˈproːbuŋ] *f* test, testing

errechnen [ɛrˈrɛçnən] *v* calculate, work out, compute

erreichbar [ɛrˈraɪçbaːr] *adj* attainable, within reach; *(verfügbar)* available

Erreichbarkeit [ɛrˈraɪçbaːrkaɪt] *f* attainability; *(Verfügbarkeit)* availability

erreichen [ɛrˈraɪçən] *v* reach; *(fig)* reach, attain, achieve; *(fig: erlangen)* obtain

errichten [ɛrˈrɪçtən] *v* build, construct, erect; *(gründen)* open, set up, establish

Errichtung [ɛrˈrɪçtuŋ] *f* construction, erection, building; *(Gründung)* establishment, foundation

Ersatz [ɛrˈzats] *m (Vergütung)* compensation; *(Austauschstoff)* substitute; *(Ersetzendes)* replacement, alternative; *(Entschädigung)* indemnification

Ersatzanspruch [ɛrˈzatsanʃprux] *m* claim for damages

Ersatzkauf [ɛrˈzatskauf] *m* substitute purchase

Ersatzlieferung [ɛrˈzatsliːfəruŋ] *f* replacement delivery, substitute delivery

Ersatzteil [ɛrˈzatstaɪl] *n* spare part, replacement part

erschließbar [ɛrˈʃliːsbaːr] *adj (Rohstoffe)* exploitable

erschließen [ɛrˈʃliːsən] *v irr (Märkte)* open up, *(Baugelände)* develop

Erschließung [ɛrˈʃliːsuŋ] *f (Märkte)* opening up, *(eines Baugeländes)* development

Erschwerniszulage [ɛrˈʃvɛːrnɪstsuːlaɡə] *f* allowance for aggravating circumstances

erschwinglich [ɛr'ʃvɪŋlɪç] *adj* attainable, affordable, within one's means; *zu ~en Preisen* at reasonable price

Ersparnis [ɛr'ʃpaːrnɪs] *f* savings *pl*

erstatten [ɛr'ʃtatən] *v (Kosten)* reimburse; *Anzeige ~* file charges; *Bericht ~* report

Erstattung [ɛr'ʃtatʊŋ] *f (Kosten)* repayment, refund

Erstausgabe ['eːrstausgaːbə] *f* first edition

ersteigern [ɛr'ʃtaɪgərn] *v* buy at an auction

erstellen [ɛr'ʃtɛlən] *v* provide, supply; *(Rechnung, Übersicht)* draw up

ersuchen [ɛr'zuːxən] *v* request

Ersuchen [ɛr'zuːxən] *n* request, petition

Ertrag [ɛr'traːk] *m* return, profit, income, proceeds *pl*

Ertragfähigkeit [ɛr'traːkfɛːɪçkaɪt] *f* productivity, earning capacity

ertragreich [ɛr'traːkraɪç] *adj* productive, profitable, lucrative

ertragsabhängig [ɛr'traːksaphɛŋɪç] *adj* depending on profits

Ertragseinbruch [ɛr'traːksaɪnbrux] *m* profit shrinkage

Ertragslage [ɛr'traːkslaːgə] *f* profit situation, profitability

Ertragsrechnung [ɛr'traːksrɛçnʊŋ] *f* profit and loss account

Ertragsteuer [ɛr'traːkʃtɔyər] *f* tax on earnings

Ertragswert [ɛr'traːksvɛrt] *m* capitalized value

erwarten [ɛr'vartən] *v* expect, anticipate; *zu ~* probable

Erwartung [ɛr'vartʊŋ] *f* expectation, anticipation

Erweiterung [ɛr'vaɪtərʊŋ] *f* extension, expansion, distension

erweiterungsfähig [ɛr'vaɪtərʊŋsfɛːɪç] *adj* expandable

Erwerb [ɛr'vɛrp] *m (Kauf)* purchase, acquisition

erwerben [ɛr'vɛrbən] *v irr* acquire, obtain; earn; *(kaufen)* purchase, buy

erwerbsfähig [ɛr'vɛrpsfɛːɪç] *adj* able to work, capable of gainful employment, capable of earning a living

Erwerbsfähigkeit [ɛr'vɛrpsfɛːɪçkaɪt] *f* earning capacity

erwerbslos [ɛr'vɛrpsloːs] *adj* unemployed, jobless, out of work

Erwerbsquote [ɛr'vɛrpskvoːtə] *f* activity rate

erwerbstätig [ɛr'vɛrpstɛːtɪç] *adj* gainfully employed, working

Erwerbstätige(r) [ɛr'vɛrpstɛːtɪgə(r)] *m/f* gainfully employed person

erwerbsunfähig [ɛr'vɛrpsunfɛːɪç] *adj* incapable of gainful employment, incapacitated

Erwerbsunfähigkeit [ɛr'vɛrpsunfɛːɪçkaɪt] *f* physical disability, incapacity to work

erwirtschaften [ɛr'vɪrtʃaftən] *v* make a profit

Erwirtschaftung [ɛr'vɪrtʃaftʊŋ] *f* profit making

erzeugen [ɛr'tsɔygən] *v (herstellen)* produce, manufacture, make; *(hervorrufen)* evoke, bring about, give rise to

Erzeuger [ɛr'tsɔygər] *m* manufacturer, maker, producer

Erzeugerland [ɛr'tsɔygərlant] *n* country of origin

Erzeugerpreis [ɛr'tsɔygərpraɪs] *m* producer's price

Erzeugnis [ɛr'tsɔyknɪs] *n* product

erzielen [ɛr'tsiːlən] *v* achieve, realize, reach

etablieren [eta'bli:rən] *v sich ~* establish o.s., settle down, *(geschäftlich)* set up (a business), start (a business)
Etat [e'ta:] *m* budget
Etatkürzung [e'ta:kyrtsuŋ] *f* budget cut
Etikett [eti'kɛt] *n* label
etikettieren [etikɛ'ti:rən] *v* label, tag
Etikettierung [etikɛ'ti:ruŋ] *f* labelling
Euro ['ɔyro] *m* euro
Eurobond ['ɔyrobɔnd] *m* Eurobond
Euro-Dollar ['ɔyrodɔlar] *m* Eurodollar
Euro-Markenzeichen ['ɔyromarkəntsaıçən] *n* Eurobrand
Euromarkt ['ɔyromarkt] *m* Euromarket
Euronorm ['ɔyronɔrm] *f* Eurostandard
Europäische Gemeinschaft [ɔyro-'pɛ:ıʃə gə'maınʃaft] *f* European Community
Europäische Währungseinheit [ɔyro-'pɛ:ıʃə 'vɛ:ruŋsaınhaıt] *f* European Currency Unit (Euro)
Europäischer Binnenmarkt [ɔyro-'pɛ:ıʃər 'bınənmarkt] *m* Internal Market of the European Community
Europäischer Wirtschaftsraum [ɔyro-'pɛ:ıʃ 'vırtʃaftsraum] *m* European Economic Area
Europäisches Parlament [ɔyro'pɛ:ıʃəs parla'mɛnt] *n* European Parliament
Europäisches Patentamt [ɔyro'pɛ:ıʃəs pa'tɛntamt] *n* European Patent Office
Europäisches Währungssystem [ɔyro'pɛ:ıʃəs 'vɛ:ruŋszyste:m] *n* European Monetary System
Europapatent [ɔy'ro:papatɛnt] *n* European patent
Existenzminimum [ɛksıs'tɛntsminimum] *n* subsistence minimum
Exklusivrechte [ɛksklu'zi:frɛçtə] *pl* exclusive rights *pl*

Exklusivvertrag [ɛksklu'zi:ffɛrtrak] *m* exclusive distribution contract, exclusive licensing agreement
expandieren [ɛkspan'di:rən] *v* expand
Expansion [ɛkspan'zjo:n] *m* expansion
Experiment [ɛkspɛrı'mɛnt] *n* experiment
experimentell [ɛksperimɛn'tɛl] *adj* experimental
experimentieren [ɛkspɛrımɛn'ti:rən] *v* experiment; *mit etw* ~ experiment with sth; *an etw* ~ experiment on sth
Experte [ɛks'pɛrtə] *m* expert
Expertensystem [ɛks'pɛrtənzyste:m] *n* expert system
Expertise [ɛkspɛr'ti:zə] *f* expert assessment, expertise
Exponat [ɛkspo'na:t] *n* exhibit
Export [ɛks'pɔrt] *m* export, exportation
Exportabteilung [ɛks'pɔrtaptaıluŋ] *f* export department
Exportartikel [ɛks'pɔrtartıkəl] *m* export article
Exportauftrag [ɛks'pɔrtauftra:k] *m* export order
Exporteur [ɛkspɔr'tø:r] *m* exporter
Export-Factoring [ɛks'pɔrt 'fæktərıŋ] *f* export factoring
Exportfinanzierung [ɛks'pɔrtfınantsi:ruŋ] *f* financing of exports
Exportgeschäft [ɛks'pɔrtgəʃeft] *n* export business, export transaction
Exporthandel [ɛks'pɔrthandəl] *m* export trade
Exporthilfe [ɛks'pɔrthılfə] *f* export subsidy
exportieren [ɛkspɔr'ti:rən] *v* export
Exportquote [ɛks'pɔrtkvo:tə] *f* export quota, export rate
Exportüberschuss [ɛks'pɔrty:bərʃus] *m* export surplus

F

Fabrik [fa'brik] *f* factory, works, plant
Fabrikant [fabri'kant] *m* factory owner, manufacturer
Fabrikarbeit [fab'rikarbait] *f* factory work; *(Erzeugnis)* factory-made goods *pl*
Fabrikarbeiter [fa'brikarbaitər] *m* factory worker
Fabrikat [fabri'kaːt] *n* manufactured article, product, make
Fabrikation [fabrika'tsjoːn] *f* manufacture
Fabrikationsfehler [fabrika'tsjoːnsfeːlər] *m* manufacturing defect
Fabrikgelände [fa'briːkgəlɛndə] *n* factory site, factory premises, plant premises
Fabrikhalle [fa'briːkhalə] *f* factory building
Fabrikpreis [fa'briːkprais] *m* factory price, manufacturer's price
Facharbeiter ['faxarbaitər] *m* skilled worker, craftsman
Fachausbildung ['faxausbɪlduŋ] *f* professional education, specialized training
Fachbereich ['faxbəraiç] *m* special field, speciality
Fachbuch ['faxbuːx] *n* technical book
Fachgebiet ['faxgəbiːt] *n* special field
Fachhandel ['faxhandəl] *m* specialty shops, specialized trade
Fachhochschule ['faxhoːxʃuːlə] *f* technical college
Fachkenntnis ['faxkɛntnɪs] *f* specialized knowledge
Fachliteratur ['faxlitəratuːr] *f* specialized literature, technical literature
Fachmann ['faxman] *m* expert, specialist, authority

fachmännisch ['faxmɛnɪʃ] *adj* expert; *(Arbeit)* professional, competent
Fachsprache ['faxʃpraːxə] *f* technical language, technical terminology
Fachwissen ['faxvɪsən] *n* professional knowledge
Fachzeitschrift ['faxtsaitʃrɪft] *f* professional journal, technical journal
Fahrstuhl ['faːrʃtuːl] *m* lift, elevator *(US)*
Fahrzeugbau ['faːrtsɔykbau] *m* vehicle production
Fahrzeugbrief ['faːrtsɔykbriːf] *m* vehicle registration (document)
Fahrzeughalter ['faːrtsɔykhaltər] *m* vehicle owner
Fahrzeugschein ['faːrtsɔykʃain] *m* motor vehicle certificate
Faktor ['faktɔr] *m* factor; *(Vorarbeiter)* foreman
Faktur [fak'tuːr] *f* invoice
Faktura [fak'tuːra] *f* invoice
Fakturierung [faktu'riːruŋ] *f* making out an invoice
Fall [fal] *m* case, matter; *(Preise)* drop, fall
fällen ['fɛlən] *v eine Entscheidung ~* make a decision; *ein Urteil ~* pass sentence, pronounce sentence
fällig ['fɛlɪç] *adj* due, matured, payable; *~ werden* become due
Fälligkeit ['fɛlɪçkait] *f* maturity, expiration
Fälligkeitsdatum ['fɛlɪçkaitsdaːtum] *n* due date, maturity date
fälschen ['fɛlʃən] *v* falsify, fake, forge
Falschgeld ['falʃgɛlt] *n* counterfeit money

Fälschung ['fɛlʃuŋ] f fake, falsification, forgery, counterfeit

fälschungssicher ['fɛlʃuŋszɪçər] adj forge-proof, counterfeit-proof

Faltblatt ['faltblat] n leaflet

Falz [falts] f fold

falzen ['faltsən] v fold

Familienbetrieb [fa'miːljənbətriːp] m family-run company

Familienstand [fa'miːljənʃtant] m marital status

Farbband ['farpbant] n ink ribbon

Farbkopierer ['farpkopiːrər] m colour (photo)copier

Farbstoff ['farpʃtɔf] m colouring, pigment, dye

Fass [fas] n barrel, cask, *(kleines)* keg

Fax [faks] n fax, facsimile transmission

faxen ['faksən] v fax

Faxgerät ['faksɡəːrɛt] n fax machine

Fazit ['faːtsɪt] n net result; *das ~ aus etw ziehen* sum sth up

Federung ['feːdəruŋ] f springiness, elasticity springs

Feedback ['fiːdbæk] n feedback

Fehlbetrag ['feːlbətraːk] m deficit, shortfall, shortage

Fehlentscheidung ['feːlɛntʃaɪduŋ] f wrong decision, mistake

Fehler ['feːlər] m mistake, error; *(Defekt)* defect, fault, imperfection

fehlerhaft ['feːlərhaft] adj faulty, defective, unsound

fehlerlos ['feːlərloːs] adj faultless, flawless

Fehlinvestition ['feːlɪnvɛstɪtsjoːn] f unprofitable investment

Fehlkonstruktion ['feːlkɔnstruktsjoːn] f misconstruction, faulty design

Fehlschlag ['feːlʃlaːk] m *(fig: Misserfolg)* failure

fehlschlagen ['feːlʃlaːɡən] v irr *(fig)* fail, go wrong

Feierabend ['faɪəraːbənt] m finishing time, quitting time, knocking off time *(fam)*

Feiertag ['faɪərtaːk] m bank holiday

feilschen ['faɪlʃən] v bargain, haggle, dicker *(US)*

Feingehalt ['faɪnɡəhalt] m titre

Feinmechanik ['faɪnmeça:nɪk] f high-precision engineering

Ferien ['feːrjən] pl holidays, vacation *(US)*

Fernamt ['fɛrnamt] n telephone exchange, long-distance exchange

Fernbedienung ['fɛrnbədiːnuŋ] f remote control

Fernfahrer ['fɛrnfaːrər] m long-distance lorry driver, long-haul truck driver

Ferngespräch ['fɛrnɡəʃprɛːç] n long-distance call, trunk call

ferngesteuert ['fɛrnɡəʃtɔyərt] adj remote-controlled

Fernmeldeamt ['fɛrnmɛldəamt] n telephone exchange

Fernsteuerung ['fɛrnʃtɔyəruŋ] f remote control

Fernverkehr ['fɛrnfɛrkeːr] m long-distance traffic

Fernwärme ['fɛrnvɛrmə] f district heating

Fertigprodukt ['fɛrtɪçprɔdukt] n finished product

Fertigstellung ['fɛrtɪçʃtɛluŋ] f completion

Fertigung ['fɛrtɪɡuŋ] f manufacture, production, manufacturing

Fertigungskosten ['fɛrtɪɡuŋskɔstən] pl production costs pl

Fertigungsmenge ['fɛrtɪɡuŋsmɛŋə] f manufactured quantity

Fertigungsprozess ['fɛrtɪɡuŋsprotsɛs] *m* production procedure

Fertigungsverfahren ['fɛrtɪɡuŋsfɛrfaːrən] *n* production process

Fertigware ['fɛrtɪçwaːrə] *f* finished product

Festangestellte(r) ['fɛstanɡəʃtɛltə(r)] *m/f* permanent employee

Festbetrag ['fɛstbətraːk] *m* fixed amount

feste Wechselkurse ['fɛstə 'vɛksəlkursə] *m/pl* fixed exchange rates

Festeinkommen ['fɛstaɪnkɔmən] *n* fixed income

fester Zins ['fɛstər tsɪns] *m* fixed interest rate

Festgeld ['fɛstɡɛlt] *n* (fixed) time deposit

Festgeldkonto ['fɛstɡɛltkɔnto] *n* time desposit account

festhalten ['fɛsthaltən] *v irr* detain

festlegen ['fɛstleːɡən] *v* set, fix, specify; *(verpflichten)* commit

Festplatte ['fɛstplatə] *f* hard disk

Festpreis ['fɛstpraɪs] *m* fixed price

festsetzen ['fɛstzɛtsən] *v* lay down, fix, determine

Festsetzung ['fɛstzɛtsuŋ] *f* setting, determination, stipulation

feststehen ['fɛstʃteːən] *v* stand firm; *(Termin)* to be set

festverzinslich ['fɛstfɛrtsɪnslɪç] *adj* fixed-interest bearing

feuerbeständig ['fɔyərbəʃtɛndɪç] *adj* fire-resistant, fireproof

feuergefährlich ['fɔyərɡəfɛːrlɪç] *adj* flammable, combustible, inflammable

Filiale [fil'jaːlə] *f* branch, branch office; chain store

Filialleiter [fil'jaːllaɪtər] *m* branch manager

Filter ['fɪltər] *m* filter

Finanzamt [fɪ'nantsamt] *n* inland revenue office

Finanzausgleich [fɪ'nantsausɡlaɪç] *m* tax revenue sharing, financial equalization

Finanzbeamter [fɪ'nantsbəamtər] *m* (male) revenue official

Finanzbeamtin [fɪ'nantsbəamtɪn] *f* (female) revenue official

Finanzbericht [fɪ'nantsbərɪçt] *m* financial report

Finanzbuchhaltung [fɪ'nantsbuːxhaltuŋ] *f* financial accounting

Finanzen [fɪ'nantsən] *pl* finances *pl*

Finanzexperte [fɪ'nantsɛkspɛrtə] *m* financial expert

Finanzhoheit [fɪ'nantshoːhaɪt] *f* financial autonomy

finanziell [fɪnan'tsjɛl] *adj* financial

finanzieller Zusammenbruch [fɪnan'tsjɛlər tsu'zamənbrux] *m* financial failure, crash

Finanzier [fɪnan'tsjeː] *m* financier

finanzieren [fɪnan'tsiːrən] *v* finance

Finanzierung [fɪnan'tsiːruŋ] *f* financing

finanzkräftig [fɪ'nantskrɛftɪç] *adj* financially strong, financially sound

Finanzkrise [fɪ'nantskriːzə] *f* financial crisis

Finanzlage [fɪ'nantslaːɡə] *f* financial state, financial situation

Finanzmärkte [fɪ'nantsmɛrktə] *pl* financial markets *pl*

Finanzminister [fɪ'nantsminɪstər] *m* Finance Minister, Chancellor of the Exchequer *(UK)*, Secretary of the Treasury *(US)*

Finanzmonopol [fɪ'nantsmonopoːl] *n* fiscal monopoly

Finanzplatz [fɪ'nantsplats] *m* financial centre

Finanzpolitik [fɪˈnantspoliːk] f financial policy, fiscal policy
finanzpolitisch [fɪˈnantspolitɪʃ] adj of fiscal policy, of financial policy
Finanzverwaltung [fɪˈnantsfɛrvaltʊŋ] f finance administration, *(Behörde)* fiscal authority
Finanzwesen [fɪˈnantsveːzən] n finance, financial concerns
fingierte Rechnung [fɪŋˈgiːrtə ˈrɛçnʊŋ] f fictitious invoice
Firma [ˈfɪrma] f firm, company; *die ~ Coors* the Coors company
Firmenanschrift [ˈfɪrmənanʃrɪft] f company address
Firmenchef(in) [ˈfɪrmənʃɛf(ɪn)] m/f head of the firm, head of the company
Firmeninhaber(in) [ˈfɪrməninhaːbər(ɪn)] m/f owner of the firm, owner of the company
Firmenkonto [ˈfɪrmənkɔnto] n company account
Firmenname [ˈfɪrmənnaːmə] m firm name, company name
Firmenregister [ˈfɪrmənregɪstər] n register of companies
Firmenstempel [ˈfɪrmənʃtɛmpəl] m company stamp
Firmenwagen [ˈfɪrmənvaːgən] m company car
Firmenwert [ˈfɪrmənvɛrt] m goodwill
fiskalisch [fɪsˈkaːlɪʃ] adj fiscal
Fiskus [ˈfɪskus] m treasury, fiscal authorities, Exchequer *(UK)*
Fixkosten [ˈfɪkskɔstən] pl fixed costs pl
Fixpreis [ˈfɪksprais] m fixed price
Fixum [ˈfɪksum] n fixed sum
Flaute [ˈflautə] f slump, recession, slackness
flexibel [flɛkˈsiːbəl] adj flexible
Flexibilität [flɛksibiliˈtɛːt] f flexibility

flexibler Wechselkurs [flɛkˈsiːblər ˈvɛksəlkurs] m flexible exchange rate
Fließband [ˈfliːsbant] n conveyor belt; *(als Einrichtung)* assembly line
Fließbandarbeiter [ˈfliːsbantarbaitər] m assembly line worker
Floating [ˈfləʊtɪŋ] n floating
Floppy Disk [ˈflɔpɪ dɪsk] f floppy disk
Fluggesellschaft [ˈfluːkgəzɛlʃaft] f airline
Flughafen [ˈfluːkhaːfən] m airport
Flugverkehr [ˈfluːkvɛrkeːr] m air traffic
Flugzeug [ˈfluːktsɔyk] n airplane *(US)*, aeroplane *(UK)*, plane, aircraft
Flugzeugbau [ˈfluːktsɔykbau] m aircraft construction
Fluktuation [fluktuaˈtsjoːn] f fluctuation
fluktuieren [flukuˈiːrən] v fluctuate
Folgeauftrag [ˈfɔlgəauftraːk] m follow-up order
Folgekosten [ˈfɔlgəkɔstən] pl consequential costs pl
Folgeschäden [ˈfɔlgəʃɛːdən] m/pl consequential damages pl
Folie [ˈfoːljə] f foil
folienverpackt [ˈfoːljənfɛrpakt] adj in foil packaging
Fonds [fɔ̃ː] m fund
forcieren [fɔrˈsiːrən] v force
Förderanlage [ˈfœrdəranlaːgə] f transporting plant, transporting equipment, transporter
Förderband [ˈfœrdərbant] n conveyor belt
Förderlimit [ˈfœrdərlɪmɪt] n production limit
Fördermenge [ˈfœrdərmɛŋə] f output, conveying capacity, hauling capacity
Forderung [ˈfɔrdərʊŋ] f demand; *(Geldforderung)* claim, debt

Forfaitierung [fɔrfɛ'tiːruŋ] *f* forfaiting

Form [fɔrm] *f* form, shape; *(Gussform)* mould, casting mould, mold *(US)*

Formalität [fɔrmali'tɛːt] *f* formality

Format [fɔr'maːt] *n (Maß)* format, shape, size

formatieren [fɔrma'tiːrən] *v* format

Formatierung [fɔrma'tiːruŋ] *f* formatting

formbeständig ['fɔrmbəʃtɛndɪç] *adj* shape-retaining

Formblatt ['fɔrmblat] *n* (blank) form

Formbrief ['fɔrmbriːf] *m* standard letter

Formel ['fɔrməl] *f* formula

Formfehler ['fɔrmfeːlər] *m* irregularity

formlos ['fɔrmloːs] *adj* (fig) informal, unconventional, unceremonious

Formsache ['fɔrmzaxə] *f* mere formality

Formular [fɔrmu'laːr] *n* form

forschen ['fɔrʃən] *v* research

Forscher ['fɔrʃər] *m (wissenschaftlicher ~)* researcher, research scientist

Forschung ['fɔrʃuŋ] *f* research, study, investigation

Forschungsauftrag ['fɔrʃuŋsauftraːk] *m* research assignment

Forschungsinstitut ['fɔrʃuŋsɪnstituːt] *n* research institute

Forschungslabor ['fɔrʃuŋslaboːr] *n* research laboratory

Forschungszentrum ['fɔrʃuŋstsɛntrum] *n* research centre

Fortbildung ['fɔrtbɪlduŋ] *f* further education, advanced training

Fortschritt ['fɔrtʃrɪt] *m* progress, advancement

fortschrittlich ['fɔrtʃrɪtlɪç] *adj* progressive

Fotokopie [foːtoko'piː] *f* photocopy

fotokopieren [foːtoko'piːrən] *v* photocopy, make a photocopy, copy

Fotokopierer [foːtoko'piːrər] *m* copier, photocopier, copying machine

Fracht [fraxt] *f (Preis)* freight; *(Ware)* cargo, freight

Frachtbrief ['fraxtbriːf] *m* consignment note, bill of lading

Frachtdampfer ['fraxtdampfər] *m* cargo steamer, freighter

Frachter ['fraxtər] *m* cargo ship, freighter

frachtfrei ['fraxtfraɪ] *adj* freight paid, carriage paid

Frachtführer ['fraxtfyːrər] *m* carrier, bailor

Frachtgut ['fraxtguːt] *n* freight, freight goods *pl*

Frachtkosten ['fraxtkɔstən] *pl* freight charges, carriage charges

Frachtraum ['fraxtraum] *m* cargo compartment

Frachtschiff ['fraxtʃɪf] *n* freighter

Frachtstücke ['fraxtʃtykə] *n/pl* packages

Frachtvertrag ['fraxtfɛrtraːk] *m* contract of carriage

Frachtzuschlag ['fraxttsuːʃlaːk] *m* additional carriage, additional freight

Fragebogen ['fraːgəboːgən] *m* questionnaire

Franchise ['fræntʃaɪz] *n* franchise

Franchisenehmer ['fræntʃaɪzneːmər] *m* franchisee

Franchising ['fræntʃaɪzɪŋ] *n* franchising

frankieren [fraŋ'kiːrən] *v* pay the postage

frei [fraɪ] *adj (kostenlos)* free, complimentary

frei Grenze [fraɪ 'grɛntsə] free frontier

frei Hafen [fraɪ 'hafən] free port
frei Haus [fraɪ hauz] free domicile
frei Lager [fraɪ 'laːgər] free warehouse
frei Schiff [fraɪ ʃɪf] free on ship
frei Station [fraɪ ʃta'tsjoːn] free station
frei Waggon [fraɪ va'gõː] free on rail
Freiberufler ['fraɪbəruːflər] *m* self-employed person
freiberuflich ['fraɪbəruːflɪç] *adj* self-employed, freelance; *adv* freelance
Freibetrag ['fraɪbətraːk] *m* tax allowance, tax-exempt amount
freibleibend ['fraɪblaɪbənt] *adj* subject to confirmation, not binding, subject to change without notice
freier Kapitalverkehr ['fraɪər kapi'taːlfɛrkeːr] *m* free movement of capital
Freihafen ['fraɪhaːfən] *m* free port
Freihandel ['fraɪhandəl] *m* free trade
Freihandelszone ['fraɪhandəlstsoːnə] *f* free trade zone
freihändig ['fraɪhɛndɪç] *adj* ~ *Verkauf* direct sale, in the open market, over the counter *(US)*
Freizeit ['fraɪtsaɪt] *f* free time, spare time, leisure time
Fremdfinanzierung ['frɛmtfɪnantsiːruŋ] *f* outside financing
Fremdkapital ['frɛmtkapitaːl] *n* borrowed capital
fremdsprachig ['frɛmtʃpraːxɪç] *adj* in a foreign language, foreign-language
Frist [frɪst] *f* period, *(äußerste ~)* deadline
fristgerecht ['frɪstɡəreçt] *adj* on time
fristlos ['frɪstloːs] *adj* without prior notice
Frühschicht ['fryːʃɪçt] *f* early shift
führen ['fyːrən] *v* lead, direct, guide; *(leiten)* manage, lead, run; *(Ware)* carry; *Verhandlungen* ~ negotiate

Fuhrpark ['fuːrpark] *m* fleet
Führung ['fyːruŋ] *f (Leitung)* control, management, leadership
Führungsebene ['fyːruŋseːbənə] *f* executive level
Führungskraft ['fyːruŋskraft] *f* manager, executive
Führungsperson ['fyːruŋspɛrzoːn] *f* executive
Führungsposition ['fyːruŋspositsjoːn] *f* management position
Führungsstil ['fyːruŋsʃtiːl] *m* management style, leadership style
Führungswechsel ['fyːruŋsvɛksəl] *m* change in leadership
Führungszeugnis ['fyːruŋstsɔyknɪs] *n* certificate of good conduct; *polizeiliches* ~ police certificate stating that the bearer has no criminal record
Fuhrunternehmen ['fuːruntərneːmən] *n* haulage company, trucking company *(US)*
Fuhrunternehmer ['fuːruntərneːmər] *m* haulage contractor, carrier
Füllmaterial ['fylmatɛrjaːl] *n* filler
Fungibilität [fuŋɡibiliˈtɛːt] *f* fungibility
fungieren [fuŋˈgiːrən] *v* ~ *als* function as, act as
Funktion [fuŋkˈtsjoːn] *f* function
funktional [fuŋktsjoˈnaːl] *adj* functional
funktionell [fuŋktsjoˈnɛl] *adj* functional
funktionieren [fuŋktsjoˈniːrən] *v* function, work, operate
funktionstüchtig [fuŋkˈtsjoːnstyçtɪç] *adj* efficient, functional
Fusion [fuˈzjoːn] *f* merger
fusionieren [fuzjoˈniːrən] *v* merge, consolidate
Fusionskontrolle [fuˈzjoːnskɔntrɔlə] *f* merger control

G

Gage ['ga:ʒə] *f* salary
ganztags ['gantsta:ks] *adv* full-time
Garantie [garan'ti:] *f* warranty
Garantiekarte [garan'ti:kartə] *f* certificate of warranty
Garantieleistung [garan'ti:laıstuŋ] *f* providing of guarantee
garantieren [garan'ti:rən] *v* guarantee, warrent
Garantieverpflichtung [garan'ti:ferpflıçtuŋ] *f* guarantee obligation
Gastarbeiter ['gastarbaıtər] *m* immigrant worker
Gebietsvertreter [gə'bi:tsfɛrtre:tər] *m* area representative
Gebrauch [gə'braux] *m* use
gebrauchen [gə'brauxən] *v* use, make use of, employ
Gebrauchsanweisung [gə'brauxsanvaızuŋ] *f* instructions for use
Gebrauchsgüter [gə'brauxsgy:tər] *n/pl* durable consumer goods *pl*
Gebrüder [gə'bry:dər] *pl* ~ *Huber* Huber Brothers
Gebühr [gə'by:r] *f* fee, charge
gebührenfrei [gə'by:rənfraı] *adj* exempt from charges, exempt from fees
Gebührenordnung [gə'by:rənɔrdnuŋ] *f* scale of charges
gebührenpflichtig [gə'by:rənpflıçtıç] *adj* subject to a fee, subject to a charge
geehrt [gə'e:rt] *adj* honoured ; *Sehr ~er Herr Meier!* Dear Mr. Meier...; *Sehr ~e Damen und Herren* Dear Sir/Madam
Gefahr [gə'fa:r] *f* danger
Gefahrenbereich [gə'fa:rənbəraıç] *m* danger area
Gefahrenzulage [gə'fa:rəntsu:la:gə] *f* danger money
gefälschter Scheck [gə'fɛlʃtər ʃɛk] *m* forged cheque
gefriergetrocknet [gə'fri:rgətrɔknət] *adj* freeze-dried
gegen Akkreditiv [ge:gən akre:di'ti:f] against letter of credit
gegen Barzahlung [ge:gən 'ba:rtsa:luŋ] against cash
gegen Nachnahme [ge:gən 'na:xna:mə] cash on delivery
Gegenangebot ['ge:gənangəbo:t] *n* counteroffer
Gegenwert ['ge:gənvɛrt] *m* equivalent, equivalent value
Gehalt [gə'halt] *n (Lohn)* salary, pay
Gehaltsempfänger [gə'haltsɛmpfɛŋər] *m* salary earner, salaried employee
Gehaltserhöhung [gə'haltsɛrhø:uŋ] *f* salary increase, pay rise, raise *(US)*
Gehaltsgruppe [gə'haltsgrupə] *f* salary bracket
Gehaltskonto [gə'haltskɔnto] *n* salary account
Gehaltszulage [gə'haltstsu:la:gə] *f* bonus, allowance
Gehäuse [gə'hɔyzə] *n* case, box
Geheimnummer [gə'haımnumər] *f* personal identification number *(PIN)*
gekreuzter Scheck [gə'krɔytstər ʃɛk] *m* crossed cheque
Geldanlage ['gɛltanla:gə] *f* investment
Geldautomat ['gɛltautoma:t] *m* cash dispenser, automatic teller machine *(US)*
Geldbetrag ['gɛltbətra:k] *m* amount of money

Geldbuße ['gɛltbuːsə] f fine, penalty
Geldentwertung ['gɛltɛntvɛrtuŋ] f money devaluation, depreciation of currency
Geldinstitut ['gɛltɪnstituːt] n financial institution
Geldkurs ['gɛltkurs] m rate of exchange, *(Börse)* buying rate
Geldmarkt ['gɛltmarkt] m money market, financial market
Geldpolitik ['gɛltpolitik] f monetary policy
Geldschein ['gɛltʃaɪn] m bank note, bill
Geldschrank ['gɛltʃraŋk] m safe
Geldstrafe ['gɛltʃtraːfə] f fine
Geldstück ['gɛltʃtyk] n coin
Geldumlauf ['gɛltumlauf] m circulation of money
Geldverknappung ['gɛltfɛrknapuŋ] f monetary restriction
Geldverlegenheit ['gɛltfɛrleːɡənhaɪt] f shortage of funds, financial difficulties
Geldvermögen ['gɛltfɛrmøːɡən] n financial assets
Geldverschwendung ['gɛltfɛrʃvɛnduŋ] f waste of money
Geldvolumen ['gɛltvoluːmən] n volume of money
Geldwechsel ['gɛltvɛksəl] m currency exchange
Geldwert ['gɛltvɛrt] m value of money
Geldwertstabilität ['gɛltvɛrtʃtabiliteːt] f stability of the value of money
Gelegenheitsarbeit [ɡəˈleːɡənhaɪtsarbaɪt] f odd job, casual work
Gelegenheitskauf [ɡəˈleːɡənhaɪtskauf] m chance purchase, bargain
gelernt [ɡəˈlɛrnt] adj trained, *(Arbeiter)* skilled
Gemeinde [ɡəˈmaɪndə] f community
Gemeindesteuer [ɡəˈmaɪndəʃtɔyər] f community charge *(UK)*, local taxes *(US)*

Gemeineigentum [ɡəˈmaɪnaɪɡəntuːm] n public property
Gemeingut [ɡəˈmaɪnɡuːt] n common property
Gemeinkosten [ɡəˈmaɪnkɔstən] pl overheads pl, expenses pl, overhead costs pl
gemeinnützig [ɡəˈmaɪnnytsɪç] adj in the public interest; ~e *Organisation* non-profit making organization
gemeinnütziges Unternehmen [ɡəˈmaɪnnytsɪçəs untərˈneːmən] n non-profit making public organisation
gemeinsamer Markt [ɡəˈmaɪnzaːmər markt] m common market
Gemeinschaftseigentum [ɡəˈmaɪnʃaftsaɪɡentuːm] n multiple ownership, collective property
Gemeinschaftswerbung [ɡəˈmaɪnʃaftsvɛrbuŋ] f co-operative publicity, shared advertising
Gemeinschuldner [ɡəˈmaɪnʃultnər] m adjudicated bankrupt
genau [ɡəˈnau] adj exact, precise, accurate; *(sorgfältig)* careful
genehmigen [ɡəˈneːmɪɡən] v approve, authorize, grant
Genehmigung [ɡəˈneːmɪɡuŋ] f approval, authorization, permission
Generalbevollmächtigte(r) [ɡenəˈraːlbəfɔlmɛçtɪçtə(r)] m/f universal agent, fully authorized representative
Generaldirektor [ɡenəˈraːldirɛktɔr] m director general
Generalkonsulat [ɡenəˈraːlkɔnzulaːt] n consulate-general
Generalpolice [ɡenəˈraːlpoliːsə] f floating policy
Generalstreik [ɡenəˈraːlʃtraɪk] m general strike
Generalversammlung [ɡenəˈraːlfɛrzamluŋ] f general meeting (of sharehol-

ders) *(UK)*, general meeting (of stockholders) *(US)*

Generalvertreter [genəˈraːlfɛrtreːtər] *m* general agent

Generalvertretung [genəˈraːlfɛrtreːtuŋ] *f* sole agency

Generalvollmacht [genəˈraːlfɔlmaxt] *f* general power of attorney

Generator [gɛnəˈraːtɔr] *m* generator

genormt [gəˈnɔrmt] *adj* standardized, standardised *(UK)*

Genossenschaft [gəˈnɔsənʃaft] *f* cooperative

Genussmittel [gəˈnusmɪtəl] *n* semiluxury articles (alcohol, coffee, tea, tobacco)

Gerät [gəˈrɛːt] *n* piece of equipment, device, appliance; *(Werkzeug)* tool, utensil

Gericht [gəˈrɪçt] *n* court, court of justice, court of law

gerichtlich [gəˈrɪçtlɪç] *adj* legal, judicial

Gerichtsbeschluss [gəˈrɪçtsbəʃlus] *m* court order

Gerichtskosten [gəˈrɪçtskɔstən] *pl* legal fees *pl*, legal costs *pl*, court fees *pl*

Gerichtsvollzieher [gəˈrɪçtsfɔltsiːər] *m* bailiff, marshal *(US)*

Gesamtbetrag [gəˈzamtbətraːk] *m* full amount, sum total, total

Gesamtkosten [gəˈzamtkɔstən] *f* total costs

Gesamtlieferung [gəˈzamtliːfəruŋ] *f* total delivery

Gesamtsumme [gəˈzamtzumə] *f* total amount

Geschäft [gəˈʃɛft] *n* business; *(Laden)* shop, store; *(Transaktion)* transaction, deal, operation

geschäftlich [gəˈʃɛftlɪç] *adj* business, commercial; *adv* on business, commercially

Geschäftsabschluss [gəˈʃɛftsapʃlus] *m* conclusion of a transaction, conclusion of a deal; *(Bilanz)* financial statement, annual statement of accounts

Geschäftsanteil [gəˈʃɛftsantaɪl] *m* share

Geschäftsauflösung [gəˈʃɛftsaufløːzuŋ] *f* going out of business, termination of a business

Geschäftsbedingungen [gəˈʃɛftsbədɪŋuŋən] *pl* terms and conditions of business

Geschäftsbericht [gəˈʃɛftsbərɪçt] *m* business report; *jährlicher* ~ annual report

Geschäftsbeziehung [gəˈʃɛftsbətsiːuŋ] *f* business connections, business relations

Geschäftsbücher [gəˈʃɛftsbyːçər] *n/pl* account books and balance-sheets *pl*

Geschäftseröffnung [gəˈʃɛftsɛrœfnuŋ] *f* opening of business

Geschäftsfähigkeit [gəˈʃɛftsfɛːɪçkaɪt] *f* legal capacity, legal competence

Geschäftsfrau [gəˈʃɛftsfrau] *f* businesswoman

Geschäftsfreund [gəˈʃɛftsfrɔynt] *m* business acquaintance

Geschäftsführer [gəˈʃɛftsfyːrər] *m* managing director, manager

Geschäftsführung [gəˈʃɛftsfyːruŋ] *f* business management

Geschäftsgeheimnis [gəˈʃɛftsgəhaɪmnɪs] *n* business secret

Geschäftsinhaber [gəˈʃɛftsɪnhaːbər] *m* proprietor

Geschäftsjahr [gəˈʃɛftsjaːr] *n* financial year, business year

Geschäftsleitung [gəˈʃɛftslaɪtuŋ] *f* management

Geschäftsmann [gəˈʃɛftsman] *m* businessman

Geschäftspapiere [gəˈʃɛftspapiːrə] *n/pl* business papers *pl*
Geschäftspartner [gəˈʃɛftspartnər] *m* business partner
geschäftsschädigend [gəˈʃɛftsʃɛːdɪgənt] *adj* bad for business
Geschäftsstelle [gəˈʃɛftsʃtɛlə] *f* office; *(Filiale)* branch office
geschäftstüchtig [gəˈʃɛftstyçtɪç] *adj* smart, efficient, diligent
Geschäftsübernahme [gəˈʃɛftsyːbərnaːmə] *f* takeover of a business
Geschäftsumsatz [gəˈʃɛftsumzats] *m* business turnover
geschäftsunfähig [gəˈʃɛftsunfɛːɪç] *adj* legally incapacitated, legally incompetent
Geschäftsverbindung [gəˈʃɛftsfɛrbɪnduŋ] *f* business connection, business relations
Geschäftswert [gəˈʃɛftsvɛrt] *m* goodwill
Geschäftszweig [gəˈʃɛftstsvaɪg] *m* line of business, branch of business
geschützt [gəˈʃytst] *adj* protected; *gesetzlich* ~ legally protected
Geselle [gəˈzɛlə] *m* journeyman
Gesellenprüfung [gəˈzɛlənpryːfuŋ] *f* apprentice's examination
Gesellin [gəˈzɛlɪn] *f* journeywoman
Gesellschaft [gəˈzɛlʃaft] *f* company; association; institution; ~ *mit beschränkter Haftung* private limited liability company, corporation *(US)*
Gesellschafter [gəˈzɛlʃaftər] *m* partner, associate, *(Teilhaber)* shareholder
Gesellschafterversammlung [gəˈzɛlʃaftərfɛrzamluŋ] *f* meeting of shareholders
Gesellschaftsvermögen [gəˈzɛlʃaftsfɛrmøːgən] *n* company assets

Gesellschaftsvertrag [gəˈzɛlʃaftsfɛrtraːk] *m* articles of association, partnership agreement, shareholders' agreement
Gesetz [gəˈzɛts] *n* law
Gesetzesänderung [gəˈzɛtsəsɛndəruŋ] *f* amendment of a law
gesetzlich [gəˈzɛtslɪç] *adj* legal, statutory; *adv* legally
gesetzliches Zahlungsmittel [gəˈzɛtslɪçəs ˈtsaːluŋsmɪtəl] *n* legal tender
gesetzwidrig [gəˈzɛtsviːdrɪç] *adj* unlawful, illegal, contrary to law
gespaltene Wechselkurse [gəˈʃpaltənə ˈvɛksəlkursə] *m/pl* two-tier exchange rate
gesperrt [gəˈʃpɛrt] *adj (Konto)* blocked, frozen
Gesprächsbereitschaft [gəˈʃprɛːçsbəraɪtʃaft] *f* readiness to talk
Gesprächstermin [gəˈʃprɛːçstɛrmiːn] *m* appointment for a meeting
gestaffelt [gəˈʃtafəlt] *adj* graduated
Gesundheitszeugnis [gəˈzunthaɪtstsɔyknɪs] *n* health certificate, certificate of health
Getriebe [gəˈtriːbə] *n* gear, transmission, gearing
Gewähr [gəˈvɛːr] *f* guarantee, warranty; ~ *leisten* guarantee, warrant, ensure
gewähren [gəˈvɛːrən] *v* grant, allow
Gewährleistung [gəˈvɛːrlaɪstuŋ] *f* warranty
Gewährleistungsfrist [gəˈvɛːrlaɪstuŋsfrɪst] *f* period of guarantee, warranty period
Gewährleistungsgarantie [gəˈvɛːrlaɪstuŋsgarantiː] *f* guarantee for proper execution
Gewerbe [gəˈvɛrbə] *n* trade, business, industry
Gewerbebetrieb [gəˈvɛrbəbətriːp] *m* business enterprise, commercial enterprise

Gewerbefreiheit [gə'vɛrbəfraıhaıt] *f* freedom of trade

Gewerbegebiet [gə'vɛrbəgəbiːt] *n* industrial area

Gewerbeschein [gə'vɛrbəʃaın] *m* business licence, trade licence

Gewerbesteuer [gə'vɛrbəʃtɔyər] *f* trade tax

gewerblich [gə'vɛrblıç] *adj* industrial, commercial

gewerblicher Betrieb [gə'vɛrblıçər bə'triːp] *m* industrial untertaking

Gewerkschaft [gə'vɛrkʃaft] *f* trade union

gewerkschaftlich [gə'vɛrkʃaftlıç] *adj* union

Gewerkschaftsbund [gə'vɛrkʃaftsbunt] *m* federation of trade unions

Gewerkschaftsmitglied [gə'vɛrkʃaftsmıtgliːt] *n* union member

Gewicht [gə'vıçt] *n* weight

Gewinn [gə'vın] *m* profit, gain, earnings; ~ *bringend* profitable, lucrative

Gewinnabführung [gə'vınapfyːruŋ] *f* transfer of profit

Gewinnaufschlag [gə'vınaufʃlaːk] *m* profit mark-up

Gewinnausschüttung [gə'vınausʃytuŋ] *f* distribution of profits

Gewinnbeteiligung [gə'vınbətaılıguŋ] *f* profit-sharing, interest in profits

Gewinnmarge [gə'vınmarʒə] *f* profit margin

Gewinnmaximierung [gə'vınmaksimiːruŋ] *f* maximisation of profits

Gewinnquote [gə'vınkvoːtə] *f* profit margin

Gewinnschwelle [gə'vınʃvɛlə] *f* break-even point

Gewinnspanne [gə'vınʃpanə] *f* profit margin, margin of profit

Gewohnheitsrecht [gə'voːnhaıtsrɛçt] *n* common law, customary right

Giftmüll ['gıftmyl] *m* toxic waste, hazardous waste

Giro ['ʒiːro] *n* giro, endorsement, credit transfer

Girokonto ['ʒiːrokɔnto] *n* current account, giro account

Girozentrale ['ʒiːroːtsɛntraːlə] *f* central giro institution

Gläubiger ['glɔybıgər] *m* creditor, guarantor

Gläubigerschutz ['glɔybıgərʃuts] *m* protection of creditors

Gläubigerversammlung ['glɔybıgərfɛrzamluŋ] *f* creditors' meeting

glaubwürdig ['glaupvyrdıç] *adj* credible, plausible; reliable, authentic

Glaubwürdigkeit ['glaupvyrdıçkaıt] *f* credibility, plausibility; reliability

gleichberechtigt ['glaıçbərɛçtıçt] *adj* having equal rights

Gleichberechtigung ['glaıçbərɛçtıguŋ] *f* equal rights, equality of rights

gleichwertig ['glaıçvɛrtıç] *adj* equivalent, of equal value, equally good

Gleitzeit ['glaıttsaıt] *f* flexitime, flexible working hours

global [glo'baːl] *adj* global

Globalsteuerung [glo'baːlʃtɔyəruŋ] *f* global control

Gold [gɔlt] *n* gold

Goldbarren ['gɔltbarən] *m* gold bar

Goldparität ['gɔltparitɛːt] *f* gold parity

Goldpreis ['gɔltpraıs] *m* gold price

Goldwährung ['gɔltvɛːruŋ] *f* gold currency

Gramm [gram] *n* gramme *(UK)*, gram *(US)*

Gratifikation [gratıfıka'tsjoːn] *f* bonus

gratis ['graːtıs] *adj* gratis, free

Gremium ['gre:mjum] *n (Körperschaft)* body; *(Ausschuss)* committee
Grenzkostenrechnung ['grɛntskɔstənrɛçnuŋ] *f* marginal costing
Grenzwert ['grɛntsvɛrt] *f* limiting value
Großabnehmer ['gro:sapne:mər] *m* bulk buyer, bulk purchaser
Großaktionär ['gro:saktsjonɛ:r] *m* major shareholder, major stockholder *(US)*
Großauftrag ['gro:sauftra:k] *m* large order, large-scale order
Großbetrieb ['gro:sbətri:p] *m* large-scale enterprise, large concern
Großeinkauf ['gro:sainkauf] *m* bulk purchase, quantity purchase
Großhandel ['gro:shandəl] *m* wholesale, wholescale trade
Großhandelspreis ['gro:shandəlsprais] *m* wholesale price
Großhändler ['gro:shɛndlər] *m* wholesaler
Großindustrie ['gro:sɪndustri:] *f* large-scale industry
Grossist [grɔ'sɪst] *m* wholesaler
Großmarkt ['gro:smarkt] *m* wholesale market
Großraumbüro ['gro:sraumbyro:] *n* open-plan office
Großrechner ['gro:srɛçnər] *m* main-frame computer
Grundeigentum ['gruntaigəntu:m] *n* real estate
Gründer ['gryndər] *m* founder
Grundgehalt ['gruntgəhalt] *m* basic salary
Grundkapital ['gruntkapita:l] *n* capital stock
Grundschuld ['gruntʃult] *f* mortgage
Grundsteuer ['gruntʃtɔyər] *f* property tax, rates *(UK)*

Grundstück ['gruntʃtyk] *n* property, piece of land, plot of land
Gründung ['gryndun] *f* foundation, establishment, formation
Gründungsbericht ['gryndunsbərıçt] *m* formation report
gültig ['gyltıç] *adj* valid, in force
Gültigkeit ['gyltıçkait] *f* validity
günstig ['gynstıç] *adj* favourable, convenient, advantageous
Gutachten ['gu:taxtən] *n* expert opinion
Gutachter ['gu:taxtər] *m* expert; *(Versicherung)* surveyor, valuator
Güte ['gy:tə] *f* quality, excellence
Güteklasse ['gy:təklasə] *f* grade, standard of quality
Güter ['gy:tər] *n/pl* goods *pl*
Güterbahnhof ['gy:tərba:nho:f] *m* freight depot
Güterbeförderung ['gy:tərbəfœrdəruŋ] *f* carriage of goods
Gütergemeinschaft ['gy:tərgəmainʃaft] *f* community of property
Gütertarif ['gy:tərtari:f] *m* goods tariff, freight tariff
Güterverkehr ['gy:tərfɛrke:r] *m* goods traffic, goods transport
Güterwagen ['gy:tərva:gən] *m* goods waggon *(UK)*, freight car *(US)*
Güterzug ['gy:tərtsu:k] *m* goods train *(UK)*, freight train *(US)*
Guthaben ['gu:tha:bən] *n* assets, credit, credit balance
Gutschein ['gu:tʃain] *m* coupon, voucher
gutschreiben ['gu:tʃraibən] *v irr* credit
Gutschrift ['gu:tʃrıft] *f* credit item, credit entry
Gutschriftsanzeige ['gu:tʃrıftsantsaigə] *f* credit advice, credit note

H

Haben ['ha:bən] *n* credit, credit side
Habenzinsen ['ha:bəntsɪnzən] *m/pl* credit interest
Hacker ['hakər] *m* hacker
Hafen ['ha:fən] *m* port
Hafenamt ['ha:fənamt] *n* port authority
Hafenanlagen ['ha:fənanla:gən] *pl* docks
Hafenarbeiter ['ha:fənarbaɪtər] *m* docker, stevedore, longshoreman *(US)*
Hafengebühren ['ha:fəngəby:rən] *f/pl* harbour dues *pl*
haftbar ['haftba:r] *adj* liable, legally responsible; *jdn ~ machen* hold s.o. responsible, make s.o. responsible
Haftpflicht ['haftpflɪçt] *f* third party liability
haftpflichtversichert ['haftpflɪçtfɛrzɪçərt] *adj* insured by third-party indemnity insurance
Haftpflichtversicherung ['haftpflɪçtfɛrzɪçəruŋ] *f* third party insurance
Haftung ['haftuŋ] *f* liability, responsibility
Halberzeugnis ['halpɛrtsɔyknɪs] *n* semi-finished goods *pl*
halbjährlich ['halpjɛ:rlɪç] *adj* half-yearly
Halbleiter ['halplaɪtər] *m* semiconductor
halbtags ['halpta:ks] *adv* part-time, half-days
Halbtagsbeschäftigung ['halpta:ksbəʃɛftɪguŋ] *f* part-time employment
Halde ['haldə] *f (Abbauhalde)* slag heap; *auf ~ nehmen (Ware)* stockpile
Halle ['halə] *f* hall

haltbar ['haltba:r] *adj (widerstandsfähig)* durable, stable, strong; *(unverderblich)* not perishable; *mindestens ~ bis 21. Juli* use by July 21st
Haltbarkeit ['haltba:rkaɪt] *f* durability; *(von Lebensmitteln)* shelf life
Haltbarkeitsdatum ['haltba:rkaɪtsda:tum] *n* use-by date, sell-by date
Handarbeit ['hantarbaɪt] *f* work done by hand, manual work
Handarbeiter ['hantarbaɪtər] *f* manual labourer
Handbetrieb ['hantbətri:p] *m* manual operation
Handbuch ['hantbu:x] *n* manual, handbook
Händedruck ['hɛndədruk] *m* handshake
Handel ['handəl] *m* trade, dealing, commerce; *(Laden)* shop; *im ~* on the market
handeln ['handəln] *v (tätig sein)* act; *für jdn ~* act for s.o. *nach jds Rat ~* act on s.o.'s advice; *(Handel treiben)* trade, deal, do business; *(feilschen)* bargain
Handelsabkommen ['handəlsapkɔmən] *n* trade agreement
Handelsbank ['handəlsbaŋk] *f* merchant bank
Handelsbeschränkungen ['handəlsbəʃrɛŋkuŋən] *f/pl* trade restrictions
Handelsbeziehungen ['handəlsbətsi:uŋən] *f/pl* trade relations *pl*
Handelsbilanz ['handəlsbilants] *f* balance sheet, balance of trade
handelseinig ['handəlsaɪnɪç] *adj ~ werden* come to terms, strike a bargain
Handelsembargo ['handəlsɛmbargo] *n* trade embargo

Handelsfaktura [ˈhandəlsfaktuːra] f commercial invoice

Handelsflotte [ˈhandəlsflɔtə] f merchant navy

Handelsgericht [ˈhandəlsgərɪçt] n commercial court

Handelsgesetzbuch [ˈhandəlsgəzɛtsbuːx] n Commercial Code

Handelskammer [ˈhandəlskamər] f Chamber of Commerce

Handelsklasse [ˈhandəlsklasə] f grade

Handelsklausel [ˈhandəlsklauzəl] f trade clause

Handelskorrespondenz [ˈhandəlskɔrəspɔndɛnts] f commercial correspondence

Handelskreditbrief [ˈhandəlskreditbriːf] m commercial letter of credit

Handelskrieg [ˈhandəlskriːk] m trade war

Handelsmesse [ˈhandəlsmɛsə] f trade fair

Handelsmission [ˈhandəlsmɪsjoːn] f trade mission

Handelspartner [ˈhandəlspartnər] m trading partner

Handelsplatz [ˈhandəlsplats] m commercial centre, trade centre

Handelspolitik [ˈhandəlspolitik] f trade policy, commercial policy

Handelsregister [ˈhandəlsregɪstər] n commercial register

Handelsschiff [ˈhandəlsʃɪf] n merchant vessel

Handelsspanne [ˈhandəlsʃpanə] f trade margin

handelsüblich [ˈhandəlsyːplɪç] adj usual (in commerce); *eine ~e Verpackung* standard packaging

Handelsusancen [ˈhandəlsyzãːsən] f/pl trade practice

Handelsverkehr [ˈhandəlsfɛrkeːr] m commerce, trade

Handelsvertrag [ˈhandəlsfɛrtraːk] m trade agreement

Handelsvertreter [ˈhandəlsfɛrtreːtər] m commercial agent, salesman

Handelsvertretung [ˈhandəlsfɛrtreːtuŋ] f commercial agency

Handelsvolumen [ˈhandəlsvoluːmən] n trade volume

handgearbeitet [ˈhantgəarbaɪtət] adj handmade

Handhabung [ˈhanthaːbuŋ] f handling; *(einer Maschine)* operation; *(des Gesetzes)* administration

Händler [ˈhɛndlər] m dealer, merchant

Handlung [ˈhandluŋ] f *(Laden)* trade, business, shop

Handlungsbevollmächtigte(r) [ˈhandluŋsbəfɔlmɛçtɪgtə(r)] m/f authorized agent, proxy

handlungsfähig [ˈhandluŋsfɛːɪç] adj authorized to act

Handlungsfähigkeit [ˈhandluŋsfɛːɪçkaɪt] f capacity to act

Handwerk [ˈhantvɛrk] n trade, craft; *jdm ins ~ pfuschen (fig)* interfere with s.o.'s work

Handwerker [ˈhantvɛrkər] m crafman, tradesman, artisan

handwerklich [ˈhantvɛrklɪç] adj technical, craftsman's ...

Handwerksbetrieb [ˈhantvɛrksbətriːp] m handicraft business, craftsman's business

Handwerkskammer [ˈhantvɛrkskamər] f trade chamber, chamber of handicrafts

Handy [ˈhɛndɪ] n mobile phone, cellular phone

Hardware [ˈhaːrdwɛːr] f hardware

harte Währung ['hartə 'vɛːruŋ] *f* hard currency

Härtefall ['hɛrtəfal] *m* case of hardship, hardship

Hartgeld ['hartgɛlt] *n* specie, hard cash

Häufigkeit ['hɔyfıçkaıt] *f* frequency

hauptamtlich ['hauptamtlıç] *adj* full-time

Hauptanschluss ['hauptanʃlus] *m* main station, main terminal, *(Telefon)* main extension

hauptberuflich ['hauptbəruːflıç] *adj* full-time

Hauptgeschäftszeit ['hauptgəʃɛftstsaıt] *f* busiest time of the day

Hauptquartier ['hauptkvartiːr] *n* headquarters

Hauptsaison ['hauptsɛzɔ̃ː] *f* high season, peak season

Hauptverhandlung ['hauptfɛrhandluŋ] *f* trial

Hauptverkehrszeit ['hauptfɛrkeːrstsaıt] *f* rush hour, peak hours

Hauptversammlung ['hauptfɛrzamluŋ] *f* general meeting, meeting of shareholders, meeting of stockholders *(US)*

Hauptverwaltung ['hauptfɛrvaltuŋ] *f* central administrative office, head office, headquarters

Hausbank ['hausbaŋk] *f* company's bank

Hauseigentümer ['hausaıgənty:mər] *m* owner of a house

Hausgebrauch ['hausgəbraux] *m* für den ~ for domestic use, for the household

Haushalt ['haushalt] *m* household; *(wirtschaftlich)* budget

Haushaltsdefizit ['haushaltsdeːfitsıt] *n* budgetary deficit

Haushaltsgerät ['haushaltsgərɛːt] *n* household appliance

Haushaltswaren ['haushaltsvaːrən] *pl* household articles

Hausierer [hau'ziːrər] *m* pedlar, hawker, peddler *(US)*

Hausse [oːs] *f* boom

Haussier [(h)oˈsjeː] *m* bull

Havarie [havaˈriː] *f* damage by sea

Havariezertifikat [havaˈriːtsɛrtifikaːt] *n* damage report

Hehler ['heːlər] *m* fence *(fam)*, receiver of stolen goods

Hehlerei [heːləˈraı] *f* receiving, accepting stolen goods

Heimarbeit ['haımarbaıt] *f* cottage industry

Heimathafen ['haımathaːfən] *m* home port

Heizkosten ['haıtskɔstən] *pl* heating costs *pl*

Heizkraftwerk ['haıtskraftvɛrk] *n* heating and power station

Hektar ['hɛktar] *n* hectare

Hektoliter ['hɛktoliːtər] *m* hectolitre *(UK)*, hectoliter *(US)*

herabsetzen [hɛˈrapzɛtsən] *v (vermindern)* lower, reduce, cut

Herabsetzung [hɛˈrapzɛtsuŋ] *f (Preis)* reduction

Herbstmesse ['hɛrpstmɛsə] *f* autumn fair

herkömmlich ['heːrkœmlıç] *adj* customary, conventional, traditional

Herkunftsland ['heːrkunftslant] *n* country of origin

Herkunftszertifikat ['heːrkunftstsɛrtifikaːt] *n* certificate of origin

herstellen ['hɛrʃtɛlən] *v (erzeugen)* produce, make, manufacture; *(fig: realisieren)* create, establish

Hersteller ['hɛrʃtɛlər] *m* manufacturer, maker, producer

Herstellung ['herʃtɛluŋ] f *(Realisierung)* establishment, bringing about; *(Erzeugung)* production, manufacture

Herstellungskosten ['heːrʃtɛluŋskɔstən] pl production costs pl

Hierarchie [hiːrarˈçiː] f hierarchy

hierarchisch [hiːˈrarçɪʃ] adj hierarchic

Hightechindustrie ['haɪtɛkɪndustriː] f high-tech industry

Hilfsarbeiter ['hɪlfsarbaɪtər] m unskilled labourer, auxiliary worker, temporary worker

Hilfskraft ['hɪlfskraft] f assistant; additional worker; temporary worker

hinauszögern [hɪˈnaustsøːgərn] v etw ~ delay, put off; *sich* ~ to be delayed

Hinterlegung [hɪntərˈleːguŋ] f deposit

Hintermann ['hɪntərman] m subsequent endorser

Hinterziehung ['hɪntərtsiːuŋ] f evasion of taxes

hitzebeständig ['hɪtsəbəʃtɛndɪç] adj heat-resistant

hochauflösend ['hoːxaufløːzənt] adj high-resolution

Hochbau ['hoːxbau] m structural engineering, building construction

Hochfinanz ['hoːxfɪnants] f high finance

Hochkonjunktur ['hoːxkɔnjuŋktuːr] f boom

Hochleistung ['hoːxlaɪstuŋ] f high achievement, top performance, first-class performance; high output, heavy duty, high efficiency

Hochofen ['hoːxoːfən] m blast furnace

hochrangig ['hoːxraŋɪç] adj *(berühmt)* prestigious; *(mit hohem Rang)* high-ranking

Hochrechnung ['hoːxrɛçnuŋ] f projection

Hochsaison ['hoːxzɛzɔ̃ː] f high season

Hochschulreife ['hoːxʃuːlraɪfə] f Advanced levels, A-levels *(UK)*, high school diploma *(US)*

Höchstbetrag ['høːçstbətraːk] m maximum amount

Höchstgrenze ['høːçstgrɛntsə] f ceiling

Höchstkurs ['høːçstkurs] f highest rate

Höchstleistung ['høːçstlaɪstuŋ] f maximum performance, maximum output

Höchstpreis ['høːçstpraɪs] f top price

Höchstsatz ['høːçstzats] m highest rate

hochwertig ['hoːxvertɪç] adj high-grade, first-class

Holzwirtschaft ['hɔltsvɪrtʃaft] f timber industry

Homepage ['həumpeɪdʒ] f homepage

Honorar [honoˈraːr] n fee, emoluments, remuneration

Honoratioren [honoraˈtsjoːrən] pl local dignitaries, notables pl

honorieren [honoˈriːrən] v *(bezahlen)* pay for, remunerate for; *(anerkennen)* honour, recognize

Hotelgewerbe [hoˈtɛlgəvɛrbə] n hotel business

Hotelunterbringung [hoˈtɛluntərbrɪŋguŋ] f hotel accomodation

Hülle ['hylə] f wrapper, covering; *(Gehäuse)* case

Hüttenindustrie ['hytənɪndustriː] f iron and steel industry

Hypothek [hypoˈteːk] f mortgage; *eine ~ aufnehmen* mortgage, take out a mortgage; *eine ~ abzahlen* to pay off a mortgage

Hypothekenbank [hypoˈteːkənbaŋk] f mortgage bank, building society

Hypothese [hypoˈteːzə] f hypothesis

I/J

illegal [ɪle'gaːl] *adj* illegal
Illegalität [ɪlegali'tɛːt] *f* illegality
Illiquidität [ɪlikvidi'tɛːt] *f* non-liquidity
Illoyalität [ɪlɔyjali'tɛːt] *f* disloyalty
Illustration [ɪlustra'tsjoːn] *f* illustration, diagram
illustrieren [ɪlu'striːrən] *v* illustrate; *(fig)* make clear, demonstrate
im Auftrag [ɪm 'auftraːk] by order
im Ausland [ɪm 'auslant] abroad
im Preis inbegriffen [ɪm praɪz 'ɪnbəgrɪfən] included in the price
Image ['ɪmɪdʒ] *n* image
Imagepflege ['ɪmɪdʒpfleːgə] *f* maintenance of one's image, cultivation of one's image
Imitat [ɪmi'taːt] *n* imitation
Imitation [ɪmita'tsjoːn] *f* imitation, fake, counterfeit
imitieren [ɪmi'tiːrən] *v* imitate
Immission [ɪmɪs'joːn] *f* effect of noise, smells, or chemicals on adjoining property
Immobilie [ɪmo'biːljə] *f* item of real estate
Immobilienfonds [ɪmo'biːljənfɔ̃ː] *m* real estate fund
Immobilienhandel [ɪmo'biːljənhandəl] *m* real estate business
Immobilienmakler(in) [ɪmo'biːljənmaːklər(ɪn)] *m/f* real estate agent
Immobilienmarkt [ɪmo'biːljənmarkt] *m* real estate market
Import [ɪm'pɔrt] *m* import
importabhängig [ɪm'pɔrtaphɛŋɪç] *adj* import-dependent
Importabhängigkeit [ɪm'pɔrtaphɛŋɪçkaɪt] *f* dependence on imports
Importartikel [ɪm'pɔrtartɪkəl] *m* imported articles, imports
Importbeschränkung [ɪm'pɔrtbəʃrɛŋkuŋ] *f* import restriction
Importdepot [ɪm'pɔrtdepoː] *n* import depot
Importeur [ɪmpɔr'tøːr] *m* importer
Importhandel [ɪm'pɔrthandəl] *m* import trade
importieren [ɪmpɔr'tiːrən] *v* import
importierte Inflation [ɪmpɔr'tiːrtə ɪnfla'tsjoːn] *f* imported inflation
Importlizenz [ɪm'pɔrtlitsens] *f* import licence, import permit
Importquote [ɪm'pɔrtkvoːtə] *f* import quota
Importware [ɪm'pɔrtvaːrə] *f* imported goods *pl*
inakzeptabel ['ɪnaktsɛptaːbəl] *adj* unacceptable
in bar [ɪn baːr] in cash
inbegriffen ['ɪnbəgrɪfən] *adj* included, inclusive, implicit
Inbetriebnahme [ɪnbə'triːpnaːmə] *f* implementation, initiation, starting
Indemnität [ɪndɛmni'tɛːt] *f* indemnity
Index ['ɪndɛks] *m* index
Indexklausel ['ɪndɛksklauzəl] *f* index clause
indirekte Steuern ['ɪndirɛktə 'ʃtɔyərn] *f/pl* indirect taxes
Indiskretion [ɪndɪskre'tsjoːn] *f* indiscretion
indisponiert ['ɪndɪsponiːrt] *adj* indisposed
Individualbedürfnis [ɪndivi'duaːlbədyrfnɪs] *n* individual need

Indossament [ɪndɔsa'mɛnt] *n* endorsement
industrialisieren [ɪndustriali'ziːrən] *v* industrialize, industrialise *(UK)*
Industrialisierung [ɪndustrialɪ'ziːruŋ] *f* industrialization, industrialisation *(UK)*
Industrie [ɪndus'triː] *f* industry
Industrie- und Handelskammer [ɪndus'triːunt'handəlskamər] *f* Chamber of Industry and Commerce
Industrieanlagen [ɪndus'triːanlaːgən] *pl* industrial plants
Industriearbeiter [ɪndus'triːarbaɪtər] *m* industrial worker
Industriebetrieb [ɪndus'triːbətriːp] *m* industrial concern, industrial enterprise; *(Anlage)* industrial plant
Industriedesign [ɪndus'triːdizaɪn] *n* industrial design
Industrieerzeugnis [ɪndus'triːɛrtsɔyknɪs] *n* industrial product
Industriegebiet [ɪndus'triːgəbiːt] *m* industrial area
Industriegewerkschaft [ɪndus'triːgəvɛrkʃaft] *f* industrial trade union
Industriekauffrau [ɪndus'triːkauffrau] *f* (female) industrial manager
Industriekaufmann [ɪndus'triːkaufman] *m* (male) industrial manager
Industrieland [ɪndus'triːlant] *n* industrialized country, industrialised country *(UK)*
industriell [ɪndustri'ɛl] *adj* industrial
Industrielle(r) [ɪndustri'ɛlə(r)] *m/f* industrialist
Industriemüll [ɪndus'triːmyl] *m* industrial waste
Industrieobligation [ɪndus'triːobligatsjoːn] *f* industrial bond
Industriespionage [ɪndus'triːʃpionaːʒə] *f* industrial espionage

Industriestandort [ɪndus'triːʃtantɔrt] *m* location of industry
Industrieunternehmen [ɪndus'triːuntərneːmən] *n* industrial undertaking, industrial concern
Industriezweig [ɪndus'triːtsvaɪk] *m* branch of industry, industry
inferiore Güter [ɪnfe'rjoːrə ˈgyːtər] *n /pl* inferior goods *pl*
Inflation [ɪnfla'tsjoːn] *f* inflation
inflationär [ɪnflatsjo'nɛːr] *adj* inflationary
Inflationsrate [ɪnfla'tsjoːnsraːtə] *f* rate of inflation
Informatik [ɪnfɔr'maːtɪk] *f* data processing
Informationsbedarf [ɪnfɔrma'tsjoːnsbədarf] *m* requirement of information
Informationsblatt [ɪnfɔrma'tsjoːnsblat] *n* information sheet
Informationsfluss [ɪnfɔrma'tsjoːnsflus] *m* flow of information
Informationsmaterial [ɪnfɔrma'tsjoːnsmaterjaːl] *n* information
Informationstechnologie [ɪnfɔrma'tsjoːnsteçnologiː] *f* information technology
Informationstheorie [ɪnfɔrma'tsjoːnsteoriː] *f* information theory
Infrastruktur ['ɪnfraʃtruktuːr] *f* infrastructure
Infrastrukturmaßnahmen ['ɪnfraʃtruktuːrmaːsnaːmən] *f/pl* infrastructural measures
Ingenieur(in) [ɪnʒɛn'jøːr(ɪn)] *m/f* engineer
Inhaber(in) ['ɪnhaːbər(ɪn)] *m/f* owner, possessor, holder; proprietor; *(Amtsinhaber(in))* holder
Inhaberaktie ['ɪnhaːbəraktsjə] *f* bearer share

Inhaberpapier ['ɪnhaːbərpapiːr] *n* bearer instrument
Inhaberscheck ['ɪnhaːbərʃɛk] *m* bearer cheque, cheque to bearer
Inkasso [ɪn'kaso] *n* collection
inkassoberechtigt [ɪn'kasobərɛçtɪçt] *adj* authorized to undertake collection
inkompatibel [ɪnkɔmpa'tiːbəl] *adj* incompatible
Inkompetenz [ɪnkɔmpə'tɛnts] *f* incompetence
Inland ['ɪnlant] *n* home country
inländisch ['ɪnlɛndɪʃ] *adj* domestic, native, home
Inlandsnachfrage ['ɪnlantsnaːxfraːgə] *f* home demand
Innovation [ɪnova'tsjoːn] *f* innovation
Innovationsschub [ɪnova'tsjoːnsʃuːp] *m* technology push
innovativ [ɪnova'tiːf] *adj* innovative
Innung ['ɪnʊŋ] *f* guild
Input ['ɪnput] *n* input
Inserat [ɪnzə'raːt] *n* advertisement, insert, advert, ad
Inserent [ɪnzə'rɛnt] *m* advertiser
inserieren [ɪnzə'riːrən] *v* advertise
insolvent ['ɪnzɔlvɛnt] *adj* insolvent
Insolvenz ['ɪnzɔlvɛnts] *f* insolvency
Inspektion [ɪnspɛk'tsjoːn] *f* inspection
inspizieren [ɪnspi'tsiːrən] *v* inspect
Instandhaltung [ɪn'ʃtanthaltʊŋ] *f* maintenance, upkeep
Instandsetzung [ɪn'ʃtantzɛtsʊŋ] *f* repair, restoration, reconditioning
Instanz [ɪn'stants] *f* court
Instanzenweg [ɪn'stantsənveːk] *m* successive stages of appeal
Instrument [ɪnstru'mɛnt] *n* instrument, tool, implement
Instrumentenbrett [ɪnstru'mɛntənbrɛt] *n* instrument panel

Interdependenz [ɪntərdepɛn'dɛnts] *f* interdependence
Interessenausgleich [ɪntə'rɛsənausglaɪç] *m* balancing of interests, conciliation of interests
Interessenkonflikt [ɪntə'rɛsənkɔnflɪkt] *m* conflict of interest
Interessent [ɪntərɛ'sɛnt] *m* interested party
Interferenz [ɪntərfe'rɛnts] *f* interference
Interimslösung ['ɪnterɪmsløːzʊŋ] *f* interim solution
intern [ɪn'tɛrn] *adj* internal
international [ɪntərnatsjo'naːl] *adj* international
Internationaler Währungsfonds ['ɪntərnatsjonaːlər 'vɛːrʊŋsfɔː] *m* International Monetary Fund *(IMF)*
Internet ['ɪntərnɛt] *n* internet
intervenieren [ɪntərve'niːrən] *v* intervene
Intervention [ɪntərvɛn'tsjoːn] *f* intervention
Interventionskäufe [ɪntərvɛn'tsjoːnskɔyfə] *m /pl* intervention buying
Inventar [ɪnvɛn'taːr] *n* inventory; ~ *aufnehmen* inventory, take stock
Inventur [ɪnvɛn'tuːr] *f* stock-taking
investieren [ɪnvɛ'stiːrən] *v* invest
Investition [ɪnvɛsti'tsjoːn] *f* investment
Investitionsförderung [ɪnvɛsti'tsjoːnsfœrdərʊŋ] *f* investment promotion, investment grant
Investitionsgüter [ɪnvɛsti'tsjoːnsgyːtər] *n /pl* capital goods *pl*
Investitionshilfe [ɪnvɛsti'tsjoːnshɪlfə] *f* investment aid
Investitionskredit [ɪnvɛsti'tsjoːnskredit] *m* investment loan

Investitionsplan [ɪnvɛsti'tsjoːnsplaːn] *m* investment scheme
Investitionsprogramm [ɪnvɛsti'tsjoːnsprogram] *n* investment program
Investitionssteuer [ɪnvɛsti'tsjoːnsʃtɔyər] *f* investment tax
Investitionszulage [ɪnvɛsti'tsjoːnstsuːlaːgə] *f* investment grant
Investmentbank [ɪn'vɛstmɛntbaŋk] *f* investment bank
Investmentfonds [ɪn'vɛstmɛntfõː] *m* investment fund, unit trust *(UK)*, mutual trust *(US)*
Investmentzertifikat [ɪn'vɛstmɛnttsɛrtifikaːt] *n* investment certificate
Investor [ɪn'vɛstɔr] *m* investor
Irritation [ɪrita'tsjoːn] *f* irritation
Irrtum vorbehalten ['ɪrtuːm forbe'haltən] errors excepted
irrtümlich ['ɪrtyːmlɪç] *adj* erroneous, mistaken
Istkosten ['ɪstkɔstən] *pl* actual costs *pl*
Iststärke ['ɪstʃtɛrkə] *f* effective strength, actual strength
Istzahlen ['ɪsttsaːlən] *f/pl* actual figures
Jahresabschluss ['jaːrəsapʃlus] *m* annual statement of accounts
Jahresbedarf ['jaːrəsbədarf] *m* annual need
Jahresbericht ['jaːrəsbərɪçt] *m* annual report
Jahreseinkommen ['jaːrəsaɪnkɔmən] *n* annual income
Jahresfixum ['jaːrəsfɪksum] *n* fixed annual salary
Jahresgewinn ['jaːrəsgəvɪn] *m* annual profits
Jahreshauptversammlung ['jaːrəshauptfɛrzamluŋ] *f* annual general meeting
Jahresüberschuss ['jaːrəsyːbərʃus] *m* annual surplus
Jahresurlaub ['jaːrəsuːrlaup] *m* holidays per year, vacation per year *(US)*
Jahreswirtschaftsbericht ['jaːrəsvɪrtʃaftsbərɪçt] *m* Annual Economic Report
Jugendarbeitslosigkeit ['juːgəntarbaɪtsloːzɪçkaɪt] *f* youth unemployment
Jugendschutzgesetz ['juːgəntʃutsgəzɛts] *n* Protection of Young Persons Act
Jungunternehmer ['juŋuntərneːmər] *m* young entrepreneur
Juniorchef(in) ['juːnjɔrʃɛf(ɪn)] *m/f* junior director, junior partner
Juniorpartner ['juːnjɔrpartnər] *m* junior partner
Jurisdiktion [jurɪsdɪk'tsjoːn] *f* jurisdiction
Jurist(in) [ju'rɪst(ɪn)] *m/f* lawyer, legal expert
juristische Person [ju'rɪstɪʃə pɛr'zoːn] *f* legal person
Justiz [jus'tiːts] *f* administration of justice, judiciary, judicature

K

Kalenderjahr [ka'lɛndərjaːr] *n* calendar year

Kalkulation [kalkula'tsjoːn] *f* calculation

kalkulierbar [kalku'liːrbaːr] *adj* calculable

kalkulieren [kalku'liːrən] *v* calculate; compute; reckon

Kapazität [kapatsi'tɛːt] *f* capacity; *(Person)* authority, eminent specialist

Kapazitätsauslastung [kapatsi'tɛːtsauslastuŋ] *f* utilization of capacity, capacity utilization

Kapital [kapi'taːl] *n* capital; ~ *aus etw schlagen* capitalize on sth

Kapitalabfindung [kapi'taːlapfɪnduŋ] *f* lump sum settlement

Kapitalanlage [kapi'taːlanlaːgə] *f* capital investment

Kapitalanteil [kapi'taːlantaɪl] *m* capital share

Kapitalbedarf [kapi'taːlbədarf] *m* capital requirements

Kapitaleinkommen [kapi'taːlaɪnkɔmən] *n* unearned income

Kapitalerhöhung [kapi'taːlɛrhøːuŋ] *f* increase of capital

Kapitalertrag [kapi'taːlɛrtraːk] *m* return on capital

Kapitalflucht [kapi'taːlfluxt] *f* flight of capital

Kapitalgesellschaft [kapi'taːlɡəzɛlʃaft] *f* company limited by shares, joint-stock company

Kapitalismus [kapita'lɪsmus] *m* capitalism

Kapitalist [kapita'lɪst] *m* capitalist

kapitalistisch [kapita'lɪstɪʃ] *adj* capitalistic

kapitalkräftig [kapi'taːlkrɛftɪç] *adj* financially powerful, well-funded

Kapitalmarkt [kapi'taːlmarkt] *m* capital market

Kapitalrentabilität [kapi'taːlrɛntabilitɛːt] *f* return on investment

Kapitalumschlag [kapi'taːlumʃlaːk] *m* capital turnover

Kapitalverkehr [kapi'taːlfɛrkeːr] *m* capital transactions *pl*, movement of capital, turnover of capital

Kapitalvermögen [kapi'taːlfɛrmøːgen] *n* capital assets *pl*

Kapitalzins [kapi'taːltsɪns] *m* interest on capital

Karenzzeit [ka'rɛntstsaɪt] *f* waiting period

Kartei [kar'taɪ] *f* catalogue, card-register, card-index

Karteikarte [kar'taɪkartə] *f* index card, file card

Kartell [kar'tɛl] *n* cartel

Kartellamt [kar'tɛlamt] *n* monopolies commission, antitrust commission

Kartellgesetz [kar'tɛlgəzɛts] *n* Cartel Act, Cartel Law

kaskoversichert ['kaskofɛrzɪçərt] *adj* insured against collisions, comprehensively insured

Kaskoversicherung ['kaskofɛrzɪçəruŋ] *f* comprehensive insurance

Kassenbestand ['kasənbəʃtant] *m* cash in hand, cash assets *pl*, cash holdings *pl*, cash balance

Kassenbuch ['kasənbuːx] *n* cash book

Kassenkurs ['kasənkurs] *m* spot price
kassieren [ka'siːrən] *v* collect, take the money
Kassierer [ka'siːrər] *m* cashier
Katalog [kata'loːk] *m* catalogue
katalogisieren [katalogi'ziːrən] *v* catalogue
Katalysator [kataly'zaːtor] *m* catalytic converter
Kataster [ka'tastər] *m/n* cadaster
Kauf ['kauf] *m* purchase, buy *(fam); etw in ~ nehmen* put up with sth
Kauf auf Probe [kauf auf 'proːbə] *m* sale on approval
kaufen ['kaufən] *v* purchase, buy
Kaufentscheidung ['kaufɛntʃaɪduŋ] *f* decision to purchase
Käufer ['kɔyfər] *m* buyer, purchaser, *(Kunde)* customer
Käufermarkt ['kɔyfərmarkt] *m* buyer's market
Käuferprovision ['kɔyfərprovizjoːn] *f* buyer's commission
Kauffrau ['kauffrau] *f* businesswoman
Kaufhaus ['kaufhaus] *n* department store
Kaufkraft ['kaufkraft] *f* purchasing power, spending power
käuflich ['kɔyflɪç] *adj* for sale, purchasable; *(fig: bestechlich)* bribable, venal, corrupt
Kaufmann ['kaufman] *m* businessman
kaufmännisch ['kaufmɛnɪʃ] *adj* commercial, business
Kaufpreis ['kaufpraɪs] *m* purchase price
Kaufsumme ['kaufzumə] *f* purchase price
Kaufverhalten ['kaufferhaltən] *n* purchase pattern
Kaufvertrag ['kauffertraːk] *m* contract of sale, sales contract, sales agreement

Kaution [kau'tsjoːn] *f* deposit, guarantee, security
Kennwort ['kɛnvɔrt] *n* password
Kennziffer ['kɛntsɪfər] *f* code number, identification number
Kernenergie ['kɛrnenɛrgiː] *f* nuclear energy
Kernforschung ['kɛrnfɔrʃuŋ] *f* nuclear research
Kernkraft ['kɛrnkraft] *f* nuclear power, nuclear force
Kernkraftwerk ['kɛrnkraftvɛrk] *n* nuclear power station
Kilometergeld [kilo'meːtərgɛlt] *n* allowance for travelling expenses, mileage allowance
Kilometerpauschale [kilo'meːtərpauʃaːlə] *f* lump-sum kilometre allow-ance, lump-sum kilometer allowance *(US)*
Kinderarbeit ['kɪndərarbaɪt] *f* child labour
Kinderfreibetrag ['kɪndərfraɪbətraːk] *m* child allowance
Kindergeld ['kɪndərgɛlt] *n* family allowance, child benefit
Kirchensteuer ['kɪrçənʃtɔyər] *f* church tax
Klage ['klaːgə] *f* grievance, complaint; *(juristisch)* charge, suit, legal action; petition
klagen ['klaːgən] *v* complain; *(juristisch)* take legal action, sue
Klammeraffe ['klamərafə] *m* „at" symbol (@)
Klassifikation [klasifika'tsjoːn] *f* classification
Klassifizierung [klasifi'tsiːruŋ] *f* classification
Klausel ['klauzəl] *f* clause, proviso, stipulation
klicken ['klɪkən] *n* click

Klient(in) [kli'ɛnt(ɪn)] *m/f* client
Klimaanlage ['kliːmaanlaːgə] *f* air-conditioning
Knappheit ['knaphaɪt] *f* shortage, scarcity, meagreness
kodieren [ko'diːrən] *v* code
Kodierung [ko'diːruŋ] *f* coding
Kohlekraftwerk ['koːləkraftvɛrk] *n* coal-burning power plant
Kohlenbergwerk ['koːlənbɛrkvɛrk] *n* coal mine
Kollege [kɔ'leːgə] *m* (male) colleague
Kollegin [kɔ'leːgɪn] *f* (female) colleague
Kollektion [kɔlɛk'tsjoːn] *f* collection, set, range
Kollektivgüter [kɔlɛk'tiːfgyːtər] *n/pl* collective goods *pl*
Komitee [komi'teː] *n* committee
Kommanditgesellschaft [koman'ditgəzɛlʃaft] *f* limited partnership
Kommanditgesellschaft auf Aktien [koman'ditgəzɛlʃaft auf 'aktsjən] *f* partnership limited by shares
Kommerz [kɔ'mɛrts] *m* commerce
kommerzialisieren [kɔmɛrtsjali'ziːrən] *v* commercialize, commercialise
Kommerzialisierung [kɔmɛrtsjali'ziːruŋ] *f* commercialization
Kommission [kɔmɪs'joːn] *f* commission
Kommissionär [kɔmɪsjo'nɛːr] *m* commission agent
Kommissionsgeschäft [kɔmɪs'joːnsgəʃɛft] *n* commission business
Kommissionshandel [kɔmɪs'joːnshandəl] *m* commission trade
Kommunalpolitik [komu'naːlpolitiːk] *f* local politics
Kommunikationstechnologie [komunika'tsjoːnstɛçnologiː] *f* communication technology

Kompagnon [kɔmpan'jõː] *m* partner, associate
kompatibel [kɔmpa'tiːbəl] *adj* compatible
Kompatibilität [kɔmpatibili'tɛːt] *f* compatibility
Kompensation [kɔmpɛnza'tsjoːn] *f* compensation
Kompensationsgeschäft [kɔmpɛnza'tsjoːnsgəʃɛft] *n* barter transaction
kompetent [kɔmpə'tɛnt] *adj* competent, qualified
Kompetenz [kɔmpə'tɛnts] *f* competence
Komplementär [kɔmplɛmɛn'tɛːr] *m* general partner
komplementäre Güter [kɔmplɛmɛn'tɛːrə 'gyːtər] *n/pl* complementary goods *pl*
Komponente [kɔmpo'nɛntə] *f* component
komprimieren [kɔmpri'miːrən] *v* compress; *(fig)* condense
Kompromiss [kɔmpro'mɪs] *m* compromise; *in einer Sache einen ~ schließen* compromise over sth
Kondition [kɔndi'tsjoːn] *f* condition
Konferenz [kɔnfe'rɛnts] *f* conference, meeting
Konferenzschaltung [kɔnfe'rɛntsʃaltuŋ] *f* conference call
Konferenzteilnehmer [kɔnfe'rɛntstaɪlneːmər] *m* conference participant
Konfiguration [kɔnfigura'tsjoːn] *f* configuration
Konjunktur [kɔnjuŋk'tuːr] *f* economic cycle
Konjunkturanalyse [kɔnjuŋk'tuːranalyːzə] *f* economic analysis
Konjunkturbelebung [kɔnjuŋk'tuːrbəleːbuŋ] *f* economic upturn, economic upswing

Konjunkturentwicklung [kɔnjuŋk'tuːrɛntvɪkluŋ] f economic trend, economic development

Konjunkturpolitik [kɔnjuŋk'tuːrpolitik] f economic policy

konkret [kɔn'kreːt] adj concrete

konkretisieren [kɔnkreti'ziːrən] v make specific, make concrete

Konkurrent [kɔnku'rɛnt] m competitor, rival

Konkurrenz [kɔnku'rɛnts] f competition

Konkurrenzunternehmen [kɔnku'rɛntsuntɐrneːmən] n competitor

konkurrieren [kɔnku'riːrən] v compete

Konkurs [kɔn'kurs] m bankruptcy, insolvency

Konkursantrag [kɔn'kursantraːk] m bankruptcy petition

Konkurseröffnung [kɔn'kursɛrœfnuŋ] f opening of bankruptcy proceedings, adjudication in bankruptcy

Konkursgläubiger [kɔn'kursglɔybɪgɐr] m bankrupt's creditor, creditor of a bankrupt's estate

Konkursmasse [kɔn'kursmasə] f estate of a bankrupt person, bankrupt person's assets pl, bankrupt's estate

Konkursverfahren [kɔn'kursfɛrfaːrən] n bankruptcy proceedings pl

Konkursverwalter [kɔn'kursfɛrvaltɐr] m receiver, official receiver, liquidator; *(von Gläubigern eingesetzt)* trustee

Konnossement [kɔnɔsə'mɛnt] n bill of lading

konsolidieren [kɔnzoli'diːrən] v consolidate

Konsolidierung [kɔnzoli'diːruŋ] f consolidation

Konsortium [kɔn'zɔrtsjum] n consortium

Konsum [kɔn'zuːm] m consumption

Konsument [kɔnzu'mɛnt] m consumer

Konsumgesellschaft [kɔn'zuːmɡəzɛlʃaft] f consumer society

Konsumgüter [kɔn'zuːmɡyːtɐr] pl consumer goods pl

konsumieren [kɔnzu'miːrən] v consume

Kontaktperson [kɔn'taktpɛrzoːn] f contact

Kontingent [kɔntɪŋ'ɡɛnt] n quota

Kontingentierung [kɔntɪŋɡɛn'tiːruŋ] f fixing of a quota

Konto ['kɔnto] n account

Kontoauszug ['kɔntoaustsuːk] m statement of account, bank statement

Kontoführung ['kɔntofyːruŋ] f keeping of an account

Kontogebühren ['kɔntoɡəbyːrən] f/pl bank charges

Kontoinhaber ['kɔntoɪnhaːbɐr] m account holder

Kontokorrentkonto ['kɔntokorɛntkɔnto] n current account

Kontostand ['kɔntoʃtant] m account balance, bank balance

Kontrahent [kɔntra'hɛnt] m *(Vertragspartner)* contracting party

Kontrakt [kɔn'trakt] m contract

Kontrolleur [kɔntrɔ'løːr] m controller; inspector; supervisor

kontrollieren [kɔntrɔ'liːrən] v check; *(beherrschen)* control

konvertibel [kɔnvɛr'tiːbəl] adj convertible

Konvertibilität [kɔnvɛrtibili'tɛːt] f convertibility

Konzept [kɔn'tsɛpt] n *(Vorstellung)* idea, concept; *(Entwurf)* rough copy, draft, notes

Konzeption [kɔntsɛp'tsjoːn] f conception

Konzern [kɔn'tsɛrn] *m* group, conglomerate *(US)*
Konzession [kɔntsɛ'sjoːn] *f (Erlaubnis)* licence, concession; *(Zugeständnis)* concession
Kooperation [koɔpəra'tsjoːn] *f* cooperation
kooperativ [koɔpəra'tiːf] *adj* cooperative
kooperieren [koɔpə'riːrən] *v* cooperate
Koordination [koɔrdina'tsjoːn] *f* coordination
koordinieren [koɔrdi'niːrən] *v* coordinate
Koppelproduktion [ˈkɔpəlproduktsjoːn] *f* tied production
Körperschaft [ˈkœrpərʃaft] *f* corporation, corporate body
Körperschaftsteuer [ˈkœrpərʃaftsʃtɔyər] *f* corporation tax
Korrespondenz [kɔrɛspɔn'dɛnts] *f* correspondence
kosten [ˈkɔstən] *v (Preis)* cost
Kosten [ˈkɔstən] *pl* costs *pl*, expenses *pl*, charges
Kostendämpfung [ˈkɔstəndɛmpfuŋ] *f* combating rising costs
kostendeckend [ˈkɔstəndɛkənt] *adj* covering one's costs
Kostenexplosion [ˈkɔstənɛksplozjoːn] *f* cost escalation
kostenlos [ˈkɔstənloːs] *adj* free of charge, at no cost
Kostenminimierung [ˈkɔstənminimiːruŋ] *f* minimisation of costs
Kosten-Nutzen-Analyse [ˈkɔstən'nutsənanalyːzə] *f* cost-benefit analysis
Kostenplan [ˈkɔstənplaːn] *m* cost schedule
Kostensenkung [ˈkɔstənzɛŋkuŋ] *f* cost reduction

Kostenstelle [ˈkɔstənʃtɛlə] *f* cost accounting centre
Kostenträger [ˈkɔstəntrɛːgər] *m* paying authority
Kostenvoranschlag [ˈkɔstənvoːranʃlaːk] *m* estimate of cost
Kraftfahrzeug [ˈkraftfaːrtsɔyk] *n* motor vehicle
Kraftfahrzeugsteuer [ˈkraftfaːrtsɔykʃtɔyər] *f* motor vehicle tax, motor vehicle licence duty
Kraftfahrzeugversicherung [ˈkraftfaːrtsɔykfɛrzɪçəruŋ] *f* motor vehicle insurance, car insurance
Kraftstoff [ˈkraftʃtɔf] *m* fuel
Kraftstoffverbrauch [ˈkraftʃtɔffɛrbraux] *m* fuel consumption
Kraftwerk [ˈkraftvɛrk] *n* power plant, power station, generating plant
Krankengeld [ˈkraŋkəngɛlt] *n* sickness benefit; *(von einer Firma)* sick pay
Krankenkasse [ˈkraŋkənkasə] *f* health insurance company
Krankenversicherung [ˈkraŋkənfɛrzɪçəruŋ] *f* health insurance
krankmelden [ˈkraŋkmɛldən] *v sich* ~ call in sick *(fam)*, inform one's employer of one's illness
Kredit [kre'dit] *m* loan, credit
Kreditaufnahme [kre'ditaufnaːmə] *f* borrowing, raising of a credit
Kreditbank [kre'ditbaŋk] *f* credit bank
Kreditfähigkeit [kre'ditfɛːɪçkaɪt] *f* financial standing, credit worthiness
Kreditgeschäft [kre'ditgəʃɛft] *n* credit business
Kreditinstitut [kre'ditɪnstituːt] *n* credit institute, credit institution
Kreditkarte [kre'ditkartə] *n* credit card
Kreditlaufzeit [kre'ditlauftsaɪt] *f* duration of credit

Kreditlimit [kre'ditlımıt] *n* borrowing limit, credit limit
Kreditlinie [kre'ditli:njə] *f* credit line, credit limit
Kreditnehmer [kre'ditne:mər] *m* borrower
Kreditrahmen [kre'ditra:mən] *m* credit margin
Kreditrestriktion [kre'ditrestrɪk'tsjo:n] *f* credit restriction
kreditwürdig [kre'ditvyrdıç] *adj* credit-worthy
Krise ['kri:zə] *f* crisis
Krisenmanagement ['kri:zənmɛnɪdʒmɛnt] *n* crisis management
kulant [ku'lant] *adj* accomodating; *(Bedingungen)* fair
Kulanz [ku'lants] *f* fair dealing, fairness in trade, accommodating behaviour
kündbar ['kyntba:r] *adj* terminable, redeemable
Kunde ['kundə] *m* client, customer
Kundendienst ['kundəndi:nst] *m* customer service, after-sales service
Kundengespräch ['kundəngəʃprɛ:ç] *n* conversation with a customer
Kundenkreis ['kundənkraɪs] *m* clientele, customers
Kundennummer ['kundənnumər] *f* customer's reference number
Kundenstamm ['kundənʃtam] *m* regular customers, patrons
kündigen ['kyndıgən] *v (Arbeitnehmer)* quit, give notice; *(Arbeitgeber)* dismiss, fire, sack; *(Vertrag)* terminate, cancel
Kündigung ['kyndıguŋ] *f (eines Vertrages)* termination, cancellation; *(einer Stellung)* notice, resignation
Kündigungsfrist ['kyndıguŋsfrıst] *f* term of notice required, period of notice required
Kündigungsschutz ['kyndıguŋsʃuts] *m* protection against unjust dismissal
Kundschaft ['kuntʃaft] *f* clientele, customers
künstliche Intelligenz ['kynstlıçə ıntɛli'gɛnts] *f* artificial intelligence
Kunststoff ['kunstʃtɔf] *m* plastic, synthetic material, artificial material
Kunststoffrecycling ['kunstʃtɔfri:saıklıŋ] *n* recycling of synthetic materials
Kupon [ku'põ:] *m* coupon, voucher
Kurs [kurs] *m (Aktienkurs)* price, exchange rate
Kursgewinn ['kursgəvın] *m* market profit
Kurs-Gewinn-Verhältnis ['kursgə'vın fɛr'hɛltnıs] *n* price-earnings ratio
Kursmakler ['kursma:klər] *m* stock broker
Kursnotierung ['kursnoti:ruŋ] *f* quotation of prices
Kurspflege ['kurspfle:gə] *f* price nursing
Kursrisiko ['kursri:ziko] *n* price risk
Kurssteigerung ['kursʃtaıgəruŋ] *f* price advance, price increase
Kursstützung ['kursʃtytsuŋ] *f* price pegging
Kursvergleich ['kursfɛrglaıç] *m* comparison of prices
Kursverlust ['kursfɛrlust] *m* loss on stock prices
Kurswert ['kursve:rt] *m* market value
Kurszettel ['kurstsɛtəl] *m* stock exchange list
Kurszusammenbruch ['kurstsuzamənbrux] *m* collapse of prices
Kurzarbeit ['kurtsarbaıt] *f* short time, short-time work
Kürzung ['kyrtsuŋ] *f* cut, reduction, abatement

L

Labor [la'boːr] *n* laboratory, lab *(fam)*
Ladebühne ['laːdəbyːnə] *f* loading platform, elevating platform
Ladefläche ['laːdəflɛçə] *f* loading surface
Ladegebühren ['laːdəgəbyːrən] *f/pl* loading charges
laden ['laːdən] *v irr* load; *(Batterie)* charge; *(vor Gericht)* summon, cite
Laden ['laːdən] *m* shop
Ladenhüter ['laːdənhyːtər] *m (fig)* dead stock, unsaleable merchandise
Ladenpreis ['laːdənpraɪs] *f* retail price
Ladenschluss ['laːdənʃlus] *m* closing time
Ladentisch ['laːdəntɪʃ] *m* counter
Ladeplatz ['laːdəplats] *m* loading area
Laderaum ['laːdəraum] *m* loading space
Ladung ['laːduŋ] *f* load, cargo, freight; *(elektrische ~)* charge, amount of electricity; *(am Gericht)* summons
Lager ['laːgər] *n (Warenlager)* store, stock, inventory, warehouse; *auf ~ haben* have in store
Lagerbestand ['laːgərbəʃtant] *m* stock, goods in stock *pl*, stock on hand
Lagerhalle ['laːgərhalə] *f* warehouse
Lagerhaltung ['laːgərhaltuŋ] *f* stockkeeping
Lagerhaus ['laːgərhaus] *n* warehouse
Lagerkapazität ['laːgərkapatsitɛːt] *f* storage capacity, warehouse capacity
Lagermiete ['laːgərmiːtə] *f* warehouse rent
lagern ['laːgərn] *v* store, stock, put in storage

Lagerplatz ['laːgərplats] *m* depot
Lagerraum ['laːgərraum] *m* storage space
Lagerschein ['laːgərʃaɪn] *m* warehouse warrant
Lagerung ['laːgəruŋ] *f* storage, storing, warehousing
Lagerverwalter ['laːgərfɛrvaləɾ] *f* stock controler
lancieren [lã'siːrən] *v* launch (a product)
Landesgrenze ['landəsgrɛntsə] *f* national border, frontier
landesüblich ['landəsyːplɪç] *adj* customary, common in the country
Landeswährung ['landəsvɛːruŋ] *f* national currency
Landwirtschaft ['lantvɪrtʃaft] *f* agriculture, farming
landwirtschaftlich ['lantvɪrtʃaftlɪç] *adj* agricultural, farming
langfristig ['laŋfrɪstɪç] *adj* long-term; *adv* on a long-term basis
langfristiger Kredit ['laŋfrɪstɪgər kre'diːt] *m* long-term credit
Langzeitarbeitslose(r) ['laŋtsaɪtarbaɪtsloːzə(r)] *m/f* long-term unemployed person
Lärmbekämpfung ['lɛrmbəkɛmpfuŋ] *f* noise control, sound-level control
Lärmbelästigung [lɛrmbəlɛstɪguŋ] *f* noise pollution
Lärmpegel ['lɛrmpeːgəl] *m* noise level
Lärmschutz ['lɛrmʃuts] *m* noise protection
Laserdrucker ['leɪzərdrukər] *m* laser printer

Lasertechnik ['leɪzərtɛçnɪk] *f* laser technology

Lasten ['lastən] *pl (finanziell)* expenses *pl*, costs *pl*

Lastenaufzug ['lastənauftsuːk] *m* goods lift *(UK)*, freight elevator *(US)*

Lastkraftwagen ['lastkraftvaːgən] *m* lorry *(UK)*, truck *(US)*

Lastschrift ['lastʃrɪft] *f* debit entry, direct debit

Lastwagen ['lastvaːgən] *m* lorry *(UK)*, truck *(US)*

Lastzug ['lasttsuːk] *m* pulley, truck trailer

Laufbahn ['laufbaːn] *f (fig)* career

laufende Rechnung [laufəndə 'rɛçnuŋ] *f* current account

Laufkundschaft ['laufkuntʃaft] *f* walk-in business

Laufwerk ['laufvɛrk] *n* drive, *(Computer)* disc drive

Laufzeit ['lauftsaɪt] *f* term, duration, life

Layout ['leiaut] *n* layout

leasen ['liːzən] *v* lease

Leasing ['liːzɪŋ] *n* leasing

Leasing-Rate ['liːzɪŋraːtə] *f* leasing payment

Leasing-Vertrag ['liːzɪŋfɛrtraːk] *m* leasing contract

Lebensbedingungen ['leːbənsbədɪŋuŋən] *pl* living conditions, standard of living

Lebensdauer ['leːbənsdauər] *f* length of life, lifespan

Lebenshaltungskosten ['leːbənshaltuŋskɔstən] *pl* cost of living

Lebenslauf ['leːbənslauf] *m* curriculum vitae *(abbr CV)*, résumé

Lebensmittel ['leːbənsmɪtəl] *n (als Kaufware)* groceries, foodstuffs

Lebensqualität ['leːbənskvaliˈtɛːt] *f* quality of life

Lebensstandard ['leːbənsʃtandart] *m* standard of living

Lebensversicherung ['leːbənsfɛrzɪçəruŋ] *f* life assurance

Leergewicht ['leːrgəvɪçt] *n* unloaded weight, tare weight

Leerlauf ['leːrlauf] *m (eines Autos, einer Maschine)* neutral, idle running

Leerstelle ['leːrʃtɛlə] *f* space

Leerverkauf ['leːrfɛrkauf] *m* forward sale

legal [leˈgaːl] *adj* legal, legitimate, lawful

Legat [leˈgaːt] *n (Vermächtnis)* legacy

Lehre ['leːrə] *f (Lehrstelle)* apprenticeship

Lehrgang ['leːrgaŋ] *m* course, class, training course

Lehrling ['leːrlɪŋ] *m* (male) apprentice

Leiharbeit ['laɪarbaɪt] *f* casual labour

Leihwagen ['laɪvaːgən] *m* hired car

leisten ['laɪstən] *v* perform, accomplish, achieve; *sich etw ~ können* to be able to afford sth

Leistung ['laɪstuŋ] *f* performance, achievement; *(technisch)* power, capacity, output

leistungsfähig ['laɪstuŋsfɛːɪç] *adj* efficient, capable, productive

Leistungsfähigkeit ['laɪstuŋsfɛːɪçkaɪt] *f* efficiency, capacity, performance

Leistungslohn ['laɪstuŋsloːn] *m* piece rate, incentive wages

leistungsorientiert ['laɪstuŋsɔriɛntiːrt] *adj* performance-oriented

Leistungsorientierung ['laɪstuŋsɔriɛntiːruŋ] *f* performance-orientation

Leistungssteigerung ['laɪstuŋsʃtaɪgəruŋ] *f* increase in efficiency

leiten ['laɪtən] *v (führen)* lead, manage; *(lenken)* guide, direct, conduct; *(technisch)* conduct, transmit

leitend ['laɪtənt] *adj* managing, leading; *~er Angestellter* executive

Leiter ['laɪtər] *m (Vorgesetzter)* leader, director, manager; *(technisch)* conductor

Leitkurs ['laɪtkurs] *m* central rate

Leitung ['laɪtuŋ] *f (Geschäftsleitung)* management; *(Rohrleitung)* pipeline; *(Kabel)* wire, line

Leitwährung ['laɪtvɛːruŋ] *f* key currency

Leitzins ['laɪttsɪns] *m* base rate, key rate

Leuchtreklame ['lɔyçtrekla:mə] *f* luminous advertising, neon sign

Leumund ['lɔymunt] *m* reputation

Leumundszeugnis ['lɔymuntstsɔyk'nɪs] *n* certificate of good character, character reference

liberalisieren [libera:li'zi:rən] *v* liberalize, liberalise *(UK); (beseitigen)* abolish

Lieferant [li:fə'rant] *m* supplier

Lieferantenkredit [li:fə'rantənkredi:t] *m* supplier's credit

lieferbar ['li:fərba:r] *adj* available

Lieferbedingung ['li:fərbədɪŋuŋ] *f* terms of delivery, terms and conditions of sale

Lieferfirma ['li:fərfɪrma] *f* supplier; *(Hersteller)* manufacturer

Lieferfrist ['li:fərfrɪst] *f* deadline for delivery, time for delivery

Lieferklausel ['li:fərklauzəl] *f* delivery clause

liefern ['li:fərn] *v* supply, deliver, provide

Lieferschein ['li:fərʃaɪn] *m* delivery note

Liefertermin ['li:fərtɛrmi:n] *m* date of delivery

Lieferung ['li:fəruŋ] *f* delivery, supply

Lieferung gegen Nachnahme ['li:fəruŋ 'gegən 'na:xna:mə] cash on delivery

Lieferverzögerung ['li:fərfɛrtsø:gəruŋ] *f* delay in delivery

Liefervertrag ['li:fərfɛrtra:k] *m* supply contract

Lieferverzug ['li:fərfɛrtsu:k] *m* default of delivery

Lieferwagen ['li:fərva:gən] *m* delivery van, delivery truck *(US)*

Lieferzeit ['li:fərtsaɪt] *f (Zeitraum)* delivery period; *(Termin)* delivery deadline

Liegenschaften ['li:gənʃaftən] *pl* real estate, property

Limit ['lɪmɪt] *n (Beschränkung)* limit, ceiling

limitieren [lɪmɪ'ti:rən] *v (beschränken)* put a limit on

lineare Abschreibung [line'a:rə ap'ʃraɪbuŋ] *f* linear depreciation

lineares Wachstum [line'a:rəs 'vakstu:m] *n* linear growth

Linienflug ['li:njənflu:k] *m* scheduled flight

liquid [lɪ'kvi:t] *adj (Mittel)* liquid; *(Person)* solvent

Liquidation [lɪkvida'tsjo:n] *f* liquidation, winding-up *(UK)*

Liquidator [lɪkvi'da:to:r] *m* liquidator

liquidieren [lɪkvi'di:rən] *v* liquidate, wind up *(UK)*

Liquidität [lɪkvidi'tɛ:t] *f (Zahlungsfähigkeit)* liquidity, solvency; *(Zahlungsmittel)* liquid assets *pl*

Liquiditätsengpass [lɪkvidi'tɛ:tsɛŋpas] *m* liquidity squeeze

Liquiditätsreserve [lɪkvidi'tɛ:tsrezɛrvə] *f* liquidity reserves *pl*

Listenpreis ['lɪstənpraɪs] *m* list price

Liter ['liːtər] *m* litre *(UK)*, liter *(US)*
Litfasssäule ['lɪtfaszɔylə] *f* advertising pillar
Lizenz [li'tsɛnts] *f* licence, license *(US)*
Lizenzgeber [li'tsɛntsgeːbər] *m* licenser
Lizenzgebühr [li'tsɛntsgəbyːr] *f* royalty, licence fee
Lizenznehmer [li'tsɛntsneːmər] *m* licensee
Lizenzvertrag [li'tsɛntsfɛrtraːk] *m* licence agreement
Lobby ['lɔbi] *f* lobby, pressure group
Lochkarte ['lɔxkartə] *f* punch card
Lochstreifen ['lɔxʃtraɪfən] *m* punched tape
Logistik [lo'gɪstɪk] *f* logistics *pl*
logistisch [lo'gɪstɪʃ] *adj* logistic, logistical
Logo ['loːgo] *n* logo
Lohn [loːn] *m* wage(s), pay, earnings
Lohnausgleich ['loːnausglaɪç] *m* levelling of wages, cost of living adjustment, wage adjustment
Lohnbuchhaltung ['loːnbuːxhaltuŋ] *f (Lohnbuchführung)* payroll accounting; *(Betriebsabteilung)* payroll department
Lohnempfänger ['loːnɛmpfɛŋər] *m* wage earner
Lohnerhöhung ['loːnɛrhøːuŋ] *f* pay increase
Lohnforderung ['loːnfɔrdəruŋ] *f* wage claim
Lohnfortzahlung ['loːnfɔrttsaːluŋ] *f (im Krankheitsfall)* sick pay, continuing payment of wages
lohnintensiv ['loːnɪntɛnziːf] *adj* wage-intensive
Lohnkosten ['loːnkɔstən] *pl* labour costs *pl*
Lohnkürzung ['loːnkyrtsuŋ] *f* pay cut

Lohnnebenkosten ['loːnneːbənkɔstən] *pl* incidental labour costs *pl*
Lohnniveau ['loːnniːvoː] *n* average wage, going rate of pay
Lohn-Preis-Spirale ['loːnpraɪsʃpiraːlə] *f* wage-price spiral
Lohnsteuer ['loːnʃtɔyər] *f* wage tax, withholding tax
Lohnsteuerkarte ['loːnʃtɔyərkartə] *f* tax card
Lohnstopp ['loːnʃtɔp] *m* wage freeze
Lohntüte ['loːntyːtə] *f* pay envelope
Lohnvereinbarung ['loːnfɛraɪnbaːruŋ] *f* wage agreement
Lokaltermin [lo'kaːltɛrmiːn] *m* hearing at the locus in quo, on-the-spot investigation
Lombardgeschäft ['lɔmbartgəʃɛft] *n* collateral loan business
Lombardkredit ['lɔmbartkredit] *m* advance against securities *pl*
Lombardsatz ['lɔmbartzats] *m* lombard rate, bank rate of loans on securities *pl*
löschen ['lœʃən] *v (Fracht)* unload; delete, erase
Löschgebühren ['lœʃgəbyːrən] *f/pl* discharging expenses *pl*
Löschtaste ['lœʃtastə] *f* delete key
Losnummer ['loːsnumər] *f (in der Produktion)* lot number
loyal [lo'jaːl] *adj* loyal, staunch
Luftfracht ['luftfraxt] *f* air freight
Luftfrachtbrief ['luftfraxtbriːf] *f* airwaybill
Luftpost ['luftpɔst] *f* air mail
Luftverschmutzung ['luftfɛrʃmutsuŋ] *f* air pollution
lukrativ [lukra'tiːf] *adj* lucrative, profitable
Luxusartikel ['luksusartɪkəl] *m* luxury article, luxury item

M

Magazin [maga'tsi:n] *n (Lager)* warehouse, storehouse
mahnen ['ma:nən] *v (warnen)* admonish, warn; *(auffordern)* urge
Mahnung ['ma:nuŋ] *f* demand for payment
Mailbox ['meɪlbɔks] *f* mailbox
Makler ['ma:klər] *m* broker
Maklergebühr ['ma:klərgəby:r] *f* broker's commission
Management ['mɛnɛdʒmənt] *n* management
Manager ['mɛnɛdʒər] *m* manager
Mandant [man'dant] *m* client
Mangel ['maŋəl] *m (Fehlen)* lack, deficiency, want; *(Fehler)* defect, shortcoming, fault
Mängelanzeige ['mɛŋəlantsaɪgə] *f* notice of defect
mangelfrei ['maŋəlfraɪ] *adj* free of defects
mangelhaft ['maŋəlhaft] *adj (unvollständig)* lacking, deficient, imperfect; *(fehlerhaft)* defective, faulty
Mangelware ['maŋəlva:rə] *f* product in short supply
Manko ['maŋko] *n* deficit, deficiency
Manteltarif ['mantəltari:f] *m* collective agreement
manuell [manu'ɛ:l] *adj* manual; *adv* manually
Manufaktur [manufak'tu:r] *f* manufactory
Marge ['marʒə] *f* margin
Marginalwert [margi'na:lvɛrt] *m* marginal value
Marke ['markə] *f* brand, mark, make

Markenartikel ['markənartɪkəl] *m* name brand, trade-registered article
Markenschutz ['markənʃuts] *m* trademark protection
Markenzeichen ['markəntsaɪçən] *n* trademark
Marketing ['markətɪŋ] *n* marketing
Marketingabteilung ['markətɪŋaptaɪluŋ] *f* marketing department
Marketingberater ['markətɪŋbəra:tər] *m* marketing consultant
Marketing-Mix ['markətɪŋmɪks] *m* mixture of marketing strategies
Markt [markt] *m* market
Marktanalyse ['marktanaly:zə] *f* market analysis
Marktanteil ['marktantaɪl] *m* share of the market, market share
Marktbeobachtung ['marktbəo:baxtuŋ] *f* observation of markets
marktfähig ['marktfɛ:ɪç] *adj* marketable
Marktforschung ['marktfɔrʃuŋ] *f* market research
Marktforschungsinstitut ['marktfɔrʃuŋsɪnstitu:t] *n* market research institute
Marktlage ['marktla:gə] *f* state of the market
Marktlücke ['marktlykə] *f* market niche, market gap, market opening
Marktposition ['marktpozɪtsjo:n] *f* market position
Marktuntersuchung ['marktuntərzu:xuŋ] *f* market survey
Marktwirtschaft ['marktvɪrtʃaft] *f* free market economy, free enterprise economy

maschinell [maʃi'nɛl] *adj* mechanical; *adv* mechanically

Maschinenbau [ma'ʃiːnənbau] *m* mechanical engineering

Maschinenschaden [ma'ʃiːnənʃaːdən] *m* engine trouble, engine failure

Maschinenschlosser [ma'ʃiːnənʃlɔsər] *m* mechanic, fitter

Maß [maːs] *m* measure

Maßarbeit ['maːsarbaɪt] *f* work made to measure

Maßeinheit ['maːsaɪnhaɪt] *f* unit of measurement

Massenarbeitslosigkeit ['masənarbaɪtsloːzɪçkaɪt] *f* mass unemployment

Massenentlassung ['masənɛntlasuŋ] *f* mass dismissal, mass redundancy

Massenfabrikation ['masənfabrikatsjoːn] *f* mass production

Massenfertigung ['masənfɛrtɪɡuŋ] *f* mass production

Massengüter ['masəngyːtər] *f* bulk goods *pl*

maßgefertigt ['maːzɡəfɛrtɪɡt] manufactured to measure

Material [mater'jaːl] *n* material

Materialaufwand [mater'jaːlaufvant] *m* expenditure for material

Materialfehler [mater'jaːlfeːlər] *m* defect in the material

Materialkosten [mater'jaːlkɔstən] *pl* material costs *pl*

Mautgebühr ['mautɡəbyːr] *f* toll, duty

Mechaniker [me'çaːnɪkər] *m* mechanic

mechanisch [me'çaːnɪʃ] *adj* mechanical

mechanisieren [meçaniˈziːrən] *v* mechanize, mechanise *(UK)*

Mechanisierung [meçaniˈziːruŋ] *f* mechanization, mechanisation *(UK)*

Megabyte ['meɡabaɪt] *n* megabyte

Mehrheitsbeschluss ['meːrhaɪtsbəʃlus] *m* majority decision

Mehrheitsbeteiligung ['meːrhaɪtsbətaɪlɪɡuŋ] *f* majority interest

Mehrkosten ['meːrkɔstən] *pl* additional costs *pl*

Mehrlieferung ['meːrliːfəruŋ] *f* additional delivery

Mehrwertsteuer ['meːrvɛrtʃtɔyər] *f* value-added tax *(VAT)*

Meistbegünstigungsklausel ['maɪstbəɡynstɪɡuŋsklauzəl] *f* most-favoured nation clause

meistbietend ['maɪstbiːtənt] *adj* highest-bidding

Meister ['maɪstər] *m (Handwerker)* master craftsman; *(Betrieb)* foreman

Meisterbetrieb ['maɪstərbətriːp] *m* master craftsman's business

Meisterbrief ['maɪstərbriːf] *m* master craftsman's diploma

Meisterprüfung ['maɪstərpryːfuŋ] *f* master craftsman qualifying examination

Meldebehörde ['mɛldəbəhœrdə] *f* registration office

Meldefrist ['mɛldəfrɪst] *f* registration deadline

melden ['mɛldən] *v (mitteilen)* report; *(ankündigen)* announce; *(anmelden)* register; *sich ~* report, announce one's presence; *sich ~ (mit jdm in Verbindung setzen)* get in touch (with s.o.)

Meldepflicht ['mɛldəpflɪçt] *f* obligation to register, compulsory registration, duty to report

meldepflichtig ['mɛldəpflɪçtɪç] *adj* required to register

Menge ['mɛŋə] *f (bestimmte Anzahl)* amount, quantity

Mengenangabe ['mɛŋənaŋɡaːbə] *f* statement of quantity

Mengenkontingent ['mɛŋənkɔntɪŋgɛnt] *n* quantity quota

Mengennotierung ['mɛŋənnoti:ruŋ] *f* fixed exchange

Mengenrabatt ['mɛŋənrabat] *m* quantity discount, bulk discount

Menschenführung ['mɛnʃənfy:ruŋ] *f* leadership, management

Menü [me'ny:] *n* menu

Merkantilismus [mɛrkanti'lɪsmus] *m* mercantile system, mercantilism

messbar ['mɛsba:r] *adj* measurable

Messdaten ['mɛsda:tən] *pl* measurements *pl*

Messe ['mɛsə] *f* exhibition, trade fair, trade show

Messtechnik ['mɛstɛçnɪk] *f* measuring technology

Messung ['mɛsuŋ] *f* measuring

Messwert ['mɛsve:rt] *m* measured value, reading

Metallarbeiter [me'talarbaɪtər] *m* metalworker

Metallindustrie [me'talɪndustri:] *f* metalworking industry

Meter ['me:tər] *m* metre *(UK)*, meter *(US)*

Miete ['mi:tə] *f* rent, *(Mieten)* lease, tenancy

mieten ['mi:tən] *v* rent, hire, lease

Mieter ['mi:tər] *m* tenant

Mietvertrag ['mi:tfɛrtra:k] *m* tenancy agreement, lease

Mietwagen ['mi:tva:gən] *m* hire car, rented car

Mietwucher ['mi:tvu:xər] *m* exorbitant rent

Mietzins ['mi:ttsɪns] *m* rent

Mikrochip ['mi:krotʃɪp] *m* microchip

Mikroelektronik [mi:kroelɛk'tro:nɪk] *f* microelectronics

Mikrofiche ['mi:krofɪʃ] *m/n* microfiche

Mikrofilm ['mi:krofɪlm] *m* microfilm

Mikroökonomie ['mi:kroøkonomi:] *f* microeconomics

Mikroprozessor ['mi:kroprotsɛsɔr] *m* microprocessor

Minderlieferung ['mɪndərli:fəruŋ] *f* short delivery

mindern ['mɪndərn] *v (verringern)* diminish, lessen, reduce, lower

Minderung ['mɪndəruŋ] *f* reduction, diminution; *(des Wertes)* depreciation

minderwertig ['mɪndərve:rtɪç] *adj* inferior, substandard

Mindestabnahme ['mɪndəstapna:mə] *f* minimum purchase

Mindestbestellmenge ['mɪndəstbəʃtɛlmɛŋə] *f* minimum quantity order

Mindestbetrag ['mɪndəstbətra:k] *m* minimum amount

Mindesteinfuhrpreise ['mɪndəstaɪnfu:rpraɪzə] *m/pl* minimum import price

Mindestgebot ['mɪndəstgəbo:t] *n* minimum bid

Mindesthöhe ['mɪndəsthø:ə] *f* minimum amount

Mindestkapital ['mɪndəstkapita:l] *n* minimum capital

Mindestlohn ['mɪndəstlo:n] *m* minimum wage

Mindestpreis ['mɪndəstpraɪs] *m* minimum price

Mindestreserve ['mɪndəstrezɛrvə] *m* minimum reserves *pl*

Mineralöl [mine'ra:lø:l] *n* mineral oil

Mineralölkonzern [mine'ra:lø:lkɔntsɛrn] *m* oil company

Mineralölsteuer [mine'ra:lø:lʃtɔyər] *f* mineral oil tax

Minus ['mi:nus] *n* deficit

Misswirtschaft ['mɪsvɪrtʃaft] *f* mismanagement

Mitarbeit ['mɪtarbaɪt] *f* collaboration, cooperation

Mitarbeiter(in) ['mɪtarbaɪtər(ɪn)] *m/f* co-worker; *freie(r)* ~ freelancer; *(Angestellte(r)* employee; *(an Projekt)* collaborator

Mitbegründer ['mɪtbəgrʏndər] *m* co-founder

mitbestimmen ['mɪtbəʃtɪmən] *v* share in a decision

Mitbestimmung ['mɪtbəʃtɪmuŋ] *f* co-determination, workers' participation

Mitbewerber ['mɪtbəvɛrbər] *m* other applicant, competitor

Miteigentum ['mɪtaɪgəntuːm] *n* co-ownership

Mitglied ['mɪtgliːt] *n* member

Mitinhaber ['mɪtinhaːbər] *m* co-owner, partner, joint owner

Mittel ['mɪtəl] *pl (Geld)* means, funds, money

mittelfristig ['mɪtəlfrɪstɪç] *adj* medium-term, medium-range

Mittelstand ['mɪtəlʃtant] *m* middle class

mittelständisch ['mɪtəlʃtɛndɪʃ] *adj* middle-class

Mobilfunk [mo'biːlfuŋk] *m* mobile communication, mobile telephone service

Mobilität [mobili'tɛːt] *f* mobility

Mobiltelefon [mo'biːltelefoːn] *n* mobile phone

Modell [mo'dɛl] *n* model, design

Modem ['moːdəm] *n* modem

modifizieren [modifi'tsiːrən] *v* modify

monetär [mone'tɛːr] *adj* financial, monetary

Monitor ['moːnitoːr] *m* monitor, visual display terminal

Monokultur ['moːnokultuːr] *f* monoculture

Monopol [mono'poːl] *n* monopoly

Montage [mɔn'taːʒə] *f* mounting, fitting; *(Einrichten)* installation; *~-band* assembly line

Montagehalle [mɔn'taːʒəhalə] *f* assembly shop, assembly building

Montanindustrie [mɔn'taːnɪndustriː] *f* coal, iron and steel industry

Monteur [mɔn'tøːr] *m* fitter, assembler

montieren [mɔn'tiːrən] *v* mount, set-up, fit; *(zusammenbauen)* assemble

Motivation [motiva'tsjoːn] *f* motivation

Motor ['moːtɔr] *m* engine, motor

Mülldeponie ['mʏldeponiː] *f* rubbish dump, waste disposal site

Müllverbrennung ['mʏlfɛrbrɛnuŋ] *f* refuse incineration

Müllvermeidung ['mʏlfɛrmaɪduŋ] *f* avoidance of excess rubbish

multifunktional [multifuŋktsjo'naːl] *adj* multifunctional

multilateral [multilate'raːl] *adj* multilateral

multimedial [multime'djaːl] *adj* multimedia...

Multiplikation [multiplika'tsjoːn] *f* multiplication

multiplizieren [multipli'tsiːrən] *v* multiply

Mündigkeit ['mʏndɪçkaɪt] *f* (age of) majority

Muster ['mustər] *n (Vorlage)* pattern; *(Probe)* sample, specimen; *(Design)* pattern, design

Mustersendung ['mustərzɛnduŋ] *f* sample consignment

Muttergesellschaft ['mutərgəzɛlʃaft] *f* parent company

Mutterschaftsurlaub ['mutərʃaftsurlaup] *m* maternity leave

Mutterschutz ['mutərʃuts] *m* maternity regulations *pl*

N

nachberechnen ['naːxbərɛçnən] *v* make a supplementary charge

Nachbereitung ['naːxbəraɪtʊŋ] *f* after treatment

nachbessern ['naːxbɛsərn] *v* touch up, apply finishing touches to

nachbestellen ['naːxbəʃtɛlən] *v* reorder, repeat an order, place a repeat order

Nachbestellung ['naːxbəʃtɛlʊŋ] *f* repeat order, reorder, additional order

nachdatiert ['naːxdatiːrt] *adj* postdated

Nachforschung ['naːxfɔrʃʊŋ] *f* investigation

Nachfrage ['naːxfraːgə] *f* inquiry; *(Bedarf)* demand, market

Nachfragerückgang ['naːxfraːgərykgaŋ] *m* decrease in demand, fall in demand

Nachfrist ['naːxfrɪst] *f* period of grace

Nachgebühr ['naːxgəbyːr] *f* surcharge, additional postage

Nachholbedarf ['naːxhoːlbədarf] *m* backlog demand

Nachlass ['naːxlas] *m* inheritance

Nachlassgericht ['naːxlasgərɪçt] *n* probate court

Nachlassverwalter ['naːxlasfɛrvaltər] *m* executor (of the estate)

nachliefern ['naːxliːfərn] *v* furnish an additional supply, deliver subsequently

Nachlieferung ['naːxliːfərʊŋ] *f* additional supply, subsequent delivery

Nachnahme ['naːxnaːmə] *f* cash on delivery *(COD)*

Nachname ['naːxnaːmə] *m* last name, surname, family name

Nachporto ['naːxpɔrto] *n* postage due

nachprüfbar ['naːxpryːfbaːr] *adj* verifiable

nachprüfen ['naːxpryːfən] *v* check, make sure, verify

Nachprüfung ['naːxpryːfʊŋ] *f* re-examination

nachrechnen ['naːxrɛçnən] *v* check, examine

Nachricht ['naːxrɪçt] *f* news

Nachrichtentechnik ['naːxrɪçtəntɛçnɪk] *f* telecommunications

nachrüsten ['naːxrystən] *v (Gerät)* upgrade, modernize, refit

Nachsaison ['naːxzɛzɔŋ] *f* postseason

Nachschuss ['naːxʃus] *m (an der Börse)* further margin

Nachsendeauftrag ['naːxzɛndəauftraːk] *m* application to have mail forwarded

nachsenden ['naːxzɛndən] *v irr* forward, redirect

Nachtarbeit ['naxtarbaɪt] *f* night work

Nachtdienst ['naxtdiːnst] *m* night duty, night service

Nachteil ['naːxtaɪl] *m* disadvantage, drawback

nachteilig ['naːxtaɪlɪç] *adj* disadvantageous, detrimental, harmful

Nachtschicht ['naxtʃɪçt] *f* night shift

Nachttarif ['naxttariːf] *m* off-peak rate, night rate

Nachttresor ['naxttrezoːr] *m* night safe

Nachwuchsmanager ['naːxvuksmænædʒər] *m* junior manager

nachzahlen ['naːxtsaːlən] *v* pay afterwards, make a back payment

Nachzahlung ['naːxtsaːluŋ] f supplementary payment

Nahverkehr ['naːfɛrkeːr] m local traffic

Nahverkehrszug ['naːfɛrkeːrstsuːk] m commuter train, local train

Namensaktie ['naːmənspaˈpiːr] n registered shares

Namenspapier ['naːmənsaktə] f registered security

nationale Souveränitätsrechte [natsjoˈnaːlə zuvərɛniˈtɛːtsrɛçtə] n/pl national sovereignty rights pl

Nationalfeiertag [natsjoˈnaːlfaɪərtaːk] m national holiday

Nationalökonomie [natsjoˈnaːløkonomiː] f national economy

Naturallohn [naturaˈloːn] m wages paid in kind

Naturfaser [naˈtuːrfaːzər] f natural fibre *(UK)*, natural fiber *(US)*

Naturschutz [naˈtuːrʃuts] m preservation of nature, conservation of nature

Naturwissenschaft [naˈtuːrvɪsənʃaft] f natural science

Nebenanschluss ['neːbənanʃlus] m extension

Nebenausgabe ['neːbənausgaːbə] f incidental expense

Nebenberuf ['neːbənbəruːf] m secondary occupation, second job, sideline

nebenberuflich ['neːbənbəruːflɪç] adj part-time, spare-time; adv as a sideline, in one's free time

Nebenbeschäftigung ['neːbənbəʃɛftɪguŋ] f second occupation, spare time work, additional occupation

Nebeneinkünfte ['neːbənaɪnkynftə] pl additional income, side income

Nebenklage ['neːbənklaːgə] f civil action incidental to criminal proceedings

Nebenkosten ['neːbənkɔstən] pl incidental expenses pl, additional expenses pl, ancillary costs pl

Nebenprodukt ['neːbənprodukt] n by-product

Negativimage ['neːgatiːfɪmɪdʒ] n negative image

Nennwert ['nɛnveːrt] m nominal value, face-value

netto ['nɛto] adv net

Nettoeinkommen ['nɛtoaɪnkɔmən] n net income

Nettoertrag ['nɛtoɛrtraːk] m net proceeds pl, net return, net yield

Nettogewinn ['nɛtogəvɪn] m net profit, net earnings pl

Nettoinvestition ['nɛtoɪnvɛstiˈtsjoːn] f net investment

Nettolohn ['nɛtoloːn] m net wages

Nettopreis ['nɛtopraɪs] m net price

Nettoumsatz ['nɛtoumzats] m net turnover

Nettoverdienst ['nɛtofɛrdiːnst] m net earnings pl

Nettovermögen ['nɛtofɛrmøːgən] n net assets pl

Nettoverschuldung ['nɛtofɛrʃulduŋ] f net indebtedness

Netzanschluss ['nɛtsanʃlus] m *(Stromnetz)* mains connection, power supply line

Netzgerät ['nɛtsgərɛːt] n power pack

Netzplan ['nɛtsplaːn] m network planning

Netzstecker ['nɛtsʃtɛkər] m *(Stromanschluss)* plug

Netzwerk ['nɛtsvɛrk] n network

Neuanschaffung ['nɔyanʃafuŋ] f new acquisition

Neuentwicklung ['nɔyɛntvɪkluŋ] f innovation, recent development, new development

Neueröffnung ['nɔyɛrœfnuŋ] f opening; *(Wiedereröffnung)* reopening
Neugestaltung ['nɔygəʃtaltuŋ] f rearrangement, redesign
Neugründung ['nɔygryndun] f new foundation
Neuheit ['nɔyhaɪt] f novelty
Neupreis ['nɔypraɪs] m new price
Neuregelung ['nɔyre:gəluŋ] f new regulations
Neuverschuldung ['nɔyfɛrʃulduŋ] f incurring new debt
Neuwert ['nɔyve:rt] m value when new; *(eines versicherten Gegenstandes)* replacement value
neuwertig ['nɔyve:rtɪç] adj as good as new, like new, as new
nicht übertragbar [nɪçt y:bər'tra:kba:r] adj non-negotiable
nichtig ['nɪçtɪç] adj void
Niedergang ['ni:dərgaŋ] m *(fig)* fall, decline
Niederlassung ['ni:dərlasuŋ] f site, location, place of business, branch office
Niederlegung ['ni:dərle:guŋ] f *(der Arbeit)* stoppage
Niedrigstkurs ['ni:drɪçstkurs] m floor price
Nießbrauch ['ni:sbraux] m usufruct
Niveau [ni'vo:] n level; ~ *haben (fig)* to be of a high standard
Nominalbetrag [nomi'na:lbətra:k] m nominal amount
Nominaleinkommen [nomi'na:laɪnkɔmən] n nominal income
Nominallohn [nomi'na:llo:n] m nominal wage
No-Name-Produkt ['nəʊneɪmprodukt] n generic product
Norm [nɔrm] f norm, standard; *(Regel)* rule

normal [nɔr'ma:l] adj normal, regular, standard
Normalfall [nɔr'ma:lfal] m normal case, standard case; im ~ normally
Normalgewicht [nɔr'ma:lgəvɪçt] n normal weight
Normalverbraucher [nɔr'ma:lfɛrbrauxər] m average consumer; *Otto* ~ Joe Bloggs *(UK)*, John Doe *(US)*
Normung ['nɔrmuŋ] f standardization
Notar [no'ta:r] m notary
notariell [notar'jɛl] adj notarial; adv ~ *beglaubigt* notarized
Note ['no:tə] f *(Banknote)* bank-note *(UK)*, bill *(US)*
Notenbank ['no:tənbaŋk] f central bank
Notenumlauf ['no:tənumlauf] m notes in circulation
Notfall ['no:tfal] m emergency; im ~ in case of emergency
notieren [no'ti:rən] v note down, list, make a note of; *(Preis)* quote
Notierung [no'ti:ruŋ] f quotation
Notiz [no'ti:ts] f note, memo
Notizbuch [no'ti:tsbu:x] n notebook
Notlösung ['no:tlø:zuŋ] f temporary solution
Notstromaggregat ['no:tʃtro:magrɛga:t] n backup generator
Nullrunde ['nulrundə] f wage freeze
Nulltarif ['nultari:f] m nil tariff
Nullwachstum ['nulvakstu:m] n zero growth
Nummernkonto ['numərnkɔnto] n number account, numbered account
Nutzfahrzeug ['nutsfa:rtsɔyk] n *(Lastkraftwagen)* lorry *(UK)*, truck *(US)*
Nutzkosten ['nutskɔstən] pl utility costs pl
Nutznießer ['nutsni:sər] m beneficiary
Nutzung ['nutsuŋ] f using, utilization

O

Oberfläche ['oːbərflɛçə] f surface
Oberflächenbehandlung ['oːbərflɛçənbəhandluŋ] f surface treatment
Oberflächenstruktur ['oːbərflɛçənʃtruktuːr] f surface structure
Obligation [ɔbliga'tsjoːn] f bond, debenture, debenture bond
Obligationsanleihe [ɔbliga'tsjoːnsanlaɪə] f debenture loan
obligatorisch [ɔbliga'toːrɪʃ] adj obligatory, compulsory, mandatory
Obligo ['ɔbligo] n guaranty, liability, commitment
offen ['ɔfən] adj (geöffnet) open; ~ bleiben stay open; ~ halten (geöffnet lassen) leave open; (fig: nicht besetzt) vacant; ~ halten (unbesetzt lassen) hold open, keep open; ~ stehen (Rechnung) to be outstanding
Offenbarungseid [ɔfən'baːruŋsaɪt] m oath of disclosure, oath of manifestation
offene Rechnung ['ɔfənə 'rɛçnuŋ] f outstanding account
Offenlegung ['ɔfənleːguŋ] f disclosure
öffentlich ['œfəntlɪç] adj public; adv publicly
öffentliche Ausgaben ['œfəntlɪçə 'ausgaːbən] f/pl public spending
öffentliche Güter ['œfəntlɪçə 'gyːtər] n/pl public goods pl
Öffentlichkeit ['œfəntlɪçkaɪt] f public, general public
Öffentlichkeitsarbeit ['œfəntlɪçkaɪtsarbaɪt] f public relations work, PR activities
offerieren [ɔfə'riːrən] v offer
Offerte [ɔ'fɛrtə] f offer
offiziell [ɔfi'tsjɛl] adj official; adv officially
Öffnungszeiten ['œfnuŋstsaɪtən] pl opening hours pl, hours of business
ohne Dividende ['oːnə divi'dɛndə] ex dividend
ohne Gewähr ['oːnə gevɛːr] without guarantee
ohne Obligo ['oːnə ɔb'liːgo] without prejudice, without obligation
Ökologie [økolo'giː] f ecology
ökologisch [øko'loːgɪʃ] adj ecological
Ökonomie [økono'miː] f economy
ökonomisch [øko'noːmɪʃ] adj economic
Ökosystem ['øːkozysteːm] n ecological system
ölen ['øːlən] v oil, grease, lubricate
Ölfarbe ['øːlfarbə] f oil-paint
Ölförderung ['øːlfœrdəruŋ] f oil extraction, oil production
Ölkrise ['øːlkriːzə] f oil crisis
Ölpreis ['øːlpraɪs] m price of oil, oil prices
Ölraffinerie ['øːlrafinəriː] f oil refinery
Öltanker ['øːltaŋkər] m oil tanker
online ['ɔnlaɪn] adj online
Onlinedienst ['ɔnlaɪndiːnst] m online service
Operator [opə'raːtor] m operator, computer operator
opportun [ɔpɔr'tuːn] adj opportune, expedient
Opportunismus [ɔpɔrtu'nɪsmus] m opportunism
optimal [ɔpti'maːl] adj ideal, optimal; adv to an optimum, optimally

optimieren [ɔpti'miːrən] *v* optimize, optimise *(UK)*
Optimierung [ɔpti'miːruŋ] *f* optimization, optimisation *(UK)*
optimistisch [ɔpti'mɪstɪʃ] *adj* optimistic; *adv* optimistically
Optimum ['ɔptimum] *n* optimum
Option [ɔp'tsjoːn] *f* option, choice
Orderpapier ['ɔrdərpapiːr] *n* order instrument
Orderscheck ['ɔrdərʃɛk] *m* order cheque
Ordnungsamt ['ɔrdnuŋsamt] *n* town clerk's office
ordnungsgemäß ['ɔrdnuŋsgəmɛːs] *adj* correct, proper; *adv* correctly, according to the regulations, properly
Ordnungsstrafe ['ɔrdnuŋsʃtraːfə] *f* administrative fine, disciplinary penalty
ordnungswidrig ['ɔrdnuŋsviːdrɪç] *adj* irregular, illegal; *adv* contrary to regulations, illegally
Organisation [ɔrganiza'tsjoːn] *f* organization, organisation *(UK)*
organisatorisch [ɔrganiza'toːrɪʃ] *adj* organizational, organisational *(UK); das ~Verbrechen* organized crime
organisieren [ɔrgani'ziːrən] *v* organize, organise *(UK)*
organisiert [ɔrgani'ziːrt] *adj* organized, organised *(UK)*
Orientierungspreis [ɔrjɛn'tiːruŋsprais] *m* guide price
original [origi'naːl] *adj* original
Original [origi'naːl] *n* top copy
originalgetreu [origi'naːlgətrɔy] *adj* true to the original
örtlich ['øːrtlɪç] *adj* local; *adv* locally
ortsansässig ['ɔrtsanzɛsɪç] *adj* resident, local
Ortsgespräch ['ɔrtsgəʃprɛːç] *n* local call
Ortsnetz ['ɔrtsnɛts] *n* local telephone exchange network
Ortsverkehr ['ɔrtsfɛrkeːr] *m* local traffic
Ortszeit ['ɔrtstsait] *f* local time
Output ['autput] *m* output
Overheadprojektor ['oːvərhɛdprojɛktɔr] *m* overhead projector
Ozongehalt [o'tsoːngəhalt] *m* ozone level
Ozonschicht [o'tsoːnʃɪçt] *f* ozone layer

P

Pacht [paxt] *f* lease; *(Entgelt)* rent
pachten ['paxtən] *v* lease, take on lease, rent
Pachtvertrag ['paxtfɛrtra:k] *m* lease, lease agreement, concession
Pachtzins ['paxttsɪns] *m* rent
Palette [pa'lɛtə] *f (Auswahl)* selection, choice, range; *(Transporteinheit)* pallet
Papier [pa'pi:r] *n* paper, *(Brief~)* stationary; *(Wertpapier)* security, share, stock *(US)*; *(Dokument)* document, paper; *(Ausweis)* identity papers
Papiergeld [pa'pi:rgɛlt] *n* paper money, bank notes, bills *(US)*
Parität [pari'tɛ:t] *f* parity, equality
paritätisch [pari'tɛ:tɪʃ] *adj* on an equal footing, in equal numbers
Partner ['partnər] *m (Geschäftspartner)* business partner, associate; *(Vertragspartner)* party (to a contract)
Partnerschaft ['partnərʃaft] *f* partnership
Parzelle [par'tsɛlə] *f* parcel (of land), plot (of land)
Passage [pa'sa:ʒə] *f (Überfahrt)* crossing, passage
Passierschein [pa'si:rʃaɪn] *m* pass, permit, passport
Passiva [pa'si:va] *pl* liabilities *pl*
Passivgeschäft ['pasi:fgəʃɛft] *n* deposit transactions passive
Passus ['pasus] *m* passage
Patent [pa'tɛnt] *n* patent
Patentamt [pa'tɛntamt] *n* Patent Office
Patentanwalt [pa'tɛntanvalt] *m* patent attorney

patentieren [patɛn'ti:rən] *v* patent
Patentlizenz [pa'tɛntlitsɛnts] *n* patent licence
Patentverschluss [pa'tɛntfɛrʃlus] *m* childproof cap
Pauschalbetrag [pau'ʃa:lbətra:k] *m* flat rate
Pauschale [pau'ʃa:lə] *f* lump sum payment, flat charge
Pauschalpreis [pau'ʃa:lpraɪs] *m* flat rate, lump sum price
Pause ['pauzə] *f* break, interval, interruption
pausieren [pau'zi:rən] *v* pause, stop, take a break
Pendelverkehr ['pɛndəlfɛrke:r] *m* commuter traffic, shuttle service (flights)
Pendler ['pɛndlər] *m* commuter
Pension [pɛn'zjo:n] *f (Ruhestand)* retirement; *(Rente)* retirement pension
pensionieren [pɛnzjo'ni:rən] *v* pension off, retire, *sich ~ lassen* retire
Pensionsalter [pɛn'zjo:nsaltər] *n* retirement age
Pensum ['pɛnzum] *n* workload
per procura [pɛr pro'kura] by procuration
Personal [pɛrzo'na:l] *n* staff, personnel, employees
Personalabbau [pɛrzo'na:lapbau] *m* reduction of staff, reduction of personnel
Personalabteilung [pɛrzo'na:laptaɪluŋ] *f* personnel department
Personalakte [pɛrzo'na:laktə] *f* personal file
Personalbüro [pɛrzo'na:lbyro:] *m* personnel office

Personalchef [pɛrzo'naːlʃɛf] *m* personnel manager
Personalcomputer [pɛrzo'naːlkompjuːtər] *m* personal computer
Personalkredit [pɛrzo'naːlkredit] *m* personal loan
Personalleiter(in) [pɛrzo'naːllaɪtər(ɪn)] *m/f* staff manager
Personalmangel [pɛrzo'naːlmaŋəl] *m* shortage of staff, shortage of personnel
Personalplanung [pɛrzo'naːlplaːnuŋ] *f* personnel planning, manpower planning, human resources planning, forecasting of labour requirements
Personalstrategie [pɛrzo'naːlʃtrategiː] *f* personnel strategy
Personalwechsel [pɛrzo'naːlvɛksəl] *m* staff changes, changes of employees
Personengesellschaft [pɛr'zoːnəngəzɛlʃaft] *f* partnership
Petrodollar ['petrodɔlar] *m* petrodollar
Pfandbrief ['pfantbriːf] *m* mortgage bond, mortgage debenture
pfänden ['pfɛndən] *v* impound, seize, distain upon
Pfandrecht ['pfantrɛçt] *n* pledge
Pfändung ['pfɛnduŋ] *f* attachment of property, levy of attachment, seizure
Pflegeversicherung ['pfleːgəfɛrzɪçəruŋ] *f* long-term-care insurance
Pflichtteil ['pflɪçttaɪl] *m* compulsory portion, obligatory share
Pfund [pfunt] *n (Maßeinheit)* pound; *(Währungseinheit)* pound sterling
Pharmaindustrie ['farmaɪndustriː] *f* pharmaceutical industry
pharmazeutisch [farma'tsɔytɪʃ] *adj* pharmaceutical
plädieren [plɛ'diːrən] *v* plead *(in court)*
Plädoyer [plɛdoa'jeː] *n* address to the jury, closing argument, summation *(US)*

Plagiat [plag'jaːt] *n* plagiarism
Plankalkulation ['plaːnkalkulatsjoːn] *f* target calculation
Plankostenrechnung ['plaːnkɔstənrɛçnuŋ] *f* calculation of the budget costs
Planrevision ['plaːnrevizjoːn] *f* budget adjustment
Planspiel ['plaːnʃpiːl] *n* planning game
Planung ['plaːnuŋ] *f* planning, layout, policy-making
Planungsbüro ['plaːnuŋsbyroː] *n* planning office
Planungskontrolle ['plaːnuŋskɔntrɔlə] *f* planning control
Planungsstadium ['plaːnuŋsʃtaːdjum] *n* planning stage
Planwirtschaft ['plaːnvɪrtʃaft] *f* planned economy
Plastik ['plastɪk] *n (Kunststoff)* plastic
Platine [pla'tiːnə] *f* board
Platzbedarf ['platsbədarf] *m* space requirements
platzieren [pla'tsiːrən] *v* place, locate, position
pleite ['plaɪtə] *adj* broke, bankrupt; *~ sein* not have a bean; *~ gehen* go bust, go broke
Pleite ['plaɪtə] *f* bankruptcy; *~ machen* go bankrupt
Plotter ['plɔtər] *m* plotter
Plus [plus] *n (Überschuss)* surplus; *(fig)* advantage, asset, plus *(fam)*
Police [po'liːsə] *f* insurance policy
Politik [poli'tiːk] *f* politics
Portfolio [pɔrt'foːljo] *n* portfolio
Porto ['pɔrto] *n* postage
Postanweisung ['pɔstanvaɪzuŋ] *f* postal order, money order
Posten ['pɔstən] *m (Anstellung)* position, post, job; *(Warenmenge)* quantity, lot; *(Einzelziffer)* item, entry

Postfach ['pɔstfax] *n* post office box, P.O. box

Postgiro ['pɔstʒiːro] *n* postal giro

postlagernd ['pɔstlaɡərnt] *adj* poste restante, left till called for

Postleitzahl ['pɔstlaɪttsaːl] *f* postal code, postcode, ZIP code *(US)*

Postwurfsendung ['pɔstvurfzɛnduŋ] *f* unaddressed printed matter posted in bulk

Potenzial [poten'tsjaːl] *n* potential

PR-Abteilung [peːˈɛraptaɪluŋ] *f* PR department, Public Relations department

Prädikat [prediˈkaːt] *n (Bewertung)* rating, grade, mark

Praktikant(in) [praktɪˈkant(ɪn)] *m/f* trainee, intern

Praktiker ['praktɪkər] *m* practician, s.o. with practical experience

Praktikum ['praktɪkum] *n* practical course, internship

Prämie ['prɛːmjə] *f* premium, bonus

Prämisse [prɛˈmɪsə] *f* premise

Präsentation [prɛzəntaˈtsjoːn] *f* presentation

präsentieren [prɛzɛnˈtiːrən] *v* present

Präsident(in) [prɛziˈdɛnt(ɪn)] *m/f* president

präsidieren [prɛziˈdiːrən] *v* preside; *etw ~* preside over sth

Präsidium [prɛˈziːdjum] *n (Vorsitz)* presidency, chairmanship

Präzisionsarbeit [prɛtsiˈzjoːnsarbaɪt] *f* precision work

Preis [praɪs] *m* price; *~ freibleibend* open price

Preisabsprache ['praɪsapʃpraːxə] *f* price fixing, price rigging, price cartel

Preisabzug ['praɪsaptsuːk] *m* price deduction

Preisanstieg ['praɪsanʃtiːk] *m* price increase, rise in prices

Preisausschreiben ['praɪsausʃraɪbən] *n* competition

Preisauszeichnung ['praɪsaustsaɪçnuŋ] *f* price-marking

Preisbindung ['praɪsbɪnduŋ] *f* price fixing

Preisempfehlung ['praɪsɛmpfeːluŋ] *f* price recommendation; *unverbindliche ~* suggested retail price

Preisentwicklung ['praɪsɛntvɪkluŋ] *f* price trend

Preiserhöhung ['praɪsɛrhøːuŋ] *f* price increase

preisgünstig ['praɪsɡʏnstɪç] *adj* reasonably priced, worth the money, favourably priced

Preislage ['praɪslaːɡə] *f* price, price range

Preisnachlass ['praɪsnaːxlas] *m* price reduction

Preisniveau ['praɪsnivoː] *n* price level

Preisnotierung ['praɪsnotiːruŋ] *f* price quotation

Preispolitik ['praɪspolitik] *f* price policy, pricing policy

Preisrückgang ['praɪsrykɡaŋ] *m* drop in prices, fall in prices, price recession

Preisschild ['praɪsʃɪlt] *n* price tag, price label

Preisschwankung ['praɪsʃvaŋkuŋ] *f* price fluctuation

Preissenkung ['praɪszɛŋkuŋ] *f* price reduction, price cut

Preisstabilität ['praɪsʃtabiliteːt] *f* stability of prices

Preissteigerung ['praɪsʃtaɪɡəruŋ] *f* price increase

Preisverfall ['praɪsfɛrfal] *m* decline in prices

preiswert ['praɪsveːrt] *adj* reasonably priced, worth the money, good value

Presseaktion ['prɛsəaktsjoːn] *f* press campaign

Presseerklärung ['prɛsəɛrkleːruŋ] *f (mündlich)* statement to the press; *(schriftlich)* press release

Pressekonferenz ['prɛsəkɔnfərɛnts] *f* press conference

Pressemitteilung ['prɛsəmɪttaɪluŋ] *f* press release

Pressesprecher(in) ['prɛsəʃprɛçər(ɪn)] *m/f* spokesman

Pressezentrum ['prɛsətsɛntrum] *n* press office, press centre

Prestige [prɛsˈtiːʒ] *n* prestige

Prestigeverlust [prɛsˈtiːʒfɛrlust] *m* loss of prestige

Primäraufwand [priˈmɛːraufvant] *m* primary expenses *pl*

Printmedien ['prɪntmeːdjən] *pl* print media

Privatadresse [priˈvaːtadrɛsə] *f* home address

Privateigentum [priˈvaːtaɪgəntuːm] *n* private property

Privateinlagen ['priˈvaːtaɪnlaːgən] *f/pl* private contribution

Privatinitiative [priˈvaːtɪnɪtsjatiːvə] *f* one's own initiative

privatisieren [privatiˈziːrən] *v* privatize, privatise *(UK)*, transfer to private ownership, denationalise *(UK)*

Privatisierung [privatiˈziːruŋ] *f* privatization, privatisation *(UK)*

Privatleben [priˈvaːtleːbən] *n* private life

Privatmittel [priˈvaːtmɪtəl] *n* private means *pl*

Privatversicherung [priˈvaːtfɛrzɪçəruŋ] *f* private insurance

Privatwirtschaft [priˈvaːtvɪrtʃaft] *f* private industry, private enterprise *(US)*

privatwirtschaftlich [priˈvaːtvɪrtʃaftlɪç] *adj* private-enterprise

pro Kopf [pro ˈkɔpf] per capita

Probe ['proːbə] *f (Versuch)* experiment, test, trial; *jdn auf die ~ stellen* put s.o. to the test; *(Muster)* sample, specimen, pattern; *(Warensendung)* on approval, on trial

Probeauftrag ['proːbəauftraːk] *m* trial order

Probeexemplar ['proːbəɛksəmplaːr] *n* sample copy

Probelieferung ['proːbəliːfəruŋ] *f* trial run

Probepackung ['proːbəpakuŋ] *f* trial package

Probezeit ['proːbətsaɪt] *f* probationary period, trial period

Produkt [proˈdukt] *n* product

Produkthaftung [proˈdukthaftuŋ] *f* product liability

Produktion [produkˈtsjoːn] *f* production, output

Produktionsanlagen [produkˈtsjoːnsanlaːgən] *f/pl* production plant

Produktionsausfall [produkˈtsjoːnsausfal] *m* loss of production

Produktionsfaktoren [produkˈtsjoːnsfaktoːrən] *m/pl* production factors

Produktionsgenossenschaft [produkˈtsjoːnsgənɔsənʃaft] *f* producers' co-operative

Produktionsgüter [produkˈtsjoːnsgyːtər] *pl* producer goods *pl*, producers' capital goods *pl*

Produktionskapazität [produkˈtsjoːnskapatsitɛːt] *f* production capacity

Produktionskosten [produkˈtsjoːnskɔstən] *pl* production costs *pl*

Produktionspotenzial [produkˈtsjoːnspotɛntsjaːl] *n* production potential

produktiv [produk'ti:f] *adj* productive
Produktivität [produktivi'tɛ:t] *f* productivity, productiveness, productive efficiency
Produktpalette [pro'duktpalɛtə] *f* range of products
Produzent [produ'tsɛnt] *m* producer, *(Hersteller)* manufacturer, maker
Produzentenhaftung [produ'tsɛntənhaftuŋ] *f* product liability
produzieren [produ'tsi:rən] *v* produce, manufacture
professionell [profɛsjo'nɛ:l] *adj* professional; *adv* professionally
Profit [pro'fit] *m* profit
profitabel [profi'ta:bəl] *adj* profitable
profitieren [profi'ti:rən] *v* profit, benefit, take advantage of
Profitrate [pro'fitra:tə] *f* profit rate
Profitstreben [pro'fitʃtre:bən] *n* profit-seeking
Proformarechnung [pro'fɔrmarɛçnuŋ] *f* pro forma invoice
Prognose [prog'no:zə] *f* prognosis, prediction, forecast
Programm [pro'gram] *n* programme
programmgesteuert [pro'gramgəʃtɔyərt] *adj* programme-controlled
programmierbar [progra'mi:rba:r] *adj* programmable
programmieren [progra'mi:rən] *v (Computer)* programme
Programmierer [progra'mi:rər] *m* programmer
Programmiersprache [progra'mi:rʃpra:xə] *f* (computer) programming language
Programmierung [progra'mi:ruŋ] *f* programming
Progression [progrɛ'sjo:n] *f* progression

progressiv [progrɛ'si:f] *adj* progressive
Prohibitivzoll [prohibi'ti:ftsɔl] *m* prohibitive duty
Projekt [pro'jɛkt] *n* project, scheme
Projektleiter(in) [pro'jɛktlaɪtər(ɪn)] *m* project manager
Projektmanagement [pro'jɛktmɛnɛdʒmənt] *n* project management
Prokura [pro'ku:ra] *f* full power of attorney
Prokurist [proku'rɪst] *m* holder of special statutory, company secretary, authorised representative
Prolongation [prolɔŋga'tsjo:n] *f* extension
Prospekt [pro'spɛkt] *m* prospectus
Protektion [protɛk'tsjo:n] *f (Begünstigung)* patronage, protection
Protektionismus [protɛktsjo:'nɪsmus] *m* protectionism
Protokoll [proto'kɔl] *n* record, minutes *pl*
Protokollführer [proto'kɔlfy:rər] *m* clerk of the court, secretary
protokollieren [protokɔ'li:rən] *v* record, keep a record of; *(bei einer Sitzung)* take the minutes
Prototyp [proto'ty:p] *m* prototype
Provision [provi'zjo:n] *f* commission
Prozent [pro'tsɛnt] *n* per cent, percentage
Prozentsatz [pro'tsɛntzats] *m* percentage
Prozess [pro'tsɛs] *m* legal action, proceedings; *(Strafverfahren)* trial
Prozessor [pro'tsɛsor] *m* processor
Prüfer ['pry:fər] *m* tester, inspector; *(Rechnungsprüfer)* auditor
Prüfung ['pry:fuŋ] *f* inspection, examination
Public Relations ['pʌblɪk rɪ'leɪʃənz] *f/pl* public relations *pl, (PR)*

Q

Quadratkilometer [kvaˈdraːtkiːloːmeːtər] *m* square kilometre *(UK)*, square kilometer *(US)*

Quadratmeter [kvaˈdraːtmeːtər] *m* square metre *(UK)*, square meter *(US)*

Quadratzentimeter [kvaˈdraːttsɛntimeːtər] *m* square centimetre *(UK)*, square centimeter *(US)*

Qualifikation [kvalifikaˈtsjoːn] *f* qualification, capacity, ability

qualifiziert [kvalifiˈtsiːrt] *adj* qualified

Qualität [kvaliˈtɛːt] *f* quality

qualitativ [kvalitaˈtiːf] *adj* qualitative; *adv* in quality

Qualitätsabweichung [kvaliˈtɛːtsapvaɪçʊŋ] *f* deviation from quality

Qualitätsarbeit [kvaliˈtɛːtsarbaɪt] *f* quality work

Qualitätsbezeichnung [kvaliˈtɛːtsbətsaɪçnʊŋ] *f* designation of quality, grade

Qualitätskontrolle [kvaliˈtɛːtskɔntroːlə] *f* quality control

Qualitätssicherung [kvaliˈtɛːtszɪçərʊŋ] *f* quality assurance

Quantität [kvantiˈtɛːt] *f* quantity, amount

quantitativ [kvantitaˈtiːf] *adj* quantitative

Quantum [ˈkvantʊm] *n* quantum, quantity, ration

Quartal [kvarˈtaːl] *n* quarter

Quartalsende [kvarˈtaːlsɛndə] *n* end of the quarter

Quartalsrechnung [kvarˈtaːlsrɛçnʊŋ] *n* quarterly invoice

Quellensteuer [ˈkvɛlənʃtɔyər] *f* tax collected at the source, withholding tax

Querdenker [ˈkveːrdɛŋkər] *m* original thinker, open-minded thinker, individual

quitt [kvɪt] *adj* quits *(UK)*, square, even; *mit jdm ~ werden* get quits with s.o. *(UK)*

quittieren [kvɪˈtiːrən] *v (bestätigen)* receipt, give a receipt, acknowledge receipt

Quittung [ˈkvɪtʊŋ] *f* receipt, voucher

Quittungsblock [ˈkvɪtʊŋsblɔk] *m* receipt pad

Quote [ˈkvoːtə] *f* quota; *(Verhältnisziffer)* rate; *(Anteil)* proportional share

Quotensystem [ˈkvoːtənzysteːm] *n* quota system

R

Rabatt [ra'bat] *m* discount, rebate, allowance

Rahmentarif ['ra:məntari:f] *m* collective agreement

Rahmenvertrag ['ra:mənfɛrtra:k] *m* basic agreement, skeleton agreement, framework contract

Rang [raŋ] *m* rank; *(Qualität)* quality, grade, rate

rangieren [raŋ'ʒi:rən] *v (Eisenbahn)* shunt, switch *(US)*; *(Rang einnehmen)* rank; *an erster Stelle ~* rank first, to be in first place

Rate ['ra:tə] *f* instalment *(UK)*, installment *(US); in ~* by instal(l)ments

Ratenkauf ['ra:tənkauf] *m* instalment purchase *(UK)*, installment purchase *(US)*, hire purchase

ratenweise ['ra:tənvaɪzə] *adj* in instalments *(UK)*, in installments *(US)*

Ratenzahlung ['ra:təntsa:luŋ] *f* payment by instalments *(UK)*, payment by installments *(US)*, instalment purchase *(UK)*, deferred payment

Ratifikation [ratifika'tsjo:n] *f* ratification

rationalisieren [ratsjonali'zi:rən] *v* rationalize *(US)*, rationalise *(UK)*

Rationalisierung [ratsjonali'zi:ruŋ] *f* rationalization *(US)*, rationalisation *(UK)*

Rationalisierungsmaßnahme [ratsjonali'zi:ruŋsmasna:mə] *f* efficiency measure

rationell [ratsjo'nɛl] *adj* rational, reasonable; *(wirtschaftlich)* economical, efficient

Rationierung [ratsjo'ni:ruŋ] *f* rationing

Raubkopie ['raupkopi:] *f* pirate copy

Räumung ['rɔymuŋ] *f* evacuation; vacating; clearing away

Räumungsklage ['rɔymuŋskla:gə] *f* action for eviction

Räumungsverkauf ['rɔymuŋsfɛrkauf] *m* clearance sale

Rausschmiss ['rausʃmɪs] *m (fam: Entlassung)* ouster

Reaktor [re'aktɔr] *m* reactor

Realeinkommen [re'a:laɪnkɔmən] *n* real income

realisierbar [reali'zi:rba:r] *adj* practicable, feasible, achievable

Realisierbarkeit [reali'zi:rba:rkaɪt] *f* feasibility, viability

realisieren [reali'zi:rən] *v* realize, realise *(UK);* convert into money; *(Pläne)* carry out

Realisierung [reali'zi:ruŋ] *f* realization *(US)*, realisation *(UK);* liquidation, conversion into money

Realkredit [re'a:lkredit] *m* credit on real estate

Reallohn [re'a:llo:n] *m* real wage, actual wage

Realsteuern [re'a:lʃtɔyərn] *f/pl* tax on real estate

Realvermögen [re'a:lfɛrmø:gən] *n* real wealth, actual wealth

Realzins [re'a:ltsɪns] *m* real rate of interest, actual rate of interest

Recheneinheit ['rɛçənaɪnhaɪt] *f* calculation unit

Rechenfehler ['rɛçənfe:lər] *m* miscalculation, miscount, mistake

Rechenmaschine ['rɛçənmaʃi:nə] *f* adding machine, calculating machine

Rechenschaftsbericht ['reçənʃaftsbərıçt] *m* report, status report, accounting

Rechenzentrum ['reçəntsɛntrum] *n* computer centre

Recherche [re'ʃɛrʃə] *f* investigation, enquiry

recherchieren [reʃɛr'ʃiːrən] *v* investigate

rechnen ['reçnən] *v* calculate, compute; *auf etw ~* count on sth; *mit etw ~* expect sth; *(zählen)* count

Rechner ['reçnər] *m (Elektronenrechner)* computer; *(Taschenrechner)* calculator

Rechnung ['reçnuŋ] *f* invoice, bill; calculation, arithmetic; *jdm etw in ~ stellen* bill s.o. for sth; *auf eigene ~* on one's own account

Rechnungsbetrag ['reçnuŋsbətraːk] *f* invoice total

Rechnungseinheit ['reçnuŋsaınhaıt] *f* unit of account

Rechnungsjahr ['reçnuŋsjaːr] *n* financial year

Rechnungsnummer ['reçnuŋsnumər] *f* invoice number

Rechnungsprüfer ['reçnuŋspryːfər] *m* auditor

Rechnungssumme ['reçnuŋszumə] *f* invoice amount

Rechnungswesen ['reçnuŋsveːzən] *n* accountancy, accounting, bookkeeping

Recht [reçt] *n* law; *(Anspruch)* right; *~ sprechen* administer justice; *sein ~ fordern* demand sth as a right; *zu ~* rightly; *~ haben* to be right; *~ bekommen* have been right; *~ behalten* turn out to be right

rechtlich ['reçtlıç] *adj* legal, lawful; *adv* legally, lawfully

rechtmäßig ['reçtmɛːsıç] *adj* lawful, legal, legitimate; *adv* in a lawful manner

Rechtsanspruch ['reçtsanʃprux] *m* legal claim; *~ auf* legal claim on/to

Rechtsanwalt ['reçtsanvalt] *m* lawyer, solicitor *(UK)*, attorney *(US)*

Rechtsanwaltsbüro ['reçtsanvaltsbyroː] *n* law office, law firm

Rechtsberater(in) ['reçtsbəraːtər(ın)] *m/f* legal counsel, legal advisor

rechtsfähig ['reçtsfɛːıç] *adj* having legal capacity

Rechtsfähigkeit ['reçtsfɛːıçkaıt] *f* legal capacity

Rechtsfall ['reçtsfal] *m* case, precedent

Rechtsgeschäft ['reçtsgəʃɛft] *n* legal transaction

rechtsgültig ['reçtsgyltıç] *adj* legally valid, legal

Rechtshaftung ['reçtshaftuŋ] *f* legal responsibility

rechtskräftig ['reçtskrɛːftıç] *adj* legally binding; *(Urteil)* final

Rechtslage ['reçtslaːgə] *f* legal situation, legal position

Rechtsmittel ['reçtsmıtəl] *n* appeal

Rechtsnorm ['reçtsnɔrm] *f* legal norm

Rechtsprechung ['reçtʃprɛçuŋ] *f* administration of justice, judicial decision, court rulings

Rechtsschutz ['reçtsʃuts] *m* legal protection

Rechtsstreit ['reçtsʃtraıt] *m* legal action, lawsuit, litigation

Rechtsverhältnis ['reçtsfɛrhɛltnıs] *n* legal relationship

Rechtsweg ['reçtsveːk] *m* legal recourse; *Der ~ ist ausgeschlossen.* The judges' decision is final.

Rechtswesen ['reçtsveːzən] *n* legal system

rechtswidrig ['reçtsviːdrıç] *adj* unlawful, illegal; *adv* unlawfully, illegally

recyceln [ri'saɪkəln] v recycle
Recycling [ri'saɪklɪŋ] n recycling
Recyclingverfahren [ri'zaɪklɪŋfɛrfaː-rən] n recycling process
rediskontieren [redɪskɔn'tiːrən] v rediscount
Reduktion [reduk'tsjoːn] f reduction
reduzieren [redu'tsiːrən] v reduce, cut
Referent(in) [refe'rɛnt(ɪn)] m/f *(Redner)* speaker, orator, reader of a paper; *(Sachbearbeiter)* consultant, expert
Referenz [refe'rɛnts] f reference
referieren [refe'riːrən] v report; *(Vortrag)* give a lecture, hold a talk
Refinanzierung [refɪnan'tsiːruŋ] f refinancing
Reform [re'fɔrm] f reform
reformbedürftig [re'fɔrmbədyrftɪç] adj in need of reform
reformieren [refɔr'miːrən] v reform
Regelung ['reːɡəluŋ] f regulation, settlement
Regiebetrieb [re'ʒiːbətriːp] m publicly owned enterprise
Regierung [re'ɡiːruŋ] f government
Register [re'ɡɪstər] n register
Registratur [reɡɪstra'tuːr] f *(Abteilung)* records office; *(Aktenschrank)* filing cabinet
registrieren [reɡɪs'triːrən] v register, record
Registrierkasse [reɡɪs'triːrkasə] f cash register
reglementieren [reɡlemɛn'tiːrən] v regulate
Regress [re'ɡrɛs] m recourse
regresspflichtig [re'ɡrɛspflɪçtɪç] adj liable to recourse
Reifezeugnis ['raɪfətsɔyknɪs] n school-leaving certificate, *(Abitur)* A-Level certificates *(UK)*, certificate of maturity

Reimport ['reːɪmpɔrt] m reimportation
Reinerlös ['raɪnɛrløːs] m net proceeds pl, net yield
Reinertrag ['raɪnɛrtraːk] m net proceeds pl, net profit
Reingewinn ['raɪnɡəvɪn] m net profit, net earnings pl
Reinvermögen ['raɪnfɛrmøːɡən] n net assets pl
Reinvestition ['reːɪnvɛstɪtsjoːn] f reinvestment
Reisekosten ['raɪzəkɔstən] pl travel expenses pl
Reisekostenabrechnung ['raɪzəkɔstənapreçnuŋ] f deduction of travelling expenses
Reisespesen ['raɪzəʃpeːzən] f/pl travelling expenses pl
Reklamation [reklama'tsjoːn] f complaint
Reklame [re'klaːmə] f advertising, publicity; *(Einzelwerbung)* advertisement; ~ machen promote, publicize, advertise
reklamieren [rekla'miːrən] v *(beanstanden)* complain about, object to
Rembourskredit [rã'buːrskredɪt] m documentary acceptance credit
Remittent [remɪ'tɛnt] m payee
Rendite [rɛn'diːtə] f yield, return, profit
rentabel [rɛn'taːbəl] adj profitable, lucrative, profit-earning
Rentabilität [rɛntabili'tɛːt] f profitability, earning power
Rentabilitätsschwelle [rɛntabili'tɛːtsʃvɛlə] f break-even point
Rente ['rɛntə] f *(Altersrente)* pension; *(aus Versicherung)* annuity
Rentenalter ['rɛntənaltər] n retirement age
Rentenanleihe ['rɛntənanlaɪə] f perpetual bonds

Rentenfonds ['rɛntənfɔ:] *m* pension fund

Rentenmarkt ['rɛntənmarkt] *m* bond market

Rentenpapiere ['rɛntənpapi:rə] *f* bonds

Rentenreform ['rɛntənrefɔrm] *f* reform of the national pension system, social security reform

Rentenversicherung ['rɛntənfɛrzɪçəruŋ] *f* annuity insurance, social security pension insurance

rentieren [rɛn'ti:rən] *v* sich ~ to be worthwhile, to be profitable, yield a profit

Rentner ['rɛntnər] *m* pensioner, recipient of a pension

Reparatur [rapara'tu:r] *f* repair

reparieren [rapa'ri:rən] *v* repair, mend, fix

Repräsentant(in) [reprɛzɛn'tant(ɪn)] *m/f* representative

repräsentieren [reprɛzɛn'ti:rən] *v* represent, act as representative for

Reprivatisierung [reprivati'zi:ruŋ] *f* re-privatisation

Reproduktion [reproduk'tsjo:n] *f* reproduction, copy

Reproduktionskosten [reproduk'tsjo:nskɔstən] *f* reproduction costs *pl*

Reserve [re'zɛrvə] *f* reserve; stille ~n secret reserves

Reservefonds [re'zɛrvəfɔ:] *m* reserve fund

Reservewährung [re'zɛrvəvɛ:ruŋ] *f* reserve currency

Reservierung [rezɛr'vi:ruŋ] *f* reservation, booking

Ressort [rɛ'so:r] *n* department; *(Verantwortlichkeit)* responsibility

Ressource [rɛ'sursə] *f* resources *pl*

Restbestand ['rɛstbəʃtant] *m* remaining stock

Restbetrag ['rɛstbətra:k] *m* remainder, balance, residual amount

Restposten ['rɛstpɔstən] *m* remaining stock, remnant

Restriktion [rɛstrɪk'tsjo:n] *f* restriction

restriktiv [rɛstrɪk'ti:f] *adj* restrictive

Restrisiko ['rɛstri:ziko] *n* remaining risk, acceptable risk

revidieren [revi'di:rən] *v (prüfen)* examine, check; *(ändern)* revise

Revision [revi'zjo:n] *f* audit

Revolving-Kredit [rɪ'vɔlvɪŋ 'kredɪt] *m* revolving credit

Rezession [retsɛ'sjo:n] *f* recession

Reziprozität [retsiprotsi'tɛ:t] *f* reciprocity

R-Gespräch ['ɛrgəʃprɛ:ç] *n* reversed-charge call, collect call *(US)*

Rhetorik [re'to:rɪk] *f* rhetoric

Richter ['rɪçtər] *m* judge

Richtlinie ['rɪçtli:njə] *f* guideline

Richtpreis ['rɪçtprais] *m* standard price, suggested price, recommended (retail) price

Richtwert ['rɪçtve:rt] *m* approximate value

Rimesse [ri'mɛsə] *f* remittance

Risiko ['ri:ziko] *n* risk; ein ~ eingehen to take a risk; Risiken abwägen weigh the risks

Risikobereitschaft ['ri:zikobəraitʃaft] *f* willingness to take risks

Risikoprämie ['ri:zikoprɛ:mjə] *f* risk premium

riskant [rɪs'kant] *adj* risky, hazardous

riskieren [rɪs'ki:rən] *v* risk

Roboter ['rɔbɔtər] *m* robot

Rohgewinn ['ro:gəvɪn] *m* gross profit on sales

Rohmaterial ['ro:materja:l] *n* raw material

Rohöl ['ro:ø:l] *n* crude oil, crude petroleum

Rohstoff ['ro:ʃtɔf] *m* raw material

Rohstoffknappheit ['ro:ʃtɔfknaphaıt] *f* raw material shortage

Rohstoffmangel ['ro:ʃtɔfmaŋəl] *m* shortage of raw materials

Rohstoffmarkt ['ro:ʃtɔfmarkt] *m* commodity market

Rohstoffvermarktung ['ro:ʃtɔffermarktuŋ] *f* marketing of raw materials

Rohzustand ['ro:tsu:ʃtant] *m* natural condition, unprocessed condition, unfinished condition

Roll-over-Kredit [rəʊl'əʊvə 'kredıt] *m* roll-over credit

Routine [ru'ti:nə] *f* routine, experience, daily practice

rückdatieren ['rykdati:rən] *v* backdate, antedate

rückerstatten ['rykɛrʃtatən] *v* refund, reimburse

Rückerstattung ['rykɛrʃtatuŋ] *f* reimbursement, repayment

Rückforderung ['rykfɔrdəruŋ] *f* reclaim, reclaiming

Rückfrage ['rykfra:gə] *f* question, further inquiry

Rückgabe ['rykga:bə] *f* return, restitution, restoration

Rückgaberecht ['rykga:bərɛçt] *n* right of redemption

Rückgang ['rykgaŋ] *m* decline, drop, decrease

Rückgriff ['rykgrıf] *m* recourse

Rückkauf ['rykkauf] *m* repurchase, buying back

Rückkoppelung ['rykkɔpəluŋ] *f* feedback

Rücklage ['rykla:gə] *f* reserve; *(Ersparnisse)* savings *pl*

rückläufig ['ryklɔyfıç] *adj (fig)* declining, downward

Rücknahme ['rykna:mə] *f* taking back; *(juristisch)* withdrawal

Rückschlag ['rykʃla:k] *m (fig)* setback; reversal

Rückstand ['rykʃtant] *m (Außenstände)* arrears *pl;* (Lieferrückstand, Arbeitsrückstand) backlog; (Abfallprodukt) residue; (Rest) remains *pl*

rückständig ['rykʃtɛndıç] *adj (Zahlung)* overdue, outstanding; *(fig: überholt)* outdated

Rückstellung ['rykʃtɛluŋ] *f* reserves *pl*

Rücktransport ['ryktranspɔrt] *m* return transport

Rücktritt ['ryktrıt] *m (Amtsniederlegung)* resignation, retirement, rescission

Rücktrittsklausel ['ryktrıtsklauzəl] *f* escape clause

Rückvergütung ['rykfɛrgytuŋ] *f* refund, repayment, reimbursement

Rückversicherung ['rykfɛrzıçəruŋ] *f* reinsurance

rückwirkend ['rykvırkənt] *adj* retroactive, retrospective

Rückzahlung ['ryktsa:luŋ] *f* repayment, refund, reimbursement

Rückzoll ['ryktsɔl] *m* customs drawback

Rufnummer ['ru:fnumər] *f* telephone number

Ruhestand ['ru:əʃtant] *m* retirement

Rundfunkwerbung ['runtfuŋkvɛrbuŋ] *f* radio advertising

Rundschreiben ['runtʃraıbən] *n* circular

Rüstungsauftrag ['rystuŋsauftra:k] *m* defence contract, arms contract

Rüstungsindustrie ['rystuŋsındustri:] *f* armaments industry

S

Sachanlagen ['zaxanlaːgən] *f/pl* fixed assets *pl*, tangible assets *pl*, physical assets *pl*

Sachbearbeiter(in) ['zaxbəarbaɪtər(ɪn)] *m/f* official in charge, clerk in charge

Sache ['zaxə] *f* case, lawsuit, action

Sachvermögen ['zaxfɛrmøːgən] *n* material assets *pl*

Sachverständige(r) ['zaxfɛrʃtɛndɪgə(r)] *m/f* expert (witness), authority specialist

Sachwert ['zaxvɛrt] *m* real value

Saisonarbeit [zɛˈzɔ̃ːarbaɪt] *f* seasonal work

Saisonarbeiter(in) [zɛˈzɔ̃ːarbaɪtər(ɪn)] *m/f* seasonal worker

saisonbedingt [zɛˈzɔ̃ːbədɪŋkt] *adj* seasonal

saisonbereinigt [zɛˈzɔ̃ːbəraɪnɪçt] *adj* seasonally adjusted

saldieren [zalˈdiːrən] *v* balance, settle

Saldo ['zaldo] *m* balance

Sammelbestellung ['zaməlbəʃtɛlʊŋ] *f* consolidated order, joint order

Sanierung [zaˈniːrʊŋ] *f* urban renewal, rehabilitation

Sanktion [zaŋkˈtsjoːn] *f* sanction, penalty

sanktionieren [zaŋktsjoˈniːrən] *v* sanction

Sättigung ['zɛtɪgʊŋ] *f (fig)* saturation

Satz [zats] *m (Menge)* set, batch; *(fester Betrag)* rate

Satzung ['zatsʊŋ] *f* statutes, by-law

satzungsgemäß ['zatsʊŋsgəmɛːs] *adv* according to the rules, according to statutes, according to bylaws

Schaden ['ʃaːdən] *m* damage, loss, harm; *(Personenschaden)* injury

Schadensbegrenzung ['ʃaːdənsbəgrɛntsʊŋ] *f* damage control, damage limitation

Schadenersatz ['ʃaːdənɛrzats] *m* recovery of damages

schadhaft ['ʃaːthaft] *adj* damaged; *(mangelhaft)* defective, faulty

Schadstoff ['ʃaːtʃtɔf] *m* harmful substance, harmful chemical

schadstoffarm ['ʃaːtʃtɔfarm] *adj* low in harmful chemicals

Schaltzentrale ['ʃalttsɛntraːlə] *f* central control station; *(fig)* central control, systems control, control centre

Schatzbrief ['ʃatsbriːf] *m* Treasury bond, Exchequer bond *(UK)*

schätzen ['ʃɛtsən] *v (ungefähr berechnen)* estimate; *(annehmen)* suppose, reckon

Schätzung ['ʃɛtsʊŋ] *f (ungefähre Berechnung)* estimate, valuation; *(Annahme)* estimation

Schätzwert ['ʃɛtsveːrt] *m* estimated value, appraised value

Scheck [ʃɛk] *m* cheque, check *(US)*; *einen ~ einlösen* cash a cheque

Scheckbetrug ['ʃɛkbətruːk] *m* cheque fraud

Scheckheft ['ʃɛkhɛft] *n* cheque book *(UK)*, checkbook *(US)*

Scheckkarte ['ʃɛkkartə] *f* cheque card

Scheinfirma ['ʃaɪnfɪrma] *f* shell company, bogus firm

Scheingewinn ['ʃaɪngəvɪn] *m* fictitious profit

scheitern ['ʃaɪtərn] *v (fig)* fail, be thwarted

Schenkung ['ʃɛŋkʊŋ] *f* gift, donation

Schenkungssteuer ['ʃɛŋkʊŋsʃtɔyər] *f* gift tax

Schicht [ʃɪçt] *f* layer; *(Arbeitsschicht)* shift

Schichtarbeit ['ʃɪçtarbaɪt] *f* shift work

Schichtwechsel ['ʃɪçtvɛksəl] *m* change of shift

Schiedsgericht ['ʃiːtsgəriçt] *n* court of arbitration, arbitral court

Schiffbau ['ʃɪfbaʊ] *m* shipbuilding

Schifffahrt ['ʃɪffaːrt] *f* navigation, shipping

Schleuderpreis ['ʃlɔydərpraɪs] *m* give-away price, rock-bottom price

Schlusskurs ['ʃluskʊrs] *m* closing price

Schlussverkauf ['ʃlusfɛrkaʊf] *m* seasonal clearance sale, end-of-season clearance sale

Schmuggel ['ʃmugəl] *m* smuggling

schmuggeln ['ʃmugəln] *v* smuggle, bootleg

Schmuggelware ['ʃmugəlwaːrə] *pl* smuggled goods *pl*, contraband

Schmuggler ['ʃmuglər] *m* smuggler, bootlegger

Schneeballsystem ['ʃneːbalzysteːm] *n* pyramid selling

Schnittstelle ['ʃnɪtʃtɛlə] *f* interface

Schreibkraft ['ʃraɪpkraft] *f* clerical staff; *(Stenotypist(in))* typist

Schriftstück ['ʃrɪftʃtyk] *n* document, record, deed

Schriftverkehr ['ʃrɪftfɛrkeːr] *m* correspondence

Schriftwechsel ['ʃrɪftvɛksəl] *m* correspondence

Schrottwert ['ʃrɔtveːrt] *m* scrap value, junk value

Schulabschluss ['ʃuːlapʃlus] *m* school qualification *(UK)*, diploma *(US)*

Schulden ['ʃuldən] *f/pl* debts *pl*, liabilities *pl*

schulden ['ʃuldən] *v* owe

schuldenfrei ['ʃuldənfraɪ] *adj* free from debt

Schuldenmasse ['ʃuldənmasə] *f* liabilities *pl*

Schuldner ['ʃultnər] *m* debtor, party liable

Schuldschein ['ʃultʃaɪn] *m* promissory note

Schuldverschreibung ['ʃultfɛrʃraɪbuŋ] *f* debenture bond

Schulung ['ʃuːluŋ] *f* schooling, training, instruction

Schulungspersonal ['ʃuːluŋspɛrzonaːl] *n* training staff, instructors

Schutzmarke ['ʃutsmarkə] *f* trademark

Schutzzoll ['ʃutstsɔl] *m* protective duty

Schwangerschaftsurlaub ['ʃvaŋərʃaftsuːrlaʊp] *m* maternity leave

Schwankung ['ʃvaŋkuŋ] *f (Abweichung)* fluctuation, variation

Schwarzarbeit ['ʃvartsarbaɪt] *f* illicit work

Schwarzhandel ['ʃvartshandəl] *m* black market operations, black marketeering

Schwarzmarkt ['ʃvartsmarkt] *m* black market

Schwellenland ['ʃvɛlənlant] *n* country undergoing industrialization, industrialising country

Schwemme ['ʃvɛmə] *f* glut

Schwergut ['ʃveːrguːt] *n* heavy freight, heavy cargo

Schwestergesellschaft ['ʃvɛstərgəzɛlʃaft] *f* affiliated company

Schwund [ʃvunt] *m* dwindling, fading, decrease; *(Schrumpfen)* shrinkage

Sekretär [zekre'tɛːr] *m* secretary

Sekretariat [zekreta'rjaːt] *n* secretary's office, secretariat *(UK)*

Sekretärin [zekre'tɛːrɪn] *f* secretary

Sektor [ˈzɛktɔr] *m* sector, branch

Selbstbedienung [ˈzɛlpstbədiːnuŋ] *f* self-service

Selbstfinanzierung [ˈzɛlpstfɪnantsiːruŋ] *f* self-financing

Selbstkosten [ˈzɛlpstkɔstən] *f* prime cost

Selbstkostenpreis [ˈzɛlpstkɔstənprais] *m* cost price, *zum ~ verkaufen* to sell at cost

selbstständig [ˈzɛlpʃtɛndɪç] *adj* independent, *sich ~ machen* go into business for o.s.

Selbstständige(r) [ˈzɛlpʃtɛndɪgə(r)] *f/m* self-employed person

Selbstständigkeit [ˈzɛlpʃtɛndɪçkaɪt] *f* independence

Sendung [ˈzɛnduŋ] *f (Versand)* shipment, consignment

Serie [ˈzeːrjə] *f* series, issue

seriell [zeˈrjɛl] *adj* serial

Serienanfertigung [ˈzeːrjənanfɛrtɪguŋ] *f* serial production

serienmäßig [ˈzeːrjənmɛːsɪç] *adj* serial; *adv* in series

Serienproduktion [ˈzeːrjənprɔduktsjoːn] *f* mass production

Server [ˈsœrvə] *m* server

Service [ˈsœrvɪs] *m* service

Servicenetz [ˈzœrvɪsnɛts] *n* service network

Sicherheit [ˈzɪçərhaɪt] *f (Gewähr)* collateral, security

Sicherheitskopie [ˈzɪçərhaɪtskopiː] *f* backup copy

Sichtvermerk [ˈzɪçtfɛrmɛrk] *m* visa, endorsement

Sitz [zɪts] *m (Firmensitz)* headquarters; *mit ~ in Schweinfurt* headquartered in Schweinfurt; based in Schweinfurt

Sitzung [ˈzɪtsuŋ] *f* session, meeting

Skonto [ˈskɔnto] *n/m* discount

Software [ˈsɔftveːr] *f* software

Solidaritätszuschlag [zolidariˈtɛːtstsuːʃlaːk] *m* tax benefitting economic recovery of the former East Germany

solide [zoˈliːdə] *adj (Firma)* sound, reliable; *(Preis)* fair

Soll [zɔl] *n* debit

Sollkosten [ˈzɔlkɔstən] *f/pl* budgeted costs *pl*

Sollzahlen [ˈzɔltsaːlən] *f/pl* target figures

Sonderabgabe [ˈzɔndərapgaːbə] *f* special tax, special levy

Sonderabschreibungen [ˈzɔndərapʃraɪbuŋən] *f/pl* special depreciation

Sonderanfertigung [ˈzɔndəranfɛrtɪguŋ] *f* manufacture to customer's specifications

Sonderangebot [ˈzɔndərangəboːt] *n* special offer, special bargain

Sonderausgaben [ˈzɔndərausgaːbən] *f/pl* special expenses *pl*

Sondermüll [ˈzɔndərmyl] *m* special (toxic) waste

Sonderrabatt [ˈzɔndərrabat] *m* special discount

Sondervergütung [ˈzɔndərfɛrgyːtuŋ] *f* special allowance

Sonderziehungsrechte [ˈzɔndərtsiːuŋsrɛçtə] *f* special drawing rights

Sorte [ˈzɔrtə] *f* sort, kind, type; *(Marke)* brand; *(Qualität)* grade

Sorten [ˈzɔrtən] *pl* foreign notes and coins

Sortenkurs ['zɔrtənkurs] *m* rate for foreign notes and coins, foreign currency rate

sortieren [zɔr'tiːrən] *v* sort; grade

Sortiment [zɔrti'mɛnt] *n* assortment, range, variety

Sozialabgaben [zo'tsjaːlapgaːbən] *pl* social welfare contributions

soziale Marktwirtschaft [zo'tsjaːlə 'marktvɪrtʃaft] *f* social market economy

Sozialhilfe [zo'tsjaːlhɪlfə] *f* social welfare assistance

Sozialleistungen [zo'tsjaːllaɪstuŋən] *pl* employers' social security contributions, social security benefits, social services

Sozialpolitik [zo'tsjaːlpolitiːk] *f* social policy

Sozialprodukt [zo'tsjaːlprɔdukt] *n* national product, gross national product, (GNP)

Sozialstaat [zo'tsjaːlʃtaːt] *m* welfare state

Sozialversicherung [zo'tsjaːlfɛrzɪçəruŋ] *f* social insurance, Social Security

Sozietät [zotsje'tɛːt] *f* partnership

Sozius ['zotsjus] *m* partner

Spanne ['ʃpanə] *f (Preisspanne)* range, margin

Sparbuch ['ʃpaːrbuːx] *n* savings book

Spareinlage ['ʃpaːraɪnlaːgə] *f* savings deposit

sparen ['ʃpaːrən] *v* save, economize, economise *(UK)*

Sparkasse ['ʃpaːrkasə] *f* savings bank

Sparmaßnahme ['ʃpaːrmaːsnaːmə] *f* economy measure

Sparpolitik ['ʃpaːrpolitik] *f* austerity policy, budgetary restraint

Spediteur [ʃpedi'tøːr] *m* forwarding agent, shipper

Spedition [ʃpedi'tsjoːn] *f (Firma)* forwarding agency, shipping agency

Speditionsunternehmen [ʃpedi'tsjoːnsuntərneːmən] *n* shipping company

Speicher ['ʃpaɪçər] *m* (computer) memory

Speicherkapazität ['ʃpaɪçərkapatsitɛːt] *f* (computer) memory capacity, (computer) storage capacity

speichern ['ʃpaɪçərn] *v* save, store

Speicherplatz ['ʃpaɪçərplats] *m* (computer) memory location

Speicherung ['ʃpaɪçəruŋ] *f* storage, saving

Spekulant [ʃpeku'lant] *m* speculator, speculative dealer

Spekulation [ʃpekula'tsjoːn] *f* speculation

spekulieren [ʃpeku'liːrən] *v* speculate

sperren ['ʃpɛrən] *v* obstruct; *(amtlich)* close; *(Konto)* block

Spesen ['ʃpeːzən] *f* expenses *pl*

Spesenabrechnung ['ʃpeːzənaprɛçnuŋ] *f* statement of expenses

Spesenrechnung ['ʃpeːzənrɛçnuŋ] *f* expense report, expense account

Spezialgeschäft [ʃpe'tsjaːlgəʃɛft] *n* speciality shop

spezialisieren [ʃpetsjali'ziːrən] *v sich auf etw ~* specialize in sth, specialise in sth *(UK)*

Spezialisierung [ʃpetsjali'ziːruŋ] *f* specialization *(US)*, specialisation *(UK)*

Spezialist(in) [ʃpetsja'lɪst(ɪn)] *m/f* specialist

Spezifikation [ʃpetsifika'tsjoːn] specification

Spielraum ['ʃpiːlraum] *m* margin

Spitzenlohn ['ʃpɪtsənloːn] *m* maximum pay, top wage

sponsern ['ʃpɔnzərn] *v* sponsor

Sponsor ['ʃpɔnzoːr] *m* sponsor
Staatsanleihen ['ʃtaːtsanlaɪən] *f/pl* government loan
Staatsbetrieb ['ʃtaːtsbətriːp] *m* nationalized enterprise, state run enterprise, state-owned enterprise
staatseigen ['ʃtaːtsaɪgən] *adj* state-owned
Staatseigentum ['ʃtaːtsaɪgəntum] *n* state property, public property
Staatshaushalt ['ʃtaːtshaushalt] *m* state budget
Staatskasse ['ʃtaːtskasə] *f* treasury
stabil [ʃtaˈbiːl] *adj (robust)* stable; *(konstant)* steady
Stabilisierung [ʃtabiliˈziːruŋ] *f* stabilization *(US)*, stabilisation *(UK)*,
Stabilität [ʃtabiliˈtɛːt] *f* stability
Staffelpreis ['ʃtafəlpraɪs] *m* graduated price
Staffelung ['ʃtafəluŋ] *f* graduation, gradation, grading
Stagflation [ʃtakflaˈtsjoːn] *f* stagflation
Stagnation [ʃtagnaˈtsjoːn] *f* stagnation
stagnieren [ʃtagˈniːrən] *v* stagnate
Stahlindustrie ['ʃtaːlɪndustriː] *f* steel industry
Stammaktie ['ʃtamaktsjə] *f* ordinary share, ordinary stock *(US)*
Stammhaus ['ʃtamhaus] *n* parent company, parent firm
Stammkapital ['ʃtamkapitaːl] *n* original stock, original capital, share capital
Stammkunde ['ʃtamkundə] *m* regular (customer), patron
Stand [ʃtant] *m (Messestand)* booth, stand; *(Situation)* position, situation; *auf dem neuesten ~ sein* to be up to date; *der ~ der Dinge* the situation; *(Rang)* rank, class, status

Standard ['ʃtandart] *m* standard
Standardmodell ['ʃtandartmodɛl] *n* standard model, standard type
Standardwerte ['ʃtandartvɛrtə] *m/pl* standard values
Standort ['ʃtantɔrt] *m* location, station
Standortwahl ['ʃtantɔrtvaːl] *f* choice of location
Stapel ['ʃtaːpəl] *m* pile, heap, stack; *vom ~ laufen* to be launched; *etw vom ~ lassen* launch sth
Starthilfe ['ʃtarthɪlfə] *f (für ein Unternehmen)* launching aid, starting-up aid
Statistik [ʃtaˈtɪstɪk] *f* statistics *pl*
statistisch [ʃtaˈtɪstɪʃ] *adj* statistical; *adv* statistically
Status ['ʃtaːtus] *m* status, state; *(Finanzaufstellung)* statement (of condition)
Statut [ʃtaˈtuːt] *n* statute, regulation
Stechuhr ['ʃtɛkuːr] *f* time clock
steigend ['ʃtaɪgənt] *adj* rising, ascending, mounting, increasing
steigern ['ʃtaɪgərn] *v (erhöhen)* increase, raise; *sich ~* improve, rise
Steigerung ['ʃtaɪgəruŋ] *f (Erhöhung)* increase, raising
Stelle ['ʃtɛlə] *f (Anstellung)* position, job; *(Dienststelle)* authority, office, agency
Stellenangebot ['ʃtɛlənangəboːt] *n* position offered, vacancy, offer of employment
Stellenanzeige ['ʃtɛlənantsaɪgə] *f* position offered
Stellenausschreibung ['ʃtɛlənausʃraɪbuŋ] *f* advertisement of a vacancy
Stellengesuch ['ʃtɛləngəzuːx] *n* situation wanted
Stellenmarkt ['ʃtɛlənmarkt] *m* job market
Stellenvermittlung ['ʃtɛlənfɛrmɪtluŋ] *f* job placement

Stellung ['ʃtɛluŋ] *f (Anstellung)* position, post, job

Stellungnahme ['ʃtɛluŋnaːmə] *f* comment, opinion, statement

stellvertretend ['ʃtɛlfɛrtreːtənt] *adj* representative, deputy, acting

Stellvertreter(in) ['ʃtɛlfɛrtreːtər(ɪn)] *m/f* representative, agent, deputy

Stellvertretung ['ʃtɛlfɛrtreːtuŋ] *f* representation, proxy

Stempelgebühr ['ʃtɛmpəlgəbyːr] *f* stamp duty

Stenografie [ʃtenograˈfiː] *f* shorthand, stenography

stenografieren [ʃtenograˈfiːrən] *v* stenograph, write shorthand, write in shorthand

Stenotypistin [ʃtenotyˈpɪstɪn] *f* shorthand typist

Sterbegeld ['ʃtɛrbəgɛlt] *n* death benefit

Steuer ['ʃtɔyər] *f* tax

Steueraufkommen ['ʃtɔyəraufkɔmən] *n* tax yield, tax revenue, receipts from taxes

Steuerberater(in) ['ʃtɔyərbəraːtər(ɪn)] *m/f* tax advisor, tax consultant

Steuerbescheid [ʃtɔyərbəʃaɪt] *m* notice of tax assessment

Steuererhöhung ['ʃtɔyərɛrhøːuŋ] *f* tax increase

Steuererklärung ['ʃtɔyərɛrklɛːruŋ] *f* tax return, tax declaration

steuerfrei ['ʃtɔyərfraɪ] *adj* tax-free, exempt from taxation

Steuerhinterziehung ['ʃtɔyərhɪntərtsiːuŋ] *f* tax evasion

Steuerklasse ['ʃtɔyərklasə] *f* tax bracket

steuern ['ʃtɔyərn] *v* control

Steuernummer ['ʃtɔyərnumər] *f* taxpayer's reference number

Steueroase ['ʃtɔyəroaːzə] *f* tax haven

Steuerparadies ['ʃtɔyərparadiːs] *n* tax haven

steuerpflichtig ['ʃtɔyərpflɪçtɪç] *adj* taxable, subject to tax

Steuerung ['ʃtɔyəruŋ] *f* control

Steuerzahler ['ʃtɔyərtsaːlər] *m* taxpayer

Steuerzeichen ['ʃtɔyərtsaɪçən] *n* control character

Stichprobe ['ʃtɪçproːbə] *f* spot check, random test

Stichtag ['ʃtɪçtaːk] *m* effective date, key date

Stiftung ['ʃtɪftuŋ] *f (Schenkung)* donation, bequest; *(Gründung)* establishment, foundation

stiller Teilhaber ['ʃtɪlər 'taɪlhaːbər] *m* silent partner

stille Reserve ['ʃtɪlə reˈzɛrvə] *f* hidden reserves *pl*

Stilllegung ['ʃtɪlleːguŋ] *f* shutdown, closure

Stillstand ['ʃtɪlʃtant] *m* standstill, stop, stagnation

Stimmabgabe ['ʃtɪmapgaːbə] *f* vote

stimmberechtigt ['ʃtɪmbəreçtɪçt] *adj* entitled to vote, eligible to vote

Stimme ['ʃtɪmə] *f (Wahlstimme)* vote

Stimmrecht ['ʃtɪmrɛçt] *n* right to vote, suffrage

Stimmzettel ['ʃtɪmtsɛtəl] *m* ballot paper, voting paper

Stipendium [ʃtɪˈpɛndjum] *n* scholarship

stocken ['ʃtɔkən] *v (zum Stillstand kommen)* come to a standstill, stop *(stagnieren)* to stagnate, to slacken off

stornieren [ʃtɔrˈniːrən] *v* cancel

Stornierung [ʃtɔrˈniːruŋ] *f* cancellation, reversal

Storno ['ʃtɔrno] *m* contra entry, reversal; *(Auftragsstorno)* cancellation
Straßengebühr ['ʃtraːsəngəbyːr] *f* toll
Strategie [ʃtrateˈgiː] *f* strategy
strategisch [ʃtraˈteːgɪʃ] *adj* strategic
streichen ['ʃtraɪçən] *v irr (durch~)* cross out, delete, strike out; *(Plan)* cancel; *(annullieren)* cancel
Streik [ʃtraɪk] *m* strike
streiken ['ʃtraɪkən] *v* strike
Streitwert ['ʃtraɪtvɛrt] *m (juristisch)* amount in dispute
streng [ʃtrɛŋ] *adj* strict, severe, exacting; *adv* strictly, severely; ~ *vertraulich* strictly confidential
Strichkode ['ʃtrɪçkoːd] *m* bar code, UPC code *(US)*
Strom [ʃtroːm] *m (elektrischer ~)* current
Stromausfall ['ʃtroːmausfal] *m* power failure, power outage
Stromverbrauch ['ʃtroːmfɛrbraux] *m* power consumption, electricity consumption
Struktur [ʃtrukˈtuːr] *f* structure
strukturell [ʃtruktuˈrɛl] *adj* structural; *adv* structurally
strukturieren [ʃtruktuˈriːrən] *v* structure
Strukturkrise [ʃtrukˈtuːrkriːzə] *f* structural crisis
Strukturpolitik [ʃtrukˈtuːrpolitik] *f* structural policy
strukturschwach [ʃtrukˈtuːrʃvax] *adj* lacking in infrastructure, underdeveloped, structurally imbalanced
Strukturwandel [ʃtrukˈtuːrvandəl] *m* structural change
Stück [ʃtyk] *n* piece, bit
Stückkosten ['ʃtykkɔstən] *pl* unit cost, cost per unit

Stücklohn ['ʃtykloːn] *m* piece-work wage, piece-work pay
Stückzahl ['ʃtyktsaːl] *f* number of pieces, quantity
Studie ['ʃtuːdjə] *f* study
stufenweise ['ʃtuːfənvaɪzə] *adv* by steps, gradually, progressively
stunden ['ʃtundən] *v jdm etw* ~ give s.o. time to pay sth
Stundenlohn ['ʃtundənloːn] *m* hourly wage
Stundung ['ʃtunduŋ] *f* extension, respite
Stützungskauf ['ʃtytsuŋskauf] *m* support buying
Subskription [zupskrɪpˈtsjoːn] *f* subscription
Substanzwert [zupˈstantsvɛrt] *m* real value
Subunternehmer ['zupuntərneːmər] *m* subcontractor
Subvention [zupvɛnˈtsjoːn] *f* subsidy; grant; subvention
subventionieren [zupvɛntsjoˈniːrən] *v* subsidize *(US)*, subsidise *(UK)*
Summe ['zumə] *f* sum, amount
surfen ['zœrfən] *v im Internet* ~ surf the Internet
suspendieren [zuspɛnˈdiːrən] *v* suspend
Swapgeschäft ['svɔpgəʃɛft] *n* swap transaction
Swapsatz ['svɔpzats] *m* swap rate
Syndikat [zyndiˈkaːt] *n* syndicate
System [zysˈteːm] *n* system
Systemanalyse [zysˈteːmanalyːzə] *f* system analysis
systematisch [zysteˈmaːtɪʃ] *adj* systematic
Systemsteuerung [zysˈteːmʃtɔyərun] *f* system control

T

tabellarisch [tabɛˈlaːrɪʃ] *adj* tabular, arranged in tables
Tabelle [taˈbɛlə] *f* table, chart
Tabellenkalkulation [taˈbɛlənkalkulatsjoːn] *f* spreadsheet
Tadel [ˈtaːdəl] *m* reproach, criticism
tadeln [ˈtaːdəln] *v* rebuke, reprove, criticise; ~ *wegen* blame for
Tagegeld [ˈtaːgəgɛlt] *n (Reisekosten)* daily allowance, per diem allowance; *(Krankenversicherung)* daily benefit
Tagelöhner [ˈtaːgəløːnər] *m* day labourer
Tagesablauf [ˈtaːgəsaplauf] *m* daily routine
Tageseinnahme [ˈtaːgəsaɪnnaːmə] *f* day's receipts *pl*
Tageskurs [ˈtaːgəskurs] *m (von Devisen)* current rate; *(von Effekten)* current price
Tagesordnung [ˈtaːgəsɔrdnuŋ] *f* agenda; *auf die ~ setzen* put on the agenda; *an der ~ sein (fig)* to be the order of the day; *zur ~ übergehen* carry on as usual
Tageswert [ˈtaːgəsvɛrt] *m* current value
täglich [ˈtɛːklɪç] *adj* daily, every day; *adv* daily, every day; *dreimal ~* three times a day
tagsüber [ˈtaːksyːbər] *adv* during the day, in the daytime
Tagung [ˈtaːguŋ] *f* meeting, conference, session
Tagungsort [ˈtaːguŋsɔrt] *m* meeting place, conference site, venue
Taktik [ˈtaktɪk] *f* tactics

Talfahrt [ˈtaːlfaːrt] *f (fig)* decline
Talsohle [ˈtaːlzoːlə] *f (fig)* low, depression; *in der ~* at rock bottom
Tantieme [tanˈtjeːmə] *f* percentage, share in profits; *(Aufsichtsratstantieme)* directors' fee, percentage of profits
Tara [ˈtaːra] *f* tare
Tarif [taˈriːf] *m* tariff, rate, scale of charges
Tarifgruppe [taˈriːfgrupə] *f* pay grade
Tarifkonflikt [taˈriːfkɔnflɪkt] *m* conflict over wages
Tariflohn [taˈriːfloːn] *m* standard wage, collectively negotiated wage
Tarifpartner [taˈriːfpartnər] *pl* both sides of industry, unions and management, parties to a collective agreement
Tarifpolitik [taˈriːfpolitik] *f* collective bargaining policy
Tarifrunde [taˈriːfrundə] *f* bargaining round, contract renegotiation round
Tarifverhandlung [taˈriːffɛrhandluŋ] *f* collective bargaining, collective negotiations
Tarifvertrag [taˈriːffɛrtraːk] *m* collective bargaining agreement
Taschenrechner [ˈtaʃənrɛçnər] *m* pocket calculator
Tastatur [tastaˈtuːr] *f* keyboard
Taste [ˈtastə] *f* key, button
Tastentelefon [ˈtastəntelefoːn] *n* touchtone telephone
Tastenzwang [ˈtastəntsvaŋ] *m* keyboard compulsion
Tatendrang [ˈtaːtəndraŋ] *m* thirst for action, desire to do things, enterprising spirit

tatenlos ['ta:tənlo:s] *adj* inactive, idle
tätigen ['tɛ:tɪgən] *v* transact, conduct *(business)*
Tätigkeit ['tɛ:tɪçkaɪt] *f (Beruf)* occupation, job
Tätigkeitsbereich ['tɛ:tɪçkaɪtsbəraɪç] *m* range of activities, sphere of action, field of action
Tätigkeitsfeld ['tɛ:tɪçkaɪtsfɛlt] *n* field of activity
Tausch [tauʃ] *m* trade, exchange, swap
tauschen ['tauʃən] *v* trade, exchange, swap
Tauschhandel ['tauʃhandəl] *m* barter, deal, exchange
Täuschung ['tɔyʃuŋ] *f* deceit; *(juristisch)* fraud
taxieren [ta'ksi:rən] *v* appraise, value; *(Wert)* estimate
Taxwert ['taksvɛrt] *m* estimated value
Team [ti:m] *n* team; *im ~ arbeiten* work in a team
Teamarbeit ['ti:marbaɪt] *f* teamwork
Teamfähigkeit ['ti:mfɛ:ɪçkaɪt] *f* ability to be part of a team
Teamgeist ['ti:mgaɪst] *m* team spirit
Technik ['tɛçnɪk] *f* technology; *(Aufbau)* mechanics *pl; (Verfahren)* technique
Techniker(in) ['tɛçnɪkər(ɪn)] *m/f* technician, (technical) engineer; *(Wissenschaftler)* technologist
technisch ['tɛçnɪʃ] *adj* technical; *(wissenschaftlich)* technological; *adv* technically; *(wissenschaftlich)* technologically
technische Normen ['tɛçnɪʃə 'nɔrmən] *f/pl* technical standards
Technisierung [tɛçni'zi:ruŋ] *f* mechanization, mechanisation *(UK)*
Technokrat [tɛçno'kra:t] *m* technocrat
Technologie [tɛçnolo'gi:] *f* technology

technologisch [tɛçno'lo:gɪʃ] *adj* technological
Teilabschreibung ['taɪlapʃraɪbuŋ] *f* write down
Teilbetrag ['taɪlbətra:k] *m* partial amount, instalment, fraction
Teilerfolg ['taɪlɛrfɔlk] *m* partial success
Teilhaber ['taɪlha:bər] *m* partner, associate; *stiller ~* sleeping partner, silent partner *(US)*
Teillieferung ['taɪlli:fəruŋ] *f* part delivery
Teilnahme ['taɪlna:mə] *f* participation
Teilnehmer(in) ['taɪlne:mər(ɪn)] *m/f* participant; *(Mitglied)* member; *(telefonisch)* subscriber, party
Teilprivatisierung ['taɪlprivatizi:ruŋ] *f* partial privatisation
Teilwert ['taɪlvɛrt] *m* partial value
Teilzahlung ['taɪltsa:luŋ] *f* instalment payment *(UK)*, installment payment *(US)*, part payment; *eine ~ leisten* advance an account
Teilzahlungsrate ['taɪltsa:luŋsra:tə] *f* monthly instalment *(UK)*, monthly installment *(US)*
Teilzeitarbeit ['taɪltsaɪtarbaɪt] *f* part-time work
Teilzeitbeschäftigung ['taɪltsaɪtbəʃɛftɪguŋ] *f* part-time employment
Telefax ['telefaks] *n* fax, facsimile transmission
Telefaxgerät ['telefaksgərɛ:t] *n* fax machine, facsimile machine
Telefaxnummer ['telefaksnumər] *f* fax number
Telefon [tele'fo:n] *n* telephone, phone; *ans ~ gehen* answer the telephone
Telefonanruf [tele'fo:nanru:f] *m* telephone call
Telefonat [telefo'na:t] *n* telephone call

Telefongespräch [teleˈfoːngəʃprɛːç] n telephone conversation; *ein ~ führen* make a telephone call

telefonieren [telefoˈniːrən] v telephone, phone, make a telephone call

Telefonkarte [teleˈfoːnkartə] f phonecard

Telefonnummer [teleˈfoːnnumər] f telephone number, phone number

Telefonverkauf [teleˈfoːnfɛrkauf] m telesales

Telefonzelle [teleˈfoːntsɛlə] f call-box, (tele)phone box, pay phone, phone booth *(US)*

Telefonzentrale [teleˈfoːntsɛntraːlə] f exchange, switchboard

Telegraf [teleˈgraːf] m telegraph

telegrafieren [telegraˈfiːrən] v telegraph, wire, send a telegram

telegrafische Anweisung [teleˈgraːfɪʃə ˈanvaɪzuŋ] f technology payment order

Telegramm [teleˈgram] n telegram; wire; cable

Telex [ˈtelɛks] n telex

temporär [tɛmpoˈrɛːr] adj temporary

Tendenz [tɛnˈdɛnts] f tendency

Tenderverfahren [ˈtɛndərfɛrfaːrən] n tender procedure

Termin [tɛrˈmiːn] m *(Datum)* date; *(Frist)* term, deadline; *(Verabredung)* appointment; *(Verhandlung)* hearing; *dringende ~e* pressing engagements

Terminal [ˈtœrmɪnəl] m terminal

Terminbörse [tɛrˈmiːnbœrzə] f futures market

Termindruck [tɛrˈmiːndruk] m deadline pressure, time pressure

termingerecht [tɛrˈmiːngəreçt] adj on schedule, punctual; adv on schedule, at the right time, punctually

Termingeschäft [tɛrˈmiːngəʃɛft] n futures business

Terminkalender [tɛrˈmiːnkalɛndər] m appointment book, appointment calendar, docket

Terminkontrakt [tɛrˈmiːnkɔntrakt] m forward contract

Terminkurs [tɛrˈmiːnkurs] m forward price

Terminplanung [tɛrˈmiːnplanuŋ] f scheduling

Testmarkt [ˈtɛstmarkt] m test market

Testreihe [ˈtɛstraɪə] f battery of tests, series of tests

Teststrecke [ˈtɛstʃtrɛkə] f testing grounds (for vehicles)

teuer [ˈtɔyər] adj expensive

Teuerung [ˈtɔyəruŋ] f inflation, general price increase

Teuerungsrate [ˈtɔyəruŋsraːtə] f rate of price increase

texten [ˈtɛkstən] v *(Werbetext)* write copy

Texter [ˈtɛkstər] m *(Werbetexter)* copywriter

Textgestaltung [ˈtɛkstgəʃtaltuŋ] f text configuration

Textilfabrik [tɛksˈtiːlfabrik] f textile factory, mill

Textilindustrie [tɛksˈtiːlɪndustriː] f textile industry

Textverarbeitung [ˈtɛkstfɛrarbaɪtuŋ] f word processing

Tiefbau [ˈtiːfbau] m civil engineering, underground engineering

Tiefpunkt [ˈtiːfpuŋkt] m low point, bottom

Tiefstand [ˈtiːfʃtant] m depression; low; *absoluter ~* all-time low

tilgen [ˈtɪlgən] v erase, *(löschen)* delete; *(Schulden)* repay, pay off, settle; *(Staats-*

schuld) redeem; *im Strafregister ~* erase from the penal register

Tilgung ['tɪlguŋ] *f* cancellation; *(Schulden)* repayment, redemption, amortization

tippen ['tɪpən] *v (Maschine schreiben)* type

Tippfehler ['tɪpfeːlər] *m* typing error, typographical error, typo *(fam) (US)*

Tochtergesellschaft ['tɔxtərgəzɛlʃaft] *f* subsidiary, affiliate

Totalschaden [toˈtaːlʃaːdən] *m* total loss, complete write-off

totes Kapital ['toːtəs kapiˈtaːl] *n* dead capital

Tourenplan ['tuːrənplaːn] *m* tour schedule

traditionell [traditsjoˈnɛl] *adj* traditional; *adv* traditionally

traditionsbewusst [tradiˈtsjoːnsbəvust] *adj* tradition-conscious

Tragweite ['traːkvaɪtə] *f (fig)* magnitude, scope, implications

Trainee [trɛːˈniː] *m/f* trainee

Tranche [trɑ̃ːʃ] *f* tranche

Transaktion [transakˈtsjoːn] *f* transaction

Transfer [transˈfeːr] *m* transfer

Transferrisiko [transˈfeːrriːziko] *n* risk of transfer

Transit ['tranzɪt] *m* transit

Transithandel ['tranzɪthandəl] *m* transit trade

Transitklausel ['tranzɪtklauzəl] *f* transit clause

Transitverkehr ['tranzɪtfɛrkeːr] *m* transit traffic

Transitzoll ['tranzɪttsɔl] *m* transit duty

Transparenz [transpaˈrɛnts] *f* transparency

Transport [transˈpɔrt] *m* transport

transportabel [transpɔrˈtaːbəl] *adj* transportable

Transportbehälter [transˈpɔrtbəhɛltər] *m* container

Transporter [transˈpɔrtər] *m (Lastwagen)* van; *(Flugzeug)* cargo plane; *(Schiff)* cargo ship

transportieren [transpɔrˈtiːrən] *v* transport

Transportkosten [transˈpɔrtkɔstən] *pl* transport costs *pl,* forwarding charges, shipping charges

Transportmittel [transˈpɔrtmɪtəl] *n* means of transport, means of conveyance

Transportpapiere [transˈpɔrtpapiːrə] *n/pl* transport documents *pl*

Transportschaden [transˈpɔrtʃaːdən] *m* loss on goods in transit

Transportunternehmen [transˈpɔrtuntərneːmən] *n* haulage company

Transportversicherung [transˈpɔrtfɛrzɪçəruŋ] *f* transport insurance

Transportweg [transˈpɔrtveːk] *m* route of transportation

Trend [trɛnt] *m* trend

Trendwende ['trɛntvɛndə] *f* reversal of a trend

Tresor [treˈzoːr] *m* safe

Treuerabatt ['trɔyərabat] *m* fidelity rebate, patronage discount

Treuhänder ['trɔyhɛndər] *m* fiduciary, trustee

Treuhandgesellschaft ['trɔyhantgəzɛlʃaft] *f* trust company

Trust [trast] *m* trust

tüchtig ['tyçtɪç] *adj* capable, efficient; *adv (fam)* thoroughly

Tüchtigkeit ['tyçtɪçkaɪt] *f* ability, efficiency, competence

TÜV [tyf] *m (Technischer Überwachungsverein)* motor vehicle inspection

U

überarbeiten [yːbərˈarbaɪtən] *v* etw ~ revise; rework, edit; *sich* ~ overwork o.s.
Überarbeitung [yːbərˈarbaɪtuŋ] *f* revision; *(Überanstrengung)* overwork
Überbeschäftigung [ˈyːbərbəʃɛftɪguŋ] *f* over-employment
Überbewertung [ˈyːbərbəvɛrtuŋ] *f* overvaluation
überbezahlt [ˈyːbərbətsaːlt] *adj* overpaid
überbieten [yːbərˈbiːtən] *v irr (Preis)* overbid, outbid; *(Leistung)* outdo, beat, surpass
Überbringer [yːbərˈbrɪŋər] *m* bearer
Überbringerscheck [yːbərˈbrɪŋərʃɛk] *m* bearer-cheque
Überbrückungskredit [yːbərˈbrykuŋskrɛdɪt] *m* bridging loan, tide-over credit
übereignen [yːbərˈaɪknən] *v jdm etw* ~ make sth over to s.o., transfer sth to s.o.
Übereignung [yːbərˈaɪknuŋ] *f* transfer of ownership, transfer of title
übereinkommen [yːbərˈaɪnkɔmən] *v irr* agree, come to an agreement, come to an understanding
Übereinkommen [yːbərˈaɪnkɔmən] *n* agreement, settlement, understanding, arrangement
Übereinkunft [yːbərˈaɪnkunft] *f* agreement, settlement
überfällig [ˈyːbərfɛlɪç] *adj (zu spät)* overdue; *(abgelaufen)* expired, overdue
überführen [yːbərˈfyːrən] *v (transportieren)* transport, transfer
Überführung [yːbərˈfyːruŋ] *f (Transport)* transport, transportation; *(Straße)* overpass, fly-over

Übergabe [ˈyːbərgaːbə] *f* handing over, delivery
Übergangslösung [ˈyːbərgaŋsløːzuŋ] *f* temporary solution, provisional solution
Übergangsregelung [ˈyːbərgaŋsreːgəluŋ] *f* interim arrangement, transitional arrangement
Übergangszeit [ˈyːbərgaŋstsaɪt] *f* period of transition
übergeben [yːbərˈgeːbən] *v irr (etw ~)* deliver, hand over; *jdm etw* ~ deliver sth over to s.o.
überhöht [yːbərˈhøːt] *adj* excessive
Überkapazität [ˈyːbərkapatsiteːt] *f* overcapacity
Überkapitalisierung [ˈyːbərkapitalɪziːruŋ] *f* overcapitalization
übermitteln [yːbərˈmɪtəln] *v* transmit, convey, deliver
Übermittlung [yːbərˈmɪtluŋ] *f* conveyance, transmission
Übernahme [ˈyːbərnaːmə] *f* takeover, taking-over, taking possession; *(Amtsübernahme)* entering
übernehmen [yːbərˈneːmən] *v irr (entgegennehmen)* accept; *(Amt)* take over; *sich* ~ overstrain, overextend, undertake too much
überordnen [ˈyːbərɔrdnən] *v* give priority to; *jmd ist jdm übergeordnet* s.o. ranks above s.o.
Überproduktion [ˈyːbərprɔduktsjoːn] *f* overproduction, excess production
übersättigt [yːbərˈzɛtɪçt] *adj (Markt)* glutted
Übersättigung [yːbərˈzɛtɪguŋ] *(Markt)* repletion, glutting

Überschlag ['y:bərʃla:k] *m* rough calculation, rough estimate

überschlagen [y:bər'ʃla:gən] *v (ausrechnen)* estimate, approximate

überschreiben [y:bər'ʃraɪbən] *v irr (Brief usw.)* provide with a heading, address; *(übertragen)* transfer by deed, convey; write over

Überschreibung [y:bər'ʃraɪbuŋ] *f* conveyance, transfer by deed, transfer in a register

Überschuldung [y:bər'ʃulduŋ] *f* overindebtedness, excessive indebtedness

Überschuss ['y:bərʃus] *m* surplus, excess

überschüssig ['y:bərʃysɪç] *adj* surplus, excess, left over

Überschussproduktion ['y:bərʃusprɔduktsjo:n] *f* surplus production

Überseehandel ['y:bərze:handəl] *m* oversea(s) trade

übersenden [y:bər'zɛndən] *v irr* send, forward, transmit

Übersendung [y:bər'zɛnduŋ] *f* sending, conveyance, consignment

Übersicht ['y:bərzɪçt] *f (Überblick)* general picture, overall view; *(Zusammenfassung)* outline, summary, review

Überstunde ['y:bərʃtundə] *f* overtime; *~n machen* work/put in overtime

übertariflich ['y:bərtari:flɪç] *adj ~e Bezahlung* salary in excess of the agreed scale

Überteuerung [y:bər'tɔyəruŋ] *f* overcharge, excessive prices

Übertrag ['y:bərtra:k] *m* sum carried over

übertragbar [y:bər'tra:kba:r] *adj (Papiere)* assignable, transferable, conveyable

übertragen [y:bər'tra:gən] *v (Auftrag)* transfer, transmit; *(Papiere)* assign, transfer

Übertragung [y:bər'tra:guŋ] *f* transfer, assignment

Übertragungsfehler [y:bər'tra:guŋsfe:lər] *m* transcription error

überwachen [y:bər'vaxən] *v* supervise, monitor, watch over

Überwachung [y:bər'vaxuŋ] *f* supervision, surveillance, observation

überweisen [y:bər'vaɪzən] *v irr* transfer, assign, remit

Überweisung [y:bər'vaɪzuŋ] *f (von Geld)* transfer, remittance

überzeugen [y:bər'tsɔygən] *v* convince; *(überreden)* persuade; *(juristisch)* satisfy

Überzeugungskraft [y:bər'tsɔyguŋskraft] *f* powers of persuasion *pl*

überziehen [y:bər'tsi:ən] *v irr (Konto)* overdraw

Überziehungskredit [y:bər'tsi:uŋskrɛdit] *m* overdraft provision, overdraft credit

Ultimatum [ulti'ma:tum] *n* ultimatum

ultimo ['ultimo] *adv* end of the month; *per ~* for the monthly settlement

umbuchen ['umbu:xən] *v (Konto)* transfer to another account

Umbuchung ['umbu:xuŋ] *f (Kontoumbuchung)* transfer (of an entry)

umdisponieren ['umdɪsponi:rən] *v* make new arrangements, rearrange

Umfang ['umfaŋ] *m (fig: Ausmaß)* scope, scale, range

Umfrage ['umfra:gə] *f* survey, poll

umgestalten ['umgəʃtaltən] *v* reshape, reformat, redesign

Umgestaltung ['umgəʃtaltuŋ] *f* reshaping, reorganization, reformatting, reconfiguration

Umlage ['umla:gə] *f* levy, *eine ~ machen* split the costs

Umlaufvermögen ['umlauffɛrmø:-gən] *n* floating assets *pl*

umprogrammieren ['umprogrami:-rən] *v* reprogram

umrechnen ['umrɛçnən] *v* convert

Umrechnung ['umrɛçnuŋ] *f* conversion

Umrechnungskurs ['umrɛçnuŋskurs] *m* exchange rate, rate of conversion

Umrechnungstabelle ['umrɛçnuŋstabɛlə] *f* conversion table

umrüsten ['umrystən] *v (technisch)* retool, adapt, convert

umsatteln ['umzatəln] *v (fig: Beruf)* change one's profession

Umsatz ['umzats] *m* turnover, sales

Umsatzbeteiligung ['umzatsbətaılıguŋ] *f (Provision)* commission

Umsatzentwicklung ['umzatsɛntvɪkluŋ] *f* turnover trend

Umsatzplan ['umzatspla:n] *m* turnover plan

Umsatzprognose ['umzatsprogno:zə] *f* turnover forecast, sales prediction

Umsatzprovision ['umzatsprovizjo:n] *f* sales commission

Umsatzrendite ['umzatsrɛndi:tə] *f* net income percentage of turnover

Umsatzsteuer ['umzatsʃtɔyər] *f* turnover tax, sales tax

Umschlag ['umʃla:k] *m (Kuvert)* envelope; *(Umladung)* transshipment, reloading; *(Schutzhülle)* cover, wrapping

umschlagen ['umʃla:gən] *v irr (umladen)* transfer, transship; overturn; *(Seite)* change; *(Schiff)* capsize;

Umschlagplatz ['umʃla:kplats] *m* reloading point; *(Handelsplatz)* trade centre

umschulen ['umʃu:lən] *v* retrain

Umschulung ['umʃu:luŋ] *f* retraining

umsetzbar ['umzɛtsba:r] *adj* marketable, salable, sellable

Umsetzbarkeit ['umzɛtsba:rkaɪt] *f* marketability, salability, sellability

umsetzen ['umzɛtsən] *v (technisch)* change over; *(verkaufen)* turn over, sell

umsonst [um'zɔnst] *adv (vergeblich)* in vain, to no avail, uselessly; *(unentgeltlich)* free, for nothing, gratis; *(erfolglos)* without success

umstellen ['umʃtɛlən] *v (umorganisieren)* reorganize, rearrange; *sich ~ (anpassen)* accommodate o.s., adapt, adjust; *(technisch)* convert

Umstellung ['umʃtɛluŋ] *f (Umorganisierung)* reorganization; *(Anpassung)* adaptation; *(technische Umwandlung)* conversion

Umstrukturierung ['umʃtrukturi:ruŋ] *f* restructuring, reorganization

Umtausch ['umtauʃ] *m* exchange; *(in eine andere Währung)* conversion

umtauschen ['umtauʃən] *v* exchange, convert

umverteilen ['umfɛrtaılən] *v* redistribute

umwechseln ['umvɛksəln] *v* change, exchange

umweltfreundlich ['umvɛltfrɔyndlıç] *adj* non-polluting, environment-friendly

Umweltschutz ['umvɛltʃuts] *m* protection of the environment, pollution control, conservation

Umweltverträglichkeit ['umvɛltfɛrtrɛ:klıçkaɪt] *f* environmental impact, effect on the environment

Unabhängigkeit ['unapheŋıçkaɪt] *f* independence

unbar ['unba:r] *adj* non cash

unbefristet ['unbəfrıstət] *adj* for an indefinite period, permanent

unbefugt ['unbəfu:kt] *adj* unauthorized
unberechenbar ['unbərɛçənba:r] *adj* incalculable, unpredictable
unbezahlbar [unbə'tsa:lba:r] *adj* invaluable, priceless; *(nicht zu bezahlen)* unaffordable, prohibitively expensive
unbezahlter Urlaub ['unbətsa:ltər 'u:rlaup] *m* unpaid vacation
unbrauchbar ['unbrauxba:r] *adj* useless, of no use
unbürokratisch ['unbyrɔkratɪʃ] *adj* unbureaucratic
undurchführbar ['undurçfy:rba:r] *adj* impracticable, infeasible, unworkable
uneingeschränkt ['unaıngəʃrɛŋkt] *adj* unrestricted, unlimited
unentgeltlich ['unɛntgɛltlıç] *adj* free of charge; *adv* free of charge, gratis
unerfahren ['unɛrfa:rən] *adj* inexperienced
unfähig ['unfɛ:ıç] *adj* incapable, unable, unfit
Unfallversicherung ['unfalfɛrzıçəruŋ] *f* accident insurance
unfrankiert ['unfraŋki:rt] *adj* unpaid, not prepaid
ungenutzt ['ungənutst] *adj* unused
ungesetzlich ['ungəzɛtslıç] *adj* illegal, illicit, unlawful
ungültig ['ungyltıç] *adj* invalid, void
Ungültigkeit ['ungyltıçkaıt] *f* invalidity, nullity
ungünstig ['ungynstıç] *adj* unfavourable, inopportune; *adv* unfavourably
Unkosten ['unkɔstən] *pl* expenses *pl*, costs *pl*; *sich in ~ stürzen* go to a great deal of expense
Unkostenbeitrag ['unkɔstənbaıtra:k] *m* contribution towards expenses
unkündbar [un'kyntba:r] *adj* permanent, binding, not terminable

unlauterer Wettbewerb ['unlautərər 'vɛtbəvɛrp] *m* unfair competition
Unmündigkeit ['unmyndıçkaıt] *f* minority
unrealistisch ['unrealıstıʃ] *adj* unrealistic
Unregelmäßigkeit ['unre:gəlmɛ:sıçkaıt] *f* irregularity
unrentabel ['unrɛnta:bəl] *adj* unprofitable
unsachgemäß ['unzaxgəmɛ:s] *adj* improper, inexpert
Unterbeschäftigung ['untərbəʃɛftıguŋ] *f* underemployment
unterbesetzt ['untərbəzɛtst] *adj* understaffed
unterbewerten ['untərbəvɛrtən] *v* undervalue
Unterbewertung ['untərbəvɛrtuŋ] *f* undervaluation
unterbreiten [untər'braıtən] *v (Angebot)* submit
unterbieten [untər'bi:tən] *v irr* undercut
unterfordern [untər'fɔrdərn] *v* demand too little of, ask too little of, expect too little of
untergeordnet ['untərgəɔrdnət] *adj* subordinate, secondary
Unterhändler ['untərhɛndlər] *m* negotiator, mediator
Unterlage ['untərla:gə] *f ~n pl (Dokumente)* documents *pl*, materials *pl*, papers *pl*
Unternehmen [untər'ne:mən] *n (Firma)* business, enterprise, company, concern, firm
Unternehmensberater(in) [untər'ne:mənsbəra:tər(ın)] *m/f* business consultant, management consultant
Unternehmensführung [untər'ne:mənsfy:ruŋ] *f* business management,

company management, corporation management; *(leitende Personen)* top management

Unternehmensfusion [untər'neːmənsfuzjoːn] *f* merger of companies

Unternehmensgewinn [untər'neːmənsgəvɪn] *m* company profit, profit of the enterprise

Unternehmenskultur [untər'neːmənskultuːr] *f* corporate culture

Unternehmensstrategie [untər'neːmənsʃtrategiː] *f* corporate strategy

Unternehmensziel [untər'neːmənstsiːl] *n* company objective

Unternehmer(in) [untər'neːmər(ɪn)] *m/f* entrepreneur, industrialist, contractor

unternehmerisch [untər'neːməriʃ] *adj* entrepreneurial

Unterredung [untər'reːduŋ] *f* conference, interview, business talk

unterschlagen [untər'ʃlaːgən] *v irr (Geld)* embezzle

Unterschlagung [untər'ʃlaːguŋ] *f* embezzlement

unterschreiben [untər'ʃraɪbən] *v irr* sign

Unterschrift ['untərʃrɪft] *f* signature

unterschriftsberechtigt ['untərʃrɪftsbərɛçtɪçt] *adj* authorized to sign

unterschriftsreif ['untərʃrɪftsraɪf] *adj* ready for signing, ready to be signed, final

Untersuchung [untər'zuːxuŋ] *f* examination, investigation

unterversichert ['untərfɛrzɪçərt] *adj* underinsured

Untervertreter ['untərfɛrtreːtər] *m* subagent

unterweisen [untər'vaɪzən] *v irr* instruct

unterzeichnen [untər'tsaɪçnən] *v* sign (one's name)

Unterzeichnete(r) [untər'tsaɪçnətə(r)] *m/f* the undersigned

untilgbar [un'tɪlkbaːr] *adj* irredeemable

untragbar ['untraːkbaːr] *adj* intolerable, unbearable, *(Preise)* prohibitive

unverbindlich ['unfɛrbɪntlɪç] *adj* not binding

unverkäuflich ['unfɛrkɔyflɪç] *adj* unsaleable; *(nicht feil)* not for sale

unverzollt ['unfɛrtsɔlt] *adj* duty-free

unwirksam ['unvɪrkzaːm] *adj* ineffective inoperative; null and void

unwirtschaftlich ['unvɪrtʃaftlɪç] *adj* uneconomical, inefficient

Unwirtschaftlichkeit ['unvɪrtʃaftlɪçkaɪt] *f* inefficiency, wastefulness

Urabstimmung ['uːrapʃtɪmuŋ] *f* strike vote

Urheber ['uːrheːbər] *m* author, originator

Urheberrecht ['uːrheːbərɛçt] *n* copyright

urheberrechtlich ['uːrheːbərɛçtlɪç] *adj* under the Copywrite Act, copyright....

Urkunde ['uːrkundə] *f* certificate, document, deed

urkundlich ['uːrkuntlɪç] *adj* documentary; *adv* authentically; ~ *belegt* documented

Urlaub ['uːrlaup] *m* holidays *pl*, vacation *(US); im* ~ on holiday, on vacation *(US)*

Urlaubsgeld ['uːrlaupsgɛlt] *n* holiday allowance, holiday pay

Urlaubsvertretung ['uːrlaupsfɛrtreːtuŋ] *f* replacement (for s.o. who is on holiday/on vacation)

Ursprungsland ['uːrʃpruŋslant] *n* country of origin

Ursprungszeugnis ['uːrʃpruŋstsɔyknɪs] *n* certificate of origin

V

vakant [vaˈkant] *adj* vacant
Vakanz [vaˈkants] *f* vacancy
Valuta [vaˈluːta] *f (Wert)* value; *(Währung)* currency
variabel [variˈaːbəl] *adj* variable
variable Kosten [variˈaːblə ˈkɔstən] *pl* variable costs *pl*
variabler Zins [variˈaːblər tsɪns] *m* variable rate of interest
veranlagt [fɛrˈanlaːkt] *adj (steuerlich ~)* assessed, rated
veranlassen [fɛrˈanlasən] *v* cause, bring about, arrange for
Veranlassung [fɛrˈanlasuŋ] *f* cause, occasion, initiative
veranschlagen [fɛrˈanʃlaːgən] *v irr* estimate
verantwortlich [fɛrˈantvɔrtlɪç] *adj* responsible, answerable; *(juristisch)* liable
Verantwortlichkeit [fɛrˈantvɔrtlɪçkaɪt] *f* responsibility, liability, accountability
Verantwortung [fɛrˈantvɔrtuŋ] *f* responsibility; *jdn für etw zur ~ ziehen* call s.o. to account for sth
verarbeiten [fɛrˈarbaɪtən] *v (bearbeiten)* manufacture, process
Verarbeitung [fɛrˈarbaɪtuŋ] *f* manufacturing, processing, working
verausgaben [fɛrˈausgaːbən] *v sich ~ (finanziell)* overspend
veräußern [fɛrˈɔysərn] *v (verkaufen)* sell, dispose of; *(übereignen)* transfer
Veräußerung [fɛrˈɔysəruŋ] *f (von Rechten)* alienation; *v (Verkauf)* sale
Verband [fɛrˈbant] *m* association, federation, syndicate

verbessern [fɛrˈbɛsərn] *v* improve, change for the better; correct, revise
Verbesserung [fɛrˈbɛsəruŋ] *f* improvement; correction, amendment, revision
verbesserungsbedürftig [fɛrˈbɛsəruŋsbədyrftɪç] *adj* in need of improvement, requiring improvement
Verbesserungsvorschlag [fɛrˈbɛsəruŋsfoːrʃlaːk] *m* suggested improvement, proposed improvement
verbilligen [fɛrˈbɪlɪgən] *v* lower the price of, bring down the price of, *(Preis)* reduce
verbinden [fɛrˈbɪndən] *v irr* connect; *sich ~* go into partnership; *(Gesellschaften)* amalgamate, merge
Verbindung [fɛrˈbɪnduŋ] *f (telefonisch)* connection, line; *(Beziehung)* relations *pl*, contacts *pl*
Verbraucher [fɛrˈbrauxər] *m* consumer
Verbrauchermarkt [fɛrˈbrauxərmarkt] *m* consumer market
Verbraucherpreis [fɛrˈbrauxərprais] *m* consumer price
verdienen [fɛrˈdiːnən] *v (Geld)* earn
Verdienst [fɛrˈdiːnst] *m* earnings *pl*, income; *(Gehalt)* salary
Verdienstausfall [fɛrˈdiːnstausfal] *m* loss of earnings, loss of salary
Verdienstmöglichkeit [fɛrˈdiːnstmøːklɪçkaɪt] *f* income opportunity
Verdienstspanne [fɛrˈdiːnstʃpanə] *f* profit margin
Verdunkelung [fɛrˈduŋkəluŋ] *f* suppression of evidence, obscuring of evidence
Verein [fɛrˈaɪn] *m* association, society
vereinbarungsgemäß [fɛrˈaɪnbaːruŋsɡəmɛːs] *adv* as agreed

Verfahren [fɛr'fa:rən] *n (Vorgehen)* procedure, process; *(Methode)* method, practice; *(juristisch)* proceedings, suit

Verfahrensfehler [fɛr'fa:rənsfe:lər] *m* procedural error

Verfahrenstechnik [fɛr'fa:rənstɛçnɪk] *f* process engineering; *chemische ~* chemical engineering

Verfall [fɛr'fal] *m (Fristablauf)* maturity, expiry, expiration; *(Hypothek)* foreclosure; *(Gebäude)* dilapidation

verfallen [fɛr'falən] *v irr (ungültig werden)* expire; *(Recht)* lapse; *(Gebäude)* dilapidate

Verfallsdatum [fɛr'falsda:tum] *n* expiry date, expiration date *(US)*

Verfallstag [fɛr'falsta:k] *m* expiration date *(US)*, due date, day of expiry

verfügbar [fɛr'fy:kba:r] *adj* available; *~ haben* have at one's disposal

Verfügbarkeit [fɛr'fy:kba:rkaɪt] *f* availability

verfügen [fɛr'fy:gən] *v ~ über* have at one's disposal, have use of

Vergleich [fɛr'glaɪç] *m* comparison, *im ~ zu* in comparison to; settlement, agreement

vergleichen [fɛr'glaɪçən] *v irr* compare, *(sich ~)* settle, agree

vergriffen [fɛr'grɪfən] *adj (nicht verfügbar)* unavailable

vergüten [fɛr'gy:tən] *v* reimburse, compensate, refund

Vergütung [fɛr'gy:tuŋ] *f* reimbursement, compensation, refund

Verhältnis [fɛr'hɛltnɪs] *n* proportion, *im ~ zu* in proportion to

verhandeln [fɛr'handəln] *v* negotiate

Verhandlung [fɛr'handluŋ] *f* negotiation

verhandlungsfähig [fɛr'handluŋsfɛ:ɪç] *adj* able to stand trial

Verhandlungsgeschick [fɛr'handluŋsgəʃɪk] *n* negotiation skills

Verhandlungspartner [fɛr'handluŋspartnər] *m* negotiating partner

verjähren [fɛr'jɛ:rən] *v* come under the statute of limitations, become barred by the statute of limitations

Verjährung [fɛr'jɛ:ruŋ] *f* statutory limitation

verkalkulieren [fɛrkalku'li:rən] *v sich ~* miscalculate

Verkauf [fɛr'kauf] *m* sale, selling, disposal, vending

verkaufen [fɛr'kaufən] *v* sell

Verkäufer(in) [fɛr'kɔyfər(ɪn)] *m/f* seller, vendor; *(Geschäft)* salesman/saleswoman

Verkäufermarkt [fɛr'kɔyfərmarkt] *m* seller's market

Verkäuferprovision [fɛr'kɔyfərprovizjo:n] *f* sales commission

verkäuflich [fɛr'kɔyflɪç] *adj* saleable, marketable

Verkaufsabschluss [fɛr'kaufsapʃlus] *m* sales contract

Verkaufsautomat [fɛr'kaufsautoma:t] *m* vending machine

Verkaufsbericht [fɛr'kaufsbərɪçt] *m* sales report

Verkaufschance [fɛr'kaufsʃɑ̃:s] *f* sales possibilities

Verkaufserlös [fɛr'kaufsɛrlø:s] *m* sale proceeds *pl*

Verkaufsfläche [fɛr'kaufsflɛçə] *f* sales space, selling space

Verkaufsförderung [fɛr'kaufsfœrdəruŋ] *f* sales promotion

Verkaufsgespräch [fɛr'kaufsgəʃprɛ:ç] *n* sales talk

Verkaufsleiter [fɛr'kaufslaɪtər] *m* sales manager

Verkaufsmethoden [fɛrˈkaufsmetoː-dən] *f/pl* sales strategy
Verkaufsniederlassung [fɛrˈkaufsniː-dərlasuŋ] *f* sales office
Verkaufsoption [fɛrˈkaufsɔptsjoːn] *f* option to sell
Verkaufspreis [fɛrˈkaufsprais] *m* selling price
Verkaufsstab [fɛrˈkaufsʃtaːp] *m* sales staff
Verkaufstechnik [fɛrˈkaufstɛçnɪk] *f* salesmanship
Verladekosten [fɛrˈlaːdəkɔstən] *f* loading charges
verladen [fɛrˈlaːdən] *v irr* load, ship, freight
Verladeplatz [fɛrˈlaːdəplats] *m* loading point, entraining point
Verladerampe [fɛrˈlaːdərampə] *f* loading platform
Verladung [fɛrˈlaːduŋ] *f* loading, shipment, shipping
Verlust [fɛrˈlust] *m* loss, damage
Verlustgeschäft [fɛrˈlustgəʃɛft] *n* money-losing deal, loss maker, loss-making business
vermarkten [fɛrˈmarktən] *v* market, place on the market; *(fig)* commercialize
Vermarktung [fɛrˈmarktuŋ] *f* marketing
Vermerk [fɛrˈmɛrk] *m* note, remark
Verminderung [fɛrˈmɪndəruŋ] *f* reduction, decrease, cut
vermitteln [fɛrˈmɪtəln] *v* mediate, act as intermediary, negotiate; *(beschaffen)* obtain
Vermittler(in) [fɛrˈmɪtlər(ɪn)] *m/f* mediator, intermediary, agent
Vermittlung [fɛrˈmɪtluŋ] *f* mediation, *(Vermitteln)* arrangement, negotiation; *(Telefonvermittlung)* exchange; operator; *(Telefonvermittlung in einer Firma)* switchboard; *(Stellenvermittlung)* agency
Vermittlungsgebühr [fɛrˈmɪtluŋsgəbyːr] *f* commission
Vermittlungsstelle [fɛrˈmɪtluŋsʃtɛlə] *f* agency
Vermögen [fɛrˈmøːgən] *n (Besitz)* assets *pl,* wealth, fortune
Vermögensberater [fɛrˈmøːgənsbəraːtər] *m* investment consultant, estate planning consultant
Vermögensbildung [fɛrˈmøːgənsbɪlduŋ] *f* wealth creation
Vermögenssteuer [fɛrˈmøːgənsʃtɔyər] *f* wealth tax
vermögenswirksam [fɛrˈmøːgənsvɪrkzaːm] *adj ~e Leistungen* employer contributions to employee savings
vernachlässigen [fɛrˈnaːxlɛsɪgən] *v* neglect
vernetzen [fɛrˈnɛtsən] *v* network
Vernetzung [fɛrˈnɛtsuŋ] *f* networking
Veröffentlichung [fɛrˈœfəntlɪçuŋ] *f* publication
Verordnung [fɛrˈɔrtnuŋ] *f* decree
verpacken [fɛrˈpakən] *v* package, pack
Verpackung [fɛrˈpakuŋ] *f* packaging, packing, wrapping
Verpackungsmaterial [fɛrˈpakuŋsmatərjaːl] *n* packing material
Verpackungsmüll [fɛrˈpakuŋsmyl] *m* packing waste
Verpackungstechnik [fɛrˈpakuŋstɛçnɪk] *f* packaging technology
Verpackungsvorschriften [fɛrˈpakuŋsfoːrʃrɪftən] *f/pl* packing instructions *pl*
verpfänden [fɛrˈpfɛndən] *v* mortgage, put s.th. in pawn
Verpfändung [fɛrˈpfɛnduŋ] *f* pawning, hocking, pledge

verpflichtend [fɛrˈpflɪçtənt] *adj* binding

Verpflichtung [fɛrˈpflɪçtʊŋ] *f* commitment, obligation, undertaking

verrechnen [fɛrˈrɛçnən] *v sich* ~ miscalculate; set off against, charge against

Verrechnung [fɛrˈrɛçnʊŋ] *f* settlement

Verrechnungseinheit [fɛrˈrɛçnʊŋsaɪnhaɪt] *f* clearing unit

Verrechnungsscheck [fɛrˈrɛçnʊŋsʃɛk] *m* crossed cheque *(UK)*, voucher check *(US)*

Versand [fɛrˈzant] *m* shipment, delivery, dispatch

Versandabteilung [fɛrˈzantaptaɪlʊŋ] *f* dispatch department

Versandhandel [fɛrˈzanthandəl] *m* mail order business

Versandhaus [fɛrˈzanthaus] *n* mail-order house

verschieben [fɛrˈʃiːbən] *v irr (aufschieben)* postpone

Verschiebung [fɛrˈʃiːbʊŋ] *f* postponement

verschiffen [fɛrˈʃɪfən] *v* ship, transport

Verschiffung [fɛrˈʃɪfʊŋ] *f* shipment

verschulden [fɛrˈʃʊldən] *v* get into debt

Verschuldung [fɛrˈʃʊldʊŋ] *f* indebtedness, debts *pl*

versehentlich [fɛrˈzeːəntlɪç] *adv* inadvertently, by mistake

versenden [fɛrˈzɛndən] *v irr* dispatch, send, forward

Versendung [fɛrˈzɛndʊŋ] *f* sending

versichern [fɛrˈzɪçərn] *v* assure *(UK)*, insure

Versicherung [fɛrˈzɪçərʊŋ] *f* insurance; *(Lebensversicherung)* assurance, life insurance *(US)*

Versicherungsagent [fɛrˈzɪçərʊŋsagɛnt] *m* insurance agent

Versicherungsbetrug [fɛrˈzɪçərʊŋsbətruːk] *m* insurance fraud

Versicherungsfall [fɛrˈzɪçərʊŋsfal] *m* occurrence of the event insured against

Versicherungskaufmann [fɛrˈzɪçərʊŋskaufman] *m* insurance broker

Versicherungsmakler [fɛrˈzɪçərʊŋsmaːklər] *m* insurance agent

Versicherungsnehmer [fɛrˈzɪçərʊŋsneːmər] *m* insured person, policy holder

Versicherungspflicht [fɛrˈzɪçərʊŋspflɪçt] *f* liability to insure

Versicherungspolice [fɛrˈzɪçərʊŋspɔliːsə] *f* insurance policy

Versicherungsprämie [fɛrˈzɪçərʊŋsprɛːmjə] *f* insurance premium

Versicherungsschutz [fɛrˈzɪçərʊŋsʃʊts] *m* insurance coverage

Versicherungssumme [fɛrˈzɪçərʊŋszʊmə] *f* insured sum

Versicherungsvertrag [fɛrˈzɪçərʊŋsfɛrtraːk] *m* insurance contract

Versorgung [fɛrˈzɔrgʊŋ] *f (Beschaffung)* provision, supply

Verstaatlichung [fɛrˈʃtaːtlɪçʊŋ] *f* nationalization, transfer to state ownership

Verständigung [fɛrˈʃtɛndɪgʊŋ] *f* notification; *(Einigung)* agreement

Versteigerung [fɛrˈʃtaɪgərʊŋ] *f* auction, public sale

Verstoß [fɛrˈʃtoːs] *m* offence, breach, infringement

verstoßen [fɛrˈʃtoːsən] *v irr gegen etw* ~ infringe upon sth, violate sth

Vertagung [fɛrˈtaːgʊŋ] *f* postponement, adjournment

Verteuerung [fɛrˈtɔyərʊŋ] *f* rise in price, price increase

Vertrag [fɛrˈtraːk] *m* contract, agreement

vertraglich [fɛrˈtraːklɪç] *adj* contractual; *adv* according to contract

Vertragsabschluss [fɛr'traːksapʃlus] *m* conclusion of a contract, conclusion of an agreement

Vertragsänderung [fɛr'traːksɛndərʊŋ] *f* amendment of a contract, amendment of an agreement

Vertragsbedingung [fɛr'traːksbədɪŋʊŋ] *f* conditions of a contract, stipulations of an agreement

Vertragsbestimmung [fɛr'traːksbəʃtɪmʊŋ] *f* provisions of a contract *pl*, terms of a contract *pl*

Vertragsbruch [fɛr'traːksbrʊx] *m* breach of contract, violation of a treaty

Vertragsdauer [fɛr'traːksdaʊər] *f* term of a contract, term of an agreement

Vertragsgegenstand [fɛr'traːksgeːgənʃtant] *m* subject matter of a contract, object of agreement

Vertragspartner [fɛr'traːkspartnər] *m* party to the contract, party to an agreement

Vertragsstrafe [fɛr'traːksʃtraːfə] *f* penalty for breach of contract, penalty for breach of agreement, contractual penalty

vertragswidrig [fɛr'traːksviːdrɪç] *adj* contrary to the contract

vertraulich [fɛr'traʊlɪç] *adj* confidential; *adv* in confidence, confidentially

vertreiben [fɛr'traɪbən] *v irr (verkaufen)* sell, market

Vertreter(in) [fɛr'treːtər(ɪn)] *m/f (Repräsentant(in))* representative, delegate; *(Stellvertreter(in))* deputy, proxy

Vertretung [fɛr'treːtʊŋ] *f (Repräsentanz)* agency, representation; *(Stellvertretung)* replacement

Vertrieb [fɛr'triːp] *m* marketing, sale, distribution

Vertriebsabteilung [fɛr'triːpsaptaɪlʊŋ] *f* sales department

Vertriebsfirma [fɛr'triːpsfɪrma] *f* distributor

Vertriebsgesellschaft [fɛr'triːpsgəzɛlʃaft] *f* distribution company

Vertriebsweg [fɛr'triːpsveːk] *m* distribution channel

veruntreuen [fɛr'ʊntrɔyən] *v* embezzle, misappropriate

Veruntreuung [fɛr'ʊntrɔyʊŋ] *f* embezzlement, misappropriation

verwalten [fɛr'valtən] *v* administer, manage, supervise

Verwalter(in) [fɛr'valtər(ɪn)] *m/f* administrator, manager

Verwaltung [fɛr'valtʊŋ] *f* administration, management

Verwaltungsrat [fɛr'valtʊŋsraːt] *m* board of directors, executive board

verwenden [fɛr'vɛndən] *v irr* use, utilize, utilise *(UK)*, employ; *wieder* ~ reuse

Verwendung [fɛr'vɛndʊŋ] *f* use, application, utilization

verzinsen [fɛr'tsɪnzən] *v* pay interest on

Verzinsung [fɛr'tsɪnzʊŋ] *f* payment of interest, interest yield

verzollen [fɛr'tsɔlən] *v* pay duty on, declare

Verzollung [fɛr'tsɔlʊŋ] *f* payment of duty

Verzug [fɛr'tsuːk] *m* delay, default; *mit etw in* ~ *sein* to be behind in sth

Verzugszinsen [fɛr'tsuːkstsɪnzən] *m/pl* default interest

Videokonferenz ['videokɔnfərɛnts] *f* video conference

vierteljährlich ['fɪrtəljɛːrlɪç] *adj* quarterly; *adv* every three months

Visitenkarte [vi'ziːtənkartə] *f* visiting card *(UK)*, business card

Volkseinkommen ['fɔlksaɪnkɔmən] *n* national income

Volkswirtschaft ['fɔlksvɪrtʃaft] *f* national economy, political economy
volkswirtschaftlich ['fɔlksvɪrtʃaftlıç] *adj* national economic, national economy
Volkswirtschaftslehre [fɔlksvɪrtʃafts-'leːrə] *f* economics
Vollbeschäftigung ['fɔlbəʃɛftɪguŋ] *f* full employment
Vollkaskoversicherung ['fɔlkaskɔferzɪçəruŋ] *f* fully comprehensive insurance
Vollmacht ['fɔlmaxt] *f* authority; *(juristisch)* power of attorney
vollstrecken [fɔl'ʃtrɛkən] *v* execute, enforce
Vollstreckung [fɔl'ʃtrɛkuŋ] *f* enforcement
Volumen [vo'luːmən] *n* volume
Voranschlag ['foːranʃlaːk] *m* (rough) estimate
Vorarbeiter ['foːrarbaɪtər] *m* foreman
Vorauszahlung [for'austsaːluŋ] *f* prepayment, advance payment
Vorbehalt ['foːrbəhalt] *m* reservation; *unter dem ~, dass* provided that
vorbehalten ['foːrbəhaltən] *v irr* reserve; *alle Rechte ~* all rights reserved
Vorbesprechung ['foːrbəʃprɛçuŋ] *f* briefing
vorbestellen ['foːrbəʃtɛlən] *v* order in advance, reserve, make a reservation
Vorbestellung ['foːrbəʃtɛluŋ] *f* advance order, advance booking, reservation
Vorbörse ['foːrbœrzə] *f* dealing before official hours
vordatierter Scheck ['foːrdatiːrtər ʃɛk] *m* antedated cheque
Vordruck ['foːrdruk] *m* printed form
vorfinanzieren ['foːrfɪnantsiːrən] *v* provide advance financing
Vorfinanzierung ['foːrfɪnantsiːruŋ] *f* advance financing

Vorführung ['foːrfyːruŋ] *f (Präsentation)* display, demonstration, presentation
Vorgang ['foːrgaŋ] *m (Akte)* file, record
Vorkalkulation ['foːrkalkulatsjoːn] *f* estimation of cost
Vorkaufsrecht ['foːrkaufsreçt] *n* right of first refusal, right of pre-emption
Vorrat ['foːrraːt] *m* store, stock, supply
vorrätig ['foːrrɛːtıç] *adj* in stock, on hand, available
Vorrecht ['foːrreçt] *n* privilege, preferential right, prerogative
vorsätzlich ['foːrzɛtslıç] *adj* deliberate, intentional; *adv* deliberately, intentionally
Vorschrift ['foːrʃrɪft] *f* regulation, rule; *(Anweisung)* instruction
vorschriftsmäßig ['foːrʃrɪftsmɛːsıç] *adj* correct, proper; *adv* in due form, according to regulations, as prescribed
Vorschuss ['foːrʃus] *m* advance
Vorsitz ['foːrzɪts] *m* chairmanship, presidency
Vorstand ['foːrʃtant] *m* board, board of directors, management board
Vorstandsmitglied ['foːrʃtantsmɪtgliːt] *n* member of the board, director
Vorstandsvorsitzende(r) ['foːrʃtantsfoːrzɪtsəndə(r)] *m/f* chairman of the board
Vorstellungsgespräch ['foːrʃtɛluŋsgəʃprɛːç] *n* interview
Vorsteuer ['foːrʃtɔyər] *f* input tax
Vorverkauf ['foːrferkauf] *m* advance sale
Vorvertrag ['foːrfertraːk] *m* preliminary contract, provisional contract
Vorwahl ['foːrvaːl] *f* dialling code, area code *(US)*
Vorzugsaktie ['foːrtsuːksaktsjə] *f* preference share *(UK)*, preference stock *(US)*
Vorzugsrabatt ['foːrtsuːksrabat] *n* preferential discount

W

wachsen ['vaksən] *v irr (zunehmen)* increase, mount, grow

Wachstum ['vakstuːm] *n* growth; *m (Zunahme)* increase

Wachstumsrate ['vakstuːmsraːtə] *f* growth rate

Wahl [vaːl] *f (Auswahl)* choice; *erste ~* top quality; *(Abstimmung)* election

wählen ['vɛːlən] *v (auswählen)* choose, select; *(eine Telefonnummer)* dial; *(stimmen für)* vote for; *(durch Wahl ermitteln)* elect

Wahrscheinlichkeitsrechnung [vaːrʃaɪnlɪçkaɪtsrɛçnuŋ] *f* calculation of probabilities

Währung ['vɛːruŋ] *f* currency

Währungsabkommen ['vɛːruŋsapkɔmən] *n* currency agreement, monetary agreement

Währungseinheit ['vɛːruŋsaɪnhaɪt] *f* currency unit, monetary unit

Währungsklausel ['vɛːruŋsklauzəl] *f* currency clause

Währungskonto ['vɛːruŋskɔnto] *n* currency account

Währungspolitik ['vɛːruŋspolitik] *f* currency policy, monetary policy

Währungsreform ['vɛːruŋsrefɔrm] *f* currency reform

Währungsrisiko ['vɛːruŋsriːziko] *n* currency risk

Währungsschlange ['vɛːruŋsʃlaŋə] *f* currency snake

Währungssystem ['vɛːruŋszysteːm] monetary system, currency system

Währungsunion ['vɛːruŋsunjoːn] *f* monetary union

Währungszone ['vɛːruŋstsoːnə] *f* currency zone

Wahrzeichen ['vaːrtsaɪçən] *n* symbol, emblem

Wandelschuldverschreibung ['vandəlʃultfɛrʃraɪbuŋ] *f* convertible bonds

Wandlung ['vandluŋ] *f* change; cancellation (of a sale)

Ware ['vaːrə] *f* merchandise, goods *pl*

Warenangebot ['vaːrənangəboːt] *n* range of merchandise

Warenannahme ['vaːrənannaːmə] *f (Empfang)* receiving merchandise, receiving deliveries, *(Betriebsabteilung)* receiving department

Warenausgang ['vaːrənausgaŋ] *m* sale of goods

Warenbestand ['vaːrənbəʃtant] *m* stock in hand, stock on hand, inventory

Warenbörse ['vaːrənbœrzə] *f* commodity exchange

Wareneingang ['vaːrənaɪngaŋ] *m* arrival of goods, goods received *pl*

Warenhaus ['vaːrənhaus] *n* department store

Warenknappheit ['vaːrənknaphaɪt] *f* shortage of goods

Warenkredit ['vaːrənkredit] *m* trade credit

Warenlager ['vaːrənlaːgər] *n* warehouse, stockroom, storeroom

Warenprobe ['varənproːbə] *f* sample

Warensendung ['vaːrənzɛnduŋ] *f* shipment of merchandise, consignment of goods

Warenterminbörse ['vaːrəntɛrmiːnbœrzə] *f* commodity futures exchange

Warentermingeschäft ['vaːrənter-miːngəʃɛft] *f* forward merchandise dealings

Warenverkehr ['vaːrənfɛrkeːr] *m* goods traffic

Warenzeichen ['vaːrəntsaɪxən] *n* trademark

Warnstreik ['varnʃtraɪk] *m* token strike, warning strike

warten ['vartən] *v (in Stand halten)* maintain, service; wait

Wartung ['vartuŋ] *f* service, maintenance, servicing

wartungsfreundlich ['vartuŋsfrɔʏntlɪç] *adj* easy-to-maintain, easy-to-service

Web-Seite ['wɛbzaɪtə] *f* web page, web site

Wechsel ['vɛksəl] *m (Geldwechsel)* exchange; *(Zahlungsmittel)* promissory note, bill of exchange, bill

Wechselkredit ['vɛksəlkredit] *m* acceptance credit

Wechselkurs ['vɛksəlkurs] *m* exchange rate

Wechselkursstabilität ex change rate *adj* ustment

wegwerfen ['vɛkvɛrfən] *v irr* throw away, discard

Wegwerfgesellschaft ['vɛkvɛrfgəzɛlʃaft] *f* throw-away society

weiterentwickeln ['vaɪtərɛntvɪkəln] *v* continue to develop

Weiterentwicklung ['vaɪtərɛntvɪkluŋ] *f* further development

Weltbank ['vɛltbaŋk] *f* World Bank

Welterfolg ['vɛltɛrfɔlk] *m* worldwide success, international hit

Welthandel ['vɛlthandəl] *m* world trade, international trade

Weltmarkt ['vɛltmarkt] *m* international market, world market

Weltmarktpreis ['vɛltmarktpraɪs] *m* world market price

Weltwährungssystem ['vɛltvɛːruŋszysteːm] *n* international monetary system

Weltwirtschaft ['vɛltvɪrtʃaft] *f* world economy

Werbeabteilung ['vɛrbəaptailuŋ] *f* publicity department

Werbeagentur ['vɛrbəagɛntuːr] *f* advertising agency

Werbeaktion ['vɛrbəaktsjoːn] *f* advertising activity

Werbebudget ['vɛrbəbydʒeː] *n* advertising budget

Werbefachmann ['vɛrbəfaxman] *m* advertising expert

Werbegeschenk ['vɛrbəgəʃɛŋk] *n* promotional gift

Werbekampagne ['vɛrbəkampanjə] advertising campaign, promotion campaign

Werbemittel ['vɛrbəmɪtəl] *f* means of advertising

werben ['vɛrbən] *v irr* advertise, promote

Werbeprospekt ['vɛrbəprospɛkt] *n* advertising prospectus

Werbespot ['vɛrbəspɔt] *m* commercial

Werbetext ['vɛrbətɛkst] *m* advertising copy

werbewirksam ['vɛrbəvɪrkzaːm] *adj* effective; *ein ~er Auftritt* good advertising, a good publicity stunt

Werbung ['vɛrbuŋ] *f* advertising, publicity, promotion; *(Fernsehwerbung)* commercial; *~ machen* publicize; *übertriebene ~* hype

Werft [vɛrft] *f* dockyard, shipyard; *(Flugzeug)* hangar

Werk [vɛrk] *n (Fabrik)* plant, works, factory

Werksangehörige(r) ['vɛrksangəhøː-rɪgə(r)] m/f employee (of the firm), plant employee

Werkschutz ['vɛrkʃuts] m works protection force

Werkstoff ['vɛrkʃtɔf] m material

Werkvertrag ['vɛrkfɛrtraːk] m contract for work and services

Wert [veːrt] m value, worth

Wertarbeit ['veːrtarbaɪt] f quality work, high-class workmanship

Wertberichtigung ['veːrtbərɪçtɪguŋ] f adjustment of value

wertbeständig ['veːrtbəʃtɛndɪç] adj of stable value

Wertminderung ['veːrtmɪndəruŋ] f depreciation, decrease in value

Wertpapierbörse ['veːrtpapiːrbœrzə] f stock exchange

Wertpapiere ['veːrtpapiːrə] n/pl securities pl, stocks and bonds

Wertpapierfonds ['veːrtpapiːrfɔ̃ː] m securities fund

Wertpapiergeschäft ['veːrtpapiːrgəʃɛft] n securities business

Wertschöpfung ['veːrtʃœpfuŋ] f net product

Wertsendung ['veːrtzɛnduŋ] f consignment with value declared

Wertsteigerung ['veːrtʃtaɪgəruŋ] f increase in value

Wertstoff ['veːrtʃtɔf] m material worth recycling

Wertstoffsammlung ['veːrtʃtɔfzamluŋ] f collection of recyclables

Wertverfall ['veːrtfɛrfal] m loss of value

wertvoll ['veːrtfɔl] adj valuable, precious

Wertzoll ['veːrttsɔl] m ad valorem duty

Wertzuwachs ['veːrttsuːvaks] m appreciation, accretion

Wettbewerb ['vɛtbəvɛrp] m competition; *unlauterer* ~ unfair competition

Wettbewerbsbeschränkung ['vɛtbəvɛrpsbəʃrɛŋkuŋ] f restraint of competition

wettbewerbsfähig ['vɛtbəvɛrpsfɛːɪç] adj competitive

Wettbewerbsfähigkeit ['vɛtbəvɛrpsfɛːɪçkaɪt] f competitiveness

Wettbewerbsrecht ['vɛtbəvɛrpsrɛçt] n law on competition

Wettbewerbsverzerrung ['vɛtbəvɛrpsfɛrtsɛruŋ] f distortion of competition

Wettbewerbsvorteil ['vɛtbəvɛrpsfoːrtaɪl] m competitive advantage

Widerruf ['viːdərruːf] m revocation, cancellation

widerrufen [viːdərˈruːfən] v revoke, retract; *(Befehl)* countermand

Widerrufsklausel ['viːdərruːfsklauzəl] f revocation clause

Widerrufsrecht ['viːdərruːfsrɛçt] n right of revocation

Wiederaufbau ['viːdəraufbau] m reconstruction

Wiederaufbereitung [viːdərˈaufbəraɪtuŋ] f reprocessing

Wiederaufbereitungsanlage [viːdərˈaufbəraɪtuŋsanlaːgə] f reprocessing plant

Wiederbeschaffung ['viːdərbəʃafuŋ] f replacement

Wiedereröffnung ['viːdərɛrœfnuŋ] f reopening

Wiedererstattung ['viːdərɛrʃtatuŋ] f reimbursement, refund

Wiederinstandsetzung [viːdərɪnˈʃtantzɛtsuŋ] f repair, overhaul

Wiederverkaufspreis ['viːdərfɛrkaufspraɪs] m resale price

Wiederverwendung ['viːdərfɛrvɛnduŋ] f reuse

wiederverwerten ['viːdərfɛrveːrtən] *v* recycle

Wiederverwertung ['viːdərfɛrvɛrtuŋ] *f* reuse, recycling

Wirtschaft ['vɪrtʃaft] *f (Volkswirtschaft)* economy; *(Handel)* trade and industry, business

wirtschaftlich ['vɪrtʃaftlɪç] *adj* economic; financial; commercial; *(sparsam)* economical, thrifty; *adv* economically

wirtschaftliche Nutzung ['vɪrtʃaftlɪçə 'nutsuŋ] *f* economic use

Wirtschaftlichkeit ['vɪrtʃaftlɪçkaɪt] *f* economic efficiency, profitability

Wirtschaftsanalyse ['vɪrtʃaftsanalyːzə] *f* economic analysis

Wirtschaftsaufschwung ['vɪrtʃaftsaufʃvuŋ] *m* economic recovery

Wirtschaftsembargo ['vɪrtʃaftsɛmbargo] *n* economic embargo

Wirtschaftsexperte ['vɪrtʃaftsɛkspɛrtə] *m* economic expert

Wirtschaftsgemeinschaft ['vɪrtʃaftsgəmaɪnʃaft] *f* economic community

Wirtschaftsgut ['vɪrtʃaftsguːt] *n* economic goods *pl*

Wirtschaftshilfe ['vɪrtʃaftshɪlfə] *f* economic aid, economic assistance

Wirtschaftsjahr ['vɪrtʃaftsjaːr] *n* business year, financial year

Wirtschaftskreislauf ['vɪrtʃaftskraɪslauf] *m* economic process

Wirtschaftskriminalität ['vɪrtʃaftskriminalitɛːt] *f* white-collar crime, commercial delinquency

Wirtschaftskrise ['vɪrtʃaftskriːzə] *f* economic crisis, slump, depression

Wirtschaftsministerium ['vɪrtʃaftsminɪsteːrjum] *n* Department of Trade and Industry *(UK)*, Department of Commerce *(US)*

Wirtschaftsordnung ['vɪrtʃaftsɔrdnuŋ] *f* economic order

Wirtschaftspolitik ['vɪrtʃaftspolitik] *f* economic policy

Wirtschaftsprüfer ['vɪrtʃaftspryːfər] *m* auditor, chartered accountant

Wirtschaftsprüfung ['vɪrtʃaftspryːfuŋ] *m* auditing

Wirtschaftsrecht ['vɪrtʃaftsrɛçt] *n* economic law

Wirtschaftssanktionen ['vɪrtʃaftszaŋktsjoːnən] *pl* economic sanctions

Wirtschafts- und Währungsunion ['vɪrtʃafts unt 'vɛːruŋsunjoːn] *f* Economic and Monetary Union *(EMU)*

Wirtschaftswachstum ['vɪrtʃaftsvakstuːm] *n* growth of the economy, economic growth

Wirtschaftswissenschaften ['vɪrtʃaftsvɪsənʃaftən] *f/pl* economics *pl*

Wirtschaftswunder ['vɪrtʃaftsvundər] *n* economic miracle

Wirtschaftszweig ['vɪrtʃaftstsvaɪk] *m* field of the economy, branch of trade

wissenschaftlich ['vɪsənʃaftlɪç] *adj* scientific; *adv* scientifically

Wochenarbeitszeit ['vɔxənarbaɪtstsaɪt] *f* working week

Wochenlohn ['vɔxənloːn] *m* weekly wage, weekly pay

Wohlfahrtsstaat ['voːlfaːrtsʃtaːt] *m* welfare state

Wohlstandsgesellschaft ['voːlʃtantsgəzɛlʃaft] *f* affluent society

Wohnungsbau ['voːnuŋsbau] *m* housing construction

Workaholic [wɜːrkəˈhɒlɪk] *m (fam)* workaholic

Wucher ['vuːxər] *m* profiteering, usury

Wucherpreis ['vuːxərpraɪs] *m* exorbitant price

Z

Zahl [tsaːl] *f* number; *rote ~en schreiben* to be in the red; *schwarze ~en schreiben* to be in the black; *(Ziffer)* figure

zahlbar ['tsaːlbaːr] *adj* payable

zahlen ['tsaːlən] *v* pay

zählen ['tsɛːlən] *v* count

Zähler ['tsɛːlər] *m (Messgerät)* meter, counter

Zahlkarte ['tsaːlkartə] *f* Giro inpayment form

Zahlung ['tsaːluŋ] *f* payment

Zahlung per Nachnahme ['tsaːluŋ pɛr naːxnaːmə] *f* cash on delivery

Zahlung unter Protest ['tsaːluŋ 'untər proˈtɛst] *f* payment supra protest

Zahlungsanweisung ['tsaːluŋsanvaɪzuŋ] *f* order for payment; money order

Zahlungsaufforderung ['tsaːluŋsaufˌɔrdəruŋ] *f* request for payment

Zahlungsaufschub ['tsaːluŋsaufʃuːp] *m* extension of credit

Zahlungsbedingungen ['tsaːluŋsbədiŋuŋən] *pl* terms of payment

Zahlungsbefehl ['tsaːluŋsbəfeːl] *m* order for payment

Zahlungsbilanz ['tsaːluŋsbilants] *f* balance of payments

Zahlungsbilanzdefizit ['tsaːluŋsbilantsdeːfitsit] *n* balance of payments deficit

Zahlungsbilanzgleichgewicht ['tsaːluŋsbilantsglaiçɡəviçt] *n* balance of payments equilibrium

Zahlungsbilanzüberschuss ['tsaːluŋsbilantsyːbərʃus] *m* balance of payments surplus

Zahlungseinstellung ['tsaːluŋsainʃtɛluŋ] *f* suspension of payments

zahlungsfähig ['tsaːluŋsfɛːiç] *adj* solvent, able to pay

Zahlungsfähigkeit ['tsaːluŋsfɛːiçkait] *f* solvency

Zahlungsform ['tsaːluŋsfɔrm] *f* payment system

Zahlungsfrist ['tsaluŋsfrist] *f* time allowed for payment, term of payment

Zahlungsmittel ['tsaːluŋsmitəl] *n* means of payment

Zahlungsrückstand ['tsaːluŋsrykʃtant] *m* payment in arrears

Zahlungsschwierigkeit ['tsaːluŋsʃviːriçkait] *f* financial difficulties

zahlungsstatt ['tsaːluŋsʃtat] *prep* in lieu of payment

Zahlungstermin ['tsaːluŋstɛrmiːn] *m* date of payment; *letzter ~* final date for payment

zahlungsunfähig ['tsaːluŋsunfɛːiç] *adj* insolvent, unable to pay

Zahlungsunfähigkeit ['tsaːluŋsunfɛːiçkait] *f* insolvency, inability to pay

Zahlungsverkehr ['tsaːluŋsfɛrkeːr] *m* payment transaction

Zedent [tseˈdɛnt] *m* assignor

Zeichen ['tsaiçən] *n* character, symbol

zeichnen ['tsaiçnən] *v (unterschreiben)* sign; *(entwerfen)* design, *(fig)* subscribe

Zeichnung ['tsaiçnuŋ] *f* subscription

Zeichnungsberechtigung ['tsaiçnuŋsbərɛçtiɡuŋ] *f* authorisation to sign

Zeitarbeit ['tsaitarbait] *f* temporary work

Zeitdruck ['tsaɪtdruk] *m* deadline pressure, time pressure

Zeitersparnis ['tsaɪtɛrʃpaːrnɪs] *f* time saved

zeitgemäß ['tsaɪtgəmɛːs] *adj* timely, up to date, modern

Zeitlohn ['tsaɪtloːn] *m* time wages

Zeitraum ['tsaɪtraum] *m* space of time, period

Zeitstudie ['tsaɪtʃtuːdjə] *f* time and motion study

Zeitungsinserat ['tsaɪtuŋsɪnzəraːt] *n* newspaper advertisement

Zeitvertrag ['tsaɪtfɛrtraːk] *m* fixed-term contract, fixed-duration contract, short-term contract

Zeitwert ['tsaɪtveːrt] *m* current market value

Zentiliter ['tsɛntiliːtər] *m* centilitre, centiliter *(US)*

Zentimeter ['tsɛntimeːtər] *m* centimetre, centimeter *(US)*

Zentner ['tsɛntnər] *m* hundredweight, quintal

zentral [tsɛnˈtraːl] *adj* central

Zentralbank [tsɛnˈtraːlbaŋk] *f* central bank

Zentralbankrat [tsɛnˈtraːlbaŋkraːt] *m* Central Bank Council

Zentrale [tsɛnˈtraːlə] *f* central office, head office, headquarters

Zentralisierung [tsɛntraliˈziːruŋ] *f* centralization, centralisation *(UK)*

Zentralverband [tsɛnˈtraːlfɛrbant] *m* central federation, national federation, national association

Zertifikat [tsɛrtifiˈkaːt] *n* certificate

Zession [tsɛˈsjoːn] *f* assignment

Zessionar [tsɛsjoˈnaːr] *m* assignee

Ziehungsrechte ['tsiːuŋsrɛçtə] *f* drawing rights

Ziel [tsiːl] *n (fig: Absicht)* aim, purpose, objective, goal

Zielgruppe ['tsiːlgrupə] *f* target group

Zins [tsɪns] *m* interest

Zinsabbau ['tsɪnsapbau] *m* lowering rates

Zinsbesteuerung ['tsɪnsbəʃtɔyəruŋ] *f* taxation of interest

Zinsen ['tsɪnzən] *pl* interest

Zinserhöhung ['tsɪnsɛrhøːuŋ] *f* interest rate increase

Zinserleichterung ['tsɪnsɛrlaɪçtəruŋ] *f* reduction of interest rate

Zinseszins ['tsɪnzəstsɪns] *m* compound interest

Zinsfuß ['tsɪnsfuːs] *m* interest rate, bank rate

Zinsgefälle ['tsɪnsgəfɛlə] *m* gap between interest rates

zinslos ['tsɪnsloːs] *adj* interest-free, non-interest-bearing

Zinsmarge ['tsɪnsmarʒə] *m* interest margin

Zinsniveau ['tsɪnsnivoː] *n* interest rate level

Zinspolitik ['tsɪnspolitik] *f* interest rate policy

Zinssatz ['tsɪnszats] *m* interest rate, rate of interest

Zinssenkung ['tsɪnszɛŋkuŋ] *f* interest rate decrease, reduction of interest

Zirkulation [tsɪrkulaˈtsjoːn] *f* circulation

Zivilrecht [tsiˈviːlrɛçt] *n* civil law

Zoll [tsɔl] *m (Behörde)* customs *pl (Maßeinheit)* inch; *(Gebühr)* custom duty, duty

Zollabfertigung ['tsɔlapfɛrtɪguŋ] customs clearance

Zollabkommen ['tsɔlapkɔmən] *n* customs convention